Beck-Rechtsberater

Mein Recht auf Sozialleistungen

dtv

Beck-Rechtsberater

Mein Recht
auf Sozialleistungen

Grundsicherung für Arbeitsuchende
Sozialhilfe · Sonstige Sozialleistungen

Von Prof. Dr. Albrecht Brühl
und Prof. Dr. Jürgen Sauer

20., völlig überarbeitete Auflage

Deutscher Taschenbuch Verlag

Im Internet:

dtv.de

beck.de

Originalausgabe
Deutscher Taschenbuch Verlag GmbH & Co. KG,
Friedrichstraße 1 a, 80801 München
© 2007. Redaktionelle Verantwortung: Verlag C. H. Beck
Gesamtherstellung: Druckerei C. H. Beck, Nördlingen
(Adresse der Druckerei: Wilhelmstraße 9, 80801 München)
Umschlaggestaltung: Agentur 42 (Fuhr & Partner), Mainz
unter Verwendung eines Fotos von Getty Images

ISBN 978-3-423-05243-6 (dtv)
ISBN 978-3-406-55887-0 (C. H. Beck)

Vorwort zur 20. Auflage

Hartz IV mit dem Sozialgesetzbuch II, das den Schwerpunkt dieses Rechtsberaters ausmacht, ist die größte gesetzgeberische Katastrophe der Bundesrepublik Deutschland. Die Hauptfehler liegen in einer manipulierten Pauschalierung des Existenzminimums, einer lediglich als Ermessensalmosen eingeräumten Arbeitsförderung und einer rechtlich wie faktisch verunglückten Trägerkonstruktion. Dazu kommen handwerkliche Schnitzer in unvorstellbarem Umfang.

Statt die Fehler abzubauen, wird eine hektische Gesetzgebung nach dem Motto „Pleiten, Pech und Pannen" munter fortgesetzt. Mit den 2006 in Kraft getretenen Novellierungen im Änderungs- sowie im Fortentwicklungsgesetz sind über 100 Regelungen neu getroffen worden, die an der maroden Substanz nichts verbessert haben, aber weitere Verunsicherung auslösen.

Unter diesen gigantischen Fehlschüssen leiden auch die ausführenden Behörden und die Rechtsprechung als Kontrollinstanz. Die Träger sind zudem primär mit sich selbst beschäftigt und die Sozialgerichtsbarkeit wird mit einer Fülle von Verfahren überschwemmt, sodass sie, wenn überhaupt, lediglich Akuthilfe leisten kann. Das Bundesverfassungsgericht hat sich aus der Verantwortung gestohlen, indem es alle inhaltlichen Grundrechtsfragen erst einmal an die Fachgerichte zurück gibt und sich so bis auf weiteres bedeckt hält.

In diesem Umfeld kann ein Taschenbuch lediglich versuchen, Sanitätsdienste zu leisten. Dies wollen wir tun, indem wir uns nicht hinter den Paragraphen verstecken, sondern mit konkreten Ratschlägen und einem ausführlichen Schlusskapitel zur Rechtsdurchsetzung Wege aufzeigen, die vorhandenen Möglichkeiten – so gut es unter den gegebenen Umständen geht – zu nutzen.

Darmstadt/Wiesbaden, im Januar 2007

Albrecht Brühl/Jürgen Sauer

Inhaltsübersicht

Vorwort	V
Inhaltsverzeichnis	IX
Abkürzungsverzeichnis	XXIII
Gesamtübersicht Sozialleistungsrecht	XXVIII

A. Was gilt für alle Sozialleistungen?
   (SGB: Recht der Sozialleistungen) 1
B. Womit werden Erwerbsfähige und ihre Angehörigen
   gefördert und gefordert?
   (SGB II: Grundsicherung für Arbeitsuchende) 30
C. Wer bekommt noch Sozialhilfe?
   (SGB XII: Recht der Sozialhilfe) 220
D. Welche grundsätzlichen Bestimmungen sind zu beachten?
   (SGB I, IV, IX: Rahmenregelungen) 307
E. Woran müssen sich die Sozialleistungsträger halten?
   (SGB X: Verwaltungsverfahren und Sozialdatenschutz) 316
F. Was für staatliche Hilfen gibt es außerdem?
   (SGB-Nebengesetze: Weitere Sozialleistungen) 320
G. Wie komme ich zu meinem Recht?
   (SGB-Durchsetzung: Hinweise zum Vorgehen) 347

Sachverzeichnis 407

Inhaltsverzeichnis

Vorwort	V
Inhaltsübersicht	VII
Abkürzungsverzeichnis	XXIII
Gesamtübersicht Sozialleistungsrecht	XXVIII

A. Was gilt für alle Sozialleistungen?
(SGB: Recht der Sozialleistungen) 1

I. SGB I und besondere Teile: Soziale Rechte, Sozialleistungen
und Sozialleistungsträger 2

  1. Lebenslagen 2

    a) Bildung 2

      aa) Soziales Recht 2

      bb) Sozialleistungen 2

      cc) Sozialleistungsträger 3

    b) Arbeit 3

      aa) Soziales Recht 3

      bb) Sozialleistungen 3

      cc) Sozialleistungsträger 6

    c) Krankheit, Pflege, Arbeitsunfall, Erwerbsfähigkeitssiche-
rung, -minderung, Alter 6

      aa) Soziales Recht 6

      bb) Sozialleistungen 7

      cc) Sozialleistungsträger 10

    d) Gesundheitsopfer 11

      aa) Soziales Recht 11

      bb) Sozialleistungen 11

      cc) Sozialleistungsträger 12

    e) Behinderung 13

      aa) Soziales Recht 13

      bb) Sozialleistungen 13

      cc) Sozialleistungsträger 14

    f) Kindheit und Jugend 15

      aa) Soziales Recht 15

      bb) Sozialleistungen 15

      cc) Sozialleistungsträger 15

    g) Kindesunterhalt 15

      aa) Soziales Recht 15

      bb) Sozialleistungen 16

      cc) Sozialleistungsträger 16

h) Wohnung	17
aa) Soziales Recht	17
bb) Sozialleistungen	17
cc) Sozialleistungsträger	17
i) Lebensunterhalt und besondere Lebenslagen	17
aa) Soziales Recht	17
bb) Sozialleistungen	17
cc) Sozialleistungsträger	17
2. Sozialleistungsstrukturierung	18
a) Bedarf	18
b) Bedürftigkeit	18
3. SGB II und SGB XII	18
II. SGB I: Allgemeingültige Leistungsgrundsätze	20
1. Ansprüche auf Sozialleistungen	20
2. Weitestgehende Verwirklichung sozialer Rechte	20
3. Dienst-, Geld- und Sachleistungen	21
4. Rechte und Pflichten: Gesetzesvorbehalt und Ausgestaltung	22
5. Handlungsfähigkeit und Antrag	22
6. Sozialleistungsträger	23
7. Sonstige Regelungen	24
III. Weitere Rechtsquellen	24
1. Landesrecht	24
2. Rechtsverordnungen	24
IV. Auslegung	25
1. Methodik	25
2. Hilfsmittel	26
a) Materialien	27
b) Rechtsprechung	27
c) Verwaltungsvorschriften	27
d) Empfehlungen	28
e) Literatur	29
f) Internet-Adresse	29

B. Womit werden Erwerbsfähige und ihre Angehörigen gefördert und gefordert?

(SGB II: Grundsicherung für Arbeitsuchende)	30
I. Allgemeines: Leistungsanspruch und -grundsätze	31
1. Leistungsanspruch	31
2. Leistungsprogramm	32
a) Förderung	32
b) Forderung	32
3. Leistungserbringung	32
a) Leistungsvorgaben	32

b) Leistungsnachrang		33
c) Leistungsformen		33
4. Leistungsträger		33
II. Lebensunterhalt: Arbeitslosengeld II und Sozialgeld		34
1. Berechtigung		34
a) Arbeitslosengeld II		34
aa) Alter zwischen 15 und 64 Jahren		34
bb) Erwerbsfähigkeit		35
cc) Gewöhnlicher Aufenthalt und Erreichbarkeit		40
b) Sozialgeld		43
aa) Nicht erwerbsfähige Personen		43
bb) Zusammenleben mit erwerbsfähigen Angehörigen in Bedarfsgemeinschaft		44
cc) Gewöhnlicher Aufenthalt und Erreichbarkeit		45
c) Einzelanspruch		46
2. Bedarf		46
a) „Allgemein"-Bedarf		46
aa) Regelbedarf		46
bb) Mehrbedarfe		48
cc) Unterkunfts- und Heizungsbedarf		56
b) „Besonderheiten"-Bedarf		63
aa) Energie-/Wohnungskosten-Sonderbedarf		64
bb) Wohnungs-Neubezugsbedarf		68
cc) Wohnungs-Erstausstattungsbedarf		72
dd) Bekleidungs-Erstausstattungsbedarf		74
ee) Schwangerschafts/Geburts-Erstausstattungsbedarf		78
ff) Kinder-Erstausstattungsbedarf		81
gg) Klassenfahrten-Schulbedarf		84
hh) Regel-Sonderbedarf		85
3. Bedürftigkeit		88
a) Einkommen		88
aa) Nicht zu berücksichtigendes Einkommen		90
bb) Zu berücksichtigendes Einkommen		93
cc) Einkommensberücksichtigung beim Besonderheiten-bedarf		102
b) Vermögen		102
aa) Nicht zu berücksichtigendes Vermögen		103
bb) Zu berücksichtigendes Vermögen		108
c) Berücksichtigung von Mitteln anderer		108
aa) Bedarfsgemeinschaftseinsatz		109
bb) Verwandten/Verschwägerten-Haushaltsgemeinschaft		111
d) Andere Wirtschafts- und/oder Wohngemeinschaften		113
e) Exkurs: Kinderzuschlag		113

4. Leistungen		121
a) Arbeitslosengeld II		121
aa) Allgemeinleistung		121
bb) Besonderheitenleistung		122
cc) Co-Leistung Sozialversicherungsbeiträge		123
dd) Degressiv-Arbeitslosengeld-Nachschlag		124
ee) Extraleistungen		125
b) Sozialgeld		126
c) Leistungsmodalitäten		126
aa) Aufrechnung		126
bb) Berechnung		127
cc) Überweisung		127
III. Arbeit: Förderung und Forderung		127
1. Arbeitsförderung		128
a) Arbeitsstartförderung		128
aa) Arbeits- und Ausbildungsvermittlung		128
bb) Antrags-Sofortangebot		129
b) Alg II-Berechtigte-Ermessensförderung		129
aa) Allgemeinförderung		129
bb) Beschäftigungsförderung		131
cc) Co-Arbeitgeberförderung		132
dd) Drittförderung		132
ee) Ergänzungsförderung		136
ff) Förderungsentscheidung		138
gg) Gender Mainstreaming		138
hh) Heimarbeiter		139
ii) Ist-Teilförderung für behinderte Menschen		139
jj) Junge Menschen unter 25		141
kk) Berufsrückkehrer		141
ll) Langzeitarbeitslose		141
c) Co-Begleitförderung		141
aa) Kinderbetreuung und Angehörigenpflege		141
bb) Schuldnerberatung		142
cc) Psychosoziale Betreuung		143
dd) Suchtberatung		143
ee) Weitere Förderung		144
d) SGB-III-Direktförderung		145
e) Einstiegsgeld		146
f) Freibetrag für Erwerbstätige		148
g) Gelegenheitsarbeiten-Förderung		149
h) Hilfebedürftigkeitswegfall-Förderung		149
i) In-die-Rente-Förderung		150

2. Arbeitsforderung	150
a) Grundsatz: Zumutbarkeit jeder Arbeit	150
b) Unzumutbarkeit der Arbeit	150
c) Nicht ausreichende Unzumutbarkeitsgründe	152
d) Beweislast	153
e) Einzelne Gründe	154
f) Meldepflichten	156
g) Auskunfts- und Beurteilungspflicht	156
3. Arbeitseingliederungsmanagement	157
a) Persönlicher Ansprechpartner/Fallmanager	157
b) Eingliederungsvereinbarung	159
aa) Rechtlicher Rahmen	159
bb) Umsetzung	163
c) Eingliederungsbescheid	177
d) Einrichtungs- und Dienstleistungen durch Dritte	177
4. Arbeitspflichtverletzungs-Saktionierung	178
a) Arbeitslosengeld-II-Reduzierung	179
aa) Schwerwiegende Pflichtverletzung	179
bb) Melde-/Terminversäumnis	179
cc) Schwerwiegende Pflichtverletzung und Versäumnis	180
dd) Wiederholte Pflichtverletzung	180
ee) Sachleistungen und geldwerte Leistungen	180
ff) Mittelverschleuderung, unwirtschaftliches Verhalten, Sperrzeit	181
gg) Sanktionswirksamkeit und -dauer	182
hh) Arbeitseingliederungsleistungen	182
b) Sozialgeld-Reduzierung	182
IV. Spezielle Leistungsberechtigte: Ausländer – U25	183
1. Ausländer	183
a) Asylbewerberleistungsberechtigte	183
b) Arbeitsuchende Ausländer	184
c) Sonstige Ausländer	185
d) Kinderzuschlagsberechtigte	185
2. Auszubildende	186
a) Ausbildungsgeprägter Bedarf	186
aa) Regelausschluss	186
bb) Besondere Härtefälle	186
cc) Unterkunfts- und Heizungskosten	186
b) Nicht ausbildungsgeprägter Bedarf	188
3. Einrichtungsnutzer	189
a) SGB-II-Leistungsregelausschluss bei stationärer Unterbringung	189

XIII

b) Ausnahmen 190
    aa) Erwerbstätigkeit von mindestens 15 Wochenstunden 190
    bb) Krankenhausaufenthalt unter sechs Monaten 191
c) SGB II-Leistungsausschluss bei richterlichem Freiheitsentzug 192
d) Bedarfsgemeinschaftsangehörige 193
e) Nutzer von teilstationären Einrichtungen 193
4. Kranke 194
  a) Anzeige- und Bescheinigungspflicht 194
  b) Unterhaltsleistungen 194
  c) Krankenversicherungsleistungen 195
  d) Nicht von der Krankenversicherung gedeckte Krankheitskosten 196
5. U25: Junge Menschen zwischen 15 und 25 Jahren 196
  a) Unterhalt 197
    aa) Elternhaushaltung 197
    bb) Umzugssperre 197
  b) Arbeit 198
    aa) Förderung 198
    bb) Forderung 200
V. Leistungsträger: ARGE oder zugelassene Optionskommune 201
  1. Zuständigkeit 202
    a) Sachliche Zuständigkeit 202
      aa) Regelzuständigkeit: Agentur für Arbeit und Kommunaler Träger 202
      bb) Optionsmodell-Experiment: zugelassene Kommunale Träger 204
    b) Örtliche Zuständigkeit 205
  2. Verfahren 205
    a) Antrag 205
    b) Feststellung von Erwerbsfähigkeit und Hilfebedürftigkeit sowie Leistungszuständigkeit 206
      aa) Feststellung 206
      bb) Leistungszuständigkeit 208
    c) Auskunfts- und Bescheinigungseinholung 213
    d) Kundennummer 213
    e) Besondere Verfahrensvorschriften 213
    f) Leistungserlass 214
  3. Statistik 214
VI. Leistungsrückgriff: Darlehensrückforderung und Unterhaltsregress 214
  1. Öffentlich-rechtliche Rückforderung 215

a) Rückforderungstatbestände	215
b) Durchsetzung der Rückforderung	216
2. Erstattung und Übergang	216
a) Erstattung	216
b) Übergang sonstiger Ansprüche	217
c) Unterhaltsansprüche	217
VII. Besondere Übergangsvorschriften	219

C. Wer bekommt noch Sozialhilfe?

(SGB XII: Recht der Sozialhilfe)	220
I. Allgemeines	220
II. Berechtigte	221
1. Unterhalt	221
a) Lebensunterhalt	221
b) Grundsicherung im Alter und bei Erwerbsminderung	221
c) Längere oder dauernde Erwerbsunfähigkeit als Zuordnungskriterium	222
d) Anspruch auf Unterhaltsleistungen	222
2. Besondere Lebenslagen	222
III. Bedarf	223
1. Unterhalt	223
a) Lebensunterhalt	223
aa) „Allgemein"-Bedarf	223
bb) „Besonderheiten"-Bedarf	235
cc) „Co"-Bedarf	236
b) Alters- und Dauererwerbsminderungs-Grundsicherung	239
2. Besondere Lebenslagen	240
a) Akute Gesundheitsbehandlung	240
b) Behinderung	241
c) Chronische Pflege	243
d) Desintegrationsüberwindung	244
e) Ergänzende Lebenslagen	245
IV. Bedürftigkeit	248
1. Unterhaltsbedürftigkeit	249
a) Einkommen	249
aa) Nicht zu berücksichtigendes Einkommen	249
bb) Zu berücksichtigendes Einkommen	251
b) Vermögen	253
aa) Nicht zu berücksichtigendes Vermögen	253
bb) Zu berücksichtigendes Vermögen	255
c) Berücksichtigung von Mitteln anderer	256
aa) Ehegatte/Lebenspartner	256
bb) Eltern bei minderjährigen unverheirateten Kindern	256

cc) Wohngemeinschaft 257
dd) Eheähnliche Partner 258
d) Tätigkeitspflicht 258
2. Bedürftigkeit in besonderen Lebenslagen 258
a) Nichtberücksichtigung von Einkommen und Vermögen 259
aa) Desintegrationsüberwindung und Altenhilfe 259
bb) Behinderungseingliederung 259
cc) Existenzminimumgarantie 261
b) Zumutbarer Einkommenseinsatz 261
aa) Einkommensgrenze 261
bb) Einkommensermittlung 262
cc) Einkommen über der Einkommensgrenze 262
dd) Einkommen unter der Einkommensgrenze 264
ee) Einkommenseinsatz bei mehrfachem Bedarf 265
c) Zumutbarer Vermögenseinsatz 265
d) Berücksichtigung von Mitteln anderer 266
aa) Einkommen: Ehegatte/Partner 266
bb) Einkommen: Eltern minderjähriger unverheirateter
Kinder 267
cc) Vermögen 268
V. Leistungen 270
1. Leistungsarten 270
a) Unterhaltsleistungen 270
aa) Hilfe zum Lebensunterhalt 270
bb) Grundsicherung im Alter und bei Erwerbsminderung 271
b) Leistungen in besonderen Lebenslagen 272
aa) Akute Gesundheitshilfe 272
bb) Behinderungseingliederungshilfe 273
cc) Chronische-Pflege-Hilfe 274
dd) Desintegrationsüberwindungshilfe 275
ee) Ergänzende Lebenslagenhilfe 275
2. Leistungsgrundsätze 275
a) Anspruch 275
b) Leistungserbringung 277
aa) Dienstleistung 277
bb) Geld- und Sachleistung 278
cc) Einrichtungsleistungen 278
dd) Einzelfall-, Familienlage- und Wunschberücksichti-
gung 280
3. Leistungsreduzierungen 281
a) Bedarfsabweichungen 281
b) Einschränkung bei Tätigkeitsverweigerung 281
c) Einbehaltung einer Regelsonderleistung 282

d) Einschränkung bei Leistungsherbeiführung und unwirtschaftlichem Verhalten	282
e) Aufrechnung	282
VI. Spezielle Leistungsberechtigte	283
1. Ehe- oder Lebenspartnerschaftsähnliche Gemeinschaften ...	283
2. Auszubildende	283
3. Einrichtungsnutzer	284
a) Dreiecksverhältnis	284
b) Hilfe zum Lebensunterhalt	284
aa) Bedarf	284
bb) Bedürftigkeit	286
c) Hilfe in besonderen Lebenslagen	287
aa) Maßnahmebedarf	287
bb) Bedürftigkeit	288
d) Anspruchsübergang nach dem Tod	289
4. Anderweitig Untergebrachte	289
5. Bedürftigkeitsherbeiführende	290
6. Deutsche im Ausland	290
7. Ausländer	291
8. Eilfallnothelfer	292
VII. Leistungsträger	293
1. Zuständigkeit	293
a) Sachliche Zuständigkeit	294
b) Örtliche Zuständigkeit	294
2. Verfahren	295
a) Einsetzen	295
b) Sonderregelungen für Grundsicherung	296
aa) Feststellung der dauerhaften vollen Erwerbsminderung	296
bb) Bewilligungszeitraum	297
cc) Beteiligung des Rentenversicherungsträgers	297
c) Auskunftseinholung	297
d) Datenüberprüfung	298
e) Leistungsabsprache	298
f) Beteiligung sozial erfahrener Personen	299
3. Statistik	299
VIII. Leistungsrückgriff	300
1. Öffentlich-rechtliche Rückforderung	300
a) Rückforderungstatbestände	300
aa) Darlchen	300
bb) Aufwendungsersatz und Kostenbeitrag	300
cc) Kostenersatz	300
b) Durchsetzung der Rückforderung	301

Inhaltsverzeichnis

2. Erstattung und Übergang 301
   a) Übergang von Unterhaltsansprüchen 301
     aa) Regelfälle 301
     bb) Sonderregelung für Eltern volljähriger behinderter
         oder pflegebedürftiger Leistungsempfänger 302
     cc) Schutz des Unterhaltspflichtigen 303
     dd) Geltendmachung 304
   b) Andere Ansprüche 305
3. Sozialhilfeträger-Kostenerstattung 305
IX. Besondere Übergangsvorschriften 306

D. Welche grundsätzlichen Bestimmungen sind zu beachten?
   (SGB I, IV, IX: Rahmenregelungen) 307
  I. SGB I: Allgemeiner Teil – modifizierbare Regelungen 307
   1. Anspruch und Ermessen 307
   2. Auszahlung an Hilfeempfänger und andere Personen/Stellen 308
   3. Übertragung, Pfändung und Verpfändung 308
   4. Vorschüsse und vorläufige Leistungen 309
   5. Aufrechnung und Verrechnung 310
   6. Verzicht und Verjährung 310
   7. Mitwirkung 310
     a) Aufklärung des Sachverhalts 311
     b) Untersuchung, Behandlung und Arbeitsförderung 313
   8. Persönlicher Geltungsbereich 314
 II. SGB IV: Gemeinsame Vorschriften für die Sozialversicherung ... 314
III. SGB IX: Rehabilitation und Teilhabe behinderter Menschen 315

E. Woran müssen sich die Sozialleistungsträger halten?
   (SGB X: Verwaltungsverfahren und Sozialdatenschutz) 316
  I. Verwaltungsverfahren 316
   1. Sachverhaltsermittlung 316
   2. Bescheidung 317
   3. Öffentlich-rechtlicher Vertrag 318
 II. Sozialdatenschutz 318
III. Zusammenarbeit der Leistungsträger untereinander und ihre
   Beziehungen zu Dritten 318

F. Was für staatliche Hilfen gibt es außerdem?
   (SGB-Nebengesetze: Weitere Sozialleistungen) 320
  I. Stiftungs- und Entschädigungsleistungen 320
   1. Stiftungsleistungen 320

a) Contergan-Stiftung	320
b) Bundesstiftung „Mutter und Kind – Schutz des ungeborenen Lebens"	320
2. Entschädigungsleistungen	322
II. Kindergeld nah dem Einkommensteuergesetz	323
1. Berechtigte	324
2. Höhe des Kindergelds	325
3. Berücksichtigungsfähige Kinder	326
4. Verfahren	327
5. Anrechnung von Kindergeld bei einkommensabhängigen Sozialleistungen	327
III. Leistungen nach dem Asylbewerberleistungsgesetz	327
1. Uneingeschränkt Berechtigte	328
a) Personenkreis	328
b) Leistungen	328
aa) Grundleistungen: Sachleistungen, zusätzlicher Geldbetrag	329
bb) Leistungen bei Krankheit, Schwangerschaft und Geburt	330
cc) Sonstige Leistungen	331
c) Bedürftigkeit	332
aa) Einkommen und Vermögen	332
bb) Arbeitsgelegenheiten	333
cc) Vorrangige Bedarfsdeckung	333
d) Leistungsträger	333
2. Eingeschränkt Leistungsberechtigte	334
a) Personenkreis	334
b) Leistungen	335
3. Privilegiert Berechtigte	336
a) Personenkreis	336
b) Leistungen	337
IV. Beratungshilfe und Prozesskostenhilfe	338
1. Beratungshilfe	338
a) Allgemeines	338
b) Anspruchsberechtigte	338
c) Verfahren	339
d) Landesspezifische Besonderheiten	339
2. Prozesskostenhilfe	340
a) Kosten	340
aa) Gerichtskosten	340
bb) Außergerichtliche Kosten	341
b) Kostentragungspflicht	341
c) Voraussetzungen der Prozesskostenhilfe	341

d) Folgen		343
e) Verfahren		344
V.	Rundfunkgebührenbefreiung	344
	1. Berechtigte	344
	2. Verfahren	345
VI.	Exkurs: Telefongebührenermäßigung	346
	1. Berechtigte	346
	2. Umfang der Ermäßigung	346

G. Wie komme ich zu meinem Recht?
(SGB-Durchsetzung: Hinweise zum Vorgehen) 347

I.	Antrag	347
	1. Antragstellung	347
	2. Zuständigkeitszweifel	348
	3. Nachholungs-Antrag	350
	4. Fortsetzungsantrag	351
II.	Mitwirkung	351
	1. Tatsachenklärung	352
	a) Tatsachenangaben	352
	b) Auskunftseinholungseinwilligung	353
	c) Beweismittelbeibringung	354
	aa) Beweisurkunden allgemein	354
	bb) Kontoauszüge	354
	2. Maßnahmenbeteiligung	356
	a) Persönliches Erscheinen	356
	b) Untersuchungen und Behandlung	356
	c) Arbeitsfähigkeitsförderungs- bzw. -erhaltungsmaßnahmen	357
	3. Grenzen der Mitwirkung	357
	4. Folgen ungenügender Mitwirkung	358
	a) Tatsachenklärung, persönliches Erscheinen, Untersuchungen	358
	b) Maßnahmenbeteiligung	359
	c) Mitwirkungsnachholung	359
III.	Aktivitäten	359
	1. Änderungsmitteilung	360
	2. Gerichtlicher Eilrechtsschutz	361
	3. Untätigkeitsklage	362
IV.	Ermittlungsuntersuchung	364
	1. Datengewinnung	364
	a) Datengewinnung ohne Betroffenenbeteiligung	364
	b) Rechtsschutz	366
	2. Hausbesuch	367

a) Materiell-rechtliche Voraussetzungen	367
b) Rechtsschutz	369
V. Betroffenenrechte	370
1. Anhörung	370
2. Akteneinsicht	371
3. Bevollmächtigte/Beistände	373
VI. Bescheid	374
1. Inhalt und Form	374
2. Bekanntgabe und Wirkung	376
3. Fehlerhaftigkeit	377
a) Nichtigkeit	377
b) Anfechtbarkeit	378
aa) Berichtigungsfehler	378
bb) Sachliche Rechtsfehler	378
cc) Verfahrens- und Formfehler	380
dd) Sachverhaltsfehler	381
4. Wirksamkeit	382
5. Bescheidaufhebung	382
a) Aufhebungs-Nachzahlungsbescheid	383
b) Aufhebungs-Rückzahlungsbescheid	384
c) Aufhebungs-Änderungsbescheid	386
d) Erstattungs-/Aufrechnungsbescheid	388
VII. Rechtsbehelfe	389
1. Widerspruch	389
a) Form	389
b) Frist	390
aa) Monats- bzw. Jahresfrist	390
bb) Wiedereinsetzung	390
c) Aufschiebungswirkung	391
d) Abhilfe-/Widerspruchsbescheid oder Untätigkeits-klage	393
2. Antrag auf Bescheidaufhebung	394
3. Spezial: Rechtsschutz nach SGB II-Negativ-Bescheiden	395
a) (Unterhalts)Leistungs-(Teil)Nichtgewährungsbe-scheide	395
b) (Unterhalts)Leistungs-Rückforderungsbescheide	397
c) (Unterhalts)Leistungs- Sanktionsbescheide	397
d) Arbeitsförderungsbescheide	398
e) Arbeitsmaßnahmebescheide	398
VIII. Gerichtsverfahren	399
1. Eilverfahren	399
2. Klageverfahren	401
3. Verfassungsbeschwerde	402

Inhaltsverzeichnis

IX. Kosten 404

    1. Behörden- und Gerichtsverfahren 404

    2. Rechtsanwälte 405

Sachverzeichnis 407

Abkürzungsverzeichnis

a. A.	anderer Auffassung
a. a. O.	am angegebenen Ort
Abt.	Abteilung
a. F.	alte Fassung
AA	Agentur für Arbeit
ABM	Arbeitsbeschaffungsmaßnahme
Abs.	Absatz
aG	außergewöhnliche Gehbehinderung
Alg	Arbeitslosengeld
Alg II-V	Arbeitslosengeld II/Sozialgeld-Verordnung
Alt.	Alternative
ÄndG	Änderungsgesetz
Anm.	Anmerkung
AOK	Allgemeine Ortskrankenkasse
ArbGG	Arbeitsgerichtsgesetz
ARGE	Arbeitsgemeinschaft
Art.	Artikel
AS	Arbeitsuchende
AsylbLG	Asylbewerberleistungsgesetz
AsylVfG	Asylverfahrensgesetz
AufenthG	Aufenthaltsgesetz
Aufl.	Auflage
BA	Bundesagentur für Arbeit
BAB	Berufsausbildungsbeihilfe
BAföG	Bundesausbildungsförderungsgesetz
BAG- SB	Bundesarbeitsgemeinschaft Schuldnerberatung
BAG-SHI	Bundesarbeitsgemeinschaft der Erwerbslosen- und Sozialhilfeinitiativen
BaW	Baden-Württemberg
Bay	Bayern
Be	Berlin
BeB	Berlin-Brandenburg
BEEG	Bundeselterngeld- und Elternteilzeitgesetz
BerHG	Beratungshilfegesetz
BErzG	Bundeserziehungsgeldgesetz
Beschl. v.	Beschluss vom
BFH	Bundesfinanzhof

Abkürzungsverzeichnis

BFHE	Entscheidungen des Bundesfinanzhofs
BG	Bedarfsgemeinschaft
BGB	Bürgerliches Gesetzbuch
BGBl.	Bundesgesetzblatt
BGJ	Berufsgrundbildungsjahr
BKGG	Bundeskindergeldgesetz
BMAS	Bundesministerium für Arbeit und Sozialordnung
Bn	Brandenburg
Br	Bremen
BRD	Bundesrepublik Deutschland
BR-Drs.	Bundesrats-Drucksache
BSG	Bundessozialgericht
BSGE	Entscheidungen des Bundessozialgerichts
BSHG	Bundessozialhilfegesetz
BT-Drs.	Bundestags-Drucksache
BVerfG	Bundesverfassungsgericht
BVerfGE	Entscheidungen des Bundesverfassungsgerichts
BVerfGG	Bundesverfassungsgerichtsgesetz
BVerwG	Bundesverwaltungsgericht
BVerwGE	Entscheidungen des Bundesverwaltungsgerichts
BVG	Bundesversorgungsgesetz
BVJ	Berufsvorbereitungsjahr
bzw.	beziehungsweise
ca.	circa
d.h.	das heißt
DH-BA	Durchführungshinweise der Bundesagentur für Arbeit
DM	Deutsche Mark
DV	Deutscher Verein für öffentliche und private Fürsorge
€	Euro
EAO	Erreichbarkeits-Anordnung
EQJ	Einstiegsqualifizierung Jugendlicher
ER	Einstweiliger Rechtsschutz
EStG	Einkommensteuergesetz
etc.	et cetera
EU	Europäische Union
EVS	Einkommens- und Verbrauchsstichprobe
EWG	Europäische Wirtschaftsgemeinschaft
EWR	Europäischer Wirtschaftsraum
f., ff.	folgende Seite(n)
FamRZ	Zeitschrift für das gesamte Familienrecht

Abkürzungsverzeichnis

FEVS	Fürsorgerechtliche Entscheidungen der Verwaltungs- und Sozialgerichte
FGG	Gesetz über die freiwillige Gerichtsbarkeit
FGO	Finanzgerichtsordnung
G	Gehbehinderung
GB	Gerichtsbescheid
GdB	Grad der Behinderung
GDV	Gesamtverband der Deutschen Versicherungswirtschaft e. V.
G DV	Gutachten des Deutschen Vereins
GEZ	Gebührenzentrale
GG	Grundgesetz
GKG	Gerichtskostengesetz
GSi	Grundsicherung
GSiG	Gesetz über eine bedarfsorientierte Grundsicherung im Alter und bei Erwerbsminderung
Ha	Hamburg
He	Hessen
Hg.	Herausgeber
HiV	human immunodeficiency virus
HLU	Hilfe zum Lebensunterhalt
Hs.	Halbsatz
HV	Haushaltsvorstand
ICD	International Classification of Diseases
ICF	International Classification of Functioning, Disability and Health
InfAuslR	Informationsbrief Ausländerrecht
info also	Informationen zum Arbeitslosen- und Sozialhilferecht
IQ	Intelligenzquotient
IT	Informationstechnologie
JA	Jugendamt
Kap.	Kapitel
Kfz	Kraftfahrzeug
KT	Kommunale Träger
LAG	Lastenausgleichsgesetz
LPartG	Lebenspartnerschaftsgesetz
LPK	Lehr- und Praxiskommentar
Ls	Leitsatz
LSG	Landessozialgericht

Abkürzungsverzeichnis

lt.	laut
LWV	Landeswohlfahrtsverband
MdE	Minderung der Erwerbsfähigkeit
MV	Mecklenburg-Vorpommern
NDV	Nachrichtendienst des Deutschen Vereins
NDV(-RD)	Nachrichtendienst des Deutschen Vereins(-Rechtsprechungs-dienst)
n. F.	neue Fassung
Ni	Niedersachsen
NiB	Niedersachsen-Bremen
NJW	Neue Juristische Wochenschrift
Nr.	Nummer
NVwZ	Neue Zeitschrift für Verwaltungsrecht
NW	Nordrhein-Westfalen
OEG	Opferentschädigungsgesetz
OLG	Oberlandesgericht
ÖPNN	Öffentlicher Personennahverkehr
OVG	Oberverwaltungsgericht
PKH	Prozesskostenhilfe
PSA	Personal-Service-Agentur
RD	Regionaldirektion
RdErl	Runderlass
RdL	Rechtsdienst der Lebenshilfe
RE	Referentenentwurf
Reha	Rehabilitation
RGebStV	Rundfunkgebührenstaatsvertrag
RP	Rheinland-Pfalz
RsDE	Beiträge zum Recht der sozialen Dienste und Einrichtungen
RSV	Regelsatzverordnung neue Fassung (2004)
RSVO	Regelsatzverordnung alte Fassung
RV	Rentenversicherung
RVO	Reichsversicherungsordnung
RVG	Rechtsanwaltsvergütungsgesetz
Rz.	Randziffer
S.	Satz, Seite
s.	siehe
Sa	Saarland
SAR	Sozialhilfe- und Asylbewerberleistungsrecht
Sc	Sachsen

Abkürzungsverzeichnis

SG	Sozialgericht
SGB	Sozialgesetzbuch bzw. -bücher
SGb	Sozialgerichtsbarkeit
SGG	Sozialgerichtsgesetz
SH	Schleswig-Holstein
SHR	Sozialhilferichtlinien
SO	Sozialhilfe
Sog	Sozialgeld
sog.	sogenannt
SozR	Sozialrecht (Entscheidungssammlung)
Sozakt	Sozialrecht aktuell
SozSich	Soziale Sicherheit
ST	Sachsen-Anhalt
StPO	Strafprozessordnung
Th	Thüringen
TM	Trainingsmaßnahme
u. a.	unter anderem
UV	Unfallversicherung
UVG	Unterhaltsvorschussgesetz
Urt. v.	Urteil vom
VAM	Virtueller Arbeitsmarkt
VerfGH	Verfassungsgerichtshof
VG	Verwaltungsgericht
VGH	Verwaltungsgerichtshof
vgl.	vergleiche
VO	Verordnung
VV	Vergütungsverzeichnis
VSSR	Vierteljahresschrift für Sozialrecht
VwGO	Verwaltungsgerichtsordnung
WfbM	Werkstatt für behinderte Menschen
WHO	Weltgesundheitsorganisation
wl	wohnungslos
WoGG	Wohngeldgesetz
ZAR	Zeitschrift für Ausländerrecht
z. B.	zum Beispiel
ZfF	Zeitschrift für das Fürsorgewesen
ZfsH (/SGB)	Zeitschrift für Sozialhilfe (und Sozialgesetzbuch seit 1997)
ZPO	Zivilprozessordnung
z. Zt.	zur Zeit

XXVII

Gesamtübersicht Sozialleistungsrecht

Rahmengesetze	Leistungsgesetze „Besondere Teile"	Bezeichnung (Regelungsbereich)	Sozialleistungen	Zuständige Träger
SGB I		„Allgemeiner Teil"		
SGB I § 19a	SGB II	Grundsicherung für Arbeitsuchende	Arbeitseingliederungsleistungen, Lebensunterhaltsleistungen (Arbeitslosengeld II/ Sozialgeld)	ARGE (Bundesagentur für Arbeit, Agentur für Arbeit, Kommunale Träger) oder Kommunale Träger
SGB I § 3 Abs. 2, § 19	SGB III	Arbeitsförderung	Arbeitsförderungsleistungen (z. B. Vermittlung, ABM, Weiterbildung), Entgeltersatzleistungen (u. a. Alg, Insolvenzgeld), Reha-Leistungen	Bundesagentur für Arbeit, Agentur für Arbeit
SGB I § 4	SGB IV	Gemeinsame Vorschriften für die Sozialversicherung		
SGB I § 4, § 21	SGB V	Gesetzliche Krankenversicherung	Krankenbehandlung, Reha-Leistungen, Krankengeld	Gesetzliche Krankenkassen (z. B. AOK, Ersatzkassen)
SGB I § 4, § 23	SGB VI	Gesetzliche Rentenversicherung	Reha-Leistungen, Renten (Alter, Erwerbsminderung)	Rentenversicherungsträger (Deutsche Rentenversicherung)

Gesamtübersicht Sozialleistungsrecht

Rahmengesetze	Leistungsgesetze „Besondere Teile"	Bezeichnung (Regelungsbereich)	Sozialleistungen	Zuständige Träger
SGB I § 4, § 22	SGB VII	Gesetzliche Unfallversicherung	Reha-Leistungen, Verletztengeld, Renten (Minderung der Erwerbsfähigkeit)	Unfallversicherungsträger (Berufsgenossenschaften u.a.)
SGB I § 8, § 27	SGB VIII	Kinder- und Jugendhilfe	Jugendarbeit, Hilfen zur Erziehung, Reha-Leistungen	Kreise, kreisfreie Städte, Gemeinden mit Jugendamt
SGB I § 10, § 29	SGB IX Teil 1	Rehabilitation und Teilhabe behinderter Menschen	s. SGB III, V, VI, VII, XII, BVG	Je nach Leistung vorstehende und nachstehende Leistungsträger
	SGB IX Teil 2	Schwerbehindertenrecht	Schwerbehindertenausweis, unentgeltliche Beförderung	u. a. Integrationsämter
SGB X		Sozialverwaltungsverfahren und Sozialdatenschutz		

Gesamtübersicht Sozialleistungsrecht

Rahmengesetze	Leistungsgesetze „Besondere Teile"	Bezeichnung (Regelungsbereich)	Sozialleistungen	Zuständige Träger
SGB I § 21a	SGB XI	Gesetzliche Pflegeversicherung	Häusliche Pflegeleistungen (z. B. Pflegegeld)	Pflegekassen
			(teil-)stationäre Pflegeleistungen	Gesetzliche Krankenkassen
SGB I § 9, § 28	SGB XII	Sozialhilfe	Lebensunterhaltsleistungen (Hilfe zum Lebensunterhalt, Grundsicherung), Hilfe in besonderen Lebenslagen (Gesundheit, Behinderung, bes. soziale Schwierigkeiten)	Örtliche Sozialhilfeträger (Kreise, kreisfreie Städte, Gemeinden), überörtliche Sozialhilfeträger (Hessen: Landeswohlfahrtsverband)

XXX

Gesamtübersicht Sozialleistungsrecht

Rahmengesetze	gleichgestellte Gesetze	Bezeichnung (Regelungsbereich)	Sozialleistungen	Zuständige Träger
SGB I § 68 und § 37 S. 1				
SGB I § 3 Abs. 1, § 18	BAföG	Bundesgesetz über die individuelle Förderung der Ausbildung	Ausbildungsförderungsleitungen (für Lebensunterhalt und Ausbildung)	BAföG-Ämter
SGB I § 5, § 24	BVG, OEG	Bundesversorgungsgesetz (Kriegsopfer), Opferentschädigungsgesetz (Gewalttatenopfer)	Krankenbehandlung, Reha-Leistungen, Renten (Grund- und Ausgleichsrente)	Versorgungsämter
SGB I § 6, § 25 Abs. 1	BKGG, UVG	Bundeskindergeldgesetz Unterhaltsvorschussgesetz	(Kindergeld) Kinderzuschlag Unterhaltsvorschuss	Familienkassen/ Jugendämter
SGB I § 6, § 25 Abs. 2	BErzGG, BEEG	Bundeserziehungsgeldgesetz Bundeselterngeld- und Elternteilzeitgesetz	Erziehungsgeld Elterngeld	Richtet sich nach Landesrecht
SCGB I § 7, § 26	WoGG	Wohngeldgesetz	Wohngeld	Richtet sich nach Landesrecht

A. Was gilt für alle Sozialleistungen?
(SGB: Recht der Sozialleistungen)

Das Sozialgesetzbuch (SGB) enthält das Recht der Sozialleistungen im engeren („formellen") Sinn. Daneben gibt es Sozialleistungen im weiteren („materiellen") Sinn (s. Kap. F., S. 320 ff.).

1975 ist begonnen worden, das bis dahin sehr zersplitterte Sozialrecht in einem Sozialgesetzbuch mit einer Reihe von Büchern nach dem Vorbild des Bürgerlichen Gesetzbuchs (BGB) zusammenzufassen. Es enthält **zwei übergreifende Bücher:** SGB I – Allgemeiner Teil – und SGB X – Sozialverwaltungsverfahren und Sozialdatenschutz – sowie als **besondere Teile die einzelnen Leistungsgesetze,** die mehrheitlich schon in das Sozialgesetzbuch integriert sind und dann römische Ziffern tragen (z. B. SGB III – Arbeitsförderung, SGB V – Gesetzliche Krankenversicherung), zum kleineren Teil als eigenständige Gesetze bestehen, die noch in das Sozialgesetzbuch zu transformieren sind, aber kraft gesetzlicher Fiktion (§ 68 SGB I) bis zu ihrer Einordnung schon als besondere Teile gelten (z. B. Nr. 1 BAföG, Nr. 7 Bundesversorgungsgesetz).

Das Sozialleistungsrecht fällt in das Gebiet der konkurrierenden Gesetzgebung (s. Art. 74 Abs. 1 Nr. 7, 10, 12, 13 GG), in dem der **Bund primär für die Gesetzgebung zuständig** ist und die Länder nur, solange und soweit er davon nicht Gebrauch gemacht hat. Verträge mit auswärtigen Staaten (**„Abkommen"**) bedürfen der Zustimmung in Form eines Bundesgesetzes (Art. 59 Abs. 2 S. 1 GG). Diese sind im **Bundesgesetzblatt** (BGBl) – Teil I für das innerstaatliche Recht, Teil II für das zwischenstaatliche Recht – zu verkünden und sollen den Tag des Inkrafttretens bestimmen, bei dessen Fehlen sie nach Ablauf des Tages in Kraft treten, an dem das Bundesgesetzblatt ausgegeben wurde (Art. 82 GG).

Die Gesetzgebung ist nach dem **Grundgesetz** (Art. 20 Abs. 3) an die verfassungsmäßige Ordnung gebunden, insbesondere die **Grundrechte** (Art. 1–19 GG) und den Grundsatz des **demokratischen und sozialen Rechtsstaats** (Art. 20 Abs. 3, 28 Abs. 1 S. 1 GG). Zur Verwirklichung eines vereinten Europas wirkt die Bundesrepublik Deutschland bei der Entwicklung der Europäischen Union mit und kann hierzu durch Gesetz mit Zustimmung des Bundesrats Hoheitsrechte übertragen (Art. 23 Abs. 1, 2 GG), so dass insoweit **EU-(Sozial)Recht** dem innerstaatlichen

Recht vorgeht. An **Gesetz und Recht** sind die **vollziehende Gewalt** und die **Rechtsprechung gebunden** (Art. 20 Abs. 3 GG). Die **Ausführung** der Gesetze erfolgt durch **Verwaltungsbehörden** des Bundes, der Länder, der Kommunen oder sonstiger Selbstverwaltungsorganisationen (s. Art. 24 Abs. 1 a, 28 Abs. 2, 83 ff. GG). Welche Verwaltungsbehörden für die Vollziehung zuständig sind, wird jeweils im einschlägigen Gesetz bestimmt. Die **rechtsprechende Gewalt** ist den Richtern anvertraut; sie wird durch das Bundesverfassungsgericht, die Bundesgerichte und die Gerichte der Länder ausgeübt (Art. 92 ff. GG).

I. SGB I und besondere Teile: Soziale Rechte, Sozialleistungen und Sozialleistungsträger

Das **SGB I – Allgemeiner Teil** – führt in einem Überblick soziale Rechte, Sozialleistungen sowie Sozialleistungsträger auf und verweist dabei bezüglich der Einzelregelungen auf das Recht der **Sozialleistungsgesetze der besonderen Teile.** Dabei unterscheidet es einzelne Lebenslagen, denen es soziale Rechte, Leistungen und Träger zuordnet. Daraus lässt sich eine systematische Strukturierung der Sozialleistungen gewinnen, die durch SGB II und SGB XII eine durchgreifende Umgestaltung erfahren haben (s. die Gesamtübersicht oben S. XXVIII ff.).

1. Lebenslagen

a) Bildung

aa) Soziales Recht: Wer an einer Ausbildung teilnimmt, die seiner Neigung, Eignung und Leistung entspricht, hat ein soziales Recht (§ 3 Abs. 1 SGB I) auf **individuelle Förderung** seiner Ausbildung, wenn ihm die hierfür erforderlichen Mittel nicht ausreichend zur Verfügung stehen.

bb) Sozialleistungen: Nach dem **Recht der Ausbildungsförderung** (BAföG, s. § 68 Nr. 1 SGB I) können Zuschüsse und Darlehen für den Lebensunterhalt und die Ausbildung in Anspruch genommen werden (§ 18 Abs. 1 SGB I). Die BAföG-Leistungen sind abhängig von persönlichen Voraussetzungen (§§ 8–10 BAföG, u. a. Eignung und Alter) und betreffen einen umfangmäßig gesetzlich festgelegten Bedarf (§§ 12–14 a BAföG), auf den Einkommen und Vermögen angerechnet werden (§§ 21–30 BAföG).

cc) Sozialleistungsträger: Zuständig sind (§ 18 Abs. 2 SGB I) die Ämter und Landesämter **für Ausbildungsförderung** nach Maßgabe des BAföG (§§ 39, 40, 40 a, 45), das die Heranziehung der Studentenwerke zur Durchführung vorsieht.

> **Rat:** Einzelheiten in Ramsauer/Stallbaum/Sternal, Mein Recht auf BAföG, dtv 5283.

b) Arbeit

aa) Soziales Recht: Wer am Arbeitsleben teilnimmt oder teilnehmen will, hat ein soziales Recht (§ 3 Abs. 2 SGB I) auf
- **Beratung** bei der Wahl des Bildungswegs und Berufs,
- **individuelle Förderung** seiner beruflichen Weiterbildung,
- **Hilfe** zur Erlangung und Erhaltung eines angemessenen **Arbeitsplatzes** und
- **wirtschaftliche Sicherung bei Arbeitslosigkeit** und bei Zahlungsunfähigkeit des Arbeitgebers.

bb) Sozialleistungen: Nach dem Recht der **Arbeitsförderung** (SGB III) können in Anspruch genommen werden (§ 19 Abs. 1 SGB I):
- **Berufsberatung** und Arbeitsmarktberatung,
- Ausbildungs- und Arbeits**vermittlung,**
- **Leistungen** zur
    - Unterstützung der Beratung und Vermittlung,
    - Verbesserung der Eingliederungsaussichten,
    - Förderung der Aufnahme einer Beschäftigung und einer selbstständigen Tätigkeit einschließlich Gründungszuschuss (§§ 57, 58 SGB III),
    - Förderung der Berufsausbildung und der beruflichen Weiterbildung.
    Im Rahmen der Berufsausbildungsförderung besteht ein Anspruch auf **Berufsausbildungsbeihilfe** (§ 59 SGB III), falls jemand eine förderungsfähige Ausbildung (§§ 60, 61 SGB III) macht, zum geförderten Personenkreis (§§ 63, 64 SGB III) gehört und zur Deckung des Gesamtbedarfs für den Lebensunterhalt (§§ 65, 66 SGB III), Fahrtkosten (§ 67 SGB III), Lehrgangskosten (§ 69 SGB III) und sonstige Aufwendungen (§ 68 SGB III) nicht die erforderlichen Mittel aus Einkommen (§ 71 SGB III) zur Verfügung hat.
    - Förderung der Teilhabe behinderter Menschen am Arbeitsleben, u. a. durch Ausbildungsgeld, bei dem auf den Bedarf vorhandenes

Einkommen angerechnet wird (§§ 104–108 SGB III), und Teilnahmekosten (§§ 109–111 SGB III).

– Eingliederung von Arbeitnehmern,
– Förderung der Teilnahme an Transfermaßnahmen und Arbeitsbeschaffungsmaßnahmen,
• Weitere Leistungen der freien Förderung,
• Wintergeld und Winterausfallgeld in der Bauwirtschaft,
• als Entgeltersatzleistungen (Teil)Arbeitslosengeld, Übergangs-, Kurzarbeiter- und Insolvenzgeld.

Anspruch auf **Arbeitslosengeld** haben Arbeitnehmer bis zur Vollendung des 65. Lebensjahres bei Arbeitslosigkeit oder beruflicher Weiterbildung (§ 117 SGB III; zum Teilarbeitslosengeld s. § 150 SGB III), wenn sie (§ 118 SGB III) arbeitslos – d. h. ohne Beschäftigung, arbeitsbemüht und für die AA verfügbar – sind (§§ 117–122 SGB III), sich bei der AA arbeitslos gemeldet haben (§ 122 SGB III) – die Pflicht dazu besteht spätestens drei Monate vor Beendigung eines Arbeitsverhältnisses, bei späterer Kenntnis binnen drei Tagen (§ 37 b SGB III) – und die Anwartschaftszeit erfüllt haben (d. h. nach §§ 123, 124 SGB III in einer Rahmenfrist von zwei Jahren, die mit dem Tag vor der Erfüllung aller sonstigen Voraussetzungen für den Anspruch auf Arbeitslosengeld beginnt, mindestens 12 Monate in einem Versicherungspflichtverhältnis gestanden haben).

Die **Dauer des Anspruchs** auf Arbeitslosengeld beträgt (§ 127 SGB III) 6 Monate nach einem Versicherungspflichtverhältnis (innerhalb einer um ein Jahr erweiterten Rahmenfrist) von 12 Monaten, 8 Monate nach 16 Monaten Versicherung, 10 Monate nach 20 Monaten Versicherung, 12 Monate nach 24 Monaten Versicherung, 15 Monate nach 30 Monaten Versicherung und Vollendung des 55. Lebensjahres sowie 18 Monate nach 36 Monaten Versicherung und Vollendung des 55. Lebensjahres (Eine längere Bezugsdauer bis 32 Monate ist möglich gewesen bei Antrag bis 31. 1. 2006, s. § 434 l Abs. 1 SGB III).

Rat: Bei Auslaufen des Alg ohne Anschluss-Alg II nach Möglichkeit freiwillig weiter krankenversichern innerhalb der Ausschlusspflicht von drei Monaten (§ 9 Abs. 2 Nr. 1 SGB V).

Die **Höhe** des Alg beläuft sich (§§ 129–139 SGB III) bei mindestens **einem** kindergeldberechtigten **Kind** (dazu S. 326) des Arbeitslosen, seines Ehegatten oder Lebenspartners auf **67%, ansonsten auf 60%** des pauschalierten Nettoentgelts (= Leistungsentgelt, das sich aus dem Bruttoentgelt ergibt, welches der Arbeitslose im Bemessungszeitraum erzielt

I. Soziale Rechte, Sozialleistungen und Sozialleistungsträger

hat = Bemessungsentgelt). Es mindert sich bei verspäteter Meldung (§ 140 SGB III) sowie Nebeneinkommen, das über einem Freibetrag liegt (§ 141 SGB III), und **ruht** bei bestimmten anderen Sozialleistungen (§ 142 SGB III), Arbeitsentgelt und Urlaubsabgeltung (§ 143 SGB III), Entlassungsentschädigung (§ 143 a SGB III), Sperrzeit (§ 144 SGB III), Säumniszeit (§ 145 SGB III), Arbeitskämpfen (§ 146 SGB III). Der Anspruch auf Arbeitslosengeld **erlischt** (§ 147 Abs. 1 SGB III) mit dem Entstehen eines neuen Anspruchs oder wenn der Arbeitslose Anlass für den Eintritt einer **Sperrzeit** mit einer Dauer von mindestens 21 Wochen gegeben hat; dabei werden auch Sperrzeiten berücksichtigt, die in einem Zeitraum von 12 Monaten vor der Entstehung des Anspruchs eingetreten sind und nicht bereits zum Erlöschen des Anspruchs geführt haben. **Arbeitslose ab 58 Jahre** können das Arbeitslosengeld unter erleichterten Voraussetzungen beziehen (§ 428 SGB III), und zwar bei entsprechender Erklärung ohne Arbeitsbereitschaft und -bemühung. Sie sind dann allerdings verpflichtet, einen Antrag auf Altersrente zu stellen, sobald ihnen eine solche ohne Abschläge zusteht. Vom 1. 1. 2008 an gilt diese Privilegierung von Arbeitslosen nur noch, falls der Anspruch davor entstanden ist und der Arbeitslose vor diesem Tag das 58. Lebensjahr vollendet hat.

Anstelle des Arbeitslosengelds tritt seit 1. 7. 2006 der neu konzipierte **Gründungszuschuss** zur Aufnahme einer selbstständigen hauptberuflichen Tätigkeit (§§ 57, 58 SGB III: neun Monate in Höhe des letzten Arbeitslosengelds plus 300 € für die soziale Sicherung, letztere mit Verlängerungsmöglichkeit von weiteren sechs Monaten).

Anspruch auf Arbeitslosengeld haben auch Arbeitnehmer während einer beruflichen **Weiterbildung** (§ 124 a SGB III). Auf **Übergangsgeld** haben behinderte Menschen Anspruch bei Erfüllung der Vorbeschäftigungszeit (§ 78 SGB III mit Modifikation in § 162 SGB III) und Teilnahme an einer geförderten Bildungsmaßnahme (§§ 160, 161 SGB III). Anspruch auf **Kurzarbeitergeld** besteht bei Arbeitnehmern, wenn ein erheblicher Arbeitsausfall ohne Entgelt vorliegt, die betrieblichen und persönlichen Voraussetzungen erfüllt sind sowie der Arbeitsausfall der AA angezeigt worden ist (§§ 160–181 SGB III). **Insolvenzgeld** wird geleistet bei einem Insolvenzverfahren über das Vermögen des Arbeitgebers oder Antragsabweisung bzw. Nichtstellung mangels Masse (§§ 183–189 a SGB III).

Seit 1. 1. 2006 besteht die Möglichkeit einer freiwilligen **Arbeitslosigkeits(weiter)versicherung** für Selbstständige, Personen, die Angehörige pflegen, und Arbeitnehmer, die eine Beschäftigung außerhalb des Euro-

A. Was gilt für alle Sozialleistungen?

päischen Wirtschaftsraums (EWR) aufnehmen (§ 28a SGB III). Das Beitrittsrecht ist allerdings für Personen, die seit 2004 selbstständig sind, sowie Auslandsbeschäftigte durch das Fortentwicklungsgesetz zum 31. 5. 2006 beendet worden.

Nach dem Recht der **Grundsicherung für Arbeitsuchende** (SGB II) können in Anspruch genommen werden (§ 19a Abs. 1 SGB I)

- Leistungen zur Eingliederung in Arbeit,
- Leistungen zur Sicherung des Lebensunterhalts (Alg II und Sozialgeld).

Nach dem Recht der Förderung eines **gleitenden Übergangs älterer Arbeitnehmer in den Ruhestand** (Altersteilzeitgesetz, s. § 68 Nr. 16 SGB I) können in Anspruch genommen werden (§ 19b Abs. 1 SGB I)

- Erstattung der Beiträge zur Höherversicherung in der gesetzlichen Rentenversicherung und der nicht auf das Arbeitsentgelt entfallenden Beiträge zur gesetzlichen Rentenversicherung für ältere Arbeitnehmer, die ihre Arbeitszeit verkürzt haben,
- Erstattung der Aufstockungsbeträge zum Arbeitsentgelt für die Altersteilzeitarbeit.

cc) Sozialleistungsträger: Zuständig für die **Arbeitsförderung** sind (§ 19 Abs. 2 SGB I) die **Agenturen für Arbeit** (AA) und die sonstigen Dienststellen der **Bundesagentur für Arbeit** (BA). Zuständig bei der **Grundsicherung für Arbeitsuchende** sind die Agenturen für Arbeit und die sonstigen Dienststellen der Bundesagentur für Arbeit sowie die kreisfreien Städte und Kreise, soweit durch Landesrecht nicht andere Träger bestimmt sind, bzw. zugelassene kommunale Träger (§ 19a Abs. 2 SGB I). Zuständig für Leistungen bei gleitendem Übergang älterer Arbeitnehmer in den Ruhestand sind die AA und die sonstigen Dienststellen der BA (§ 19b Abs. 2 SGB I).

c) Krankheit, Pflege, Arbeitsunfall, Erwerbsfähigkeitssicherung, -minderung, Alter

aa) Soziales Recht: Jeder hat im Rahmen des Sozialgesetzbuchs ein soziales Recht auf Zugang zur **Sozialversicherung** (§ 4 Abs. 1 SGB I). Wer in der Sozialversicherung versichert ist, hat im Rahmen der gesetzlichen Kranken-, Pflege-, Unfall- und Rentenversicherung einschließlich der Alterssicherung der Landwirte ein soziales Recht auf (§ 4 Abs. 2 S. 1 SGB I)

- die **notwendigen Maßnahmen** zum Schutz, zur Erhaltung, zur Besserung und Wiederherstellung der Gesundheit und der Leistungsfähigkeit und

I. Soziale Rechte, Sozialleistungen und Sozialleistungsträger

- **wirtschaftliche Sicherung** bei Krankheit, Mutterschaft, Minderung der Erwerbsfähigkeit und Alter.
  Ein soziales Recht auf wirtschaftliche Sicherung haben auch die **Hinterbliebenen** eines Versicherten (§ 4 Abs. 2 S. 2 SGB I).

bb) Sozialleistungen: Nach dem Recht der gesetzlichen **Krankenversicherung** (SGB V, Reichsversicherungsverordnung, Gesetz zur Hilfe für Frauen bei Schwangerschaftsabbrüchen in besonderen Fällen, Gesetz über die Krankenversicherung der Landwirte, s. § 68 Nr. 3, 5, 6, 7 SGB I) können von Krankenversicherten in Anspruch genommen werden (§§ 21 Abs. 1, 21 b Abs. 1 SGB I):

- Leistungen zur Förderung der Gesundheit, zur **Verhütung** und zur **Früherkennung** von Krankheiten,
- bei Krankheit **Krankenbehandlung,** insbesondere
  - **ärztliche** und zahnärztliche **Behandlung,**
  - Versorgung mit Arznei-, Verband-, Heil- und Hilfsmitteln,
  - häusliche **Krankenpflege** und Haushaltshilfe,
  - **Krankenhausbehandlung,**
  - medizinische und ergänzende Leistungen zur **Rehabilitation,**
  - Betriebshilfe für Landwirte,
  - **Krankengeld:** Auf Krankengeld haben Versicherte (Ausnahme u.a. Familienversicherte) Anspruch (§§ 44–51 SGB V), wenn eine Krankheit sie **arbeitsunfähig** macht – nach Auslaufen der Lohnfortzahlung in der Regel von 6 Wochen gemäß dem Entgeltfortzahlungsgesetz (80% des bisherigen Einkommens, soweit nicht ein Tarifvertrag ein höheres sichert) – in Höhe von 70% des Regelentgelts und längstens für 78 Wochen innerhalb von drei Jahren bei Arbeitsunfähigkeit wegen derselben Krankheit, ansonsten ohne zeitliche Begrenzung, weiter bei **Erkrankung eines Kinds** in jedem Kalenderjahr für jedes Kind längstens 10 Arbeitstage/Alleinerziehende 20 Arbeitstage, höchstens insgesamt 25 Arbeitstage/Alleinerziehende 50 Arbeitstage.
- bei **Schwanger- und Mutterschaft** ärztliche Betreuung, Hebammenhilfe, stationäre Entbindung, häusliche Pflege, Haushaltshilfe, Betriebshilfe für Landwirte, Mutterschaftsgeld anstelle von Kranken- oder Arbeitsentgelt (s. §§ 195–200 Reichsversicherungsordnung),
- Hilfe zur **Familienplanung** und die Leistungen bei durch Krankheit erforderlicher **Sterilisation** sowie bei nicht rechtswidrigem Schwangerschaftsabbruch.

7

A. Was gilt für alle Sozialleistungen?

Nach einem Urteil des BVerfG aus dem Jahr 1993 verbietet es das Grundgesetz, einen Anspruch auf Leistungen der gesetzlichen Krankenversicherung zu gewähren für die Vornahme eines **Schwangerschaftsabbruchs,** dessen Rechtmäßigkeit nicht festgestellt ist (BVerfGE 88, 203 [205] – Leitsatz 16). Dementsprechend werden die Gesamtkosten eines Schwangerschaftsabbruchs gemäß § 24 b Abs. 1 und 2 SGB V nur bei einem nicht rechtswidrigen „Indikationsabbruch" übernommen. Bei einem lediglich straffreien „Beratungsabbruch" werden die Kosten der Vornahme des Abbruchs und der Nachbehandlung bei komplikationslosem Verlauf von der Leistung der gesetzlichen Krankenkasse nicht umfasst (§ 24 b Abs. 3 und 4 SGB V) und müssen grundsätzlich von der betroffenen Frau selbst getragen werden.

Nach dem „Gesetz zur Hilfe für Frauen bei Schwangerschaftsabbrüchen in besonderen Fällen" wird **im Falle der Unzumutbarkeit der Tragung der Kosten des Schwangerschaftsabbruchs der Abbruch auf Kosten des Wohnsitzbundeslandes vorgenommen** (§ 4 des Gesetzes). Durchgeführt wird das Gesetz von derjenigen Krankenkasse, bei der die Frau versichert ist oder die sie im Falle fehlender Versicherung wählt (§ 3 des Gesetzes). Die **Voraussetzungen für die Kostenübernahme** gelten als **erfüllt, wenn** die betreffende Frau **Lebensunterhaltsleistungen nach SGB II bzw. SGB XII,** Ausbildungsförderung im Rahmen der Anordnung der Bundesanstalt für Arbeit über die individuelle Förderung der beruflichen Ausbildung oder über die Arbeits- und Berufsförderung Behinderter, **Leistungen nach dem Asylbewerberleistungsgesetz** oder **Ausbildungsförderung nach dem Bundesausbildungsförderungsgesetz** erhält oder wenn die Kosten für ihre Unterbringung in einer Anstalt, einem Heim oder in einer gleichartigen Einrichtung von einem Träger der Sozialhilfe oder Jugendhilfe getragen werden (§ 1 Abs. 3 des Gesetzes). In allen anderen Fällen dürfen die verfügbaren persönlichen Einkünfte der Frau in den alten Bundesländern 961 € und in den neuen Bundesländern 924 € im Monat (nach § 6 des Gesetzes werden die Beträge in dem Maße erhöht, in dem der aktuelle Rentenwert steigt; da eine Rentenanpassung seit 2004 ausgesetzt wurde, gelten die angegebenen Beträge über den 30. 6. 2004 hinaus) nicht übersteigen. Weiterhin darf kein kurzfristig verwertbares Vermögen zur Verfügung stehen. Diese Einkommensgrenze erhöht sich für jedes im Haus der Frau lebende minderjährige Kind um 227 € in den alten wie in den neuen Bundesländern. Sie erhöhen sich auch, wenn die Kosten der Unterkunft einen bestimmten Betrag übersteigen, und zwar 282 € in

I. Soziale Rechte, Sozialleistungen und Sozialleistungsträger

den alten Bundesländern sowie 246 € in den neuen Bundesländern, maximal bis 282 € in den alten und neuen Bundesländern. Einkommen und Vermögen des Ehepartners oder der Eltern dürfen weder erfragt noch angerechnet werden.

Nach dem Recht der **sozialen Pflegeversicherung** (SGB XI) können in Anspruch genommen werden (§ 21 a Abs. 1 SGB I):

- Leistungen bei **häuslicher Pflege:**
  - Pflegesachleistungen,
  - Pflegegeld für selbstbeschaffte Pflegehilfen,
  - häusliche Pflege bei Verhinderung der Pflegeperson,
  - Pflegehilfsmittel und technische Hilfen,
- **teilstationäre Pflege** und Kurzzeitpflege,
- Leistungen für **Pflegepersonen,** insbesondere
  - soziale Sicherung und
  - Pflegekurse,
- **vollstationäre Pflege.**

Rat: Einzelheiten in Sengler/Zinsmeister, Mein Recht bei Pflegebedürftigkeit, dtv 5650.

Nach dem Recht der gesetzlichen **Unfallversicherung** (SGB VII) können in Anspruch genommen werden (§ 22 Abs. 1 SGB I):

- Maßnahmen zur **Verhütung** von **Arbeitsunfällen, Berufskrankheiten** und arbeitsbedingten Gesundheitsgefahren und zur Ersten Hilfe sowie Maßnahmen zur Früherkennung von Berufskrankheiten und arbeitsbedingten Gesundheitsgefahren,
- **Heilbehandlung,** Leistungen zur Teilhabe am Arbeitsleben und andere Leistungen zur Erhaltung, Besserung und **Wiederherstellung der Erwerbsfähigkeit** sowie zur Erleichterung der Verletzungsfolgen einschließlich wirtschaftlicher Hilfen, nämlich **Verletzten- und Übergangsgeld** bei Leistungen zur Teilhabe am Arbeitsleben unter Einkommensanrechnung (§§ 45–52 SGB VII),
- **Renten** wegen Minderung der Erwerbsfähigkeit,
- Renten an **Hinterbliebene,** Sterbegeld und Beihilfen,
- Rentenabfindungen,
- Haushaltshilfe,
- Betriebshilfe für Landwirte.

Rat: Einzelheiten in Becker, Gesetzliche Unfallversicherung, dtv 50628.

0

A. Was gilt für alle Sozialleistungen?

Nach dem Recht der gesetzlichen **Rentenversicherung** (SGB VI) einschließlich der Alterssicherung der Landwirte (Gesetz über die Alterssicherung der Landwirte, s. § 68 Nr. 4 SGB I) können in Anspruch genommen werden (§ 23 Abs. 1 SGB I):

• in der gesetzlichen Rentenversicherung:

– Heilbehandlung, Leistungen zur Teilhabe am Arbeitsleben und andere Leistungen wie dem Übergangsgeld zur Erhaltung, Besserung und **Wiederherstellung der Erwerbsfähigkeit** einschließlich wirtschaftlicher Hilfen (s. §§ 9–32 SGB VI),

– **Renten wegen Alters** (s. §§ 35–42 SGB VI) **und wegen verminderter Erwerbsfähigkeit** (s. §§ 43–45 SGB VI),

– **Renten wegen Todes** bzw. Verschollenheit (s. §§ 46–49 SGB VI: Witwen- oder Witwer-, Erziehungs-, Waisen-, Verschollenheitsrente),

– Witwen- und Witwerabfindungen sowie Beitragserstattungen,

– Zuschüsse zu den Aufwendungen für die Krankenversicherungen,

– Leistungen für **Kindererziehung;** hierbei geht es einmal um die Kindererziehungs- bzw. Berücksichtigungszeiten (§§ 56, 57, 249 SGB VI) und zum anderen um die Erziehungsleistungen an Mütter der Geburtsjahrgänge vor 1921/Ost 1927 (§§ 294 ff. SGB V) in Höhe des aktuellen Rentenwerts (derzeit 26,13 €/Ost 22,97 €),

• in der Alterssicherung der **Landwirte:**

– Heilbehandlung und andere Leistungen zur Erhaltung, Besserung und Wiederherstellung der Erwerbsfähigkeit einschließlich Betriebs- oder Haushaltshilfe,

– Renten wegen Erwerbsminderung und Alters,

– Renten wegen Todes,

– Beitragszuschüsse,

– Betriebs- und Haushaltshilfe oder sonstige Leistungen zur Aufrechterhaltung des Unternehmens der Landwirtschaft.

cc) Sozialleistungsträger: Zuständig für die Leistungen der gesetzlichen **Krankenversicherung** einschließlich bei Schwangerschaftsabbrüchen sind (§§ 21 Abs. 2, 21 b Abs. 2 SGB I) die Orts-, Betriebs- und Innungskrankenkassen, die See-Krankenkasse, die landwirtschaftlichen Krankenkassen, die Bundesknappschaft und die Ersatzkassen. Zuständig für die Leistungen der **sozialen Pflegeversicherungen** sind die bei den Krankenkassen errichteten Pflegekassen (§ 21 a Abs. 2 SGB I). Zuständig für die Leistungen der gesetzlichen **Unfallversicherung** sind

I. Soziale Rechte, Sozialleistungen und Sozialleistungsträger

die gewerblichen und die landwirtschaftlichen **Berufsgenossenschaften,** die Gemeindeunfallversicherungsverbände, die Feuerwehr-Unfallkassen, die Eisenbahn-Unfallkasse, die Unfallkasse Post und Telekom, die Unfallkassen der Länder und Gemeinden, die gemeinsamen Unfallkassen für den Landes- und den kommunalen Bereich und die Unfallkasse des Bundes (§ 22 Abs. 2 SGB I). Zuständig für die Leistungen der gesetzlichen **Rentenversicherung** einschließlich der Alterssicherung der Landwirte sind (§ 23 Abs. 2 SGB I)

- in der allgemeinen Rentenversicherung die Regionalträger, die Deutsche Rentenversicherung Bund und die Deutsche Rentenversicherung Kanppschaft-Bahn-See,
- in der knappschaftlichen Rentenversicherung die Deutsche Rentenversicherung Knappschaft-Bahn-See,
- in der Alterssicherung der Landwirte die landwirtschaftlichen Alterskassen.

d) Gesundheitsopfer

aa) Soziales Recht: Wer einen **Gesundheitsschaden** erleidet, für dessen Folgen die staatliche Gemeinschaft in Abgeltung eines **besonderen Opfers** oder aus anderen Gründen einsteht, hat ein soziales Recht auf (§ 5 SGB I)

- die notwendigen Maßnahmen zur Erhaltung, zur Besserung und zur **Wiederherstellung der Gesundheit** und der Leistungsfähigkeit und
- **angemessene wirtschaftliche Versorgung** einschließlich der Hinterbliebenen bei Tod.

bb) Sozialleistungen: Nach dem Recht der sozialen Entschädigung bei Gesundheitsschäden (Bundesversorgungsgesetz mit den auf es verweisenden Bestimmungen des Soldatenversorgungs-, Bundesgrenzschutz-, Zivildienst-, Infektionsschutz-, Häftlingshilfe-, Opferentschädigungs-, Strafrechtliches Rehabilitierungs- und Verwaltungsrechtliches Rehabilitierungsgesetzes, s. § 68 Nr. 7a–h SGB I) können in Anspruch genommen werden (s. § 24 Abs. 1 SGB I):

- **Heil- und Krankenbehandlung** sowie andere Leistungen zur Erhaltung, Besserung und Wiederherstellung der Leistungsfähigkeit einschließlich **wirtschaftlicher Hilfen;** dazu zählen das **Versorgungskrankengeld** (§§ 16–16h BVG), **Übergangsgeld** bei Maßnahmen zur Teilhabe am Arbeitsleben, bei vorher nicht beruflich Tätigen Unterhaltsbeihilfe (§§ 26, 26a BVG); weiter gibt es bei Hilflosigkeit eine

11

Pflegezulage zwischen 260 € und 1300 €, gegebenenfalls höhere Leistungen bei Einsatz von Pflegekräften bzw. Anstaltspflege (§ 35 BVG),

- **Renten wegen Minderung der Erwerbsfähigkeit:** Eine einkommensunabhängige monatliche **Grundrente** wegen Mehraufwendungen und zum Ausgleich **immaterieller Beeinträchtigungen** erhalten Beschädigte, deren schädigungsbedingte Minderung der Erwerbsfähigkeit mindestens 25% beträgt (gestaffelt nach deren Grad zwischen ca. 120 € und 625 €), Schwerbeschädigte (mindestens 50% mit einem Zusatzbetrag zwischen ca. 25 € und 40 €), **Schwerstbeschädigte** eine **Zulage** in 6 Stufen zwischen ca. 70 € und 450 € (s. § 31 BVG). Einkommensabhängig sind der **Berufsschadenausgleich** und die Ausgleichsrente. Berufsschadenausgleich erhalten Beschädigte, deren Einkommen aus gegenwärtiger oder früherer Tätigkeit durch die Schädigungsfolgen gemindert ist (§§ 30 Abs. 3 ff. BVG). Schwerbeschädigte bekommen eine **Ausgleichsrente,** wenn sie infolge ihres Gesundheitszustands oder hohen Alters oder aus einem nicht von ihnen zu vertretendem sonstigen Grund eine ihnen zumutbare Erwerbstätigkeit nicht, nur in beschränktem Umfang oder mit überdurchschnittlichem Kraftaufwand ausüben können, und zwar je nach Minderung der Erwerbsfähigkeit zwischen 390 € und 630 € (§ 32 BVG),
- Renten an **Hinterbliebene,** Bestattungsgeld und Sterbegeld,
- Kapitalabfindung, insbesondere zur Wohnraumbeschaffung,
- **besondere Hilfen im Einzelfall** einschließlich Leistungen zur Teilhabe am Arbeitsleben. Dies betrifft die **(Kriegs)Opferfürsorge** für Beschädigte und Hinterbliebene (§§ 25–27 j BVG und VO über die Kriegsopferfürsorge), u.a. ergänzende Hilfe zum Lebensunterhalt und Hilfe in besonderen Lebenslagen mit – im Vergleich zu SGB II/XII eingeschränkter – Berücksichtigung von Einkommen und Vermögen; aus Billigkeitsgründen können Leistungen der Kriegsopferfürsorge auch dann gewährt werden, wenn die grundsätzlich erforderliche Kausalität zwischen Schädigung und Notwendigkeit der Leistung nicht gegeben ist.

cc) Sozialleistungsträger: Zuständig sind die Versorgungsämter, die Landesversorgungsämter und die orthopädischen Versorgungsstellen, für die besonderen Hilfen im Einzelfall die Kreise und kreisfreien Städte sowie die Hauptfürsorgestellen; bei Durchführung der Heil- und Krankenbehandlung wirken die Träger der gesetzlichen Krankenversicherung mit (§ 24 Abs. 2 SGB I).

I. Soziale Rechte, Sozialleistungen und Sozialleistungsträger

e) Behinderung

aa) Soziales Recht: Menschen, die körperlich, geistig oder seelisch behindert sind oder denen eine solche Behinderung droht, haben unabhängig von der Ursache der Behinderung zur **Förderung ihrer Selbstbestimmung und gleichberechtigten Teilhabe** ein soziales Recht auf Hilfe (§ 10 SGB I), die notwendig ist, um

- die Behinderung abzuwenden, zu beseitigen, zu mindern, ihre Verschlimmerung zu verhüten oder ihre Folgen zu mildern,
- Einschränkungen der Erwerbsfähigkeit oder Pflegebedürftigkeit zu vermeiden, zu überwinden, zu mindern oder eine Verschlimmerung zu verhüten sowie den vorzeitigen Bezug von Sozialleistungen zu vermeiden oder laufende Sozialleistungen zu mindern,
- ihnen einen ihren Neigungen und Fähigkeiten entsprechenden Platz im Arbeitsleben zu sichern,
- ihre Entwicklung zu fördern und ihre Teilhabe am Leben in der Gesellschaft und eine möglichst selbstständige und selbstbestimmte Lebensführung zu ermöglichen oder zu erleichtern sowie
- Benachteiligungen aufgrund der Behinderung entgegenzuwirken.

bb) Sozialleistungen: Nach dem Recht der Rehabilitation und Teilhabe behinderter Menschen (SGB III, V, XI, VII, VI, BVG, SGB VIII und SGB XII sowie dem SGB IX) können in Anspruch genommen werden (§ 29 Abs. 1 SGB I):

- Leistungen zur **medizinischen Rehabilitation,** insbesondere
  - Frühförderung behinderter und von Behinderung bedrohter Kinder,
  - ärztliche und zahnärztliche Behandlung,
  - Arznei- und Verbandmittel sowie Heilmittel einschließlich physikalischer, Sprach- und Beschäftigungstherapie,
  - Körperersatzstücke, orthopädische und andere Hilfsmittel,
  - Belastungserprobung und Arbeitstherapie,
- Leistungen zur **Teilhabe am Arbeitsleben,** insbesondere
  - Hilfen zum Erhalten oder Erlangen eines Arbeitsplatzes,
  - Berufsvorbereitung, berufliche Anpassung, Aus- und Weiterbildung,
  - sonstige Hilfen zur Förderung der Teilhabe am Arbeitsleben,
- Leistungen zur **Teilhabe am Leben in der Gemeinschaft,** insbesondere Hilfen
  - zur Entwicklung der geistigen und körperlichen Fähigkeiten vor Beginn der Schulpflicht,
  - zur angemessenen Schulbildung,

A. Was gilt für alle Sozialleistungen?

- zur heilpädagogischen Förderung,
- zum Erwerb praktischer Kenntnisse und Fähigkeiten,
- zur Ausübung einer angemessenen Tätigkeit, soweit Leistungen zur Teilhabe am Arbeitsleben nicht möglich sind,
- zur Förderung der Verständigung mit der Umwelt,
- zur Freizeitgestaltung und sonstigen Teilhabe am gesellschaftlichen Leben,
- **unterhaltssichernde und andere ergänzende Leistungen,** insbesondere
  - Kranken-, Versorgungskranken-, Verletzen-, Übergangs-, Ausbildungsgeld oder Unterhaltsbeihilfe,
  - Beiträge zur gesetzlichen Kranken-, Unfall-, Renten- und Pflegeversicherung sowie zur Bundesagentur für Arbeit,
  - Reisekosten,
  - Haushalts- oder Betriebshilfe und Kinderbetreuungskosten,
  - Rehabilitationssport und Funktionstraining,
- besondere Leistungen und sonstige Hilfen zur **Teilhabe schwerbehinderter Menschen** am Leben in der Gesellschaft, insbesondere am Arbeitsleben nach Maßgabe des SGB IX (u. a. § 69 Schwerbehindertenausweis, §§ 145–153: Unentgeltliche Beförderung im öffentlichen Nahverkehr).

Rat: Einzelheiten in Majerski-Pahlen/Pahlen, Mein Recht als Schwerbehinderter, dtv 5252,

---

cc) Sozialleistungsträger: Zuständig sind (§§ 29 Abs. 2 SGB I, 6, 101 SGB IX):
- für Leistungen der **medizinischen Rehabilitation** die Träger der gesetzlichen Kranken-, Unfall-, Rentenversicherung, der Opferversorgung und -fürsorge, der Kinder- und Jugend- sowie der Sozialhilfe,
- für Leistungen zur **Teilhabe am Arbeitsleben** die BA, die Träger der Unfall- und Rentenversicherung, der Kriegsopferversorgung und -fürsorge, der Kinder- und Jugendhilfe sowie der Sozialhilfe,
- für Leistungen zur **Teilhabe am Gemeinschaftsleben** die Träger der Unfallversicherung, Opferversorgung und -fürsorge, der Kinder- und Jugend- sowie der Sozialhilfe,
- für **unterhaltssichernde und andere ergänzende Leistungen** die BA, die Träger der gesetzlichen Kranken-, Unfall-, Rentenversicherung sowie der Kriegsopferversorgung und -fürsorge,

I. Soziale Rechte, Sozialleistungen und Sozialleistungsträger

- für **Schwerbehindertenleistungen** die Integrationsämter in Zusammenarbeit mit der BA.

f) Kindheit und Jugend

aa) Soziales Recht: Junge Menschen und Personensorgeberechtigte haben ein soziales Recht, Leistungen der **öffentlichen Jugendhilfe** in Anspruch zu nehmen; sie sollen die Entwicklung junger Menschen fördern und die Erziehung in der Familie unterstützen und ergänzen (§ 8 SGB I).

bb) Sozialleistungen: Nach dem Recht der Kinder- und Jugendhilfe (SGB VIII) können in Anspruch genommen werden (§ 27 Abs. 1 SGB I):

- Angebote der Jugendarbeit, der Jugendsozialarbeit und des erzieherischen Jugendschutzes einschließlich Bildungsmaßnahmen/begleiteten Wohnformen mit Heranziehung zu den Kosten (s. §§ 13 Abs. 3, 91 Abs. 1 Nr. 1 SGB VIII),
- Angebote zur Förderung der Erziehung in der Familie einschließlich gemeinsamen Wohnformen für Mütter/Väter und Kinder mit Kostenheranziehung (s. §§ 19, 91 Abs. 1 Nr. 2 SGB VIII),
- Angebote zur Förderung von Kindern in **Tageseinrichtungen** und in Tagespflege einschließlich Kostenheranziehung (s. §§ 22–24a, 90 SGB VIII: Kostenbefreiung, bei Unzumutbarkeit der Belastung entsprechend der Hilfe in besonderen Lebenslagen gemäß §§ 82–85, 87, 88 SGB XII, s. S. 258 ff.),
- **Hilfe zur Erziehung, Eingliederungshilfe für seelisch behinderte Kinder und Jugendliche** sowie **Hilfe für junge Volljährige.** Diese schließen teilweise Unterhalt (§ 39 SGB VIII) und Krankenhilfe (§ 40 SGB VIII) mit der Möglichkeit der Heranziehung von Kindern und Jugendlichen sowie jungen Volljährigen bzw. Eltern zu den Kosten ein (s. § 91 Abs. 1 Nr. 5–8, Abs. 2 Nr. 3, 4 SGB VIII).

cc) Sozialleistungsträger: Zuständig sind die Kreise und kreisfreien Städte, nach Maßgabe des Landesrechts auch kreisangehörige Gemeinden; sie arbeiten mit der freien Jugendhilfe zusammen (§ 27 Abs. 2 SGB I).

g) Kindesunterhalt

aa) Soziales Recht: Wer Kindern Unterhalt zu leisten hat oder leistet, hat ein Recht auf **Minderung** der dadurch entstehenden **wirtschaftlichen Belastungen** (§ 6 SGB I).

bb) Sozialleistungen: Nach dem Bundeskindergeldgesetz (s. § 68 Nr. 9 SGB I) kann **Kindergeld** nur in Anspruch genommen werden (§ 25 Abs. 1 SGB I), soweit es nicht gemäß dem Einkommensteuergesetz (S. 323) gewährt wird, d. h. insbesondere für nicht diesem unterfallende Auslandsbeschäftigte einschließlich Entwicklungshelfern. Darüber hinaus wird nach ihm (§ 6a BKGG) zur Abwendung von SGB-II-Bedürftigkeit ein Kinderzuschlag geleistet (S. 113 ff.). Nach dem Bundeserziehungsgeldgesetz (s. § 68 Nr. 11 SGB I) kann grundsätzlich für jedes vor dem 1. 1. 2007 geborene Kind **Erziehungsgeld** und für jedes ab 1. 1. 2007 geborene Kind **Elterngeld** in Anspruch genommen werden (§ 25 Abs. 2 SGB I). Das Erziehungsgeld wird unter Berücksichtigung von Einkommensgrenzen monatlich vom Tag der Geburt bis zur Vollendung des 12. Lebensmonats in Höhe von 460 € (Budget) oder bis zum 24. Lebensmonat im Umfang von 300 € gezahlt (s. §§ 4–6 BErzGG). Das Elterngeld wird in Höhe von 67% des letzten vor der Geburt erzielten Erwerbseinkommens bis höchstens 1800 € und mindestens in Höhe von 300 € gezahlt, und zwar für längstens 14 Monate (§§ 2, 4 BEEG; Elterngeldrechner unter www.bmfsfj.de/Elterngeldrechner/). Nach dem Unterhaltsvorschussgesetz (s. § 68 Nr. 14 SGB I) haben Kinder bis zur Vollendung des 12. Lebensjahres für längstens 72 Monate Anspruch auf **Unterhaltsvorschuss** in Höhe von 204 €/Ost 188 € im Alter zwischen 0–5 Jahren und von 247 €/Ost 228 € im Alter von 6–11 Jahren, wenn sie bei einem Elternteil leben, der ledig, verwitwet bzw. geschieden ist oder von seinem Ehegatten dauernd getrennt lebt, d. h. auch bei einem Elternteil, der mit eheähnlichem Partner (außer dem anderen Elternteil) zusammenlebt (nicht jedoch beim Zusammenleben mit einem Ehepartner, auch wenn dieser kein Elternteil ist), und zwar wenn der Elternteil, bei dem das Kind lebt, das Kindergeld erhält oder ein Dritter mit Ausnahme des anderen Elternteils einen solchen Anspruch hat, jeweils gemindert um die Hälfte des für das erste Kind zu zahlenden Kindergeldes, d. h. 77 €.

cc) Sozialleistungsträger: Zuständig sind (s. § 26 Abs. 3 SGB I, § 10 BErzGG, § 12 Abs. 1 BEEG, § 9 Abs. 1 S. 2 Unterhaltsvorschussgesetz) für das Kindergeld und Kinderzulagen die Familienkasse der BA, für Erziehungsgeld und Elterngeld nach Landesrecht bestimmte Träger (u.a. AA, Kreise und kreisfreie Städte, Versorgungsämter) und für den Unterhaltsvorschuss die durch Landesrecht bestimmten Stellen, meist das Jugendamt.

I. Soziale Rechte, Sozialleistungen und Sozialleistungsträger

h) Wohnung

aa) Soziales Recht: Wer für eine angemessene Wohnung Aufwendungen erbringen muss, die ihm nicht zugemutet werden können, hat ein Recht auf **Zuschuss zur Miete** oder zu vergleichbaren Aufwendungen (§ 7 SGB I).

bb) Sozialleistungen: Nach dem Wohngeldrecht (Wohngeldgesetz) kann als Zuschuss zur Miete oder zum eigengenutzten Wohnraum **Wohngeld** in Anspruch genommen werden (§ 26 Abs. 1 SGB I).

cc) Sozialleistungsträger: Zuständig sind die durch Landesrecht bestimmten Behörden (§ 26 Abs. 2 SGB I), regelmäßig die Kommunen (Städte, Kreise, Gemeinden) mit ihren Wohngeldstellen.

i) Lebensunterhalt und besondere Lebenslagen

aa) Soziales Recht: Wer nicht in der Lage ist, aus eigenen Kräften seinen **Lebensunterhalt** zu bestreiten oder in **besonderen Lebenslagen** sich selbst zu helfen, und auch von anderer Seite keine ausreichende Hilfe erhält, hat ein **Recht auf persönliche und wirtschaftliche Hilfe,** die seinem besonderen Bedarf entspricht, ihn zur Selbsthilfe befähigt, die Teilnahme am Leben in der Gemeinschaft ermöglicht und die Führung eines menschenwürdigen Lebens sichert; hierbei müssen Leistungsberechtigte nach ihren Kräften mitwirken (§ 9 SGB I).

bb) Sozialleistungen: Nach dem Recht der Sozialhilfe (SGB XII) können in Anspruch genommen werden (§ 28 Abs. 1 SGB I):
- Hilfe zum Lebensunterhalt,
- Grundsicherung im Alter und bei Erwerbsminderung
- Hilfen zur Gesundheit,
- Eingliederungshilfe für behinderte Menschen,
- Hilfe zur Pflege,
- Hilfe zur Überwindung besonderer sozialer Schwierigkeiten,
- Hilfe in anderen Lebenslagen,

sowie die jeweils gebotene Beratung und Unterstützung.

cc) Sozialleistungsträger: Zuständig sind die Kreise und kreisfreien Städte, die überörtlichen Träger der Sozialhilfe und für besondere Aufgaben die Gesundheitsämter (§ 28 Abs. 2 SGB I).

17

2. Sozialleistungsstrukturierung

Eine systematische Strukturierung der eben vorgestellten Sozialleistungen lässt sich mit den Begriffen (Lebenslagen)Bedarf und Bedürftigkeit herstellen.

a) Bedarf

Der Bedarf knüpft an die **besonderen Lebenslagen** Bildung, Arbeit, Krankheit, Pflege, Arbeitsunfall, Erwerbsfähigkeitssicherung/Erwerbsminderung/Alter, Gesundheitsopfer, Behinderung, Kindheit und Jugend sowie die **allgemeine Lebenslage Unterhalt** an. Teilweise werden Unterhaltsleistungen an besondere Lebenslagen gekoppelt und damit auch von der Sozialversicherung erbracht, z. B. Arbeitslosen- und Insolvenzgeld, Krankengeld, Übergangsgeld bei Bildungsmaßnahmen für behinderte Menschen, Verletztengeld. Ansonsten sind die Unterhaltsleistungen von dem Auffangnetz der Sozialhilfe zu erbringen, das auch dann einzugreifen hat, wenn in besonderen Lebenslagen keine andere Sozialleistung zur Verfügung steht.

b) Bedürftigkeit

Bedürftigkeitsabhängig sind die Sozialleistungen, die nur bei **fehlenden eigenen Mitteln** erbracht werden, so dass bei ihnen geprüft wird, ob die Mittel Einkommen oder Vermögen, gegebenenfalls weitere Kräfte wie vor allem die Arbeitskraft, in der Lage sind, den Bedarf zu decken. Bedürftigkeits- oder mittelabhängige Sozialleistungen sind früher (und werden auch jetzt wieder) mit dem Wort „Fürsorge" (s. noch Art. 74 Abs. 1 Nr. 7 GG) bezeichnet worden. Nicht bedürftigkeitsabhängig sind tendenziell vor allem die Sozialversicherungsleistungen. Nicht mittelabhängige Sozialleistungen erfolgen bei Vorliegen der Anspruchsvoraussetzungen, bedürftigkeitsabhängige Sozialleistungen nach Prüfung von Bedarf und Bedürftigkeit.

3. SGB II und SGB XII

Das bisherige System der Sozialleistungen hat durch die am 1. 1. 2005 in Kraft getretenen Gesetzbücher SGB II und SGB XII eine **Neuformierung bei den bedürftigkeitsabhängigen Unterhaltsleistungen** erfahren, während die bedürftigkeitsunabhängigen Sozialleistungen sowohl hinsichtlich Unterhalt als auch besonderen Lebenslagen in ihrer Struktur erhalten geblieben sind, wenn sie auch im Detail geändert wurden (z. B. bei der Dauer des auf 12 bzw. 18 Monate begrenzten Ar-

I. Soziale Rechte, Sozialleistungen und Sozialleistungsträger

beitslosengeld nach dem SGB III). Bei den bedürftigkeitsabhängigen Unterhaltsleistungen sind zwar die für kleinere spezielle Personengruppen bestehenden – wie hinsichtlich Kindern und Jugendlichen (Kindergeld, Unterhaltsvorschuss), Auszubildende (BAB, BAföG), Gesundheitsopfern („Kriegsopferfürsorge") und auch Asylbewerbern (s. S. 327 ff.) – nicht umstrukturiert worden, wohl aber diejenigen für die große Zahl der anderen Bedürftigen. Diesbezüglich ist jetzt zu unterscheiden zwischen erwerbsfähigen und nicht erwerbsfähigen Hilfebedürftigen. Für **erwerbsfähige Hilfebedürftige** hat das **SGB II** als Unterhaltsleistung in Ablösung der Arbeitslosenhilfe und der BSHG-Hilfe zum Lebensunterhalt das **Arbeitslosengeld II (Alg II)** und das **Sozialgeld** für bestimmte mit ihnen in Bedarfsgemeinschaft lebende Angehörige eingeführt sowie hinsichtlich ihrer besonderen Lebenslage Arbeitssuche die **Arbeitseingliederungsleistungen.** Für länger **nicht erwerbsfähige Hilfebedürftige** sieht das SGB XII als Unterhaltsleistungen die **Hilfe zum Lebensunterhalt** und die **Grundsicherung** im **Alter** und bei (dauerhafter) **Erwerbsminderung** vor.

Wohngeld ist in Weiterführung der bisherigen Regelungen für Empfänger laufender Leistungen der BSHG-Hilfe zum Lebensunterhalt und der Gesundheitsopferfürsorge nach dem Bundesversorgungsgesetz künftig bei **Empfängern von Alg II/Sozialgeld nach SGB II, Hilfe zum Lebensunterhalt und Grundsicherung nach dem SGB XII,** Gesundheitsopferfürsorge nach dem Bundesversorgungsgesetz und SGB VIII-Unterhaltsleistungen sowie Asylbewerberleistungen vom **Anwendungsbereich des Wohngeldgesetzes ausgeschlossen,** soweit bei der Berechnung der angeführten Leistungen Kosten der Unterkunft berücksichtigt werden (§ 1 Abs. 2 S. 1 WoGG). Die Unterkunftskosten der genannten Transferleistungsempfänger werden zwecks einheitlicher Leistungsgewährung und Reduzierung des Verwaltungsaufwands ausschließlich durch das jeweilige Leistungsgesetz und ihre Träger abgedeckt.

Für **alle Hilfebedürftige** – egal ob erwerbsfähig oder nicht – sind nach dem SGB XII weiterhin in der Sache die **bisherigen BSHG-Hilfen in besonderen Lebenslagen** (mit Ausnahme der weggefallenen Hilfe zum Aufbau und zur Sicherung der Lebensgrundlage gemäß § 30 BSHG und zusätzlich den Bestattungskosten, die bisher in § 15 BSHG geregelt waren) zu erbringen, die freilich das Gesetz nicht mehr übergreifend „Hilfe in besonderen Lebenslagen" nennt, sondern wenig anschaulich bei der Bestimmung der jetzt einzigen Einkommensgrenze (§ 85 SGB XII) Leistungen bzw. Hilfen „nach dem 5.–9. Kapitel". Die **Hilfen in besonderen Lebens-**

19

lagen haben jedoch für SGB II-Leistungsberechtigte **geringere Bedeutung** als bisher für die Empfänger von BSHG-Hilfe zum Lebensunterhalt, weil die SGB II-Leistungsbezieher in den Schutz der Sozialversicherung mit ihren vorrangigen Leistungen einbezogen worden sind (s. für die gesetzliche Krankenversicherung § 5 Abs. 1 Nr. 2a SGB V, für die Pflegeversicherung § 20 Abs. 1 Nr. 2a SGB XI, für die Rentenversicherung § 3 S. 1 Nr. 3a SGB VI). Die Beiträge werden direkt vom SGB-II-Träger gezahlt.

II. SGB I: Allgemeingültige Leistungsgrundsätze

Das SGB I beinhaltet eine Reihe von allgemeingültigen Leistungsgrundsätzen, denen gemeinsam ist, dass sie durch die **besonderen Teile des SGB nicht abänderbar** sind, sondern vorbehaltlos gelten (s. § 37 S. 1, 2 SGB I). Diese Aussage ist freilich dahin zu relativieren, dass nach dem SGB I Ansprüche auf Sozialleistungen nur aufgrund der besonderen Teile des SGB möglich sind.

1. Ansprüche auf Sozialleistungen

Ansprüche auf Sozialleistungen bestehen nur insoweit, als deren Voraussetzungen und Inhalt durch die Vorschriften der **besonderen Teile des SGB im Einzelnen bestimmt** sind (§ 2 Abs. 1 S. 2 SGB I). Unter **Anspruch** ist dabei das (gegebenenfalls gerichtlich) durchsetzbare Recht zu verstehen, von einem Sozialleistungsträger etwas zu verlangen (vgl. § 194 Abs. 1 BGB). Den **sozialen Rechten** kommt diese Funktion ausdrücklich **nicht** zu (s. § 2 Abs. 1 S. 1 SGB I), so dass ihre Bezeichnung als „Rechte" irreführend und sie treffender „Programmsätze" genannt werden; Letzteres wird ihrem Gehalt aber nicht ganz gerecht.

2. Weitestgehende Verwirklichung sozialer Rechte

Auch wenn aus sozialen Rechten keine Ansprüche herzuleiten sind, so müssen sie doch bei der **Auslegung** der Vorschriften des SGB – vor allem der besonderen Teile – und bei der Ausübung von **Ermessen** beachtet werden, und zwar so, dass sie „möglichst weitgehend verwirklicht werden" (§ 2 Abs. 2 SGB I). Das heißt, dass die Aufgaben des Sozialgesetzbuchs, deren Erfüllung die sozialen Rechte dienen (§ 2 Abs. 1 S. 1 SGB I), bei der Auslegung der Bestimmungen – insbesondere sog. „unbestimmter", also solcher mit Auslegungsspielraum wie z.B. „notwendig", „angemessen" – sowie der Ermessensausübung weitestgehend be-

II. Allgemeingültige Leistungsgrundsätze

rücksichtigt werden müssen. Die Aufgaben des SGB sind im SGB I (§ 1 Abs. 1) dahin umschrieben, dass das Recht des Sozialgesetzbuchs zur **Verwirklichung sozialer Gerechtigkeit und sozialer Sicherheit** betragen soll, vor allem dazu

- ein menschenwürdiges Dasein zu sichern,
- gleiche Voraussetzungen für die freie Entfaltung der Persönlichkeit, insbesondere auch für junge Menschen, zu schaffen,
- die Familie zu schützen und zu fördern,
- den Erwerb des Lebensunterhalts durch eine frei gewählte Tätigkeit zu ermöglichen und
- besondere Belastungen des Lebens, auch durch Hilfe zur Selbsthilfe, abzuwenden oder auszugleichen.

Aus dem Wort „beitragen" ist zu entnehmen, dass es sich dabei auch wieder lediglich um eine ziemlich unverbindliche Vorgabe handelt. Weiter soll das Recht des Sozialgesetzbuchs dazu dienen, dass die zur Erfüllung der genannten Aufgaben erforderlichen sozialen **Dienste und Einrichtungen** rechtzeitig und ausreichend zur Verfügung stehen (§ 1 Abs. 2 SGB I, s. S. 23). In der **Rechtswirklichkeit** schlagen sich diese zunächst vielversprechenden, aber bei näherem Hinsehen schon stark abgeschwächten gesetzlichen Normen fast gar nicht nieder. Dies lässt sich schon daraus entnehmen, dass sie in Behördenbescheiden oder in der Rechtsprechung so gut wie überhaupt nicht thematisiert und umgesetzt werden (löbliche Ausnahme: SG Düsseldorf Beschl. v. 26. 1. 2005 – S 35 AS 6/05 ER – s. quer 1/05). Das wird freilich dem gesetzgeberischen Anspruch nicht gerecht, so dass es nach wie vor legitim und rechtlich geboten ist, sie ins Spiel zu bringen und ihre Beachtung zu fordern.

3. Dienst-, Geld- und Sachleistungen

Gegenstand der sozialen Rechte, Ansprüche und Leistungen sind die im SGB vorgesehenen Dienst-, Sach- und Geldleistungen (§ 11 Abs. 1 S. 1 SGB I). Als übergreifende und in allen Bereichen des SGB zu erbringende **Dienstleistungen** werden besonders herausgestellt Aufklärung, Auskunft und Beratung. Die Bevölkerung ist über ihre Rechte und Pflichten nach dem SGB von den Leistungsträgern **aufzuklären** (§ 13 SGB I). Jedem ist insbesondere von den Kranken- und Pflegeversicherungsträgern sowie sonstigen nach Landesrecht bestimmten Stellen **Auskunft** zu geben, vor allem durch Benennung der für die Sozialleistungen zuständigen Leistungsträger sowie durch Beantwortung aller Sach- und Rechtsfragen, die

A. Was gilt für alle Sozialleistungen?

für Auskunftssuchende von Bedeutung sein können, soweit die Auskunftsstellen dazu in der Lage sind (§ 15 Abs. 1 SGB I). Jeder hat Anspruch auf **Beratung** über seine Rechte und Pflichten nach dem SGB, wofür die Leistungsträger zuständig sind, denen gegenüber die Rechte geltend zu machen oder die Pflichten zu erfüllen sind (§ 14 SGB I, s. SG Augsburg, Urt. v. 6. 9. 2005 – S 1 AS 228/05 – ZfF 2006, 136: rückwirkendes Alg II, wenn AA bei auslaufendem Alg nicht sachgemäß über Alg II-Antrag beraten hat, sog. Herstellungsanspruch, ähnlich SG Berlin, Urt. v. 6. 2. 2004 – S 58 AZ 2107/03 – ZfF 2005, 232).

4. Rechte und Pflichten: Gesetzesvorbehalt und Ausgestaltung

Nicht nur Rechte, sondern auch Pflichten dürfen im Bereich des SGB I nur begründet, festgestellt, geändert oder aufgehoben werden, soweit es **gesetzlich vorgeschrieben oder zugelassen** ist (§ 31 SGB I). Ist der Inhalt von Rechten oder Pflichten nach Art und Umfang nicht im Einzelnen bestimmt, sind bei ihrer Ausgestaltung die **persönlichen Verhältnisse des Berechtigten oder Verpflichteten,** sein Bedarf und seine Leistungsfähigkeit sowie die örtlichen Verhältnisse zu berücksichtigen, soweit Rechtsvorschriften nicht entgegenstehen; dabei soll den **Wünschen** des Berechtigten oder Verpflichteten entsprochen werden, soweit sie angemessen sind (§ 33 SGB I).

5. Handlungsfähigkeit und Antrag

Wer das **15. Lebensjahr vollendet hat,** kann Anträge auf Sozialleistungen stellen und verfolgen sowie Sozialleistungen entgegennehmen, worüber der Leistungsträger den gesetzlichen Vertreter unterrichten soll, der durch schriftliche Erklärung die Handlungsfähigkeit einschränken kann; die Rücknahme von Anträgen, der Verzicht auf Sozialleistungen und die Entgegennahme von Darlehen bedürfen der Zustimmung des gesetzlichen Vertreters (§ 36 SGB I). **Anträge** auf Sozialleistungen sind **möglichst beim zuständigen Leistungsträger** zu stellen, aber auch von **allen anderen Leistungsträgern, allen Gemeinden** und bei Personen, die sich im Ausland aufhalten, ebenso von den amtlichen Vertretungen der Bundesrepublik Deutschland entgegenzunehmen (§ 16 Abs. 1 SGB I). **Unzuständige Stellen** haben sie unverzüglich an den zuständigen Leistungsträger **weiterzuleiten,** bei dem der Antrag als zu dem Zeitpunkt gestellt gilt, in dem er bei der unzuständigen Stelle eingegangen ist (§ 16 Abs. 2 SGB I, s. LSG He Urt. v. 7. 3. 2006 – L 7 AS 18/06 ER – ZfSH/SGB 2006, 480, eng LSG BeB Beschl. v. 19. 12. 2005

22

II. Allgemeingültige Leistungsgrundsätze

– L 23 B 1087/05 SO PKH – SAR 2006, 30: bei AA gestellter Antrag auf Alg ist bei Fehlen von dessen Voraussetzungen kein Antrag auf Sozialhilfe bei unzuständigem Leistungsträger). Die zuständigen Leistungsträger sind verpflichtet, darauf hinzuwirken, dass unverzüglich klare und sachliche Anträge gestellt sowie unvollständige Angaben ergänzt werden (§ 16 Abs. 3 SGB I).

6. Sozialleistungsträger

Zuständig für die Sozialleistungen sind als Leistungsträger die im SGB I und den besonderen Teilen des SGB (s. A. I.1.a–i, jeweils cc.) genannten Körperschaften, Anstalten und Behörden (§ 12 SGB I). Sie dürfen persönliche **Sozialdaten** sowie auch Betriebs- und Geschäftsgeheimnisse nicht unbefugt erheben, verarbeiten oder nutzen (§ 35 Abs. 1 S. 1 SGB I mit Einzelheiten in Abs. 1 S. 1–5, Abs. 2–5 sowie §§ 67–85 a SGB X, s. S. 318, 364 f.). Die Leistungsträger sind verpflichtet darauf hinzuwirken (§ 17 Abs. 1 SGB I), dass

- jeder Berechtigte die ihm zustehenden **Sozialleistungen** in **zeitgemäßer Weise, umfassend und zügig** erhält,
- die zur Ausführung von Sozialleistungen erforderlichen sozialen **Dienste und Einrichtungen** rechtzeitig und ausreichend **zur Verfügung stehen,**
- der **Zugang** zu den Sozialleistungen möglichst **einfach** gestaltet wird, insbesondere durch Verwendung allgemein verständlicher Antragsvordrucke und
- ihre Verwaltungs- und Dienstgebäude **frei von Zugangs- und Kommunikationsbarrieren** sind und Sozialleistungen in barrierefreien Räumen und Anlagen ausgeführt werden.

Hörbehinderte Menschen sind berechtigt, die **Gebärdensprache** zu verwenden, wobei die Kosten dafür und bezüglich aller Kommunikationshilfen vom Leistungsträger zu übernehmen sind (§ 17 Abs. 2 SGB I). In der Zusammenarbeit mit gemeinnützigen und freien Einrichtungen sowie Organisationen (sog. **freie Träger**) haben die Leistungsträger darauf hinzuwirken, dass sich ihre und deren Tätigkeit zum Wohl der Leistungsempfänger wirksam ergänzen (§ 17 Abs. 3 S. 1 SGB I). Sie müssen dabei die Selbstständigkeit der freien Träger in Zielsetzung und Durchführung der Aufgaben achten, wovon die Nachprüfung zweckentsprechender Verwendung bei der Inanspruchnahme öffentlicher Mittel unberührt bleibt (§ 17 Abs. 3 S. 2, 3 SGB I).

A. Was gilt für alle Sozialleistungen?

7. Sonstige Regelungen

Weitere für alle SGB vorbehaltlos geltende Regelungen betreffen das Verbot **nachteiliger privatrechtlicher Vereinbarungen** zulasten von Sozialleistungsberechtigten (§ 32 SGB I, Beispiel OLG Celle Urt. v. 15. 3. 2006 – 15 UF 54/05 – NJW 2006, 1356: Abtretung von Unterhaltsansprüchen an SGB-II-Leistungsträger als Umgehung des § 32 SGB I, s. aber § 33 Abs. 4 SGB II), die Maßgeblichkeit **altersabhängiger Rechte und Pflichten** von dem zuerst gegenüber Sozialleistungsträgern bzw. Arbeitgebern angegebenen **Geburtsdatum** (§ 33a SGB I), die Gleichstellung von **Lebenspartnerschaften** im Sinne des SGB mit denen nach dem Lebenspartnerschaftsgesetz (§ 33b SGB I) sowie die Entsprechung familienrechtlicher Rechtsverhältnisse nach dem Recht anderer Staaten mit denen des Rechts der Bundesrepublik Deutschland sowie die Vorschreibung anteiliger Aufteilung der Ansprüche mehrerer Ehegatten auf Witwen- oder Witwerrente (§ 34 SGB I).

III. Weitere Rechtsquellen

Weitere Rechtsquellen neben dem SGB (und GG) als Bundesrecht (sowie dem EU-Recht) sind Landesgesetze und (Bundes- oder Landes) Rechtsverordnungen.

1. Landesrecht

Das Bundesrecht lässt – wie schon in seinen Bestimmungen erkennbar (s. z.B. §§ 15 Abs. 1, 19a Abs. 2, 26 Abs. 2, 27 Abs. 2 SGB I) – noch einen begrenzten Gestaltungsspielraum bezüglich Sozialleistungen für das Landesrecht, insbesondere im formellen Recht betreffend Trägerzuständigkeiten. Materielle Bedeutung haben vor allem die **Landesblindengesetze**. Sie sehen in ländermäßig unterschiedlicher Höhe von ca. 600 €, unter 18 Jahren ca. 300 €, ein Blindengeld für Blinde und Schwerstsehbehinderte vor, weitgehend ohne Berücksichtigung von Einkommen und Vermögen, teilweise gebunden an Wohnsitz oder gewöhnlichen Aufenthalt sowie ausgeschlossen bei Freiheitsentzug, Anstaltsaufenthalt und Verstoß gegen Anzeigepflichten.

2. Rechtsverordnungen

Rechtsverordnungen können von der **Bundesregierung** bzw. einem Bundesministerium oder **Landesregierungen** aufgrund einer **gesetzli-**

chen **Ermächtigung** erlassen werden, wobei Inhalt, Zweck und Ausmaß der erteilten Ermächtigung im Gesetz zu bestimmen ist (Art. 80 Abs. 1 S. 1 GG und die entsprechenden Bestimmungen der Landesverfassungen). Sie werden vor allem vorgesehen, wenn es um detaillierte oder immer wieder anpassungsbedürftige Regelungen geht; ihre Veröffentlichung hat im Bundes- oder Landesgesetzblatt zu erfolgen. SGB II (z. B. §§ 13, 27, 66) und SGB XII (z. B. §§ 40, 60, 69, 81, 96, 120, 129) enthalten eine Reihe von Verordnungsermächtigungen, wobei bezüglich des SGB XII bestimmt ist, dass die aufgrund des BSGH erlassenen Rechtsverordnungen weitergelten und nach Maßgabe des SGB XII geändert und aufgehoben werden können (Art. 67 des Gesetzes zur Einordnung des Sozialhilferechts in das Sozialgesetzbuch).

IV. Auslegung

Rechtsquellen bedürfen der Auslegung, soweit sie wie in der Regel unterschiedlichen Interpretationen Raum lassen.

1. Methodik

Das deutsche Recht kennt **kein spezielles Gesetz,** das bei der Rechtsanwendung eine bestimmte Methode verbindlich vorschreibt. Es gibt aber durchaus Hinweise für die Auslegung, so im SGB I (§ 2 Abs. 2), das die Beachtung der sozialen Rechte vorschreibt (dazu S. 20). In der Rechtswissenschaft sind Maßstäbe **methodengerechter Auslegung** entwickelt worden, deren Gewichtung mangels gesetzlicher Regelung freilich umstritten ist. Sie lassen sich in zwei tragenden Stichworten zusammenfassen: Wortsinn- und Systematik-Auslegung, die beide am Ziel und Zweck des Gesetzes bzw. der Vorschrift zu orientieren sind (sog. **teleologische Auslegung**).

Gemäß der **Wortsinn-Auslegung** ist vom Wortlaut einer einschlägigen Rechtsvorschrift auszugehen, die sich aber nicht an den Buchstaben („Wortlautfetischismus") klammern darf, sondern sich an ihrem Sinn zu orientieren hat. Er lässt sich primär aus den Vorstellungen und Zielsetzungen des Normsetzers (= Gesetz- und Verordnungsgeber) erschließen, die sich vor allen Dingen in den Materialien (s. S. 27) niederschlagen (sog. subjektiver Normzweck). Die **Systematik-Auslegung** stellt den Kontext der auszulegenden Bestimmungen mit den anderen Rechtsquellen her (sog. objektiver Normzweck). Sie erfordert vor allem die Beachtung der beiden Grundsätze der Einheit und Konformität der Rechtsquellen. Die **einheitliche Auslegung** gebietet, dass gleichrangige Rechtsquellen wie Gesetze im Gesamtzusammenhang miteinander zu sehen und zu interpretieren sind. Insoweit geht im Zweifel die jüngere der älteren Vorschrift vor. Die **(quellen)konforme Auslegung** bedeutet, dass untergeordnete Rechtsquellen an übergeordneten zu messen sind. Demgemäss sind Gesetze (EU- und) verfassungskonform auszulegen, so dass diejenige Deutung maßgeblich ist, welche den Wertungsmaßstäben des Grundgesetzes (EU-Recht) entspricht. Ihre Grenzen findet die Auslegung jedoch darin, dass sie mit dem Wortsinn nicht im Widerspruch stehen darf, was zur Verfassungswidrigkeit einer Vorschrift führt. Nimmt dies ein Gericht an, so darf es freilich nicht selbst die Verfassungswidrigkeit feststellen, sondern muss die Sache dem Bundesverfassungsgericht zur Entscheidung vorlegen (Art. 100 GG). Rechtsverordnungen sind (verfassungs- und) gesetzeskonform auszulegen. Ist das wegen des Wortsinns nicht mehr möglich und verstößt eine Verordnungsnorm gegen Gesetze – z.B. Grundgesetz, SGB –, muss sie als unwirksam angesehen werden; zu den verfassungsrechtlichen Vorgaben gehört auch (Art. 80 Abs. 1 S. 1, 2 GG), dass sich die Rechtsverordnung im Rahmen der gesetzlichen Ermächtigung halten muss.

Trotz ihrer Bindung an Rechtsquellen sowie die Auslegungsgrundsätze haben **Behörden und Gerichte** in Folge der vielen unbestimmten Rechtsbegriffe und Ermessensermächtigungen sowie Rechtslücken einen großen **Entscheidungsspielraum.** Sie gebrauchen und missbrauchen ihn vielfach zur Durchsetzung eigener Vorstellungen und rechtsfremder – z.B. ökonomischer – Zwecke. Dagegen hilft nur – unvollkommen und oft vergeblich – die Wahrnehmung von Rechtsschutz sowie der Appell an den Gesetz- und Verordnungsgeber, klare und präzise Regelungen zu treffen. Mehr ist auch in einem demokratischen Rechts- und Sozialstaat (Art. 20 Abs. 1, 28 Abs. 1 S. 1 GG) nicht möglich.

Rat: Lies Rüthers, Rechtstheorie, 2. Aufl. 2005, S. 447 ff.

---

2. Hilfsmittel

Angesichts der von Unsicherheit und Unausgewogenheit geprägten Auslegungsmethodik dominiert in der Praxis der Bezug auf Hilfsmittel, deren Aussagen als Quasi-Rechtsquellen übernommen werden.

IV. Auslegung

a) Materialien

Mit Materialien bezeichnet man die Texte, die bei der Einbringung von Gesetzes- und auch Rechtsverordnungsentwürfen insbesondere zu ihrer Begründung beigegeben werden. Sie werden bei Bundesgesetzen veröffentlicht in Bundestags- bzw. Bundesrats-Drucksachen (z.B. zum SGB II BT-Drs. 15/1516 und zum SGB XII BT-Drs. 15/1514 sowie zum Fortentwicklungsgesetz BT-Drs. 16/1410 und 16/1696).

b) Rechtsprechung

Die Rechtsprechung legt aus Anlass konkreter Einzelfälle die Rechtsquellen aus. Ihre Entscheidungen sind zwar in der Regel nur für die Beteiligten bindend (Ausnahme: Entscheidungen des Bundesverfassungsgerichts nach Maßgabe des § 31 BVerfGG), geben aber Hinweise und **Hilfen für die künftige Rechtsanwendung.** Insbesondere die Ausführungen der obersten Gerichte, d.h. der Bundes- und Landesgerichte (auch Obergerichte bzw. Gerichtshöfe genannt) setzen für die Rechtsanwendung Maßstäbe, von denen aber in einem neuen Fall aufgrund modifizierter Betrachtung abgewichen werden kann (Änderung der Rechtsprechung). Die wichtigsten Entscheidungen werden in den amtlichen Sammlungen (z.B. beim Bundessozialgericht BSGE und beim Bundesverwaltungsgericht BVerwGE), sonstigen Rechtsprechungsreihen (z.B. „Fürsorgerechtliche Entscheidungen der Verwaltungs- und Sozialgerichte" – FEVS) und Zeitschriften (z.B. Informationen zum Arbeitslosen- und Sozialhilferecht – info also) veröffentlicht.

c) Verwaltungsvorschriften

Bei den Verwaltungsvorschriften (auch bezeichnet als „Dienst-Anordnungen, Dienst-Anweisungen, Ausführungsbestimmungen, Erlasse, Richtlinien, Rundverfügungen", etc.) handelt es sich um Vorschriften **übergeordneter Verwaltungsbehörden oder -vorgesetzter** an untergeordnete Behörden bzw. Mitarbeiter zur Auslegung von Gesetzen und Rechtsverordnungen, etwa der BA an die AA (z.B. für das SGB II: Durchführungshinweise der Bundesagentur für Arbeit für die Anwendung des Sozialgesetzbuch II = DH-BA, herausgegeben von Brühl/ Hofmann, Loseblatt) oder der kommunalen Träger an ihre Bediensteten; ihre Veröffentlichung ist lange nicht für erforderlich gehalten worden, wird aber zunehmend als notwendig angesehen, s. BVerwG Urt. v. 25. 11. 2004 – 5 CN 1.03 – NDV-RD 2005, 25). Sie ergehen – ohne dass es dazu einer ausdrücklichen Ermächtigung bedarf – vor allem, wenn

27

Gesetze unbestimmte, d.h. weit auslegungsfähige Rechtsbegriffe enthalten oder eine Entscheidung in das Ermessen einer Behörde stellen (insbesondere durch Formulierungen wie „kann" und „darf"). Vielfach übernehmen sie die Aussagen der Gesetzesmaterialien oder der Entscheidungen oberster Gerichte. Verwaltungsvorschriften sind nur **in dem Rahmen möglich, den Gesetz und Rechtsverordnung offen lassen,** also in deren Sinn konform anzuwenden. Sie dürfen insbesondere nicht Leistungen in einem gesetzwidrigen Umfang einschränken oder ausweiten, z.B. gesetzliche Regelleistungen zur Ausnahme machen oder Sparziele außerhalb des gesetzlichen Rahmens zu erreichen versuchen (BVerwG Urt. v. 26. 9. 1991 – 5 C 61/88 – BVerwGE 89, 87).

d) Empfehlungen

Von den Verwaltungsvorschriften sind Empfehlungen an die Verwaltung zu unterscheiden, welche diese nicht binden. Sie können von anderen, nicht vorgesetzten Behörden ergehen – z.B. soweit die Sozialhilfe Selbstverwaltungsangelegenheit der kommunalen Träger ist von Ministerien – oder von sonstigen Organisationen und Personen. Im Bereich des Sozialrechts üben vornehmlich **Empfehlungen des Deutschen Vereins für öffentliche und private Fürsorge** in Berlin einen erheblichen Einfluss aus. Der Deutsche Verein ist ein zentraler Zusammenschluss öffentlicher und freier Träger sozialer Arbeit sowie sozialer Institutionen und von Privatpersonen. Eine seiner Hauptaufgaben besteht – neben der Beratung des Gesetzgebers, der Abfassung von Gutachten für seine Mitglieder sowie der Aus- und Fortbildung der Fachkräfte – in der Erstellung von Empfehlungen für die Gesetzesanwendung (z.B. „Empfehlungen für die Gewährung von Krankenkostzulagen in der Sozialhilfe", 2. Aufl. 1997). **Empfehlungen werden zu Verwaltungsvorschriften,** wenn sie die Verwaltungsspitze (Dezernent oder Amtsleiter) für den Bereich ihrer Behörde als verbindlich erklären, indem die Mitarbeiter angewiesen werden, nach ihnen zu verfahren. Die in einer Reihe von Ländern bestehenden **Sozialhilferichtlinien** sind nur Verwaltungsvorschriften, soweit sie sich an nachgeordnete Behörden richten (wie die „Ausführungsvorschriften" in Berlin und den Stadtstaaten), ansonsten lediglich Empfehlungen (wie in den Ländern Baden-Württemberg, Bayern, Brandenburg, Niedersachsen, Rheinland-Pfalz, Nordrhein-Westfalen im Bereich des Landschaftsverbands Westfalen-Lippe), solange sie nicht von den Sozialhilfeträgern als ihre Verwaltungsvorschriften in Kraft gesetzt werden.

e) Literatur

Die Literatur weist zum einen auf Hilfsmittel der Auslegung hin (insbesondere Materialien sowie Rechtsprechung) und legt zum anderen selbst aus. Herkömmlich unterscheidet man im Recht vor allem zwei Literaturgattungen: **systematische Darstellungen,** die ein Gebiet strukturiert zu erfassen versuchen wie auch das vorliegende Taschenbuch, und **Kommentare,** welche ein Gesetz Paragraph für Paragraph erläutern. Auf dem Gebiet des Sozialrechts sind als übergreifende **systematische Darstellungen** anzuführen die **Lehrbücher** des Sozialrechts (z.B. Igl/Welti, Sozialrecht, 7. Aufl. 2007; Waltermann, Sozialrecht, 6. Aufl. 2006) und die **Handbücher** (z.B. Münchener Anwaltshandbuch Sozialrecht, Hg. Plagemann, 2. Aufl. 2005) sowie als übergreifende Kommentare diejenigen zum SGB I (insbesondere Giese, Hg., SGB I und SGB X, Loseblattausgabe, und Krahmer, Hg., Lehr- und Praxiskommentar LPK-SGB I, 1. Aufl. 2003). Sie geben auch Hinweise zur Literatur bezüglich der besonderen Teile des SGB.

f) Internet-Adresse

www.tacheles-sozialhilfe.de: Die wichtigste Seite im Internet: aktuelles, informatives und lebendiges Diskussionsforum, Informationen, Adressen, Musterschreiben, Rechtsprechungsdatenbank mit Entscheidungen zu SGB II/XII.

B. Womit werden Erwerbsfähige und ihre Angehörigen gefördert und gefordert? (SGB II: Grundsicherung für Arbeitsuchende)

Das SGB II ist Teil (Art. 1) des 4. Gesetzes für moderne Dienstleistungen am Arbeitsmarkt vom 24. 12. 2003, das ca. 60 weitere Artikel mit Änderungen anderer Gesetze umfasst. Es beruht auf einem Gesetzesentwurf vom September 2003 (BT-Drs. 15/1516 mit Begründung).

Nach seinem Inkrafttreten ist das SGB II inzwischen schon durch eine ganze Reihe von Artikelgesetzen **geändert** worden, insbesondere die Folgenden

- Gesetz zur Neufassung der Freibetragsregelung für erwerbsfähige Hilfebedürftige **(Freibetragsneuregelungsgesetz)** vom 14. 8. 2005. Damit ist der Versuch unternommen worden, die Hinzuverdienstmöglichkeiten für erwerbsfähige Hilfebedürftige durch eine Modifikation der Abzugsregelungen und des Erwerbstätigkeitsfreibetrags hinsichtlich der Transparenz und er Höhe zu verbessern (BT-Dr. 15/5446).

- Gesetz zur Änderung des Zweiten Buches Sozialgesetzbuch und anderer Gesetze vom 24. 3. 2006 **(SGB-II-Änderungsgesetz).** Dies betrifft vor allem die folgenden Punkte:
  - Gleichstellung des Eck-Regelsatzes in den neuen Ländern mit dem in den alten Ländern von 345 €
  - Einbeziehung unverheirateter Kinder unter 25 Jahren („U 25") in die elterliche Bedarfsgemeinschaft unter Festsetzung ihres Regelsatzes auf 80% des Eck-Regelsatzes sowie Übernahme von Umzugs- und Wohnungserstausstattungskosten nur bei Trägerzusicherung
  - einheitliche Regelung der Schuldenübernahme zur Wohnungssicherung und zur Behebung vergleichbarer Notlagen im SGB II (und nicht mehr teilweise in SGB XII).

- Gesetz zur Fortentwicklung der Grundsicherung für Arbeitssuchende vom 20. 7. 2006 **(Fortentwicklungsgesetz).** Es enthält über siebzig Änderungen, betreffend unter anderem
  - Einrichtung eines Außendienstes zur Bekämpfung von Leistungsmissbrauch
  - Beweislastumkehr bei der Partnerschaftsgemeinschaft

I. Allgemeines: Leistungsgrundsätze

– Absenkung des Vermögensgrundfreibetrags unter gleichzeitiger Erhöhung der Vermögensfreibeträge für die Altersvorsorge
– Sofortarbeitseingliederungsangebot für Personen, die Arbeitslosengeld II beantragen, wenn sie in den letzten zwei Jahren keine Unterhaltssicherungsleistungen nach SGB II und III bezogen haben
– Verschärfung der Sanktionen bei Pflichtverletzungen
– Übergang von Unterhalts- und anderen Ansprüchen gegen Dritte statt Überleitungsmöglichkeit
– Ausbau des Datenabgleich und der Auskunftsmöglichkeiten bei anderen Behörden.

I. Allgemeines: Leistungsgrundsätze

Das SGB II enthält eine Reihe von Leistungsgrundsätzen, die den Regelungen des SGB I vorgehen, soweit diese unter dem Vorbehalt stehen, dass sie gegenüber den besonderen Teilen des SGB zurücktreten (§ 37 Satz 1 Hs 1 SGB I, s. S. 307).

1. Leistungsanspruch

Der Grundsatz, dass auf Sozialleistungen ein **Anspruch** besteht (§ 38 SGB I), wird im SGB II (§ 1 Abs. 2) dahin konkretisiert, dass es Leistungsansprüche auf Lebensunterhaltssicherung (s. II) und Arbeitseingliederung (s. III) gibt. Jeder Anspruch basiert auf einer sogenannten **Anspruchsgrundlage,** d. h. einer rechtlichen Bestimmung, die ausdrückt, unter welchen Voraussetzungen die Leistung zu erbringen ist. So bestimmt die Anspruchsgrundlage zur **Unterhaltshauptleistung** Arbeitslosengeld II (§ 19 Satz 1 SGB II), dass dieses erwerbsfähige Hilfebedürftige erhalten, und die zur Unterhaltsleistung Sozialgeld (§ 28 Abs. 1 Satz 1 SGB II), dass dieses nicht erwerbsfähigen Personen, die mit erwerbsfähigen Angehörigen in Bedarfsgemeinschaft leben, zusteht (§ 28 Abs. 1 Satz 1 SGB II).

Während es sich bei den eben genannten Leistungen um Ist- oder auch Muss-Leistungen handelt, besteht bezüglich **Arbeitseingliederungsleistungen** (§ 16 Abs. 1–3 SGB II) bis auf ganz wenige Ausnahmen für behinderte Menschen lediglich ein Anspruch auf Ermessensleistungen, und zwar als Kann- (§ 16 Abs. 1 Satz 1, Abs. 2 SGB II) bzw. als Soll-Leistung (§ 16 Abs. 3 Satz 1 SGB II mit einem Ist-Anspruch auf Mehraufwandsentschädigung).

B. Womit werden Erwerbsfähige und Angehörige gefördert und gefordert?

2. Leistungsprogramm

Das SGB II enthält in seinem Eingangskapitel „Programmatische Kernaussagen" (BT-Drs. 15/1516, 50) zum Fördern und Fordern.

a) Förderung

Der Grundsatz des **Förderns** schlägt sich in Aufgabe und Ziel der Grundsicherung für Arbeitssuchende (§ 1 Abs. 1 SGB II) nieder, die Eigenverantwortung zu stärken, insbesondere dadurch, dass aufgrund einer Erwerbstätigkeit Hilfebedürftigkeit vermieden oder beseitigt wird sowie die Erwerbsfähigkeit erhalten, verbessert oder wiederhergestellt wird, sowie dadurch den geschlechtsspezifischen Nachteilen entgegengewirkt, die familienspezifischen Lebensverhältnisse bei Kindererziehung und Pflege Angehöriger berücksichtigt sowie behindertenspezifische Nachteile überwunden werden (s. weiter § 14 SGB II).

b) Forderung

Der Grundsatz des **Forderns** kommt dadurch zum Ausdruck (§ 2 SGB II), dass alle Möglichkeiten zur Beendigung oder Verringerung der Hilfebedürftigkeit in eigener Verantwortung ausgeschöpft werden müssen, insbesondere durch selbstständige Mitwirkung an allen Maßnahmen zur Eingliederung in Arbeit zwecks Beschaffung des Lebensunterhalts.

3. Leistungserbringung

a) Leistungsvorgaben

Leistungen zur Sicherung des **Lebensunterhalts** dürfen nur erbracht werden, soweit die Hilfebedürftigkeit nicht anderweitig beseitigt werden kann (§ 3 Abs. 2 SGB II). Leistungen zur **Eingliederung in Arbeit** können nur erbracht werden, soweit sie zur Vermeidung oder Beseitigung, Verkürzung oder Verminderung der Hilfebedürftigkeit für die Eingliederung erforderlich sind (§ 3 Abs. 1 S. 1 SGB II). Bei ihnen müssen die Eignung, die individuelle Lebenssituation, insbesondere die familiäre, die voraussichtliche Dauer der Hilfebedürftigkeit und die Dauerhaftigkeit der Eingliederung der erwerbsfähigen Hilfebedürftigen berücksichtigt werden (§ 3 Abs. 1 S. 2 SGB II). Bei der Leistungserbringung sind die Grundsätze von **Wirtschaftlichkeit** und **Sparsamkeit** zu beachten (§ 3 Abs. 1 S. 3 SGB II).

I. Allgemeines: Leistungsgrundsätze

b) Leistungsnachrang

Auf Rechtsvorschriften beruhende **Leistungen anderer,** insbesondere der Träger vorrangiger Sozialleistungen, bleiben durch das SGB II unberührt (§ 5 Abs. 1 SGB II), so dass sie den SGB II-Leistungen vorgehen. Solange sie nicht erfüllt werden, besteht jedoch Hilfebedürftigkeit (§ 9 Abs. 1 SGB II, s. S. 88) mit Leistungsverpflichtung der SGB-II-Leistungsträger, die den Übergang des Anspruchs des Leistungsberechtigten auf sich geltend machen können (§ 33 SGB II, s. S. 217). Im **Verhältnis zum SGB XII** ist bestimmt (§ 5 Abs. 2 S. 1 SGB II), dass der Anspruch auf die SGB II-Unterhaltsleistungen Alg II und Sozialgeld Hilfe zum Lebensunterhalt nach dem SGB II ausschließt (Ausnahme gemäß § 5 Abs. 2 S. 2 SGB II: Grundsicherungsleistungen nach dem SGB XII sind gegenüber dem Sozialgeld des SGB II vorrangig).

c) Leistungsformen

Die Leistungen der Grundsicherung für Arbeitssuchende werden erbracht in Form von (§ 4 Abs. 1 SGB II):

- (Nr. 1) **Dienstleistungen,** insbesondere durch Information, Beratung und umfassende Unterstützung durch einen persönlichen Ansprechpartner mit dem Ziel der Eingliederung in Arbeit. Dazu gehört auch, dass die SGB-II-Leistungsträger darauf hinzuwirken haben, dass erwerbsfähige Hilfebedürftige und die mit ihnen in Bedarfsgemeinschaft lebenden Personen die erforderliche Beratung und Hilfe anderer Träger, insbesondere der Kranken- und Rentenversicherung, erhalten (§ 4 Abs. 2 SGB II).
- (Nr. 2) **Geldleistungen,** insbesondere zur Eingliederung erwerbsfähiger Hilfebedürftiger in Arbeit und zur Sicherung des Lebensunterhalts der erwerbsfähigen Hilfebedürftigen und der mit ihnen in Bedarfsgemeinschaft lebenden Personen.
- (Nr. 3) **Sachleistungen,** vor allem bei Unterhaltsleistungen (s. II.).

4. Leistungsträger

Leistungsträger sind **entweder** – zusammengeschlossen als ARGE (= Arbeitsgemeinschaft, § 44 b SGB II) – die **Bundesagentur für Arbeit** (BA) als Zentrale auf der oberen Verwaltungsebene, Regionaldirektionen (RD) auf der mittleren Ebene und der Agentur für Arbeit (AA, früher Arbeitsamt) auf örtlicher Ebene sowie die **Kommunalen Träger** (KT), die ihre Aufgaben in Ämtern, Fachbereichen oder Servicestellen erfüllen, **oder** nach dem Optionsmodell allein zugelassene **Kommunale Träger** (§§ 6, 6a SGB II); kommunale Träger sind die kreisfreien Städte und Kreise, soweit die Länder nichts anderes bestimmen, insbesondere die Heranziehung kreisangehöriger Gemeinden (§§ 6, 6a SGB II mit Stadtstaatenanpassungsklausel für Berlin, Bremen und Hamburg).

II. Lebensunterhalt: Arbeitslosengeld II und Sozialgeld

Die Unterhaltsleistungen Arbeitslosengeld II (3.a) bzw. Sozialgeld (3.b) erhält eine Person, wenn sie dazu berechtigt ist (1.) und ihren Unterhaltsbedarf (2.) nicht durch ihre Einkommen und/oder Vermögen gedeckt werden kann, d.h. sie hilfebedürftig ist (3.).

1. Berechtigung

a) Arbeitslosengeld II

Arbeitslosengeld II erhalten erwerbsfähige Hilfebedürftige (§ 19 Satz 1 SGB II, sog. Anspruchsgrundlage; zu Ausnahmen bei speziellen Leistungsberechtigten, s. S. 183 ff.).

Erste zentrale Voraussetzung ist demnach als (formelle) Zugangsberechtigung die Erwerbsfähigkeit, die mit dem Alter sowie dem gewöhlichen Aufenthalt und der Erreichbarkeit verknüpft wird (s. § 7 Abs. 1 Satz 1 Nr. 1, 2, 4, Abs. 4a SGB II). Bei ihrem Vorliegen ist weitere (materielle) Hauptvoraussetzung für das Arbeitslosengeld II die Hilfe(bedarfs)-bedürftigkeit (s. § 7 Abs. 2 Satz 1 Nr. 3 SGB II, dazu S. 46 ff. und 88 ff.).

aa) Alter zwischen 15 und 64 Jahren: Leistungen erhalten nach dem SGB II (§ 7 Abs. 1 S. 1 Nr. 1) Personen, die das 15. Lebensjahr vollendet und das 65. Lebensjahr noch nicht vollendet haben, und zwar (s. § 41 S. 1 SGB II) ab dem Geburtstag, an dem das 15. Lebensjahr vollendet wird, also man 15 Jahre wird, und bis zum letzten Tag vor Vollendung des 65. Lebensjahres. Gemäß dem SGB I (§ 33a) ist das Geburtsdatum maßgebend – was besonders für Ausländer (s.S. 183, 291) wichtig ist –, das sich aus der ersten Angabe des Berechtigten gegenüber einem Sozialleistungsträger oder – soweit es sich um eine Angabe im Rahmen des SGB III oder IV handelt – gegenüber dem Arbeitgeber ergibt, was trotz nicht erfolgter Anpassung auch für Personen zu gelten haben wird, die nach Auslaufen der SGB III-Leistungen nunmehr SGB II-berechtigt sind; davon darf nur abgewichen werden bei Schreibfehlern oder aufgrund von Urkunden, deren Original vor dem Zeitpunkt der ersten Angabe gegenüber Sozialleistungsträgern oder Arbeitgebern ausgestellt worden ist und aus denen sich ein anderes Geburtsdatum ergibt. Von seiner Altersgrenze macht das SGB II (§ 7 Abs. 4) eine **Ausnahme:** Keine Leistungen erhalten Personen, die eine **Rente wegen Alters** beziehen (s. §§ 35 ff. SGB VI), auch wenn diese schon vor Vollendung des 65. Lebensjahres bezogen wird; Gleiches gilt für die Knappschaftsausgleichsleistung oder ähnliche Leistungen öffentlich-rechtlicher Art (z. B. Ruhestandsbezüge für Beamte). Personen unter 15 Jahren sind auf die Hilfe zum Lebensunterhalt nach dem SGB XII (§§ 27 ff.) angewiesen (soweit sie nicht als Personen der Bedarfsgemeinschaft Sozialgeld erhalten), ebenso Personen unter 65 Jahren, die Altersbezüge haben, Personen ab 65 Jahre auf die Grundsicherung nach SGB XII (§§ 41 ff.).

bb) Erwerbsfähigkeit: Erwerbsfähig ist nach dem **SGB II** (§ 8 Abs. 1), wer nicht wegen Krankheit oder Behinderung auf absehbare Zeit außerstande ist, unter den üblichen Bedingungen des allgemeinen Arbeitsmarktes mindestens drei Stunden täglich erwerbstätig zu sein. Diese Definition ist im Zusammenhang („systematisch") zu sehen mit der korrespondierenden Bestimmung im **Rentenrecht** (§ 43 Abs. 2 S. 2 SGB VI), dass voll erwerbsgemindert Personen sind, die wegen Krankheit oder Behinderung auf nicht absehbare Zeit außerstande sind, unter den üblichen Bedingungen des allgemeinen Arbeitsmarktes täglich drei Stunden erwerbstätig zu sein, sog. medizinische Voraussetzungen der Erwerbsminderungsrente (die Bewilligung einer Rente hängt außerdem von versicherungsrechtlichen Voraussetzungen ab, nämlich Zugehörigkeit zum versicherten Personenkreis, Mindestzahl von Pflichtbeiträgen und Erfüllung der allgemeinen Wartezeit = Mindestversicherungszeit, s. § 43 Abs. 1 SGB VI).

Der Erhalt einer **Rente wegen voller Erwerbsminderung** (bzw. bis 2001 Erwerbsunfähigkeit) belegt die **fehlende Erwerbsfähigkeit** (außer bei den sog. Arbeitsmarktrenten, S. 37). Der Gesetzgeber hat weiter generell bestimmt (§ 43 Abs. 2 S. 3 SGB VI) – was auch für das SGB II gilt (DH-BA 8.43) –, dass nicht als erwerbsfähig anzusehen sind, **behinderte Personen,** die **in anerkannten Werkstätten** tätig sind oder in Heimen bzw. gleichartigen Einrichtungen in gewisser Regelmäßigkeit eine Leistung erbringen, die $1/_5$ der Leistung eines voll Erwerbsfähigen entspricht, wenn sie wegen Art oder Schwere der Behinderung nicht auf dem allgemeinen Arbeitsmarkt tätig sein können; ihnen werden gleichgestellt Personen, die bereits vor der Erfüllung der allgemeinen Wartezeit voll erwerbsgemindert waren, in der Zeit einer nicht erfolgreichen Eingliederung in den allgemeinen Arbeitsmarkt.

Die im SGB II unglücklich negativ vorgenommene Umschreibung der Erwerbsfähigkeit lässt sich positiv so formulieren: **Erwerbsfähig** ist, wer in absehbarer Zeit unter den üblichen Bedingungen des allgemeinen Arbeitsmarkts gesundheitlich im Stande ist, mindestens drei Stunden täglich erwerbstätig zu sein (in diesem Sinn BT-Drs. 15/1516, 11 im ersten SGB II-Entwurf). Die Auslegung hat sich entsprechend dem Bezug zum SGB VI an der durch Rechtsprechung und Literatur im Rentenrecht vorgenommenen Interpretation auszurichten unter Beachtung des Ziels des SGB II, Personen in Arbeit (wieder) einzugliedern.

Der **allgemeine Arbeitsmarkt** umfasst alle denkbaren Erwerbstätigkeiten – auch wenn damit ein sozialer Abstieg verbunden ist – außerhalb von Sonderarbeitsmärkten (wie insbesondere der Werkstatt für behinderte Menschen), für die in einem Teilarbeitsmarkt (z. B. Frauen/Männer, Auszubildende, Selbstständige, bestimmte Wirtschaftszweige, Teil- oder Vollzeitarbeit) Nachfrage und Angebot bestehen. Die üblichen Bedingungen des Arbeitsmarkts beziehen sich auf die gemäß Tarifvertrag, gesetzlichen Vorgaben oder betrieblicher bzw. sonstiger Übung konkrete Ausgestaltung der Erwerbstätigkeit, vor allem Dauer, Lage und Verteilung der Arbeitszeit sowie qualitative Grundfertigkeiten; üblich sind solche, die in einer nennenswerten Zahl unter Beachtung der Bedingungen eingegangen werden (BSG SozR 4100, § 103 Nr. 17, SozR 2200, § 1247 Nr. 43). Dementsprechend darf nicht auf Tätigkeiten abgestellt werden, für die es einen Arbeitsmarkt schlechthin nicht gibt. Ansonsten kommt es aber auf die konkrete Möglichkeit, auf dem Arbeitsmarkt eine Tätigkeit zu finden, nicht an (sog. abstrakte Betrachtungsweise).

Die **absehbare Zeit** ist mit einem Zeitraum von sechs Monaten zu bemessen (vgl. § 2 Abs. 1 S. 1 SGB IX). Kann die Erwerbsfähigkeit voraussichtlich in diesem Zeitraum nicht wiederhergestellt werden, ist von einer (nicht nur aktuellen, sondern längerfristigen) Erwerbsunfähigkeit auszugehen, so dass keine SGB-II-Leistungen mehr zu erfolgen haben, sondern Hilfe zum Lebensunterhalt nach dem SGB XII (§§ 27 ff.); ist es unwahrscheinlich, dass die Erwerbsunfähigkeit behoben werden kann, besteht Anspruch auf Grundsicherung nach dem SGB XII (§§ 41 ff.).

Abzustellen ist auf das **Imstandesein, drei Stunden täglich erwerbstätig** zu sein. Das ist eine vom Gesetzgeber gesetzte Marke, die er bestimmt hat, um eine klare Grenze aufzuzeigen, ohne dass es dafür durchschlagende fachliche Begründungen gibt. Die Fähigkeit, drei Stunden

II. Lebensunterhalt: Arbeitslosengeld II und Sozialgeld

täglich erwerbstätig zu sein, liegt auch bei Personen vor, die drei bis sechs Stunden arbeiten können (teilweise Erwerbsgeminderte, s. § 43 Abs. 1 SGB VI), selbst wenn sie nicht nur wie in der Regel eine Rente wegen teilweiser Erwerbsminderung bekommen, sondern sogar wegen voller Erwerbsminderung, die nach der Rechtsprechung des Bundessozialgerichts (seit dem Urt. v. 10. 12. 1976 – Gs 2, 3, 4/75 und 3/76 – BSGE 43, 75 = NJW 1977, 2134) solchen teilweise erwerbsgeminderten Menschen zusteht, welche auf dem für sie einschlägigen Arbeitsmarkt wegen seiner ungünstigen Situation („verschlossener Arbeitsmarkt") keine Tätigkeit bekommen können (sog. konkrete Betrachtungsweise). Das betrifft Personen, die wegen ungewöhnlicher **spezifischer Leistungseinschränkungen** nicht mehr in der Lage sind, eine Erwerbstätigkeit durchzuführen, für die auf dem allgemeinen Arbeitsmarkt konkrete Tätigkeiten in nennenswerter Anzahl vorhanden sind. Solche sog. **Katalog- oder Seltenheitsfälle** sind etwa indiziert bei regelmäßig einmal in der Woche auftretenden Fieberschüben (BSG SozR 3-2002 § 1247 Nr. 14), Einarmig- und Einäugigkeit (BSG SozR 2002 § 1246 Nr. 30), Wegstreckenbewältigung nur noch hinsichtlich eines Fußwegs von weniger als 500 m Länge innerhalb 20 Minuten (BSG SozR 3/2600 § 44 Nr. 10, § 1247 Nr. 10), unübliche Pausen (z. B. zwei zusätzliche Arbeitspausen, s. BSG SozR 2200 § 1246 Nr. 136), große Summierung gewöhnlicher Leistungseinschränkungen (BSGE 81, 15 = SozR 3-2600 § 44 Nr. 8: Ausschluss von häufigem Bücken, Heben und Tragen, Witterungs- und Schadstoffeinflüssen, Stresssituationen, Akkord-, Fließband-, Nacht- und Schichtarbeit, schwindelgefährdende Arbeiten). Mit solchen Handicaps bekommen Personen, die an und für sich noch drei bis sechs Stunden täglich arbeitsfähig sind (also teilweise erwerbsgemindert im Sinne des § 43 Abs. 1 S. 2 SGB VI) im Hinblick auf den ihnen konkret verschlossenen Arbeitsmarkt eine Rente wegen voller Erwerbsminderung (sog. **Arbeitsmarktrente,** s. BSGE 43, 75, 78, 207 = SozR 3-2006 § 43 Nr. 13: wenn ihnen binnen eines Jahres kein geeigneter und freier Teilzeit/Arbeitsplatz in einem zumutbaren Beruf angeboten wird). Im Sinne des SGB II sind sie jedoch tendenziell als erwerbsfähig anzusehen; bei Arbeitsforderungen ist aber zu prüfen, ob ihnen die Erwerbstätigkeit zugemutet werden kann (§ 10 Abs. 1 Nr. 1, 5 SGB II).

Die **Unfähigkeit,** drei Stunden arbeiten zu können, muss auf einer **Krankheit oder** einer **Behinderung** beruhen. Soziale Umstände – z. B. länger andauernde Wohnungslosigkeit – sind nur relevant, soweit sie sich in einer Krankheit oder Behinderung auswirken. Krank sind Men-

B. Womit werden Erwerbsfähige und Angehörige gefördert und gefordert?

schen, wenn sie sich in einem regelwidrigen Zustand befinden, sofern sie einer akuten medizinischen Behandlung bedürfen, behindert, wenn ihre körperliche Funktion, geistige Fähigkeit oder seelische Gesundheit länger als sechs Monate von dem für das Lebensalter typischen Zustand abweicht und daher ihre Teilhabe am Leben in der Gemeinschaft beeinträchtigt ist (§ 2 Abs. 1 S. 1 SGB IX).

Körperliche Krankheiten/Behinderungen, die Erwerbsunfähigkeit indizieren, sind etwa Aids-Krankheit (HIV-Infektion nur, wenn sie mit Arbeitsfähigkeit von weniger als drei Stunden täglich einhergeht), Pflegebedürftigkeit, Tumor-Erkrankungen. **Geistige Behinderungen** werden am Maßstab des Intelligenzquotienten (IQ) gemessen. Bei einer leichten Intelligenzminderung (IQ unter 70) ist vielfach noch Erwerbsfähigkeit gegeben, während sie bei mittelgradigen und schweren Minderungen (IQ unter 50) in der Regel nicht mehr vorliegt. Die **seelischen Behinderungen** umfassen ein weites Feld, etwa endogene Psychosen, exogene Psychosen, Suchtkrankheiten, Neurosen und Persönlichkeitsstörungen. Allgemeine Aussagen über die Erwerbsfähigkeit lassen sich hier kaum machen. Zentraler Punkt ist die Frage, ob bei **„zumutbarer Willensanstrengung"** innerhalb des nächsten halben Jahres noch eine Erwerbstätigkeit verlangt werden darf. Dazu hat die Rechtsprechung des Bundessozialgerichts (SozR § 1246 Nr. 38, 39, 76) bezüglich Neurosen ausgeführt, dass sie durchaus zu einer vollen Erwerbsminderung führen können, insbesondere sog. Kernneurosen, die eine Umstrukturierung der Persönlichkeit nach sich ziehen. Andererseits seien bloße Vorstellungen von Kranksein und Nichtmehr-Können ebenso wie vordergründige wunschbesetzte Tendenzen (wie eine „Rentenneurose") noch keine Krankheit oder Behinderung. Bei Neurosen und sonstigen psychischen Fehlhaltungen komme es entscheidend darauf an, ob sie noch nach zumutbaren Willensanstrengungen beherrscht bzw. überwunden werden könnten oder so fixiert seien, dass sie sich einer Steuerung durch den Willen entziehen und dadurch ein unfreiwilliges, vom Willen des Betroffenen unabhängiges und wirkliches Arbeitshindernis bilden würden. Wegen der Simulationsnähe solcher Störungen und der Schwierigkeiten, wirklich krankhafte Prozesse von lediglich vorstellungsbedingten Fehlhaltungen ausreichend klar zu unterscheiden, stellt die Rechtsprechung an den Nachweis voller Erwerbsminderung strenge Anforderungen (s. BSGE 21, 189, SozR § 1246 Nr. 79 und § 1247 Nr. 20; vgl. auch BVerwG, Urt. v. 31. 1. 1968 – 5 C 22/67 – BVerwGE 29, 99 = FEVS 15, 121 = NDV 1968, 136 und BVerwG FEVS 15, 134 = NDV 1968, 138 zur

II. Lebensunterhalt: Arbeitslosengeld II und Sozialgeld

seelischen Fehlhaltung, die aus eigener Kraft nicht überwunden werden kann, mit Abgrenzung zu „Kriminellen, Asozialen oder Rentenjägern").

Die **fachliche Kompetenz** zur Beurteilung der Frage, ob trotz Krankheit/Behinderung Erwerbsfähigkeit gegeben ist, liegt bei **Medizinern,** hinsichtlich körperlicher Erkrankungen hauptsächlich der Fachrichtungen Orthopädie, Inneres, Haut, bei geistiger und seelischer Erkrankung der Fachrichtung Neurologie/Psychiatrie. Der Verband Deutscher Rentenversicherungsträger hat „Empfehlungen für die sozialmedizinische Beurteilung psychischer Störungen" (2001) herausgegeben, welche eine Handreichung für die ärztlichen Gutachter darstellen. Sie basieren auf dem Internationalen Klassifikationsschlüssel ICD (International Classification of Diseases) unter Berücksichtigung des WHO (= Weltgesundheitsorganisation)-Krankheitsfolgenmodells ICF (International Classification of Functioning, Disability and Health) und betonen (S. 6) als Hauptaufgabe einer gutachterlichen Beurteilung zum einen die Beschreibung von Einschränkungen, die sich immer dann, wenn sie leistungsmindernd sein sollen, in dem Bereich darstellen müssten, der psychopathologischer Beschreibung (gemäß der ICD) zugänglich sei, und zum anderen die störungsbedingten Einschränkungen auf der bio-psychosozialen Ebene (gemäß der ICF) wahrnehmen und gewichten müssten. Zur zumutbaren Willensanstrengung wird in den „Empfehlungen" ausgeführt (S. 15 f.), dass bei sich nicht mehr leistungsfähig fühlenden Probanden die bestehende Symptomatik gegenüber Aggravation (= bewusst intendierte gravierendere Darstellung einer Störung zu erkennbaren Zwecken) oder Simulation (= bewusste Vortäuschung einer krankhaften Störung) abzugrenzen sei. Liege eine „bewusstseinsnahe Verdeutlichungstendenz" vor, sei davon auszugehen, dass der Proband seine Hemmungen, die einer Arbeitsaufnahme entgegenstünden, mit zumutbarer Willensanstrengung innerhalb von sechs Monaten überwinden könne. Wenn aus somatischer Sicht also ein zeitlich uneingeschränktes Leistungsvermögen bestehe und keine leistungsmindernden psychopathologischen Auffälligkeiten vorhanden seien, lägen die Voraussetzungen für eine Erwerbsunfähigkeit nicht vor. Könne der Proband die Hemmungen, die einer Arbeitsaufnahme entgegenstünden, mit zumutbarer Willensanstrengung nicht mehr überwinden, müsse die Leistungsfähigkeit als aufgehoben betrachtet werden, unabhängig davon, dass ein zeitlich uneingeschränktes körperliches Leistungsvermögen besteht.

Das **letzte Wort** behalten sich aber auch nach einer fachmedizinischen Beurteilung die Rechtsanwender vor. So bedarf nach der Rechtspre-

39

chung des **Bundessozialgerichts** (SGb 1976, 158) die Frage, ob Erwerbs(un)fähigkeit vorliegt, nicht allein medizinischer Klärung, sondern einer eigenständigen Feststellung durch Verwaltung und Gerichte unter rechtlichen Gesichtspunkten; so könne z.b. der Umstand, dass ein Betroffener eine Tätigkeit konkret ausübe, ein stärkerer Beweiswert zukommen als der medizinischen Feststellung, nach der ein entsprechendes Leistungsvermögen ausgeschlossen werde. Ein Verwaltungsgericht (VGH Baden-Württemberg FEVS 23, 177, 182) hält eine seelische Fehlhaltung für relevant, wenn sie von einiger Erheblichkeit und für die Arbeitsverweigerung ursächlich sowie nach Art und Ausmaß so beschaffen sei, dass der Hilfesuchende sie ohne fremde Hilfe, insbesondere ohne psychiatrische oder psychologische Behandlung, nicht überwinden könne; andernfalls würden auch bloße Faulheit, überwindbare Willensschwäche, Trotz und gemeinschaftsfeindliche Weltanschauung auf Kosten der Allgemeinheit belohnt.

Zum Verfahren bei der Erwerbsfähigkeitsfeststellung s. S. 205 ff.

cc) Gewöhnlicher Aufenthalt und Erreichbarkeit: Das SGB II (§ 7 Abs. 1 S. 1 Nr. 4) nennt den gewöhnlichen Aufenthalt als Merkmal der Hilfeberechtigung. Das bezieht sich auf die **Legaldefinition,** die das SGB I (§ 30 Abs. 1, 3) dazu gibt (so BT-Drs. 15/1516, 52). Es bestimmt, dass das Sozialgesetzbuch für alle Personen gilt, die ihren Wohnsitz oder gewöhnlichen Aufenthalt in seinem Geltungsbereich haben, und definiert den **Wohnsitz** dort, wo jemand eine Wohnung unter Umständen innehat, die darauf schließen lassen, dass er die Wohnung beibehalten und benutzen wird, sowie den **gewöhnlichen Aufenthalt** dort, wo sich jemand unter Umständen aufhält, die erkennen lassen, dass er an diesem Ort oder in diesem Gebiet nicht nur vorübergehend verweilt. Dies bedeutet, dass alle Personen, die ihren Wohnsitz im Bundesgebiet haben, hilfeberechtigt sind und weiter diejenigen, die ihren gewöhnlichen Aufenthalt hier haben, nicht aber solche, die lediglich ihren tatsächlichen oder vorübergehenden Aufenthalt in der Bundesrepublik Deutschland haben.

Beim gewöhnlichen Aufenthalt – der vor allem für wohnungslose Menschen zu prüfen ist – stellen sich ausgehend von der Definition des SGB I (§ 30 Abs. 3 S. 2) vor allem zwei **Fragen:** Wie müssen die Umstände beschaffen sein, die auf einen nicht nur vorübergehenden Aufenthalt hindeuten, und zum anderen bezieht sich das „Gebiet" auf dasjenige eines SGB II-Trägers oder das Bundesgebiet? Zur ersten Frage

II. Lebensunterhalt: Arbeitslosengeld II und Sozialgeld

hat das Bundesverwaltungsgericht (Urt. v. 18. 3. 1999 – 5 C 11/98 – FEVS 49, 434 = NDV-RD 1999, 73 mit Anm. Zeitler = NVwZ-RR 1999, 583 = ZfSH/SGB 2000, 29) am Beispiel eines Spätaussiedlers in einem Übergangsheim ausgeführt, dass zur Begründung eines gewöhnlichen Aufenthalts ein dauerhafter oder längerer Aufenthalt nicht erforderlich sei, sondern es genüge, dass der Betreffende sich an einem Ort oder in einem Gebiet **„bis auf weiteres"** im Sinne eines zukunftsoffenen Verbleibs aufhalte und dort den **Mittelpunkt seiner Lebensbeziehungen** habe, was auch in einem Übergangswohnheim sein könne, selbst wenn es eine Notunterkunft darstelle; etwas anderes komme vielleicht in Betracht, wenn – etwa bei Unterbringung in einer Turnhalle – abgeschlossene Räumlichkeiten fehlten und die Unterkunft zur Begründung eines vorläufigen Lebensmittelpunkts ersichtlich nicht bestimmt und geeignet sei. Bezüglich der zweiten Frage setzt sich die Auffassung durch, dass sie nicht generell zu beantworten ist, sondern es auf den jeweiligen rechtlichen Zusammenhang ankommt. So muss es für die örtliche Zuständigkeit (§ 36 SGB II, s. S. 205) auf den Ort oder das Gebiet des Trägers ankommen, während für die Hilfeberechtigung bei der Grundsicherung im Alter und bei Erwerbsminderung (§ 41 Abs. 1 SGB XII „im Inland") das Bundesgebiet maßgeblich ist. Beim **SGB II** werden Aufgaben und Ziele, Personen in eine dauerhafte Arbeit mittels der Hilfe eines „persönlichen Ansprechpartners" (§ 4 Abs. 1 SGB II) zu vermitteln, nur erreichbar sein, wenn jemand an einem bestimmten Ort oder in einem **bestimmten Gebiet angesprochen** werden kann. Demzufolge ist der gewöhnliche Aufenthalt hier in diesem Sinne zu verstehen. Personen, die keinen gewöhnlichen Aufenthalt an einem bestimmten Ort oder einem Gebiet eines Trägers haben, steht die Hilfe zum Lebensunterhalt nach dem SGB XII (§§ 27 ff.) offen.

Dementsprechend macht das Fortentwicklungsgesetz (§ 7 Abs. 4 a SGB II) die Leistungsberechtigung von der **Erreichbarkeit** im zeit- und ortsnahen Bereich nach Maßgabe der Erreichbarkeits-Anordnung der BA (ANBA 1997, 1685 mit Änderung ANBA 2001, 1476) abhängig. Diesbezüglich ist auf folgende Punkte hinzuweisen:

- Die persönliche Erreichbarkeit an jedem Werktag durch **Briefpost** unter der benannten Anschrift (§ 1 Abs. 1 Satz 2 EAO) setzt voraus, dass ein Arbeitsloser mindestens einmal werktäglich die an seine Wohnanschrift eingehende Briefpost durchsieht, so dass er Anforderungen des SGB II-Trägers gegebenenfalls am folgenden Werktag ab 08:00 Uhr Folge leisten kann. An Freitagen, Samstagen oder vor ge-

B. Womit werden Erwerbsfähige und Angehörige gefördert und gefordert?

setzlichen Feiertagen genügt es, wenn er so rechtzeitig den Briefkasten durchsieht, dass er am folgenden Werktag den Anforderungen des SGB-II-Trägers genügen kann. Ein **Postfach** ist ausreichend, falls es werktäglich geleert wird. Sind ausreichende Postzugangseinrichtungen vorhanden, reicht ein Wohnwagen oder Zelt auf einem Campingplatz aus. Ein Post-Nachsendeantrag genügt in der Regel nicht (BSG E 88, 172, 177), wohl aber bei einem von der Arbeitspflicht befreiten Arbeitslosen ab 58 Jahren (§ 65 Abs. 4 SGB, s. BSG Urt. v. 30. 6. 2005 B 7 a/7 AL 98/04 R – SGB 2006, 172). Bei einem **Umzug** (dazu DH-BA zum SGB III § 119 Rz. 56 a–f) empfiehlt sich, dem zuständigen SGB II-Träger unaufgefordert spätestens eine Woche zuvor die neue Anschrift mitzuteilen.

- **Wohnungslose** Arbeitslose müssen ihre Erreichbarkeit durch die Benennung der Anschrift einer Beratungsstelle oder Betreuungsperson sicherstellen, die sie einmal werktäglich nach Eingang der Briefpost aufsuchen müssen, um diese persönlich zur Kenntnis zu nehmen und gegebenenfalls am nächsten Werktag den SGB II-Träger aufzusuchen. Dazu ist eine so genannte **Erreichbarkeitsbescheinigung** vorzulegen.

Ausnahmen von diesen Vorgaben sind unter folgenden Voraussetzungen vom Träger hinzunehmen (§ 1 Abs. 2 Satz 1 EAO):

- **Nachweisbare Wahrnehmung** eines Vorstellungs-, Beratungs- oder sonstigen **Termins** aus Anlass der **Arbeitssuche,** der eine zeit- und ortsnahe Folgeleistung von Vorschlägen des SGB II-Trägers zur beruflichen Eingliederung nicht zulässt (§ 1 Abs. 3 EAO).

- Vorübergehende – d. h. befristete, aber nicht zeitlich eingegrenzte – **Entfernung** von der Wohnsitz-Erreichbarkeit (§ 2 EAO), wenn (1.) rechtzeitig die Anschrift für die Dauer der Abwesenheit dem SGB II-Träger mitgeteilt worden ist, (2.) der Arbeitslose auch an seinem vorübergehenden Aufenthaltsort postalisch erreichbar ist und (3.) er sich im Nahbereich aufhält, nämlich an einem Ort, von dem aus der SGB II-Träger täglich ohne zumutbaren Aufwand zu erreichen ist, d. h. in weniger als 90 Minuten (anaolg § 121 Abs. 4 SGB III).

- **Urlaub** außerhalb des zeit- und ortsnahen Bereichs bis zu drei Wochen bei vorheriger Zustimmung des SGB II-Trägers (so dass ein entsprechender Antrag erforderlich ist), was dieser in den ersten drei Monaten nur in begründeten Ausnahmefällen tun soll und jeweils nur tun darf, falls durch die Abwesenheit die berufliche Eingliederung nicht beeinträchtigt wird (§ 3 Abs. 1 EAO).

II. Lebensunterhalt: Arbeitslosengeld II und Sozialgeld

- **Teilnahme** an einer **ärztlich verordneten Maßnahme** der medizinischen Vorsorge oder Rehabilitation bei vorheriger Zustimmung des SGB II-Trägers (§ 3 Abs. 2 Nr. 1 EAO),
- **Teilnahme an** einer **im öffentlichen Interesse** (insbesondere staatspolitischen, kirchlichen oder gewerkschaftlichen Zielen) **liegende Veranstaltung** mit werktäglicher Briefpost-Erreichbarkeit und jederzeitiger Abbruchsmöglichkeit zwecks beruflicher Eingliederung bei vorheriger Zustimmung des SGB II-Trägers (§ 3 Abs. 2 Nr. 2 EAO),
- Ausübung **ehrenamtlicher Tätigkeit** bei vorheriger Zustimmung des SGB II-Trägers (§ 3 Abs. 2 Nr. 3 EAO), jeweils bis zu drei Wochen im Kalenderjahr, also zusammen zwölf Wochen, insgesamt zusammenhängend aber nicht mehr als sechs Wochen (§ 3 Abs. 4 EAO).
- **Verlängerung** der jeweiligen 3-Wochen-Frist durch den SGB II-Träger um höchstens drei Tage in Fällen außergewöhnlicher Härten (§ 3 Abs. 3 EAO), z. B. Autounfall bei Rückfahrt. Bei von der Arbeit befreiten **Arbeitslosen ab 58 Jahren** (s. § 65 Abs. 4) tritt anstelle der 3-Wochen-Frist eine solche von 17 Wochen, die in besonderen Fällen mit Zustimmung des SGB II-Trägers im notwenigen Umfang überschritten werden kann, was aus gegebenem Anlass eine Vorladung in der Verlängerungszeit nicht ausschließt, der innerhalb von vier Wochen Folge zu leisten ist (§ 4 EAO).
- **Arbeitslose EU-Wanderarbeitnehmer** brauchen für bis zu drei Monaten in ihrem Heimatstaat nicht erreichbar zu sein und dürfen weiter Leistungen beziehen („exportieren"), wenn sie sich bei der Arbeitsverwaltung des Mitgliedsstaats, in den sie sich begeben, als arbeitssuchend melden und die für den Leistungstransfer erforderliche Bescheinigung E 303 vorlegen (Art. 69 EWG VO 1408/71).

b) Sozialgeld

Sozialgeld erhalten nicht erwerbsfähige Personen, die mit erwerbsfähigen Angehörigen in einer Bedarfsgemeinschaft leben (§ 28 Abs. 1 Satz 1 SGB II).

Damit ist die (formelle) Zugangsberechtigung als erste zentrale Voraussetzung umschrieben. Zu ihr muss – im Gesetz nicht deutlich zum Ausdruck gebracht, aber als selbstverständlich unterstellt – zur Leistung von Sozialgeld auch die Hilfe(bedarfs)bedürftigkeit hinzukommen.

aa) Nicht erwerbsfähige Personen: Zu ihnen gehören immer Personen unter 15 Jahren sowie potentiell solche zwischen 15 und 64 Jahren, falls

B. Womit werden Erwerbsfähige und Angehörige gefördert und gefordert?

sie erwerbsunfähig sind (oder eine Rente wegen Alters beziehen), weiter Personen ab 65 Jahren. Für **dauernd erwerbsunfähige** Personen ab 18 Jahre und **Personen ab 65 Jahren** ist jedoch die SGB XII-Grundsicherung im Alter und bei Erwerbsminderung vorrangig (§ 5 Abs. 2 S. 2, § 28 Abs. 1 S. 1 SGB II).

bb) Zusammenleben mit erwerbsfähigen Angehörigen in Bedarfsgemeinschaft: Nicht erwerbsfähige Personen (aa) leben in folgenden Konstellationen mit erwerbsfähigen Angehörigen in einer (Sozialgeld-) Bedarfsgemeinschaft (§ 7 Abs. 3 SGB II):

- (Nr. 3) nicht erwerbsfähige **Partner** von erwerbsfähigen nicht dauernd getrennt lebenden Ehegatten, Lebenspartnern und eheähnlichen sowie lebenspartnerschaftsähnlichen Partnern.

Ehegatten und eheähnliche Lebenspartner (d.h. gemäß § 33b SGB I: eingetragen nach dem Lebenspartnerschaftsgesetz) leben **dauernd getrennt,** wenn sie nicht nur vorübergehend die Lebensgemeinschaft – die in der Regel auch eine Wohn- und Wirtschaftsgemeinschaft ist – aufgehoben haben (zu stationär Untergebrachten s. S. 193).

Eine **eheähnliche Partnerschaft** ist bei einer Person gegeben, die mit einer (anders geschlechtlichen) erwerbsfähigen hilfeberechtigten Person in einem gemeinsamen Haushalt so zusammenlebt, dass nach verständiger Würdigung der wechselseitige Wille anzunehmen ist, Verantwortung füreinander zu tragen und füreinander einzustehen. Eine solche **Verantwortungs- und Einstehensgemeinschaft** wird **vermutet,** wenn Partner (1.) länger als ein Jahr zusammenleben, (2.) mit einem gemeinsamen Kind zusammenleben, (3.) Kinder bzw. Angehörige im Haushalt (gemeinsam) versorgen oder (4.) befugt sind, über Einkommen oder Vermögen des anderen zu verfügen (§ 7 Abs. 3 Nr. 3, Abs. 3a SGB II).

Zu dieser mit dem Fortentwicklungsgesetz eingeführten Regelung führen die Gesetzesmaterialien (BT-Drs. 16/1410, 45 f.) aus, dass grundsätzlich nach dem SGB X (§ 20) der Untersuchungsgrundsatz gilt, nach dem die zuständige Behörde den Sachverhalt von Amts wegen zu ermitteln und dabei alle für den Einzelfall bedeutsamen, auch für die Beteiligten günstigen Umstände zu berücksichtigen hat. Liegen die tatbestandlichen Voraussetzungen hat (wofür der Träger die Beweislast hat, so LSG NiB Beschl. v. 3. 8. 2006 – LG AS 349/06 ER – info also 2006, 266) so wird **vermutet,** dass eine Bedarfsgemeinschaft besteht, wenn nach verständiger Würdigung der wechselseitige Wille

44

der Partner anzunehmen sei, dass sie Verantwortung füreinander tragen und füreinander einstehen. Auf diese Weise solle auch dem Leistungsmissbrauch durch falsche Angaben zu den häuslichen Verhältnissen entgegengewirkt werden. Die nach außen in Erscheinung tretenden Kriterien, bei deren Vorliegen der innere Wille zur gemeinsamen Verantwortung und zum gegenseitigen Einstehen vermutet werde, beruhten auf Vorgaben der Rechtsprechung (BVerfGE 87, 234, 264, BSG SozR 3-4100 § 119 Nr. 26 und 3-4300 § 144 Nr. 10, OVG Sc FEVS 54, 328, LSG BeB 18. 1. 2006 – L 5 B 1362/05 AS ER). Sie seien nur in Bezug auf die Vermutungsregelung abschließend. Trotzdem sei es nicht ausgeschlossen, dass auch andere äußere Tatsachen das Vorliegen einer Einstehensgemeinschaft begründen könnten; dies sei von den Leistungsträgern unter Würdigung aller Umstände von Amts wegen zu prüfen und zu entscheiden. Die **Vermutung** könne vom Betroffenen **widerlegt** werden. Ausreichend dafür sei nicht die Behauptung, dass der Vermutungstatbestand nicht erfüllt sei, sondern erforderlich sei eine Darlegung mit Nachweis, dass alle angeführten Kriterien nicht erfüllt würden bzw. die Vermutung durch andere Umstände entkräftet werde.

Eine **lebenspartnerschaftsähnliche Partnerschaft** liegt vor, wenn zwei gleichgeschlechtliche Personen in einer Verantwortungs- und Einstehensgemeinschaft leben.

- (Nr. 2) **Nicht erwerbsfähige Eltern(teile)** und gegebenenfalls deren nicht erwerbsfähige **Partner,** die **mit** einem erwerbsfähigen unverheirateten **Kind** unter 25 Jahren zusammenleben.

- (Nr. 4) **Kinder unter 15 Jahren und nicht erwerbsfähige Kinder unter 24 Jahren** im Haushalt erwerbsfähiger **Eltern(teile)** bzw. gegebenenfalls deren erwerbsfähigem Partner sowie solche, die im Haushalt zusammenleben mit nicht erwerbsfähigen Eltern(teilen) und gegebenenfalls nicht erwerbsfähigem Partner sowie einem unverheirateten erwerbsfähigen (anderen) Kind unter 25 Jahren.

cc) Gewöhnlicher Aufenthalt und Erreichbarkeit: Ob diese Voraussetzungen auch zum Sozialgeldbezug erforderlich sind, erscheint fraglich, weil der gewöhnliche Aufenthalt eng mit der Erwerbsfähigkeit zusammenhängt. In der Regel wird freilich beim Vorliegen einer Bedarfsgemeinschaft auch der gewöhnliche Aufenthalt für die nicht erwerbsfähige Person zu bejahen sein, sodass die Problematik lediglich bei Ausländern mit kurzfristigem Aufenthaltsstatus und Asylbewerbern auftreten wird (S. 183 ff.).

B. Womit werden Erwerbsfähige und Angehörige gefördert und gefordert?

Nicht erwerbsfähige Personen, die **nicht in einer** der aufgeführten **Bedarfsgemeinschaften** leben, erhalten keine Unterhaltsleistungen nach dem SGB II, wohl aber nach dem SGB XII Hilfe zum Lebensunterhalt oder Grundsicherung im Alter und bei Erwerbsunfähigkeit (Letzteres ab 65 Jahre und darunter ab 18 Jahre bei dauernder Erwerbsunfähigkeit).

c) Einzelanspruch

Jeder Berechtigte hat einen **selbstständigen Anspruch** auf SGB II-Leistungen (sog. Einzelanspruch, vgl. für das BSHG BVerwG, Urt. v. 30. 11. 1996 – 5 C 29/66 – BVerwGE 25, 207 = FEVS 14, 243 = NDV 1967, 281). Der Gesetzgeber hat zwar bei den Unterhaltsleistungen den Begriff **„Bedarfs"gemeinschaft** eingeführt, der auf den ersten Blick den Eindruck erweckt, es werde ein Gemeinschaftsbedarf gebildet, dem die Gemeinschaftsmittel gegenüber gestellt würden, woraus sich dann eine Gemeinschaftsleistung mit Gemeinschaftsanspruch ergebe. Die gesetzlichen Regelungen widerlegen dies jedoch: Der Allgemeinbedarf wird individuell bestimmt (s. diese S. unten), selbst in einer Bedarfsgemeinschaft ist nur ein Teil ihrer Mitglieder mit seinen Mitteln gesteigert einsatzpflichtig (s. S. 109 f.), und als Leistung gibt es kein Gemeinschaftsgeld, sondern Arbeitslosengeld II und Sozialgeld, so dass auch die Leistungsberechnung **individuell für jede Person** vorzunehmen ist, die jeweils eineneigenen Anspruch hat. Der erwerbsfähige Hilfebedürftige ist lediglich widerlegbar bevollmächtigt, die Mitglieder der Bedarfsgemeinschaft zu vertreten (§ 38 SGB II, s. S. 205).

2. Bedarf

Der Unterhaltsbedarf wird zweckmäßigerweise gegliedert in den (vom Gesetz nicht derart genannten) „Allgemein"-Bedarf und „Besonderheiten"-Bedarf.

a) „Allgemein"-Bedarf

Der Allgemeinbedarf besteht aus Regel-, Mehr- sowie Unterkunfts- und Heizungsbedarf.

aa) Regelbedarf: Die Regelleistung umfasst insbesondere Ernährung, Kleidung, Körperpflege, Hausrat, Haushaltsenergie ohne die auf die Heizung entfallenden Anteile, Bedarfe des täglichen Lebens sowie im vertretbaren Umfang auch Beziehungen zur Umwelt und eine Teilnahme am kulturellen Leben (§ 20 Abs. 1 SGB II). Nicht davon erfasst sind Mehrbedarfe (§ 21 SGB II), Unterkunfts- und Heizungsbedarf (§ 22

II. Lebensunterhalt: Arbeitslosengeld II und Sozialgeld

SGB II) sowie der „Besonderheiten"-Bedarf (mit Ausnahme des Regel-Sonderbedarfs). Damit sind im Übrigen die bisherigen einmaligen Leistungen nach dem BSHG (§ 21 Abs. 1 a) in den Regelleistungsbedarf einbezogen. Der Regelleistungsbedarf bildet das „soziokulturelle" Existenzminimum der insoweit als „Referenzsystem" für alle bedarfsorientierten und bedürftigkeitsabhängigen staatlichen Fürsorgeleistungen fungierenden Sozialhilfe ab und umfasst die im Rahmen dieser Bedarfe pauschalierbaren Leistungen (BT-Drs. 15/1516, 56).

Der Regelbedarf wird für **Alleinstehende und Alleinerziehende** (= in diesem Zusammenhang solche ohne Partner) auf den sog. **Eck-Regelsatz von 345 €** festgesetzt (§ 20 Abs. 2 Satz 1 SGB II).

Damit wird gesetzlich konkret die Höhe der Regelleistung ohne Bezug auf eine Bemessungsgrundlage bestimmt, weil der Gesetzgeber (BT-Drs. 15/1516, 56) dafür als einschlägig ansieht das SGB XII und die in seinem Rahmen ergangene Regelsatzverordnung (S. 224 ff.).

Als **Entscheidungshilfe** benennen die Durchführungshinweise der Bundesagentur für Arbeit (DH-BA 20.1) für den Regelbedarf folgende Teilbedarfe:

Nahrung, Getränke, Tabakwaren	ca. 38 %
Bekleidung, Schuhe	ca. 10 %
Wohnung (ohne Mietkosten), Strom	ca. 8 %
Möbel, Apparate, Haushaltsgeräte	ca. 8 %
Gesundheitpflege	ca. 4 %
Verkehr	ca. 6 %
Telefon, Fax	ca. 6 %
Freizeit, Kultur	ca. 11 %
Beherbergungs- und Gaststättenleistungen	ca. 3 %
sonstige Waren und Dienstleistungen	ca. 6 %

Die Regelleistung wird jeweils zum 1. 7. eines Jahres **angepasst,** wenn sich der aktuelle Rentenwert in der gesetzlichen Rentenversicherung verändert oder eine Neubemessung stattfindet, und zwar entsprechend dem SGB XII (§ 28 Abs. 3 S. 5, s. § 20 Abs. 4 S. 1, 2 SGB II, s. S. 230).

Bei der **Höhe** des Regelbedarfs differenziert das SGB II (§§ 20 Abs. 2, 3, 28 Abs. 1 S. 3 Nr. 1) zwischen Alleinstehenden/Alleinerziehenden mit dem Eckregelsatz von 345 € sowie Bedarfsgemeinschaftsangehörigen und kommt im Einzelnen zu folgenden Regelsätzen:

Alleinstehende/Alleinerziehende	345 €	100 %
Volljähriger Partner mit minderjährigem Partner	345 €	100 %
Minderjähriger Partner eines volljährigen Partners	276 €	80 %

B. Womit werden Erwerbsfähige und Angehörige gefördert und gefordert?

zwei volljährige Partner je	311 €	90%
sonstige erwerbsfähige Angehörige in Bedarfsgemeinschaft (insbesondere Kinder zwischen 15–24 Jahren)	276 €	80%
Kinder von 14 Jahren in Bedarfsgemeinschaft	276 €	80%
Kinder bis 13 Jahre in Bedarfsgemeinschaft	207 €	60%

Hinsichtlich der Regelsatzhöhe geht der Gesetzgeber offenbar davon aus, dass auch zwei erwerbsfähige Personen eine (Regelsatz-)Bedarfsgemeinschaft bilden und ebenso Kinder unter 24 Jahren zu ihr gehören, sodass der **Bedarfsgemeinschaftsbegriff** hier im Vergleich zur Sozialgeld-Berechtigung **modifiziert** wird (S. 44).

Soweit das Sozialgesetzbuch II **Regelsätze** für bestimmte Personenkonstellationen – z.B. nicht erwerbsfähige Kinder ab 15 Jahre – **nicht ausdrücklich regelt**, ist eine Einstufung nach Sinn und Zweck der gesetzlichen Regelung zu treffen, was im Beispiel auf einen Regelsatz von 276 € hinausläuft. Ab dem Alter von 25 Jahren scheiden (erwerbsfähige und nicht erwerbsfähige) Kinder aus der Bedarfsgemeinschaft aus, sodass Erwerbsfähige dann SGB II-Leistungen als Alleinstehende erhalten (so jetzt auch DH-BA 20.8, das immer noch unglücklich von einer „eigenen Bedarfsgemeinschaft" spricht) und nicht Erwerbsfähige SGB XII-Unterhaltsleistungen, auch hier als Alleinstehende (gemäß § 3 Abs. 1 Satz 3 RSVO).

Ergänzend bestimmen die Durchführungshinweise der Bundesagentur (DH-BA 21.8), dass minderjährige und volljährige (Eltern)Kinder mit eigenem Kind, die im Haushalt ihrer Eltern(teile) leben, als Alleinerziehende anzusehen sind und den Eckregelsatz erhalten.

bb) Mehrbedarfe: Mit ihnen werden für bestimmte, typisierte Bedarfe, die nicht durch die Regelleistung abgedeckt sind – aber sich auf ihren Inhalt beziehen –, höhere Aufwendungen anerkannt (§ 21 Abs. 1 SGB II), und zwar angelehnt an die Regelung im BSHG (§ 23, s. BT-Drs. 15/1516, 57) bei folgenden Personengruppen.

Erwerbsfähige **werdende Mütter** erhalten nach der 12. Schwangerschaftswoche einen Mehrbedarf von 17% der maßgebenden Regelleistung (§ 21 Abs. 2 SGB II), d.h. (auf- und abgerundet gemäß DH-BA 21.6):

Schwangere mit Eckregelssatz	59 €
Schwangere mit 90% Eckregelsatz	53 €
Schwangere mit 80% Eckregelsatz	47 €

Nicht erwerbsfähige werdende Mütter, d.h. vor allem solche unter 15 Jahren, bekommen nach dem Wortlaut der Vorschrift (§ 21 Abs. 2 SGB II)

II. Lebensunterhalt: Arbeitslosengeld II und Sozialgeld

keinen Mehrbedarf. Dieser ist ihnen jedoch entsprechend zuzubilligen (s. § 28 Abs. 1 S. 1, 2 SGB II), bei Mädchen unter 14 Jahres mit 35 €. Der Mehrbedarf beginnt mit dem 1. Tag der 13. Schwangerschaftswoche – was regelmäßig durch ein ärztliches Attest zu belegen sein wird – und endet mit dem Tag der Geburt; für diesen Zeitraum ist er im Anfangs- und Endmonat anteilig zu zahlen (§ 41 Abs. 1 S. 3 SGB II). Der Mehrbedarf ist gedacht für einen schwangerschaftsbedingten höheren Regelleistungs-bedarf vor allem in den Bereichen Ernährung und Körperpflege.

> **Rat:** Neben dem Mehrbedarf sollten Schwangere auch rechtzeitig die Besonder-heitenbedarfe Schwangeren- und Säuglingserstausstattung geltend gemacht werden.

Für **Alleinerziehende,** d. h. Personen, die **mit** einem oder mehreren **minderjährigen Kindern** zusammenleben und allein für deren Pflege und Erziehung sorgen, ist ein Mehrbedarf anzuerkennen (§ 21 Abs. 3 SGB II).

Dieser Mehrbedarf wird gewährt, weil damit dem Umstand Rechnung getragen wird, dass keine weitere Person sich an der Pflege und Erziehung des Kindes beteiligt, was typischerweise **höhere Regelsatzbedarfe** in den **Bereichen** Fahrt-, Einkaufs- und Kommunikationskosten, Kindesbetreuung (Babysitting) sowie Haushaltsenergiekosten zur Folge hat. In der Regel kann davon ausgegangen werden, dass die Voraussetzungen für diesen Mehrbedarf vorliegen, falls der Regelsatz für Alleinerziehende gezahlt wird (DH-BA 21.8), was meist, aber nicht immer, der Fall ist.

Alleinerziehung liegt nämlich vor, wenn eine Person – weiblich oder männlich – die alleinige tatsächliche Sorge und Pflege für ein Kind oder mehrere Kinder zu tragen hat. Bei Ehepartnern ist dies allenfalls gegeben, falls einer von ihnen längere Zeit die Kinder nicht betreuen kann, z. B. wegen Anstaltsaufenthalt, und immer bei dauernder Trennung der Ehepartner. Lebt ein Elternteil ansonsten mit Partnern oder sonstigen Personen zusammen, so kommt es darauf an, ob diese sich wie Ehe-partner um die Kinder kümmern und dementsprechend der unterstellte typisierte Mehrbedarf entfällt oder sich nicht um die Kinder kümmern (dann Mehrbedarf).

> **Rat:** Die SGB-II-Träger erkennen regelmäßig beim Zusammenleben mit anderen Personen den Mehrbedarf ab, so dass er bei Nichtvorliegen der Voraussetzun-gen aktiv geltend gemacht werden muss.

49

B. Womit werden Erwerbsfähige und Angehörige gefördert und gefordert?

Die **Höhe** des Mehrbedarfs richtet sich nach Zahl und Alter der Kinder, die ab dem Tag der Entbindung zu berücksichtigen sind (DH-BA 21.12), wobei in der Regel sich folgende Sätze ergeben (nach DH-BA 21.13 unter Rundung der Zahlbeträge gemäß § 41 Abs. 2 SGB II):

1 Kind unter 7 Jahre:	36% von 345 €	124 €
1 Kind über 7 Jahre:	12% von 345 €	41 €
2 Kinder:		
davon 1 unter 7 Jahre:	36% von 345 €	124 €
oder 2 unter 16:	36% von 345 €	124 €
oder sonst:	24% von 345 €	83 €
3 Kinder:	36% von 345 €	124 €
4 Kinder:	48% von 345 €	166 €
5 Kinder und mehr:	60% von 345 €	207 €

Ergänzend regeln die Durchführungshinweise der Bundesagentur (DH-BA 21.9–11), dass auch (Eltern)Kinder im Haushalt ihrer Eltern(teile) den Mehrbedarf bekommen, ein Elternteil jedoch keinen Alleinerziehendenzuschlag mehr bei einem (Eltern)Kind erhält.

Steht Alleinerziehenden ein anderer als der Eckregelsatz zu – z.B. 311 €, wenn sie mit einen Partner zusammenleben, der sich um Kinder nicht kümmert –, so ist dieser Regelsatz für den Mehrbedarf maßgebend und auf seiner Basis der Prozentanteil zu bilden, also z.B. 36% von 311 € = 120 €.

Erwerbsfähige Hilfebedürftige – und ebenso nicht erwerbsfähige (s. § 28 Abs. 1 S. 1, 2 SGB II) –, die aus medizinischen Gründen einer **kostenaufwendigen Ernährung** („Diät") bedürfen, erhalten einen Mehrbedarf in angemessener Höhe (§ 21 Abs. 5 SGB II). Zur **Angemessenheit** des Mehrbedarfs können die hierzu vom Deutschen Verein für öffentliche und private Fürsorge (S. 28) entwickelten und an typisierten Fallgestaltungen ausgerichteten Empfehlungen herangezogen werden (BT-Drs. 15/1516, 57). In diesen zuletzt 1997 abgegebenen Empfehlungen (Kleinere Schriften, Heft 48) findet sich im Rahmen eines ernährungsmedizinischen Gutachtens eine Liste der Erkrankungen, bei denen nach heutiger Auffassung eine Diät notwendig oder eine vollwertige Ernährung indiziert ist, weiter eine Aufstellung mit den Erkrankungen, die einer pauschalierten Bemessung zugänglich sind inklusive deren Höhe sowie eine solche mit Erkrankungen, die durch Ernährung nicht beeinflusst werden.

II. Lebensunterhalt: Arbeitslosengeld II und Sozialgeld

I. Erkrankungen mit erforderlicher spezieller Ernährung:

1. Magenerkrankungen
Magenresektionssyndrom
Postvagotomiesyndrom
Früh- und Spätdumpingsyndrom

2. Darmerkrankungen
Darmstenose
Diarrhoe
Dünndarmresorptionsstörungen
enterales Eiweißverlustsyndrom
Kurzdarmsyndrom
Laktoseintoleranz
intestinale Lymphangiektasie
Sprue (Zöliakie)
Steatorrhoe
Whipple'sche Krankheit
Zustand nach Ileum(teil)resektion

3. Leber-, Gallenwegs- und Bauspeicheldrüsenerkrankungen
Leberinsuffizienz
exokrine Pankreasinsuffizienz
akute Pankreatitis
chronische Pankreatitis

4. Herz- und Kreislauferkrankungen
Aortensklerose bei Fettstoffwechselstörung
Coronarsklerose bei Fettstoffwechselstörung
Herzinsuffizienz
arterielle Hypertonie jeder Ätiologie
Myokardinfarkt bei Fettstoffwechselstörung

5. Nierenerkrankungen
Dialysetherapie
akute Glomerulonephritis
chronische Glomerulonephritis
Nephrolithiasis
Niereninsuffizienz jeder Genese
nephrotisches Syndrom
Zystennieren mit Niereninsuffizienz

6. Stoffwechselerkrankungen
Adipositas
Diabetes mellitus I (CI = konventionelle Insulinthorapie)
Diabetes mellitus II a
Fruktoseintoleranz und andere Kohlenhydratstoffwechselstörungen
Gicht, Hyperurikämie

B. Womit werden Erwerbsfähige und Angehörige gefördert und gefordert?

Hyperlipidämie
Morbus Wilson
Mukoviszidose
Phenylketonurie u. andere Aminosäurenstoffwechselstörungen

II. Erkrankungen mit erforderlicher vollwertiger Ernährung:

1. Magen- und Darmerkrankungen
Colica mucosa
Colitis ulcerosa
Divertikulose
Morbus Crohn
Obstipation
Ulcus duodeni
Ulcus ventriculi

2. Leber-, Gallenwegs- und Bauchspeicheldrüsenerkrankungen
akute Virushepatitis
chronische Virushepatitis

3. Nierenerkrankungen
Nephrosklerose
Niereninfarkt

4. Stoffwechselerkrankungen
Diabetes mellitus I (ICT = intensivierte konventionelle Insulintherapie)

5. Diverse Erkrankungen
HIV – Infektion
(s. OVG NI, Urt. v. 17. 10. 2002 – 12 ME 622/02 –
FEVS 54, 191 = NDV-RD 2003, 16), AIDS
hyperkinetisches Syndrom
Multiple Sklerose
Neurodermitis
Osteoporose
Rheuma
Krebs
Tuberkulose
spezifische Nahrungsmittelintoleranz

III. Erkrankungen mit besonderer Kostform, die pauschalierbar ist:

Erkrankung	Kostform
Colitis ulcerosa (mit Geschwürsbildungen einhergehende Erkrankung der Dickdarmschleimhaut)	Vollkost

II. Lebensunterhalt: Arbeitslosengeld II und Sozialgeld

Diabetes mellitus Typ I, konventionelle Insulinthera-pie (insulinbedürftige, bei Jugendlichen auftretende Zuckerkrankheit, konventionelle Insulinbehandlung)	Diabeteskost
Diabetes mellitus Typ I, intensivierte konventionelle Insulintherapie (bei Jugendlichen auftretende Zuckerkrank-heit, insulinbedürftige Zuckerkrankheit, intensivierte konventionelle Insulinbehandlung)	Vollkost
Diabetes mellitus Typ II a (Alterszuckerkrank-heit bei nicht übergewichtigen Patienten)	Diabeteskost
Gicht (Erkrankung durch Harnsäureablagerungen)	Purinreduzierte Kost
HIV – Infektion/AIDS (Infektionskrankheit, durch HIV – Viren bedingt)	Vollkost
Hyperlipidämie (Erhöhung der Blutfette)	Lipidsenkende Kost
Hypertonie (Blutdruckerhöhung im großen Kreislauf)	Natriumdefinierte Kost
Hyperurikämie (Erhöhung der Harnsäure im Blut)	Purinreduzierte Kost
Krebs (bösartiger Tumor)	Vollkost
Leberinsuffizienz (Leberversagen)	Eiweißdefinierte Kost
Morbus Crohn (Erkrankung des Magen-Darmtrakts unbekannter Ursache mit Neigung zur Bildung von Fisteln und Verengungen)	Vollkost
Multiple Sklerose (degenerative Erkrankung des Zentralnervensystems, häufig schub-weise verlaufend)	Vollkost
Neurodermitis (Überempfindlichkeit von Haut und Schleimhäuten auf genetischer Basis)	Vollkost
Niereninsuffizienz (Nierenversagen)	Eiweißdefinierte Kost
Niereninsuffizienz, Hämadialyse behandelt (Nierenversagen, Hämodialyse behandelt)	Dialysediät
kardinale und renale Ödeme (Gewebs-wasseransammlungen bei Herz- oder Nierenerkrankungen)	Natriumdefinierte Kost
Sprue s. Zöliakie	
Ulcus duodeni (Geschwür im Zwölffingerdarm)	Vollkost
Ulcus ventriculi (Magengeschwür)	Vollkost
Zöliakie, Sprue (Durchfallerkrankung bedingt durch Überempfindlichkeit gegenüber Klebereiweiß)	Glutenfreie Kost

B. Womit werden Erwerbsfähige und Angehörige gefördert und gefordert?

IV. Regelwerte bei besonderer Kostform (nach DH-BA Anlage zu § 21 SGB II inkonsequenterweise ohne Rundung gemäß § 41 Abs. 2 SGB II):

Diabeteskost	51,13 €
Dialysediät	61,36 €
Eiweißdefinierte Kost	30,68 €
Glutenfreie Kost	66,47 €
Lipidsenkende Kost	35,79 €
Natriumdefinierte Kost	25,56 €
Purinreduzierte Kost	30,68 €
Vollkost	25,56 €

Sofern bei **mehreren Erkrankungen** die Voraussetzungen für die Gewährung eines Mehrbedarfs vorliegen, ist derjenige mit der höchsten Zulage zu leisten, eine mehrfache Gewährung ist nicht zulässig (DH-BA 21.30).

Bei den Erkrankungen, die einer **pauschalierten Bemessung** zugänglich sind, genügt in der Regel ihre **Bescheinigung durch** einen **Arzt** mit genauer Bezeichnung der Erkrankung und Kostform, die spätestens nach zwölf Monaten zu erneuern ist (DH-BA 21.28). Bei den **Erkrankungen, die keiner pauschalierten Bemessung zugänglich sind,** ist im Einzelfall – regelmäßig anhand einer ärztlichen Begutachtung – die Höhe des Mehrbedarfs zu ermitteln (zu den Anforderungen an ein ärztliches Attest LSG Th Beschl. v. 1. 6. 2005 – L 8 SO 176/05 ER-FEVS 57, 292 am Beispiel einer „umweltmedizinischen Erkrankung aufgrund des MCS-Syndroms)" = Multiple-Chemical-Sensitivity). Der Deutsche Verein für öffentliche und private Fürsorge weist in seinen Empfehlungen darauf hin, dass sich die **Wissenschaft** bei manchen Krankheiten **nicht** über das Erfordernis einer besonderen Kost **einig** ist und die Entwicklung der Rechtsprechung abzuwarten bleibt. Diese ist inzwischen abweichend von den Empfehlungen des Deutschen Vereins und gestützt auf ein Votum des Bundesverbands Deutscher Ernährungsmediziner zu dem Ergebnis gekommen, dass für alle Typen von **Diabetes mellitus kein Mehrbedarf** erforderlich ist, weil eine kalorienreduzierte fettarme und ballaststoffreiche Ernährung, gegebenenfalls unter Nutzung der auch in Discount-Ketten angebotenen speziell für Diabetiker geeigneten Nahrungsmittel, ohne finanziellen Mehraufwand möglich ist (LSG SH Beschl. v. 6. 9. 2005 – LGB 186/05 SO ER-FEVS 57, 356, was aber nach BVerfG Beschl. v. 20. 6. 2006 – 1 BvR 2673/05 – info also 2006, 279 noch der genauen Überprüfung bedarf). Ansonsten hält sie jedoch an den Empfehlungen des Deutschen Vereins unter Ablehnung eines „Be-

II. Lebensunterhalt: Arbeitslosengeld II und Sozialgeld

gutachtungsleitfadens" des Landschaftsverbands Westfalen-Lippe fest (OVG Ni, Urt. v. 13. 10. 2003 – 12 LA 385/03 – FEVS 55, 359 am Beispiel der Hyperlipidämie).

Bei folgenden Erkrankungen wird der **Krankheitsverlauf** nach den Empfehlungen des Deutschen Vereins durch Ernährung **nicht beeinflusst,** so dass kein Mehrbedarf anfällt:

1. Magen- und Darmerkrankungen
Duodenitis
akute Gastritis
chronische Gastritis
gutartige Magenrumore
Pylorusstenose

2. Leber-, Gallenwegs- und Bauchspeicheldrüsenentzündungen
Cholangitis
Cholecystitis
Cholelithiasis
Fettleber

3. Herz- und Kreislauferkrankungen
Endocarditis
Myocarditis
Perikarditis

4. Nierenerkrankungen
akute Pyelonephritis
chronische Pyelonephritis

Gleiches gilt (so DH-BA 21.24) für Adipositas (Fettleibigkeit sowie Übergewicht in Kombination mit Diabetes mellitus, s. OVG Ni Urt. v. 17. 10. 2003 – 2 ME 248/03 – FEVS 55, 230).

Erwerbsfähige **behinderte Hilfebedürftige,** denen **Leistungen zur Teilhabe am Arbeitsleben** (§ 33 SGB IX) von einem Rehabilitationsträger (§ 6 Abs. 1 SGB IX) oder sonstige Hilfen zur Erlangung eines geeigneten Platzes im Arbeitsleben oder Hilfe zur Schulbildung, schulischen Ausbildung oder zur Ausbildung für eine sonstige angemessene Tätigkeit erbracht werden, erhalten einen Mehrbedarf in Höhe von 35% der maßgebenden Regelleistung, was auch nach Beendigung der genannten Maßnahmen während einer angemessenen Übergangszeit, vor allem einer Einarbeitungszeit, geschehen kann (§ 21 Abs. 4 SGB II). Für nicht erwerbsfähige Angehörige einer Bedarfsgemeinschaft wird dieser Mehrbedarf ebenso beim Sozialgeld bezahlt, wenn Eingliederungshilfe zur

Schul- oder Ausbildung nach dem SGB XII (§ 54 Abs. 1 S. 1 Nr. 1, 2) erbracht wird (§ 28 Abs. 1 S. 3 Nr. 2, 3 SGB II).

Ergänzend regeln die Durchführungshinweise der Bundesagentur (DH-BA 21.16), dass als Nachweis ein aktueller Bewilligungsbescheid des Rehabilitationsträgers vorzulegen ist, nach dem tatsächlich Leistungen zur Teilhabe am Arbeitsleben erbracht werden, wofür aber Beratung und Vermittlung (§ 33 Abs. 3 Nr. 1 SGB IX) nicht ausreichten.

Nicht erwerbsfähige Sozialgeldberechtigte erhalten einen Mehrbedarf von 17% der maßgebenden Regelleistung, wenn sie Inhaber eines **Schwerbehindertenausweises** mit dem **Merkzeichen G** (= gehbehindert) sind; dies gilt nicht, falls sie den Behinderten-Arbeitsreha-Mehrbedarf (§ 21 Abs. 4 SGB II) bekommen (§ 28 Abs. 1 S. 3 Nr. 4 SGB II). Mit den Gleichbehandlungsgrundsatz (Art. 3 GG) ist nicht zu vereinbaren, dass dieser Mehrbedarf erwerbsfähigen Personen nicht zugestanden wird.

Die **Summe des insgesamt gezahlten Mehrbedarfs** darf die Höhe der für erwerbsfähige Hilfebedürftige maßgebenden Regelleistung nicht übersteigen (§ 21 Abs. 6 SGB II). Für nicht erwerbsfähige Hilfebedürftige dürfte dies entsprechend hinsichtlich ihrer Regelleistung gelten.

cc) Unterkunfts- und Heizungsbedarf: Unterkunfts- und Heizungskosten werden in Höhe der tatsächlichen Aufwendungen berücksichtigt, soweit diese (im Einzelfall) angemessen sind (§ 22 Abs. 1 Satz 1 SGB II). Soweit sie den (im Einzelfall) angemessenen Umfang übersteigen, sind sie solange zu berücksichtigen, wie es nicht möglich oder zumutbar ist, sie zu senken, in der Regel jedoch längstens für sechs Monate (§ 22 Abs. 1 Satz 3 SGB II).

Rat: Bei Prüfung der tatsächlichen und angemessenen Unterkunfts- und Heizungskosten ist zunächst auf die gesamte Bedarfs-/Wohngemeinschaft abzustellen, um anschließend die berücksichtigungsfähigen Kosten auf die Einzelpersonen aufzuteilen.

Folgende Prüfungsschritte sind jeweils getrennt nach Unterkunft und Heizung zweckmäßig:
- Was sind die tatsächlichen Kosten?
- Sind sie (im Einzelfall) angemessen?
- Bei Unangemessenheit: Darf die Regelübernahmefrist von längstens sechs Monaten ausnahmsweise abgekürzt werden?

II. Lebensunterhalt: Arbeitslosengeld II und Sozialgeld

- Bei Ablauf der Übernahmefrist: Ist es unmöglich oder unzumutbar, die Aufwendungen zu senken? (womit die Kosten noch länger als sechs Monate zu übernehmen sind)

Rat: Lies zu Einzelheiten sehr informativ Berlit NDV 2006, 5 ff.

Die **tatsächlichen Unterkunftskosten** bei der **Miete,** also dem häufigsten Fall, bestehen aus den **Hauptkosten** – diese betreffen das unmittelbar für die Unterkunft zu zahlende Entgelt, d. h. die nach dem Mietvertrag geschuldete **Kaltmiete** – sowie den **Nebenkosten,** also den nach Mietrecht umlegbaren Betriebskosten und sonstigen vertraglich geschuldeten Zusatzkosten, soweit diese nicht beim Regelbedarf, wie insbesondere die Haushaltsenergiekosten für Strom und Warmwasserzubereitung, oder beim Heizungsbedarf berücksichtigt sind.

Zu den nach der Betriebskostenverordnung 2004 zu berücksichtigenden **Betriebskosten,** der sog. „zweiten Miete", gehören:

- öffentliche Lasten des Grundstücks, insbesondere Grundsteuer
- Wasserversorgung
- Entwässerung
- Aufzug
- Straßenreinigung und Müllbeseitigung
- Gebäudereinigung und Ungezieferbekämpfung
- Kosten der Gartenpflege
- Außen- und Gemeinschaftsbeleuchtung
- Schornsteinreinigung
- Haftpflicht- und Sachversicherung
- Hauswart
- Gemeinschaftsantennenanlage oder Breitbandverteileranlage
- Wäschepflegeeinrichtung
- sonstige

Auch weitere vertraglich wirksam vereinbarte Nebenkosten sind zu berücksichtigen, z. B. Kabelfernsehgebühren (BVerwG Urt. v. 28. 11. 2001 – 5 C 9.01 – BVerwGE 115, 256) ohne Ausstiegsklausel (im letzteren Fall gehören sie zum Regelbedarf) oder Kosten für einen Garagenbzw. Stellplatz, der untrennbar mit der Miete verbunden ist.

Die **Angemessenheit** der Unterkunftskosten richtet sich bei Mietwohnungen bezogen auf die Kaltmiete primär nach dem Produkt der je nach Personenzahl angemessenen Wohnungsgröße in Quadratmetern und dem örtlich dafür maßgebenden Quadratmeter-Preis (sog. Produkttheo-

B. Womit werden Erwerbsfähige und Angehörige gefördert und gefordert?

rie, so jetzt auch BSG Urt. v. 7. 11. 2006 – 7 b AS 18/06 R und 10/06 R – nach Wenner SozSich 2006, 395). Die nach der **Personenzahl** angemessene Wohnungsgröße wird anhand der Kriterien der Förderungswürdigkeit im sozialen Wohnungsbau entsprechend den Verwaltungsvorschriften der Länder zum Wohnungsbindungsgesetz (§ 5 Abs. 2) ermittelt (BVerwG 17. 11. 1994 – 5 C 11/93 – BVerwGE 97, 110 = FEVS 45, 363 = NDV 1995, 298), die nach der Zahl der Wohnungsnutzer differenzieren und bei der qm-Größe ländermäßig differieren (+/– 5 qm):

1 Person	=	45 qm
2 Personen	=	60 qm
3 Personen	=	75 qm
4 Personen	=	85 qm

und für jedes weitere Familienmitglied 10 qm mehr.

Im **Einzelfall** ist ein **höherer Bedarf** bei entsprechender Notwendigkeit anzuerkennen, z. B. wenn bei Behinderung ein weiterer Raum – etwa für eine Pflegekraft – erforderlich ist oder bei Hauserwerbstätigkeit ein Arbeitsraum, bei Bronchialkrankheiten eine mit Teppich umgestaltete Wohnung (LSG NiB Beschl. v. 11. 8. 2005 – L 7 AS 164/05 ER-NDV 2005, 123) oder bei wöchtlichen Elternteilwechsel eines Kindes der für dieses benötigte Wohnraum (SG Leipzig Beschl. v. 1. 6. 2005 – S 14 AS 118/05 – nach quer 4/05, 27).

Der angemessene **qm-Preis** bestimmt sich nach demjenigen vergleichbarer Wohnungen im unteren bis mittlerem Segment am Wohnort und lässt sich insbesondere örtlichen **Mietspiegeln** (§§ 558 c, 558 d BGB) entnehmen (BVerwG, Urt. v. 17. 11. 1994 – 5 C 11/93 – BVerwGE 97, 110 = FEVS 45, 363 = NDV 1995, 298).

Kriterium dafür muss sein, dass am **örtlichen Wohnungsmarkt** jederzeit eine Wohnung zu diesen Preisen angemietet werden kann (LSG NiB Beschl. v. 11. 8. 2005 – L 7 AS 164/05 ER – NDV-RD 2005, 123), wofür Presse- und Internetangebote als Maßstab herangezogen werden können. Ein Umzug in eine andere Wohnortgemeinde kommt im Regelfall nicht in Betracht. Fehlt es an einer Mehrzahl erreichbarer einschlägiger Wohnungen für einen bestimmten Quadratmeter-Preis auf dem örtlichen Markt, so liegt mangels konkreter Alternative keine Angemessenheit vor (BVerwG 31. 8. 2004 – 5 C 8/04 – NJW 2005, 310).

Quadratmeter-Größe und Quadratmeter-Preis dürfen nicht isoliert betrachtet werden, sondern nach der **Kombinationstheorie** als **Produkt** (BVerwG Urt. v. 28. 3. 2005 – 5 C 15.04 – info also 2006, 33 = NDV-RD

II. Lebensunterhalt: Arbeitslosengeld II und Sozialgeld

2005, 109; SG Aurich Urt. v. 12. 10. 2005 – S 15 AS 159/05 – info also 2006, 27, 29, LSG He Beschl. v. 8. 3. 2006 – L 9 AS 59/05 ER – info also 2006, 125: Stellt der SGB-II-Träger keine ausreichenden Ermittlungen an, sind die Kosten in tatsächlicher Höhe zu übernehmen). Das bedeutet, dass es auf das Ergebnis dieser beiden Größen für die Angemessenheitsgrenze ankommt, sodass bei einem günstigen Quadratmeter-Preis auch eine größere Wohnung (als nach den angegebenen Grenzen) angemessen ist.

Fehlt es an Mietspiegeln und sonstigen zuverlässigen Erkenntnisquellen für den Wohnungsmarkt – wie insbesondere in ländlichen Bereichen –, darf als letztes Mittel die Tabelle zum Wohngeldgesetz (§ 8) als Angemessenheitsindikator herangezogen werden (BSG Urt. v. 7. 11. 2006 – B 7 b AS 18/06 R und 10/06 R – nach Wenner SozSich 2006, 395). Bei ihr werden die Zahl der Familienmitglieder, die nach bundesweiter Statistik ermittelte Mietstufe der Gemeinde und das Bezugsfertigkeitsdatum der Wohnung (Altbau, Mittelbau, Neubau) zugrunde gelegt und auf Kaltmiete sowie Nebenkosten (ohne Berücksichtigung der Wohnungsgröße) bezogen. Auch hier gilt, dass für die ermittelten Euro-Beträge eine Wohnung am örtlichen Wohnungsmarkt zu bekommen sein muss, sodass gegebenenfalls zu den Wohngeldtabellenwerten Zu- bzw. Abschläge zu machen sind.

Ist die Miete nach den angegebenen Kriterien **unangemessen,** so wird sie in der Regel „**längstens sechs Monate**" (§ 22 Abs. 1 Satz 2 letzter Teil) übernommen. Das heißt: Will die Behörde von der Sechs-Monats-Frist abweichen und nur für einen kürzeren Zeitraum die unangemessene Miete übernehmen, dann muss sie dafür nachvollziehbare Gründe angeben, etwa dass eine frühere Kündigung der unangemessen teuren Wohnung möglich und eine angemessene Wohnung auf dem – nicht angespannten – örtlichen Wohnungsmarkt zugänglich gewesen ist (SG Oldenburg Beschl. v. 27. 7. 2005 – S 47 AS 356/05 ER –, LSG NiB Beschl. v. 4. 10. 2005 – L AS 138/05 ER –, beide nach quer 4/2005, 29, LSG NiB Beschl. v. 11. 8. 2005 – L 7 AS 164/05 ER – NDV-RD 2006, 123).

Über die Angemessenheitsgrenze von **sechs Monaten hinaus,** sind die Mietkosten weiter zu übernehmen, wenn es **nicht möglich** – insbesondere wegen Krankheit/Schwangerschaft – **oder zumutbar** ist, die Mietkosten durch einen Wohnungswechsel, durch Vermieten oder auf andere Weise zu senken (§ 22 Abs. 1 S. 3 SGB II). Die Zumutbarkeit einer Kostensenkung hängt in der Regel von einer entsprechenden hinrei-

59

B. Womit werden Erwerbsfähige und Angehörige gefördert und gefordert?

chend bestimmten Aufforderung des SGB-II-Trägers ab, es sei denn die
Unangemessenheit ist offenkundig (SG Oldenburg Beschl. v. 28. 11.
2005 – S 47 787/05 ER – nach Berlit NDV 2006, 5, 13, Fußnote 73). Das
Landessozialgericht Schleswig-Holstein (Beschl. v. 25. 5. 2005 – L 6 B
52/05 ER – FEVS 57, 102) hat ausgeführt, dass eine Unmöglichkeit gegeben sei, wenn jemand trotz genügender Anstrengungen konkret keine
Wohnung habe bekommen können, und eine Unzumutbarkeit dann,
falls besondere Umstände im Einzelfall einen möglichen Umzug ausschließen würden. Letzteres sei „immer" anzunehmen, wenn bei SGB-
II-Hilfeeintritt eine nach dessen Maßstäben unangemessene Wohnung
schon lange gemietet sei, weil ein Hilfeberechtigter ein schutzwürdiges
Interesse daran habe, vor einer unvorhergesehenen, abrupten Änderung
seiner gefestigten Wohnsituation und einem Verlust seines bisherigen
sozialen Umfelds jedenfalls für eine (längere als sechsmonatige) Übergangszeit verschont zu bleiben. Eine größere Übergangszeit ist ebenso
einzuräumen, falls jemand eine unangemessen teure Wohnung bereits
zehn Jahre bewohnt und demzufolge eine Kündigungsfrist von zwölf
Monaten hat, wobei jedoch die Möglichkeit eines Aufhebungsvertrags
mit dem Vermieter zu prüfen ist (SG Oldenburg Beschl. v. 2. 6. 2005 –
S 47 AS 169/05 ER – nach Peters NDV 2005, 316, 322, s. weiter SG Aurich 18. 10. 2005 – S 25 AS 167/05 – nach quer 1/2006, 34: zwölf Monate für Eigentümer in einem Haus, das lange vor dem SGB-II-Bezug
erworben wurde).

Auch bei den **Nebenkosten** darf eine Angemessenheitsprüfung erfolgen, was in der Praxis zunehmend anhand von **Betriebskostenspiegeln**
geschieht. Nach der Rechtsprechung (SG Aurich – Urt. v. 12. 10. 2005 –
S 15 AS 159/05 – info also 2006, 27, das den Leipziger und den Re-
gensburger Betriebskostenspiegel herangezogen hat) sind gegenwärtig
Betriebskosten von 1,60 € je qm noch nicht unangemessen, wobei zu
beachten sei, dass es sich um einen Mittelwert handele und auch deutliche Abweichungen noch nicht automatisch zu unangemessenen Betriebskosten führten. Bei unangemessenen Kosten sind auch hier Über-
gangsfristen einzuräumen und unangemessene Kosten zu übernehmen,
soweit sie nicht (zumutbar) absenkbar sind (§ 22 Abs. 1 Satz 3 SGB II).

Entfallen die zu übernehmenden Unterkunftskosten auf **mehrere Fa-
milienmitglieder/Mitbewohner,** sind sie zur Erfüllung des Einzelanspruchs im Regelfall nach der Anzahl der Bewohner ohne Rücksicht auf
deren Alter („**kopfteilig**") zu berücksichtigen (BVerwG Urt. v. 21. 1.
1998 – 5 C 68/85 – BVerwGE 79, 18 = FEVS 37, 272 = NDV 1988, 280,

SG Oldenburg Beschl. v. 2. 2. 2005 – S 47 AS 18/05 ER – info also 2005, 81 für Bedarfsgemeinschaft mit einem Pflegesohn). Das gilt ebenso für die anschließend zu behandelnden Heizkosten.

Bei den **Heizkosten** sind die mietvertraglich vereinbarten monatlichen Abschlagszahlungen („Warmmiete") bzw. der an ein Energie- bzw. Fernwärmeversorgungsunternehmen zu leistende Vorauszahlungsbetrag (inkl. Grund- und Zählergebühren) als **tatsächliche Kosten** bei einer Mietwohnung anzusetzen. Davon ist jedoch ein **Abzug** zu machen, wenn in ihnen auch Aufwendungen enthalten sind, die vom Regelbedarf gedeckt werden müssen, wie typischerweise **Warmwasserkosten** oder **bei Strom als einziger Energiequelle** auch noch die Haushaltsenergiekosten. Sind die vom Regelbedarf zu tragenden Aufwendungen nicht gesondert ausgewiesen, müssen sie geschätzt werden, was in der Praxis dazu führt, dass für Warmwasser bis zu 20% der Heizungskosten unberücksichtigt bleiben und für Haushaltsstrom gegebenenfalls noch zusätzlich etwa 5%. Die örtlich schwankende Höhe der Abzüge ist verifizierungsbedürftig (Höchstbetrag des Abzugs gemäß SG Aurich – S 15 AS 159/05 – info also 2006, 27: ca. 20 € gemäß dem Regelsatzanteil).

Auch die Heizkosten sind nur zu berücksichtigen, wenn sie **angemessen** sind (tendenziell spricht bei angemessenen Unterkunftskosten die Vermutung der Angemessenheit für die tatsächlich zu zahlenden Heizkosten, so LSG NiB Beschl. v. 15. 12. 2005 – L 8 AS 427/05 – SAR 3/2006, 32, SG Oldenburg Beschl. v. 20. 7. 2005 – S 47 AS 259/05 – nach quer 4/2005, 30, LSG Th Beschl. v. 7. 7. 2005 – L 7 AS 334/05 ER – nach Behrend SozSich 2006, 139, 142). **Pauschale Grenzwerte,** die zum Teil in der Praxis zugrunde gelegt werden, etwa 1 € pro qm Wohnfläche (in diesem Umfang auch SG Aurich – S 15 AS 159/05 – info also 2006, 27; ähnlich SG Kassel Beschl. v. 9. 3. 2005 – S 21 AS 11/05 – nach quer 4/05, 29: 1,28 €/qm, differenzierend die Bremer Praxis nach BAG-SHI 4/2005, 33: 1,10 €/qm bei normalem Wärmebedarf, 1,35 €/qm bei erhöhtem Wärmebedarf wegen Kleinkind bis drei Jahre, Krankheit, nicht genügend isolierter Wohnung) sind **problematisch** und werden oft einer Überprüfung nicht standhalten (SG Oldenburg 30. 8. 2005 – S 47 AS 589/05 ER – nach Behrend SozSich 2006, 139, 142), weil die Heizkosten von einer Fülle nicht von dem Hilfeberechtigten zu steuernden Faktoren – etwa Lage (z. B. Erd-, Eck-, Dachgeschoss), Bauzustand, Wärmeisolierung (vor allem bei Fenstern und Außenwänden), Alter der Heizungsanlage, Klima – sowie auch persönlichen Umständen

B. Womit werden Erwerbsfähige und Angehörige gefördert und gefordert?

wie Alter, Behinderung, Kleinkinder beeinflusst werden. Diese Punkte sind jedenfalls bei der ebenfalls bezüglich Heizkosten anzustellenden Prüfung auf Übernahme unangemessener Kosten in einer Übergangszeit bzw. darüber hinaus bei Unmöglichkeit oder Unzumutbarkeit der Senkung zu berücksichtigen (§ 23 Abs. 1 Satz 3 SGB II, der zwar Heizkosten nicht erwähnt, der aber analog darauf anzuwenden ist). Nicht zulässig ist es, wenn der Träger von vornherein die Heizkosten wegen Unangemessenheit kürzt; vielmehr muss er zunächst zur Senkung auffordern und in einer zumutbaren Übergangszeit auch unangemessene Kosten übernehmen (SG Lüneburg Beschl. v. 15. 3. 2005 – S 23 SO 75/05 ER – nach Peters NDV 2005, 316, 322).

> **Rat:** Rechtsprechungsübersicht zu Heizkosten bei Hermann BAG-SHI 4/2006, 21 ff.

Die eben für Mietwohnungen dargestellten Gesichtspunkte bezüglich Unterkunfts- und Heizkostenübernahme sind auch auf **andere Unterkunftsformen** modifiziert **übertragbar**.

Bei **selbst genutztem Haus-/Wohnungseigentum** – das bei angemessener Größe zum nicht einsetzbaren Vermögen zählt (§ 12 Abs. 3 Satz 1 Nr. 4 SGB II) – gehören zu den berücksichtigungsfähigen tatsächlichen **Unterkunftsaufwendungen** die in der Verordnung zu § 82 SGB XII (§ 7 Abs. 2 Nr. 1–5) aufgeführten Ausgaben, insbesondere diejenigen für eine Darlehensschuld – nicht für Tilgungszinsen (BVerwG 7. 5. 1987 – 5 C 36.85 – BVerwGE 77, 232, 235 f., a. A. jetzt SG Detmold Urt. v. 16. 2. 2006 – S 8 AS 37/05 – info als 2006, 123; zu Verzugszinsen VG Oldenburg Beschl. v. 12. 12. 2003 – 13 B 4970/03 – ZfF 2005, 17), Betriebskosten, periodische Instandhaltungskosten – nicht aber wertsteigernde Erneuerungsmaßnahmen wie eine neue Heizungsanlage (LSG ST Beschl. v. 16. 11. 2005 – L 2 B 68/05 AS ER – NDV-RD 2006, 10) – sowie sonstige Aufwendungen zur Bewirtschaftung des Haus- und Grundbesitzes. Die tatsächlichen Kosten sind insoweit in der Regel als angemessen anzusehen, es sei denn der Träger weist konkret ihre (teilweise) Unangemessenheit nach. Bei den **Heizkosten** darf nicht nur die angemessene Wohnfläche von Mietwohnungen zugrunde gelegt werden, sondern die nach dem SGB II (§ 12 Abs. 3 Satz 1 Nr. 4) geschützte angemessene Wohnfläche, um die vom Gesetzgeber eingeräumte Größe auch bewohnen und beheizen zu können (SG Aurich Beschl. v. 10. 2. 2005 – S 15 AS 3/05 ER – nach Peters NDV 2005, 123).

II. Lebensunterhalt: Arbeitslosengeld II und Sozialgeld

Vergleichbar sind bei **möblierten Wohnungen** (zu einem Abzug für Möblierung und Strom SG München Urt. v. 24. 5. 2005 – S 50 AS 51/05 – wl 2005, 124) sowie **Notunterkünften** (Hotels, Wohnungslosenunterkünfte; zur Kostenübernahme möblierter Obdachlosenunterkünfte: SG Meinigen Beschl. v. 9. 6. 2005 – S 23 AS 662/05 ER – nach Berlit NDV 2006, 5, 15, Fußnote 92: Abschlag von 7,7% für Haushaltsenergie und 8% für Möblierung) die tatsächlichen angemessenen Unterkunfts- und Heizkosten zu übernehmen. Grundsätzlich hat jeder Hilfeberechtigte Anspruch auf eine Mietwohnung nach üblichem Standard, sodass ein pauschaler Verweis von jungen alleinstehenden Menschen auf möblierte Zimmer, Untermiete und Wohngemeinschaften (zur Angemessenheit des Einzelanteils LG Oldenburg Beschl. v. 25. 7. 2005 – S 45 AS 492/05 ER – nach quer 4/05, 29) sowie eine dauerhafte Unterkunft in einem Wohnheim nicht angemessen sind (LSG Ha Beschl. v. 25. 8. 2005 – L B 201/05 ER AS – FEVS 57, 329). Siehe zu Personen unter 25 Jahren S. 197, Auszubildenden S. 186 sowie zu Einrichtungsnutzern S. 189.

Rat: Die Übernahme der Unterkunfts- und Heizkosten ist zweckmäßigerweise stets gründlich zu überprüfen, weil Fehler sich langfristig auswirken (zur Rücknahme bestandskräftiger Bescheide S. 382, 393).

Dabei ist besonders auf **typische Fehler** zu achten (im Anschluss an quer 2/2005, 18):

- Nichtübernahme von Nebenkosten (Wasser, Gartenpflege, Kabelgebühren)
- Nichtübernahme von Haus-/Wohnungseigentümerkosten wie z. B. Instandhaltungskosten
- keine Angemessenheitsprüfung im Einzelfall
- zu kurze Übernahme unangemessener Kosten
- zu niedrig pauschalierte Betriebskosten
- zu niedrig pauschalierte Heizkosten
- Direktüberweisung von Unterkunfts- oder Heizkosten an Vermieter/ Energieunternehmen ohne Einverständnis oder gesetzliche Grundlage, teilweise sogar der tatsächlichen trotz Reduzierung der Übernahme auf angemessene (dazu S. 396).

b) „Besonderheiten"-Bedarf

Mit diesem im Gesetz nicht gebrauchten Ausdruck werden die Bedarfe bezeichnet, die **zusätzlich** zum „Allgemein"-Bedarf in Betracht kommen (im Bundessozialhilfegesetz und in § 31 SGB XII „einmalige Bedarfe"

B. Womit werden Erwerbsfähige und Angehörige gefördert und gefordert?

genannt). Bei ihnen ist für Hilfeberechtigte wichtig, dass sie nicht wie der „Allgemein"-Bedarf vom Träger routinemäßig berücksichtigt werden, sondern in aller Regel von den Leistungsberechtigten ausdrücklich geltend gemacht werden müssen.

aa) Energie-/Wohnungskosten-Sonderbedarfe: Das betrifft Bedarfe, die beim Wohnen zusätzlich zu dem (laufenden) Unterkunfts- und Heizkostenbedarf entstehen: Schönheitsreparaturen/Instandsetzungsaufwendungen, Heizungswinterbeihilfe, Wohnungsnebenkosten- und Heizkostennachforderungen, Schuldenübernahme bei Wohnungs- und Energiekosten einschließlich Strom.

Schönheitsrenovierungen sind – soweit sie mietvertraglich geschuldet werden – nicht von der Regelleistung zu decken. Im Regelbedarf ist mit 8% lediglich ein Anteil enthalten für Strom, Reparaturen und Instandsetzungen, d. h. zum Beheben kleinerer Schäden an den Installationsgeräten für Elektrizität, Wasser und Gas, den Heiz- und Kocheinrichtungen, den Fenster- und Türverschlüssen sowie den Verschlussvorrichtungen von Fensterläden (vgl. § 28 Abs. 3 Satz 2 Berechnungsverordnung). Schönheitsreparaturen umfassen demgegenüber das Tapezieren, Anstreichen oder Kalken der Wände und Decken, das Streichen der Fußböden, Heizkörper einschließlich Heizrohren, der Innentüren sowie der Fenster und Außentüren von innen (§ 28 Abs. 4 Satz 2 Berechnungsverordnung). Sie sind gesondert als Beihilfe zu übernehmen (LSG NiB Beschl. v. 21. 11. 2005 – L 8 SO 118/05 ER – SAR 2006, 31 und Beschl. v. 11. 9. 2006 – LG AS 409/06 ER – NDV-RD 2006, 109). Zu den zu übernehmenden Schönheitsrenovierungen gehört auch eine mietvertraglich geschuldete **Auszugsrenovierung** (BVerwG Urt. v. 30. 4. 1992 – 5 C 26.88 – BVerwGE 90, 160 = FEVS 43, 95 = NDV 1993, 24). Eine Übernahme scheidet aber aus, wenn der Mieter seiner Verpflichtung nicht nachkommt und der Leistungsträger erst davon durch Vorlage der Rechnung des Vermieters nach der von diesem durchgeführten Ersatzvornahme erfährt (VGH He Urt. v. 20. 10. 1992 – 9 UE 139/91 – FEVS 44, 156).

Bezüglich des **Umfangs** dieses (nicht als Darlehen) zu übernehmenden Bedarfs ist davon auszugehen, dass Schönheitsreparaturen in der Regel wie auch mietvertraglich zulässig durch die Mieter selbst durchgeführt werden können, sodass dafür vom SGB-II-Träger die erforderlichen Materialkosten zu übernehmen sind. Nur soweit dies ausnahmsweise (z. B. wegen Gesundheitszustand oder persönlicher Überforderung, etwa bei Al-

II. Lebensunterhalt: Arbeitslosengeld II und Sozialgeld

leinerziehender mit mehreren Kindern) nicht möglich ist, hat der SGB-II-Träger die Durchführung zu gewährleisten, was durch eine gewerbliche Firma, aber auch durch ein Sozialunternehmen geschehen kann.

Entsprechendes hat bei **Wohnungseigentum** zu gelten für **Instandsetzungsarbeiten** einschließlich Schönheitsrenovierungen, d. h. solche Aufwendungen, die zur Substanzerhaltung und Benutzbarkeit erforderlich sind. Strittig ist diesbezüglich, inwieweit Wertsteigerungen noch zu dem zu übernehmenden Bedarf gehören (nicht überzeugend LSG ST Beschl. v. 16. 11. 2005 – L 2 B 68/05 AS ER – NDV-RD 2006, 10, das die Kosten für eine erforderliche neue Heizungsanlage allenfalls als Schuldenübernahme gemäß jetzt § 22 Abs. 5 SGB II anerkennt).

Ebenfalls hauptsächlich Wohnungseigentümer aber auch Mieter, die an keine Heizanlage angeschlossen sind, haben Anspruch auf eine **Brennmaterial-Beihilfe** (Heizöl, Kohlen) für die **Winterheizung,** die ausreichen muss, um den erforderlichen tatsächlichen Heizbedarf zu decken (SG Oldenburg Beschl. v. 25. 11. 2005 – S 47 AS 807/05 ER – nach Berlit NDV 2006, 5, 21 Fußnote 44), wobei die tatsächlich entstehenden Kosten zu übernehmen und nicht monatliche Abschläge/Pauschalen zu leisten sind (LSG NiB B 2. 2. 2006 – L 8 AS 439/05 ER – SAR 2006, 33 Ls). Ob dies zu Beginn des Winters oder schon zu Sommerpreisen geschieht, liegt im Ermessen des Trägers (vgl. LSG NiB Beschl. v. 2. 2. 2006 – L 8 AS 439/05 ER – SAR 2006, 33: Aufforderung zum Niedrigpreiseinkauf rechtmäßig).

Praktisch sehr wichtig ist die Übernahme von **Nachforderungen** der **Betriebs- und Heizkosten** aufgrund der – ordnungsgemäß erstellten – Jahresabschlussrechnung, die als zusätzliche nicht vom Allgemeinbedarf gedeckter Unterkunfts- bzw. Heizkostenbedarf in Form eines (nicht rückzahlbaren) Zuschusses zu übernehmen ist. Insoweit sind auch solche Kosten anzuerkennen, die noch in Zeiten vor dem SGB-II-Bezug entstanden sind und nun aktuell in Rechnung gestellt werden (DV NDV 2005, 264, 268). Bei der Höhe dieser Kosten ist davon auszugehen, dass die geforderten Beträge angemessen sind (SG Lüneburg Beschl. v. 15. 3. 2005 – S 23 SO 75/05 ER – nach Peters NDV 2005, 316, 322), es sei denn, es gibt konkrete Indizien für ein unwirtschaftliches Verhalten (§ 31 Abs. 4 Nr. 2 SGB II).

Rat: Betriebs- und Heizkostenabrechnungsnachforderungen sind sofort an den SGB-II-Träger zu schicken mit dem Antrag, sie zu übernehmen.

B. Womit werden Erwerbsfähige und Angehörige gefördert und gefordert?

Eine **Rückzahlung** oder ein **Guthaben** für Betriebs-/Heizkosten ist dem SGB-II-Träger mitzuteilen, da sie die nach dem Monat der Rückzahlung oder Gutschrift entstehenden Aufwendungen mindern (§ 22 Abs. 1 Satz 4 SGB II: Strom- und sonstige Haushaltsenergierückzahlungen bleiben außer Betracht, sie sind vom Regelsatz aufgebracht worden).

Schulden können, soweit dies zur Sicherung der Unterkunft oder zur Behebung einer vergleichbaren Notlage gerechtfertigt ist, übernommen werden, sofern Leistungen für Unterkunft und Heizung erbracht werden (§ 22 Abs. 5 Satz 1 SGB II; werden keine Leistungen für Unterkunft und Heizung als Allgemeinbedarf erbracht, so wird durch § 21 Satz 2 SGB XII der Weg zu einer Schuldenübernahme nach § 34 SGB XII eröffnet). Sie **sollen** übernommen werden, wenn es gerechtfertigt und notwendig ist, sowie sonst **Wohnungslosigkeit** einzutreten droht (§ 22 Abs. 5 Satz 2 SGB II). Insoweit ist **vorrangig** – falls vorhanden – der **Schon-Grundfreibetrag** (§ 12 Abs. 1 Nr. 1 SGB II, s. S. 103) einzusetzen (§ 22 Abs. 5 Satz 3 SGB II). Geldleistungen sollen als Darlehen erbracht werden (§ 22 Abs. 5 Satz 4 SGB II).

Zur Sicherung der Unterkunft können **Mietrückstände** einschließlich Betriebskosten übernommen werden, und sie sollen es, falls Wohnungslosigkeit droht. Dementsprechend haben die SGB-II-Träger einen Ermessensspielraum, der in der Praxis sehr unterschiedlich genutzt wird. Vorgeschrieben ist ihnen lediglich, dass vorrangig vorhandenes Vermögen, das zum Grundfreibetrag zählt, einzusetzen ist, und ansonsten die Leistung als Darlehen erbracht werden soll, das aber ohne Einverständnis nicht gegenüber SGB-II-Leistungen aufgerechnet werden darf (s. § 43 Satz 1 SGB II). Bei der Ermessensentscheidung hat die anstehende Folgenabwägung ins Kalkül zu ziehen, dass bei drohender Wohnungslosigkeit eine Schuldenübernahme in der Regel geboten ist, welche auch die Gerichtsvollzieherkosten einschließt, die im Zusammenhang mit den Mietrückständen entstanden sind (SG Berlin Beschl. v. 25. 11. 2005 – S 37 AS 11 119/05 ER – SAR 2006, 4).

Um eine Prüfung der Mietschuldenübernahme sicherzustellen, wird den **Zivilgerichten,** bei denen Räumungsklagen infolge Kündigung wegen Mietrückständen zu erheben sind, vorgeschrieben, deren **Eingang den SGB-II-Trägern mitzuteilen** (§ 22 Abs. 6 SGB II). Geben diese innerhalb von **zwei Monaten seit Klageerhebung** eine Erklärung gegenüber dem klagenden Vermieter ab, nach der sie sich zur Befriedigung der Mietrückstände verpflichten, wird die Räumungskündigung unwirk-

II. Lebensunterhalt: Arbeitslosengeld II und Sozialgeld

sam, es sei denn innerhalb der letzten zwei Jahre ist schon einmal auf diese Weise eine Räumungskündigungsklage zu Fall gebracht worden (§ 569 Abs. 3 Nr. 2 BGB).

> **Rat:** Trotz der offiziellen Information des SGB-II-Trägers durch das Zivilgericht ist es sinnvoll, schon im Vorfeld es gar nicht zu Mietrückständen von zwei Monaten – die zu einer außerordentlichen Kündigung berechtigen (§ 543 Abs. 2 Satz 1 Nr. 3 BGB) – kommen zu lassen und deshalb frühzeitig mit dem SGB-II-Träger Verbindung aufzunehmen. Erst recht ist eigene Aktivität angebracht, falls die Räumungskündigungsklage erhoben ist. Dabei ist insbesondere Sorge dafür zu tragen, dass rechtzeitig innerhalb der zur Verfügung stehenden zwei Monaten eine Entscheidung des SGB-II-Trägers getroffen und die erforderliche Erklärung abgegeben wird, weil danach eine Räumung ohne Entgegenkommen des Vermieters nicht mehr verhindert werden kann. Ist innerhalb von einem Monat keine Entscheidung des SGB-II-Trägers gefallen oder lehnt er die Übernahme ab, ist ein Antrag auf einstweilige Anordnung beim Sozialgericht zu erwägen.

Schulden können weiter übernommen werden, soweit dies zur Behebung einer **vergleichbaren Notlage** gerechtfertigt ist. Als vergleichbare Notlagen kommen insbesondere Energiezahlungsrückstände wegen Nichtzahlung der Abschläge für Heizung und vor allem Strom in Betracht, sofern eine **Energiesperre** unmittelbar droht oder bereits eingetreten ist. Insoweit liegt es grundsätzlich im **Ermessen** („können") der Träger, ob sie – falls kein vorrangig einzusetzendes Vermögen vorhanden ist – die Schulden als Darlehen übernehmen. Pflichtgemäße Ermessensausübung hat freilich davon auszugehen, dass die Versorgung mit Strom und Heizenergie im Winter zum anerkannten Mindeststandard gehört (so treffend LSG BeB Beschl. v. 22. 6. 2006 – L 25 B 459/06 AS ER – NDV-RD 2006, 85 –, SG Oldenburg Beschl. v. 20. 12. 2005 – S 2 SO 271/05 ER – SAR 2006, 41). Aber auch in anderen Jahreszeiten dürfte die Energieversorgung in der Regel sicherzustellen sein, vor allem bei Familien mit Kleinkindern (SG Köln Beschl. v. 8. 4. 2005 – S 1 AS 7/05 ER – und 11. 4. 2005 – S 22 AS 36/05 ER – beide nach SozSich 2005, 179: Anordnungsgrund im Eilverfahren bei Alleinerziehender mit Kindern), aber auch bei anderen Personen (LSG BeB Beschl. v. 22. 6. 2006 – L 25 B 459/06 AS ER – NDV-RD 2006, 85: „angesichts der Bedeutung der Stromversorgung Geschäftsgrundlage für die praktische Bewohnbarkeit"). Nicht ohne weiteres darf vom Hilfebedürftigen verlangt werden, einen Antrag auf einstweilige Verfügung beim Amtsgericht zwecks Sperreaufhebung zu stellen; das wird allenfalls möglich sein, wenn Betroffene entsprechend vom SGB-II-Träger unter Zusicherung der Übernahme eventueller Raten (und Prozesskosten) beraten werden (s. LSG NiB Beschl. v. 19. 8. 2005 – L 7 AS 182/05 ER – ZfSH/SGB 2006, 98, 101). Die Übernahme ist in dem Umfang geboten, der die Stromsperre vermeidet bzw. beendet (LSG BeB Beschl. v. 22. 6. 2006 – L 25 B 549/06 AS ER – NDV-RD 2006, 85).

> **Rat:** Bei drohender Energiesperre aufgrund eines entsprechenden Schreibens des Energielieferungsunternehmens ist beim SGB-II-Träger vorzusprechen und um eine Beratung und Übernahme-Entscheidung zu ersuchen.

Etwas anders ist die Rechtslage, wenn (Haushalts)**Stromnachforderungen** (nicht wegen unterlassener Abschlagszahlungen, sondern) aufgrund der Jahresabrechnung wegen nicht **ausreichender Höhe der Abschlagszahlungen** verlangt werden. Da der Haushaltsstrom vom Regelsatz (§ 20 Abs. 1 SGB II: „Haushaltsenergie") zu finanzieren ist, müssen davon auch solche Nachzahlungen gedeckt werden (LSG NiB Beschl. v. 19. 8. 2005 – L 7 AS 182/05 ER – ZfSH/SGB 2006, 98). Diesbezüglich besteht jedoch die Möglichkeit, ein Darlehen als Regel-Sonderbedarf zu bekommen, das freilich gegen die SGB-II-Unterhaltsleistung aufrechenbar ist (§ 23 Abs. 1 SGB II, s. S. 85 f.).

Sofern **Stromkosten** nach geringerem Verbrauch wegen zu hoher Abschläge vom Energieunternehmen **zurückgezahlt** werden, dürfen sie als (vorweggenommene) Regelleistungszahlungen nicht als Einkommen eingesetzt werden und bleiben außer Betracht (§ 22 Abs. 1 Satz 4 SGB II, anders bei Rückzahlungen für Heizkosten, S. 66).

bb) Wohnungs-Neubezugsbedarf: Beim Bezug einer neuen Wohnung kommen eine Reihe von „Besonderheiten"-Bedarfe in Betracht: Unterkunftskostenzusicherung, Wohnungsbeschaffungs- und Umzugskosten sowie Mietkaution, Einzugsrenovierung.

Vor Abschluss eines (Miet)Vertrags über eine neue Wohnung soll eingeholt werden die **Zusicherung** zu den Aufwendungen beim SGB-II-Träger, der dazu verpflichtet ist, wenn ein Umzug erforderlich ist und die Aufwendungen angemessen sind (§ 22 Abs. 2 SGB II). „Vor Abschluss eines Vertrags" heißt nicht unbedingt, dass ein konkreter Mietvertrag vorgelegt werden muss. Vielmehr hat es zu genügen, wenn Mietangebote vorgetragen werden, nach richtiger Ansicht reicht sogar die Anfrage aus, in welchem Rahmen Kosten für eine neue Wohnung über-

II. Lebensunterhalt: Arbeitslosengeld II und Sozialgeld

nommen werden. Rechtswidrig ist in jedem Fall die Praxis mancher Träger, vom Vermieter unterschriebene Wohnungsmietbestätigungen auf Formularen des SGB-II-Trägers zu verlangen, weil damit der Mieter sich gegenüber dem Vermieter als Hilfeempfänger outet, was er nicht muss. Ein Umzug ist **erforderlich,** falls er vom Träger selbst veranlasst wird (s. § 22 Abs. 3 S. 2 SGB II) oder aus nachvollziehbaren Gründen (Arbeitsstelle, Scheidung/Trennung, Gründung eines eigenen Haushalts bei Personen ab 25 Jahren, zu solchen unter 25 Jahren S. 197, Gefahren baulicher oder gesundheitlicher Art in der alten Wohnung) geboten ist. Erhöhen sich nach einem **nicht erforderlichen** Umzug die Anforderungen, werden diese weiterhin nur in Höhe der bisherigen erbracht (§ 22 Abs. 1 S. 2 SGB II). **Angemessen** sind die Kosten für die neue Unterkunft, solange sie nicht die beim Unterkunfts-Allgemeinbedarf bestimmte Angemessenheitsgrenze (S. 57) überschreiten; sind die Umzugsgründe nicht zwingend, so kommt es bei Mehrkosten für die neue Wohnung gegenüber der bisherigen darauf an, ob die höheren Aufwendungen im Vergleich zu den Umzugsgründen verhältnismäßig sind (BVerwG Urt. v. 17. 11. 1994 – 5 C 11/93 – BVerwGE 97, 103 = FEVS 45, 363 = NDV 1995, 298). Ist der Umzug erforderlich und die neue Miete angemessen, besteht **ein Anspruch auf eine Zusicherung,** welche die Zusage beinhaltet, dass die Unterkunftskosten in dem zu kennzeichnenden Umfang bei Anmietung einer neuen Wohnung im SGB-II-Bewilligungsbescheid übernommen werden. Die Zusicherung ist schriftlich zu erteilen (§ 34 Abs. 1 Satz 1 SGB X) und kann erforderlichenfalls auch mit einer einstweiligen Anordnung durchgesetzt werden (musterhaftes Beispiel: SG Berlin Beschl. v. 16. 12. 2005 – S 37 AS 11501/05 ER – info also 2006, 31, das den SGB-II-Träger nach Ausbleiben einer Stellungnahme in der ihm gesetzten Frist dazu verpflichtet hat, einer schwangeren Alleinerziehenden unverzüglich eine Zusicherung zu erteilen).

Eine **Zusicherung** ist jedoch trotz des anders klingenden Wortlauts **keine Voraussetzung für** die **Übernahme** der angemessenen Kosten einer neuen Unterkunft. Sie hat Informations- und Warncharakter und soll Betroffene vor riskanten Schritten schützen; angemessene Unterkunftskosten sind jedoch auch dann zu übernehmen, wenn vorher keine Zusicherung eingeholt worden ist (BVerwG Urt. v. 1. 10. 1998 – 5 C 6/98 – BVerwGE 107, 239 = info also 1999, 31 = NDV-RD 1999, 30). Ein ohne Zusicherung Handelnder läuft jedoch Gefahr, dass er auf einem Teil seiner Mietkosten sitzen bleibt, weil sie nicht als angemessen angesehen werden.

Eine **Zusicherung ist jedoch Voraussetzung** für die Kostenübernahme bei Wohnungsbeschaffungs- und Umzugskosten sowie Mietkautionen, die generell übernommen werden können, aber übernommen werden sollen, falls der Umzug durch den Träger veranlasst oder aus anderen Gründen notwendig ist und wenn ohne die Zusicherung eine Unterkunft in einem angemessenen Zeitraum nicht gefunden werden kann (§ 22 Abs. 3 Satz 1, 2 SGB II). Da das letzte Erfordernis vielfach nicht vorliegen wird, besteht ein größerer Ermessensspielraum des SGB-II-Trägers, der jedoch pflichtgemäß wahrzunehmen ist (§ 39 Abs. 1 SGB I).

Insoweit hängen die Trauben bei den **Wohnungsbeschaffungskosten** (Anzeige-, Makler-, gegebenenfalls Reisekosten, nach SG Dresden Beschl. v. 15. 8. 2005 – S 23 AS 692/05 ER – ZfF 2006, 159 auch doppelte Miete) am höchsten. Für sie ist eine Übernahme geboten, wenn sonst voraussichtlich keine Wohnung gefunden werden kann, also bei Personen, die auf dem Wohnungsmarkt wenig Chancen haben wie Alleinerziehende/Familien mit vielen Kindern, Ausländer, Strafentlassene, Wohnungslose.

Die **Umzugskosten** werden nach pflichtgemäßer Erwägung jedenfalls im Umfang der unbedingt erforderlichen und nicht anderweitig aufzufangenden Aufwendungen – als Beihilfe – zu übernehmen sein, d. h. in der Regel die notwendigen Kosten eines selbst organisierten und durchgeführten Umzugs, also Umzugsmietwagen (einschließlich Benzin), Verpackungs- und Umzugsmaterial, Versicherung und Verpflegung für Umzugshelfer, Sperrmüllentsorgung sowie im innerstädtischen Bereich mit Parkraumknappheit die Kosten für eine Ausnahmegenehmigung zum Parken in einer zu errichtenden Halteverbotszone. Die Aufwendungen für ein professionelles Umzugsunternehmen sind nur ausnahmsweise zu übernehmen (SG Braunschweig Beschl. v. 7. 3. 2005 – S 18 AS 65/05 ER – SAR 2005, 88, SG Hamburg Beschl. v. 23. 3. 2006 – S 59 AS 480/06 ER – SAR 2006, 51), und zwar bei entsprechenden persönlichen Gründen (Alter, Krankheit, Alleinerziehung ohne Beziehungsumfeld; ausreichend ist in solchen Fällen auch ein vom Träger gestellter Umzugsdienst, so SG Dresden Beschl. v. 15. 8. 2005 – S 23 AS 692/05 ER – ZfF 2006, 159). Zu den Umzugskosten zählen gegebenenfalls auch unvermeidliche doppelte Mietzahlungen (s. aber S. 69) und Kosten für die Herrichtung der neuen Wohnung, soweit sie nicht zum Erstausstattungsbedarf gehören (S. 72), vor allem für Anpassung von Gardinen/Rollos, Kleinmaterialien zur Aufhängung von Bildern, Anpassung von Beleuchtungskörpern oder Ersatz bezüglich nach dem

Umzug nicht mehr brauchbarer Möbel sowie auch Anreisekosten einschließlich denjenigen von Kindern (zu Letzteren SG Frankfurt a. M. Beschl. v. 18. 1. 2006 – S 48 AS 20/06 ER – ZfSH/SGB 2006, 342).

Die **Mietkaution** ist in aller Regel zu übernehmen, weil Wohnungen üblicherweise nur bei Stellung einer Kaution zu bekommen sind, sodass eine Ablehnung zu einer unverhältnismäßigen Beschränkung des Such- und Mietbereichs auf ein zu kleines Wohnungsmarktsegment führt und die Ausgrenzung aus der Gesellschaft befürchten lässt (OVG Ni Beschl. v. 2. 2. 2000 – 4 M 4713/99 – FEVS 51, 477). Die Mietkaution ist im mietrechtlich zulässigem Umfang zu stellen, d. h. (§ 551 BGB) eine als Sicherheit überlassene Geldsumme in Höhe der dreifachen Monatsmiete, die in drei monatlichen Raten – die erste zu Beginn des Mietverhältnisses – fällig ist. Sie soll gegenüber dem Leistungsberechtigten als **Darlehen** erfolgen (§ 22 Abs. 3 Satz 3 SGB II), das jedoch ohne – widerrufbares – Einverständnis nicht aufgerechnet werden darf (SG Lüneburg Beschl. v. 16. 6. 2005 – S 25 AS 251/05 ER – ZfSH/SGB 2006, 536). Lässt sich der Vermieter auf eine andere Form der Sicherheitsleistung ein, z. B. eine Ausfallbürgschaft – was er nicht muss und worauf der Träger auch nicht bestehen kann, zumal dann der Betroffene als SGB-II-Leistungsempfänger geoutet wird –, so darf auch kein Darlehen eingeräumt werden, weil dem Sicherungsbedürfnis des Trägers durch Abtretung des Rückzahlungsanspruchs Genüge getan werden kann (SG Lüneburg Beschl. v. 16. 6. 2005 – S 25 AS 251/05 ER – nach Peters NDV 2005, 316, 323).

Rat: Wohnungsbeschaffungs- und Umzugskosten sowie eine Mietkaution sollten rechtzeitig vorher mit einem Antrag auf Zusicherung geltend gemacht werden, und zwar Wohnungsbeschaffungs- und Umzugskosten bei dem bisherig örtlich zuständigen SGB-II-Träger, Mietkautionen bei dem neuen Träger, wenn in den Bereich eines anderen örtlichen Trägers umgezogen wird (s. § 22 Abs. 3 Satz 1 SGB II).

Zum Neubezugsbedarf gehören weiter eine mietvertraglich geschuldete **Auszugsrenovierung** für die alte und eine ebensolche Einzugsrenovierung für die neue Wohnung in notwendigem Umfang, d. h. in der Regel durch Eigenleistung und Inanspruchnahme von Hilfe aus dem Familien- und Freundeskreis (SG Braunschweig Beschl. v. 7. 3. 2005 – S 18 AS 65/05 ER – SAR 2005, 88). Schließlich kommt noch ein Wohnungs-Erstausstattungsbedarf in Betracht (dazu S. 72). Zuständig ist für

B. Womit werden Erwerbsfähige und Angehörige gefördert und gefordert?

die Auszugsrenovierung der bisherige SGB-II-Träger und für Einzugsrenovierung und Wohnungs-Erstausstattung gegebenenfalls ein neuer
Träger.

cc) **Wohnungs-Erstausstattungs-Bedarf:** Erstausstattung für die Wohnung einschließlich Haushaltsgeräten sind von der Regelleistung nicht erfasst und gesondert zu erbringen (§ 23 Abs. 3 Satz 1 Nr. 1, Satz 2 SGB II).
Sie können als Sach- (auch in gut gebrauchtem Zustand) oder Geldleistung, auch in Form von Pauschalbeträgen (ebenfalls für gebrauchte Gegenstände), erbracht werden; bei ihrer Bemessung sind geeignete Angaben über die erforderlichen Aufwendungen und nachvollziehbare
Erfahrungswerte zu berücksichtigen (§ 23 Abs. 3 Satz 5, 6 SGB II).

> **Rat:** Bei Erstausstattungs-Leistungen ist immer darauf zu achten, dass sie als
> (nicht rückzahlbare) Beihilfe zu leisten sind und nicht als Darlehen, wie es teil-
> weise von SGB-II-Trägern versucht wird.

Eine Erstausstattung gibt es auch bezüglich Kleidung (dd); gesondert
behandelt werden die Schwangerschafts- (ee) und die Kinder-Erstausstattung (ff).

Was unter dem Erstausstattungsbedarf-Wohnung (einschließlich Haushaltsgeräten) zu rechnen ist, muss **bedarfsbezogen,** nicht zeitlich ver-
standen werden (LSG RP Beschl. v. 12. 7. 2005 – L 3 R 45/05 AS –
FEVS 57, 181), bezieht sich also auf die für eine Wohnung erforderlichen Gegenstände, welche nicht vorhanden und zum Erst- oder Neube-
zug einer Wohnung anzuschaffen sind, aber auch solche, die in einer
vorhandenen Wohnung erstmals angeschafft werden müssen (z. B.
Kühlschrank). Demgegenüber gehört zum Erstbeschaffungsbedarf **nicht**
der **Erhaltungs- und Ergänzungsbedarf,** der von der Regelleistung zu
finanzieren ist (so SG Hamburg GB v. 31. 7. 2006 – S 53 SO 31/06 –
SAR 2006, 100 für neuen Teppich, auch wenn er aus gesundheitlichen
Gründen erforderlich ist; SG Braunschweig Beschl. v. 7. 3. 2005 – S 18
AS 65/05 ER – nach Peters NDV 2005, 316, 321 f., Fußnoten 28, 29,
sieht einen Gasherd nach Umzug aus alter Wohnung mit einem Elektro-
herd als Erstanschaffungsbedarf an).

Anlässe für eine erforderliche Wohnungs-Erstausstattung sind etwa (im
Anschluss an SG Speyer Beschl. v. 14. 6. 2005 – S 16 ER 100/05 AS – nach
Behrend SozSich 2005, 313, 314) Heirat, Paarbildung, Scheidung/Tren-
nung (LSG BeB Beschl. v. 13. 7. 2006 – L 15 B 143/06 SO ER – SAR

II. Lebensunterhalt: Arbeitslosengeld II und Sozialgeld

2006, 110), Auszug aus elterlicher Wohnung (s. aber zu Personen unter 25 Jahren, S. 197), Wohnungsbezug nach längerer stationärer Unterbringung, Strafvollzug, Wohnungslosigkeit/Räumung, Wohnungsbrand, Zuzug aus Asylbewerberunterkunft, Ausland. In vorhandener Wohnung sind Anlässe für eine Erstausstattung das Fehlen erforderlicher Gegenstände aufgrund eines Noch-Nie-Vorhanden-Seins oder Nicht-Mehr-Vorhanden-Seins bzw. einer Vernichtung infolge höherer Gewalt wie Brand oder Überschwemmung und auch neu auftretende Umstände wie Krankheit/Behinderung.

Zum demnach gebotenen Erstausstattungs-Bedarf gehören – soweit nicht (mehr) vorhanden – „alle Einrichtungsgegenstände und -geräte, die für eine **geordnete Haushaltsführung notwendig** sind, also insbesondere Möbel sowie die Ausstattung mit wohnungsbezogenen Gebrauchsgütern und dem Hausrat. Der Begriff der Erstausstattung darf nicht zu eng ausgelegt werden" (LSG RP Beschl. v. 12. 7. 2005 – L 3 R 45/05 AS – FEVS 57, 181). So zählen dazu etwa Fernsehapparat, Waschmaschine, Gardinen und Rollos (SG Magdeburg Beschl. v. 15. 6. 2005 – S 27 AS 116/05 ER – nach quer 3/05, 23; a. A. für Gardinen SG Braunschweig Beschl. v. 7. 3. 2005 – S 18 AS 65/05 ER – nach Peters NDV 2005, 316, 321 f.; wird eine Erstausstattung verneint, so kommt eine Übernahme als Umzugskosten in Betracht, S. 70).

Rat: Stellen Sie mit der nachfolgenden Tabelle den Wohnungs-Erstausstattungsbedarf zusammen und reichen Sie dann eine Liste der erforderlichen Gegenstände als Antrag beim SGB-II-Träger ein.

Tabelle Wohnungserstattung einschließlich Haushaltsgeräten (Zusammengestellt nach Rechtsprechung und Literatur)

- Gegenstände für:
- Bad
- Diele
- Kinderzimmer

- Küche
- Schlafzimmer
- Wohnzimmer

Wie zum Beispiel:

Wohnzimmerregal/-schränke	Küchenschrank
Wohnzimmersessel/-stühle/-tisch	Küchenstühle/-tisch
Bett mit Sprungrahmen	Kühlschrank (136 L)
Bettmatratze und -wäsche	Spüle
Couch/-Tisch	Herd
Fernsehgerät	Heißwassergerät für die Küche (5 L),
Hochschrank	zzgl. Anschlusskosten

B. Womit werden Erwerbsfähige und Angehörige gefördert und gefordert?

Hausrat (Backform, Bratpfanne, Schneidbrett, Brotkasten, Brotmesser, Dosen- u. Flaschenöffner, Essbesteck, Essservice, Gläser/Glaskaraffe, Kaffeefilterhalter/Kaffeemaschine, Kaffeeservice, Korkenzieher, Pfannenwender, Rührgerät, Schalen für Joghurt/Müsli, Schneebesen, Siebe für Salat/Tee, Töpfe einschließlich Untersetzer, Wäscheständer, ...)

Kleiderschrank (je nach Familiengröße)	Radio
Lampen	Koffer
Staubsauger	Kopfkissen
Waschmaschine zzgl. Anschlusskosten	Liege
Handtücher (3 Stück)	Küchentücher (3 Stück)
Hausapotheke (Fieberthermometer etc.)	Bügeleisen

> **Rat:** Bei nicht überzeugender (Teil)Ablehnung ist Widerspruch (s. S. 389) einzulegen.

Soweit SGB-II-Träger für die Wohnungs-Erstausstattung **Pauschalen** gewähren – was relativ selten geschieht (SG Lüneburg Beschl. v. 20. 6. 2005 – S 25 AS 231/05 ER – info also 2005, 177, 178 führt einen SGB-II-Träger an, der eine Hausratsgrundausstattung von 224 € leistet) – kann anhand der Tabelle geprüft werden, ob die Pauschale den erforderlichen Bedarf deckt. Ist dies nicht der Fall, sollte beim SGB-II-Träger angefragt werden, welche Aufwendungen von der Pauschale zu decken sind und welche Erfahrungswerte bei ihrer Bildung berücksichtigt wurden sowie in einem Antrag im Einzelnen dargelegt werden, was noch zusätzlich zur Pauschale begehrt wird.

dd) Bekleidungs-Erstausstattungsbedarf: Bekleidungs-Erstausstattungen sind nicht von der Regelleistung erfasst und gesondert zu erbringen (§ 23 Abs. 3 Satz 1 Nr. 2, Satz 2 SGB II). Sie können als Sach-(Oberkleidung auch in gut gebrauchtem Zustand) oder Geldleistung, ebenfalls in Form von Pauschalbeträgen, erbracht werden; bei ihrer Bemessung sind geeignete Angaben über die erforderlichen Aufwendungen und nachvollziehbare Erfahrungswerte zu berücksichtigen (§ 23 Abs. 3 Satz 5, 6 SGB II).

> **Rat:** Auch hier gilt, dass die Erstausstattungsleistungen als (nicht rückzahlbare) Beihilfe zu leisten sind und nicht als Darlehen, wie es teilweise von SGB-II-Trägern versucht wird.

Ähnlich wie bei der Wohnung ist der Begriff Erstausstattung bei der Bekleidung **bedarfsbezogen** zu verstehen, bezieht sich also auf eine

II. Lebensunterhalt: Arbeitslosengeld II und Sozialgeld

Kleidungsgrundausstattung, die noch nicht vorhanden gewesen ist bzw. erstmals wieder nach einschneidenden schicksalhaften Ereignissen (z. B. größere Gewichtsveränderungen aufgrund Krankheit/Schwangerschaft, Neuausstattung nach längerer stationärer Unterbringung, Strafvollzug, Wohnungslosigkeit, Auslandsumzug, Wohnungsbrand oder -überschwemmung) angeschafft werden muss (zur Schwangerschafts- und Kinder-Erstausstattung s. S. 78, 81). **Nicht** zum Erstausstattungsbedarf gehört der **Erhaltungs- oder Ergänzungsbedarf,** der von der Regelleistung zu finanzieren ist.

Zu dem demnach gebotenen Erstausstattungs-Bedarf gehören alle Kleidungsstücke, die in unserer Gesellschaft erforderlich sind, um ein der Menschenwürde entsprechendes Leben führen zu können, das den **herrschenden Lebensgewohnheiten,** insbesondere der Bürger mit niedrigem Einkommen entspricht, sodass SGB-II-Hilfeberechtigte in der Umgang von Nichthilfeempfängern ohne soziale Ausgrenzung ähnlich wie diese leben können (so die ständige Rechtsprechung des Bundesverwaltungsgerichts, z. B. Urt. v. 18. 12. 1997 – 5 C 7.95 – BVerwGE 106, 99 = info also 1998, 77 = NDV-RD 1998, 72).

Den diesbezüglichen **Standard** geben die folgenden Empfehlungen des Deutschen Vereins für die Bekleidungs-Grundausstattung wieder (Kleinere Schriften Nr. 60, 2. Auflage 1990, 21 ff.).

Rat: Stellen Sie anhand der beiden Tabellen den Bekleidungs-Erstausstattungsbedarf zusammen und reichen Sie dann die Liste mit dem erforderlichen Bedarf als Antrag beim SGB-II-Träger ein.

Tabelle 1: Grundausstattung an Bekleidung und Schuhen für Frauen und Mädchen ab dem 15. Jahre

Art	Gesamtbedarf (Stück/Paar)
Oberbekleidung	
Wintermantel/Parka	1
Sommer-/Übergangs-/Regenmantel	1
Kleid	2
Rock/Hose	6
Jacke/Strickjacke	3
Pullover	3
Bluse	4
Strumpfhose (Wolle)	2

B. Womit werden Erwerbsfähige und Angehörige gefördert und gefordert?

Art	Gesamtbedarf (Stück/Paar)
Schuhe	
Winterstiefel/-schuhe	1
Halbschuhe	2
Sandalen/Freizeitschuhe	1
Regenstiefel	1
Hausschuhe	1
Unterwäsche	
Unterhemd/T-Shirt	7
Schlüpfer	7
Büstenhalter	2
Hüfthalter	2
Nachtkleidung	3
Sport- und Badewäsche	
Badeanzug	1
Badehaube	1
Bademantel	1
Gymnastik-/Trainingsanzug	1
Turnschuhe	1
Bekleidungszubehör	
Kittel/Schürze	1
Schal	1
Mütze/Hut/Kopftuch	1
Handschuhe	1
Gürtel	1
Regenschirm	1
Strümpfe	5

Tabelle 2: Grundausstattung an Bekleidung und Schuhen für Männer und Jungen ab 15 Jahre

Art	Gesamtbedarf (Stück/Paar)
Oberbekleidung	
Wintermantel/Parka	1
Übergangs-/Regenmantel/Anorak	1
Anzug	1
Hose	4

II. Lebensunterhalt: Arbeitslosengeld II und Sozialgeld

Art	Gesamtbedarf (Stück/Paar)
Jacke (auch Sakko, Blazer o. a.)	2
Strickjacke	1
Pullover	3
Oberhemd	5
Schuhe	
Winterstiefel/-schuhe	1
Halbschuhe	2
Sandalen/Freizeitschuhe	1
Regenstiefel	1
Hausschuhe	1
Unterwäsche	
Unterhemd/T-Shirt	7
Unterhose	7
Nachtkleidung	3
Sport- und Badewäsche	
Badehose	1
Bademütze	1
Bademantel	1
Trainingsanzug	1
Turnschuhe	1
Bekleidungszubehör	
Schal	1
Mütze/Hut	1
Handschuhe	1
Krawatte/Halstuch	1
Hosenträger/Gürtel	1
Regenschirm	1
Strümpfe	7

Rat: Bei nicht überzeugender (Teil)Ablehnung ist Widerspruch einzulegen. Soweit SGB-II-Träger für die Bekleidungs-Erstausstattung **Pauschalen** gewähren – was relativ selten geschieht –, kann anhand der Tabellen geprüft werden, ob die Pauschale den erforderlichen Bedarf deckt. Ist dies nicht der Fall, sollte beim SGB-II-Träger angefragt werden, welche Aufwendungen von der Pauschale zu decken sind und welche Erfahrungswerte bei ihrer Bildung berücksichtigt wurden sowie in einem Antrag im Einzelnen dargelegt werden, was noch zusätzlich zur Pauschale begehrt wird.

B. Womit werden Erwerbsfähige und Angehörige gefördert und gefordert?

ee) **Schwangerschafts-/Geburts-Erstausstattungsbedarf:** Bei Schwangerschaft und Geburt ist eine Erstausstattung zu leisten (§ 23 Abs. 3 Satz 1 Nr. 2 SGB II), und zwar als nicht rückzahlbare Beihilfe, nicht als Darlehen. Sie können als Sach- oder Geldleistung – ebenso in Form von Pauschalbeträgen – erbracht werden, wobei geeignete Angaben über die erforderlichen Aufwendungen und nachvollziehbare Erfahrungswerte zu berücksichtigen sind (§ 23 Abs. 3 Satz 5, 6 SGB II). Damit sind Schwangerschafts-Erstausstattungen (für die werdende Mutter) und Baby-Erstausstattungen (für das werdende Kind) zu leisten.

Für die werdende Mutter betrifft die Schwangerschafts-Erstausstattung die **Umstandskleidung.** Dafür hat der Deutsche Verein (Kleinere Schriften Nr. 60, 2. Auflage 1990, S. 29) den für Hilfeberechtigte erforderlichen Standard in der folgenden Tabelle zusammengestellt.

Rat: Stellen Sie anhand der Tabelle den erforderlichen Schwangerschaftsbedarf zusammen und reichen Sie die Liste möglichst drei Monate vor dem Entbindungstermin als Antrag beim SGB-II-Träger ein (zusammen mit einer Liste für den anschließenden Baby-Erstausstattungsbedarf).

Tabelle 1: Erstausstattungsbedarf für Schwangere oder junge Mütter einschließlich Klinikbedarf

Art	Gesamtbedarf (Stück/Paar)
Oberbekleidung und Schuhe	
Mantel/Jacke	1
Umstandskleid	1
Freizeit-/Jogging-Anzug	
(alternativ: weiteres Umstandskleid)	1
Umstandshose	2
Umstandsbluse	2
Pullover/Sweatshirt	2
Schuhe	1
Unterwäsche	
Unterhemd	2
Schlüpfer	7
Umstandsmieder	1
Umstands-Büstenhalter	2
Still-Büstenhalter	2

II. Lebensunterhalt: Arbeitslosengeld II und Sozialgeld

Art	Gesamtbedarf (Stück/Paar)
Umstands-Strumpfhosen	2
Nachthemden	4
Sport- und Badewäsche	
Bademantel/Morgenrock	1
Gymnastikanzug	1
Umstands-Badeanzug (bei Bedarf)	1

Bezüglich der **Baby-Erstausstattung** ist durch eine Gesetzesergänzung klargestellt, dass sie Baby-Kleidung und -Zubehör umfasst. Die folgende Tabelle 2 „Grundausstattung Baby-Bekleidung" beruht auf Empfehlungen des Deutschen Vereins (Kleinere Schriften Nr. 60, 2. Auflage 1990, S. 21 ff.), die anschließende Tabelle 3 auf Gerichtsentscheidungen (LSG RP Beschl. v. 12. 7. 2005 – L 3 ER 45/05 AS – FEVS 57, 181, SG Braunschweig Beschl. v. 7. 3. 2005 – S 18 AS 65/05 ER – SAR 2005, 88, SG Hamburg Beschl. v. 23. 3. 2005 – S 57 AS 125/05 ER – SAR 2005, 75, SG Lüneburg Beschl. v. 3. 6. 2005 – S 30 AS 199/05 – nach quer 3/05, 23, und Beschl. v. 20. 6. 2005 – S 25 AS 231/05 ER – info also 2005, 177, SG Speyer Beschl. v. 13. 6. 2005 – S 16 ER AS – nach BAG-SHI 2/05, 45, OVG RP Urt. v. 30. 3. 2005 – 12 A 11660/99 OVG – NDV-RD 2548, VG Braunschweig ZfF 1994, 276, VG Hannover Beschl. v. 8. 12. 1988 – 3 VG D 187/88 – FamRZ 1989, 1361, VG Münster Beschl. v. 6. 11. 1998 – 5 L 1436/98 – info also 1999, 40 und 1. 12. 1998 – 5 K 2703/96 – Sozialrecht aktuell 1/1999, 30).

Tabelle 2: Baby-Grundausstattung an Bekleidung und Wäsche (Gesamtbedarf in Stück/Paar)

	Alter	0 bis 6 Monate
Art	Beklei-dungs-größen	50 bis 74
Hemdchen		16
Jäckchen		8
Häubchen		2
Nabelbinde		6
Mullwindel		30

B. Womit werden Erwerbsfähige und Angehörige gefördert und gefordert?

	Alter	0 bis 6 Monate
Art	Beklei-dungs-größen	50 bis 74
Vlieswindel		75 (3 Packg. à 25)
Bindeslips/Wickelfolie (oder 5 Gummihöschen)		20
Wickeltuch (Molton)		6
Frottée-Höschen		12
Strampler		8
Lätzchen		10
Woll-Schuhe		2
Strampelsack		1
Strickschlüpfer/Hose		1
Pulli/Sweatshirt		2
Wolljäckchen und Mütze (Ausfahr-Garnitur)		2
Handschuhe		2

Tabelle 3: Baby-Grundausstattung an Zubehör

3 Babyflaschen mit Sauger und Wärmer
Babywanne mit Gestell
Hochstuhl
Kinderbett mit Bezügen/Laken, Decke/Oberbett, Lattenrost/Matratze/Steppbett, Kopfkissen, Kopfschutz
Kinderschlafsack
(gebrauchter) Kinderwagen mit Bettdecke
Lampe
Wickelauflage/-tisch bzw. Wickel-/Badekombination

Rat: Bei nicht überzeugender (Teil)Ablehnung ist Widerspruch einzulegen. Eine Ablehnung darf nicht darauf gestützt werden, dass die Stiftung Mutter und Kind oder andere Stiftungen bzw. Wohlfahrtsverbände schon Beihilfen gewährt haben, da diese den Zweck haben, die Lage werdender Mütter unabhängig von staatlichen Leistungen zu unterstützen und sie ihre Situation nicht ungerechtfertigt verbessern (§ 11 Abs. 3 Nr. 1 b SGB II, so auch SG Lüneburg Beschl. v. 20. 6. 2005 – S 25 AS 231/05 ER – info also 2005, 177, 178).

Soweit SGB-II-Träger **Pauschalen** gewähren – was häufiger insbesondere für die Baby-Erstausstattung geschieht, wobei die Pauschalen im

II. Lebensunterhalt: Arbeitslosengeld II und Sozialgeld

Bundesgebiet soweit überschaubar zwischen 100 und 500 € schwanken (SG Lüneburg Beschl. v. 20. 6. 2005 – S 25 AS 231/05 ER – info also 2005, 177, 178, führt SGB-II-Träger an, der für Baby-Kleidungserstausstattung 120 € leistet und für die gesamte Baby-Erstausstattung 200 €, SG Hamburg 23. 3. 2005 – S 57 AS 125/05 ER – SAR 2005, 75, 77 nennt die Stadt Hamburg mit einem Pauschalbetrag von 224 €; LSG BeB Beschl. v. 3. 3. 2006 – L 10 B 106/06 AS ER – nach quer 3/06, 30 hält 500 € für erforderlich) – kann anhand der Tabellen geprüft werden, ob die Pauschale den erforderlichen Bedarf deckt. Ist das nicht der Fall, sollte beim SGB-II-Träger angefragt werden, welche Aufwendungen von der Pauschale zu decken sind und welche Erfahrungswerte bei ihrer Bildung berücksichtigt wurden sowie in einem Antrag im Einzelnen dargelegt werden, was noch zusätzlich zur Pauschale begehrt wird.

Rat: Teilweise lehnen SGB-II-Träger eine Baby-Erstausstattung ab, weil sei unterstellen, dass wegen vorangegangener Geburten noch Sachen da sind. In diesem Fall ist im Einzelnen darzulegen, was konkret fehlt, und dies zu beantragen.

---

ff) Kinder-Erstausstattungsbedarf: Mit der Baby-Erstausstattung ist die Erstausstattung für Kinder noch nicht gedeckt. Mit fortschreitendem Wachstum besteht vielmehr ein entwicklungsbedingter Erstausstattungsbedarf insbesondere an **Bekleidung.** Maßstäbe dafür liefern die nachfolgenden Tabellen, die auf Empfehlungen des Deutschen Vereins beruhen (Kleinere Schriften Nr. 60, 2. Auflage 1990, S. 21 ff.).

Tabelle 1: Grundausstattung an Bekleidung und Wäsche für Kleinstkinder von 7–12 Monaten (Gesamtbedarf in Stück/Paar)

	Alter	7 bis 12 Monate
Art	Bekleidungsgrößen	74 bis 92
Hemdchen		8
Bindeslips/Wickelfolie (alternativ 5 Gummihöschen)		20
Frottée-Höschen		8
Strampler		4
Schlafanzug		4

B. Womit werden Erwerbsfähige und Angehörige gefördert und gefordert?

Art	Bekleidungs-größen	Alter 7 bis 12 Monate 74 bis 92
Strickschlüpfer/Hose		2
Strumpfhose		6
Strümpfe		4
Pulli/Sweatshirt		8
Latzhose		2
Schuhe		1
Wolljäckchen und Mütze (Ausfahr-Garnitur)		1
Anorak		1
Handschuhe		2

Tabelle 2: Grundausstattung an Bekleidung und Schuhen für Kleinkinder (Mädchen und Jungen) von 1–6 Jahre

Art	Gesamtbedarf je Lebensjahr (Stück/Paar)
Oberbekleidung	
Parka/Schneeanzug	1
Anorak/Jacke	1
Regenjacke/-mantel	1
Hose/Rock (bei Mädchen alternativ Kleid)	8
Pullover/Strickjacke	8
Hemd/T-Shirt/Bluse	8
Strumpfhose (Wolle)	4
Schuhe	
Schuhe	2
Winterstiefel	1
Gummistiefel	1
Sandalen/Freizeitschuhe	1
Hausschuhe	1
Unterwäsche	
Unterhemd	10
Schlüpfer/Unterhose	10
Nachtkleidung	4
Windelhöschen (bis 3 Jahre)	6

II. Lebensunterhalt: Arbeitslosengeld II und Sozialgeld

Art	Gesamtbedarf je Lebensjahr (Stück/Paar)
Sport- und Badewäsche (ab 3 Jahre)	
Trainingsanzug o. a.	1
Turnschuhe	1
Badeanzug/-hose	1
Bademütze	1
Bekleidungszubehör	
Schal	1
Mütze	1
Handschuhe	1
Strümpfe	4

Tabelle 3: Grundausstattung an Bekleidung und Schuhen für Schulkinder und Jugendliche (Mädchen und Jungen) von 7–14 Jahren

Art	Gesamtbedarf (Stück/Paar)
Oberbekleidung	
Parka/Wintermantel	1
Anorak/Regenmantel	2
Jacke (alternativ Anzug)	1
Hose/Rock/Kleid	6
Pullover/Strickjacke	6
Bluse/T-Shirt/Hemd	5
Strumpfhose (Wolle)	2
Schuhe	
Halbschuhe	2
Winterstiefel/-schuhe	1
Gummistiefel	1
Sandalen/Freizeitschuhe	1
Hausschuhe	1
Unterwäsche	
Unterhemd	7
Schlüpfer/Unterhose	7
Nachtkleidung	3
Büstenhalter (für Mädchen ab 11 Jahre)	2

B. Womit werden Erwerbsfähige und Angehörige gefördert und gefordert?

Art	Gesamt-bedarf (Stück/Paar)
Sport- und Badewäsche	
Trainingsanzug	1
Turnhose/-hemd	1
Turnschuhe	1
Badeanzug/-hose	1
Bademütze	1
Bademantel	1
Bekleidungszubehör	
Schal	1
Mütze	1
Handschuhe	1
Hosenträger/Gürtel	1
Strümpfe	7

Zum Bekleidungs-Erstausstattungsbedarf dürfte auch der Schulranzen zum Schulanfang gehören.

Auch **Wohnungs-Erstausstattungsbedarf** ist für Kinder zu berücksichtigen, z. B. Kinderbett, Kleiderschrank.

Rat: Die SGB-II-Träger lehnen Kinder-Erstausstattungsbedarf – soweit er überhaupt beantragt wird – bislang meist ab und gewähren allenfalls dafür Regel-Sonderbedarf als Darlehen (gg). Das sollte aber nicht davon abhalten, ihn als Erstausstattungsbedarf und damit als nicht rückzahlbare Beihilfe zu beantragen sowie bei Ablehnung die Gerichte anzurufen (SG Lüneburg Beschl. v. 20. 6. 2005 – S 25 AS 231/05 ER – info also 2005, 177, 176, hält ausdrücklich nach den ersten sechs Monaten eine weitere Baby-Kleidungs-Erstausstattungspauschale für erforderlich). Es wird noch geraume Zeit dauern, bis die Rechtsprechung in diesem Punkt einigermaßen Klarheit geschaffen hat.

gg) Klassenfahrten-Schulbedarf: Leistungen für **mehrtägige Klassenfahrten** im Rahmen der schulrechtlichen Bestimmungen sind nicht von der Regelleistung umfasst (wohl aber eintägige) und gesondert zu erbringen (§ 23 Abs. 3 Satz 1 Nr. 3 SGB II), und zwar als nicht rückzahlbare Beihilfe. Eine Erbringung von Sachleistungen und Pauschalbeträgen ist nicht vorgesehen (vgl. § 23 Abs. 3 Satz 5 SGB II und BT-Drs. 15/1514, 60), sodass sie in Geld im Umfang der tatsächlich entstehenden Kosten zu gewähren sind, soweit diese den schulrechtlichen Bestimmungen entsprechen (und nicht anderweitig gedeckt werden, z. B. durch Schul-/Elternfonds). Als Klassenfahrten sind auch **Oberstufenfahrten,** die nicht im Klassenverbund stattfinden, sondern mit einer ganzen Jahrgangsstufe durchgeführt werden, anzusehen, wobei den SGB-II-Trägern keine Beurteilung zusteht, ob die Fahrt als solche sinnvoll und erforderlich ist (SG Lüneburg Beschl. v. 26. 1. 2005 – S 24 AS 4/05 ER – nach Peters NDV 2005, 123 und quer 1/2005, 7: Skiprojektwoche). Zum Teil legen die schulrechtlichen Bestimmungen Höchstbeträge fest (z. B. der hessische Schulwandererlass vom 15. 9. 2005: 150 € bzw. bei längerfristigem Ansparen 350 € bei Inlandsfahrten sowie 225 bzw. 450 € bei Auslandsfahrten), die einzuhalten sind. Ansonsten sind die von der in der Schule zuständigen Stelle (z. B. Eltern- oder Klassenkonferenzen, Lehrer, Schulleitung) festgelegten Beträge zu übernehmen, um die Teilnahme zu ermöglichen (so LSG He Beschl. v. 20. 9. 2005 – L 9 AS 38/05 ER – FEVS 57, 456 unter Bezug auf BT-Drs. 15/1514, 60; a. A. nicht überzeugend SG Aachen Beschl. v. 16. 12. 2006 – S 8 AS 39/05 – nach BAG-SHI 1/06: vom SGB-II-Träger festgesetzte Höchstbetrag von 184 € sei ausreichend und wenn eine Schulkonferenz teurere Fahrten beschließe, müsse auf anderem Weg, z. B. durch Zuschüsse des Fördervereins an Hilfebedürftige, durch Reduzierung der individuellen Fahrtkosten, über Basare oder dergleichen für eine Verringerung der Kostenlast Sorge getragen werden).

> **Rat:** Wird diesen Grundsätzen zuwider eine (teilweise) Kostenübernahme für mehrtägige Klassenfahrten vom SGB-II-Träger abgelehnt, so ist dagegen Widerspruch einzulegen und bei bevorstehender Klassenfahrt einen Eilantrag vor dem Sozialgericht zu stellen (mit den Worten von Grüner quer 1/2005, 23 sollte üblen Sparpraktiken gegenüber SchülerInnen mit hartnäckiger Gegenwehr begegnet werden).

hh) Regel-Sonderbedarf: Kann im Einzelfall ein von den Regelleistungen umfasster und nach den Umständen unabweisbarer Unterhaltsbedarf weder durch den Anschaffungsfreibetrag (§ 12 Abs. 2 Nr. 4 SGB II, S. 104) noch auf andere Weise erbracht werden, ist für den Bedarf eine Sach- oder Geldleistung als Darlehen zu erbringen, das durch monatliche Aufrechnung in Höhe von bis zu 10% der Regelleistung getilgt wird (§ 23 Abs. 1 SGB II). Diese Vorschrift hat zum Hintergrund, dass die Regelleistung alle nicht anderweitig abgedeckte Unterhaltsbedürfnisse – etwa den Erneuerungs-Unterhaltsaufwand, Reparaturen, Ersatzan-

B. Womit werden Erwerbsfähige und Angehörige gefördert und gefordert?

schaffungen zu finanzieren hat und dafür aus der Regelleistung Ansparungen vorgenommen werden sollen. Der Gesetzgeber hat freilich gesehen, dass dies vielfach nicht (ausreichend) gelingen wird und deshalb eine Regelbedarfs-Nothilfe geschaffen, die an hohe Hürden geknüpft ist und gravierende Folgen hat, nämlich im Einzelnen:

- Es muss sich um einen von den **Regelleistungen umfassten Bedarf** (s. § 20 Abs. 1 SGB II) handeln, der nicht durch anderweitige Bedarfe (Mehr-, Unterkunfts- und Heizungs- sowie Besonderheitenbedarf: darunter fallen nach DH-BA 23.4 unter anderem immer Schulden) gedeckt ist, also typischerweise Ersatz für defekten Kühlschrank/Waschmaschine und sonstige Wohnungsgegenstände/Haushaltsgeräte einschließlich Reparaturen, Bekleidungsersatz bzw. -erneuerung, Stromenergienachforderung wegen erhöhter Kosten trotz Abschlagszahlungen, fehlendes Geld nach Brand, Diebstahl, Verlust, eintägige Klassenausflüge.

- Der Bedarf muss **unabweisbar** sein, d. h. nicht aufschiebbar, zur Vermeidung einer akuten Notsituation dringend geboten und auch nicht mit der nächsten Regelleistung auffangbar (DH-BA 23.2).

- Er darf nicht durch den Anschaffungsfreibetrag (750 €) zu decken sein. Insoweit darf aber nur auf verfügbares Vermögen verwiesen werden (DH-BA 23.7a), bei Partnern wohl aber auf das des anderen sowie bei Kindern (bis 24 Jahre) in einer Bedarfsgemeinschaft auf das von Eltern(teilen).

- Auf andere Weise kann der Bedarf nicht gedeckt werden, insbesondere durch eine Kleiderkammer oder ein Gebrauchtwarenlager (BT-Drs. 15/1516, 57).

- Der **Nachweis** erfordert Belege bzw. eine plausible Erklärung, z. B. Diebstahl, Fundbüroverlustanzeige, Kostenvoranschläge, Reparaturaufträge (DH-BA 23.3).

- Das beim Vorliegen dieser Voraussetzungen zu erbringende **Darlehen** – das zinslos ist (DH-BA 23.8) – wird durch **monatliche Aufrechnung bis 10 %** (treffend DH-BA 23.9: „maximal, in der Regel weniger") der an die erwerbsfähigen Hilfebedürftigen und die mit ihnen in Bedarfsgemeinschaft lebenden Angehörigen jeweils zu zahlenden Regelleistungen getilgt. Dem Hilfebedürftigen kann aufgegeben werden, die Beschaffung bzw. den Kostenaufwand durch nachträgliche Rechnungsvorlage nachzuweisen (DH-BA 23.9).

Die **Aufrechnung** hat nach einer gut begründeten Literaturauffassung (Däubler NJW 2005, 1545, 1547) folgende **Grenzen:**

II. Lebensunterhalt: Arbeitslosengeld II und Sozialgeld

- Sie darf nur erfolgen, soweit in der Aufrechnungszeit voraussichtlich kein oder nur sehr geringer Regelleistungs-Einmalbedarf (z. B. Bekleidung) anfallen wird.
- Sie darf höchstens 5% der Regelleistung umfassen (unter Bezug auf § 37 Abs. 2 Satz 1 SGB XII, im Hinblick darauf, dass SGB-II-Empfänger nicht schlechter gestellt werden dürfen).
- Kommt die Leistung nur einem Mitglied der Bedarfsgemeinschaft zugute, ist eine Aufrechnung gegenüber anderen Mitgliedern unzulässig.
- Bei erneut auftretendem Regelleistungs-Notbedarf ist ein weiteres Darlehen zu gewähren, dass die Aufrechnungsmöglichkeit jedoch nicht erweitert.
- Die Tilgung durch Aufrechnung kommt nur während eines Zeitraums von drei Jahren in Betracht.

Rat: Bei Gewährung eines Darlehens unter Bezug auf die Regelleistungs-Nothilfe (§ 23 Abs. 1 SGB II) ist immer zu prüfen, ob überhaupt ein Darlehen gewährt werden darf und nicht eine Beihilfe gewährt werden muss (weil es sich um z. B. einen Erstausstattungsbedarf handelt) sowie ob bei konkreter Darlehensgewährung eine Aufrechnung möglich ist (z. B. nicht bei Schuldenübernahme gemäß § 22 Abs. 5 SGB II). Liegen die Voraussetzungen für ein aufrechenbares Darlehen vor, so sind die Grenzen der Aufrechnung zu beachten.

Ein besonderes Problem stellen die Unterhaltsbedarfe dar, welche unabweisbar nach ihrer Höhe von einem durchschnittlichen Bedarf abweichen, für die es im Sozialhilferecht (§ 28 Abs. 1 Satz 2 SGB XII) zusätzliche Leistungen in Form nicht rückzahlbarer Beihilfen gibt (sog. **Regelleistungs-Zuschlag**), z. B. Fahrten und andere Kosten eines Elternteils bei Ausübung des **Umgangsrechts,** Nachhilfeunterricht, Körperpflegeartikel bei Aids-Kranken oder Darmoperierten (dazu auch S. 196).

Eine entsprechende Anwendung des SGB XII (§ 28 Abs. 1 Satz 2) mit einem Regelleistungszuschlag, die in der Rechtsprechung überzeugend vertreten worden ist (SG Dresden Beschl. v. 5. 11. 2005 – S 23 AS 982/ 05 ER – NDV-RD 2006, 41), hat der Gesetzgeber im Fortentwicklungsgesetz offensichtlich gezielt untersagen wollen, indem er beim Regel-Notbedarf den Satz hinzugefügt hat, dass weitergehende Leistungen ausgeschlossen sind (§ 23 Abs. 1 Satz 4 SGB II; s. weiter § 3 Abs. 3 Satz 2 SGB II: Eine abweichende Festlegung der Bedarfe ist ausgeschlossen). Dann ist ein Regel-Zuschlagsbedarf wohl verfassungskonform nur noch als kastriertes Darlehen möglich, d. h. ein solches, dessen Rückzahlung sofort erlassen wird (§ 44 SGB II, S. 214). Das BSG (Urt.

v. 7. 11. 2006 – B 7 b AS 14/06 R – nach Wenner SozSich 2006, 391) weicht systematisch nicht überzeugend auf eine Hilfe in sonstigen Lebenslagen (§ 73 SGB XII, S. 246) aus.

3. Bedürftigkeit

Hilfebedürftig ist, wer seinen Lebensunterhalt und den der mit ihm in einer Bedarfsgemeinschaft lebenden Personen nicht ausreichend aus eigenen Kräften und Mitteln, vor allem nicht durch Aufnahme einer zumutbaren Arbeit (s. S. 150 ff.) oder aus dem zu berücksichtigenden Einkommen oder Vermögen sichern kann und die erforderliche Hilfe nicht von anderen, insbesondere Angehörigen oder Trägern anderer Sozialleistungen, erhält (§ 9 Abs. 1 SGB II). Die Aufnahme einer zumutbaren Arbeit führt zu Erwerbseinkommen, so dass auf diesem Weg die Bedürftigkeit abgebaut wird. Zwecks Behebung der Unterhaltsbedürftigkeit sind dementsprechend Einkommen und Vermögen einzusetzen.

a) Einkommen

Einkommen sind **Einnahmen in Geld oder Geldeswert** (§ 11 Abs. 1 S. 1 SGB II). Kein Einkommen ist das **Vermögen,** d. h. all das, was in der Bedarfszeit – grundsätzlich Kalendermonat – bereits vorhanden ist – auch wenn es wie z. B. Sparvermögen zum Verbrauch genutzt wird –, während zum Einkommen zählt, was jemand in der Bedarfszeit wertmäßig dazu erhält und über das er verfügen kann (BVerwG, Urt. v. 18. 2. 1999 – 5 C 35/97 – BVerwGE 108, 296 = info also 2000, 37 = NDV-RD 1999, 91 = NJW 1999, 3649 = ZfSH/SGB 1999, 550); an der Verfügbarkeit fehlt es insbesondere bei einer Pfändung des Einkommens, soweit sie nicht mehr abänderbar ist (LSG Ha Beschl. v. 9. 2. 2006 – L 5 B 346/05 ER AS – FEVS S. 57, 442).

Im Einzelnen ist die **Abgrenzung** des Einkommens, das grundsätzlich voll einzusetzen ist, vom Vermögen, für das nicht einzusetzende Freibeträge bestehen, noch nicht abschließend geklärt. Folgende **Fallgruppen** zeichnen sich ab:

Abfindung im Kündigungsschutzprozess ist Vermögen (vgl. BAG Beschl. v. 24. 4. 2006 – 3 AZB 12/05 – nach NJW 24/06 X für PKH).

Abschlagserstattung – z. B. bei Vorauszahlung von Strom-, Mietneben-, Heizungskosten – ist Vermögen (a. A. für Heizungskosten OVG NW Beschl., v. 5. 2. 2003 – 12 A 3734/00 – FEVS 55, 52). Dafür hat das SGB II (§ 22 Abs. 1 Satz 4) jetzt eine Regelung getroffen: Rückzahlungen/Guthaben für Unterkunft (-Nebenkosten) und Heizung mindern im nächsten Monat die diesbezüglichen

II. Lebensunterhalt: Arbeitslosengeld II und Sozialgeld

Aufwendungen; Haushaltsenergierückzahlungen, also insbesondere Stromkostenerstattung, bleiben außer Betracht.

Ansprüche auf Einkommen sind Einkommen, soweit sie bedarfszeitraumkonform realisierbar sind (vgl. § 23 Abs. 4, s. OVG NW Urt. v. 14. 12. 1987 – 8 A 313/85 – FEVS 38, 23, OVG Th Urt. v. 30. 11. 2004 – 1 KO 867/01 – FEVS 56, 565 für Unterhaltsansprüche), Ansprüche auf Vermögen, zu denen auch solche auf Einkommensansprüche gehören, die nicht bedarfszeitraumkonform realisierbar sind, stellen Vermögen dar.

Arbeitsentgelt ist auch dann Einkommen, wenn es für eine Zeit vor dem Bedarfszeitraum bestimmt war und zeitraumkonform zugeht (Nachtrags-, Spätzahlungen – s. § 2 Abs. 3 Alg II-V –, anders Nachzahlungen, s. unten).

Bankguthaben ist Einkommen bei Verbrauchseinkommen (Indiz: Girokonto, s. OLG Bamberg Beschl. v. 12. 6. 1996 – 2 WF 55/96 – FamRZ. 1997, 299, 300, anders aber bei durchlaufendem Vermögen) und Vermögen bei Anlagefunktion (Indiz: Festgeld, Sparkonto).

Darlehensrückzahlung ist Vermögen (ebenso OVG Ha Urt. v. 28. 4. 1995 – Bf IV 34/93 – FEVS 46, 323, 328).

Erbschaft ist Vermögen (so auch BSG Urt. v. 17. 3. 2005 – B 7 AL 10/04 R – nach Winkler info also 2006, 26, BVerwG Beschl. v. 19. 5. 2005 – 5 B 106.04 – FEVS 57, 212), bei der sich die Frage stellt, inwieweit es als Sache (§ 12 Abs. 3 Satz 1 Nr. 1, 2, 4, 6) oder Geldwert (§ 12 Abs. 2 Nr. 1, 1 a, 4) geschont ist. Schon aus diesem Grund stellen beispielsweise Unterhaltszahlungen Vermögen dar. Wertet man sie – wie das BVerwG (Urt. v. 18. 2. 1999 – 5 C 16/98 – NJW 1999, 3210) und LSG NW (Beschl. v. 23. 3. 2006 – L 20 B 72/06 AS – nach quer 3/06, 29) als Einkommen, müssen sie als einmalige Einnahmen behandelt werden (s. §§ 2 b, 2 Abs. 3 Alg II-V).

(Glücksspiel)**Gewinne** sind Vermögen (a. A. BA-DH 12.2)

Insolvenzgeld (§§ 183–189 a SGB III), das für die letzten drei Monate vor Eröffnung des Insolvenzverfahrens gezahlt wird, ist Vermögen (ebenso BA-DH 11.61 mit der allerdings gesetzlich nicht legitimierten Meinung, in begründeten Einzelfällen könne bei besonderer Härte Einkommen dem Vermögen zugerechnet werden).

Kaufpreiserlöse – z. B. bei einem Autoverkauf – sind Vermögen (BSG Urt. v. 20. 6. 1978 – 7 RAr 47/77 – BSGE 46, 271).

Kfz-Steuererstattung wegen vorzeitiger Fahrzeugabmeldung ist Vermögen (VGH BaW Urt. v. 1. 9. 2004 – 12 S 844/04 – FEVS 56, 128).

Nachzahlungen – z. B. von Arbeitsentgelt, Renten, Unterhalt – sind Vermögen (ebenso DH-BA 11.61 mit der gleichen Begründung wie beim Insolvenzgeld). Werden sie dagegen als Einkommen angesehen (so BVerwG Urt. v. 1. 9. 2001 – 5 C 4.00 – info also 2001, 220), sind sie als einmalige Einnahmen zu behandeln (s. §§ 2 Abs. 3, 2 b Alg-II-V).

Renten, die vierteljährlich im Voraus gezahlt werden, sind als wiederkehrende zeitraumkonforme Leistungen Einkommen (anders Nachzahlungen s. oben).

B. Womit werden Erwerbsfähige und Angehörige gefördert und gefordert?

Schadensersatzleistungen sind Vermögen; wertet man sie – wie teilweise das BVerwG (Urt. v. 18. 2. 1999 – 5 C 14.98 – FEVS 51, 51) – als Einkommen, sind sie als einmalige Einnahmen zu behandeln (§§ 2 b, 2 Abs. 3 Alg II-V).

Schenkungen sind Vermögen (so auch BVerwG Buchholz 436.0, § 88 BSHG Nr. 21, zitiert VG Meiningen ZfF 1999, 181, das im Anschluss daran eine geschenkte Mexiko-Urlaubsreise von ca. 1500 € zum Vermögen zählt, ebenso offenbar DH-BA 12.3, nach denen vereinzelte Schenkungen bis zur Höhe des maßgeblichen Regelsatzes unberücksichtigt bleiben).

Schmerzensgeld ist als Rente Einkommen (s. § 11 Abs. 3 Nr. 2) und als Kapitalzahlung Vermögen.

Steuererstattungen sind Vermögen, weil sie auf in der Vergangeheit fundiertem Einkommen beruhen (ebenso SG Leipzig 16. 8. 2005 – S 9405/05 ER – nach quer 1/2006, 32, VGH BaW Urt. v. 1. 9. 2004 – 12 S 844/04 – FEVS 56, 128). Wertet man sie mit dem Bundesverwaltungsgericht (BVerwGE 108, 296, ebenso DH-BA 12.2) als Einkommen, sind sie als einmalige Einnahmen zu behandeln (s. §§ 2 b, 2 Abs. 3 Alg II-V).

Überbrückungsgeld für **Strafvollzugsentlassene** ist kraft gesetzlicher Zweckbestimmung (§ 51 StVollzG) als Einkommen zu behandeln (BVerwG Urt. v. 21. 6. 1990 – 5 C 64.86 – FEVS 41.1 = NDV 1990, 317).

Wertpapiere sind Vermögen.

Zinsen und Erträge aus Vermögen sind Einkommen, soweit sie nicht weiter als geschütztes Vermögen angelegt bleiben (s. § 12 Abs. 2 Nr. 2 SGB II) oder dem Vermögen zugeführt werden (s. BVerwG Urt. v. 13. 8. 1992 – 5 C 2.88 – NDV 1993, 195, bezüglich Zinsen aus einem Sparguthaben, das aus – gemäß § 21 Abs. 2 Satz 1 des Gesetzes nicht anzurechnenden – Leistungen der Stiftung Hilfswerk für behinderte Kinder gebildet wurde, G DV NDV 2003, 35, dazu VG Münster Urt. v. 7. 3. 2006 – 5 K 2547/04 – Sozialrecht aktuell 2006, 109, VG Karlsruhe Urt. v. 17. 1. 2006 – 5 K 4146/04 – ZfSH/SGB 2006, 286 für Zinsen aus gemäß § 11 Abs. 3 Nr. 2 SGB II geschütztem Schmerzensgeld).

Zugewinnausgleichszahlungen sind Vermögen (BSG SozR § 138 Nr. 25).

Zum Einkommen gehören jedoch nicht „alle" Einnahmen, sondern sämtliche Zugänge außer den gesetzlich bestimmten Ausnahmen (= nicht zu berücksichtigendes Einkommen).

aa) Nicht zu berücksichtigendes Einkommen: Das nicht zu berücksichtigende Einkommen ist teilweise im SGB II und teilweise in anderen Gesetzen aufgeführt.

▶ **Ausnahmen nach anderen Gesetzen:** Nicht einzusetzen sind nach anderen Gesetzen als dem SGB II insbesondere:

• **Erziehungsgeld,** vergleichbare Leistungen der Länder sowie Mutterschaftsgeld und vergleichbare Leistungen (Dienst-, Anwärterbezüge und Zuschüsse nach beamten- oder soldatenrechtlichen Vorschriften

90

II. Lebensunterhalt: Arbeitslosengeld II und Sozialgeld

für die Zeit von Beschäftigungsverboten), soweit diese auf das Erziehungsgeld angerechnet werden (§ 8 Abs. 1 S. 1 BErzGG), ebenso das **Elterngeld** bis zu einer Höhe von 300 €

- Leistungen nach dem Gesetz zur Errichtung der **Stiftung „Mutter und Kind** – Schutz des ungeborenen Lebens" (§ 5 Abs. 2)
- Leistungen nach dem Gesetz über die Errichtung einer Stiftung „Hilfswerk für behinderte Kinder" (§ 21 Abs. 2 jetzt **„Contergan-Kinder"**), wobei dies für Renten nur in Höhe der vergleichbaren Grundrente nach dem Bundesversorgungsgesetz (s. nachfolgend) gilt.
- Pflegeversicherungsleistungen (§ 13 Abs. 5 SGB XI)
- **Entschädigungsrenten** und -leistungen nach dem Gesetz über die Entschädigung für **Opfer des Nationalsozialismus im Beitrittsgebiet** zur Hälfte (§ 4 Abs. 2)
- Leistungen nach dem Gesetz über den Ausgleich beruflicher Benachteiligung für **Opfer politischer Verfolgung im Beitrittsgebiet** (§ 9 Abs. 1 Berufliches Rehabilitierungsgesetz)
- Soziale Ausgleichsleistungen nach dem Gesetz über die Rehabilitierung und Entschädigung von **Opfern rechtsstaatswidriger Strafverfolgungsmaßnahmen im Beitrittsgebiet** (§ 16 Abs. 4 Strafrechtliches Rehabilitierungsgesetz).

▶ **Ausnahmen nach dem SGB II:** Nach dem SGB II (§ 11 Abs. 1 S. 1, Abs. 3, also einem unglücklichem Gesetzesaufbau) sind nicht zu berücksichtigen:

- **Schmerzensgeld** wegen eines immateriellen Schadens (§§ 253 Abs. 2 BGB, 11 Abs. 3 Nr. 2 SGB II), insbesondere bei Straßenverkehrsunfällen und ärztlichen Kunstfehlern mit erheblichen gesundheitlichen Folgen; seine Höhe hängt von der Schwere der Verletzung ab.
- **Grundrente nach dem Bundesversorgungsgesetz** (s. S. 12) und entsprechend anwendbaren Gesetzen, d.h. neben Kriegsopfern vor allem für Opfer von Bundeswehr- und Zivildienstunfällen sowie von Gewalttaten mit erheblichen gesundheitlichen Beeinträchtigungen, für welche die Grundrente eine Art öffentlich-rechtliches Schmerzensgeld ist (ebenso wie die nachfolgenden Sozialleistungen, deren Höhe von der Minderung der Erwerbsfähigkeit abhängt).
- **Renten oder Beihilfen nach dem Bundesentschädigungsgesetz** für Schaden an Leben sowie an Körper und Gesundheit bis zur vergleichbaren Grundrente nach dem Bundesversorgungsgesetz; das betrifft Opfer der NS-Verfolgung (s. S. 322).

B. Womit werden Erwerbsfähige und Angehörige gefördert und gefordert?

- **Zweckbestimmte Einnahmen** und **Zuwendungen der freien Wohlfahrtspflege,** die einem anderen Zweck dienen als die SGB-Leistungen zum Lebensunterhalt und neben diesen gerechtfertigt sind, weil sie die Lage des Empfängers nicht so günstig beeinflussen. Damit werden „orientiert am Sozialhilferecht" (nämlich §§ 77, 78 BSHG) „bestimmte Einnahmen wegen ihres Charakters oder der Zweckbestimmung von der Einkommensberücksichtigung ausgenommen" (BT-Drs. 15/1516, 53). Das betrifft etwa – vorbehaltlich weiterer Ausnahmen in einer zu erlassenden Rechtsverordnung – Krankenversicherungsleistungen außer Krankengeld, Pflegeversicherungsleistungen einschließlich Pflegegeld, auch soweit es an Pflegepersonen weitergegeben wird, und Versorgungsleistungen außer Ausgleichsrenten, ebenso auch privatrechtliche Zuwendungen, die mit der Intention gegeben werden, zusätzlich zu den SGB-Leistungen verbraucht zu werden, z. B. Geldgeschenke oder Unterstützungsleistungen von Angehörigen und Freunden für eine Reise.
- **SGB-II-Leistungen** (z. B. Mehraufwandsentschädigung nach § 16 Abs. 3 S. 2, Alg-Zuschlag nach § 24).

▶ **Ausnahmen gemäß Rechtsverordnung:** Das Bundesministerium für Wirtschaft und Arbeit ist ermächtigt, in einer Rechtsverordnung zu bestimmen, welche weiteren Einnahmen nicht als Einkommen zu berücksichtigen sind (§ 13 S. 2 Nr. 1 SGB II).

Die „Verordnung zur Berechnung von Einkommen und zur Nichtberücksichtigung von Einkommen und Vermögen beim Alg II (Arbeitslosengeld II/Sozialgeld-Verordnung)" sieht folgende Einnahmen vor, die nicht als Einkommen zu berücksichtigen sind (§ 1 Abs. 1 Alg-II-V):

- (Nr. 1) **einmalige Einnahmen** und Einnahmen, die in größeren als monatlichen Zeitabständen anfallen, wenn sie **jährlich 50 €** nicht übersteigen,
- (Nr. 2) **Zuwendungen Dritter,** die einem **anderen Zweck** als die Leistungen nach dem SGB II dienen, soweit sie die Lage des Empfängers nicht so günstig beeinflussen, dass daneben Leistungen der Grundsicherung für Arbeitsuchende nicht gerechtfertigt wären,
- (Nr. 3) nicht steuerpflichtige **Einnahmen** einer **Pflegeperson** für Leistungen der Grundpflege und der hauswirtschaftlichen Versorgung (= weitergegebenes Pflegegeld),
- (Nr. 4) bei **Soldaten** der Auslandsverwendungs- und der Leistungszuschlag,

92

II. Lebensunterhalt: Arbeitslosengeld II und Sozialgeld

- (Nr. 5) Überbrückungsbeihilfen an ehemalige Arbeitnehmer bei den Stationierungsstreitkräften bzw. den alliierten Streitkräften in Berlin,
- (Nr. 6) bis zum 31. 12. 2007 Überbrückungsbeihilfen für Arbeitnehmer der Eisen- und Stahlindustrie (in Höhe des Betrags, der vom Unternehmen von der BA erstattet wird).
- (Nr. 7) Die **Eigenheimzulage,** soweit sie nachweislich zur Finanzierung eines selbstgenutzten Hausgrundstücks von angemessener Größe oder einer entsprechenden Eigentumswohnung (s. § 12 Abs. 3 Satz 1 Nr. 4 SGB II) genutzt wird.
- (Nr. 8) **Kindergeld für volljährige Kinder** des Hilfebedürftigen, soweit es nachweislich an das nicht im Haushalt lebende volljährige Kind weitergeleitet wird (Kindergeld für minderjährige Kinder wird diesen zugerechnet, s. § 11 Abs. 1 Satz 3 SGB II, dazu S. 94).
- (Nr. 9) **Einnahmen aus Erwerbstätigkeit** bei **Sozialgeldempfängern,** die das 15. Lebensjahr noch nicht vollendet haben, soweit sie einen Betrag von 100 € monatlich nicht übersteigen.

bb) Zu berücksichtigendes Einkommen: Alle anderen, nicht ausgenommenen Einkünfte sind zu berücksichtigen, d. h. sämtliche Einkünfte in Geld oder Geldeswert ohne Rücksicht auf ihre Herkunft und Rechtsnatur und ohne Rücksicht darauf, ob sie der Steuerpflicht unterliegen. Haupteinkunftsquellen sind Erwerbseinkommen, Sozialleistungen und Unterhalt.

Dementsprechend ist alles berücksichtigungsfähiges Einkommen einschließlich Änderungen gegenüber den Leistungsträgern anzugeben (§ 60 Abs. 1 S. 1, 2 SGB I). Im Weg des **automatisierten Datenabgleichs** dürfen SGB-II-Leistungsbezieher daraufhin überprüft werden (§ 52 Abs. 1 SGB-II),

- ob und in welcher Höhe und für welche Zeiträume sie Leistungen der gesetzlichen Renten- oder Unfallversicherungsträger erhalten haben,
- ob und in welchem Umfang Zeiten des Leistungsbezugs nach dem SGB II mit Zeiten einer Sozialversicherungspflicht oder einer geringfügigen Beschäftigung zusammentreffen,
- ob und welche Daten bezüglich Freistellungsaufträgen für Kapitalerträge (Dividenden, Zinsen etc.) auf Konten, Sparbüchern und Wertpapierdepots etc. an das Bundesamt für Finanzen übermittelt worden sind,
- ob und in welcher Höhe Altersvorsorgekapital nach der „Riester-Rente" nicht mehr dem Zweck einer geförderten zusätzlichen Altersvorsorge dient (§§ 10a, 79–99 EStG), sondern als Einkommen zufließt und

B. Womit werden Erwerbsfähige und Angehörige gefördert und gefordert?

- ob und in welcher Höhe und für welche Zeiträume vom SGB-II-Leistungsbeziehern Sozialhilfeleistungen bezogen wurden.

Die Zurechnung hat grundsätzlich bei der Person zu erfolgen, die das Einkommen als Bezugsberechtigte tatsächlich erhält. Bezüglich des **Kinderzuschlags** (§ 6a BKGG, s. S. 113 ff.) wird ausdrücklich bestimmt, dass er als Einkommen dem jeweiligen Kind zuzurechnen ist, ebenso das **Kindergeld** für **minderjährige** Kinder (zu volljährigen S. 93), soweit es bei dem jeweiligen Kind zur Sicherung des Lebensunterhalts benötigt wird (§ 11 Abs. 1 S. 2, 3 SGB II); dies dürfte jedoch nur für Kinder gelten, die mit dem Kindergeldbezugsberechtigten in einem Haushalt leben.

Die Arbeitslosengeld-II/Sozialgeld – Verordnung (§ 2) macht zur Berechnung des Einkommens **aus nicht selbständiger Arbeit** (zur Berechnung von Einkommen aus selbständiger Arbeit und in sonstigen Fällen s. §§ 2 a, b Alg II-V) folgende Vorgaben:

- (Abs. 1) Bei der Berechnung des Einkommens ist von den **Bruttoeinnahmen** auszugehen.
- (Abs. 2) **Laufende Einnahmen** sind für den Monat zu berücksichtigen, in dem sie zufließen. Hierzu zählen auch Einnahmen, die an einzelnen Tagen eines Monats auf Grund von kurzzeitigen Beschäftigungsverhältnissen erzielt werden. Für laufende Einnahmen, die in größeren als monatlichen Zeitabständen oder in unterschiedlicher Höhe zufließen, gilt Abs. 3 entsprechend.
- (Abs. 3) **Einmalige Einnahmen** sind von dem Monat an zu berücksichtigen, in dem sie zufließen. Abweichend davon ist eine Berücksichtigung der Einnahmen ab dem Monat, der auf den Monat des Zuflusses folgt, zulässig, wenn Leistungen für den Monat des Zuflusses bereits erbracht worden sind. Einmalige Einnahmen sind in der Regel auf einen angemessenen Zeitraum aufzuteilen und monatlich mit einem entsprechenden Teilbetrag anzusetzen.
- (Abs. 4) **Sachleistungen** sind nach der Sachbezugsverordnung in der jeweils geltenden Fassung zu bewerten. Soweit in der Sachbezugsverordnung ein Wert nicht festgesetzt ist, sind die üblichen Mittelpreise des Verbrauchsortes zugrunde zu legen.
- (Abs. 5) Einkommen kann nach Anhörung des Beziehers **geschätzt** werden, wenn Leistungen der Grundsicherung für Arbeitsuchende einmalig oder für kurze Zeit zu berücksichtigen sind oder die Entscheidung über die Erbringung von Leistungen der Grundsicherung für Arbeitsuchende im Einzelfall keinen Aufschub duldet.

II. Lebensunterhalt: Arbeitslosengeld II und Sozialgeld

Vom Einkommen sind abzusetzen (§ 11 Abs. 2 Satz 1 SGB II), so dass sich dann das **einzusetzende Einkommen** ergibt:

(Nr. 1) Steuern auf das Einkommen: Das betrifft Einkommen-, Lohn-, Kirchensteuer und Solidaritätszuschlag, weiter Gewerbe-, Kapitalertrag und Mehrwert(umsatz)steuer (letzteres ist strittig). Sie kommen hier nur zum Abzug, falls sie vom Hilfeberechtigten selbst zu zahlen sind, nicht aber, wenn sie wie meist direkt vom Arbeitgeber an das Finanzamt abgeführt werden (wie auch die bei den 400 €-Mini-Jobs zu leistende Pauschalsteuer).

(Nr. 2) Sozialversicherungspflichtbeiträge: Bezieher von Alg II sind in der gesetzlichen Kranken-, Pflege- und Rentenversicherung pflichtversichert (§§ 5 Abs. 1 Nr. 2a SGB V, 20 Abs. 1 Nr. 2a SGB XI, 3 S. 1 Nr. 3a SGB VI in der Fassung von Artikel 5 Nr. 1b, Artikel 11, Artikel 6 Nr. 2b des 4. Gesetzes für moderne Dienstleistungen am Arbeitsmarkt). Sie können auch aus anderen Gründen pflichtversichert sein, z.B. als Arbeitnehmer, Landwirte, Künstler. In der Regel werden die Sozialversicherungspflichtbeiträge direkt an die Krankenkasse abgeführt – wie auch bei den 400 €-Mini-Jobs die Pauschalbeiträge vom Arbeitgeber –, so dass sie den Versicherungspflichtigen nicht unmittelbar belasten. **Nur soweit er sie selbst zahlen muss,** ist hier ein **Abzug** vorzunehmen. Personen, die von der gesetzlichen Versicherungspflicht befreit sind, erhalten einen Beitragszuschuss (§ 26 SGB II, s. S. 123).

(Nr. 3) Sonstige Versicherungsbeiträge; abzusetzen sind (s. aber bei Erwerbseinkommen Nr. 6: Grundabsetzungsbetrag, S. 97):

(a) **Kranken- und Pflegeversicherungsbeiträge** für **nicht** gesetzlich **pflichtversicherte** Personen (zu diesen Nr. 2), soweit sie gesetzlich vorgeschrieben sind (wie die Versicherungsbeiträge für die Pflegeversicherung) oder nach Grund und Höhe angemessen sind,

(b) **Altersvorsorgebeiträge** von **Personen,** die von der gesetzlichen Rentenversicherungspflicht **befreit** sind, soweit kein Zuschuss erfolgt (§ 26 SGB II, s. S. 123), d.h. auch über den Betrag hinaus, der ohne die Befreiung von der Versicherungspflicht in der gesetzlichen Rentenversicherung zu zahlen wäre,

(c) **Versicherungs-** oder Einrichtungs**beiträge,** die gesetzlich vorgeschrieben oder nach Grund und Höhe angemessen sind. **Gesetzlich vorgeschrieben für Halter von Kfz** – ein angemessenes Kfz ist nach dem SGB II (§ 12 Abs. 3 S. 1 Nr. 2) als Vermögen geschützt – ist die **Haftpflichtversicherung,** so dass diese vom Einkommen abzuziehen ist. **Angemessen** sind nach der zur vergleichbaren BSHG-Vorschrift

B. Womit werden Erwerbsfähige und Angehörige gefördert und gefordert?

(§ 76 Abs. 2 Nr. 3) ergangenen Rechtsprechung des Bundesverwaltungsgerichts (Urt. v. 28. 5. 2003 – 5 C 8/02 – FEVS 55, 106 = NDV-RD 2004, 6 = NJW 2004, 87 = ZfSH/SGB 2003, 737; Urt. v. 27. 6. 2002 – 5 C 43/01 – BVerwGE 116, 342 = FEVS 54, 5 = NDV-RD 2002, 105 = NJW 2002, 3791) Beiträge, die „ein in bescheidenen Verhältnissen lebender, aber nicht sozialhilfebedürftiger Bürger in einer ansonsten vergleichbaren Lage als sinnvoll erachten würde ... Dabei ist dem Umstand Rechnung zu tragen, dass (gerade) auch Bezieher geringer Einkommen Risiken abzusichern pflegen, bei deren Eintritt ihre weitere Lebensführung außerordentlich belastet wäre ... Für die relevante Vergleichsgruppe der Bezieher von Einkommen knapp oberhalb der Sozialhilfegrenze ist sodann eine Abwägung unter wirtschaftlichen Gesichtspunkten vorzunehmen zwischen dem Umstand, dass eine Vorsorge gegen die allgemeinen Lebensrisiken als solche kaum jemals unvernünftig ist und dementsprechend auch unter wirtschaftlich beengten Verhältnissen getroffen zu werden pflegt, und der Rücksicht auf die Sparzwänge, die davon abhalten, ohne Not finanzielle Verpflichtungen einzugehen, die nur unter Gefährdung des notwendigen Lebensunterhalts erfüllt werden können. Die Angemessenheit von Vorsorgeaufwendungen beurteilt sich somit sowohl danach, für welche Lebensrisiken (Grund) und in welchem Umfang (Höhe) Bezieher von Einkommen knapp oberhalb der Sozialhilfegrenze solche Aufwendungen zu tätigen pflegen, als auch nach der individuellen Lebenssituation des Hilfesuchenden". Dementsprechend hat die Rechtsprechung jährliche Beiträge zu einer **Familienhaftpflichtversicherung** von ca. 60 € als angemessen angesehen – entsprechendes hat für **Hausratsversicherungen** zu gelten –, nicht dagegen die Beiträge für eine Sterbegeldversicherung bei einer 36-jährigen Person.

Die Arbeitslosengeld II/Sozialgeld-Verordnung (§ 3 Abs. 1 Nr. 1) sieht vor, dass bei – volljährigen und minderjährigen, die nicht mit volljährigen in einer Bedarfsgemeinschaft leben – Hilfebedürftigen als **Pauschbetrag für** die Beiträge zu **privaten Versicherungen,** die nach Grund und Höhe angemessen sind, monatlich **30 €** abgesetzt werden, und zwar ohne konkreten Versicherungsnachweis, s. LSG NiB Beschl. v. 23. 3. 2006 – L 8 AS 290/05 ER – nach quer 4/2006, 24). Von diesem Pauschbetrag nicht betroffen und damit zusätzlich abzusetzen sind die gesetzlich vorgeschriebenen Versicherungs- oder Einrichtungsbeiträge und Sozialversicherungsbeiträge (Nr. 2) sowie

Krankheits- und Pflegevorsorgebeiträge einer nicht sozialversicherungspflichtigen Person und Altersvorsorgebeiträge einer rentenversicherungsbefreiten Person, soweit sie nicht im Rahmen des SGB II (§ 26) übernommen werden.

(Nr. 4) Geförderte Altersvorsorgebeiträge in Höhe des Mindesteigenbeitrags (seit 2005: 60 €) gemäß der **Riester-Förderung** (§§ 82, 86 EStG; s. aber bei Erwerbseinkommen Nr. 6: Grundabsetzungsbetrag, weiter unten).

Rat: Bei Einkommen riestern, denn dafür gibt es noch Zulagen.

(Nr. 5) Notwendige Ausgaben, die mit der Erzielung des Einkommens verbunden sind (sog. **Werbungskosten** im Steuerrecht, s. aber bei Erwerbseinkommen Nr. 6, weiter unten). Das betrifft bei Arbeitseinkommen vor allem **Fahrtkosten** zum Beschäftigungsort, **Arbeitsmittel, Gewerkschaftsbeiträge, doppelte Haushaltsführung.** Einzelheiten – auch zu Werbungskosten bei anderen Einkünften, insbesondere aus selbstständiger Tätigkeit einschließlich Land- und Forstwirtschaft, Kapital, Vermietung und Verpachtung – hätten in der zu erlassenden Rechtsverordnung (§ 13 SGB II) geregelt werden müssen (wie bisher in der Rechtsverordnung zu § 76 BSHG = jetzt § 82 SGB XII, S. 251).

Die Arbeitslosengeld II/Sozialgeld-Verordnung (§ 3 Abs. 1 Nr. 3, Abs. 2) sieht für Einkommen aus nicht selbständiger Arbeit einen abzusetzenden **Pauschbetrag** vor, soweit nicht höhere notwendige Ausgaben nachgewiesen werden (s. aber den Grundabsetzungsbetrag nach Nr. 6, weiter unten), und zwar

(a) monatlich 1/60 der steuerrechtlichen Werbungskostenpauschale **(derzeit 15,33 €).**

(b) zusätzlich bei Benutzung eines **Kraftfahrzeugs** für die **Fahrt zwischen Wohnung und Arbeitsstätte** 0,20 € für jeden Entfernungskilometer der kürzesten Straßenverbindung; sofern dies im Vergleich zu den Fahrtkosten eines zumutbaren **öffentlichen Verkehrsmittels** – die bei dessen Benutzer abzuziehen sind – unangemessen hoch ist (DH-BA 11.30a: etwa doppelt so hoch), sind nur diese als Pauschalbetrag anzusetzen.

(Nr. 6 in Verbindung mit § 11 Abs. 2 Satz 2, 3 SGB II): Gesamtabsetzungsfreibetrag bei **Erwerbseinkommen.**

Für Erwerbseinkommen sieht das SGB II (§ 11 Abs. 2 Satz 2, 3) bezüglich der Abzugsbeträge nach Satz 1 Nr. 3–5 (Versicherungs- und

B. Womit werden Erwerbsfähige und Angehörige gefördert und gefordert?

Riester-Rentenbeiträge sowie Werbungskosten) eine erhebliche Vereinfachung vor: Bei einem (Brutto)Einkommen **bis 400 €** ist dafür generell eine **Absetzungsgrundpauschale von 100 €** zu berücksichtigen. Bei (Brutto)Erwerbseinkommen von **mehr als 400 €** gilt dies nicht, sofern der erwerbstätige Hilfebedürftige nachweist, dass die Summe seiner Versicherungs- und Riester-Rentenbeiträge sowie Werbungskosten 100 € übersteigt, sodass dann die tatsächliche exakte Summe als **Absetzungsmehrbetrag** zu berücksichtigen ist.

> **Rat:** Bei Erwerbseinkommen von mehr als 400 € ist in einer Kontrollberechnung exakt zu prüfen, ob mehr als 100 € Versicherungs- und Riester-Rentenbeiträge sowie Werbungskosten anfallen. Wird ein solcher Nachweis nicht geführt, dann bleibt es auch bei einem Erwerbseinkommen über 400 € beim Absetzungsgrundbetrag von 100 €.

Beispiel: Eine Aufstellung monatlicher Beiträge könnte folgendermaßen aussehen:

(Nr. 3) gesetzlich vorgeschriebene Kfz-Haftpflichtversicherung	45,00 €
Pauschale für private Versicherung	30,00 €
(Nr. 4) Riester-Rentenbeiträge	0,00 €
(Nr. 5) Werbungskostenpauschale	15,33 €
Kfz-Fahrtkosten zur Arbeitsstätte 20 km täglich = 400 km monatlich x 0,20 €	80,00 €
Summe	165,33 €

Zusätzlich zum Absetzungsgrund- oder -mehrbetrag ist ein weiterer **Freibetrag für Erwerbstätigkeit** abzuziehen (§ 30 Satz 1 SGB II). Ihm liegt die Überlegung zugrunde (BT-Drs. 15/1516, 59), dass derjenige, der arbeitet, als Anreiz mehr Geld zur Verfügung haben soll, als derjenige, der trotz Erwerbsfähigkeit nicht arbeitet.

Der Erwerbstätigkeitsfreibetrag beläuft sich (§ 30 Satz 2, 3 SGB II) auf

(1) 20 % für den Teil des monatlichen (Brutto)Einkommens, das **100 € übersteigt und nicht mehr als 800 €** beträgt.

Beispiel: Bei einem Bruttoeinkommen von 800 € beträgt dieser Freibetrag 20 % von 700 € = 140 €.

(2 a) **10 %** für den Teil des monatlichen (Brutto)Einkommens, das **800 € übersteigt und nicht mehr als 1500 €** beträgt bei **Personen,** die entweder **mit einem minderjährigen Kind** in Bedarfsgemeinschaft leben (also auch bei eheähnlichen Partnern, die mit dem Kind des Partners zusammenleben) oder die mindestens ein minderjähriges Kind haben.

II. Unterhalt: Arbeitslosengeld II und Sozialgeld

Beispiel: Elternteil mit minderjährigem Kind verdient monatlich brutto 2000 €. Sein Erwerbstäigkeitsfreibetrag beläuft sich auf 20% von 700 € = 140 € und 10% von 700 € = 70 € hinzu, zusammen also 210 €.

(2b) **10%** für den Teil des monatlichen (Brutto)Einkommens, das **800 € übersteigt und nicht mehr als 1200 €** beträgt, bei **allen anderen Personen** (ohne minderjähriges Kind)

Beispiel: Bei einem Bruttoeinkommen von 1000 € kommen zu den 140 € aus Nr. 1 noch einmal 10% von 200 € = 20 € hinzu, zusammen also 160 €.

Dementsprechend ist bei Erwerbseinkommen ein **Gesamtabsetzungsfreibetrag** zu berücksichtigen, bestehend aus dem Absetzungsgrund- oder -mehrbetrag (mindestens 100 €) und dem Erwerbstätigkeits-Freibetrag.

Übersicht: Gesamtabsetzungsfreibetrag Erwerbseinkommen

Bei dem **100-€-Pauschalabzug** für sonstige Aufwendungen ergeben sich folgende Gesamtabsetzungsfreibeträge (in 100-€-Schritten; konkret ist auf das jeweilige exakte Bruttoeinkommen abzustellen).

Bruttoeinkommen in €	Rechnung	Gesamtbetrag
100		100
200	100 + 20% von 100	120
300	100 + 20% von 200	140
400	100 + 20% von 300	160
500	100 + 20% von 400	180
600	100 + 20% von 500	200
700	100 + 20% von 600	220
800	100 + 20% von 700	240
900	100 + 20% von 700 + 10% von 100	250
1000	100 + 20% von 700 + 10% von 200	260
1100	100 + 20% von 700 + 10% von 300	270
1200	100 + 20% von 700 + 10% von 400	280
	nur für Personen mit minderjährigen Kind	
1300	100 + 20% von 700 + 10% von 500	290
1400	100 + 20% von 700 + 10% von 600	300
1500	100 + 20% von 700 + 10% von 700	310

Ergibt sich bei der Kontrollberechnung für Bruttoeinkommen über 400 € ein höherer Abzugsbetrag als 100 € ist dieser einzusetzen, z. B. bei 150 €:

500	150 + 20% von 400	230
800	150 + 20% von 700	290
1200	150 + 20% von 700 + 10% von 400	330

B. Womit werden Erwerbsfähige und Angehörige gefördert und gefordert?

(Nr. 7) Titulierte Unterhaltsverpflichtung: Das betrifft Aufwendungen zur Erfüllung gesetzlicher Unterhaltsverpflichtungen bis zu dem in einem Unterhaltstitel (Gerichtsentscheidung, vollstreckbare Urkunde des Jugendamts gemäß §§ 60, 59 Abs. 1 Satz 1 Nr. 3, 4 SGB VIII) oder einer notariell beurkundeten Unterhaltsvereinbarung festgelegten Betrag. Dem Titel muss eine gesetzliche Unterhaltsverpflichtung (Getrenntlebenden- oder Geschiedenenunterhalt bzw. Unterhalt bei eingetragener Lebenspartnerschaft – s. §§ 1361, 1569 ff. BGB, 12, 16 LPartG –, Verwandtenunterhalt – §§ 1601 ff. BGB –, Elternteil-Unterhalt nach Geburt gemäß § 1615l BGB) zugrunde liegen, so dass eine vertragliche Unterhaltspflicht allein nicht ausreicht (wohl aber eine vertraglich modifizierte gesetzliche Unterhaltspflicht wie bei Scheidungs-Unterhaltsvereinbarungen). Ebenso wenig ist nach dem Willen des Gesetzgebers genügend, wenn eine gesetzliche Unterhaltspflicht besteht, die noch nicht in einem Titel manifestiert ist (was zur Reduzierung unnötiger Bürokratie und Kosten sinnvoll gewesen wäre, s. DV NDV 2006, 2 und 355 sowie SG Dortmund Beschl. v. 18. 1. 2005 – S 5 AS 1/05 ER – info also 2005, 77, 78 f.). Nicht erforderlich ist bei einer titulierten gesetzlichen Unterhaltspflicht nach dem Gesetzeswortlaut, dass Personen betroffen sein müssen, die gegenüber den Mitgliedern der Bedarfsgemeinschaft (§ 7 Abs. 3) des Unterhaltspflichtigen vorrangig oder zumindest gleichrangig berechtigt sind; dies erscheint aber in verfassungskonformer Auslegung (Art. 6 GG) vor allem zugunsten unterhaltsberechtigter Kinder in einer Bedarfsgemeinschaft geboten (s. vor Einfügung der Nr. 7 DH-BA 11.5). Die zahlenmäßige Grenze der Abzugsfähigkeit liegt beim titulierten Betrag (nicht aber offenbar aus Transparenzgründen beim pfändbaren Betrag, obwohl auch ein Unterhaltsschuldner keine weitergehenden Zahlungen erbringen muss). Da aber nur „Aufwendungen", d. h. tatsächliche Zahlungen absetzbar sind, darf ein entsprechender Nachweis verlangt werden (vgl. DH-BA 11.5).

(Nr. 8) Bei Kindesausbildungsförderung berücksichtigtes Elterneinkommen: Bei erwerbsfähigen Hilfebedürftigen, deren Einkommen beim BAföG (§§ 21–25) oder der BAB (§ 71 SGB III) bzw. dem Ausbildungsgeld (§ 108 SGB III) für mindestens ein Kind berücksichtigt wird, ist der dafür (tatsächlich) eingesetzte Betrag abzuziehen. Als Grund dafür wird angegeben (BT-Drs. 16/1410, 50), dass das Ergebnis der Einkommensberücksichtigung in der Ausbildungsförderung, d. h. der tatsächlich zugrunde gelegte Betrag, in etwa die nach bürgerlichem Recht zustehenden und damit einklagbaren Ansprüche widerspiegele, was eine Gleichstellung mit dem Absetzungsbetrag gemäß Nr. 7 rechtfertige.

Überblick: Einkommens-Absetzungen (Nr. 1–8)

Erwerbs-Einkommen bis 400 € brutto
(§ 11 Abs. 2 Satz 1, 2 SGB II)

– Steuern Nr. 1)
– Sozialversicherungspflichtbeiträge
= NETTO

– Versicherungsbeiträge (Nr. 3)

– Riester-Renten-Beiträge (Nr. 4)
– Werbungskosten (Nr. 5):
= 100 €

– Erwerbstätigkeitsfreibetrag (Nr. 6, § 30 SGB II)
  – 20% von 101–400 € brutto

– Unterhaltsverpflichtungen (Nr. 7)
– BAföG/BAB-Elterneinkommen (Nr. 8)

Erwerbs-Einkommen ab 401 € brutto
(§ 11 Abs. 2 Satz 1–3 SGB II)
zu solchen aus selbständiger Tätigkeit siehe Rz. 79 ff.

– Steuern Nr. 1)
– Sozialversicherungspflichtbeiträge (Nr. 2)
= NETTO

– Versicherungsbeiträge (Nr. 3)
  – gesetzliche Pflichtversicherungen
  – sonstige Versicherungen (§ 3 Abs. 1 Nr. 1 Alg II-V: 30 €-Pauschale bei Volljährigen u. Mindestjährigen ohne BG)
– Riester-Renten-Beiträge (Nr. 4)
– Werbungskosten (Nr. 5):
  (§ 3 Abs. 1 Nr. 3, Abs. 2 Alg II-V:
  – a: mindestens 15,33 €-Pauschale
  – b: Fahrtkosten öffentliches Verkehrsmittel bei Kfz 0,20/km kürzeste Straßenverbindung)
= mindestens 100 €, mehr bei Nachweis

– Erwerbstätigkeitsfreibetrag (Nr. 6, § 30 SGB II)
  – 20% von 101–800 € brutto
  – 10% von 801–1200 € brutto
  bei minderjährigen Kind von 801–1500 € brutto

– Unterhaltsverpflichtungen (Nr. 7)
– BAföG/BAB-Elterneinkommen (Nr. 8)

Sonstiges Einkommen
z. B. Kapital-, Sozial-, Unterhalt-, Überschuß-Einkommen
(§ 11 Abs. 2 S. 1 SGB II)
soweit Absetzungen **noch nicht** beim Erwerbseinkommen **berücksichtigt:**

– Steuern Nr. 1)
– Sozialversicherungspflichtbeiträge (Nr. 2)
= NETTO

– Versicherungsbeiträge (Nr. 3)
  – gesetzliche Pflichtversicherungen (Kfz)
  – sonstige Versicherungen (§ 3 Abs. 1 Nr. 1 Alg-II-V: 30 €-Pauschale bei Volljährigen u. Mindestjährigen ohne BG)
– Riester-Renten-Beiträge (Nr. 4)
– Werbungskosten (Nr. 5): notwendige Ausgaben

– Kein Erwerbstätigkeitsfreibetrag

– Unterhaltsverpflichtungen (Nr. 7)
– BAföG/BAB-Elterneinkommen (Nr. 8)

B. Womit werden Erwerbsfähige und Angehörige gefördert und gefordert?

cc) Einkommensberücksichtigung beim Besonderheitenbedarf: Bezüglich der **Einkommensberücksichtigung beim Besonderheitenbedarf** ist im SGB II (§ 23 Abs. 3 S. 2, 3 wie in § 21 Abs. 2 BSHG) bestimmt, dass **Erstausstattungsbedarf einschließlich Klassenfahrten** auch erbracht wird, wenn Hilfeberechtigte keine Leistungen zur Sicherung des Lebensunterhalts einschließlich der angemessenen Kosten für Unterkunft und Heizung, also die Allgemeinleistung, benötigen, jedoch den Erstausstattungsbedarf einschließlich Klassenfahrten aus eigenen Kräften und Mitteln nicht voll decken können; in diesem Fall kann das **Einkommen berücksichtigt** werden, dass innerhalb eines Zeitraums von bis zu sechs Monaten nach Ablauf des Monats erworben wird, in dem über die Leistung entschieden worden ist, also den Leistungsentscheidungsmonat einbezogen innerhalb der nächsten **sieben Monate.** Da für die anderen Besonderheitenbedarfe eine entsprechende Regelung fehlt, ist davon auszugehen, dass bei ihnen lediglich ein Einkommensüberschuss im Entscheidungsmonat angerechnet werden darf.

Beispiel: Der Bedarf zur Sicherung des Lebensunterhalts (Regelleistung, Unterkunfts- und Heizkosten) beträgt 1000 € und das anrechenbare Einkommen 1050 €. Da das anrechenbare Einkommen den Bedarf zur Sicherung des Lebensunterhalt um 50 € übersteigt, besteht kein Anspruch auf Allgemeinbedarf. Wird in einem solchen Fall ein Erstausstattungsbedarf einschließlich Klassenfahrten beantragt, kann das übersteigende Einkommen insgesamt siebenmal (50 € x 7 = 350 €) berücksichtigt werden. Beläuft sich der Bedarf für die Erstausstattung einer Wohnung einschließlich Haushaltsgeräten auf 4000 €, könnten bis 350 € als Einkommen berücksichtigt werden, so dass sich eine Leistung von 3650 € ergibt.

Die Regelung stellt eine **Kann-Vorschrift** dar, d.h. ob und für welchen Zeitraum das übersteigende Einkommen angerechnet werden soll, hat der zuständige Leistungsträger nach pflichtgemäßen Ermessen zu entscheiden. Benötigt ein Leistungsberechtigter gleichzeitig mehrere Leistungen, wie z.B. eine Leistungen für die Erstausstattung der Wohnung einschließlich Haushaltsgeräten und für eine Erstausstattung für Bekleidung z.B. nach einem Wohnungsbrand, so kann ebenfalls nur ein Anrechnungszeitraum von insgesamt bis zu sieben Monaten berücksichtigt werden.

b) Vermögen

Vermögen sind Geld und geldwerte Mittel, die bereits vorhanden sind (s. S. 88).

II. Unterhalt: Arbeitslosengeld II und Sozialgeld

aa) Nicht zu berücksichtigendes Vermögen: Nicht das gesamte Vermögen ist im Rahmen des SGB II (§ 12) einzusetzen; ausgenommen ist vielmehr nicht verwertbares, abzusetzendes und geschontes Vermögen. Die Vorschrift regelt die Berücksichtigung von Vermögen „im **Wesentlichen** wie das bisherige Recht der **Arbeitslosenhilfe"** (BT-Drs. 15/1516, 53), freilich gerade nicht beim Grundfreibetrag (s. weiter unten).

Als Vermögen sind alle verwertbaren Vermögensgegenstände zu berücksichtigen (§ 12 Abs. 1 SGB II). **Nicht verwertbar** sind Vermögensgegenstände, wenn mit ihnen kein einsetzbarer Erlös zu erzielen ist, weil sie nicht verkäuflich oder zu Geld zu machen sind. Das betrifft einmal Vermögensgegenstände, die tatsächlich wirtschaftlich unverkäuflich sind oder mit deren Erlös höchstens der Grundfreibetrag (§ 12 Abs. 2 Nr. 1 SGB II) erreicht wird, und zum anderen solche, über die ein Hilfeberechtigter aus rechtlichen Gründen nicht verfügen kann, z. B. weil sie unter Testamentsvollstreckung stehen oder unkündbar für bestimmte Zeit festgelegt sind.

Vom Vermögen sind abzusetzen (§ 12 Abs. 2 SGB II):

- Ein **Grundfreibetrag** in Höhe von **150 € je vollendetem Lebensjahr** des **volljährigen** Hilfebedürftigen und seines Partners, **mindestens** aber jeweils **3100 €** und höchstens **9750 €** (Nr. 1). Der Mindestbetrag wird ab 21 Jahren überschritten (21 x 150 = 3150 €), die Höchstgrenze bei Erwerbsfähigen niemals erreicht, weil mit 64 Jahren 9600 € geschützt sind und mit 65 Jahren die Hilfeberechtigung endet (§ 7 Abs. 1 S. 1 Nr. 1 SGB II). Darüber hinausgehend gilt zur **Besitzstandwahrung** für Personen, denen bis zu 31. 12. 2004 Arbeitslosenhilfe zustand und die nach der Arbeitslosenhilfe-VO (§ 1 Abs. 2 S. 1) einen höheren Freibetrag von 520 € je vollendetem Lebensjahr, höchstens 33 800 €, hatten, d. h. Personen, welche am 31. 12. 2002 55 Jahre alt gewesen oder mit anderen Worten **vor dem 1. 1. 1948 geboren** sind, der höhere Freibetrag weiter (§ 65 Abs. 5 SGB II).

Der **Grundfreibetrag** – z. B. bei Bar- oder Sparvermögen – stand nach dem ursprünglichen Gesetzeswortlaut (Nr. 1) jedem erwerbsfähigem Hilfebedürftigen – also auch Alleinerziehenden, ebenso Kindern – und seinem Partner – erwerbsfähig oder nicht – zu. Für jedes **minderjährige Kind** ist inzwischen auch ein Grundfreibetrag von 3100 € bestimmt (Nr. 1a; SG Aurich Urt. v. 15. 2. 2006 – S 15 AS 107/05 – NDV-RD 2006, 135, soweit er von Kindern nicht ausgeschöpft wird, ist er bei Eltern der Bedarfsgemeinschaft zu berücksichtigen). Eltern(teilen) im Haushalt minderjähriger Kinder steht der Volljährigen-Grundfreibetrag (Nr. 1) zu.

- **Altersvorsorge** in Höhe des nach Bundesrechts ausdrücklich als Altersvorsorge geförderten Vermögens einschließlich seiner Erträge und der geförderten laufenden Altersvorsorgebeiträge, soweit der Inhaber das Altervorsorgevermögen nicht vorzeitig verwendet (Nr. 2). Das betrifft das gesamte förderungsfähige **Riester-Anlage-Vermögen,** das nicht auf den Grundfreibetrag (Nr. 1) anzurechnen ist (BT-Drs. 15/1516, 53).

- Geldwerte Ansprüche, die der **Altersvorsorge** dienen, soweit der Inhaber sie **vor** dem Eintritt in den **Ruhestand** aufgrund einer **vertraglichen** Vereinbarung **nicht verwerten** kann und der Wert der geldwerten Ansprüche 250 € je vollendetem Lebensjahr des erwerbsfähigen Hilfeberechtigten und seines Partners, höchstens jedoch 16 250 €, nicht übersteigt (Nr. 3). Das betrifft **private Anlageformen,** die nicht zum Riester-Vermögen zählen, und gegebenenfalls auch zusätzlich zu diesem geschützt werden. Fehlt es in einem Altersvorsorgevertrag, z. B. betreffend einer Lebensversicherung, an einer solchen Vereinbarung, fällt das Kapital erst nach einer entsprechenden **Vertragsmodifikation** unter das abzusetzende Vermögen.

- Ein **Freibetrag** für notwendige **Anschaffungen** in Höhe von **750 €** für jeden Hilfeberechtigten (Nr. 4). „Der Freibetrag korrespondiert mit der Konzeption der Regelleistung, die künftig alle pauschalierbaren Leistungen im Rahmen der von der Regelleistung zu deckenden Bedarfe umfasst. Da davon ausgegangen wird, dass der Leistungsberechtigte aus dieser Regelleistung Ansparungen für größere Anschaffungen, wie z. B. für Haushaltsgeräte oder den Wintermantel, erbringt, müssen diese Ansparungen konsequenterweise bei der Vermögensanrechnung unberücksichtigt bleiben." (BT-Drs. 15/1516, 53) Demzufolge tritt dieser Freibetrag als zweckbestimmter zusätzlich zu dem „freien" Grundfreibetrag (Nr. 1).

Generell gilt: Zunächst sind die zweckbezogenen Absetzungen (Nr. 2–4) vorzunehmen. Danach noch vorhandenes Vermögen ist dem Grundfreibetrag (Nr. 1) zuzuordnen. Über ihn hinausgehendes Vermögen muss eingesetzt werden. Hat also z. B. ein 50-jähriger Arbeitsloser als einziges Vermögen eine Lebensversicherung, die nicht unter Nr. 2 oder Nr. 3 fällt, ist diese über Nr. 1 bis zu einem Rückkaufwert von 7500 € nicht abzusetzen; bei einem 60-jährigen Arbeitslosen, dem der Besitzstandsschutz der Nr. 1 zugute kommt, erhöht sich der nicht abzusetzende Betrag auf 31 200 €.

II. Unterhalt: Arbeitslosengeld II und Sozialgeld

Als Vermögen sind **nicht zu berücksichtigen** (§ 12 Abs. 3 SGB II):
- angemessener **Hausrat** (S. 1 Nr. 1). Hausrat sind nach natürlichem Wortverständnis (Brockhaus) alle Gegenstände der Haushalts- und Wohnungseinrichtung einschließlich Bildern, Büchern, Elektro- und Fernsehgeräten, Möbeln und (Haushalts)Wäsche. Für die Angemessenheit sind die Lebensumstände während des Bezugs zur Grundsicherung für Arbeitsuchende maßgebend (§ 12 Abs. 3 S. 2 SGB II), nicht einschlägig ist der „vorherige Lebenszuschnitt" (BT-Drs. 15/1516, 53). Das steht in auffälligem Kontrast zum BSHG (§ 88 Abs. 2 Nr. 3, so auch § 90 Abs. 2 Nr. 4 SGB XII), nach dem dabei „die bisherigen Lebensverhältnisse des Hilfesuchenden zu berücksichtigen sind." Der Gesetzgeber geht offenbar davon aus, dass mit dem Arbeitslosen-Status nicht zu vereinbarender Hausrat – Videogerät, Teppich? – zu veräußern ist, und zwar nach dem Wortlaut des Gesetzes selbst dann, wenn die „Verwertung offensichtlich unwirtschaftlich ist oder für den Betroffenen eine besondere Härte bedeuten würde" (Nr. 6, die sich auf „andere" als die in Nr. 1–5 aufgeführten Sachen und Rechte bezieht), was aber nicht sein Ernst sein kann. In diesem Zusammenhang fragt sich, inwieweit abwegigen Auffassungen des Gesetzgebers von der Verwaltung und Rechtsprechung zu folgen ist, eine Frage, die sich beim SGB II wiederholt stellt. Die frühere Auslegung zur Arbeitslosenhilfe-VO ist immerhin davon ausgegangen, dass entsprechend dem BSHG (§ 88 Abs. 2 Nr. 3) die bisherigen Lebensverhältnisse zu berücksichtigen sind. Demzufolge hat sie gemäß der Üblichkeit in vergleichbaren Bevölkerungskreisen auch wertvollere Möbelstücke und Teppiche als geschützt angesehen, jedoch die Trennung von einzelnen „besonders wertvollen Möbeln" verlangt und bei „luxuriöser Einrichtung" den „Umstieg" auf angemessene Gegenstände, so dass die Differenz zwischen dem zu erwartenden Reinerlös und dem erforderlichen Betrag für eine angemessene Ausstattung einzusetzen sei. Das erfordert viel Arbeit für Hausrats-Detektive und gegebenenfalls bei ihrer fachlichen Überforderung die Erstellung von Sachverständigengutachten (§§ 20, 21 SGB X).
- ein angemessenes **Kraftfahrzeug** für jeden in der Bedarfsgemeinschaft lebenden erwerbsfähigen Hilfebedürftigen (S. 1 Nr. 2). Die Fassung ist verunglückt, denn sicherlich soll die Haltung eines Kfz nicht nur jedem in Bedarfsgemeinschaft lebenden, sondern jedem erwerbsfähigen Hilfeberechtigten auch außerhalb einer Bedarfsgemeinschaft zugebilligt werden. Für die **Angemessenheit** (Satz 2) ist – wie beim Hausrat

B. Womit werden Erwerbsfähige und Angehörige gefördert und gefordert?

(Nr. 1) – in erster Linie auf den vergleichbaren Lebenszuschnitt abzustellen, so dass die Schmerzgrenze bei einem Mittelklassewagen liegen dürfte und ein bereits vor der Arbeitslosigkeit vorhandener Wagen wegen seines altersbedingten Wertverlusts in der Regel nicht mehr unangemessen ist. Bei zwei oder mehr erwerbsfähigen Hilfebedürftigen wird als Zweitwagen insbesondere bei Teilzeitbeschäftigten oder derzeit nicht Erwerbstätigen ein Kleinwagen angemessen sein. Soweit Pauschalbeträge zugrunde gelegt werden – nach Vorgaben der BA (DH-BA 12.24) ist ein Kraftfahrzeug mit einem „Verkaufserlös abzüglich gegebenenfalls noch bestehender Kreditverbindlichkeiten von maximal 5000 €" geschützt, handelt es sich um eine Grenze, bei deren Unterschreitung in jedem Fall ein Kraftfahrzeug als angemessen anzusehen ist (nach DH-BA 12.24 sind nicht plausible Wertangaben im Antrag mit den im Internet angebotenen Ermittlungsprogrammen zu überprüfen). Gerade zu Beginn einer Arbeitslosigkeit bleiben aber auch Kraftfahrzeuge angemessen, für die ein höherer Verkaufserlös erreichbar ist (so auch die Rechtsprechung, z. B. LSG BaW Beschl. v. 11. 8. 2005 – L 7 AS 2875/05 ER-B – FEVS 57, 72, 76: Wert unter 10 000 € scheint nicht unangemessen, LSG NiB Beschl. v. 11. 8. 2005 – L 8 B 67/05 – AS – NDV-RD 2006, 8 für Kraftfahrzeug im Wert von 6800 €: feste Obergrenzen sind unzulässig, SG Aachen Beschl. v. 27. 10. 2005 – 9 AS 31/05 – nach quer 2/2006, 34: Preisangemessenheitsgrenze 7000 €, SG Aurich Beschl. v. 24. 2. 2005 – S 15 AS 11/05 ER – NJW 2005, 2030: Neufahrzeug von 17 100 € Kaufpreis mit aktuellem Wert von 9900 € SG Detmold Beschl. v. 21. 6. 2005 – S 4 AS 17/05 – info also 2005, 279: PKW mit Sonderausstattung im Wert von 15 500 € bei Schwerstbehinderten mit Merkzeichen G).

• vom Inhaber als für die **Altersvorsorge** bestimmt bezeichnende Vermögensgegenstände in angemessenem Umfang, wenn der erwerbsfähige Hilfeberechtigte oder sein Partner von der **Versicherungspflicht** in der gesetzlichen Rentenversicherung **befreit** ist (S. 1 Nr. 3). Das betrifft Personen, die vor allem als Selbstständige, Ex-Beamte oder Mitglieder einer berufsständigen Versorgungseinrichtung nicht (mehr) rentenversicherungspflichtig sind. Es bezieht sich auf Vermögensgegenstände, die für die Altersvorsorge bestimmt sind; ein Nachweis kann z. B. die Vorlage einer Versicherungspolice über eine kapitalbildende Lebensversicherung sein (DH-BA 12.25). Je sicherer eine Anlageform ist, desto eher erscheint die Bestimmung zur Altersvorsorge plausibel, je spekulativer, desto eher wird von einem Vermögen aus-

106

II. Unterhalt: Arbeitslosengeld II und Sozialgeld

zugehen sein, das nicht der Altersvorsorge dient. Im Gegensatz zur Arbeitslosenhilfe-VO (§ 1 Abs. 3 Nr. 4), nach der solches Vermögen unbegrenzt geschützt war, beschränkt sich jetzt der Schutz auf einen angemessenen Umfang, d. h. wohl entsprechend einem gesetzlich Rentenversicherten mit adäquater Privatvorsorge.

- ein **selbstgenutztes Hausgrundstück von angemessener Größe** oder eine entsprechende Eigentumswohnung (S. 1 Nr. 4). Was angemessen ist (dazu jetzt BSG Urt. v. 7. 11. 2006 – B 7 b AS 2/05 R – bei Wenner SozSich 2006, 391, 393), richtet sich nach den aktuellen Lebensumständen (§ 12 Abs. 3 S. 2 SGB II), insbesondere der Familiengröße. Nach der Dienstanweisung der BA (DH-BA 12.26) sind ohne weitere Prüfung 130 m² bei einer Eigentumswohnung für angemessen zu halten und bei einem Grundstück 500 m² in städtischen und 800 m² in ländlichen Bereichen, darüber hinaus auch größere Werte, wenn diese in Bebauungsplänen festgelegt sind; soweit eine Immobilie nicht selbst geschützt ist, ist der Verkehrswert (§ 12 Abs. 4 SGB II) abzüglich dinglicher Belastungen als zu berücksichtigendes Vermögen anzusetzen (zur Behandlung einer selbstgenutzten Immobilie von nicht angemessener Größe ausführlich DH-BA 12.27 mit Anlage 1).

- Vermögen zur **Hausbeschaffung** bzw. -erhaltung bei **behinderten** oder **pflegebedürftigen Menschen,** wenn dieser Zweck durch die Verwertung gefährdet wäre (S. 1 Nr. 5). Das entspricht der BSHG-Regelung (§ 88 Abs. 2 Nr. 2).

- **Sachen und Rechte,** soweit ihre **Verwertung** offensichtlich **unwirtschaftlich** ist oder für den Betroffenen eine **besondere Härte** bedeuten wird (S. 1 Nr. 6). Sachen sind körperliche Gegenstände (s. § 90 BGB), Rechte vor allem Ansprüche, also z. B. Verwertungsrechte und Ansprüche gegen dritte Personen. Die Verwertung von Sachen und Rechten ist (so DH-BA 12.37) jedenfalls dann nicht offensichtlich unwirtschaftlich, wenn ihr Ergebnis unter Berücksichtigung der Verwertungskosten nur geringfügig (bis 10%) unter dem Substanzwert (Verkehrswert bzw. Summe der Einzahlungen zuzüglich bisheriger Erträge/Rendite) liegt. Ein Beispiel für Vermögensgegenstände, die wegen besonderer Härte geschützt sind, stellen Familien- und Kunstsachen dar (vgl. § 90 Abs. 1 Nr. 6, 7 SGB XII, S. 254; ansonsten genügt nach § 90 Abs. 3 S. 2 SGB XII eine „Härte" ohne weiteres Attribut wie „besondere"). Weiter zählen dazu insbesondere Vermögensbestandteile, die aus Einkommen gebildet sind, das nicht einzusetzen ist, wie z. B. Schmerzensgeld (s. § 11 Abs. 3 Nr. 2 SGB XII); zu

Bestattungs-/Grabpflegevermögen s. BVerwG, Urt. v. 11. 12. 2003 – 5
C 84/02 – NJW 2004, 2914).

- Weitere geschützte Vermögensgegenstände, die in einer **Rechtsverordnung** bezeichnet werden (s. § 13 S. 1 Nr. 2 SGB II). In die inzwischen ergangene Arbeitslosengeld II/Sozialgeld-Verordnung (§ 4
  Abs. 1) sind aufgenommen **Gegenstände**, die **zur** Aufnahme bzw. Fortsetzung der **Berufsausbildung oder der Erwerbstätigkeit** unentbehrlich sind (S. 254), nicht aber Gegenstände zur Befriedigung geistiger,
  insbesondere wissenschaftlicher oder künstlerischer Bedürfnisse (wie
  § 90 Abs. 2 Nr. 7 SGB XII, S. 254). Solange bzw. soweit sie nicht in
  einer Rechtsverordnung geschützt werden, sind sie wegen besonderer
  Härte (Nr. 6) nicht zu veräußern.

  Geht es z. B. um eine **Lebensversicherung** mit Rückkaufswert, so sind
  alle in Betracht kommenden Nichtberücksichtigungsgründe zu prüfen.
  Demnach ist eine Lebensversicherung nicht zu verkaufen, wenn sie rechtlich nicht verwertbar ist (§ 12 Abs. 1 SGB II, etwa eine Betriebslebens-
  versicherung mit Unverfallbarkeit), sie abzusetzen ist (§ 12 Abs. 2 Nr. 2
  SGB II: Riester-Anlagevermögen, § 12 Abs. 2 Nr. 3 SGB II: vertragliches
  Ruhestandsvermögen bis zur angegebenen Grenze) oder zum Schonvermögen gehört (§ 12 Abs. 3 Nr. 3 SGB II: Altersvorsorge für von der
  Rentenversicherungspflicht befreite Personen, § 12 Abs. 3 Nr. 6 SGB II:
  offensichtliche Unwirtschaftlichkeit oder besondere Härte der Verwertung, z. B. während Elternzeit, s. OVG Bremen, Urt. v. 10. 9. 2003 – 2 A
  131/02 – info also 2004, 77), gegebenenfalls auch mit ihr der Grundfreibetrag (§ 12 Abs. 2 Nr. 1 SGB II) nicht überstiegen wird. Selbst wenn sie zu
  berücksichtigen ist, darf ihre sofortige Verwertung nicht möglich oder
  eine besondere Härte sein (§ 9 Abs. 4 SGB II, s. im Folgenden).

bb) Zu berücksichtigendes Vermögen: Selbst zu berücksichtigendes
Vermögen braucht nicht veräußert zu werden, falls das derzeit unmöglich oder unzumutbar ist. Andernfalls ist es mit seinem Verkehrswert
anzusetzen.

Ist der **sofortige Verbrauch oder die sofortige Verwertung** von zu berücksichtigendem Vermögen **nicht möglich oder eine besondere Härte,**
sind die SGB-II-Leistungen als **Darlehen** zu erbringen, was von einer
Sicherung des Anspruchs auf Rückzahlung abhängig gemacht werden
kann (§§ 9 Abs. 4, 23 Abs. 5 SGB II). Eine sofortige Veräußerung kann
insbesondere aus rechtlichen Gründen **unmöglich** sein, z. B. bei einem
Erbfall (dauert die rechtliche Unmöglichkeit an, ist von einer Unver-

wertbarkeit gemäß § 12 Abs. 1 SGB II auszugehen, so dass ein Darlehen nicht in Betracht kommt). Eine **besondere Härte** (nach § 91 S. 1 SGB XII genügt eine „Härte") wird vor allem aus persönlichen Gründen vorkommen, muss aber hier ihren Grund in der „sofortigen" Veräußerung haben (ansonsten ist das Vermögen gemäß § 12 Abs. 3 S. 1 Nr. 6 SGB II gar nicht zu berücksichtigen). Als Beispiel für eine „Härte" nennen die Gesetzesmaterialien (BT-Drs. 15/1516, 53) die sofortige Verwertung einer „kapitalbildenden Lebensversicherung kurz vor dem Auszahlungszeitpunkt", was freilich lediglich bei Lebensversicherungen relevant wird, die zum zu berücksichtigenden Vermögen gehören (s. aber § 11 Abs. 2 Nr. 2, 3, Abs. 3 S. 1 Nr. 3, 6 SGB II).

Das Vermögen wird mit seinem **Verkehrswert,** d. h. Marktwert, berücksichtigt, für den der Zeitpunkt maßgebend ist, in dem der Antrag auf Bewilligung oder erneute Bewilligung von SGB-II-Leistungen gestellt wird, bei späterem Erwerb von Vermögen dieser Zeitpunkt; wesentliche Änderungen sind aber auch danach zu berücksichtigen. Daraus folgt, dass bereits bei einem früheren Antrag angerechnetes Vermögen auch bei einem neuen eingesetzt werden muss, soweit es noch vorhanden ist. Wie der Wert des Vermögens im Einzelnen zu ermitteln ist, bleibt einer Rechtsverordnung vorbehalten (§ 13 S. 1 Nr. 2 SGB II), die (§ 5) freilich nur bestimmt, dass der Verkehrswert ohne Rücksicht auf steuerrechtliche Vorschriften zu ermitteln ist.

c) Berücksichtigung von Mitteln anderer

Neben eigenem Einkommen und Vermögen ist auch dasjenige bestimmter anderer Personen zu berücksichtigen.

aa) Bedarfsgemeinschaftseinsatz (sog Einsatzgemeinschaft): Für Bedarfsgemeinschaften (s. S. 44) ist ausdrücklich geregelt (§ 9 Abs. 2 SGB II):

- (S. 1) Bei **Partnern** ist Einkommen und Vermögen des anderen Partners zu berücksichtigen.
- (S. 2) Bei **unverheirateten Kindern unter 25 Jahren,** welche die Leistungen zur Sicherung des Lebensunterhalts nicht aus ihrem Einkommen und Vermögen beschaffen können und mit ihren Eltern oder einem Elternteil und gegebenenfalls dessen Partner in einer Bedarfsgemeinschaft leben, sind auch deren Einkommen und Vermögen zu berücksichtigen. Dies gilt **nicht** für ein **Kind,** das **schwanger** ist oder sein Kind bis zur Vollendung des 6. Lebensjahres betreut (§ 9 Abs. 3 SGB II).

B. Womit werden Erwerbsfähige und Angehörige gefördert und gefordert?

- (S. 3) Ist in einer Bedarfsgemeinschaft nicht der gesamte Bedarf aus eigenen Mitteln und Kräften gedeckt, gilt jede Person der Bedarfsgemeinschaft im Verhältnis des eigenen Bedarfs zum Gesamtbedarf als hilfebedürftig.

Als **Beispiel** dazu hat die **BA** in ihren Unterrichtsmaterialien folgenden Fall gebildet: Erwerbsfähiger Hilfebedürftiger mit bereinigten Nettoeinkommen von 400 €; erwerbsfähige Ehefrau mit Krankheitsernährungs-Mehrbedarf von 50 € und Nettoeinkommen von 200 € sowie 10-jähriges Kind mit Kindergeld von 154 €, Wohnungs- und Heizkosten insgesamt 300 €.

Die aufwendige Lösung des BA ermittelt einen Gesamtbedarf, nimmt eine Verteilung des Gesamteinkommens entsprechend dem Einzelbedarf vor und kommt schließlich zu einen „Anspruch-Gesamtbedarf abzüglich Einkommen in Höhe von 425 €".

Diese Lösung überzeugt deshalb nicht, weil es bei der angeführten Vorschrift des SGB II (§ 9 Abs. 2 S. 3) nicht in diesem Sinn um eine „Bedarfs"-gemeinschaft geht, sondern sie in unmittelbaren Zusammenhang mit der Einsatzgemeinschaft steht, im Fall aber überhaupt keine solche vorliegt, weil niemand Einkommen über seinen eigenen Gesamtbedarf hat, so dass es gar nichts bei anderen Personen einzusetzen gibt. Dementsprechend ist er über die **Einzelansprüche** wie folgt einfach zu lösen:

Erwerbsfähiger Ehemann:	Regelbedarf	311 €
	Unterkunft ($^1/_3$)	100 €
	Gesamtbedarf	411 €
	– Einkommen	400 €
	= Alg II	11 €
Erwerbsfähige Ehefrau:	Regelbedarf	311 €
	Mehrbedarf	50 €
	Unterkunft ($^1/_3$)	100 €
	Gesamtbedarf	461 €
	– Einkommen	200 €
	= Alg II	261 €
Kind:	Regelbedarf	207 €
	Unterkunft ($^1/_3$)	100 €
	Gesamtbedarf	307 €
	– Einkommen	154 €
	= Sozialgeld	153 €

Die Familienmitglieder erhalten also in der Tat zusammen 425 €, ohne dass es aber der umständlichen Lösungsschritte der BA bedarf. Ihr Fehler liegt darin, dass sie sich nicht den Sinn der Vorschrift des SGB II (§ 9 Abs. 2 S. 3) klar gemacht hat, der allerdings durch die Formulierungen des Gesetzgebers verschleiert ist, insbesondere durch die Ver-

II. Unterhalt: Arbeitslosengeld II und Sozialgeld

wendung des Worts „Bedarfsgemeinschaft". Sie kommt nur zum Zug, falls jemand ein **seinen eigenen Bedarf überschiessendes Einkommen** hinsichtlich anderer Personen (mindestens zwei) einzusetzen hat, und müsste deshalb **sinnvoll und verständlich so formuliert** sein: „Ist in einer Einsatzgemeinschaft nicht der gesamte Bedarf aus eigenen Mitteln und Kräften gedeckt, gilt jede hilfebedürftige Person im Verhältnis des eigenen zum gesamten ungedeckten Bedarf als hilfebedürftig". Dem entspricht die sog. **Prozent- oder Verhältnismäßigkeitslösung,** wie sie für die Einsatzgemeinschaft schon zu Zeiten des BSHG entwickelt worden ist. Danach ist beim Einkommensüberschuss einer Person zunächst der individuelle Prozentanteil des jeweiligen Bedürftigen am gesamten ungedeckten Bedarf zu ermitteln. Jeder Bedürftige erhält dann in einem weiteren Rechenschritt einen entsprechenden Prozentsatz am Überschuss.

Beispiel wie eben mit folgender **Modifikation:** Erwerbsfähiger Ehemann hat ein Einkommen von 611 €, also einen Einkommensüberschuss von 200 €. Der individuelle Prozentanteil am gesamten ungedeckten Bedarf von 411 € (261 € + 153 €) beträgt für die Ehefrau 63% und für das Kind 37%, so dass entsprechend von dem Einkommensüberschuss auf die Frau entfallen 63% von 200 € = 126 €, womit sie noch ein Alg II von 135 € erhält, und auf das Kind 37% von 200 € = 74 €, das damit ein Sozialgeld von 79 € bekommt.

Nicht bestimmt ist die Einkommens- und Vermögensberücksichtigung für hilfebedürftige **Eltern(-teile)** bzw. deren Partner, die in Bedarfsgemeinschaft mit ihren Kindern leben. In diesem Fall erfolgt die Einkommens- und Vermögensberücksichtigung nach den Maßstäben der anschließend behandelten Verwandten/Verschwägerten-Haushaltsgemeinschaft.

Somit gibt es in der Bedarfsgemeinschaft eine **gesteigerte Einkommens- und Vermögensberücksichtigung** bei Partnern untereinander und Eltern(-teilen) sowie gegebenenfalls deren Partnern bezüglich ihrer Kinder sowie eine **nicht gesteigerte** für andere Personen der Bedarfsgemeinschaft.

bb) Verwandten/Verschwägerten-Haushaltsgemeinschaft: Außer für Bedarfsgemeinschaften trifft das SGB II (§ 9 Abs. 5) auch eine Regelung für das Zusammenleben von SGB-II-Hilfeberechtigten mit Verwandten oder Verschwägerten in einer Haushaltsgemeinschaft: Insoweit wird vermutet, dass Hilfeberechtigte von ihren Verwandten oder Verschwägerten Leistungen erhalten, soweit diese nach deren Einkommen und Vermögen erwartet werden kann. **Verwandte** sind (§ 1589 BGB) Personen, deren eine von der anderen abstammt (gerade Linie: z.B. Eltern-Kinder,

111

B. Womit werden Erwerbsfähige und Angehörige gefördert und gefordert?

Großeltern-Enkel) oder die von derselben dritten Personen abstammen (Seitenlinie: z. B. Geschwister, Neffe-Onkel/Tante-Nichte – Onkel/Tante); **Verschwägerte** eines Ehegatten/eingetragenen Lebenspartners sind die Verwandten des anderen, wobei es auch nach Auflösung der Ehe/Partnerschaft bleibt (§ 1590 BGB, z. B. Schwiegereltern, Schwager/Schwägerin, Stiefkinder).

Dazu erläutern die Materialien (BT-Drs. 15/1516, 53): Die Vorschrift enthält eine **widerlegbare gesetzliche Vermutung,** dass mit den erwerbsfähigen Hilfebedürftigen verwandte oder verschwägerte Personen, die nicht zur Bedarfsgemeinschaft (genauer: zu den Personen der Einsatzgemeinschaft i. S. des § 9 Abs. 2 S. 1, 2 SGB II) gehören und in einem gemeinsamen Haushalt mit dem Erwerbsfähigen leben, diesen Leistungen zum Lebensunterhalt erbringen. Eine Haushaltsgemeinschaft liegt vor, wenn die Personen mit dem Erwerbsfähigen in einem gemeinsamen Haushalt zusammenleben und „aus einem Topf" wirtschaften. Der Umfang, in dem von den Verwandten der Einsatz von Einkommen und Vermögen erwartet werden kann, entspricht demjenigen bei § 16 BSHG. Im Letzteren ist freilich dieser Umfang auch nicht konkretisiert gewesen. Das Bundesverwaltungsgericht (Urt. v. 17. 1. 1980 – 5 C 48/78 – BVerwGE 59, 294 = FEVS 28, 309 = NDV 1980, 321 = ZfSH 1980, 275) hat eine **Leistungsvermutung** bei Verwandten/Verschwägerten **nur** als gerechtfertigt angesehen, wenn deren **Einkommen deutlich über ihrem Unterhaltsbedarf** liegt.

Die Arbeitslosengeld II/Sozialgeld-Verordnung (§ 1 Abs. 2) sieht vor, dass – ausgehend von dem nach dem SGB II zu berücksichtigenden Einkommen (also unter Nichtberücksichtigung der in § 11 Abs. 1 und 3 angeführten Einnahmen und auch der sonstigen nach anderen Gesetzen nicht anzurechnenden Einnahmen, s. S. 90) – die um die Absetzbeträge (§ 11 Abs. 2 SGB II) bereinigten Einnahmen in der Regel nicht als Einkommen zu berücksichtigen sind, soweit sie einen Freibetrag in Höhe des doppelten Satzes der maßgeblichen Regelleistung (§ 20 Abs. 2–3 SGB II) zuzüglich der anteiligen Aufwendungen für Unterkunft und Heizung sowie darüber hinausgehend 50% der diesen Freibetrag übersteigenden bereinigten Einnahmen nicht überschreiten.

Beispiel: Verwandter mit bereinigtem Einkommen von 1500 €, maßgebende Regelleistung von 345 € sowie Unterkunfts-/Heizkostenanteil von 125 €.

Sockelfreibetrag:	2 x 345 € + 125 € = 815 €
Steigerungsfreibetrag:	1500 € – 815 € = 685 €
	davon 50% = 342,50 €
Gesamtfreibetrag	(815 € + 342,50 € =) 1157,50 €

II. Unterhalt: Arbeitslosengeld II und Sozialgeld

Also wird vermutet, dass der Hilfeberechtigte von seinem Verwandten (1500 € – 1157,50 € =) 342,50 € erhält.

In der Entwurfsbegründung heißt es dazu weiter:

„Die Vorschrift ist als Regelvorschrift ausgestaltet, weil Leistungen nur dann erwartet werden können, wenn den Angehörigen ein deutlich über den Leistungen zur Sicherung des Lebensunterhalts liegendes Lebenshaltungsniveau verbleibt, er insbesondere nicht gegenüber Dritten nach bürgerlichem Recht vorrangig zum Unterhalt verpflichtet ist, gegenüber dem Hilfebedürftigen vorrangig unterhaltspflichtige Personen nicht vorhanden sind oder die Haushaltsgemeinschaft durch die Heranziehung nicht zerstört wird. Durch die Angabe ›in der Regel‹ ist eine Berücksichtigung dieser Tatbestände möglich".

Wird mehr geleistet, so ist der tatsächliche Betrag anzusetzen, ebenso wenn nachweislich weniger oder gar nichts geleistet wird, also die Vermutung widerlegt ist. Ob und wann die Vermutung als widerlegt angesehen werden kann, entscheidet sich nach den gesamten Umständen des Einzelfalls; im Regelfall wird eine Glaubhaftmachung oder zweifelsfreie Versicherung ausreichen (BT-Drs. 15/1514, 61 zur Parallelvorschrift des § 36 SGB XII).

Bezüglich des **Vermögens** regelt die Arbeitslosengeld-Verordnung (§ 4 Abs. 2) die Selbstverständlichkeit, dass Vermögen nicht berücksichtigt wird, das abzusetzen (§ 12 Abs. 2 SGB II) oder nicht zu berücksichtigen ist (§ 12 Abs. 3 SGB II). Das besagt aber nichts darüber, inwieweit bezüglich Vermögen eine Leistungsvermutung besteht, was in der Regel zu verneinen sein dürfte.

d) Andere Wirtschafts- und/oder Wohngemeinschaften

Bei im SGB II nicht näher geregelten Wirtschafts- und/oder Wohngemeinschaften mit Personen, die nicht zur Bedarfs- bzw. Verwandten/ Verschwägertengemeinschaft gehören, z. B. Bekannte oder Freunde, zu denen keine Paarbeziehung besteht, sind Einkommen und Vermögen nur anzurechnen, soweit tatsächlich Mittel zugewendet werden (weitergehend bei der Wohngemeinschaft gemäß § 36 SGB XII, s. S. 257).

e) Exkurs: Kinderzuschlag

Rat: Lies speziell Schwitzky, Kinderzuschlag oder Alg II? 2006.

Bevor bei einer Bedarfsgemeinschaft zu entscheiden ist, inwieweit ihre Mitglieder Unterhaltsleistungen erhalten, ist beim Vorhandensein minderjähriger unverheirateter Kinder in einem Haushalt darüber zu befin-

B. Womit werden Erwerbsfähige und Angehörige gefördert und gefordert?

den, ob die SGB-II-Leistungsberechtigung deshalb hinfällig wird, weil infolge Gewährung eines Kinderzuschlags keine Hilfebedürftigkeit gegeben ist. Befinden sich minderjährige unverheiratete Kinder eines erwerbsfähigen Hilfeberechtigten oder seines Partners in der Bedarfsgemeinschaft, ist nämlich zu prüfen, ob sie ihren Bedarf aus Einkommen (oder Vermögen) mittels des vorrangigen Kinderzuschlags beschaffen können (§ 7 Abs. 3 Nr. 4 SGB II), der zum Zuge kommt, wenn **dadurch** die zusammen mit dem erwerbsfähigen Hilfeberechtigten/Partner gegebene **Abhängigkeit von SGB-II-Leistungen entfällt.** Damit soll vermieden werden, (BT-Drs. 15/1516, 83), dass Eltern nur wegen der Unterhaltsbelastung für ihre Kinder Alg II und Sozialgeld in Anspruch nehmen müssten. Durch den Kinderzuschlag erhalten sie einen Arbeitsanreiz, wodurch sie zugleich nicht mehr in die Zuständigkeit der SGB-II-Leistungsträger fallen, sondern bezüglich des Kinderzuschlags in diejenige der BA-Familienkassen und bezüglich des ihnen dann zustehenden Wohngelds in diejenige der Wohngeldträger.

Der Kinderzuschlag ist so konstruiert, dass er einem Elternteil zusteht (s. § 6a BKGG), aber dem „jeweiligen Kind" als Einkommen zuzurechnen ist (s. § 11 Abs. 1 S. 2 SGB II). Im Einzelnen erfordert seine Ermittlung eine ganze Reihe von **Vorgehensschritten** (§ 6a BKGG):

- Die **Eltern(teile)** – erwerbsfähiger Hilfebedürftiger oder Partner – müssen für die in ihrem Haushalt lebenden minderjährigen unverheirateten Kinder einen **Anspruch auf Kindergeld** oder vergleichbare Leistungen (§ 4 BKGG: insbesondere Kinderzulagen aus der gesetzlichen Unfallversicherung) haben. Anspruch auf Kindergeld nach dem Einkommensteuergesetz (X. Abschnitt = §§ 62ff., s. näher S. 323) besteht für Eltern(teile), die im Inland einen Wohnsitz oder gewöhnlichen Aufenthalt haben (zu Ausländern s. S. 185), wobei für jedes Kind nur einem Berechtigten Kindergeld gezahlt wird, und zwar bei mehreren Berechtigten demjenigen, der es in seinen Haushalt aufgenommen hat, und bei beiden Elternteilen im Haushalt dem, den sie bestimmen, der bei Nichteinigung vom Vormundschaftsgericht festgelegt wird. Das Kindergeld beträgt monatlich für das erste, zweite und dritte Kind je 154 € und jedes weitere Kind 179 €.

- Bei Vorliegen einer Kindergeld- und Kinderzuschlagsanspruchsberechtigung beträgt der **Kinderzuschlag monatlich höchstens 140 €** für jedes zu berücksichtigende Kind. Dieser Betrag erklärt sich daraus (BT-Drs. 15/1516, 48, 83), dass er zusammen mit dem Kindergeld von 154 € und dem auf das Kind entfallenden Wohngeldanteil den

II. Unterhalt: Arbeitslosengeld II und Sozialgeld

„durchschnittlichen" Bedarf eines Kindes an Alg II oder Sozialgeld abdeckt.

- Der **Kinderzuschlag mindert** sich **um** das (mit Ausnahme von Wohngeld) zu berücksichtigende **Einkommen** (und Vermögen) **des Kindes,** wobei das Kindergeld außer Betracht bleibt. Hintergrund dafür ist (BT-Drs. 15/1516, 84), dass bei einem Kind, „das seinen Bedarf im Sinne des Alg II und Sozialgelds aus eigenem Einkommen oder Vermögen decken kann, dieser Bedarf nicht von den Eltern gedeckt werden muss; deshalb ist der Kinderzuschlag entsprechend zu mindern, oder er entfällt ganz." Daraus folgt, dass für jedes Kind – nach einer (negativen) Vermögensüberprüfung – sein (bereinigtes) Einkommen ermittelt werden muss, welches – mit Ausnahme des Kinder- und Wohngelds – den Kinderzuschlag entsprechend mindert. Hat ein Kind Einkommen von 140 € und mehr – z. B. bei Unterhaltsleistungen eines nicht im Haushalt lebenden Elternteils –, entfällt der Kinderzuschlag (und in der Regel wegen der zur Verfügung stehenden Mittel auch die SGB-II-Leistungsberechtigung). Ein Anspruch auf Zahlung des Kindergeldzuschlags besteht nicht für Zeiträume, in denen zumutbare Anstrengungen unterlassen wurden, Einkommen des Kindes zu erzielen.

- Die **Eltern**(teile bzw. deren Partner) müssen zusammen **mindestens** ein **Einkommen** (außer Wohngeld) haben, das ihren **eigenen Alg-II- bzw. Sozialgeld-Bedarf deckt.** Mit dieser Vorgabe wird erreicht (BT-Drs. 15/1516, 83), „dass nur Eltern einen Kinderzuschlag erhalten, deren eigener Bedarf an Alg II oder Sozialgeld durch ihr Einkommen gedeckt ist; mit dem Kinderzuschlag (plus Kindergeld und Wohngeldanteil) wird damit regelmäßig auch der Bedarf im Sinne des Alg II und des Sozialgeldes der Familie gedeckt." Reicht das Einkommen der Eltern(teile bzw. deren Partner) nicht zur Deckung des Eigenbedarfs aus, gibt es folglich keinen Kinderzuschlag, sondern es bleibt bei der Bedarfsgemeinschaft, deren Mitglieder SGB-II-Leistungen zustehen. Als elterliches Einkommen gilt (§ 6 a Abs. 4 S. 4 BKGG) dasjenige des mit dem Kind in einem Haushalt lebenden alleinerziehenden Elternteils, Ehepaars, eingetragenen Lebenspartners oder in einer eheähnlichen Gemeinschaft zusammenlebenden Paares. Überschießendes Einkommen eines Partners (d. h. solches, das über seinen eigenen Bedarf hinausgeht) ist dem anderen als dessen Einkommen anzurechnen; diesbezüglich ist beim Allgemeinbedarf neben Regel- und Mehrbedarf ein Unterkunfts- und Heizungskostenanteil für die Eltern(teil/paar) zu berücksichtigen, und zwar nach dem Verhältnis, dass sich aus dem von

B. Womit werden Erwerbsfähige und Angehörige gefördert und gefordert?

der Bundesregierung zu erstellenden letzten Bericht über die Höhe des Existenzminimums ergibt (§ 6a Abs. 4 S. 2 BKGG). Aus dem einschlägigen 5. Existenzminimumbericht vom 5. 2. 2004 (BT-Drs. 15/2462) ergeben sich folgende Unterkunft-/Heizungskosten-Wohnanteile:

Allein stehende Elternteile mit	Wohnbedarf	Wohnanteil des Elternteils
1 Kind	4 152 €	76,88%
2 Kindern	5 112 €	62,44%
3 Kindern	6 072 €	52,57%
4 Kindern	7 032 €	45,39%
5 Kindern	7 992 €	39,94%
6 Kindern	8 952 €	35,66%
Elternpaar mit	**Wohnbedarf**	**Wohnanteil der Eltern**
1 Kind	5 712 €	83,19%
2 Kindern	6 672 €	71,22%
3 Kindern	7 632 €	62,26%
4 Kindern	8 592 €	55,31%
5 Kindern	9 552 €	49,75%
6 Kindern	10 512 €	45,21%

- Die **Eltern(teile**/partner) dürfen **höchstens** ein **Einkommen** (außer Wohngeld) haben, das ihren **eigenen Bedarf um bis zu 140 €** je zu berücksichtigendem Kind **übersteigt;** hat ein Kind zu berücksichtigendes Einkommen – mit Ausnahme von Kindergeld –, mindert sich dieser Betrag entsprechend. Damit wird bezweckt (BT-Drs. 15/1516, 83), dass Eltern, die auch ohne Berücksichtigung des Kinderzuschlags den Bedarf für sich und ihre Kinder aus eigenem Einkommen decken können, keinen Kinderzuschlag erhalten. In diesem Fall besteht auch in der Regel kein Anspruch auf SGB-II-Leistungen.
- Übersteigt das **Eltern(teil**/partner)einkommen (außer Wohngeld) die eben genannte Höchstgrenze nicht, so **mindert** das über ihrem eigenen Bedarf liegende Einkommen den **Kinderzuschlag,** und zwar in folgender Weise (§ 6a Abs. 4 S. 3, 5–7 BKGG): Zuerst einzusetzendes anderes Einkommen als Erwerbseinkommen – z. B. Sozialleistungen, Unterhalt – wird, soweit es ihre Bedarfsgrenze überschreitet, voll auf den Kinderzuschlag angerechnet. Das danach einzusetzende Erwerbseinkommen wird, soweit es ihre Bedarfsgrenze überschreitet, stufenweise angerechnet, und zwar für je 10 € Erwerbseinkommen wird der Kinderzuschlag um 7 € gemindert. Folglich entfällt der Zuschlag je Kind, wenn das (be-

II. Unterhalt: Arbeitslosengeld II und Sozialgeld

reinigte, auch um den Erwerbsfreibetrag geminderte) Erwerbseinkommen 200 € über dem Eigenbedarf der Eltern liegt. Sinn dieser Regelung ist folgender (BT-Drs. 15/1516, 84): Den Kinderzuschlag bekommen Familien, die ohne ihn lediglich wegen des Unterhaltsbedarfs für ihre Kinder Anspruch auf Alg II und Sozialgeld hätten; er ist daher zu mindern, soweit das beim Alg II und Sozialgeld zu berücksichtigende elterliche Einkommen und Vermögen über den Eigenbedarf der Eltern hinausgeht. Das Privileg der nur teilweisen Anrechnung des Erwerbseinkommens soll bewirken, dass eine Arbeitsaufnahme auch tatsächlich zu einer Einkommenssteigerung führt und sorgt so für einen Erwerbsanreiz; die stufenweise Abschmelzung in Zehner-Schritten dient der Verwaltungsvereinfachung. Anderes Einkommen ist voll anzurechnen, weil insoweit kein Anreiz geschaffen werden soll. Wenn erst die Zusammenrechnung von Erwerbseinkommen und anderem Einkommen zur Überschreitung des Freibetrags führt, soll das Erwerbseinkommen als dasjenige angesehen werden, was die Überschreitung bewirkt, so dass zuerst das andere Einkommen einzusetzen ist.

• Bei mehreren minderjährigen unverheirateten Kindern im Haushalt, für die ein Anspruch auf Kindergeld oder vergleichbare Leistung besteht, ist aus der Summe der Kinderzuschläge ein **Gesamtkindergeldzuschlag** zu bilden (§ 6a Abs. 2 S. 2 BKGG). Kommt wegen übersteigenden Eltern(teil/partner)einkommens die Minderung des für mehrere Kinder zu zahlenden Kinderzuschlags in Betracht, wird sie beim Gesamtkinderzuschlag vorgenommen (§ 6a Abs. 4 S. 8 BKGG).

• Der (Gesamt)Kinderzuschlag wird **längstens** für insgesamt **36 Monate** gezahlt (§ 6a Abs. 2 S. 3, 4 BKGG). Das heißt wohl (s. BT-Drs. 15/1516, 84): Ein Kinderzuschlag wird höchstens für 36 Monate gezahlt, um bei den durch ihn beabsichtigten Arbeitsanreizen Mitnahmeeffekte zu minimieren. Dementsprechend läuft für jedes zuschlagsrelevante Kind eine 36-Monats-Frist, was bei mehreren Kindern (Gesamtkinderzuschlag) zu parallelen und auch identischen Laufzeiten führen kann, aber z.B. bei schwankendem Kindeseinkommen auch nur zu Überlappungen. Fraglich ist, ob bei einer Unterbrechung die Laufzeit wieder von vorne beginnt oder nur noch für die noch nicht verbrauchten Monate Leistungen erfolgen; die vom Gesetzgeber mit der Begrenzung verbundene Intention, Mitnahmeeffekte zu minimieren, spricht für die zweite Alternative. Nach Ende der Laufzeit und Fortbestehen der Hilfebedürftigkeit lebt der Anspruch auf Alg II und Sozialgeld wieder auf.

B. Womit werden Erwerbsfähige und Angehörige gefördert und gefordert?

Beispiel: Eine Alleinerziehende mit siebenjährigem Kind erzielt ein (auch um den Erwerbstätigkeitsgesamtabsetzungsfreibetrag) bereinigtes Einkommen von 600 €; die monatlichen Miet- und Heizungskosten belaufen sich auf 200 € (Wohnanteil der Mutter: 76,88% von 200 = 154 €/Kind 46 €).

Kinderzuschlagsermittlungsschrittfolge:
- Die Mutter hat Anspruch auf Kindergeld (154 €).
- Der Kinderzuschlag beträgt höchstens 140 €.
- Das Kind hat kein Einkommen, weil das Kindergeld beim Kinderzuschlag außer Betracht bleibt.
- Der Regelbedarf der Mutter beläuft sich auf 345 € ihr Mehrbedarf auf 41,40 € und ihr Unterkunfts- und Heizungskostenanteil auf 154 €, der Gesamtbedarf also auf 540 €. Demzufolge übersteigt das Erwerbseinkommen von 600 € ihren Eigenbedarf um 60 €. Davon sind von je 10 € 7 € auf den Kinderzuschlag anzurechnen, soweit er den Eigenbedarf übersteigt, d. h. hier 42 €.
- Der Kinderzuschlag beläuft sich demnach auf 98 € (140 €–42 €).
- Die Gesamtsituation stellt sich demnach unter Berücksichtigung des nunmehr zu leistenden Wohngelds von 100 € so dar, dass ein Bedarf von 540 € (Mutter) und 253 € (Kind: 207 € Regelbedarf und 46 € Miete) besteht, insgesamt also 793 €, dem ein Einkommen von 952 € (Erwerbseinkommen 600 €, Kindergeld 154 €, Kinderzuschlag 98 €, Wohngeld 100 €) gegenübersteht.

Berechnungsbogen Kinderzuschlag
(Quelle: www.arbeitsagentur.de)

I. Bedarfsermittlung/Regelleistung und Mehrbedarfe

Regelleistung des Elternteils/der Eltern   _____
Mehrbedarfe   _____
Summe   _____

II. Bedarfsermittlung/Kosten der Unterkunft und Heizung nach § 6a Abs. 4 Satz 2 BKGG

Alleinstehende Elternteile mit	Wohnanteil des Elternteils in %	Elternpaar mit	Wohnanteil der Eltern in %
1 Kind	76,88	1 Kind	83,19
2 Kindern	62,44	2 Kindern	71,22
3 Kindern	52,57	3 Kindern	62,26
4 Kindern	45,39	4 Kindern	55,31
5 Kindern	39,94	5 Kindern	49,75

II. Unterhalt: Arbeitslosengeld II und Sozialgeld

Anteiliger Wohnbedarf des Elternteils/der Eltern in % lt. Tabelle _____

*(**Hinweis:** nicht bedürftige Kinder gehören nicht zur Bedarfsgemeinschaft und sind nicht zu berücksichtigen!)*

Kosten der Unterkunft und Heizung nach § 22 Abs. 1 SGB II insgesamt _____

Prozentualer Wohnanteil nach § 6a Abs. 4 Satz 2 BKGG in € _____

III. Gesamtbedarf des Elternteils/der Elternteile

Bedarf Summe aus I _____

Prozentualer Wohnanteil aus II _____

Gesamtbedarf (= Mindesteinkommensgrenze) _____

Einkommen des Elternteils/der Eltern (ohne Kindergeld nach § 11 Abs. 1 S. 3 SGB II) _____

IV. Zwischenergebnis

Das Einkommen ist niedriger als die Mindesteinkommensgrenze

• kein Anspruch auf Kinderzuschlag

Das Einkommen ist höher als die Mindesteinkommensgrenze oder gleich hoch

• möglicherweise Anspruch auf Kinderzuschlag; die Höchsteinkommensgrenze ist zu ermitteln.

V. Berechnung der Höchsteinkommensgrenze (= Gesamtkinderzuschlag + Mindesteinkommensgrenze)

Ermittlung des Gesamtkinderzuschlags:

Kind (Name)	Kinderzuschlag	Einkommen/ Vermögen des Kindes	Kinderzuschlag nach Einkom- men/Vermögen
	140,00		
	140,00		
	140,00		
	140,00		
	140,00		
	140,00		
	140,00		
	140,00		
	140,00		
Gesamtkinderzuschlag (Summe)			

B. Womit werden Erwerbsfähige und Angehörige gefördert und gefordert?

Summe aus III (Mindesteinkommensgrenze) _____

Summe aus V (Gesamtkinderzuschlag) _____

Summe = Höchsteinkommensgrenze _____

VI. Ergebnis

Das Einkommen ist höher als die Höchsteinkommensgrenze oder gleich hoch
- kein Anspruch auf Kinderzuschlag

Das Einkommen ist niedriger als die Höchsteinkommensgrenze
- möglicherweise Anspruch auf Kinderzuschlag (für die Abgabe an die Familienkasse ist die Höhe des Einkommens nach der Einkommensbereinigung gem. § 11 Abs. 2 SGB II entscheidend).

- Sollte trotz Kinderzuschlag noch ein ungedeckter SGB-II-Bedarf verbleiben, ist eine ergänzende SGB-II-Leistung zu erbringen.
- Fraglich ist, ob mit dem durch den Kinderzuschlag bewirkten (und bezweckten) Ausscheiden aus der SGB-II-Leistungsberechtigung auch der Anspruch auf den **Alg-I-Zuschlag** (§ 24 SGB II, bei dem Partner und Kinder zu berücksichtigen sind, s. S. 124) entfällt. Dies legt der Wortlaut der Vorschrift (§ 24 Abs. 1 S. 1 SGB II: „Soweit der erwerbsfähige Hilfebedürftige AlG II … bezieht") nahe. Das ist jedoch sinn- und zweckwidrig, weil dann Bedarfsgemeinschaften mit Kindern im Ergebnis gravierend benachteiligt würden gegenüber kinderlosen Empfängern, was mit dem Grundgesetz (Art. 6) nicht vereinbar ist. Dementsprechend ist auch beim Kinderzuschlag ein Alg-I-Zuschlag zu leisten, der zu errechnen ist (s. § 24 Abs. 2 SGB II) aus ²/₃ des Unterschiedsbetrags zwischen zuletzt bezogenem Alg I und Wohngeld sowie (hypothetisch zu zahlendem) Alg II oder Sozialgeld, wobei der Kindergeldzuschlag als Einkommen zu berücksichtigen ist (§ 11 Abs. 2 S. 2 SGB II).

Um diese Ungereimtheiten zu vermeiden, räumt das Bundeskindergeldgesetz (§ 6a Abs. 5) jetzt kinderzuschlagsberechtigten Eltern(-teilen) die **Wahlmöglichkeit** ein, gegenüber der zuständigen Familienkasse zu erklären, für einen bestimmten Zeitraum den Kinderzuschlag nicht geltend zu machen, worüber diese den SGB-II-Träger zu unterrichten hat; eine solche Erklärung kann mit Wirkung für die Zukunft widerrufen werden.

Rat: Im Zweifel sollte ein Antrag auf Kinderzuschlag gestellt und gleichzeitig auf SGB-II-Leistungen gestellt werden (ohne Erklärung, den Kinderzuschlag nicht geltend machen zu wollen). Diese müssen dann solange erbracht werden, bis

II. Unterhalt: Arbeitslosengeld II und Sozialgeld

der Kinderzuschlag tatsächlich als anzurechnendes Einkommen ausgezahlt wird (§ 11 Abs. 1 S. 2 SGB II), was regelmäßig Monate dauert und oft abgelehnt wird. Steht dann fest, dass ohne Kinderzuschlag (und das bei ihr zusätzlich zu beantragende Wohngeld) mehr SGB-II-Leistungen in der Kasse sind, sollte die Erklärung abgegeben werden, auf ihn bis auf weiteres zu verzichten. Bei Änderung der Verhältnisse (z. B. Auslaufen des Alg-I-Zuschlags) ist diese Erklärung zu widerrufen sowie Kinderzuschlag und Wohngeld zu beantragen.

4. Leistungen: Arbeitslosengeld II und Sozialgeld

a) Arbeitslosengeld II

Arbeitslosengeld II erhalten erwerbsfähige Hilfeberechtigte, deren Unterhaltsbedarf nicht durch ihr Einkommen bzw. Vermögen gedeckt werden kann (§ 19 Abs. 1 Satz 1 SGB II). Trägerintern ist bestimmt (§ 19 Abs. 1 Satz 3 SGB II), dass das zu berücksichtigende Einkommen und Vermögen zunächst die Leistungen der Agentur für Arbeit mindert (s. zu deren Leistungen § 6 Abs. 1 Satz 1 Nr. 1 SGB II); soweit dann noch Einkommen und Vermögen vorhanden ist, mindert es die Geldleitung der kommunalen Träger (zu deren Leistung § 6 Abs. 1 Satz 1 Nr. 2 SGB II).

Arbeitslosengeld II wird in folgender Weise erbracht:

aa) Allgemeinleistung: Sie ist zu erbringen, soweit der Allgemeinbedarf – Regel-, Mehr-, Unterkunfts- und Heizungsbedarf – weder durch das zu berücksichtigende Vermögen noch Einkommen gedeckt werden kann. **Leistungsform** (s. § 4 Abs. 1 SGB II) ist entsprechend dem Namen Arbeitslosengeld normalerweise eine **Geldleistung.** Doch **kann** die **Regelleistung** in voller Höhe oder anteilig in Form von **Sachleistungen** erbracht werden, solange sich ein Hilfeberechtigter, insbesondere bei Drogen- oder Alkoholabhängigkeit sowie im Fall unwirtschaftlichen Verhaltens, als ungeeignet erweisen, mit ihr seinen Bedarf zu decken (§ 23 Abs. 2 SGB II). Mit einem auf die Verfassung gestützten Grundsatzurteil des Bundesverwaltungsgerichts (Urt. v. 16. 1. 1986 – 5 C 72/84 – BVerwGE 72, 354 = info also 1986, 82 = NDV 1986, 293) ist eine Sachleistung aber lediglich dann als möglich anzusehen, wenn Alkoholismus oder Drogenabhängigkeit durch zusammenwirkende ärztliche, psychologische und soziale Hilfe behandelt wird und in dieses Konzept die Sachleistung integriert ist, die dementsprechend nicht isoliert erbracht werden darf, weil das nicht geeignet ist, einer solchen Erkrankung nachhaltig entgegenzuwirken oder gar eine Resozialisierung einzuleiten; unwirtschaftliches Verhalten wird mit dem angeführten Urteil anzunehmen sein, falls einem Betroffenen wiederholt Lebensunterhalt doppelt zu leisten gewesen ist. Für das Vorliegen der Voraussetzungen der Sachleistungen hat der Sozialhilfeträger wie bei jedem Ausnahmefall die Beweislast.

Die Kosten für **Unterkunft und Heizung** sollen von dem kommunalen Träger an den **Vermieter** oder andere Empfangsberechtigte gezahlt werden, wenn die zweckentsprechende Verwendung durch den Hilfebedürftigen nicht sichergestellt ist (§ 22 Abs. 4 SGB II, ebenso § 29 Abs. 1 S. 5 SGB XII mit den auch zum SGB II beachtenswerten Zusatz, dass die Leistungsberechtigten hiervon schriftlich zu unterrichten sind). Eine Zahlung der Miete an den Vermieter ist nur zulässig, wenn aufgrund von konkreten Erfahrungen eine zweckentsprechende Verwendung der Unterkunftskosten in der jüngeren Vergangenheit nicht sichergestellt war, so z. B. wenn bereits Mietschulden aufgetreten sind. Weiter ist eine Zahlung an den Vermieter möglich, wenn Berechtigte ihr Einverständnis gegeben haben.

> **Rat:** Überlegen Sie gut, ob Sie die Miete direkt an den Vermieter überweisen lassen. Vorteil: Sie haben dann sichergestellt, dass die Miete gezahlt wird und haben nichts zu tun. Nachteil: Der Vermieter erfährt, wenn er es noch nicht weiß, dass Sie Sozialleistungen beziehen.

Sachleistungen sind weiter möglich bei Reduzierung des Arbeitslosengelds (s. § 31 Abs. 3 S. 3, 4, Abs. 5 SGB II, s. S. 180). Leistungen zur Sicherung des Lebensunterhalts **können** als **Darlehen** erbracht werden, soweit in dem Monat, für den sie erbracht werden, voraussichtlich Einnahmen anfallen (§ 23 Abs. 4 SGB II).

bb) Besonderheitenleistung: Sie ist zu erbringen, falls ein oder mehrere Besonderheitenbedarfe nicht mehr vom berücksichtigungsfähigen Einkommen gedeckt werden kann (s. S. 102). Zur **Form** ist im SGB II (§§ 22 Abs. 3 S. 2, Abs. 5 S. 2, 23 Abs. 3 S. 5, 6) geregelt, dass **Kautionen und Mietschulden** als **Darlehen** übernommen werden (sollen) und dass der **Erstausstattungsbedarf als Sach- oder Geldleistung** erbracht werden kann, auch in Form von Pauschalbeträgen, bei deren Bemessung geeignete Angaben über erforderliche Aufwendungen und nachvollziehbare Erfahrungswerte zu berücksichtigen sind. Besonderheitenleistungen dürfen als Darlehen erbracht werden, soweit im Leistungsmonat voraussichtlich Einnahmen anfallen (§ 23 Abs. 4 SGB II). Soweit nichts anderes geregelt ist, sind ansonsten die Leistungen als nicht rückzahlbare Geldleistungen zu erbringen.

II. Unterhalt: Arbeitslosengeld II und Sozialgeld

cc) Co-Leistung Sozialversicherungsbeiträge: Als Co-Leistung für **Alg-II-Bezieher,** die als solche in der gesetzlichen Kranken,- Pflege- und Rentenversicherung **pflichtversichert** sind – mit **Ausnahme** solcher, die anderweitig vorrangig pflichtversichert sind (Erwerbstätige, beitragsfrei Familienversicherte in der Kranken- und Pflegeversicherung gemäß §§ 10 SGB V, 25 SGB XI: in der Regel Ehegatten, Lebenspartner und Kinder – mit Altersgrenzen – von versicherten Mitgliedern) oder die als Alg-II-Bezieher lediglich ein Darlehen bzw. Erstausstattung oder Klassenfahrtenkosten übernommen bekommen (s. § 5 Abs. 1 Nr. 2 a SGB V, § 20 Abs. 1 Nr. 2 a SGB XI, § 3 Satz 1 Nr. 3 a SGB VI) – übernimmt der **SGB-II-Träger** in vollem Umfang die Sozialversicherungsbeiträge und zahlt sie **direkt an die Sozialversicherungsträger.** Ihre Höhe beträgt ca. 130 € für den Kranken- und Pflegeversicherungsbeitrag sowie 40,80 € (bis 12/06: 78 €) für den Rentenversicherungsbeitrag (= monatlich 2,19 € Rentenplus statt bisher 4,28 €).

> **Rat:** Bei Erhalt eines neuen Alg-II-Bescheids ist zu **prüfen,** ob in ihm die **Sozialversicherungsbeiträge aufgeführt sind,** ansonsten ist sicherzustellen, dass Kranken- und Pflegeversicherungsschutz besteht. Mit Einsetzen des Alg II können andere Kranken- und Pflegeversicherungen gekündigt und eine Krankenkasse gewählt werden. Der Alg-II-Bezug ist eine einzigartige Chance für Personen ab 55 Jahren, die ansonsten in der Regel nicht mehr in der Krankenversicherung pflichtversichert werden (s. § 6 Abs. 3 a SGB V), doch noch in sie aufgenommen zu werden. Zu den Krankenversicherungsleistungen für SGB-II-Bezieher s. S. 195.

Alg-II-Bezieher, die sich von der Sozialversicherungspflicht in der Kranken-, Pflege- und Rentenversicherung haben **befreien** lassen (und demzufolge nicht mehr pflichtversichert werden können), erhalten zu ihrer freiwilligen oder privaten Versicherung einen **Zuschuss** in Höhe der vom SGB-II-Träger zu leistenden Pflichtversicherungsbeiträge (§ 26 Abs. 1, 2 SGB II).

> **Rat:** Fallen die Versicherungsbeiträge für diesen Personenkreis höher aus als der Pflichtversicherungsbeitrag, ist der nicht gedeckte Anteil vom Einkommen abzugsfähig (§ 11 Abs. 1 Satz 1 Nr. 3 SGB II, s. S. 95).

Nicht pflichtversichert sind Personen, die z.B. wegen zu hohen Einkommens – gegebenenfalls auch Partnereinkommens – oder Vermögen kein Arbeitslosengeld II beziehen.

123

B. Womit werden Erwerbsfähige und Angehörige gefördert und gefordert?

> **Rat:** Diese Personen müssen sich **freiwillig oder privat versichern.** In diesem Fall übernimmt der SGB-II-Träger auf Antrag in erforderlichem Umfang die Aufwendungen für die angemessenen Kranken- und Pflegeversicherungsbeiträge, soweit Personen allein durch diese Aufwendungen hilfebedürftig würden und soll sie unmittelbar an die Krankenkasse oder das Versicherungsunternehmen zahlen, wenn die zweckentsprechende Verwendung durch die betreffende Person nicht sichergestellt ist (§ 26 Abs. 3 SGB II).

Während der Sozialversicherungszuschuss als nicht rückzahlbare Geldleistung gezahlt wird, ist für den **Regel-Sonderbedarf** (S. 85 f.) vorgesehen, dass er als **Sach- oder Geldleistung** erbracht wird, und zwar in beiden Fällen als **Darlehen,** bei Sachleistungen in Höhe des der AA entstandenen Anschaffungswerts (§ 23 Abs. 1 S. 2 SGB II). Dieses Darlehen wird durch monatliche Aufrechnung in Höhe von „bis zu 10%" der an erwerbsfähige Hilfebedürftige und mit ihnen in Bedarfsgemeinschaft lebende Angehörige jeweils zu zahlenden Regelleistung getilgt (§ 23 Abs. 1 S. 3 SGB II).

dd) Degressiv-Arbeitslosengeld-I-Nachschlag: Wer als ehemaliger Alg(I)-Bezieher Alg II innerhalb von zwei Jahren nach dem Alg(I)-Bezug erhält, bekommt einen auf zwei Jahre befristeten und abnehmenden („degressiven", BT-Drs. 15/1516, 58) **Zuschlag,** der sich nach näherer Regelung des SGB II (§ 24) im ersten Jahr so errechnet:

- Zuletzt bezogenen Alg I und Wohngeld,
- abzüglich des erstmals an die Bedarfsgemeinschaft zu zahlenden Alg II, sowie gegebenenfalls Sozialgelds,
- davon $2/3$ der Differenz, höchstens 160 €,
- mit Partner höchstens 320 € (Neufestsetzung bei Verlassen der Bedarfsgemeinschaft),
- plus für jedes in einer Bedarfsgemeinschaft lebende Kind höchstens 60 €.

Beispiel: Ein alleinstehender Hilfeberechtigter hat zuletzt 1 200 € Arbeitslosengeld I und Wohngeld erhalten, während er nunmehr an Alg II 660 € bekommt. Die Differenz beträgt 540 €, davon $2/3 = 360$ €, jedoch wird höchstens 160 € gezahlt. Im zweiten Jahr vermindert sich der Zuschuss um 50%, also auf höchstens 80 € (mit Partner 160 €, für jedes Kind 30 €).

Die **Zwei-Jahres-Frist** beginnt unmittelbar nach dem Ende des Bezugs von Arbeitslosengeld I und läuft kalendermäßig ab; wer also z. B. einen Antrag auf Arbeitslosengeld II erst ein halbes Jahr nach diesem Zeit-

II. Unterhalt: Arbeitslosengeld II und Sozialgeld

punkt stellt, erhält nur noch für ein weiteres halbes Jahr den vollen ihm zustehenden Zuschlag, der sich danach um 50% vermindert und nach insgesamt $1^1/_2$ Jahren ausläuft (so BT-Drs. 15/1516, 58, die zur Begründung des Zuschlags noch Folgendes weiter ausführen):

Der befristete Zuschlag soll berücksichtigen, dass der ehemalige Arbeitslosengeldempfänger durch häufig langjährige Erwerbstätigkeit – im Unterschied zu solchen Empfängern der neuen Leistung, die nur jeweils kurzfristig bzw. noch nie erwerbstätig waren – vor dem Bezug der neuen Leistung einen Anspruch in der Arbeitslosenversicherung erworben hat. Er soll in vertretbarem Umfang einen Teil der Einkommenseinbußen abfedern, die in der Regel bei Übertritt in die neue Leistung entstehen werden. Die Halbierung des Zuschlags ein Jahr nach dem Arbeitslosengeldbezug und der Wegfall zu Beginn des dritten Jahres nach dem Ende des Arbeitslosengeldbezugs tragen der zunehmenden Entfernung vom Arbeitsmarkt Rechnung und erhöhen den Anreiz zur Aufnahme einer Erwerbstätigkeit. Die Befristung des Zuschlags unter Festsetzung von Höchstbeträgen berücksichtigt außerdem, dass es sich bei der neuen Leistung um ein bedarfsorientiertes System handelt und dementsprechend nicht der gleiche Lebensstandard wie im Rahmen des Arbeitslosengeldbezugs gewährleistet werden kann.

Der Alg-I-Zuschlag ist als **zweckbestimmte SGB-II-Einnahme** (§ 11 Abs. 1 S. 1, 3 Nr. 1 a SGB II) **nicht** als **Einkommen** auf das Alg II hinsichtlich Allgemeinleistung, Besonderheitenleistung und Co-Leistungen anzurechnen (auch nicht beim Sozialgeld für Mitglieder einer Bedarfsgemeinschaft). Fragwürdig und verfassungsrechtlich nicht hinnehmbar ist, dass der Zuschlag nach seinem Wortlaut lediglich denen gewährt wird, die Alg II „beziehen" (§ 24 Abs. 1 S. 1 SGB II), so dass Personen, die es nicht bekommen, weil ihr Einkommen gerade den Alg-II-Bedarf hinsichtlich Allgemeinleistung, Besonderheitenleistung und Co-Leistungen deckt, ungerechtfertigt ausgeschlossen werden. Deshalb muss es **auch solchen Personen** geleistet werden, bei denen aufgrund ihres Einkommens immer noch eine **Lücke zum zuletzt bezogenen Alg I und Wohngeld** besteht (treffend LSG NiB Beschl. v. 15. 5. 2005 – L 8 AS 99/05 ER – nach quer 4/2006, 27; zum Wegfall beim Kinderzuschlag s. S. 120).

ee) Extraleistungen: Als „Zuschuss" zum Alg II **kann** das Einstiegsgeld als Arbeitseingliederungsleistung gewährt werden (§§ 16 Abs. 2 Nr. 5, 29 SGB II, s. S. 146); es ist als **zweckbestimmte SGB-II-Einnahme** (§ 11 Abs. 1 S. 1, 3 Nr. 1 a SGB II) **nicht** als **Einkommen** auf Allgemein-, Besonderheiten- oder Co-Leistungen anzurechen (auch nicht beim Sozialgeld für Mitglieder einer Bedarfsgemeinschaft).

125

B. Womit werden Erwerbsfähige und Angehörige gefördert und gefordert?

Weiter ist die bei **Arbeitsgelegenheiten** („Ein-Euro-Jobs") zuzüglich zum Alg II zu zahlende **Entschädigung** (§ 16 Abs. 3 S. 2 Hs. 1 SGB II, näher s. S. 149) eine zweckbestimmte Einnahme (§ 11 Abs. 3 Nr. 1a SGB II), die nicht als Einkommen angerechnet werden darf.

b) Sozialgeld

Sozialgeld erhält jeder nicht erwerbsfähige Angehörige, der mit erwerbsfähigen Hilfebedürftigen in einer Bedarfsgemeinschaft lebt (§ 28 Abs. 1 S. 1 SGB II mit dem Zusatz „soweit sie keinen Anspruch auf Leistungen nach der Grundsicherung im Alter und Erwerbsminderung haben" – s. S. 239, 271 –, die vorrangiges Einkommen darstellt). Es umfasst die gleichen Leistungen wie das Alg II (§ 28 Abs. 1 S. 2 SGB II) mit Ausnahme der Sozialversicherungsbeiträge, die nur für erwerbsfähige Personen erbracht werden.

Rat: Sozialversicherungsbeiträge werden für Sozialgeldempfänger, die meist beitragsfrei familienversichert sind, nicht erbracht. Sollten Sie nicht krankenversichert sein, ist möglichst eine freiwillige oder private Versicherung abzuschließen. Andernfalls stehen ihnen SGB-XII-Hilfe bei Krankheit (§ 48) bzw. SGB-XII-Hilfe zur Pflege (§ 61) zu.

Auch Sozialgeld kann wie Alg II als **Darlehen** erbracht werden, soweit in dem Monat seiner Leistung voraussichtlich Einnahmen anfallen (§ 23 Abs. 4 SGB II).

c) Leistungsmodalitäten

aa) Aufrechnung: Eine Aufrechnung – auch Einbehalt, Refinanzierung genannt – ist nur auf gesetzlicher Grundlage oder mit – jederzeit widerrufbarem – Einverständnis zulässig. Gesetzlich vorgesehen ist die Aufrechnung im SGB II einmal zur Tilgung eines Darlehens für eine Regel-Sonderleistung (§ 23 Abs. 1 Satz 3 SGB II: bis zu 10% der Regelleistung) und zum anderen mit Ansprüchen der SGB-II-Träger auf Erstattung (zum Erstattungsanspruch gemäß § 50 SGB X, S. 388) oder Schadensersatz, die der Hilfebedürftige durch vorsätzlich oder grob fahrlässige unrichtige bzw. unvollständige Angaben veranlasst hat (§ 43 SGB II: bis 30% der Regelleistung plus zusätzlich Einbeziehung des Alg-Zuschlags, längstens drei Jahre) sowie als Übergangsregelung zusätzlich hinsichtlich Ansprüchen des Sozialhilfeträgers (§ 65e SGB II).

II. Unterhalt: Arbeitslosengeld II und Sozialgeld

> **Rat:** Bei anderen Darlehen als denjenigen für den Regel-Sonderbedarf – z. B. solchen für eine Mietkaution (§ 22 Abs. 3 Satz 3 SGB II) oder Unmöglichkeit bzw. Unzumutbarkeit sofortigen Vermögenseinsatzes (§ 23 Abs. 5 SGB II) – ist eine Aufrechnung gesetzlich nicht vorgesehen. In den gesetzlich nicht vorgesehenen Fällen versuchen die SGB-II-Träger in Darlehensverträgen – die teilweise sogar für Leistungen abgeschlossen werden, für welche ein Darlehen gesetzlich nicht vorgesehen ist (z. B. Erstausstattung) – das Einverständnis zur Aufrechnung zu vereinbaren. Wer einen solchen Vertrag unterschrieben hat – um das Darlehen überhaupt zu bekommen – kann das Einverständnis zur Aufrechnung jederzeit widerrufen (Beispiel: SG Lüneburg Beschl. v. 16. 6. 2005 – S 25 AS 251/05 ER – ZfSH/SGB 2006, 536).

bb) Berechnung: Anspruch auf Leistungen zur Sicherung des **Lebensunterhalts** besteht für **jeden Kalendertag** (§ 41 Abs. 1 S. 1 SGB II). Der Monat wird mit 30 Tagen berechnet; stehen die Leistungen nicht für einen vollen Kalendermonat zu, wird die Leistung anteilig erbracht (§ 41 Abs. 1 S. 2, 3 SGB II). Beträge, die nicht volle € ergeben, sind bis zu 0,49 € abzurunden und von 0,50 € aufzurunden (§ 41 Abs. 2 SGB II). Die Leistungen sollen jeweils für **sechs Monate bewilligt** und **monatlich im Voraus** erbracht werden (§ 41 Abs. 1 S. 3 SGB II). Dieser sog. Bewilligungszeitraum kann auf bis zu zwölf Monate bei Berechtigten verlängert werden, bei denen eine Veränderung der Verhältnisse in dieser Zeit nicht zu erwarten ist (§ 41 Abs. 1 S. 4 SGB II), z. B. Alleinerziehenden mit kleinen Kindern.

cc) Überweisung: Geldleistungen werden auf das im Antrag angegebene inländische Konto bei einem Geldinstitut **überwiesen** (§ 42 S. 1 SGB II). Werden sie an den Wohnsitz oder gewöhnlichen Aufenthalt des Berechtigten übermittelt, sind die dadurch veranlassten Kosten abzuziehen; dies gilt nicht, wenn dieser nachweist, dass ihm die Einrichtung eines Kontos bei einem Geldinstitut ohne eigenes Verschulden nicht möglich ist (§ 42 S. 2, 3 SGB II).

III. Arbeit: Förderung und Forderung

Die im 1. Kapitel des SGB II (§§ 1–4) programmatisch vorangestellten Grundsätze des **Förderns und Forderns** sind erkennbar auf die Arbeitseingliederung ausgerichtet. So beginnt die Aufzählung der Leistungsarten (§ 4 Abs. 1 Nr. 1 SGB II) mit den „Dienstleistungen, insbesondere durch Information, Beratung und umfassende Unterstützung

127

durch einen persönlichen Ansprechpartner mit dem Ziel der Eingliederung in Arbeit"; danach folgen Geld- und Sachleistung. Die Materialen (BT-Drs. 15/1516, 51) unterstreichen diesen Ansatz mit folgenden Worten: „Die Reihenfolge der Aufzählung entspricht der Gewichtung durch den Gesetzgeber. Im Vordergrund stehen die Dienstleistungen der Agentur für Arbeit zur vorrangig anzustrebenden Eingliederung in Arbeit." Schon bei den allgemeinen Vorschriften werden auch die Grenzen der Arbeitseingliederung deutlich, wenn es im SGB II (§ 3 Abs. 1) heißt, dass Leistungen zur Arbeit erbracht werden können, soweit sie zur Vermeidung oder Beseitigung, Verkürzung oder Verminderung der Hilfebedürftigkeit für die Eingliederung erforderlich sind, wobei Eignung, individuelle, insbesondere familiäre Lebenssituation, voraussichtliche Dauer der Hilfebedürftigkeit und die Dauerhaftigkeit der Eingliederung der erwerbsfähigen Person zu berücksichtigen sind; dem wird gleich unmissverständlich hinzugefügt, dass vorrangig alle Maßnahmen eingesetzt werden sollen, welche die unmittelbare Aufnahme einer Erwerbstätigkeit ermöglichen, und dass bei der Leistungserbringung die Grundsätze von Wirtschaftlichkeit und Sparsamkeit zu beachten sind.

1. Arbeitsförderung

Sie umfasst ein Bündel von Maßnahmen, dass einerseits stark an den Möglichkeiten des SGB III angelehnt ist, andererseits durchaus eigene Akzente enthält.

a) Arbeitsstartförderung

Durch das Fortentwicklungsgesetz sind zwei neue Akzente gesetzt worden: Ist-Anspruch auf Arbeits- und Ausbildungsvermittlung sowie Soll-Sofortangebot für Neukunden-Antragssteller.

aa) Arbeits- und Ausbildungsvermittlung: Erwerbsfähige Hilfebedürftige haben einen Anspruch auf Arbeits- und Ausbildungsvermittlung gegen den SGB-II-Träger (§ 16 Abs. 1 Satz 1 SGB II in Verbindung mit § 35 SGB III). Demnach ist Arbeits- und Ausbildungssuchenden eine Vermittlung anzubieten, die darauf gerichtet sind, sie mit Arbeitgebern zusammenzuführen (dazu gibt es den Arbeitgeber-Informations-Service = AIS); dabei ist sicherzustellen, dass Personen, deren berufliche Eingliederung voraussichtlich erschwert ist, eine verstärkte vermittlerische Unterstützung erhalten (§ 35 Abs. 1 S. 1–3 SGB III). Kann keine Ausbildung oder in Betracht kommende Arbeit vermittelt werden, soll die

III. Arbeit: Förderung und Forderung

Teilnahme an einer Maßnahme der Eignungsfeststellung vorgesehen werden (§ 35 Abs. 3 SGB III, sog. **Assessment**, weiter S. 131). Das Nähere ist in einer Eingliederungsvereinbarung zu regeln (§ 35 Abs. 4 SGB III, dazu s. S. 159 ff.).

Im Übrigen finden die SGB-III-Bestimmungen entsprechend Anwendung (§ 16 Abs. 1 Satz 2 SGB II), insbesondere diejenigen über die Grundsätze der Vermittlung (§ 36 SGB III), die Möglichkeit die Beauftragung eines Dritten mit der Vermittlung nach sechsmonatiger Arbeitslosigkeit zu verlangen (§ 37 Abs. 4 SGB III), die Einbeziehung einer **Personal-Sercive-Agentur** (PSA), die eine Arbeitnehmerüberlassung zur Vermittlung von Arbeitslosen in Arbeit (Leiharbeit) durchzuführen sowie die Beschäftigten in verleihfreien Zeiten zu qualifizieren und weiterzubilden hat (§ 37c Abs. 1 SGB III), sowie die Selbstunterrichtung und Selbstinformation (§ 41 SGB III), nicht zuletzt die Unentgeltlichkeit (§ 43 SGB III).

bb) Antrags-Sofortangebot: Bei der Beantragung von SGB-II-Leistungen sollen (d.h. in der Regel „ist" bis auf atypische Umstände) erwerbsfähigen Personen, die **innerhalb der letzten zwei Jahre keine laufenden Geldleistungen nach dem SGB II** (Alg II, Sozialgeld) **oder dem SGB III** (insbesondere Arbeitslosengeld) bezogen haben, unverzüglich Leistungen zur Arbeitseingliederung angeboten werden (§ 15a SGB II). Damit sind alle Leistungen umfasst, die im Folgenden aufgeführt werden. Für den Gesetzgeber ist die frühzeitige Unterbreitung von Eingliederungsangeboten ein so wichtiges Mittel, dass er sie auch für möglich hält, wenn die Hilfebedürftigkeit noch nicht abschließend festgestellt ist (BT-Drs. 16/1410, 49). Es ist freilich auf Neu-Antragssteller begrenzt.

b) Alg-II-Berechtigte – Ermessensförderung

Nach dem SGB II (§ 16 Abs. 1 Satz 2) „stehen **alle wesentlichen Eingliederungsleistungen des Dritten Buches** auch den Beziehern von Arbeitslosengeld II zu" (BT-Drs. 15/1516, 54). Inhaltlich bezieht sich die Vorschrift in gesetzestechnisch einfacher, aber für den Leser undurchsichtiger Weise auf eine Fülle von (über hundert) Vorschriften des SGB III mit Leistungen zur Eingliederung, welche der SGB-II-Träger erbringen „kann" (zur Ermessensentscheidung s. S. 138). Im Einzelnen wird verwiesen auf:

aa) Allgemeinförderung: Diese betrifft „die im Dritten Kapitel des Dritten Buches geregelten Leistungen" (§ 16 Abs. 1 S. 2 SGB II), also in den §§ 29–44 SGB III (zur Vermittlung S. 128):

129

B. Womit werden Erwerbsfähige und Angehörige gefördert und gefordert?

▶ **Beratung mit Eignungsfeststellung und Berufsorientierung:** Allen Personen, die am Arbeitsleben teilnehmen oder teilnehmen wollen, wird **Berufsberatung** angeboten, deren Art und Umfang sich nach dem Beratungsbedarf des einzelnen Ratsuchenden zu richten hat (§ 29 Abs. 1, 2 SGB III). Die Berufsberatung umfasst (§ 30 SGB III) die Erteilung von Auskunft und Rat (1) zur Berufswahl, beruflicher Entwicklung und zum Berufswechsel, (2) zur Lage und Entwicklung des Arbeitsmarktes und der Berufe, (3) zu den Möglichkeiten der beruflichen Bildung, (4) zur Ausbildungs- und Arbeitsplatzsuche, (5) zu Leistungen der Arbeitsförderung, weiter Erteilung von Auskunft und Rat zu Fragen der Ausbildungsförderung und der schulischen Bildung, soweit sie für die Berufswahl und die berufliche Bildung von Bedeutung sind. Bei der Berufsberatung sind Neigung, Eignung und Leistungsfähigkeit der Ratsuchenden sowie die Beschäftigungsmöglichkeiten zu berücksichtigen; sie kann auch nach Beginn einer Ausbildung oder Arbeit mit Einverständnis des Betroffenen zu deren Festigung fortgesetzt werden (§ 31 SGB III).

Die BA hat sich selbst folgende Maßstäbe zur **„kundenorientierten Leistungsberatung"** gesetzt (RdErl 23/2000 vom 7. 4. 2000):

„Leistungsberatung zielt auf eine qualifizierte individuelle Kundenbetreuung ab. Mit ihrer Hilfe erhalten die Kunden das notwendige materielle Wissen und die Kenntnisse über den Verfahrensablauf, um ihre Rechte und Pflichten umfassend und zügig wahrnehmen zu können ... Leistungsberatung muss kundenorientiert, d. h. initiativ, rechtzeitig, umfassend und verständlich erfolgen. Die Form (persönlich, telefonisch oder schriftlich) richtet sich nach den Wünschen der Kunden und nach dem Beratungsbedarf. Zentrale Beratungsform ist das individuelle Beratungsgespräch ..."

Darüber hinaus sollen Personen „mit ihrem Einverständnis" ärztlich und psychologisch untersucht und **begutachtet** werden, soweit dies für die Feststellung der Berufseignung oder Vermittlungsfähigkeit erforderlich ist (§ 32 SGB III; die Arbeitsbegutachtung; § 6 Abs. 1 S. 1, 2 SGB III, welche das sog. **Profiling** – s. BT-Drs. 14/6944, 28 – einschließt, d. h. die Feststellung der für die Vermittlung erforderlichen beruflichen und persönlichen Fähigkeiten sowie die Eignung des Arbeitslosen, ist nicht unmittelbar im SGB II aufgeführt, aber auch für SGB-II-Berechtigte als SGB-III-Direktförderung möglich (s. S. 145)).

Schüler allgemeinbildender Schulen können durch vertiefte Berufsorientierung fördern; eine solche Maßnahme kann bis zu vier Wochen

130

III. Arbeit: Förderung und Forderung

dauern und soll regelmäßig in der unterrichtsfreien Zeit erfolgen, vorausgesetzt, dass sich Dritte (insbesondere potentielle Arbeitgeber) mit mindestens 50% an der Förderung beteiligen (§ 33 S. 3–5 SGB III).

bb) Beschäftigungsförderung: Dies betrifft „die im 1. bis 3. und 6. Abschnitt des Vierten Kapitels des SGB III geregelten Leistungen" (§ 16 Abs. 1 S. 2 SGB II), und zwar

▶ **Bewerbungsförderung:** Bei Arbeits- bzw. Ausbildungssuchenden können **Bewerbungskosten,** und zwar für die Erstellung und Versendung von Bewerbungsunterlagen bis zu einem Betrag von 260 € jährlich, sowie **Reisekosten** im Zusammenhang mit Fahrten zur Berufsberatung, Vermittlung, Eignungsfeststellung und Vorstellungsgesprächen, übernommen werden (§§ 45, 46 SGB III mit Einzelheiten zu den Reisekosten in § 46 Abs. 2 SGB III).

▶ **Befähigungsförderung:** In diesem Zusammenhang werden Eignungsfeststellungs- und Trainingsmaßnahmen gefördert (§§ 48–52 SGB III). **Eignungsfeststellungsmaßnahmen** – in erster Linie Arbeitserprobung – sollen als **„Assessment"**-Verfahren Aufschlüsse über das Arbeitsprofil erbringen und nicht länger als vier Wochen dauern. **Trainingsmaßnahmen** betreffen entweder Bewerbung und Arbeitsfähigkeitsprüfung (Dauer in der Regel zwei Wochen) oder Kenntnis- und Fähigkeitsvermittlung (Dauer in der Regel acht Wochen). Die zu übernehmenden Maßnahmenkosten beinhalten Lehrgangs- und Prüfungsgebühren, Fahrtkosten für die tägliche Hin- und Rückfahrt sowie Betreuungskosten bei aufsichtsbedürftigen Kindern (130 € monatlich je aufsichtsbedürftigem Kind).

▶ **Beweglichkeitsförderung:** Die Beweglichkeitsförderung umfasst **Mobilitätshilfen,** und zwar (§§ 53–55 SGB III)

• **Übergangsbeihilfe** für den Lebensunterhalt bis zur ersten Arbeitsentgeltzahlung, die als zinsloses Darlehen bis 1000 € geleistet wird und zwei Monate nach der Auszahlung grundsätzlich in zehn gleich hohen Raten zurückzuzahlen ist,

• **Ausrüstungsbeihilfen** für Arbeitskleidung und -gerät bis 260 €,

• bei **auswärtiger Arbeitsaufnahme**: Reisekostenbeihilfe zum Antritt einer Arbeitsstelle bis 300 €, Fahrkostenbeihilfe für die ersten sechs Monate bei täglichen Fahrten zwischen Wohnung und Arbeitsstelle, Trennungskostenbeihilfe bei getrennter Haushaltsführung höchstens sechs Monate bis 260 €, Umzugskostenbeihilfe für das Befördern des Umzugsguts innerhalb von zwei Jahren nach Aufnahme einer Beschäftigung außerhalb des zumutbaren Tagespendelbereichs.

B. Womit werden Erwerbsfähige und Angehörige gefördert und gefordert?

▶ **Berufsweiterbildungsförderung:** Diese Förderung (geregelt in §§ 77–87 SGB III) umfasst Weiterbildungs-, Lehrgangs-, Fahrt-, Kinderbetreuungs- (130 € monatlich je aufsichtsbedürftigem Kind) sowie Unterbringungs- und Verpflegungskosten bei auswärtigen Maßnahmen und setzt voraus, dass die **Weiterbildung notwendig** ist zwecks beruflicher Eingliederung bei Arbeitslosigkeit bzw. wegen fehlenden Berufsabschluss, vor Beginn der Maßnahme eine Beratung durch die AA erfolgt ist und die Maßnahme sowie der Träger für die Förderung zugelassen sind. Das Vorliegen der Voraussetzungen für eine Förderung ist durch einen beim Maßnahmeträger einzulösenden **Bildungsgutschein** zu bescheinigen, der zeitlich befristet sowie regional und auf bestimmte Bildungsziele beschränkt sein kann.

cc) Co-Arbeitgeberförderung: Dies betrifft „alle im 5. Kapitel des Dritten Buches geregelten Leistungen" (§ 16 Abs. 1 S. 2 SGB III), also die §§ 217–239 SGB III, und zwar folgende Leistungen an Arbeitgeber, die als Co-Förderung indirekt auch Arbeitsuchenden zugute kommen (s. auch S. 144).

▶ **Eingliederungs-, Neugründungs- und Weiterbildungsvertretungszuschüsse: Eingliederungszuschüsse** können Arbeitgeber für Personen erhalten, deren Vermittlung wegen in ihrer Person liegender Umstände (insbesondere Behinderung) erschwert ist; Förderhöhe und -dauer richten sich nach dem Umfang einer Minderleistung und den jeweiligen Eingliederungserfordernissen (s. näher §§ 217–222 SGB III. Arbeitgeber, die vor nicht mehr als zwei Jahren eine selbstständige Tätigkeit aufgenommen haben, können für die unbefristete Beschäftigung eines zuvor arbeitslosen förderungsbedürftigen Arbeitnehmers auf einem neu geschaffenen Arbeitsplatz einen **Neugründungszuschuss** zum Arbeitsentgelt erhalten (§§ 225–228 SGB III). Arbeitgeber oder Verleiher, die einem Arbeitnehmer die Teilnahme an einer beruflichen Weiterbildung ermöglichen und dafür einen Arbeitslosen einstellen, können einen **Zuschuss** zum Arbeitsentgelt des Vertreters erhalten (§§ 229–233 SGB III).

▶ **Bildungszuschüsse:** Weiter können Arbeitgeber Zuschüsse erhalten für Auszubildende, Praktikanten oder sich weiterbildende Arbeitnehmer sowie behinderte Menschen im Hinblick auf ihre Ausbildung, Arbeitshilfen und Probebeschäftigung (§§ 235–239 SGB III).

dd) Drittförderung: Dies betrifft die „im 1., 5. und 7. Abschnitt des Sechsten Kapitels des Dritten Buches geregelten Leistungen" (§ 16 Abs. 1 S. 2 SGB III, also die §§ 240–247, 260–271 SGB III), welche fol-

III. Arbeit: Förderung und Forderung

gende Förderungsmöglichkeiten der BA für Träger als Drittbeteiligte enthalten:

▶ **Eingliederungshilfen bei jungen Menschen: Träger von Maßnahmen der beruflichen Ausbildung** können durch Zuschüsse gefördert werden (§§ 240–247 SGB III), wenn sie (1) durch zusätzliche Maßnahmen zur betrieblichen Ausbildung für förderungsbedürftige Auszubildende – vor allem lernbeeinträchtigte und sozial benachteiligte – diesen eine berufliche Ausbildung ermöglichen und ihre Eingliederungsaussichten verbessern, oder (2) besonders benachteiligte Jugendliche, die keine Beschäftigung haben und nicht ausbildungs- oder arbeitssuchend gemeldet sind, durch zusätzliche soziale Betreuungsmaßnahmen an Ausbildung, Qualifizierung und Beschäftigung heranführen. Förderungsfähig sind insbesondere Maßnahmen zum Abbau von Sprach- und Bildungsdefiziten, zur Förderung von Fachpraxis und -theorie sowie zur sozialpädagogischen Begleitung. Bestimmte Aktivierungsmaßnahmen für Jugendliche (§§ 241 Abs. 3 a, 243 Abs. 2 in Verbindung mit § 240 Nr. 2 SGB III) können in Höhe der Gesamtkosten gefördert werden (§ 16 Abs. 1 S. 5 SGB II).

▶ **Arbeitsbeschaffungsmaßnahmen:** Die „Förderung von Arbeitsbeschaffungsmaßnahmen" (ABM, §§ 260–271 SGB III) setzt Folgendes voraus:

- Die Maßnahmen sollen in regional oder beruflich **ungünstigen Teilarbeitsmärkten** mit hoher Arbeitslosigkeit arbeitslosen Arbeitnehmern zumindest eine **befristete Beschäftigung** ermöglichen.

- Die Maßnahmen sollen dazu beitragen, die **Beschäftigungsfähigkeit** zu **erhalten** oder wieder zu erlangen. Es ist nicht mehr erforderlich, dass die Maßnahme die Eingliederungsaussichten der Arbeitnehmer verbessert. Jedoch werden Maßnahmen mit Qualifizierungs- und Praktikumsanteilen vorrangig gefördert.

- In den Maßnahmen müssen **zusätzliche und im öffentlichen Interesse liegenden Arbeiten** durchgeführt werden. Arbeiten sind zusätzlich, wenn sie ohne die Förderung nicht oder erst zu einem späteren Zeitpunkt durchgeführt werden; Arbeiten, die aufgrund einer rechtlichen Verpflichtung durchzuführen sind oder die üblicherweise von juristischen Personen des öffentlichen Rechts durchgeführt werden, sind nur förderungsfähig, wenn sie ohne die Förderung voraussichtlich erst nach zwei Jahren durchgeführt werden. Arbeiten liegen im öffentlichen Interessen, wenn das Arbeitsergebnis der Allgemeinheit dient;

133

Arbeiten, deren Ergebnis überwiegend erwerbswirtschaftlichen Interessen oder dem Interesse eines begrenzten Personenkreises dient, liegen nicht im öffentlichen Interesse, wobei das Vorliegen eines öffentlichen Interesses nicht allein dadurch ausgeschlossen wird, dass das Arbeitsergebnis auch den in der Maßnahme beschäftigten Arbeitnehmern zugute kommt, falls sichergestellt ist, dass die Arbeiten nicht zu einer Bereicherung Einzelner führen.

- Es darf **keine Beeinträchtigung der Wirtschaft** als Folge der Förderung zu befürchten sein.
- Es müssen **Arbeitsverhältnisse** begründet werden (mit Sozialversicherungsschutz; s. aber zur Arbeitslosenversicherung im Folgenden S. 135).
- Seit der **letzten Beschäftigung** in einer Arbeitsbeschäftigungsmaßnahme müssen **mindestens drei Jahre** vergangen sein. Das gilt aber nicht für Arbeitnehmer, welche das 55. Lebensjahr vollendet haben.

Arbeitnehmer sind **förderungsfähig,** wenn sie

- **arbeitslos sind** und allein durch eine Förderung in einer Arbeitsbeschaffungsmaßnahme eine Beschäftigung aufnehmen können und
- die Voraussetzungen für einen **Anspruch auf Arbeitslosengeld** oder eine andere Entgeltersatzleistung bei Arbeitslosigkeit bzw. bei Leistungen zur Teilhabe am Arbeitsleben erfüllen.

Unabhängig vom Vorliegen dieser **Förderungsvoraussetzungen** dürfen die Angehörigen bestimmter Personengruppen, u. a. Arbeitnehmer unter 25 Jahren ohne abgeschlossene Berufsausbildung, Berufsrückkehrer, behinderte Menschen sowie Anleiter und Betreuer, gefördert werden. Über ein Kontingent von 10 % der Zahl aller von ihr im Haushaltsjahr Geförderten darf ohne Bindung an Förderungsvoraussetzungen verfügt, kann also im Einzelfall darüber entschieden werden, ob eine Förderung zweckmäßig ist.

Förderungsdauer und -zuweisung:

- Die Förderung darf in der **Regel** nur **12 Monate** dauern, so dass Arbeitnehmer grundsätzlich für längstens 12 Monate zugewiesen werden. Bei der Beschäftigung arbeitsloser Ausbilder und Betreuer in Maßnahmen, die der beruflichen Ausbildung dienen, dürfen Förder- und Zuweisungsdauer abweichend von der Regeldauer so festgelegt werden, dass eine Ausbildung und Betreuung der Auszubildenden bis zum Ende des Ausbildungsverhältnisses sichergestellt ist.
- Die Förderung kann **bis zu 24 Monaten** dauern, wenn an der Durchführung der Arbeiten ein besonderes arbeitsmarktpolitisches Interesse

III. Arbeit: Förderung und Forderung

besteht oder der Träger sich zur Übernahme des Arbeitnehmers in ein Dauerarbeitsverhältnis verpflichtet, so dass hier die Zuweisungsdauer 24 Monate betragen darf.

- Sie darf **bis zu 36 Monaten** dauern, wenn zu Beginn der Maßnahme überwiegend Arbeitnehmer zugewiesen sind, die das 55. Lebensjahr vollendet haben, welche dann bis zu drei Jahren zugewiesen werden dürfen.

- **Zeitlich unbegrenzt** können Maßnahmen gefördert werden, wenn sie darauf ausgerichtet sind, während einer längeren Dauer Arbeitsplätze für wechselnde besonders förderungsbedürftige Arbeitnehmer zu schaffen.

Förderungszuschuss:

- Der **monatliche Zuschuss** beträgt bei Tätigkeiten, für die in der Regel eine Universitäts- oder Fachhochschulausbildung erforderlich ist, höchstens 1300 €, für eine Aufstiegsfortbildung höchstens 1200 €, eine Ausbildung in einem Ausbildungsberuf höchstens 1100 €, keine Ausbildung höchstens 900 €. Der pauschalierte Zuschuss kann zum Ausgleich regionaler oder in der Tätigkeit liegenden Besonderheiten um 10% erhöht werden.

- Einen **weiteren Zuschuss** für Sachkosten, pauschalierte Beiträge oder Beitragsanteile des Arbeitgebers und die Qualifizierung des zugewiesenen Arbeitnehmers in Höhe von bis zu 300 € je Fördermonat kann gewährt werden, wenn die Maßnahme sonst nicht finanziert werden kann und an der Durchführung ein besonderes arbeitsmarktpolitisches Interesse besteht.

- Bei der Beschäftigung eines **schwerbehinderten Menschen** sind zusätzlich zur Regelförderung die Kosten einer Arbeitsassistenz zu übernehmen, falls diese zur Erlangung des Arbeitsplatzes erforderlich ist, was vom Integrationsamt durchzuführen ist.

Arbeitnehmer, die nach dem 1. 1. 2004 eine Tätigkeit in einer Arbeitsbeschaffungsmaßnahme aufnehmen, sind **nicht mehr beitragspflichtig zur Arbeitslosenversicherung.** Bei einer Beschäftigung in einer ABM werden also keine neuen Ansprüche auf Arbeitslosengeld mehr erworben.

Zur **Rückzahlung von Zuschüssen** ist der **Arbeitgeber** nur verpflichtet, wenn er sich dem SGB-II-Träger gegenüber verpflichtet hatte, den zugewiesenen Arbeitnehmer in ein Dauerarbeitsverhältnis zu übernehmen. Erfüllt der Arbeitgeber diese Verpflichtung nicht oder wird das Arbeitsverhältnis innerhalb von 12 Monaten nach Ende des Förderzeit-

B. Womit werden Erwerbsfähige und Angehörige gefördert und gefordert?

raums beendet, hat er die im zweiten Förderjahr erhaltenen Zuschüsse zurückzuzahlen. Diese Rückzahlungspflicht entsteht allerdings nicht, wenn

- der Arbeitgeber berechtigt war, dass Arbeitsverhältnis aus wichtigem Grund fristlos zu kündigen,
- der Arbeitnehmer das Arbeitsverhältnis beendet hat, ohne dass der Arbeitgeber ihm hierfür einen Grund gegeben hat,
- der Arbeitnehmer das für ihn maßgebliche Alter für eine Altersrente erreicht hat.

Der **Arbeitnehmer** kann das Arbeitsverhältnis **ohne Einhaltung einer Frist kündigen,** wenn er

- eine Ausbildung oder Arbeit aufnehmen kann,
- an einer Maßnahme der beruflichen Aus- oder Weiterbildung teilnehmen kann,
- aus der Maßnahme von der AA abberufen wird.

Der SGB-II-Träger kann den Arbeitnehmer **aus der Maßnahme abberufen,** wenn

- sie ihm einen zumutbaren Ausbildungs- oder Arbeitsplatz vermitteln kann,
- sie ihn durch eine zumutbare Aus- oder Weiterbildungsmaßnahme fördern kann,
- der zugewiesene Arbeitnehmer einer Einladung zur Berufsberatung trotz Belehrung über die Rechtsfolgen ohne wichtigen Grund nicht nachkommt.

Im Unterschied zum bisherigen Recht ist die Abberufung auch zulässig, wenn die Dauer der zu vermittelnden Arbeit kürzer als die Restdauer der Zuweisung oder kürzer als sechs Monate ist. Durch die Abberufung wird das Arbeitsverhältnis nicht beendet. Der Arbeitgeber kann aber im Falle der Abberufung das Arbeitsverhältnis ohne Einhaltung einer Frist beenden. Unterlässt er dies, besteht das Arbeitsverhältnis fort.

ee) Ergänzungsförderung: Das betrifft die in den „§§ 417, 421 f, 421 g, 421 i, 421 k und 421 m des Dritten Buches geregelten Leistungen" (§ 16 Abs. 1 S. 2 SGB II), und zwar

▶ **Weiterbildungsförderung von Arbeitnehmern:** Arbeitnehmer können bei Teilnahme an einer anerkannten Weiterbildungsmaßnahme durch Kostenübernahme gefördert werden, wenn sie u. a. das **50. Lebensjahr vollendet** haben und die Maßnahme bis zum 31. 12. 2005 begonnen haben (§ 417 SGB III).

III. Arbeit: Förderung und Forderung

▶ **Eingliederungszuschuss für ältere Arbeitnehmer:** Für Arbeitnehmer ab 50 Jahren können verbesserte Eingliederungszuschüsse (s. § 218 SGB III, oben S. 132) geleistet werden (§ 421 f SGB III).

▶ **Vermittlungsgutschein:** Anspruch auf einen Vermittlungsgutschein (§ 421 g SGB III) längstens bis 31. 12. 2007 haben Arbeitnehmer, die Anspruch auf Arbeitslosengeld haben und nach einer Arbeitslosigkeit von drei Monaten noch nicht vermittelt sind, oder die eine Beschäftigung ausüben oder zuletzt ausgeübt haben, die als Arbeitsbeschaffungsmaßnahme (s. S. 133 ff.) gefördert wird oder wurde; mit den für jeweils drei Monate geltenden Vermittlungsgutscheinen – in Höhe von 2000 € einschließlich Umsatzsteuer, von denen 1000 € nach einer sechswöchigen und der Restbetrag nach einer sechsmonatigen Beschäftigungsdauer an den Vermittler ausgezahlt werden – verpflichtet sich der SGB-II-Träger den Vergütungsanspruch eines vom Arbeitnehmer eingeschalteten Vermittlers, der ihn in eine sozialversicherungspflichtige Beschäftigung mit einer Arbeitszeit von mindestens 15 Stunden wöchentlich vermittelt hat, zu erfüllen.

▶ **Eingliederungs- und Ausbildungshilfenförderung von Trägern:** Träger können nach einem wettbewerbsrechtlichen Vergabeverfahren mit der Durchführung von Maßnahmen beauftragen werden, wenn sie geeignet sind, arbeitslose oder von Arbeitslosigkeit bedrohte Arbeitnehmer einzugliedern oder Auszubildende, die zu ihrer Berufsvorbereitung oder Ausbildung zusätzlicher Hilfen bedürfen, einzugliedern oder eine berufliche Ausbildung zu ermöglichen (§ 421 i SGB III).

▶ **Arbeitgeberbeitragstragung bei Beschäftigung älterer Arbeitnehmer:** Arbeitgeber, die ein Beschäftigungsverhältnis mit einem zuvor Arbeitslosen, der das **55. Lebensjahr vollendet** hat, erstmals begründen, werden von der Beitragstragung befreit, vom 1. 1. 2008 an nur noch bei Beschäftigungsverhältnissen, die vor diesem Datum begründet worden sind; der versicherungspflichtige Beschäftigte trägt die Hälfte des Beitrags (§ 421 k SGB III).

▶ **Sozialpädagogische Begleitung:** Arbeitgeber können (bis 31. 12. 2007) durch Übernahme der Kosten für eine notwendige sozialpädagogische Begleitung während einer **Berufsausbildungsvorbereitung** nach dem Berufsbildungsgesetz gefördert werden, soweit diese nicht im Rahmen anderer vergleichbarer, öffentlich-rechtlich geförderter Maßnahmen durchgeführt wird (§ 421 m SGB III).

137

ff) Förderungsentscheidung: Die Arbeitsförderungsmaßnahmen „kann" der Träger nach dem SGB II (§ 16 Abs. 1 S. 2) erbringen, so dass es sich um Ermessenentscheidungen handelt, selbst wenn im Rahmen des SGB III Ist- und Sollleistungen vorgesehen sind. Ermessensleistungen sind jedoch keine Fürsorge- oder gar Willkürleistungen, wie manchmal unterstellt wird. Vielmehr gilt bei ihnen die Grundsatzregel des SGB I (§ 39), dass das Ermessen entsprechend dem Zweck der Ermächtigung auszuüben ist und seine gesetzlichen Grenzen einzuhalten sind; auf pflichtgemäße Ermessensausübung besteht ein Rechtsanspruch. Weiter kommt der allgemeine Grundsatz des SGB I (§ 33) zur Anwendung, dass bei der Ausgestaltung die persönlichen Verhältnisse des Berechtigten, sein Bedarf und seine Leistungsfähigkeit sowie die örtlichen Verhältnisse zu berücksichtigen sind, soweit keine entgegenstehenden Rechtsvorschriften bestehen; dabei soll den Wünschen des Berechtigten entsprochen werden, soweit sie angemessen sind. Das ändert aber nicht viel daran, dass die Träger bei der Arbeitsmarktförderung einen großen Spielraum haben, der sich vor allem darin zeigt, dass hierbei insbesondere die Grundsätze der Wirtschaftlichkeit und Sparsamkeit durchschlagen sowie die Erforderlichkeit einer Förderung der Beurteilung des Trägers unterliegt (BT-Drs. 15/1516, 51), womit sie über Gebühr von den zur Verfügung stehenden Haushaltsmitteln abhängt.

gg) Gender Mainstreaming: Dies betrifft „§ 8 des Dritten Buches, der entsprechend anzuwenden ist" (§ 16 Abs. 1 S. 4 SGB II). Danach ist zur Verbesserung der beruflichen Situation von **Frauen** durch Leistungen der Arbeitsförderung auf die Beseitigung bestehender Nachteile sowie auf die Überwindung des geschlechtspezifischen Ausbildungs- und Arbeitsmarktes hinzuwirken; Frauen sollen mindestens entsprechend ihrem Anteil an den Arbeitslosen und ihrer relativen Betroffenheit durch Arbeitslosigkeit gefördert werden. Das SGB II will die Prinzipien des „Gender Mainstreaming" berücksichtigen und geschlechtsspezifischen Nachteilen entgegenwirken (BT-Drs. 15/1516, 5): Es sieht vor (§ 1 Abs. 1 S. 4 Nr. 4 SGB II), dass die familienspezifischen Lebensverhältnisse von erwerbsfähigen Hilfebedürftigen, die Kinder oder pflegebedürftige Angehörige betreuen, zu beachten sind. Hilfesuchenden, die ein eigenes Kind oder ein solches des Partners bis zur Vollendung des 3. Lebensjahres betreuen, ist eine Arbeit nicht zumutbar; Kindern Arbeitsuchender ist bevorzugt ein Platz in einer

III. Arbeit: Förderung und Forderung

Tageseinrichtung zur Verfügung zu stellen (s. § 10 Abs. 1 Nr. 3 SGB II, s. S. 141).

hh) Heimarbeiter: Förderungsfähigen Arbeitnehmern gleichgestellt werden Heimarbeiter (§ 13 SGB III), d.h. Personen, die in eigener Arbeitsstelle im Auftrag und für Rechnung von Gewerbetreibenden, gemeinnützigen Unternehmen oder öffentlich-rechtlichen Körperschaften erwerbsmäßig arbeiten, auch wenn sie Roh- oder Hilfestoffe selbst beschaffen (so § 12 Abs. 4 SGB IV).

ii) Ist-Teilförderung für behinderte Menschen: Bezüglich Arbeitseingliederungsleistungen an erwerbsfähige behinderte Hilfebedürftige ist in das SGB II (§ 16 Abs. 1 S. 3) ein Satz eingefügt worden, mit dem sichergestellt werden soll, dass ihnen nicht nur Ermessensleistungen zustehen, sondern „entsprechend" dem SGB III auch darüber hinausgehende Soll- und Muss-Leistungen, was für die „besonderen Leistungen" (im Folgenden) von Bedeutung ist.

▶ **Grundsätze:** Behinderten Menschen können Leistungen zur Förderung der Teilhabe am Arbeitsleben erbracht werden, die wegen Art oder Schwere der Behinderung erforderlich sind, um ihre Erwerbsfähigkeit zu erhalten, zu bessern, herzustellen oder wieder herzustellen und ihre Teilhabe am Arbeitsleben zu sichern, wobei bei der Auswahl der Leistungen Eignung, Neigung, bisherige Tätigkeit sowie Lage und Entwicklung des Arbeitsmarktes angemessen zu berücksichtigen sind (§ 97 SGB III). Dazu stehen allgemeine und besondere Leistungen zur Verfügung; letztere werden nur erbracht, soweit nicht bereits durch die allgemeinen Leistungen eine Teilhabe am Arbeitsleben erreicht werden kann (§ 98 SGB III).

▶ **Allgemeine Leistungen:** Für behinderte Menschen können folgende Leistungen entsprechend erbracht werden (§ 16 Abs. 1 S. 3 SGB II): Bewerbungs-, Befähigungs-, Beweglichkeits-, Berufsweiterbildungsförderung (§ 100 Abs. 1 Nr. 1–3, 6 SGB III) mit Besonderheiten bei der Beweglichkeitsförderung (§ 101 Abs. 1 SGB III) und der Berufsweiterbildungsförderung (§ 101 Abs. 2, 5 SGB III).

▶ **Besondere Leistungen:** Sie sind anstelle der allgemeinen Leistungen vor allem zur Förderung der **beruflichen Aus- und Weiterbildung** einschließlich Berufsvorbereitung sowie blindentechnischer und vergleichbarer spezieller **Grundausbildungen** zu erbringen, wenn sie Art und Schwere der Behinderung unerlässlich machen, wobei in besonde-

139

B. Womit werden Erwerbsfähige und Angehörige gefördert und gefordert?

ren Einrichtungen für behinderte Menschen auch Aus- und Weiterbildungen außerhalb des Berufsbildungsgesetzes und der Handwerksordnung gefördert werden können (§§ 16 Abs. 1 S. 3 SGB II, 102 SGB III mit Leistungen im Eingliederungsverfahren und im Berufsbildungsbereich der Werkstatt für behinderte Menschen). Sie umfassen (§§ 16 Abs. 1 S. 3 SGB II, 103 S. 1 Nr. 3, S. 2) die Übernahme der Teilnahmekosten für die erforderlichen Maßnahmen (Beispiel SG Schleswig Beschl. v. 26. 1. 2005 – S 19 SO 4/05 ER – und vom 8. 2. 2005 – S 17 SO 7/05 ER: Teilnahmekosten für teilstationäres Arbeitsprojekt im Rahmen einer ganzheitlichen Hilfe für Suchtabhängige), die auf Antrag auch als Teil eines trägerübergreifenden Persönlichen Budgets erbracht werden (§§ 17 Abs. 2–4, 159 SGB IX mit Budgetverordnung).

▶ **Ergänzende Regelungen:** Die **Teilnahmekosten** bestimmen sich nach dem SGB IX (§ 33) und können auch Aufwendungen für erforderliche eingliederungsbegleitende Dienste einschließen (§§ 16 Abs. 1 S. 2 SGB II, 109 Abs. 1 S. 1, Abs. 2 SGB III).

Mit dieser Verweisung (auf § 33 SGB IX) wird auch die Leistung von **sonstigen Hilfen** im Leistungssystem des SGB II ermöglicht, die nicht die Teilnahme an einer Maßnahme voraussetzen, und insbesondere umfassen (§ 33 Abs. 8 SGB IX): Kfz-Hilfe, Arbeitsassistenz bis zu drei Jahren, Hilfsmittelkosten, technische Arbeitshilfen, Kosten der Beschaffung, Ausstattung und Erhaltung einer behindertengerechten Wohnung in angemessenem Umfang.

▶ **SGB II und SGB IX:** Das Zusammenspiel des SGB IX mit den SGB-Leistungsgesetzen für behinderte Menschen ist äußerst kompliziert, so dass es noch nicht einmal verwundert, dass der Gesetzgeber des SGB II offensichtlich der Überblick abhanden gekommen war, wenn er ursprünglich die SGB-II-Träger nicht in die Aufzählung der Reha-Träger (§ 6 SGB IX) aufgenommen hatte, was inzwischen geschehen ist (§ 6a SGB IX). Demzufolge gilt für sie auch die Zuständigkeitsvorschrift des SGB IX (§ 14), nach der ein Reha-Träger, der entgegen der Weitergabepflicht an andere Reha-Träger einen Antrag nicht innerhalb der im Gesetz vorgesehenen Frist weitergeleitet hat bzw. an die bereits ein anderer Reha-Träger die Sache aus Zuständigkeitsgründen verwiesen hat, zu einer umfassenden Prüfung und Leistungserbringung im Zusammenwirken mit dem wahren Leistungsträger verpflichtet ist (vorläufige Leistungszuständigkeit, s. BSG 26. 10. 2004 – B 7 AL 16/04 R – NDV-RD 2005, 41).

III. Arbeit: Förderung und Forderung

> **Rat:** Lies zur Vertiefung: Bieritz-Harder, Die Rahabilitationsleistungen der Bundesagentur für Arbeit nach den Sozialgesetzbüchern II und III. RsDE 61, 54 ff.

jj) Junge Menschen unter 25 Jahren: Für junge Menschen unter 25 Jahren bestehen sowohl beim Unterhalt als auch bei der Arbeit eine Reihe eigener Regelungen, sodass sie unter der Gruppe der speziellen Leistungsberechtigten behandelt werden (S. 196 ff.).

kk) Berufsrückkehrer: Als Berufsrückkehrer werden (hauptsächlich) Frauen und Männer angesehen, die Ausbildung, Arbeit oder Arbeitslosigkeit wegen der Betreuung und Erziehung von aufsichtsbedürftigen Kindern bzw. der Betreuung pflegebedürftiger Angehöriger unterbrochen haben und in angemessener Zeit danach in die Erwerbsfähigkeit zurückkehren wollen (§ 20 SGB III). Für sie bestehen teilweise besondere Förderungsvorschriften (z. B. §§ 161 Abs. 2, 263 Abs. 2 Nr. 5 SGB III) und -programme.

ll) Langzeitarbeitslose: Das sind nach der Definition des SGB III (§ 18 Abs. 1) Personen, die ein Jahr und länger arbeitslos sind. Nachdem das Arbeitslosengeld nunmehr in der Regel nach einem Jahr ausläuft, wird für sie das SGB II zuständig, das aber nicht nur für Langzeitarbeitslose einschlägig ist, sondern auch für Arbeitslose, die nicht arbeitslos versichert gewesen sind, etwa Hochschulabsolventen, die nach ihrem Abschlussexamen keine Stelle finden.

c) Co-Begleitförderung

Zur Eingliederung erwerbsfähiger Hilfebedürftiger in das Erwerbsleben können (zur Ermessensausübung S. 138, 307 begleitende Leistungen über die Arbeitsmarkt- und Behindertenförderung (1.2) hinaus erbracht werden, soweit sie für die Arbeitseingliederung erforderlich sind, insbesondere Beratungs-, Betreuungs- und Bereitschaftsförderung (§ 16 Abs. 2 SGB II). Zeitraum und Art liegen ebenfalls im Ermessen des SGB-II-Leistungsträgers; oft wird eine Dienstleistung durch Information und eigene Unterstützung genügen, teilweise aber auch die Vermittlung an spezielle Fachdienste und/oder eine Geldleistung erforderlich sein.

aa) Kinderbetreuung und Angehörigenpflege: Mit der Sicherstellung der Betreuung behinderter oder minderjähriger – ab drei Jahre – Kinder bzw. der anderweitigen Pflege von Angehörigen wird eine Arbeit zumutbar (§ 10 Abs. 1 Nr. 3 SGB II, S. 151). Auch bei Kindern unter drei Jahren darf ein Elternteil eine Arbeit übernehmen (muss es aber nicht).

B. Womit werden Erwerbsfähige und Angehörige gefördert und gefordert?

Die **Kinderbetreuung** erfolgt primär im Rahmen der Kinder- und Jugendhilfe (§§ 22–26, 32 SGB VIII), insbesondere in Kindertagespflege, meist durch eine Tagesmutter oder in Kindertageseinrichtungen wie Kindergarten und -hort sowie auch in Tagesgruppen/Familienpflege. Diese Leistungen sind vorrangig gegenüber SGB-II-Leistungen (§ 10 Abs. 2 S. 1 SGB VIII), können jedoch nicht immer – gerade bei Kindern unter drei Jahren, bei denen die Verpflichtung zum Ausbau der erforderlichen Angebote erst 2010 besteht – in Anspruch genommen werden oder reichen zeitlich nicht aus. Soweit insoweit andere Lösungen speziell privater Art gefunden werden, deren Hauptzweck die Eingliederung in Arbeit ist, hat für die Kosten der SGB-II-Träger aufzukommen, auch ansonsten bei nicht anderweitig gedeckten Kinderbetreuungskosten. Die für die Betreuung (schwer)behinderter Kinder entstehenden Aufwendungen – vor allem durch familienentlastende Dienste oder andere Betreuungsdienste wie Mobile Soziale Dienste oder individuelle Schwerstbehindertenbetreuung – sind vorrangig von den einschlägigen Reha-Trägern (wie Kranken-, Pflege-, Unfallversicherungs-, aber auch Jugend- und Sozialhilfeträger) zu erbringen.

Auch für die **Pflege von Angehörigen** (§ 16 Abs. 5 SGB X in Verbindung mit § 77 Abs. 1 S. 1 Hs. 2 SGB XI: Verlobte, Ehegatten, Verwandte und Verschwägerte gerader Linie bis zum dritten Grad, Geschwister, Kinder der Geschwister, Ehegatten der Geschwister und Geschwister der Ehegatten, Geschwister der Eltern, Pflegeeltern bzw. -kinder und auch Partner einer eheähnlichen Gemeinschaft, s. BSG SozR 4-4300 § 147 Nr. 1 Rz. 16) gilt, dass vorrangig Leistungen der Pflegeversicherung (SGB XI), gegebenenfalls der Krankenversicherung (§ 37 SGB V), und auch der Hilfe zur Pflege (§§ 61 ff. SGB XII) zu erbringen sind. Soweit diese nicht ausreichen und gezielt zur Arbeitseingliederung Pflegeleistungen erforderlich sind, hat dafür der SGB-II-Träger aufzukommen. Dieser darf auf keinen Fall allerdings eine Arbeit dadurch sicherzustellen versuchen, dass Heimpflege statt ambulanter Pflege gefordert wird (Vorrang der ambulanten Pflege gemäß §§ 3 SGB XI, 63 SGB XII); fraglich ist, ob statt häuslicher Pflege durch Angehörige die Inanspruchnahme eines Pflegedienstes verlangt werden darf.

bb) Schuldnerberatung: Soweit Schuldnerberatung nicht vom SGB-II-Träger als Dienstleistung übernommen wird, so dass dafür erwerbsfähigen Hilfebedürftigen Kosten entstehen, handelt es sich um SGB-II-Leistungen, sofern sie zur Arbeitseingliederung erforderlich sind. Gemäß Emp-

III. Arbeit: Förderung und Forderung

fehlungen des Deutschen Vereins für öffentliche und private Fürsorge zur Schuldnerberatung (NDV 2005, 185) kann Schuldnerberatung nach dem SGB II als Eingliederungshilfe folgenden Personen gewährt werden:

- überschuldeten Erwerbstätigen, soweit dadurch zur Beibehaltung der Erwerbstätigkeit beigetragen werden kann. Häufig führe Überschuldung bei noch Erwerbstätigen zum Verlust des Arbeitsplatzes, weil auf den Arbeitgeber erhebliche Belastungen durch die Überschuldung des Arbeitnehmers zukommen, z. B. offen gelegte Abtretungen, zu beachtende Pfändungsbeschlüsse und besondere Haftungsrisiken;
- überschuldeten Empfängern von Alg (I), soweit dadurch Hilfebedürftigkeit nach dem SGB II vermieden werden kann;
- überschuldeten Empfängern von Alg II.

Vor dem Abschluss einer Eingliederungsvereinbarung (s. S. 159) sollte ein vom Hilfebedürftigen und vom Fallmanager gemeinsam entwickelter Integrationsplan erarbeitet werden (wobei nicht klar wird, warum dieser nicht Bestandteil der Eingliederungsvereinbarung werden soll).

Der Deutsche Verein weist darauf hin, dass auch eine Schuldnerberatung nach dem SGB XII (§ 11 Abs. 5, zum Verhältnis von § 16 Abs. 2 Nr. 2 SGB II und § 11 Abs. 5 SGB XII Rundschreiben Landkreis- und Städtetag Infodienst Schuldnerberatung 4/04, 20) in Betracht komme und außerdem das Verbraucherinsolvenzverfahren der Schuldenbereinigung von überschuldeten Personen diene.

cc) Psychosoziale Betreuung: Hierbei handelt es sich (in Anlehnung an § 33 Abs. 6 SGB IX) um medizinische, psychologische und pädagogische Hilfen, soweit sie im Einzelfall erforderlich sind, um die Teilhabe am Arbeitsleben zu erreichen oder zu sichern (zur speziellen Suchtberatung im Folgenden). Werden sie nicht von Krankenversicherungsträgern finanziert oder bei niedrigschwelligen Hilfen als Dienstleistung vom SGB-II-Träger erbracht, hat dieser die Kosten etwa eines Psychotherapeuten zu übernehmen, z. B. bei Mobbing.

dd) Suchtberatung: Bei Suchtproblemen wird in der Regel die Verweisung an eine spezielle Fachberatungsstelle (Drogen- und/oder Suchtberatung) mit Tragung der Kosten durch den SGB-II-Träger – soweit die Krankenkasse diese nicht übernimmt – erforderlich, was auch durch entsprechende Vereinbarungen mit ihnen sichergestellt werden kann (§§ 6 Abs. 1 S. 2, 17 Abs. 2 SGB II).

Ein vom Gesamtverband für Suchtkrankenhilfe im Diakonischen Werk der Evangelischen Kirche erarbeitetes Rahmenkonzept (mit

B. Womit werden Erwerbsfähige und Angehörige gefördert und gefordert?

Mustern für Rahmenleistungsvereinbarungen) sieht folgende Leistungsmodule vor (Internet: www.dhs-intern.de/pdf/gvs_rahmenkonzept.pdf):

- grundsätzliche Veränderungsmotivierung (Erfassung der individuellen Situation der hilfebedürftigen Person, Information über mögliche Leistungen, Aktivierung von Einstellungsveränderungen)
- Punktabstinenz und Drink-Less-Programm (Suchtmittelabstinenz in bestimmten Lebenssituationen)
- Vermittlung in medizinische Behandlungs-/Suchtrehabilitationsmaßnahmen
- psychosoziale Begleitung bei der Wiedereingliederung in Arbeit
- Ermöglichung und Sicherung der suchtspezifischen Eingliederungsleistungen durch gezielte Vernetzung mit anderen Hilfen
- Sicherung der Abstinenz und Arbeitsfähigkeit
- Sicherung der Abstinenz durch aufsuchende Hilfen im Lebensumfeld.

ee) Weitere Förderung: Außer den ausdrücklich genannten Möglichkeiten (aa–dd) als Hauptbeispiele lässt das Gesetz (§ 16 Abs. 2 S. 1 SGB II) weitere Leistungen zu (BT-Drs. 15/1516, 54). Diese bieten – vergleichbar mit der freien Förderung des SGB III (§ 10) – ein flexibles Experimentierfeld, um ergänzende Instrumente zur Förderung zu entwickeln, so dass innovativen Ansätzen und neuen Erprobungen grundsätzlich keine Grenzen gesetzt sind. Als solche weiteren Maßnahmen kommen alle im Einzelfall für die Arbeitseingliederung erforderlichen Leistungen in Betracht (§ 14 S. 3 SGB II) mit Ausnahme solcher, die lediglich Arbeitsmarktförderungsleistungen aufstocken (§ 16 Abs. 2 S. 1 Hs. 2 SGB II), z.B. (DH-BA 16.2):

- Arbeitgeberzuschuss für besonderen betreuerischen Aufwand
- Arbeitsaufnahmezuschuss (z. B. für Anzug, Auto)
- Existenzgründungszuschuss
- Führerscheinförderung, wenn er zwingend zur Arbeitsaufnahme erforderlich ist
- Maßnahmenträgerzuschuss für zusätzliche Betreuungsleistungen
- Prämie als Anreiz für selbst gesuchte Arbeit/betriebliche Ausbildung
- Qualifizierungsmaßnahmen (z.B. Kurzqualifikation zur Auffrischung beruflicher Kenntnisse).

Weiter sind zu nennen:

- Arbeitgeberprämie bei Umwandlung eines Mini-Jobs in ein versicherungspflichtiges Arbeitsverhältnis

III. Arbeit: Förderung und Forderung

- Programme für besondere Personengruppen (Frauen, Jugendliche, Rückkehrer in den Beruf, Wohnungslose)
- Sprachunterricht.

Die BA-Durchführungshinweise (zu § 16 Abs. 2 S. 1 SGB II) bestimmen weiterhin Folgendes: In der Regel erfolgt die Leistungsgewährung als Zuschuss. Bei größeren Fördersummen ist aber auch die Gewährung eines Darlehens bzw. einer Kombination Zuschuss/Darlehen zu erwägen. Die Förderung ist zeitlich zu begrenzen und kann einmalig oder monatlich im notwendigen Umfang gewährt werden. Eine Pauschalierung ist zulässig.

d) SGB-III-Direktförderung

Eine SGB-III-(sog. Komplementär)Vorschrift (§ 22 Abs. 4 S. 1) **schließt** für den **Regelfall aus,** dass die im SGB II (§ 16 Abs. 1) aus Steuermitteln erbringbaren Arbeitsförderungsleistungen, an erwerbsfähige SGB-II-Hilfebedürftige im Rahmen des **SGB III** aus Versichertenmitteln erbracht werden

Die Sätze 2 bis 5 regeln drei **Ausnahmen** zu dem grundsätzlichen Ausschluss der erwerbsfähigen Hilfebedürftigen im Sinne des Zweiten Buches von den Leistungen nach dem Dritten Buch (BT-Drs. 16/1410, 79):

- Nach Satz 2 hat die Bundesagentur für Arbeit Vermittlungsdienstleistungen besonderer Dienststellen, wie der Zentralstelle für Arbeitsvermittlung (ZAV), auch an erwerbsfähige Hilfebedürftige im Sinne des Zweiten Buches zu erbringen. Dies gilt auch dann, wenn für einzelne Berufe oder Berufsgruppen zusätzliche Vermittlungsdienstleistungen agenturübergreifend angeboten werden, insbesondere durch so genannte Fachvermittlungseinrichtungen wie die Zentrale Heuerstelle in Hamburg, die Fachvermittlung für Hotel und Gaststättenpersonal, für Landwirtschaftliche Fachkräfte und andere Berufsgruppen.
- Nach Satz 3 und 4 können die Träger der Grundsicherung für Arbeitsuchende den Träger der Arbeitsförderung nach §§ 88 bis 92 des Zehnten Buches rechtsgeschäftlich mit der Erbringung von Leistungen an erwerbsfähige Hilfebedürftige gegen Kostenerstattung beauftragen.
- Nach Satz 5 behalten erwerbsfähige Hilfebedürftige im Sinne des Zweiten Buches, die Anspruch auf Arbeitslosengeld nach dem Dritten Buch haben (sog. „**Aufstocker**"), ihre Ansprüche auf Pflichtleistungen nach dem Dritten Buch. Dazu gehört nicht nur die Arbeits- und Aus-

145

B. Womit werden Erwerbsfähige und Angehörige gefördert und gefordert?

bildungsstellenvermittlung, sondern auch das Übergangsgeld sowie die Teilnahmekosten für Maßnahmen als besondere Leistungen zur Förderung der Teilhabe behinderter Menschen am Arbeitsleben. Der Anspruch der „Aufstocker" auf die übrigen aktivierenden Pflichtleistungen nach dem Dritten Buch (Gründungszuschuss, Vermittlungsgutschein) ist dadurch sichergestellt, dass erwerbsfähige Hilfebedürftige von diesen Leistungen nach Satz 1 einerseits nicht ausgeschlossen werden, andererseits aber der Bezug von Arbeitslosengeld Voraussetzung für diese Leistungen ist.

Daneben gibt es aber auch nicht ausgeschlossene **SGB-III-Leistungen,** nämlich solche, die weder in den SGB-III-Katalog (§ 16 Abs. 1 S. 2) aufgenommen noch für SGB-II-Bezieher ausgeschlossen sind (§ 22 Abs. 4 SGB III), so dass sie auch für SGB-II-Berechtigte als SGB-III-Leistung direkt zur Verfügung stehen, insbesondere die **Berufsausbildungsbeihilfe** (§§ 59–76 SGB III).

Einige Leistungen sind sowohl nach dem SGB II (§ 16 Abs. 1) als auch nach dem SGB III vorgesehen, z. B. Beratung (§§ 29–34 SGB III) und Bildungszuschüsse (§§ 235–239 SGB III). Insoweit dürfen SGB-III-Leistungen nicht allein deshalb versagt werden, weil das SGB II entsprechende Leistungen vorsieht (§ 5 Abs. 1 SGB II).

e) Einstiegsgeld

Das zur Arbeitsförderung (§ 16 Abs. 2 S. 2 Nr. 5 SGB II) vorgesehene Einstiegsgeld, dass von der BA geleistet wird (§ 6 S. 1 Nr. 1 SGB II), ist wie folgt geregelt (§ 29 SGB II):

- Zur Überwindung von Hilfebedürftigkeit **kann** erwerbsfähigen Hilfeberechtigten, die arbeitslos sind, bei der Aufnahme einer sozialversicherungspflichtigen oder selbstständigen Erwerbstätigkeit ein Einstiegsgeld als Zuschuss zum Alg II (s. S. 125) erbracht werden, wenn dies zur Eingliederung in den allgemeinen Arbeitsmarkt erforderlich ist.

- Das Einstiegsgeld wird **höchstens 24 Monate** gewährt, freilich nur solange, wie eine Erwerbstätigkeit besteht. Bei seiner Bemessung sollen die vorherige Dauer der Arbeitslosigkeit und die Größe der Bedarfsgemeinschaft, in welcher ein erwerbsfähiger Hilfeberechtigter lebt („Familienkomponente", so BT-Drs. 15/1516, 59), berücksichtigt werden sowie auch ein Bezug zu der für den Hilfeberechtigten jeweils maßgebenden Regelleistung hergestellt werden; Näheres kann durch eine Rechtsverordnung bestimmt werden.

146

III. Arbeit: Förderung und Forderung

Die Materialien (BT-Drs. 15/1516, 59) erläutern dazu, dass das zeitlich befristete Eingliederungsgeld eingeführt worden ist, um für die Aufnahme einer Erwerbstätigkeit einen **finanziell attraktiven Anreiz** zu schaffen. Einzelfallbezogen sei bei dieser Ermessensleistung zu entscheiden, ob die Förderung als zeitlich begrenzte und gezielte Maßnahme zur Aufnahme von Erwerbstätigkeit geeignet erscheint. Durch die Befristung werde zum einen das Risiko von Mitnahmeeffekten minimiert und zum anderen verhindert, dass ständige Benachteiligungen für diejenigen eintreten würden, welche aufgrund ihres zumindest auch auf Erwerbseinkommen beruhendem Haushaltseinkommen nicht mehr bedürftig seien und daher auch kein Einstiegsgeld erhielten. Darüber hinaus werde einer nicht vertretbaren Dauersubvention von Löhnen entgegengewirkt. Bei der Festlegung des Leistungszeitraums soll auch die Qualifikation berücksichtigt sowie dem Umstand Rechnung getragen werden, dass der Hilfebedürftige mit zunehmender Länge der Erwerbstätigkeit über eine größere Qualifikation verfüge, so dass auch sein Erwerbseinkommen hierdurch schneller steigen könne und das Erfordernis eines zusätzlichen Einstiegsgelds verringert werde oder ganz entfalle. Das Einstiegsgeld geht zurück auf den im BSHG (§ 18 Abs. 5) geregelten Eingliederungszuschuss, auch **Kombilohn** genannt.

Die Durchführungshinweise der Bundesagentur für Arbeit (DH-BA zu § 29) treffen ergänzend folgende Regelungen:

aa) Voraussetzungen

- **Allgemeines:** Der Fallmanager/persönlicher Ansprechpartner entscheidet jeweils in Bezug auf die zu fördernde Person, ob die Gewährung von Einstiegsgeld zur Aufnahme einer Erwerbstätigkeit erforderlich ist. Um ihm im Rahmen der zur Verfugung stehenden Mittel eine sachgerechte Auswahl unter den förderungsberechtigten Hilfebedürftigen zu ermöglichen, kann die leistungsgewährende Stelle ermessenslenkende Weisungen vorgeben.
- **Personenkreis:** Die Förderung der aufgenommenen Erwerbstätigkeit erfolgt nur, wenn trotz des erzielten Einkommens aus Beschäftigung **weiterhin Hilfebedürftigkeit** besteht. Die Gewährung von Einstiegsgeld kann nicht zum Wegfall der Hilfebedürftigkeit führen, weil es nicht als Einkommen anrechenbar ist (S. 92).
- **Sozialversicherungspflichtiges Beschäftigungsverhältnis:** Es soll **mindestens 15 Stunden** wöchentlich umfassen. Es wird empfohlen, Arbeitsverhältnisse mit bisherigen Arbeitgebern kritisch zu betrach-

B. Womit werden Erwerbsfähige und Angehörige gefördert und gefordert?

ten. Die Förderung erfolgt nur für den Zeitraum der Erwerbstätigkeit.

- Selbstständige Erwerbstätigkeit: Sie soll hauptberuflichen Charakter haben. Es wird empfohlen, mindestens folgende Unterlagen zu verlangen: Kurzbeschreibung des Existenzgründungsvorhabens, Kapitalbedarfs- und Finanzierungsplan, Umsatz- und Rentabilitätsvorschau.

bb) Höhe: Der Zuschuss soll **höchstens 100% der Regelleistung** (§ 20 Abs. 2–3 SGB II) betragen. **Grundsätzlich** soll für einen erwerbsfähigen Hilfebedürftigen von einem Fördersatz von **50%** der Regelleistung ausgegangen werden. Der Zuschuss soll für **jedes zusätzliche Mitglied der Bedarfsgemeinschaft** um **10% der Regelleistung** angehoben werden. Für Hilfebedürftige, die bereits zwei Jahre oder länger arbeitslos waren oder gravierende Vermittlungshemmnisse aufweisen, wird eine erhöhte Förderung empfohlen, ohne dass insgesamt der Höchstfördersatz überschritten wird. Zur Vermeidung von Fehlanreizen sollte darauf geachtet werden, dass die Summe aus dem zu berücksichtigenden Einkommen aus Beschäftigung, dem Alg II und dem Einstiegsgeld nicht wesentlich höher liegt als das Einkommen, das ein nicht hilfebedürftiger Erwerbstätiger aus einer vergleichbaren Beschäftigung erzielt.

cc) ▶ **Dauer/Degression:** Die Dauer soll so gewählt werden, dass der Qualifikation des Hilfebedürftigen Rechnung getragen wird. Bei Förderungen von über sechs Monaten Dauer wird eine Zuschussdegression empfohlen, um der Tatsache Rechnung zu tragen, dass die Marktfähigkeit des geförderten Hilfebedürftigen mit zunehmender Dauer der Erwerbsfähigkeit steigt. Um Veränderungen in den Verhältnissen des Antragstellers Rechnung tragen zu können, wird empfohlen, Anträge nur für eine **Zeitdauer von maximal sechs Monaten** zu bewilligen und dann gegebenenfalls über eine Verlängerung zu entscheiden. **Der Bewilligungsabschnitt darf nicht über den Zeitraum des bewilligten Alg II hinausgehen.** Ein Wegfall der Hilfebedürftigkeit innerhalb eines Bewilligungsabschnitts bleibt für die Eingliederungsleistung unbeachtlich. Fehlzeiten verlängern die Förderungsdauer nicht.

f) Freibetrag für Erwerbstätige

Das mögliche Einstiegsgeld (s. oben e) wird ergänzend zum zwingenden Erwerbstätigkeitsfreibetrag (§ 30 SGB II, s. S. 98) gezahlt (BT-Drs. 15/1516, 59), die beide finanzielle „Anreize" (so die Überschrift des Unterabschnitts 3 des SGB II vor § 29) darstellen.

III. Arbeit: Förderung und Forderung

g) Gelegenheitsarbeiten-Förderung

Für erwerbsfähige Hilfebedürftige, die keine Arbeit finden können, sollen **Arbeitsgelegenheiten** geschaffen werden (§ 16 Abs. 3 S. 1 SGB II), was regelmäßig freilich wenn überhaupt nur für neun Monate geschieht (obwohl das Gesetz diese Grenze nicht kennt). Werden Gelegenheiten für im **„öffentlichen Interesse** liegende, **zusätzliche Arbeiten"** nicht als Arbeitsbeschaffungsmaßnahmen (S. 133 f., u.a. mit Definition des öffentlichen Interesses und der Zusätzlichkeit), d.h. als Lohnarbeit mit Zuschuss, gefördert, ist einem erwerbsfähigen Hilfebedürftigen zusätzlich zum Arbeitslosengeld II (s. S. 125) eine angemessene Entschädigung für Mehraufwendungen zu zahlen (§ 16 Abs. 3 S. 2 Hs. 1 SGB II), nach bisheriger Praxis zwischen 1 bis 2 € je Arbeitsstunde („Ein-Euro-Jobs"). Solche Einsatzarbeiten begründen kein Arbeitsverhältnis im Sinne des Arbeitsrechts, jedoch sind die Vorschriften über den Arbeitsschutz sowie das Bundesurlaubsgesetz mit Ausnahme der Regelungen über das Urlaubsentgelt entsprechend anzuwenden; für Schäden bei der Ausübung der Tätigkeit haften erwerbsfähige Hilfebedürftige wie Arbeitnehmer/innen (§ 16 Abs. 3 S. 2 Hs. 2–4 SGB II). Dies entspricht der BSHG-Mehraufwandsentschädigung (§ 19 Abs. 2 S. 1 Hs. 1 Alt. 2); die privatrechtliche Variante mit üblichem Arbeitsentgelt (§ 19 Abs. 2 S. 1 Hs. 1 Alt. 1) ist im Rahmen des SGB II nicht mehr möglich.

Rat: Lies zur Vertiefung Stahlmann (Hg.), Recht und Praxis der Ein-Euro-Jobs, 2006.

---

h) Hilfebedürftigkeitswegfall-Förderung

Entfällt die Hilfebedürftigkeit während einer Maßnahme zur Arbeitsförderung (§ 16 Abs. 1–3 SGB II), kann sie (vom gleichen Träger) durch **Darlehen** weitergefördert werden, wenn dies wirtschaftlich erscheint und der Erwerbsfähige die Maßnahme voraussichtlich erfolgreich abschließen wird (§ 16 Abs. 4 SGB II). Nach den Gesetzesmaterialien (BT-Drs. 15/1516, 55) kann das Darlehen von Sicherheiten abhängig gemacht werden.

Fraglich ist, was unter dem „Entfallen der Hilfebedürftigkeit" zu verstehen ist. Gemeint ist wohl, dass kein Anspruch auf ALG II oder Sozialgeld wegen ausreichenden Einkommens oder Vermögens mehr besteht (s. weiter DH-BA zu § 16 Abs. 4).

i) In-die-Rente-Förderung

Sie ist als nachgehende Arbeitsförderung (s. § 16 Abs. 1 S. 2 Nr. 6 SGB II) zu verstehen und richtet sich nach dem Altersteilzeitgesetz (§ 4, s. S. 6), demzufolge die BA zur Ermöglichung eines gleitenden Übergangs von Arbeitnehmern **ab 55 Jahre** vom Erwerbsleben **in die Altersrente** dem **Arbeitgeber** für längstens sechs Jahre **erstattet** (1) den Aufstockungsbetrag (= Betrag, um den das Arbeitsentgelt für die Altersteilzeit vom Arbeitgeber aufgestockt wird) in Höhe von 20% und (2) den vom Arbeitgeber für den Arbeitnehmer entrichteten Rentenversicherungsbeitrag insoweit, als er auf den Unterschiedsbetrag zwischen 90% des bisherigen Arbeitsentgeltes und demjenigen für die Altersteilzeit entfällt.

2. Arbeitsforderung

a) Grundsatz: Zumutbarkeit jeder Arbeit

In Umsetzung des Grundsatzes des Forderns (§ 2 SGB II) – der alle Möglichkeiten einschließt zur Beendigung oder der Verringerung der Hilfebedürftigkeit, d. h. vor allem auch eigene Arbeitssuche und aktive Beteiligung an den Maßnahmen zur Eingliederung in Arbeit – ist erwerbsfähigen Hilfeberechtigten **jede Arbeit zumutbar** (§ 10 Abs. 1 SGB II). Das ist bewusst im Unterschied zum „Versicherungssystem des Dritten Buches" (s. § 121 SGB III, nach dem allgemeine und insbesondere personenbezogene Gründe wie zu niedriges Arbeitsentgelt mit Abstufung nach Dauer der Arbeitslosigkeit oder zu lange Pendelzeiten eine Beschäftigung unzumutbar machen können) geregelt, und zwar im Hinblick darauf, dass „grundsätzlich dem Erwerbsfähigen jede Erwerbstätigkeit zumutbar ist, weil er verpflichtet ist, die Belastung der Allgemeinheit durch seine Hilfebedürftigkeit zu minimieren" (BT-Drs. 15/1516, 53).

b) Unzumutbarkeit der Arbeit

In einigen „abschließend" (BT-Drs. 15/1516, 53) aufgezählten Fällen ist jedoch eine Arbeit **unzumutbar** (§ 10 Abs. 1 SGB II, der sich an § 18 Abs. 3 BSHG anlehnt), nämlich

- wenn die erwerbsfähige Person zu der bestimmten Arbeit körperlich, geistig oder seelisch **nicht in der Lage** ist (entspricht § 18 Abs. 3 S. 1 Alt. 1 BSHG). Weil die generelle Arbeitsunfähigkeit aus den ange-

III. Arbeit: Förderung und Forderung

gebenen Gründen zur Erwerbsunfähigkeit führt (s. S. 36ff.), kann es hier lediglich um die Unmöglichkeit gehen, eine „bestimmte Arbeit" nicht durchführen zu können. Solche Fälle werden selten sein und sind nach den gleichen Maßstäben wie die Erwerbs(un)fähigkeit regelmäßig unter Einholung eines fachlichen (medizinischen oder psychologischen) Gutachtens zu entscheiden.

- falls die Ausübung der Arbeit die **künftige Ausübung** einer bisher überwiegenden Arbeit **wesentlich erschweren würde**, weil diese besondere körperliche Anforderungen stellt. Auch dieser Unzumutbarkeitsgrund wird wieder entsprechend dem BSHG (§ 18 Abs. 3 S. 1 Alt. 2) kaum praktische Bedeutung haben, wofür die kolportierten Fälle sprechen, etwa der, dass einem Konzertgeiger als Waldarbeiter die Fingerfertigkeit verloren geht, ebenso einem Uhrmacher bei groben Handarbeiten. Insbesondere enthält diese Bestimmung keinen Berufsausübungsschutz (wie § 10 Abs. 2 Nr. 1 SGB II belegt).

- die Ausübung der Arbeit die **Erziehung** eines **eigenen Kindes** bzw. des Kindes eines Partners gefährden würde; die Erziehung eines dreijährigen und älteren Kindes ist in der Regel nicht gefährdet, sofern seine Tagesbetreuung sichergestellt ist, worauf die Träger (nicht nur) hinwirken sollen (§ 10 Abs. 1 Nr. 3 SGB II), sondern darüber hinaus Eingliederungsleistungen zu diesem Zweck erbringen können (§ 16 Abs. 2 S. 2 Nr. 1 SGB II, S. 142). Damit steht (entsprechend § 18 Abs. 3 S. 2, 3 BSHG) einerseits fest, dass Elternteilen mit einem Kind unter drei Jahren eine Arbeit nicht zugemutet werden darf, und andererseits sie aufzunehmen ist, falls die **Betreuung** eines oder mehrerer älterer Kinder **sichergestellt** ist. Trotz einer Betreuung scheidet aber eine Arbeit aus, falls die geordnete Erziehung eines Kindes gefährdet ist, so dass z.B. bei nur möglicher Halbtagsbetreuung eines nicht schulpflichtigen Kinds oder Schulbesuch in den ersten Klassen lediglich eine entsprechende Arbeit zumutbar ist (s. BVerwG, Urt. v. 17. 5. 1995 – 5 C 20/93 – BVerwGE 98, 203 = FEVS 46, 12 = NDV-RD 1996, 62 = NJW 1995, 3200). Im Einzelfall ist deshalb zu prüfen, inwieweit trotz Betreuung von Kindern in Einrichtungen/Schulen längere ständige Betreuungslücken entstehen, die nicht anderweitig aufzufangen sind.

- die Ausübung der Arbeit mit der **Pflege eines Angehörigen** nicht vereinbar wäre und diese nicht auf andere Weise sichergestellt werden kann (§ 13 Abs. 3 S. 4 BSHG verlangte die Berücksichtigung der Pflichten, die einem Hilfesuchenden die Führung eines Haushalts oder die Pflege eines Angehörigen auferlegt). Zu anderen Sicherstel-

B. Womit werden Erwerbsfähige und Angehörige gefördert und gefordert?

lungsmöglichkeiten gehört gerade auch die Erbringung von Arbeitseingliederungsleistungen zwecks häuslicher Pflege von Angehörigen (§ 16 Abs. 2 S. 2 Nr. 1 SGB II, S. 141).

- der Ausübung der Arbeit ein **sonstiger wichtiger Grund** entgegensteht (entsprechend § 18 Abs. 3 S. 1 Alt. 3 BSHG). Dieser im SGB-II-Entwurf der Regierungsfraktionen (BT-Drs. 15/1516, 11) ebenso enthaltene Auffangtatbestand ist nach der Begründung (BT-Drs. 15/1516, 53) restriktiv anzuwenden, so dass ein der Aufnahme einer Erwerbstätigkeit entgegenstehender individueller Grund des Erwerbsfähigen in Verhältnis zu den Interessen der Allgemeinheit, welche die Leistungen aus Steuermitteln erbringe, grundsätzlich zurückstehen müsse und nur bei „besonderem Gewicht" durchschlage. Dies hat jedenfalls zu gelten für persönliche Gründe, wobei freilich der Schutz von Ehe und Familie (Art. 6 GG) und die „familiäre Situation" (§ 3 Abs. 1 S. 2 Nr. 2 SGB II) zu beachten sind.

Als wichtigen Grund fügte der Bundestag dem SGB II-Entwurf nach einer entsprechenden Ausschussempfehlung noch hinzu, dass ein der Arbeit entgegenstehender Grund „insbesondere" ist, dass „für die Arbeit nicht das maßgebliche **tarifliche** Arbeitsentgelt oder mangels einer tariflichen Regelung das **ortsübliche Arbeitsentgelt** gezahlt wird", sowie weiter, dass § 121 Abs. 2 SGB III entsprechend gilt, also eine Arbeit nicht zumutbar ist, wenn die Beschäftigung gegen gesetzliche, tarifliche oder in Betriebsvereinbarungen festgelegte Bestimmungen über Arbeitsbedingungen bzw. gegen Bestimmungen des Arbeitsschutzes verstößt. Diese Passage ist jedoch im Vermittlungsausschuss gestrichen und nicht Gesetz geworden. Auch wenn dies geschehen ist, sind jedenfalls Arbeiten aus wichtigem Grund unzumutbar, die **gegen gesetzliche Regelungen** verstoßen. Außerdem ist die für das gesamte Sozialleistungsrecht vorbehaltlos geltende Bestimmung des SGB I (§ 33) zu beachten (s. § 37 S. 1, 2 SGB I, S. 22), dass bei Ausgestaltung von (Rechten oder) Pflichten, deren Inhalt nicht im einzelnen bestimmt ist, die persönlichen Verhältnisse, der Bedarf, die individuelle Leistungsfähigkeit sowie örtliche Verhältnisse zu beachten sind und angemessenen Wünschen nachzukommen ist.

c) Nicht ausreichende Unzumutbarkeitsgründe

Demgegenüber ist es (§ 10 Abs. 2 SGB II, der fast wörtlich § 18 Abs. 3 S. 5 BSHG entspricht) **„allein" kein wichtiger Grund** und deswegen eine Arbeit nicht unzumutbar, wenn

III. Arbeit: Förderung und Forderung

- sie nicht einer **früheren beruflichen Tätigkeit** entspricht, für die jemand ausgebildet ist oder die er ausgeübt hat,
- sie im Hinblick auf die **Ausbildung** als **geringerwertig** anzusehen ist. Nach dem BSHG war ein Akademiker verpflichtet gewesen, Hilfsarbeiten zu machen (OVG Br, Urt. v. 2. 2. 1982 – 6 S 97/81 – FEVS 34, 189 sowie Urt. v. 26. 7. 1984 – 6 B 34/85 – FEVS 34, 240 = NJW 1985, 161 = ZfSH/SGB 1985, 31: Suchphase von ca. sechs Monaten, was freilich lediglich eine Faustregel darstellte),
- der **Beschäftigungsort vom Wohnort** weiter entfernt ist als ein früherer Beschäftigungs- oder Ausbildungsort. Weitergehend ist eine Beschäftigung auch nicht unzumutbar, weil sie vorübergehend eine getrennte Haushaltsführung erfordert (so schon § 121 Abs. 5 SGB III), ja sogar, falls ein Orts- oder Regionswechsel damit verbunden ist, es sei denn, dem stehen wichtige Gründe (§ 10 Abs. 1 Nr. 5 SGB II) von „besonderem Gewicht" entgegen. In diesem Punkt dürften die Pendelzeiten zwischen Wohnung und Arbeitsstätte wegen Unverhältnismäßigkeit annähernd so begrenzt sein wie im SGB III (§ 121 Abs. 4: mehr als $2^1/_2$ Stunden bei einer Arbeitszeit von mehr als 6 Stunden und mehr als 2 Stunden bei einer Arbeitszeit bis 6 Stunden, darüber hinaus auch, wenn in einer Region längere Pendelzeiten üblich sind),
- die **Arbeitsbedingungen ungünstiger** sind als bei bisherigen Beschäftigungen.

Das **Zusammenfallen von mehreren dieser Gründe** kann in einer Gesamtbetrachtung einen wichtigen Grund darstellen. Bei seiner Beurteilung muss ins Kalkül gezogen werden, dass das SGB II – weitergehend als das BSHG – ein Gesetz zur Arbeitseingliederung ist, und ein Grund deshalb besonders auch unter Berücksichtigung der Eignung, der voraussichtlichen Dauer der Hilfebedürftigkeit und der Dauerhaftigkeit der Eingliederung zu würdigen ist, wobei freilich vorrangig Maßnahmen eingesetzt werden sollen, welche die unmittelbare Aufnahme einer Erwerbstätigkeit ermöglichen (§ 3 Abs. 1 S. 2 Nr. 1, 3 S. 2 SGB II).

d) Beweislast

Bezüglich der **Beweislast** ist nach der im SGB II vorhandenen Gewichtung (§ 10 Abs. 1: „... jede Arbeit zumutbar, es sei denn ...") davon auszugehen, dass der **Hilfesuchende** sie für die Unzumutbarkeit einer Arbeit hat. Bleiben deshalb nach Ermittlung und Prüfung aller relevanten Gesichtspunkte Zweifel, so geht das zu Lasten des Hilfesuchenden.

e) Einzelne Gründe

Zu einzelnen Gründen lassen sich als Anhaltspunkte – mangels noch nicht vorhandener Rechtsprechung zum SGB II – folgendes sagen:

- **Alter:** Bezieher einer **Rente wegen Alters** erhalten keine SGB-II-Leistungen, auch wenn sie noch nicht 65 Jahre alt sind (§ 7 Abs. 4 S. 1 SGB II). Ein wichtiger Grund dürfte vorliegen, falls eine teilweise erwerbsgeminderte Person (Arbeitsfähigkeit zwischen drei und sechs Stunden täglich) wegen eines verschlossenen Arbeitsmarktes eine volle Erwerbsminderungsrente erhält (s. S. 154). Eine Übergangsregelung (§ 65 Abs. 4 SGB II) gilt für **junge Alte** (58 bis 64 Jahre): Sie brauchen nicht arbeitsbereit zu sein und nicht alle Möglichkeiten zu nutzen, ihre Hilfebedürftigkeit durch Arbeit zu beenden (sog. 58er-Erklärung. Dies gilt seit 1. 1. 2006 nur noch, wenn ein Lebensunterhaltsanspruch davor entstanden und der erwerbsfähige Hilfeberechtigte vor diesem Tag das 58. Lebensjahr vollendet hat. Diejenigen, die schon zu Zeiten des Alg (I)-Bezugs die 58er-Erklärung abgegeben haben, müssen innerhalb der ersten drei Monate des Alg-II-Bezugs sich dazu äußern, ob sie daran festhalten.

- **Arbeitsbedingungen:** Die Grundregelung (§ 10 Abs. 2 Nr. 5 SGB II), dass sie ungünstiger als bisher sein dürfen, gilt etwa auch für Hilfsarbeiten, Mini-Jobs („geringfügige Beschäftigung" bis 400 €), Leiharbeit und Zeitarbeit („befristete Beschäftigung", vgl. § 121 Abs. 5 SGB III). Allerdings dürfen sie **nicht gegen Gesetze** (insbesondere Arbeitsüberlassungsgesetz, Heimarbeitsgesetz, Gesetz zur Bekämpfung der Schwarzarbeit, Tarifvertragsgesetz für Tarifvertrags-Arbeitgeber und Arbeitnehmer, Arbeitsschutzgesetze wie Jungendarbeitsschutzgesetz, Mutterschutzgesetz, Bundeserziehungsgeldgesetz) verstoßen, auch nicht gegen SGB II (§ 3 Abs. 1 S. 2, 3) und SGB I (§ 33), welche die Berücksichtigung der persönlichen Situation und von Wünschen erfordern. So ist gegen den Willen eines Arbeitslosen nicht sofort ein schlechteres Arbeitsverhältnis zumutbar, wenn eine baldige Vermittlung in ein übliches wahrscheinlich erscheint.

- **Bildung:** Maßnahmen der (Schul-, Weiter-)Bildung machen eine Arbeit wegen eines wichtigen Grundes unzumutbar, sofern nur sie zu einer geeigneten Arbeit führen. Das ist schon beim BSHG so gewesen. Dies gilt erst recht bezüglich des SGB II (§ 3 Abs. 2 S. 1, 2), das für junge Menschen zwischen 15 und 24 Jahren die Bedeutung der Ausbildung und eines Berufsabschlusses unterstreicht, weil „eine Qualifikation für ihren weiteren beruflichen Lebensweg und zur Vermeidung von Arbeitslosigkeit eine besondere Bedeutung hat" (BT-Drs. 15/1516, 51). Unter Abwägung dieser vom Gesetzgeber vorgegebenen Maßstäbe wird jedenfalls ein wichtiger Grund für die Unzumutbarkeit einer Arbeit die **Fortführung einer den Fähigkeiten entsprechenden Schulbildung,** gegebenenfalls bis zum Abitur, sein, ebenfalls eine **Weiterbildung/Umschulung,** wenn nur sie die Chance einer den persönlichen Fähigkeiten abgemessen Tätigkeit eröffnet, nicht aber eine Höherqualifikation, falls der bisherige Beruf ein ausreichendes Einkommen sichert (BVerwG, Urt. v. 7. 6. 1989 – 5 C 3/86 – BVerwGE 82, 125 = FEVS 39, 133 = NDV 1989, 324 = ZfSH/SGB 1989, 313; BVerwG, Urt. v. 4. 3. 1993 – 5 C 13/89 – FEVS 44, 221 = NDV 1993, 353 = NVwZ 1993, 993).

- **Lohnhöhe:** Da es bislang keinen allgemeinen gesetzlichen Mindestlohn gibt und lediglich in einigen Branchen (insbesondere dem Baugewerbe 10,20 €/Ost 8,80 € für Helfer und 12,30 €/Ost 9,80 € für Facharbeiter) ein Mindestlohn durch Verordnung gemäß dem Arbeitnehmer-Entsendegesetz bestimmt worden ist, sowie eine Bindung an tarifliche Mindestlöhne nur besteht, wenn Arbeitnehmer und Arbeitgeber tarifgebunden sind, führt ansonsten die Lohnhöhe erst dann zur Unzumutbarkeit, wenn sie gegen das gesetzliche Verbot des **Lohnwuchers** (§ 138 Abs. 2 BGB, § 291 Abs. 1 S. 1 StGB) verstößt. Das setzt nicht nur ein auffälliges Missverhältnis zwischen Leistung und Vergütung voraus (das von der Rechtsprechung allenfalls bei 30% unter dem tariflichen oder ortsüblichen Durchschnittslohn angenommen wird), sondern auch noch die Ausbeutung einer Zwangslage, der Unerfahrenheit, des Mangels an Urteilsvermögen oder einer erheblichen Willensschwäche.

- **(Nicht)Verfügbarkeit:** Sie besteht nach dem SGB III (§§ 117 Abs. 1 Nr. 1, 118 Abs. 1 Nr. 2) bei fehlender Fähigkeit, mindestens 15 Stunden wöchentlich zu arbeiten, und ist allein noch kein Grund für die Unzumutbarkeit einer Arbeit, führt aber zum Verlust des Anspruchs auf Alg (I), an dessen Stelle dann das Alg II tritt. Meist beruht sie freilich auf einen Grund, der zur Unzumutbarkeit der Arbeit führt, insbesondere Kindererziehungsgefährdung (s. S. 151); ansonsten kann im zumutbaren Umfang noch eine (Teilzeit)Arbeit oder Bildungsmaßnahme verlangt werden.

- **Zwangsarbeit:** Der Druck zur Arbeit, wie er im BSHG und SGB II bei Weigerung mit den drohenden Verlust der Lebensunterhaltsleistungen erzeugt wird, stellt nach Ansicht der Rechtsprechung (BVerwG, Urt. v. 23. 11. 1960 – 5 V 48/60 – BVerwGE 11, 252 = NJW 1961, 1082) und der herrschenden Literatur keine Zwangs- bzw. Pflichtarbeit und damit einen Verstoß gegen das Grundgesetz (Art 12 Abs. 2, 3) bzw. das Internationale Abkommen über Zwangs- und Pflichtarbeit dar, weil er kein Arbeitszwang sei.

f) Meldepflichten

Im weiteren Sinn zur Arbeitsverpflichtung gehört noch die Meldepflicht. Ein Arbeitsloser hat eine allgemeine Meldepflicht und eine weitere bei Wechsel der AA-Zuständigkeit (§ 59 SGB II in Verbindung mit §§ 309, 310 SGB III). Die **allgemeine Meldepflicht** verlangt vom Arbeitslosen während der Zeit, für die er Anspruch auf Alg II erhebt, sich bei der AA oder sonstigen Dienststellen der BA **persönlich zu melden** oder zu einem ärztlichen bzw. persönlichen **Untersuchungstermin** zu erscheinen, wenn die AA ihn dazu auffordert (§ 309 Abs. 1 S. 1 SGB III). Eine solche Aufforderung kann zum Zweck der Berufsberatung, Vermittlung in Ausbildung oder Arbeit, Vorbereitung aktiver Arbeitsförderungsleistungen, Vorbereitung von Entscheidungen im Leistungsverfahren und Prüfung des Vorliegens eines Leistungsanspruchs erfolgen (§ 309 Abs. 1 S. 2 SGB III). Der Arbeitslose hat sich zu der von der AA bestimmten **Zeit** zu melden; ist diese nach Tag und Tageszeit festgelegt, so kommt er seiner allgemeinen Meldepflicht auch dann nach, wenn er sich zu einer anderen Zeit am selben Tag meldet und der Zweck der Meldung erreicht wird (§ 309 Abs. 3 S. 1, 2 SGB III). Die notwendigen **Reisekosten,** die dem Arbeitslosen und der erforderlichen Begleitperson aus Anlass der Meldung entstehen, können auf Antrag übernommen werden (§ 309 Abs. 4 SGB III). Außerdem trifft Arbeitslose die Pflicht, bei Wechsel der Zuständigkeit der Agentur – z. B. nach Umzug –, sich bei der nunmehr zuständigen AA unverzüglich zu melden (§ 310 SGB III).

g) Auskunfts- und Beurteilungspflicht

Teilnehmer von Eingliederungsmaßnahmen sind verpflichtet (§ 61 Abs. 2 SGB II)
- (Nr. 1) der AA auf Verlangen Auskunft über den Eingliederungserfolg sowie alle weiteren Auskünfte zu erteilen, die zur Qualitätsprüfung benötigt werden und
- (Nr. 2) eine Beurteilung ihrer Leistung und ihres Verhaltens durch den Maßnahmeträger zuzulassen.

3. Arbeitseingliederungsmanagement

Die Arbeitseingliederung wird nach den Vorstellungen des Gesetzgebers von einem Fallmanager begleitet, dem als Steuerungsmittel die Eingliederungsvereinbarung und der Eingliederungsbescheid zur Verfügung stehen. Mit der Aufgabenerfüllung können freie Träger beauftragt werden.

a) Persönlicher Ansprechpartner/Fallmanager

Einen persönlichen Ansprechpartner soll nach dem SGB II (§§ 4 Abs. 1 Nr. 1, 14 S. 2) der SGB-II-Leistungsträger jedem erwerbsfähigen Hilfebedürftigen und den mit ihm in einer Bedarfsgemeinschaft lebenden Personen benennen, für die er Dienstleistungen insbesondere durch Information, Beratung und umfassende Unterstützung mit dem Ziel der Eingliederung in Arbeit zu erbringen hat. Die **Gesetzesbegründung** (BT-Dr. 15/1516, 46) fasst dies dahin zusammen, dass jedem erwerbsfähigen Hilfebedürftigen ein **„Fallmanager als persönlicher Ansprechpartner"** zu benennen ist, der ihn umfassend zu unterstützten hat, und führt weiter aus (BT-Dr. 15/1516, 54): „Die Zuordnung nach Möglichkeit nur eines Ansprechpartners soll ein kompetentes Fallmanagement sicherstellen, ein Vertrauensverhältnis zwischen dem Erwerbsfähigen und dem Mitarbeiter fördern und der Effizienz der Betreuung dienen." Schließlich heißt es noch (BT-Dr. 15/1516, 44): „Zur schnellst möglichen Überwindung der Hilfebedürftigkeit bedarf es einer maßgeschneiderten Ausrichtung der Eingliederungsleistungen auf den erwerbsfähigen Hilfebedürftigen. Kernelement der neuen Leistung soll deshalb das Fallmanagement sein. Im Rahmen des Fallmanagements wird die konkrete Bedarfslage des Betroffenen erhoben; darauf aufbauend wird dann ein individuelles Angebot unter aktiver Mitarbeit des Hilfebedürftigen geplant und gesteuert. Dabei spielt der Grundsatz „Fördern und Fordern" eine zentrale Rolle."

Im Anschluss daran betrachtet die Bundesagentur für Arbeit (Kompendium Aktive Arbeitsmarktpolitik nach dem SGB II, 2004, S. 9 ff.) die Funktion des **persönlichen Ansprechpartners als übergreifend,** unter der sich Teilaufgaben konstituieren könnten, u. a. Fallmanagement, Leistungsgewährung für bestimmte Personengruppen oder stärker vermittlungsorientierte Aufgaben (Integrationsfachkraft); im letzteren Sinne werde der persönliche Ansprechpartner definiert.

B. Womit werden Erwerbsfähige und Angehörige gefördert und gefordert?

Demzufolge ist der persönliche Ansprechpartner Lotse im Sinne eines Hausarztes im Sozialsystem und arbeitsmarktorientierte Integrationskraft für erwerbsfähige Hilfebedürftige und die zugehörige Bedarfsgemeinschaft. Er bearbeitet nicht selbst die Vielzahl von Problemen, sondern nutzt bzw. verweist auf vorhandene Netzwerke. Er prüft, ob die Einschaltung des Fallmanagers im Sinne eines Facharztes erforderlich ist. Die Entscheidung zur Übernahme der Betreuung trifft jedoch der Fallmanager.

Die Aufgaben des persönlichen Ansprechpartners werden so umschrieben:

- Auskünfte in Fragen routinemäßiger Leistungserbringung nach dem SGB II
- Hilfestellung bei weitergehenden sozialen Problemstellungen im Sinne einer „Lotsenfunktion" (Miet-/Energiekostenrückstände, Schuldenproblematik, drohende Obdachlosigkeit, Kinderbetreuung), sofern nicht eine Überleitung an das Fallmanagement ratsam ist
- Tiefenanalyse unter Berücksichtigung der gesamten Situation der betroffenen Bedarfsgemeinschaft
- Bewerberorientierte Vermittlung unter Berücksichtigung der fachlichen Qualitätsstandards zur Arbeits- und Ausbildungsvermittlung in der BA
- Entscheidung, die zu Leistungskürzungen oder -einstellungen führen können
- Entscheidung über eine aktive Förderung nach dem § 16 SGB II
- Arbeitgeberkontakte in Absprache mit den verantwortlichen Teams der Agenturen (koordinierende Funktion des Bereichsleiters/Teamleiters ARGE)
- Abschluss von Eingliederungsvereinbarungen
- Entscheidung über den Einsatz von Arbeitsgelegenheiten
- Nachgehende Betreuung von integrierten erwerbsfähigen Hilfebedürftigen bis zu einer Dauer von sechs Monaten.

Während persönliche Ansprechpartner den Personenkreis mit geringeren oder arbeitsmarktbedingten Vermittlungshemmnissen betreuen, soll sich der Fallmanager im Anschluss an Empfehlungen des Deutschen Vereins (NDV 2004, 149 ff.) befassen mit erwerbsfähigen Hilfebedürftigen mit multiplen Vermittlungshemmnissen, die in der familiären bzw. persönlichen Situation begründet sind. Dabei soll er sich Case-Management-Methoden bedienen mit den Schritten Kontakt, Einschätzung/Bewertung = Assessment, Hilfeplanung, Eingliederungsvereinbarung,

158

III. Arbeit: Förderung und Forderung

Umsetzung, Verlaufsüberprüfung = Monitoring, Abschlussbilanz = Evaluation.

Damit einher geht eine **Kundentypisierung,** die sich in einem Beratungspapier der Bundesagentur für Arbeit (Beratungsunterlage 19/2005) so darstellt:

(1) Marktkunden, für die ohne irgendwelche weitere Förderung die „schnellstmögliche und möglichst nachhaltige Vermittlung ... in den ersten Arbeitsmarkt" angestrebt wird; **(2) Beratungskunden,** die lediglich der *Aktivierung* bedürfen und bei denen über eine „Perspektivenänderung" („Entwicklung von Engagement, Motivation und Erwartungen") und die „frühzeitige Ermittlung und Beseitigung objektiver Vermittlungshürden" ebenfalls eine rasche und nachhaltige Vermittlung erreicht werden soll; **(3) Beratungskunden,** für die darüber hinaus eine Förderung – das heißt: neben dem Abbau von Beschäftigungshürden auch eine Qualifizierung – in Frage kommt; **(4) Betreuungskunden,** bei denen es um den „Erhalt der Marktfähigkeit" und eine „aktivierende Betreuung" geht.

Insgesamt führt dieser **Mischmasch** offensichtlich zu großen Umsetzungsschwierigkeiten. Weder liegen bisher eindeutige Handlungs- und Erfolgsstandards vor noch entspricht die Personalausstattung den reißerischen Vorstellungen.

Rat: Wer einen Einblick in die Gedankenwelt der Macher bekommen will, sollte Göckler, Beschäftigungsorientiertes Fallmanagement, 2006, lesen. Zur Kritik s. Reis u. a., Fallmanagement in der Arbeit mit Arbeitslosen, 2006.

---

b) Eingliederungsvereinbarung

aa) Rechtlicher Rahmen: Nach dem SGB II (§ 15 Abs. 1 S. 1, 2) **soll** – Ausnahme (BT-Drs. 15/1516, 54: Informations- oder Marktkunden) – die AA im Einvernehmen mit dem KT mit jedem erwerbsfähigen Hilfebedürftigen, d. h. den sog. Beratungs- und Betreuungskunden, also auch gerade jungen Menschen (s. S. 198), die für die Eingliederung **erforderlichen Leistungen** vereinbaren, insbesondere 1. welche Leistungen der Erwerbsfähige zur Eingliederung in Arbeit enthält, 2. welche Bemühungen er in welcher Häufigkeit zur Eingliederung in Arbeit mindestens unternehmen muss und in welcher Form er die Bemühungen nachzuweisen hat. In ihr kann auch vereinbart werden, welche Leistungen die Personen erhalten, die mit dem erwerbsfähigen Hilfebedürftigen in einer **Bedarfsgemeinschaft** (s. S. 44) leben; diese Personen sind dabei zu beteilen (§ 15 Abs. 2 SGB II). Wird in der Eingliederungsvereinbarung eine **Bildungsmaßnahme** vereinbart, ist auch zu regeln, in welchem Umfang und unter welchen Voraussetzungen der erwerbsfähige Hilfebedürftige **schadensersatzpflichtig** ist, wenn er die Maßnahme aus einem von ihm zu vertretenden Grund nicht zu Ende führt (§ 15 Abs. 3 SGB II). Das soll bei Nichtbeendigung einer Maßnahme „aus eigenem Verschulden ... über eine drohende Absenkung des Arbeitslosengeld II hinaus den Anreiz für den Betroffenen erhöhen, die Bildungsmaßnahme planmäßig zu beenden" (BT-Drs. 15/1516, 54).

Die Eingliederungsvereinbarung soll für **sechs Monate** geschlossen werden (§ 15 Abs. 1 S. 3 SGB II), bis zum 31. 12. 2006 zunächst für „bis zu 12 Monate" (§ 65 Abs. 6 SGB II, wo fälschlicherweise auf § 15 Abs. 1 S. 2 statt auf § 15 Abs. 1 S. 3 verwiesen wird). Danach soll (gegebenenfalls jeweils wieder) eine neue Eingliederungsvereinbarung geschlossen werden; bei jeder folgenden sind die bisher gewonnen Erfahrungen zu berücksichtigen (§ 15 Abs. 1 S. 4, 5 SGB II).

Die Eingliederungsvereinbarung – welche „das Sozialrechtsverhältnis zwischen dem Erwerbsfähigen und der AA konkretisiert" (BT-Drs. 15/1516, 54) – ist ein **öffentlich-rechtlicher Vertrag,** auf den ergänzend (s. § 37 Abs. 1 S. 1 Hs. 1 SGB I) die dafür im SGB X (§§ 53–61) getroffenen Regelungen anzuwenden sind. Danach (§ 56 SGB X) muss sie **schriftlich** abgeschlossen werden; für die Verletzung vertraglicher Pflichten sind die Regelungen des Bürgerlichen Gesetzbuches entsprechend anwendbar, soweit Vorschriften des SGB oder Besonderheiten des öffentlich-rechtlichen Vertrages nicht entgegenstehen (§ 61 S. 2 SGB X). Weiterhin gilt (§ 33 SGB I), dass für den – hier vorliegenden – Fall, dass der Inhalt von Rechten oder Pflichten nach Art und Umfang nicht im Einzelnen bestimmt ist, bei ihrer Ausgestaltung die **persönlichen Verhältnisse** des Berechtigten oder Verpflichteten (beides ist der erwerbsfähige Hilfesuchende), sein **Bedarf,** seine **Leistungsfähigkeit** und die **örtlichen Verhältnisse** zu berücksichtigen sind und seinen **Wünschen** entsprochen werden soll, soweit sie angemessen sind. In diesem Zusammenhang hat die Rechtsprechung des Bundesverwaltungsgerichts (Urt. v. 17. 5. 1995 – 5 C 20/93 – BVerwGE 98, 203 = FEVS 46, 121 = NDV-RD 1996, 62 = NJW 1995, 3200) zum BSHG weiterhin Bedeutung: „Ob und in welcher Intensität **eigene Bemühungen** des Hilfesuchenden um eine Arbeitsstelle verlangt werden dürfen, hängt ab von den Umständen des Einzelfalles, insbesondere von den persönlichen (z.B. familiären, gesundheitlichen) Verhältnissen des Hilfesuchenden,

III. Arbeit: Förderung und Forderung

seinen Arbeitsfähigkeiten und der Arbeitsmarktlage in dem Bereich, der
dem Hilfesuchenden zugänglich ist (vgl. § 3 Abs. 1 BSHG). Fehlende
eigene Bemühungen um Arbeit können einem Hilfesuchenden, der die
Dienste des Arbeitsamts regelmäßig in Anspruch nimmt, nur dann nach
§ 25 Abs. 1 BSHG als anspruchsvernichtend entgegengehalten werden,
wenn solche Arbeitsbemühungen dem Hilfesuchenden nach seinen persönlichen und finanziellen Kräften zumutbar sind und nach der (örtlichen oder regionalen) Arbeitsmarktlage auch konkrete Erfolgsaussich-
ten besitzen. Vor der Aufforderung zur selbstständigen Arbeitssuche hat
der Sozialhilfeträger daher in jedem Fall zu prüfen, ob der einzelne Hilfesuchende mit einem solchen Ansinnen nicht überfordert und damit
dem Hilfezweck der §§ 18 ff., 25 Abs. 1 BSHG entgegengewirkt wird,"
ähnlich BVerfG Beschl. v. 29. 12. 2005 – 1 BvR 2076/03 – FamRZ 2006,
469: Die Verpflichtung zur bundesweiten Arbeitssuche setzt im Einzelfall die Prüfung voraus, inwieweit das unter Berücksichtigung den persönlichen Bindungen, insbesondere des Umgangsrechts mit Kindern,
zumutbar ist, weiter BSG Urt. v. 20. 10. 2005 – B 7a AL 18/05 – nach
quer 4/2006, 32).

Die Eingliederungs**vereinbarung** steht – auch gesetzestechnisch – in
engem Zusammenhang mit dem Grundsatz des Förderns (§ 14 S. 1, 2
SGB II), nach dem erwerbsfähige Hilfebedürftige umfassend mit dem
Ziel der Eingliederung in Arbeit zu unterstützen sind, wozu die AA
einen persönlichen Ansprechpartner für jeden erwerbsfähigen Hilfebedürftigen und die mit ihm in einer Bedarfsgemeinschaft lebenden Personen benennen soll. Mit diesem „Fallmanager" schließt der erwerbsfähige Hilfebedürftige nach der Vorstellung des Gesetzgebers (BT-Drs.
15/1516, 46) „die gemeinsam erarbeitete und unterzeichnete Eingliederungsvereinbarung", in der einerseits sichergestellt wird, „dass die AA
Angebote unterbreitet, die den individuellen Bedürfnissen des erwerbsfähigen Hilfebedürftigen, den Anforderungen des Arbeitsmarktes und
den Grundsätzen der Wirtschaftlichkeit entsprechen", andererseits die
„Anstrengungen" aufgeführt sind, „die von ihm selbst im Rahmen des
Eingliederungsprozesses erwartet werden", d. h. (BT-Drs. 15/1516, 54)
die „Mindestanforderungen an die eigenen Bemühungen um berufliche
Eingliederung nach Art und Umfang", welche sich aus dem Grundsatz
des Forderns ergeben, aus dem folgt (§ 2 Abs. 1 S. 1, 2 SGB II), dass
erwerbsfähige Hilfebedürftige alle Möglichkeiten zur Beendigung oder
Verringerung ihrer Hilfebedürftigkeit ausschöpfen und aktiv an allen
Maßnahmen zur Eingliederung in Arbeit mitwirken, insbesondere eine

Eingliederungsvereinbarung abschließen müssen. Der Bundestag hat die Bundesregierung ausdrücklich aufgefordert (BT-Drs. 15/1728, 14), darauf hinzuwirken, dass die Eingliederungsvereinbarung „in einem **partnerschaftlichen Umgang** zwischen AA und erwerbsfähigem Hilfebedürftigen zustande kommt und in der Eingliederungsvereinbarung diejenigen Leistungen zur Eingliederung in Arbeit vereinbart werden, die unter Berücksichtigung der Umstände des Einzelfalls zur Eingliederung in Arbeit erforderlich und vertretbar sind. Darüber hinaus soll die BA durch geeignete Maßnahmen (z. B. durch Hinzuziehen eines zweiten Fallmanagers) gewährleisten, dass im Falle von Differenzen bei Abschluss und Einhalten der Eingliederungsvereinbarung die Interessen erwerbsfähiger Hilfebedürftiger gewahrt werden."

Durch die **zeitliche Befristung** auf zunächst ein Jahr und ab 1. 1. 2007 sechs Monate „sollen eine intensive Betreuung und eine zeitnahe kritische Überprüfung der Eignung der für die berufliche Eingliederung eingesetzten Mittel sichergestellt werden"; gelingt die Eingliederung im vorgesehen Zeitraum nicht, ist eine neue Vereinbarung abzuschließen (BT-Drs. 15/1516, 54). Dementsprechend stellt die Eingliederungsvereinbarung auch ein Instrument der Qualitätssicherung dar.

Kommt eine Eingliederungsvereinbarung **nicht zustande,** sollen die durch sie zu treffenden Regelungen durch **Verwaltungsakt** erfolgen (§ 15 Abs. 1 S. 6 SGB II, S. 177); außerdem droht bei Weigerung, eine Eingliederungsvereinbarung abzuschließen bzw. die darin festgelegten Pflichten zu erfüllen, eine Reduzierung des Arbeitslosengelds II (§ 31 Abs. 1 S. 1 Nr. 1 a, b SGB II, s. S. 179). Zudem kann die AA die Vermittlung einstellen (§§ 38 Abs. 2 SGB III, 16 Abs. 1 S. 1 SGB II).

Die Eingliederungsvereinbarung nach dem SGB II ist derjenigen nach dem SGB III (§§ 6 Abs. 1 S. 3, 35 Abs. 4) nachgebildet, die durch das Gesetz zur Reform der arbeitsmarktpolitischen Instrumente (Job-AQTIV-Gesetz) vom 14. 12. 2001 eingeführt wurde. Diesbezüglich ist im SGB III (§ 35 Abs. 4 S. 2, 4) ausdrücklich vorgeschrieben, dass dem Arbeitslosen oder Arbeitssuchenden eine **Ausfertigung der Eingliederungsvereinbarung** auszuhändigen ist und eine **Überprüfung** bei ausbildungssuchenden **Jugendlichen** nach **drei Monaten** zu erfolgen hat. Das ist im SGB II nicht ausdrücklich so geregelt ist, sollte aber genauso gehandhabt werden. Hinsichtlich des SGB III ist in der Gesetzesbegründung herausgestellt werden (BT-Drs. 14/6944, 25): „Eine vom Arbeitsamt und dem Arbeitslosen **gemeinsam erarbeitete Eingliederungsvereinbarung** stellt einerseits sicher, dass die Arbeits-

III. Arbeit: Förderung und Forderung

ämter Angebote bereitstellen, die den individuellen Interessen, Kenntnissen und Fähigkeiten der/des Arbeitslosen sowie den geschlechtsspezifischen Beschäftigungschancen entsprechen, soweit dies der jeweilige Arbeitsmarkt zulässt. Andererseits wird mit jeder/jedem Arbeitslosen vereinbart, welche Anstrengungen von ihr/ihm selbst bei der Stellensuche und der Teilnahme an arbeitsmarktpolitischen Maßnahmen erwartet werden. Der Grundsatz des Förderns und Forderns wird konsequent und für beide Seiten fair umgesetzt" und weiter (BT-Drs. 14/6944, 31): „Die Eingliederungsvereinbarung wird vom zuständigen Mitarbeiter des Arbeitsamts und dem Betroffenen gemeinsam erarbeitet. Bei Differenzen über die vorzusehenden Maßnahmen kann der Arbeitslose eine Beratung und Entscheidung des Vorgesetzen verlangen. Hierbei kann er zu seiner Unterstützung auch einen Berater seines Vertrauens hinzuziehen."

Bezüglich der Eingliederungsvereinbarung ist aus **verfassungsrechtlicher Sicht** die Frage aufgeworfen worden, ob die Chancenzuweisung durch Fallmanager ohne durchsetzbare Rechte der Erwerbstätigen und mit rechtsgeschäftlicher Selbstunterwerfung unter sanktionsbewertete Vereinbarungen einen unverhältnismäßigen Eingriff in die grundgesetzlich geschützte Vertragsfreiheit (Art. 2 Abs. 1 GG) und einen Verstoß gegen das Rechtsstaatsprinzip (Art. 20 Abs. 1 GG) darstellt. Die Verfassungswidrigkeit einer Regelung kann jedoch frühestens in einem Verfahren vor Gericht – durch das Bundesverfassungsgericht aufgrund einer richterlichen Vorlage (Art. 100 GG) – und in der Regel erst nach dessen Abschluss mit einer Verfassungsbeschwerde (§ 32 BVerfGG) geltend gemacht werden. Bis zu dessen eventueller Entscheidung sollten sich Betroffene auf eine zweckmäßige Strategie beim (Nicht)Abschluss einer Eingliederungsvereinbarung einstellen.

bb) Umsetzung: Die Durchführungshinweise der Bundesagentur (DHBA 15/2, 5, 6) bestimmen bezüglich des Abschlusses einer Eingliederungsvereinbarung Folgendes:

Vom **Abschluss** einer Eingliederungsvereinbarung ist dann **abzusehen,** wenn

- der Betroffene auch ohne Eingliederungsvereinbarung mit hoher Wahrscheinlichkeit zeitnah in den Arbeits- oder Ausbildungsmarkt integriert werden kann oder
- vorübergohend eine Erwerbstätigkeit oder Eingliederungsmaßnahme nicht zumutbar ist und der erwerbsfähige Hilfebedürftige sich hierauf beruft.

Vom Abschluss einer Eingliederungsvereinbarung kann daher insbesondere bei folgenden Personenkreisen vorübergehend abgesehen werden:

B. Womit werden Erwerbsfähige und Angehörige gefördert und gefordert?

(a) (Allein) Erziehende, denen nach § 10 Abs.1 Nr. 3 SGB II eine Erwerbstätigkeit nicht zumutbar ist und die nicht auf eigenen Wunsch eine Eingliederungsvereinbarung abschließen möchten.

(b) Erwerbsfähige Hilfebedürftige i. S. des § 10 Abs. 1 Nr. 4 SGB II, die Angehörige pflegen, so lange die Pflege die Aufnahme einer Beschäftigung verhindert und sie nicht auf eigenen Wunsch eine Eingliederungsvereinbarung abschließen möchten.

(c) Antragsteller bis zur abschließenden Klärung des Status zur Erwerbsunfähigkeit durch den zuständigen Rentenversicherungsträger.

(d) Personen mit zulässiger Übergangsorientierung in den Ruhestand (§ 16 Abs. 2 SGB II – AtG –, § 65 Abs. 4 SGB II), es sei denn, sie möchten freiwillig eine Eingliederungsvereinbarung abschließen.

(e) Jugendliche und junge Erwachsene (unter 25-jährige), die auch nach Beendigung der Vollzeit-Schulpflicht einen nach Bundes- oder Landesrecht anerkannten allgemein- oder berufsbildenden Abschluss in Vollzeit erwerben und deren Leistungen den erfolgreichen Abschluss erwarten lassen.[1]

(f) Personen, die ihren Lebensumständen oder ihrer Persönlichkeit nach nicht in der Lage sind, die Folgen des Abschlusses einer Eingliederungsvereinbarung zu überschauen.[2]

(g) Personen mit einer festen Einstellungszusage innerhalb der nächsten 8 Wochen.

(h) Personen, die nur Pflichtleistungen erhalten, d. h. (DH-BA 15.12) Sozialleistungen, auf die ein Ist-Anspruch besteht wie behinderte Menschen (S. 139), weil im öffentlich-rechtlichen Vertrag nur Ermessensleistungen vereinbart werden dürfen (§ 53 Abs. 2 SGB X).

---

[1] Dies sind insbesondere Schüler in Hauptschule, Realschule, Gymnasium, weiterführender Schule wie Fachoberschule, Berufsgrundbildungs- und vorbereitungsjahr, Berufsfachschule, dualen Ausbildungsgängen, vollzeitschulischen Ausbildungsgängen, Studierende an Universitäten, Fachhochschulen, Akademien. Aktivierungsstrategien für diesen Personenkreis setzen jedoch sinnvollerweise bereits in den entsprechenden Abschlussjahrgängen ein. Dies ist bei der Fortschreibung der Wiedervorlagetermine zu berücksichtigen.

[2] Darunter können beispielsweise fallen: Personen mit stark eingeschränkten intellektuellen Fähigkeiten, Personen mit akuter Suchtproblematik, mit Borderline-Syndrom o. ä., die nicht unter Betreuung stehen. Es ist jedoch ggf. zu überprüfen, ob diese Personen erwerbsfähig sind.

Dem Abschluss einer Eingliederungsvereinbarung geht zwingend ein umfassendes und systematisches **Profiling (Standortbestimmung)** voraus. Bereits im Rahmen des SGB III erfolgte Standortbestimmungen (Profilings) sollen hierbei berücksichtigt werden. Das Profiling dient dazu, eine dem Grundsatz des Förderns und Forderns entsprechende Chancen- und Risikoeinschätzung für den Einzelnen zu erarbeiten und seinen beruflichen Standort zu ermitteln. Dem Profiling soll eine intensive Beratung folgen, in deren Folge die konkreten Eingliederungsschritte vereinbart und in der Eingliederungsvereinbarung festgehalten werden. Profiling/Standortbestimmung und Eingliederungsvereinbarung sind logisch aufeinander aufgebaut und sollen dazu dienen, Transparenz und Verbindlichkeit im Integrationsprozess herzustellen.

III. Arbeit: Förderung und Forderung

Muster: **Profiling-Bogen für SGB-II-Neukunden**

Datum:

Org.- Zeichen:
Name:
Telefon:

Kundennummer:
Telefon:

BKZ	
Berufsbezeichnung	
Letzte Beschäftigung beendet durch	
Ausbildungsabschluss	
Berufsrückkehrer/-in	
Alter	

Fähigkeiten/Qualifikationen					
Berufserfahrung	☐ Kein Handlungs-bedarf	☐ Minima-ler Hand-lungsbedarf	☐ Starker Handlungs-bedarf	☐ Sehr Starker Handlungs-bedarf	☐ Merkmal nicht zutref-fend
Fachwissen	☐ Kein Handlungs-bedarf	☐ Minima-ler Hand-lungsbedarf	☐ Starker Handlungs-bedarf	☐ Sehr Starker Handlungs-bedarf	☐ Merkmal nicht zutref-fend
Kommunikative Fähigkeiten	☐ Kein Handlungs-bedarf	☐ Minima-ler Hand-lungsbedarf	☐ Starker Handlungs-bedarf	☐ Sehr Starker Handlungs-bedarf	☐ Merkmal nicht zutref-fend
Kooperations-/ Teamfähigkeit	☐ Kein Handlungs-bedarf	☐ Minima-ler Hand-lungsbedarf	☐ Starker Handlungs-bedarf	☐ Sehr Starker Handlungs-bedarf	☐ Merkmal nicht zutref-fend
Sonstiges (u. a. Einschätzung von familiär bzw. ehren-amtlich erworbenen Qualifikationen, Personalführung Fremdsprachen-kenntnisse, IT-Qualifikationen)					

Aus den Feststellungen ergibt sich Handlungsbedarf ☐ nein ☐ ja, (konkret benennen)

B. Womit werden Erwerbsfähige und Angehörige gefördert und gefordert?

Hemmnisse				
Örtliche und zeitliche	☐ Kein Handlungsbedarf	☐ Minimaler Handlungsbedarf	☐ Starker Handlungsbedarf	☐ Sehr Starker Handlungsbedarf
Gesundheitliche Einschränkungen	☐ Kein Handlungsbedarf	☐ Minimaler Handlungsbedarf	☐ Starker Handlungsbedarf	☐ Sehr Starker Handlungsbedarf
Finanzielle Situation	☐ Kein Handlungsbedarf	☐ Minimaler Handlungsbedarf	☐ Starker Handlungsbedarf	☐ Sehr Starker Handlungsbedarf
Bedarfsgemeinschaft	☐ Kein Handlungsbedarf	☐ Minimaler Handlungsbedarf	☐ Starker Handlungsbedarf	☐ Sehr Starker Handlungsbedarf
Sonstiges (Gehaltsvorstellungen etc.)				

Aus den Feststellungen ergibt sich Handlungsbedarf ☐ nein ☐ ja, (konkret benennen)

Engagement/Motivation				
Arbeits-/Leistungsbereitschaft	☐ Kein Handlungsbedarf	☐ Minimaler Handlungsbedarf	☐ Starker Handlungsbedarf	☐ Sehr Starker Handlungsbedarf
Durchhaltevermögen/ Zielstrebigkeit	☐ Kein Handlungsbedarf	☐ Minimaler Handlungsbedarf	☐ Starker Handlungsbedarf	☐ Sehr Starker Handlungsbedarf
Eigeninitiative	☐ Kein Handlungsbedarf	☐ Minimaler Handlungsbedarf	☐ Starker Handlungsbedarf	☐ Sehr Starker Handlungsbedarf
Lernbereitschaft	☐ Kein Handlungsbedarf	☐ Minimaler Handlungsbedarf	☐ Starker Handlungsbedarf	☐ Sehr Starker Handlungsbedarf
Sonstiges				

Aus den Feststellungen ergibt sich Handlungsbedarf ☐ nein ☐ ja, (konkret benennen)

III. Arbeit: Förderung und Forderung

Spezifische Arbeitsmarktbedingungen				
Lokale/Regionale Nachfrage nach Zielberuf	☐ Kein Handlungsbedarf	☐ Minimaler Handlungsbedarf	☐ Starker Handlungsbedarf	☐ Sehr Starker Handlungsbedarf
Lokale/Regionale Nachfrage nach Jobfamilie	☐ Kein Handlungsbedarf	☐ Minimaler Handlungsbedarf	☐ Starker Handlungsbedarf	☐ Sehr Starker Handlungsbedarf
Überregionale/bundesweite Nachfrage Zielberuf	☐ Kein Handlungsbedarf	☐ Minimaler Handlungsbedarf	☐ Starker Handlungsbedarf	☐ Sehr Starker Handlungsbedarf
Überregionale/bundesweite Nachfrage Jobfamilie	☐ Kein Handlungsbedarf	☐ Minimaler Handlungsbedarf	☐ Starker Handlungsbedarf	☐ Sehr Starker Handlungsbedarf
Sonstiges				

Aus den Feststellungen ergibt sich Handlungsbedarf ☐ nein ☐ ja, (konkret benennen)

Gesamteinschätzung			
Es besteht die Gefahr der Langzeitarbeitslosigkeit: ☐ ja ☐ nein			
☐ Uneingeschränkt vermittelbar, in allen Dimensionen kein oder nur geringer Handlungsbedarf (Marktkunde)	☐ Mit Hilfen zur Beseitigung der Hemmnisse vermittelbar (Beratungskunde Fördern)	☐ Mit Hilfen zur Steigerung von Motivation und Engagement vermittelbar (Beratungskunde Aktivieren)	☐ Mittelfristig nicht zu vermitteln, zunächst sind die meist multiplen Einschränkungen zu beseitigen (Betreuungskunde)
Zur Eingliederung wird zusätzlich folgendes Vorgehen vorgeschlagen			

Mitglieder der Bedarfsgemeinschaft	
Profilingergebnisse weiterer Mitglieder der Bedarfsgemeinschaft (Abgleich im Hinblick auf größere Integrationschancen – Chancengleichheit –)	Name: Vorname:

Bezüglich des **Abschlusses** einer Eingliederungsvereinbarung enthalten die Durchführungshinweise der Bundesagentur für Arbeit (DH-BA Anlage zu § 15) das folgende **Muster** mit Check-Liste:

B. Womit werden Erwerbsfähige und Angehörige gefördert und gefordert?

Briefkopfbogen Träger der Grundsicherung

Ihr Zeichen:
Ihre Nachricht:
Mein Zeichen:
(Bei jeder Antwort bitte angeben)

Herr/Frau
«VORNAME» «NAME»   Name:
«STRASSE» Hausnummer   Durchwahl:
                          Telefax:
«PLZ» «ORT»   E-Mail:
                          Datum:

Eingliederungsvereinbarung

zwischen _____

erwerbsfähige(r) Hilfebedürftige(r)

_____

nichterwerbsfähige(r) Hilfebedürftige(r) in der Bedarfsgemeinschaft

und

_____

Agentur für Arbeit/Arbeitsgemeinschaft

im Einvernehmen mit

_____

kommunaler Träger

1. Leistungen und Pflichten der Vertragsparteien

Die/der erwerbsfähige Hilfebedürftige verpflichtet sich, alle Möglichkeiten zu nutzen, um den eigenen Lebensunterhalt aus eigenen Mitteln und Kräften zu bestreiten und an allen Maßnahmen zur Eingliederung mitzuwirken.

Aufgrund der besprochenen Chanceneinschätzung werden folgende Aktivitäten zur beruflichen Eingliederung für die/den erwerbsfähige(n) Hilfebedürftige(n) sowie nicht erwerbsfähige Personen, die mit ihn/ihr in einer Bedarfsgemeinschaft leben, für die Zeit bis _____ verbindlich vereinbart, soweit zwischenzeitlich nichts anderes vereinbart wird.

a) Träger der Grundsicherung

[einzufügen sind die konkreten für die/den erwerbsfähige(n) Hilfebedürftige(n) vorzunehmenden Leistungen aus der Checkliste oder durch freien Eintrag]

168

III. Arbeit: Förderung und Forderung

b) Herr/Frau _____

[einzutragen sind die konkret für den erwerbsfähigen Hilfebedürftigen vorzunehmenden Pflichten und Eigenbemühungen]

c) Herr/Frau _____

[ggf.]

[einzutragen sind die Leistungen, die für den nichterwerbsfähigen Hilfebedürftigen in der Bedarfsgemeinschaft vorgesehen sind]

2. Rechtsfolgen bei Nichterfüllung der Rechte und Pflichten:

a) Träger der Grundsicherung

Die Vertragsparteien sind sich einig, dass die/der erwerbsfähige Hilfebedürftige gegenüber dem zuständigen Träger der Grundsicherung für Arbeitsuchende die in der Eingliederungsvereinbarung festgelegten Rechte einfordern kann. Sollte der entsprechende Träger seiner in der Eingliederungsvereinbarung festgelegten Pflicht nicht nachkommen, ist ihm innerhalb einer Frist von [einzutragen ist ein bestimmter Zeitraum] das Recht der Nachbesserung einzuräumen.

Sollte eine Nachbesserung tatsächlich nicht möglich sein, muss er der/dem erwerbsfähigen Hilfebedürftigen folgende Ersatzmaßnahme anbieten [einzutragen ist die Ersatzmaßnahme]

b) Herr/Frau _____

Sollte die/der erwerbsfähige Hilfebedürftige die in dieser Eingliederungsvereinbarung vereinbarten Pflichten nicht erfüllen, insbesondere keine Eigenbemühungen in dem hier festgelegten Umfang nachweisen, treten die **gesetzlich vorgeschriebenen Rechtsfolgen ein. Dies gilt nicht, wenn die/der erwerbsfähige Hilfebedürftige einen wichtigen Grund für ihr/sein Verhalten nachweist. Hinweise zu den Rechtsfolgen befinden sich im Anhang.**

c) Herr/Frau _____

Auch für die/den nicht erwerbsfähige(n) Hilfebedürftige(n) können gesetzlich vorgeschriebene Rechtsfolgen eintreten, die Leistungskürzungen zur Folge haben. Hinweise zu den Rechtsfolgen befinden sich im Anhang.

3. Schadensersatzpflicht bei Abbruch einer Bildungsmaßnahme

Herr/Frau _____ verpflichtet sich zur Zahlung von Schadensersatz wenn er/sie die Maßnahme aus einem von ihm/ihr zu vertretenden Grund nicht zu Ende führt.

Die Höhe des Schadensersatzes beträgt 30% der Maßnahmekosten, es sei denn der tatsächlich eingetretene Schaden ist niedriger.

Das Einvernehmen des kommunalen Trägers liegt vor (s. Anlage) bzw. gilt durch übergreifende Regelungen der Grundsicherungsträger als erteilt.

B. Womit werden Erwerbsfähige und Angehörige gefördert und gefordert?

Ich habe eine Ausfertigung der Eingliederungsvereinbarung erhalten. Unklare Punkte wurden erläutert, die möglichen Rechtsfolgen verdeutlicht. Mit den Inhalten der Eingliederungsvereinbarung bin ich einverstanden.

Datum/Unterschrift
Erwerbsfähige(r) Hilfebedürftige(r)

(ggf. Datum/Unterschrift
Nichterwerbsfähige(r) Hilfebedürftige(r), die/der mit in der Bedarfsgemeinschaft lebt)

(ggf. Datum/Unterschrift
Erziehungsberechtigter/gesetzlicher Vertreter/Vormund (bei Minderjährigen))

Datum/Unterschrift
Vertreter(in) Träger der Grundsicherung

Auswahl zu erbringender Leistungen der Grundsicherungsträger	Erwerbsfähige/r Hilfebedürftige/r bzw. Angehörige der Bedarfsgemeinschaft
Unterstützung bei der Arbeits- und Ausbildungssuche/-aufnahme	
Unterbreitung von Vermittlungsvorschlägen – der Agentur für Arbeit/ARGE – der Personal-Service-Agentur	☐
Aufnahme des Bewerberinnenprofils in – www.arbeitsagentur.de – und/oder Markt & Chance auf. (ggf. mit Text ab wann)	☐
Angebot eines Bewerbungstrainings	
Unterstützung der Bewerbungsbemühungen durch finanzielle Leistungen (UBV) nach Maßgabe des § 46 SGB III	☐
Einschaltung zur Unterstützung der Bewerbungsaktivitäten/Integration in Ausbildung/Beschäftigung des erwerbsfähigen Hilfebedürftigen • den Fallmanager • den Berufsberater	

III. Arbeit: Förderung und Forderung

Auswahl zu erbringender Leistungen der Grundsicherungsträger	Erwerbsfähige/r Hilfebedürftige/r bzw. Angehörige der Bedarfsgemeinschaft

• Psychologischen Dienst
• Ärztlichen Dienst
• folgende Dritte
    • Träger, die Eingliederungsmaßnahmen durchführen (§ 421 i SGB III)
    • Dritte nach § 37 SGB III
    • Kammern u. a. Einrichtungen (z. B. im Rahmen des Ausbildungspaktes)
• Personal-Service-Agentur	

Aushändigung eines Vermittlungsgutscheins für die Inanspruchnahme eines privaten Arbeitsvermittlers	☐
Angebot von Leistungen zur Aufnahme einer Arbeit (Mobilitätshilfen)	☐
Angebot an potenziellen Arbeitgeber bei Erfüllung der gesetzlichen Voraussetzungen eine zur Eingliederung erforderliche Unterstützung zu zahlen:	
Zahlung von Einstiegsgeld bei Vorliegen der Voraussetzungen	☐
Existenzgründung:	
Unterstützung der geplanten Existenzgründung durch: (z. B. Teilnahme Existenzgründungsseminar, Zahlung, Einstiegsgeld, Darlehen etc.)	
Aus-/Weiterbildung:	
Förderung der beruflichen Weiterbildung durch Teilnahme an: (Bezeichnung der Maßnahme, Angabe der Dauer)	
Förderung einer betrieblichen Trainingsmaßnahme	☐
Förderung einer Berufsausbildung mit ausbildungsbegleitenden Hilfen bzw. Förderung einer außerbetrieblichen Ausbildung	
Hinwirken auf eine Förderung durch Ausbildungsmarktpartner AA mittels: BvB, EQJ sowie § 421 m SGB III Hinwirken auf Überbrückungsmöglichkeiten (z. B. Freiwilliges Soziales Jahr, Freiwilliges Ökologisches Jahr etc.):	

171

B. Womit werden Erwerbsfähige und Angehörige gefördert und gefordert?

Auswahl zu erbringender Leistungen der Grundsicherungsträger	Erwerbsfähige/r Hilfebedürftige/r bzw. Angehörige der Bedarfsgemeinschaft
Geförderte Beschäftigung:	
Angebot einer Beschäftigung in einer Arbeitsbeschaffungsmaßnahme (ABM)	☐
Angebot einer Arbeitsgelegenheit	
Indirekte Integrationsleistungen:	
Unterstützung bei der Organisation der Betreuung minderjähriger oder pflegebedürftiger Angehöriger	☐
Herstellung eines Kontaktes zu einer Schuldnerberatung	☐
Angebot psychosozialer Betreuung bei	
Herstellung eines Kontaktes zu einer Suchtberatung	☐
Leistungen zur beruflichen Rehabilitation:	
Angebot von Leistungen zur beruflichen Rehabilitation	☐
Sonstiges:	
Gewährung von Leistungen nach dem Altersteilzeitgesetz	☐
Sonstiges – Hilfs- und Beratungsangebote aus angrenzenden Bereichen: – lokale kirchliche Verbände – Caritative Verbände – Wohlfahrtsverbände – Beratungsstellen für Haftentlassene – Hilfen zur Wiedereingliederung von Wohnungslosen – Psychosoziale Beratung gem. §§ 67, 68 SGB XII Wiedervorlage am:	

III. Arbeit: Förderung und Forderung

Auswahl zu erbringender Leistungen des erwerbsfähigen Hilfebedürftigen bzw. der Angehörigen der Bedarfsgemeinschaft	Erwerbsfähige/r Hilfebedürftige/r bzw. Angehörige der Bedarfsgemeinschaft
Stellensuche / Erstellung von Bewerbungsunterlagen	
Bewerbung bei mindestens … Firmen und Arbeitsstellen/ auch um befristete Stellen/bei Zeitarbeitsfirmen … pro Monat/in den nächsten 3/6/9/12 Monaten bzw. bei den vom Grundsicherungsträger vorgeschlagenen Stellenangeboten	
Bewerbung bei mindestens … Firmen um Ausbildungsstellen pro Monat/in den nächsten 3/6/9/12 Monaten bzw. bei den vom Grundsicherungsträger vorgeschlagenen Stellenangeboten	
Aufgabe einer Bewerbungsanzeige in folgenden Medien	☐
Nutzung des Internets (VAM und fremde Web-Sites)	
Nutzung der Gelben Seiten	
Nutzung der aktuellen Presse/Anzeigen und Beleg der Eigenbemühungen (konkrete Form der Nachweise festlegen)	
Kontaktaufnahme zum alten Arbeitgeber	☐
Kontaktaufnahme zu einem privaten Vermittler	☐
Suche einer Praktikumsstelle/Angebot eines Praktikums an folgende Arbeitgeber	☐
Erstellung/Verbesserung der Bewerbungsunterlagen	☐
Bewerbung bei mindestens ____ Firmen pro Monat/ in den nächsten 3/6/9/12 Monaten initiativ	☐
Ausweitung der Bewerbungsbemühungen, indem	
Teilnahme an einem Bewerbungstraining	☐
Teilnahme an Infoveranstaltungen im Berufsinformationszentrum bzw. an Maßnahmen der vertieften Berufsorientierung	
Entwicklung von Alternativen:	
Besuch des Berufsinformationszentrums und Entwicklung neuer Alternativen	☐
Kontaktaufnahme zum Team Ausbildungsmarktpartner	☐
Kontaktaufnahme zu Kammern und Verbänden	☐

B. Womit werden Erwerbsfähige und Angehörige gefördert und gefordert?

Auswahl zu erbringender Leistungen des erwerbsfähigen Hilfebedürftigen bzw. der Angehörigen der Bedarfsgemeinschaft	Erwerbsfähige/r Hilfebedürftige/r bzw. Angehörige der Bedarfsgemeinschaft
Teilnahme an psychologischen/ärztlichen Untersuchungen	
Teilnahme am Kompetenzcheck im Rahmen des Ausbildungspaktes	
Erkundigung bei der Bundeswehr/dem Bundesamt für Zivildienst nach dem Stand des Falles und Beschleunigung der dortigen Entscheidung	☐
Existenzgründung:	
Einholung von Informationen über eine mögliche Selbständigkeit, z.B. bei	
Teilnahme an einem Existenzgründungsseminar	☐
Berufliche Weiterbildung/Anpassung:	
Teilnahme an folgenden Weiterbildungsmaßnahmen	
Nachholung des Bildungs-/Schulabschlusses	☐
Teilnahme an einer geförderten Beschäftigung	☐
Indirekte Integrationsleistungen:	
Aufsuchen einer Beratungsstelle und aktive Mitarbeit an den dort vereinbarten Zielen (z.B. Schuldnerberatung, Suchtberatung, Maßnahme zur Gewaltprävention etc.)	
Organisation von Kinderbetreuung	☐
Sonstiges:	
Beibringen von angeforderten Unterlagen /zeitnah) in einem verschlossenen Umschlag und Abgabe einer Schweigepflichtentbindung (Einwilligung bzgl. Weitergabe der Befundunterlagen) für – ärztliche und psychologische Untersuchungen – weitere Beratungsgespräche in der ARGE/Agentur – eingeschaltete Dritte Verpflichtung des Spätaussiedlers und der in seinen Aufnahmebescheid einbezogenen Familienangehörigen, bis zum … (Datum) den Nachweis über die Einleitung des Bescheinigungsverfahrens vorzulegen	

III. Arbeit: Förderung und Forderung

Auswahl zu erbringender Leistungen des erwerbsfähigen Hilfebedürftigen bzw. der Angehörigen der Bedarfsgemeinschaft	Erwerbsfähige/r Hilfebedürftige/r bzw. Angehörige der Bedarfsgemeinschaft
Verpflichtung, sich nur nach Absprache und mit Zustimmung des persönlichen Ansprechpartners außerhalb des zeit- und ortsnahen Bereiches aufzuhalten (Ortsabwesenheit)	
Beratungstermin am:	

> **Rat:** Verhalten bei Eingliederungsvereinbarung: Strategische Überlegungen haben entsprechend dem eben dargestellten rechtlichen Rahmen davon auszugehen, dass die Eingliederungsvereinbarung gemäß den Anforderungen des Arbeitsmarkts unter Berücksichtigung der **individuellen Bedürfnisse**, Fähigkeiten, Interessen, Kenntnissen und geschlechtsspezifischen Beschäftigungschancen sowie der möglichen und vertretbaren Eigenbemühungen gemeinsam fair erarbeitet wird.

Das **verbietet** die Vorlage und Annahme einer **Schema-F-Vereinbarung,** wie sie in folgender Form gebräuchlich ist:

Zwischen dem AA und Frau/Herrn ... werden aufgrund der besprochenen Chanceneinschätzung zwecks beruflicher Eingliederung für ein Jahr folgende Punkte verbindlich vereinbart:

1. Vermittlungsbemühungen und Leistungen des Arbeitsamtes
Wir unterbreiten Ihnen Vermittlungsvorschläge.
• Wir nehmen Ihr Bewerberprofil in AIS auf (= Arbeitgeber-Informations-Service).
• Wir bieten finanzielle Vermittlungshilfen an.
• Wir fördern Ihre berufliche Weiterbildung (bei Vorlage entsprechender Zugangsvoraussetzungen).
• Wir merken Sie für eine ABM-Maßnahme vor.
• Wir merken Sie für eine Trainingsmaßnahme vor.

2. Eigenbemühungen des Kunden/der Kundin
• Ich bewerbe mich bei 10 Firmen monatlich, was ich am Monatsende schriftlich nachweise.
• Ich erstelle aussagefähige Bewerbungsunterlagen.
• Ich nutze den Stelleninformationsservice.
• Ich nehme an folgenden Maßnahmen teil: ABM, Trainingsmaßnahmen (wenn Angebote vorliegen), berufliche Weiterbildung.
Datum Unterschriften Fallmanager und Kunde/Kundin

Stattdessen sollte jede Seite vorher ihre **Verhandlungsposition abstecken.** Dazu gehört bei erwerbsfähigen Hilfeberechtigten, dass sie sich die Möglichkeiten der Arbeitsförderung vor Augen führen und ihre Ziele (am besten schriftlich oder sogar aktenkundig) formulieren. Dies schließt vor allem ein, die in Betracht kommenden Maßnahmen ins Kalkül zu ziehen und dabei besonders auf folgende zu achten sowie dann insoweit auch Wünsche zu äußern (s. § 33 SGB I):

- Berufsweiterbildungsförderung (s. S. 132)
- Behindertenförderung (s. S. 139)
- Frauenförderung (s. S. 138)
- Profiling, Assessment (s. S. 129ff., 159ff.)
- Trainingsmaßnahmen (s. S. 131)
- Beratung/Betreuung von Kindern/häusliche Pflege, psychosoziale Probleme, Schulden, Sucht, ähnliche Punkte (s. S. 141f.)
- Bewerbungs- einschließlich Reisekosten (s. S. 139)
- Beweglichkeitsförderung wie Übergangs-, Ausrüstungs-, Reise-, Umzugskosten (s. S. 131)
- ABM (s. S. 133)
- Einstiegsgeld (s. S. 146)
- Arbeitsgelegenheiten (s. S. 149)
- Eigenbemühungen, soweit möglich und arbeitsmarktmäßig vertretbar (s. S. 161)
- Zumutbare Arbeit (s. S. 150)

Mit einem solchen individuell zugeschnittenen Paket im Rücken kann dann in eine Verhandlung hineingegangen werden. Dabei ist die Unterstützung durch einen **Beistand** oder **Bevollmächtigten** möglich (s. § 13 SGB X).

Bevor eine Vereinbarung **unterzeichnet** wird, sollte sie zunächst **schriftlich fixiert** werden und dann um eine Überlegungspause gebeten werden, damit der Fehler vermieden wird, unüberlegt sich verbindlich zu verpflichten, was mit Rechtsmitteln kaum korrigierbar ist. Bestehen Bedenken gegen die Vereinbarung, werden die Hindernisgründe zweckmäßigerweise schriftlich mitgeteilt. Eine **nicht zufriedenstellende Vereinbarung** braucht nicht unterschrieben zu werden. Falls die Bitte nach Einschaltung eines zweiten Fallmanagers oder des Vorgesetzten nicht weiterführt – angesichts der personellen Engpässe darf hier nicht viel erwartet werden –, ist immer noch das bessere Übel, einem Eingliederungsbescheid (s. S. 177) ins Auge zu sehen.

III. Arbeit: Förderung und Forderung

Bei einem solchen Verhalten ist eine **Alg-II-Reduzierung** und eine Vermittlungseinstellung **nicht zu befürchten,** jedenfalls nicht begründet. Diese dürfen nicht erfolgen, wenn ein wichtiger Grund für das Verhalten vorliegt (§ 31 Abs. 1 S. 2 SGB II, s. S. 179, Beispiel: SG Ha Beschl. v. 27. 1. 2006 – S 56 AS 10/06 ER – info also 2006, 176). An solchen Voraussetzungen fehlt es jedoch, wenn jemand trotz Verhandlungsmitwirkung sich aufgrund begründeter Vorbehalte nicht zu einem Abschluss der Eingliederungsvereinbarung bereit findet.

> **Rat:** Lies in diesem Sinn Schön SGB 2006, 290 ff.

c) Eingliederungsbescheid

Kommt eine Eingliederungsvereinbarung nicht zustande, sollen die Regelungen über Eingliederungsleistungen und -bemühungen durch Verwaltungsakt (= Eingliederungsbescheid) erfolgen (§ 15 Abs. 1 S. 2 SGB II). Dagegen können die üblichen **Rechtsmittel** – also Widerspruch und Klage, gegebenenfalls einstweiliger Rechtsschutz (s. S. 389, 399) – wahrgenommen werden. Rechtsmittel versprechen Aussicht auf Erfolg, falls Ermessensfehler vorliegen (s. S. 379, Beispiel: SG Be Urt. v. 12. 5. 2006 – S 37 AS 11713/05 – info also 2006, 177).

d) Einrichtungs- und Dienstleistungen durch Dritte

Die Leistungsträger können Dritte mit der Wahrnehmung von Aufgaben beauftragen. Für die Erbringung von **Arbeitseingliederungsleistungen** ist im SGB II (§ 17 Abs. 1 S. 1) bestimmt, dass die Leistungsträger nicht eigene Einrichtungen und Dienste neu schaffen sollen, soweit geeignete Einrichtungen und Dienste Dritter (BT-Drs. 15/1516, 55: **alle freien Träger**) vorhanden sind, ausgebaut oder in Kürze geschaffen werden können, wobei sie die Träger der freien Wohlfahrtspflege in ihrer Tätigkeit angemessen unterstützen sollen (§ 17 Abs. 1 SGB II, BT-Drs. 15/1516,55: „weitreichendes Zurückhaltungsgebot"). Erbringt ein Dritter die Leistung und sind im SGB III keine Anforderungen gestellt, denen die Leistung entsprechen muss, ist die **AA zur Vergütung** der Leistung **nur verpflichtet,** wenn mit dem **Dritten** oder seinem Verband eine **Vereinbarung** nach den Grundsätzen der Wirtschaftlichkeit, Sparsamkeit und Leistungsfähigkeit besteht, insbesondere über die Leistungen, Vergütung und Prüfung der Wirtschaftlichkeit sowie Qualität der Leistung (§ 17 Abs. 2 SGB II). Als solche **Drittleistungen** kommen **vor allem** in Betracht:

177

B. Womit werden Erwerbsfähige und Angehörige gefördert und gefordert?

- Beauftragung mit der Vermittlung (§ 37 SGB III),
- Eignungsfeststellungs- und Trainingsmaßnahmen (§ 48 SGB III),
- Förderung der Berufsausbildung und beschäftigungsbegleitende Hilfen (§§ 240 ff. SGB III).

Damit gilt insoweit auch im SGB II das sozialrechtliche **Dreiecksverhältnis:** Der Leistungsträger bewilligt die Leistung (durch „**Kostenübernahmebescheid**") dem Leistungsberechtigten, der mit dem Dritten als Leistungserbringer einen **privatrechtlichen Vertrag** schließt; zwischen Leistungsträger und Dritterbringer sind **Leistungs-, Vergütungs- sowie Prüfungs- und Qualitätsvereinbarungen** abzuschließen. **Letztere Vereinbarungen** sind nicht zu schließen, wenn **im SGB III die Anforderungen** geregelt sind, denen die Leistung entsprechen muss (§ 17 Abs. 2 SGB II am Anfang), oder in den Worten der Gesetzesbegründung (BT-Drs. 15/1516, 55): Erfüllen Dritte Aufgaben nach dem SGB III, bedarf es keiner Vereinbarung. Das heißt: Bestimmt das SGB III näheres über die Erbringung von Leistungen, ist die Vereinbarung hinfällig. Solche SGB-III-Bestimmungen sind insbesondere diejenigen über die Förderung von Maßnahmeträgern durch Zuschüsse bzw. Darlehen (§§ 240, 248 SGB III). Die **Maßnahmeträger** sind verpflichtet, ihre Beurteilungen der Teilnehmer unverzüglich der AA zu übermitteln sowie Auskünfte über Tatsachen zu erteilen, die Aufschluss darüber geben, ob und inwieweit Leistungen zu Recht erbracht worden sind oder werden, und Änderungen mitzuteilen, die für die Leistung erheblich sind (§ 61 Abs. 1, 3 SGB II; zu Auskunfts- und Mitwirkungspflichten der Teilnehmer, s. S. 156). Entsprechende Regelungen für die SGB-II-Unterhaltsleistungen fehlen.

Rat: Lies Rixen VSSR 2005, 225 ff.

---

4. Arbeitspflichtverletzungs-Sanktionierung

Dem Prinzip des Förderns und Forderns entsprechend enthält das SGB II neben Anreizen – nämlich Einstiegsgeld (§ 29 SGB II, s. S. 146) und dem Freibetrag bei Erwerbstätigkeit (§ 30 SGB II, s. S. 148) – massive Sanktionen. Damit soll dem **Grundsatz des Forderns** (§ 2 SGB II) Rechnung getragen werden, demzufolge alle Möglichkeiten zur Beendigung oder Verringerung der Hilfebedürftigkeit auszuschöpfen sind (BT-Drs. 15/1516, 60). Die Regelung unterscheidet zwischen Alg-II- und Sozialgeld-Reduzierung.

III. Arbeit: Förderung und Forderung

a) Arbeitslosengeld-II-Reduzierung

Die maßgebliche Vorschrift (§ 31 SGB II) enthält einen sehr differenzierten Katalog abgestufter Sanktionen (zu den besonders rigiden Sanktionen bei Personen unter 25 Jahren S. 200).

aa) Schwerwiegende Pflichtverletzung: Das Alg II wird unter **Wegfall der Alg-I-Degressivleistung** (§ 24 SGB II, s. S. 124) in einer **ersten Stufe um 30% der maßgebenden Regelleistung** (§ 20 Abs. 2–3 SGB II) wegen einer „schwerwiegenden Pflichtverletzung" (BT-Drs. 15/1516, 60) abgesenkt (§ 31 Abs. 1 S. 1 SGB II), wenn:

- Nr. 1 ein erwerbsfähiger Hilfebedürftiger sich trotz Belehrung über die Rechtsfolgen **weigert** (was in verständlicher Form vor der Pflichtverletzung geschehen soll, so BT-Drs. 15/1516, 61),
  - eine ihm angebotene Eingliederungsvereinbarung (§ 15 SGB II, s. S. 162) abzuschließen,
  - in der Eingliederungsvereinbarung festgelegte **Pflichten zu erfüllen,** insbesondere in ausreichendem Umfang Eigenbemühungen nachzuweisen,
  - eine **zumutbare Arbeit, Ausbildung, Arbeitsgelegenheit** – d. h. auch (BT-Drs. 15/1516, 60): eine Arbeitsbeschaffungsmaßnahme i. S. des SGB III –, ein zumutbares Antrags-Sofortangebot (§ 15a SGB II, S. 129) oder eine sonstige in der Eingliederungsvereinbarung enthaltene Maßnahme aufzunehmen oder fortzuführen,
  - zumutbare im öffentlichen Interesse liegende, zusätzliche Arbeiten (§ 16 Abs. 3 S. 2 SGB II, s. S. 149) auszuführen.
- Nr. 2 ein erwerbsfähiger Hilfebedürftiger trotz Belehrung über die Rechtsfolgen eine **zumutbare Maßnahme zur Eingliederung in Arbeit abgebrochen** oder Anlass für den Abbruch gegeben hat.

Die **Absenkung entfällt,** wenn der erwerbsfähige Hilfebedürftige einen **wichtigen Grund** für sein Verhalten nachweist (§ 31 Abs. 1 S. 2 SGB II). Damit wird bewusst eine Beweislastumkehr zu Ungunsten des Hilfeberechtigten vorgenommen (BT-Drs. 15/1516, 60): Er muss die einen wichtigen Grund darstellenden Tatsachen nachweisen, die sich aus seiner Sphäre oder seinem Verantwortungsbereich ergeben.

bb) Melde-/Terminversäumnis: Kommt ein erwerbsfähiger Hilfebedürftiger trotz schriftlicher Belehrung über die Rechtsfolgen einer Aufforderung des zuständigen Trägers, sich bei ihm zu melden oder zu einem ärztlichen bzw. psychologischen Untersuchungstermin zu erscheinen (s. §§ 59 SGB II, 309 SGB III), nicht nach, und hat er keinen

179

B. Womit werden Erwerbsfähige und Angehörige gefördert und gefordert?

wichtigen Grund für sein Verhalten, wird das Alg II unter **Wegfall der Alg-(I)-Degressivleistung** (§ 24 SGB II, s. S. 124) in einer ersten Stufe um **10% der maßgebenden Regelleistung** (§ 20 Abs. 2–3, SGB I); abgesenkt (§ 31 Abs. 2 SGB II). Die geringere Absenkung erklärt sich daraus, dass ein **Terminwegbleiben** als eine „weniger schwerwiegende" Pflichtverletzung (im Gegensatz zu Abs. 1) angesehen wird (BT-Drs. 15/1516, 60).

cc) Schwerwiegende Pflichtverletzung und Versäumnis: Bei **kumulativer Verletzung** von schwerwiegenden und weniger schwerwiegenden Pflichten, also bei einer Arbeitseingliederungsverweigerung und einem Terminwegbleiben, kann die Minderung in der ersten Stufe auf 30% plus 10% = 40% der maßgebenden Regelleistung betragen (BT-Drs. 15/1516, 60 f.). In diesem Fall kommen Sachleistungen oder geldwerte Leistungen in Betracht (s. im Folgenden).

dd) Wiederholte Pflichtverletzung: Bei **wiederholter Verletzung der Pflichten** zur Arbeitseingliederung und/oder Terminwahrnehmung ist ein ganzes Paket existenzbedrohender Sanktionen vorgesehen (§ 31 Abs. 3 SGB II).

- (Sätze 1, 2, 4, 5) Bei der **wiederholten schwerwiegenden Pflichtverletzung** wird das Arbeitslosengeld II um 60% der maßgebenden Regelleistung gemindert (ab 1. 1. 2007). Eine wiederholte Pflichtverletzung liegt nicht vor, wenn der Beginn des vorangegangenen Sanktionszeitraums länger als ein Jahr zurückliegt. Bei jeder weiteren wiederholten Pflichtverletzung wird das Arbeitslosengeld II um 100% gemindert, d. h. komplett gestrichen. In diesem Fall kann der Träger unter Berücksichtigung aller Umstände des Einzelfalls die Minderung auf 60% der maßgebenden Regelleistung begrenzen, wenn der erwerbsfähige Hilfebedürftige sich nachträglich bereit erklärt, seinen Pflichten nachzukommen.

- (Satz 3) Bei wiederholter Terminpflichtverletzung wird das Arbeitslosengeld II jeweils um den doppelten Prozentsatz der vorangegangenen Absenkung gemindert.

- Eine gesonderte Rechtsfolgenbelehrung ist bei wiederholter Pflichtverletzung nicht mehr erforderlich, was der Gesetzgeber bewusst so bestimmt hat (BT-Drs. 16/1410, 62).

ee) Sachleistungen und geldwerte Leistungen: Bei einer **Minderung der Regelleistung um mehr als 30% kann** der zuständige Träger in angemessenem Umfang **ergänzende Sachleistungen** oder geldwerte Leis-

III. Arbeit: Förderung und Forderung

tungen erbringen, wobei in erster Linie an Lebensmittelgutscheine gedacht wird (BT-Drs. 15/1516, 61), aber etwa auch an Hallenbadgutscheine für die Körperpflege. Dies **soll** geschehen, wenn der Hilfeberechtigte mit Kindern in Bedarfsgemeinschaft (§ 7 Abs. 3 SGB II) lebt, und zwar (BT-Drs. 15/1516, 61), um minderjährige Kinder nicht übermäßig dadurch zu belasten, dass das Alg II ihrer Eltern(teile) abgesenkt wurde.

ff) Mittelverschleuderung, unwirtschaftliches Verhalten, Sperrzeit:
Die Vorschriften bezüglich schwerer Pflichtverletzung wegen Arbeitsverweigerung (30% Absenkung der Regelleistung unter Wegfall der Alg-I-Degressivleistung nach vorheriger Belehrung) und Melde-/Terminversäumnis (Absenkung um 10%) sowie wiederholter Pflichtverletzung (weitere Absenkung mit der Möglichkeit ergänzender Sachleistungen/geldwerter Leistungen) gelten entsprechend (§ 31 Abs. 4 SGB II).

- Nr. 1 bei einem erwerbsfähigen Hilfebedürftigen, der nach Vollendung des **18. Lebensjahres** sein **Einkommen oder Vermögen in der Absicht vermindert** hat, die Voraussetzungen für die Gewährung oder Erhöhung des Alg II herbeizuführen. Hierbei kommt nach der Gesetzesbegründung (BT-Drs. 15/1516, 61) nur eine direkte Handlung in Betracht, so dass eine indirekte Minderung, etwa durch Unterlassung beruflicher Umschulungsmaßnahmen, nicht ausreicht; der Hilfesuchende müsse insoweit durch sein Verhalten die Absicht verfolgt haben, die Voraussetzungen für die Gewährung oder Erhöhung der Hilfe herbeizuführen, so dass direkter Vorsatz erforderlich sei.

- Nr. 2 bei einem erwerbsfähigen Hilfebedürftigen, der trotz Belehrung über die Rechtsfolgen sein **unwirtschaftliches Verhalten** fortsetzt. Dieses liegt vor (BT-Drs. 15/1516, 61), wenn ein hilfebedürftiger Erwerbsfähiger „unter Berücksichtigung der ihm durch die Allgemeinheit gewährten Hilfe bei allen oder einzelnen seiner Handlungen jede wirtschaftlich vernünftige Betrachtungsweise vermissen lässt und hierbei ein Verhalten zeigt, dass vom Durchschnitt wesentlich abweist."

- Nr. 3 bei einem erwerbsfähigen Hilfebedürftigen,
  - dessen Anspruch auf Alg I ruht oder erloschen ist, weil die AA (als für die Arbeitslosenversicherung zuständiger Leistungsträger) den Eintritt einer **Sperrzeit** oder das Erlöschen des Anspruchs nach dem SGB III (§§ 144, 147 Abs. 1 Nr. 2) festgestellt hat,
  - die im SGB III genannten Voraussetzungen für den Eintritt einer Sperrzeit erfüllt sind, die das Ruhen oder Erlöschen eines An-

181

spruchs auf Arbeitslosengeld begründen, d.h. wenn die AA als für Alg II zuständiger Träger feststellt, dass sich ein Hilfeberechtigter so verhalten hat, dass ihm – wäre er Empfänger von Alg (I) – dieses gesperrt werden müsste.

gg) Sanktionswirksamkeit und -dauer: Absenkung und Wegfall treten mit Wirkung des Kalendermonats ein, der auf das Wirksamwerden des Verwaltungsakts (= Bescheid), der sie feststellt, folgt, und **dauern drei Monate** (§ 31 Abs. 6 S. 1, 2, 4 SGB II). Dies wird in der Gesetzesbegründung (BT-Drs. 15/1516, 61 f.) dahin erläutert, dass wegen des Sanktionscharakters die Dauer der Alg-II-Reduzierung für jede Pflichtverletzung auf jeweils drei Monate festgelegt sei, unabhängig davon, ob diese zwischenzeitlich beendet worden sei; bei einer erneuten Pflichtverletzung beginne ein neuer dreimonatiger Zeitraum, der sich, je nach dem Zeitpunkt der Pflichtverletzung, an die ersten drei Monate anschließe oder auch teilweise mit ihnen überschneiden könne. Besonders geregelt ist nun, dass eine Sperrzeit-Reduzierung zeitgleich mit einer zugrundeliegenden Sperrzeit gemäß dem SGB III läuft.

Während der Alg-II-Reduzierung besteht **kein Anspruch auf ergänzende SGB-XII-Hilfe zum Lebensunterhalt** (§ 31 Abs. 6 S. 2, 3 SGB XII). Dies ist hier noch einmal ausdrücklich klargestellt worden (BT-Drs. 15/1516, 62), obwohl es sich schon aus allgemeinen Vorschriften ergibt (§ 5 Abs. 2 S. 1 SGB II).

hh) Arbeitseingliederungsleistungen: Auch bei Absenkung und Wegfall des Arbeitslosengeld II bleibt der Zugang zu den Arbeitseingliederungsleistungen, vor allem Beratung und Betreuung, erhalten (BT-Drs. 15/1516, 61).

b) Sozialgeld-Reduzierung

Die bezüglich Alg-II-Reduzierung einschlägigen Vorschriften gelten für Bezieher von Sozialgeld, d.h. nicht erwerbsfähige Mitglieder einer Bedarfsgemeinschaft, entsprechend (§ 32 SGB II), wenn sie **Termine nicht wahrnehmen** (also 10% Reduzierung in 1. Stufe, Beispiel nach BT-Drs. 15/1516, 62: Sie nehmen ohne wichtigen Grund einen ärztlichen oder psychologischen Untersuchungstermin nicht wahr, zu dem sie aufgefordert werden, weil in ihrer Person ein Vermittlungshemmnis für den erwerbsfähigen Partner liegt, etwa bei Alkoholabhängigkeit, die dazu führt, das ein zum Haushalt gehörendes Kind nur von dem erwerbsfähigen Partner betreut werden kann), nach Vollendung des **18. Lebens-**

jahres ihr **Einkommen** oder **Vermögen** absichtlich vermindern oder sich **unwirtschaftlich verhalten** (also 60% Reduzierung in 1. Stufe).

IV. Spezielle Leistungsberechtigte

Für eine Reihe von Leistungsberechtigten sind spezielle Regelungen getroffen, die für die wichtigsten Gruppen im Folgenden zusammengefasst werden.

1. Ausländer

a) Asylbewerberleistungsberechtigte

Berechtigte nach § 1 Asylbewerberleistungsgesetz sind von der Grundsicherung für Arbeitssuchende ausgeschlossen (§ 7 Abs. 1 S. 2 SGB II). Dabei handelt es sich (§ 1 Abs. 1 AsylbLG) nicht nur um **Asylbewerber** mit einer Aufenthaltsgestattung, sondern insbesondere auch um **geduldete Personen** (s. § 60a Aufenthaltsgesetz) und um **vollziehbar ausreisepflichtige Personen,** auch wenn eine Abschiebungsandrohung noch nicht oder nicht mehr vollziehbar ist, und Flughafenpassagiere ohne Einreisegestattung; weiter sind **Ehegatten und minderjährige Kinder** der eben angeführten Personen asylbewerberleistungsberechtigt, ohne dass sie selbst die genannten Voraussetzungen erfüllen müssen. Grund für den Ausschluss der Asylbewerberleistungsberechtigten von den SGB-II-Leistungen ist (BT-Drs. 15/1516, 52), dass für sie ein eigenständiges Sicherungssystem besteht, das abschließende Regelungen zur Sicherung des Lebensunterhalts sowie zur Annahme und Durchführung von Arbeitsgelegenheiten für einen eng begrenzten Personenkreis von Ausländern enthält (siehe S. 327 ff.). Der Ausschluss von SGB-II-Leistungen ist besonders gravierend für Asylbewerber, die eine versicherungspflichtige Arbeit verlieren und bis Ende 2004 im Anschluss daran Arbeitslosenhilfe erhalten haben, jetzt aber wieder auf den Asylbewerberleistungsstatus mit um ca. 30% abgesenkten Hilfen zurückfallen.

Fraglich ist der Ausschluss der SGB-II-Leistungen bei **Personen** (§ 2 AsylbLG), die über eine Dauer von insgesamt 36 Monaten, frühestens beginnend am 1. 6. 1997, Asylbewerberleistungen erhalten haben und denen danach solche **entsprechend dem SGB XII zustehen,** sofern sie die Dauer des Aufenthalts nicht rechtsmissbräuchlich selbst beeinflusst haben. Solche Personen bleiben einerseits zwar weiterhin asylbewerberleistungsberechtigt mit Ansprüchen entsprechend dem SGB XII, sind aber andererseits vom Wortlaut des SGB-II-Ausschlusses (§ 7 Abs. 1 S. 2 Hs. 2: „§ 1 AsylbLG") nicht ausdrücklich umfasst. Da sie aber trotz Anwendung des SGB XII keinen gesicherten Aufenthaltsstatus haben, stehen ihnen nach Sinn und Zweck der gesetzlichen Regelungen wohl keine SGB-II-Leistungen zu. Anders ist es bei den vom AsylbLG (§ 1 Abs. 2) ausgeschlossenen Ausländern, denen eine **Aufenthaltsgenehmigung** mit einer Gesamtgeltungsdauer **von mehr als sechs Monaten** erteilt worden ist, z. B. weil sie einen deutschen Ehepartner haben; für sie gilt das Gleiche wie sonst für Ausländer.

b) Arbeitsuchende Ausländer

EU-Bürger, die grundsätzlich im Rahmen der Arbeitnehmer- und Niederlassungsfreiheit SGB-II-berechtigt sind, werden seit dem Änderungsgesetz von 2006 mit ihren Familienangehörigen davon **ausgenommen,** wenn sich ihr Aufenthaltsrecht **allein** aus dem Zweck der **Arbeitssuche** ergibt (§ 7 Abs. 1 S. 2 SGB II); dies gilt auch für sonstige arbeitsuchende Ausländer. Der Ausschluss wird in den Gesetzesmaterialien mit der Umsetzung von EU-Recht (Art. 24 Abs. 2 in Verbindung mit Art. 14 Abs. 4 b der Richtlinie 2004/38 des Europäischen Parlaments und des Rates vom 29. 4. 2004) begründet und lehnt sich an den Wortlaut des Freizügigkeitsgesetzes/EU (§ 2 Abs. 2 Nr. 1 2. Alternative, nach dem Einreise und Aufenthalt erlaubt sind) an. Demnach muss sich das Aufenthaltsrecht des Ausländers **allein** aus dem Zweck der **Arbeitssuche** ergeben, und zwar erstmalige (SG Osnabrück Beschl. v. 27. 4. 2006 – S 22 AS 263/06 ER – info also 2006, 224). Beruht das Aufenthaltsrecht (auch) auf einem anderen Grund, z. B. bei Arbeitnehmerstatus auf einer Vorbeschäftigung in Deutschland, greift der SGB-II-Leistungsausschluss nicht. Nach der Gesetzesbegründung ist er auch gegeben, wenn Ausländer nach erfolgreichem Studium eine Verlängerung ihrer Aufenthaltserlaubnis bis zu einem Jahr zur Suche eines ihrem Abschluss angemessenen Arbeitsplatzes erhalten (§ 16 Abs. 4 AufenthG). Insgesamt bleibt **zweifelhaft,** ob der Ausschluss von arbeitsuchenden Unions-Bürgern überhaupt **mit dem EU-Recht vereinbar** ist. Die in der Begründung in Bezug genommene Richtlinie 2004/38 bezieht sich auf „Sozialhilfe" und will die Verordnung EWG Nr. 1612/68 ändern, nicht aber die für das Alg II einschlägige Verordnung EWG Nr. 1408/71.

IV. Spezielle Leistungsberechtigte

c) Sonstige Ausländer

Sonstige Ausländer haben nach dem SGB II (§§ 7 Abs. 1 S. 2, 8 Abs. 2) ihren gewöhnlichen Aufenthalt in der Bundesrepublik Deutschland (was der Gesetzgeber nach BT-Drs. 15/1516, 52 regeln musste, weil es nach der Rechtsprechung des Bundessozialgerichts bei drittstaatsangehörigen Ausländern keine einheitliche Auslegung dieses Begriffs für die verschiedenen Sozialleistungen nach dem SGB II gebe) und erhalten als erwerbsfähige Hilfeberechtigte SGB-II-Leistungen, falls ihnen die Aufnahme einer Beschäftigung erlaubt ist oder erlaubt werden könnte (s. §§ 18–21 Aufenthaltsgesetz). Das scheidet nur ausnahmsweise aus, wenn sie hier als Touristen sind oder ihrer Aufenthaltserlaubnis hervorgeht, dass sie nicht zur Erwerbstätigkeit berechtigt sind. Nach der Zielsetzung des SGB II und aus Gründen der Gleichbehandlung hat sich der Gesetzgeber entschieden (BT-Drs. 15/1516, 52), für Ausländer grundsätzlich das SGB-II-Instrumentarium mit seinen Anreizen und Sanktionsmöglichkeiten greifen zu lassen, ausdrücklich mit dem Hinweis, dass bei Arbeitsverweigerung eine „Leistungsreduzierung bis auf Null" möglich ist. Aufenthaltsrechtliche Bestimmungen bleiben davon unberührt (§ 7 Abs. 1 S. 3 SGB II), wobei der Bezug von SGB-II-Leistungen aber nicht zu aufenthaltsbeendenden Maßnahmen führt (s. §§ 5 Abs. 1 Nr. 1, 2; 8 Abs. 2, 55 Abs. 2 Aufenthaltsgesetz). Die Übermittlung von Sozialdaten eines Ausländers ist zulässig für die Erfüllung der bisher im Ausländergesetz und jetzt im Zuwanderungsgesetz enthaltenen Mitwirkungspflicht der Sozial- und Arbeitsämter betreffend personenbezogenen Daten, sofern diese für die Durchführung der Aufgaben der Ausländerbehörden erforderlich sind, auch soweit sie den Bezug von Alg II und Sozialgeld umfasst (§ 71 Abs. 2 S. 1 SGB X).

d) Kinderzuschlagsberechtigte

Der **Kinderzuschlag** (s. S. 113) setzt einen Anspruch auf Kindergeld voraus (§ 6a Abs. 1 Nr. 1 BKGG). Kindergeld steht Ausländern zu (§§ 1 Abs. 3 BKGG, 62 Abs. 2 EStG), wenn sie (Nr. 1) im Besitz einer Niederlassungserlaubnis sind oder (Nr. 2) eine Aufenthaltserlaubnis besitzen, die zur Ausübung einer Erwerbstätigkeit berechtigt (hat), ausgenommen bestimmte Aufenthaltserlaubnisse (nämlich gemäß Aufenthaltsgesetz a) §§ 16, 17, b) § 18 Abs. 2 mit bestimmtem Höchstzeitraum sowie c) § 23 Abs. 1 wegen Kriegs im Heimatland, §§ 23a, 24, 25 Abs. 3–5, es sei denn bei c) sie halten sich seit mindestens drei Jahren rechtmäßig oder geduldet im Bundesgebiet auf und sind hier berechtigt erwerbstätig, beziehen laufende SGB-III-Geldleistungen oder nehmen Elternzeit in Anspruch).

2. Auszubildende

a) Ausbildungsgeprägter Bedarf

aa) Regelausschluss: Die dem SGB II als erwerbsfähige Hilfesuchende oder Mitglieder einer Bedarfsgemeinschaft unterfallenden Auszubildenden, deren Ausbildung im Rahmen des BAföG oder des SGB III (§§ 60–62: Berufsausbildungsbeihilfe) **dem Grunde nach förderungsfähig** ist, haben keinen Anspruch auf Lebensunterhaltssicherungsleistungen, also Alg II/Sozialgeld (§ 7 Abs. 5 S. 1 SGB II). Dieser Ausschluss gilt nicht (§ 7 Abs. 6 SGB II) für solche, die wegen des Zusammenwohnens mit Eltern(teilen) bzw. der Möglichkeit dazu kein BAföG/BAB bekommen oder lediglich den Mindestsatz von 192 €.

bb) Besondere Härtefälle: Bei den anderen Auszubildenden, die dem Grunde nach einen BAföG- oder BAB-Anspruch haben, konnten bisher nur in **besonderen Härtefällen** Leistungen zur Sicherung des Lebensunterhalts als Darlehen gewährt werden (§ 7 Abs. 5 S. 2 SGB II). Als ein besonderer Härtefall ist lediglich eine schwere Behinderung einheitlich von der Rechtsprechung anerkannt worden, zum Teil auch das Ausbildungsabschlussprüfungsstadium (LSG ST Beschl. v. 15. 4. 2005 – L 2 B 7/05 AS ER – FEVS 57, 263) und Alleinerziehung von Kindern, wegen denen keine Arbeit zumutbar ist (OVG Ni Urt. v. 26. 6. 2002 – 4 LB 35/02 – NDV-RD 2003, 30, OVG Sa Beschl. v. 28. 8. 2001 – 3 W 9/01 – info also 2002, 173; so auch DH-BA 7.37 a, b).

cc) Unterkunfts- und Heizungskosten: Inzwischen hat der Gesetzgeber eingesehen, dass diese Regelung im Hinblick auf die pauschalierten Unterkunftskosten bei Berufsausbildungsbeihilfe, Ausbildungsgeld und BAföG nicht ausreichend ist und zu Ausbildungsabbrüchen führen kann (DT-Drs. 16/1410, 56). Deshalb hat er im Fortentwicklungsgesetz bestimmt (§ 22 Abs. 7 SGB II), dass folgende Auszubildende einen **Zuschuss** (kein Darlehen!) zu ihren **Unterkunfts- und Heizungskosten** zu bekommen haben (ab 1. 1. 2007):

- **Berufsausbildungsbeihilfe (BAB)-Bezieher** außerhalb des Eltern(teil)haushalt mit Bedarfssatz von 310 € (Fachschule, Abendgymnasium, Kolleg) bzw. 333 € (höhere Fachschule, Hochschule) sowie Unterkunftsbedarf von 133 € plus zusätzlich bei höheren Mietkosten

IV. Spezielle Leistungsberechtigte

für Unterkunft und Nebenkosten bis zu 64 € (§ 65 Abs. 1 SGB III, § 13 Abs. 1–3 BAföG)

- BAB-Bezieher in berufsvorbereitenden Bildungsmaßnahmen außerhalb des Eltern(teil)haushalts mit Bedarfssatz vom 348 €, darin 52 € Mietkosten für Unterkunft und Nebenkosten, die bei höheren Mietkosten bis zu 64 € zu erhöhen sind (§ 66 Abs. 3 SGB III, § 12 Abs. 2 Nr. 1, Abs. 3 BAföG)

- Behinderte BAB-Bezieher im Eltern(teil)haushalt mit Bedarfssatz von 270 € bzw 360 € bei Ehe, Lebenspartnerschaft oder Alter an 21 Jahre (§ 101 Abs. 3 SGB III)

- Behinderte **Ausbildungsgeld-Bezieher** bei beruflicher Ausbildung und Wohnen im Eltern(teil)haushalt mit Bedarfssatz von 282 € unter 21. Jahren und ohne Ehe(lebens)partner, im Übrigen 353 € (§ 105 Abs. 1 Nr. 1 SGB III)

- Behinderte Ausbildungsgeld-Bezieher bei beruflicher Ausbildung und anderweitiger Unterbringung ohne Kostenerstattung für Unterbringung und Verpflegung mit Bedarfssatz von 310 € sowie Unterkunftsbedarf von 133 € plus zusätzlich bei höheren Mietkosten für Unterkunft und Nebenkosten bis zu 64 € (§ 105 Abs. 1 Nr. 4 SGB II)

- Behinderte Ausbildungsgeld-Bezieher bei berufsvorbereitenden Maßnahmen und Grundausbildung während anderweitiger Unterbringung ohne Kostenerstattung für Unterbringung und Verpflegung mit Bedarfssatz von 348 €, darin 52 € für Unterkunft und Nebenkosten, die bei höheren Mietkosten um bis zu 64 € zu erhöhen sind (§ 106 Abs. 1 Nr. 2 SGB III, § 12 Abs. 2 Nr. 1 Abs. 3 BAföG)

- **BAföG-Schüler** mit Bedarfssatz von 348 € bzw. 417 €, darin Mietkosten von 52 € für Unterkunft und Nebenkosten, die bei höheren Mietkosten um bis zu 64 € zu erhöhen sind (§ 12 Abs. 1 Nr. 2, Abs. 2, 3 BAföG)

- **BAföG-Studierende** mit Bedarfssatz von 310 € bzw. 333 € plus zusätzlich Unterkunftsbedarf bei Wohnen im Eltern(teil)haushalt von 44 € (§ 13 Abs. 1, Abs. 2 Nr. 1 BAföG)

Bezüglich des **Umfangs des Zuschusses** ist bestimmt, dass er die „ungedeckten angemessenen Kosten für Unterkunft und Heizung" umfasst. Er ist ausgeschlossen bei Personen unter 25 Jahren, die vor der Beantragung von SGB-II-Leistungen in eine Wohnung in der Absicht eingezogen sind, die Leistungsvoraussetzungen herbeizuführen. Der Zuschuss gilt nicht als Arbeitslosengeld II (§ 19 S. 2 SGB II), so dass er keine Sozialversicherungspflichtmitgliedschaft begründet, s. S. 123.

B. Womit werden Erwerbsfähige und Angehörige gefördert und gefordert?

In der Gesetzbegründung (BT-Drs. 16/1410, 57) ist ergänzend ausgeführt:

„Die Leistungen sind als Zuschuss ausgestaltet, da nur dieser eine unbelastete Fortführung der Ausbildung ermöglicht. Er setzt voraus, dass dem Auszubildenden selbst überhaupt Kosten für Unterkunft und Heizung entstehen und dass diese nach Berücksichtigung von Einkommen und Vermögen ungedeckt sind. Unangemessen hohe Kosten werden nicht – auch nicht für eine Übergangszeit – berücksichtigt. Für Auszubildende, die wegen der Nichterfüllung sonstiger Voraussetzungen keinen Anspruch auf Ausbildungsförderung haben, sowie für Auszubildende, die zur Kostendeckung auf einen Zuverdienst im Rahmen der Ausbildungsförderung verwiesen werden können, verbleibt es bei der bisherigen Rechtslage, nach der in besonderen Härtefällen eine Darlehensgewährung möglich ist."

Wegen der unklaren gesetzlichen Regelung wird der Zuschuss in der Praxis eine Reihe von Problemen bereiten, u. a. bezüglich nicht angeführter Auszubildendengruppen sowie seiner Höhe. Dies bezüglich hat nach seinem Sinn und Zweck zu gelten, dass die angemessenen Unterkunfts-(Kaltmiete und Nebenkosten) sowie Heizungskosten nach dem SGB II zu übernehmen sind, soweit sie nicht im pauschalierten Bedarf von Berufsausbildungsbeihilfe, Ausbildungsgeld oder BAföG berücksichtigt sind.

> **Rat:** Alle in Betracht kommenden Auszubildenden, Schüler und Studierenden sollten den Zuschuss beim SGB-II-Träger geltend machen und genau darauf achten, dass der ungedeckte Kostenanteil – soweit er angemessen ist – übernommen wird.

b) Nicht ausbildungsgeprägter Bedarf

Darüber hinaus haben solche Auszubildende Ansprüche auf Unterhaltsleistungen nach dem SGB II, die einen nicht **ausbildungsgeprägten Unterhaltsbedarf**, z. B. wegen Behinderung oder Schwangerschaft, haben (entsprechend der Rechtsprechung des BVerwG zu § 26 BSHG seit dem Urt. v. 12. 2. 1981 – 5 C 51/80 – BVerwGE 61, 352 = FEVS 29, 353 = NDV 1981, 171 = ZfSH 1981, 218), der nicht von dem BAföG/BAB-Bedarf umfasst ist, insbesondere Mehrbedarf wegen Schwangerschaft/Alleinerziehung und Erstausstattungsbedarf (DH-BA 21.4–21.4 c).

> **Rat:** Soweit Träger diesen Bedarf ablehnen, müssen die Gerichte angerufen werden.

IV. Spezielle Leistungsberechtigte

3. Einrichtungsnutzer

Das Fortentwicklungsgesetz 2006 hat das SGB II (§ 7 Abs. 4 S. 1, 2) dahin geändert, dass keine SGB-II-Leistungen erhält, wer in einer stationären Einrichtung untergebracht ist; gleiches gilt beim Aufenthalt in einer Einrichtung zum Vollzug richterlich angeordneter Freiheitsentziehung. Davon abweichend erhält jedoch SGB-II-Leistungen (§ 7 Abs. 4 S. 3) wer voraussichtlich für weniger als 6 Monate im Krankenhaus untergebracht ist oder wer mindestens 15 Stunden wöchentlich erwerbstätig ist.

a) SGB-II-Leistungsregelausschluss bei stationärer Unterbringung

Der durch die Gesetzesfassung bewusst hergestellte Bezug zum SGB XII (s. BT-Drs. 15/1749, 31) gebietet, den Begriff der **stationären Einrichtung** konform mit dem SGB XII (§ 13 Abs. 1 Satz 2, Abs. 2) dahin zu verstehen, dass damit Einrichtungen gemeint sind, in denen Leistungsberechtigte leben und erforderliche Maßnahmen erhalten, aber nur **vollstationäre Einrichtungen,** nicht jedoch teilstationäre Einrichtungen wie Tages- oder Nachteinrichtungen (z. B. Jugendhilfetagesgruppen, Tagesförderstätten, Tages-/Nachtkliniken, WfbM mit täglicher Rückkehr in die Wohnung, so auch DH-BA 7.27). Unter einer vollstationären Einrichtung ist eine auf Dauer angelegte Kombination sächlicher und persönlicher Mittel zu verstehen, die zusammengefasst sind zu einem besonderen konzeptionellen Zweck und unter der Gesamtverantwortung eines (Einrichtungs)Trägers zwecks ganzheitlicher Betreuung stehen (s. BVerwGE 95, 150 zum BSHG-Einrichtungsbegriff). Beispiele sind außer Krankenhäusern einschließlich Vorsorge- und Rehaeinrichtungen (dazu S. 191), Behinderten- (z. B. für Blinde, Betäubungsmittel- und Suchtabhängige einschließlich therapeutischen Wohngemeinschaften, so auch für drogentherapeutische Einrichtungen SG Dortmund 1. 3. 2005 – S 27 AS 32/05 – nach Peters 2005, NDV 123, 125), Bildungs- (z. B. zwecks Umschulung, Weiterbildung), Jugendhilfe- (z. B. Heim, betreute Wohngemeinschaft, s. weiter § 10 Abs. 2 SGB VIII und BM Wirtschaft und Arbeit Sozialrecht aktuell 2005, 135, für Änderung DV NDV 2005, 261, 262), Strafentlassenen- und Wohnungsloseneinrichtungen, ganz selten Alten- und Pflegeeinrichtungen, weil deren Bewohner in der Regel schon nicht erwerbsfähig sind. **Nicht ausreichend** für eine stationäre Einrichtung ist es, wenn lediglich **Unterkunft (und gegebenenfalls Verpflegung)** zur Verfügung gestellt werden und ansons-

B. Womit werden Erwerbsfähige und Angehörige gefördert und gefordert?

ten auf ambulante Hilfeangebote verwiesen wird, wie etwa in Frauenhäusern, Jugendherbergen, Lagerunterkünften (z. B. für Auswanderer, Grenzdurchgänger und Spätaussiedler) sowie Wohnungslosennotunterkünften (so treffend DH-BA 7.27).

b) Ausnahmen

aa) Erwerbstätigkeit von mindestens 15 Wochenstunden: SGB-II-Leistungen erhalten abweichend von der Regel stationär Untergebrachte, die unter den üblichen Bedingungen des allgemeinen Arbeitsmarkts **mindestens 15 Stunden wöchentlich erwerbstätig** sind. Zusätzlich zur Erwerbsfähigkeit (§ 7 Abs. 1 Nr. 2, § 8 Abs. 1) wird verlangt, dass die stationär untergebrachten Personen unter den üblichen Bedingungen des allgemeinen Arbeitsmarkts mindestens 15 Stunden wöchentlich erwerbstätig sind. Die Stundenzahl wird damit begründet (BT-Dr. 16/1410, 49), dass eine erwerbsfähige Person auf dem allgemeinen Arbeitsmarkt mindestens drei Stunden täglich erwerbsfähig sein muss (s. § 8 Abs. 1 SGB II), jedoch auch Personen erfasst werden sollten, die an einzelnen Tagen der Woche oder teilzeitbeschäftigt seien, wobei es sich um eine Beschäftigung handeln müsse, die mindestens 15 Stunden wöchentlich ausgeübt werde (in Anlehnung an § 119 Abs. 3 SGB III). Folglich bezieht der Gesetzgeber fatalerweise in die SGB-II-Leistungen nach dem kaum mehr auslegungsfähigen eindeutigen Wortlaut **nur tatsächlich** 15 Wochenstunden erwerbstätige Erwerbsfähige ein, nicht aber Erwerbsfähige, die in einer stationären Einrichtung nicht (solange) erwerbstätig sind bzw. sein können und die unter diesen Umständen besonders förderungswürdig wären, welche damit auf SGB-XII-Unterhaltssicherungsleistungen und SGB-III bzw. SGB-XII-Arbeitsförderungsleistungen zu verweisen sind. Dies dürfte einer verfassungsrechtlichen Überprüfung am Maßstab der Gleichheit (Art. 3 GG) nicht standhalten.

Die den mindestens 15 Stunden wöchentlich in einer stationären Einrichtung erwerbstätigen Personen ohne zeitliche Grenzen zu erbringenden SGB-II-Leistungen betreffen solche zur Unterhaltssicherung und zur Arbeitseingliederung. **Fraglich** ist, in welchem **Umfang die Unterhaltssicherungsleistungen** zu gewähren sind, nämlich als übliche Leistungen nach dem SGB II (Regel-, Mehrbedarfs-, Unterkunfts- und Heizungsleistungen etc.) oder als Unterhaltsleistungen für die stationäre Unterbringung entsprechend bzw. gemäß dem SGB XII (§ 35; die Maßnahmebetreuungsleistungen sind in jedem Fall nach §§ 53–68 SGB XII

IV. Spezielle Leistungsberechtigte

zu erbringen, sofern kein vorrangiger Leistungsträger zuständig ist). Die Unsicherheit besteht deshalb, weil das SGB II keine Leistungen für stationäre Unterbringung vorsieht (und nach § 5 Abs. 2 Satz 1 bezüglich Unterhaltsleistungen solche nach dem SGB XII ausschließt), sondern nur das SGB XII (§ 35). Sofern kein vorrangiger Leistungsträger vorhanden ist, der den Bedarf vollständig abdeckt, gebietet der Sinn der Regelung eine einheitliche Leistungserbringung nach dem SGB II entsprechend dem SGB XII (§ 35), was auch einen Barbetrag einschließt (§ 35 Abs. 2 Sätze 2, 3 SGB XII). **Arbeitseingliederungsleistungen** für Erwerbstätige sind insbesondere in Form begleitender Hilfen (§ 16 Abs. 2 SGB II) möglich, bei deren Nichterbringung SGB-XII-Hilfe in besonderen Lebenslagen in Betracht kommt (insbesondere gemäß § 68 Abs. 1 in Verbindung mit §§ 5, 6 VO).

bb) Krankenhausaufenthalt von weniger als sechs Monaten: Abweichend von der Regel erhalten weiter SGB-II-Leistungen Personen, die voraussichtlich für weniger als sechs Monate in einem **Krankenhaus** (§ 107 SGB V) untergebracht sind. Der Bezug auf § 107 SGB V bezüglich des Krankenhauses lässt offen, ob damit nur Krankenhäuser im engeren Sinne (§ 107 Abs. 1 SGB V; dazu zählen aber nicht psychiatrische Krankenhäuser nach dem Maßregelvollzug) oder auch Vorsorge- und Rehabilitationseinrichtungen (§ 107 Abs. 2 SGB V) gemeint sind. Nach dem Sinn und Zweck der Bestimmung sind auch Letztere einzubeziehen, so dass bei der Prüfung, ob die Unterbringung voraussichtlich weniger als sechs Monate dauert, diese Zeit einheitlich zu beziehen ist auf eine ineinandergreifende Unterbringung in einem Krankenhaus und einer Vorsorge- bzw. Rehabilitationseinrichtung (so auch BT-Dr. 16/1410, 48).

Die Entscheidung, ob jemand voraussichtlich **„für weniger als sechs Monate"** untergebracht ist, erfordert wie die vor dem FortentwicklungsG maßgebliche Fassung „für länger als sechs Monate" eine **Prognose** (so auch BR-Dr. 404/06, 5). Maßgeblich dafür hat zu sein, ob im Zeitpunkt der Antragstellung, frühestens jedoch dem Beginn des Krankenhausaufenthalts, dieser nach medizinischen Erkenntnissen unter Berücksichtigung aller erkennbaren Umstände voraussichtlich unter sechs Monaten liegen wird. Die Entscheidung ist unabhängig davon zu treffen, wann das Verwaltungsverfahren oder das Widerspruchsverfahren abgeschlossen wird, ob also im Zeitpunkt der jeweiligen Verwaltungsentscheidung bereits sechs Monate oder mehr seit der Antragstellung vergangen sind oder nicht; dies kann dazu führen, dass die für die Vergangenheit nachgeholte Prognose durch den tatsächlichen Geschehensablauf nicht bestätigt wird, womit die Prognose aber nicht unbeachtlich, sondern maßgeblich bleibt, wenn sie zum damaligen Zeitpunkt bei vorausschauender Betrachtung zutreffend gewesen wäre (so BSG Urt. v. 17. 3. 2005 – B 3 P 2/04 R – FEVS 57, 97, 99 für die Pflegestufeneinteilung nach dem SGB XI). Der Prognoseentscheidung zugrunde zu legen sind ärztliche Stellungnahmen bzw. Bewilligungsbescheide von Kostenträgern, im Zweifel unter Einholung einer entsprechenden Auskunft. Ist bereits zum Zeitpunkt der Aufnahme absehbar, dass der Aufenthalt im Krankenhaus länger als sechs Monate dauern wird, besteht kein Anspruch auf SGB-II-Leistungen (BT-Dr. 16/1410, 48). Ist eine Prognose nicht möglich, so entfällt der SGB-II-Anspruch zu dem Zeitpunkt, in dem absehbar ist, dass die Unterbringung voraussichtlich sechs Monate und länger dauern wird, und in jedem Fall nach einer tatsächlichen Unterbringung von sechs Monaten (so auch BT-Dr. 16/1410, 48).

Die **SGB-II-Leistungen bei einer Unterbringung von weniger als sechs Monaten** werden sich schwerpunktmäßig auf die (ambulanten) Unterhaltssicherungsleistungen des Alg II (insbesondere Regel-, Mehr- sowie Unterkunfts- und Heizungsbedarf) beziehen, wobei diesbezügliche (Verpflegungs- und Unterkunfts-)Leistungen vorrangiger Träger (insbesondere der Krankenversicherungsträger) als Sacheinkommen anzurechnen sind, jedoch dem Untergebrachten ein Betrag für persönliche Bedürfnisse (entsprechend § 35 Abs. 2 Sätze 2, 3 SGB XII) verbleiben muss. **Arbeitseingliederungsleistungen** sind gerade in Vorsorge- und Rehaeinrichtungen ebenfalls möglich, wenn kein vorrangiger Leistungsträger vorhanden ist; werden sie – auch nicht nach dem SGB III – erbracht, hat Hilfe in besonderen Lebenslagen nach dem SGB XII (§ 54 Abs. 1 in Verbindung mit §§ 13 a–17 EingliederungshilfeVO) einzusetzen. **Beim Leistungsausschluss** wegen (voraussichtlich) längerer als sechsmonatiger Unterbringung besteht ein **Anspruch auf SGB-XII-Unterhaltsleistungen.**

c) SGB-II-Leistungsausschluss bei richterlichem Freiheitsentzug

Den stationären Einrichtungen werden die Einrichtungen zum Vollzug richterlich angeordneter Freiheitsentziehung gleichgestellt und damit in sozialpolitisch fragwürdiger Weise eine davon in der Rechtsprechung kontrovers beantwortete Frage entschieden (für Gleichstellung z. B. LSG Be Beschl. v. 27. 10. 2005 – L 19 B 48/05 AS ER; dagegen zu Recht LSG

ST Beschl. v. 14. 11. 2005 – L 9 B 260/05 SO ER – ZfSH/SGB 2006, 157, SG Darmstadt Beschl. v. 12. 4. 2006 – S 12 AS 143/05 I – SAR 5/2006, 50). **Vollzug richterlich angeordneter Freiheitsentziehung** liegt insbesondere vor (BT-Dr. 16/1410, 48) bei Straf- und Untersuchungshaft, Vollzug von Maßregeln der Besserung und Sicherung (psychiatrisches Krankenhaus, Entziehungsanstalt und Sicherungsverwahrung sowie einstweiliger Unterbringung im Strafverfahren), Absonderung nach dem Bundesseuchen- oder Geschlechtskrankheitengesetz, Unterbringung nach den öffentlich-rechtlichen Unterbringungsgesetzen der Länder, zivilrechtliche Unterbringung eines Kindes (§§ 1631 b, 1666, 1800 BGB) oder Betreuten (§ 1906 BGB). Demzufolge ist ein ergänzender Taschengeldanspruch für Untersuchungsgefangene sowie die Fortzahlung der Kosten für eine (beibehaltene) Wohnung (auch bei kürzerer Strafhaft oder sonstiger freiheitsentziehender Unterbringung) bzw. die Übernahme von Lagerungskosten nur aus dem SGB XII ableitbar (zu Freigängern LSG BeB Beschl. v. 2. 2. 2006 – L 14 B 1307/05 AS ER – FEVS 57, 464).

d) Bedarfsgemeinschaftsangehörige

Für die vom SGB-II-Bezug ausgeschlossenen Personen ist offen, ob sie bei einer Zugehörigkeit zu einer Bedarfsgemeinschaft (§ 7 Abs. 3), insbesondere also bei einer Partnerschaft mit einem erwerbsfähigen – nicht ausgeschlossenen – Partner (eine Unterbringung in einer stationären Einrichtung stellt in der Regel keine dauernde Trennung im Sinne des § 7 Abs. 3 da), **Unterhaltssicherungsleistungen als Sozialgeld** nach dem SGB II **oder als SGB-XII-Hilfe zum Lebensunterhalt** erhalten (Grundsicherungsberechtigte bekommen in jedem Fall SGB-XII-Leistungen gemäß §§ 41 ff. SGB XII, s. §§ 5 Abs. 2 Satz 2, 28 Satz 1 SGB II). Nach dem Wortlaut des Abs. 4 sind sie von allen SGB-II-Leistungen ausgeschlossen, doch sprechen Sinn und Zweck des § 28, der gerade nicht erwerbsfähige Angehörige in einer Bedarfsgemeinschaft einheitlich mit diesen dem SGB II zuordnen will, mehr dafür, ihnen Sozialgeld zu leisten.

e) Nutzer von teilstationären Einrichtungen

Bei Nutzung von teilstationären Einrichtungen (z. B. Tages-, Nachtklinik) besteht kein Ausschluss von SGB-II-Leistungen, doch kann sie durchaus Auswirkungen auf ihren Inhalt haben (s. z. B. für das Frauenhaus Verein Frauenhauskoordinierung NDV 2004, 112, DH-BA 7.10 und zur Kostenerstattung § 36 a sowie für Tageseinrichtungen SG

Dortmund 19. 10. 2005 – S 31 SO 10/05 – Rd S 2006, 35: Mittagessen mindert nicht Regelsatz).

4. Kranke

a) Anzeige- und Bescheinigungspflicht

Erwerbsfähige Hilfebedürftige, die Alg II beantragt haben oder beziehen, sind verpflichtet, der AA eine eingetretene **Arbeitsunfähigkeit** und deren voraussichtliche Dauer unverzüglich **anzuzeigen** und spätestens vor Ablauf des dritten Kalendertags nach Eintritt der Arbeitsunfähigkeit eine ärztliche **Bescheinigung** über deren voraussichtliche Dauer vorzulegen; die AA ist berechtigt, eine frühere Vorlage der Bescheinigung zu verlangen (§ 56 S. 1, 2 SGB II). Die Bescheinigung muss einen Vermerk des Arztes darüber enthalten, dass dem Krankenversicherungsträger unverzüglich eine Bescheinigung mit Angaben über den Befund und die voraussichtliche Dauer der Arbeitsunfähigkeit übersandt wird (§ 56 S. 4 SGB II). Dauert die Arbeitsunfähigkeit länger als in der Bescheinigung angegeben, so ist der AA eine neue ärztliche Bescheinigung vorzulegen (§ 56 S. 3 SGB II).

b) Unterhaltsleistungen

Während einer Krankheit sind **weiter SGB-Unterhaltsleistungen** zu erbringen (bei erwerbsfähigen Personen bis zur Feststellung einer Erwerbsunfähigkeit, nach der entweder SGB-II-Sozialgeld oder SGB-XII-Unterhalt zu leisten ist). Eine ursprünglich im SGB II (§ 25 a. F.) enthaltene Bestimmung, dass bei erwerbsfähigen Personen, die Anspruch auf Krankengeld haben, das Alg II bis zur Dauer von 6 Wochen weitergezahlt und danach als Vorschuss geleistet wird (mit Erstattungsanspruch des SGB-II-Trägers gegenüber der Krankenkasse) ist 2005 gestrichen worden. Folglich gelten nunmehr die allgemeinen Regelungen, was bedeutet, dass die SGB-II-Unterhaltsleistungen dem Grunde nach ohne zeitliche Begrenzung weiterlaufen, auf die **Lohnfortzahlung und Krankengeld** als Einkommen anzurechnen sind; solange diese nicht tatsächlich zugehen, ist Alg II ohne Anrechnung zu erbringen (gegebenenfalls als Darlehen nach § 23 Abs. 4 SGB II; Erstattungsanspruch des SGB-II-Trägers gegenüber den Arbeitgeber gemäß § 115 SGB X bzw. der Krankenkasse gemäß § 104 SGB X). Im SGB II (§ 25 n. F.) ist jetzt bestimmt, dass bei einem **Anspruch** eines Alg-II-Beziehers auf **Übergangsgeld** bei medizinischen Leistungen der gesetzlichen Rentenversicherung bzw.

IV. Spezielle Leistungsberechtigte

Verletztengeld aus der gesetzlichen Unfallversicherung Alg II als Vorschuss zu erbringen ist (mit Erstattungsanspruch des SGB-II-Trägers entsprechend § 102 SGB X).

c) Krankenversicherungsleistungen

Alg II- und Sozialgeldbezieher, die in einer gesetzlichen Krankenkasse pflicht- bzw. familienversichert sind, erhalten bei Schwangerschaft oder Krankheit die gleichen Leistungen von ihrer Krankenkasse wie alle anderen Krankenversicherten (mit Ausnahme des Krankengeldes, S. 7).

Allerdings müssen sie auch wie sonstige Krankenversicherte nach Vollendung des 18. Lebensjahres **Praxisgebühr** (10 € pro Kalendervierteljahr) – außer sie sind Mitglieder einer Krankenkasse, die ein Hausarztmodell eingeführt hat, wie z.B. bundesweit die Barmer Ersatzkasse (€ 10,– jährlich) – und **Zuzahlungen** zu vielen Krankversicherungsleistungen erbringen.

Rat: Bei wiederholter Inanspruchnahme desselben (Haus-, Fach-)Arztes, Zahnarztes oder Psychotherapeuten und sogar Notfalldienstes ist die Praxisgebühr einmal vierteljährlich zu entrichten. Wird ein anderer Arzt aufgesucht, entfällt die Praxisgebühr nur, wenn vom ersten Arzt eine Überweisung für dasselbe Kalendervierteljahr vorliegt, ansonsten ist noch einmal die Praxisgebühr zu entrichten.

Keine Praxisgebühr ist zu zahlen (§ 28 Abs. 4 Satz 2 SGB V) für Maßnahmen zur **Schwangerenvorsorge, Schutzimpfungen, Gesundheitsfrüherkennungsuntersuchungen,** auf die ein Anspruch besteht (§ 25 Abs. 1, 2 SGB V: Krebsvorsorge bei Frauen ab 19 Jahren und Männern ab 44 Jahren, sonstige Früherkennungsuntersuchungen für Versicherte ab 35 Jahren) sowie jährlich zwei Vorsorgeuntersuchungen beim Zahnarzt. Soweit keine Vorsorgeuntersuchung betroffen sind, fällt bei jeder **ersten zahnärztlichen Behandlung** im Quartal die **Praxisgebühr** an. Haus- oder Fachärzte können nicht an Zahnärzte überweisen.

Von den Praxisgebühren und Zuzahlungen gibt es jedoch für Alg-II-Bezieher eine **Befreiung** nach Überschreiten des Zuzahlungshöchstbetrages (§ 62 SGB V). Dieser Zuzahlungshöchstbetrag beläuft sich bei SGB-II-Unterhaltsbeziehern einschließlich Bedarfsgemeinschaftsangehörigen **in der Regel auf 2%** der jährlichen Regelleistung = € 4140,– (12 × € 345,–), also € 82,80, bei **schwerwiegend chronisch Kranken** auf 1% = € 41,40 (§ 62 Abs. 2 S. 6 SGB V). Eine chronische Erkrankung wird angenommen, wenn sie mindestens ein Jahr lang einmal pro Quar-

B. Womit werden Erwerbsfähige und Angehörige gefördert und gefordert?

tal ärztlich behandelt wird (Dauerbehandlung) und zudem eines der folgenden Merkmale vorliegt: Pflegebedürftigkeit Stufe II oder III, Grad der Behinderung (GdB) oder Minderung der Erwerbsfähigkeit (MdE) von wenigstens 60%, kontinuierliche medizinische Versorgungsbedürftigkeit. Dementsprechend gilt für ein Ehepaar mit Kindern insgesamt eine Höchstbelastungsgrenze von € 82,80; leidet mindestens ein Ehegatte unter einer schwerwiegenden chronischen Erkrankung, beträgt der Zuzahlungshöchstbetrag für die gesamt Familie € 41,40.

Rat: Bei Erreichen der Grenze ist sofort ein Antrag auf eine Befreiungsbescheinigung bei der Krankenkasse für das Kalenderjahr zustellen. Für **Zahnersatz** gilt die Sonderregelung, dass bei Alg-II- und Sozialgeld Beziehern der **volle Festzuschuss** für eine notwendige Versorgung von der Krankenkasse zu übernehmen ist.

---

d) Nicht von der Krankenversicherung gedeckte Krankheitskosten

In diesem Zusammenhang stellt sich noch die Frage, inwieweit Krankenkosten, die nicht von der Krankenkasse getragen werden im Rahmen des SGB II übernommen werden. Das betrifft z.B. Praxisgebühr/ Zuzahlungen. Die Tendenz der Rechtsprechung (OVG Ni, Urt. v. 9. 3. 2004 – 12 ME 64/04 – info also 2004, 124 = NJW 2004, 1817, VGH He, Urt. v. 20. 4. 2004 – 10 TG 532/04 – info also 2004, 171, VG Neustadt Beschl. v. 31. 8. 2004 – 4 L 2124/04 NW – ZfSH/SGB 2004, 684; modifizierend OVG Ni, Beschl. v. 6. 5. 2004 – 4 ME 88/04 – FEVS 55, 512, VG Kassel, Urt. v. 18. 2. 2004 – 7 G 56/04 – info also 2004, 125) ging schon unter Geltung des BSHG dahin, dass dieser Betrag aus der Regelleistung zu tragen ist. Gleiches gilt für Brille (dazu OVG NI, Beschl. v. 13. 8. 2004 – 4 ME 224/04 – FEVS 55, 522), Fahrtkosten im Zusammenhang mit Krankheit, Körperpflegemittel z.B. bei Aids oder Verhütungsmittel. Soweit unabweisbarer Bedarf nicht anders gedeckt werden kann, besteht dafür zwar ein Regel-Sonderbedarf (S. 85f.), der jedoch auch von der Regelleistung getilgt werden müsste, was aus verfassungsrechtlichen Gründen nicht vertretbar ist, so dass dafür ein kastriertes Darlehen zu gewähren sein dürfte (dazu S. 88).

5. U25: Junge Menschen zwischen 15 und 25 Jahren

Die Rechtsstellung erwerbsfähiger junger Menschen ab 15 und unter 25 Jahren – „U25" im Jargon der Behörden, die dafür eigene Abteilun-

IV. Spezielle Leistungsberechtigte

gen eingerichtet haben – ist bezüglich des Unterhalts durch das Änderungsgesetz von 2006 deutlich verschlechtert worden, während bei der Arbeit schon seit Inkrafttreten des SGB II eine verstärkte Förderung von einer rigorosen Sanktionierung begleitet ist.

a) Unterhalt

Hierbei hat das Änderungsgesetz zwei wesentliche Akzente gesetzt: Kinder unter 25 Jahren (bisher 18) sind der Bedarfsgemeinschaft zugeordnet worden, und sie werden bei Aus- und Umzug massiv einschränkt.

aa) Elternhaushaltung: Ab 2006 werden junge Menschen unter 25 Jahren im Haushalt von Eltern(teilen) kurz gehalten: Sie gehören der **Bedarfsgemeinschaft** an (§ 7 Abs. 3 Nr. 4 SGB II) und bekommen als **Regelleistung 80%** der Eckregelleistung (§ 20 Abs. 2 Satz 2 SGB II), d. h. 276 € (davor ab 18 Jahren 345 €). Zudem werden ihnen **überschießende Mittel von Eltern(teilen)** im Rahmen der Einsatzgemeinschaft in **vollem Umfang angerechnet** (§ 9 Abs. 2 Satz 2 SGB II), davor nur bis 17 Jahren, ab 25 Jahre nur gemäß den Vorschriften der Verwandten-Haushaltsgemeinschaft gemäß § 9 Abs. 5 SGB II, s. S. 111.

Zur Begründung hat der Gesetzgeber (BR-Drs. 110/06, 8) ausgeführt: Die bisherige Regelung habe nicht dem Umstand Rechnung getragen, dass Kinder, die weiterhin im Haushalt der Eltern lebten, nicht die zur Bestreitung der zur allgemeiner Lebensführung gehörenden Aufwendungen (sogenannte Generalunkosten wie haushaltstechnische Geräte, Strom, Versicherungsbeiträge) zu tragen hätten.

bb) Umzugssperre: Nach einem Umzug werden nur der bisherige Regelsatz von 276 € und nicht der für Alleinstehende von 345 € gewährt sowie Leistungen für Unterkunft/Heizung und Wohnungs-Erstausstattungsbedarf nicht erbracht, wenn die **Kostenübernahme** vom Träger vor Abschluss eines Mietvertrages **nicht zugesichert** worden ist oder junge Leute vor der Beantragung von Alg II in der Absicht umziehen, die Voraussetzungen für dessen Bezug herbeizuführen (§ 20 Abs. 2a, § 22 Abs. 2a, § 23 Abs. 6 SGB II). Diese Regelungen sollen nach der pädagogischen Begründung des Gesetzgebers (BR-Drs. 110/06, 10) den Anreiz vermindern, auf Kosten der Allgemeinheit eine eigene Wohnung zu beziehen. Auch das Ausbleiben der Leistungen für Unterkunft und Heizung sei zumutbar, weil junge Menschen unverzüglich in eine Arbeit, Ausbildung oder Arbeitsgelegenheit zu vermitteln seien und der Leistungsausschluss daher im Regelfall von kürzerer Dauer sein werde.

Eine **Verpflichtung** des Trägers eine **Zusicherung** zur Kostenübernahme **zu erteilen** besteht aber, wenn (§ 22 Abs. 2a Satz 2 SGB II):

(1) der Betroffene aus **schwerwiegenden sozialen Gründen** nicht auf die Wohnung von Eltern(teilen) verwiesen werden kann (dazu BSG Urt. v. 2. 6. 2004 – B 7 AL 38/03 R – FEVS 56, 49 zum gleichlautenden Begriff in § 64 Abs. 2 Nr. 4 SGB III: gravierend gestörtes Verhältnis des Jugendlichen zu seinen Eltern oder einem Eltern(teil), Partner, z. B. erhebliche Auseinandersetzungen), s. LSG Ha Beschl. v. 2. 5. 2006 – L 5 B 160/06 ER AS – info also 2006, 222).

(2) der Bezug der Unterkunft zur **Eingliederung in den Arbeitsmarkt** erforderlich ist oder

(3) ein sonstiger, **ähnlich schwerwiegender Grund** vorliegt, z. B. Auszug bei Schwangerschaft wegen beengter Wohnverhältnisse oder Zusammenziehen mit einem Partner, insbesondere Vater des Kindes (s. SG Berlin Beschl. v. 16. 12. 2005 – S 37 AS 11501/05 ER – info also 2006, 31).

Liegt einer dieser Gründe vor, kann **vom Erfordernis der Zusicherung abgesehen werden,** wenn es einem Betroffenem **aus wichtigem Grund** nicht zumutbar war, die Zusicherung einzuholen (§ 22 Abs. 2a Satz 3 SGB II), z. B. sonst eine günstigere Wohnung nicht zu bekommen war. In diesem Fall sind die Leistungen nach einem Umzug in vollem Umfang zu erbringen. Bei voraussichtlichem vorübergehendem Wohnungsbezug (z. B. Ausbildung, Zeitarbeit) reicht freilich eine möblierten Wohnung aus, bei der dann in der Regel die gesamten angemessenen Mietkosten einschließlich Möblierungszuschlag zu übernehmen sind, zumal kein Wohnungs-Erstausstattungsbedarf anfällt (nach LSG Ha Beschl. v. 25. 8. 2005 – L 5 B 201/05 ER AS – FEVS 57, 329 ist der generelle Verweis junger Alleinstehender auf möblierte Zimmer, Untermiete und Wohngemeinschaft zu pauschal und undifferenziert).

Keine Zusicherung gemäß den eben wiedergegebenen Vorschriften zu einem Umzug benötigen diejenigen Jugendlichen, die bereits am 17. 2. 2006 nicht mehr im Haushalt der Eltern gelebt haben (§ 68 Abs. 2 SGB II). Für sie gelten die allgemeinen Umzugsvorschriften (S. 70 ff.).

b) Arbeit

aa) Förderung: In einer zentralen Vorschrift bestimmt das SGB II (§ 3 Abs. 2), dass erwerbsfähige junge Menschen unter 25 Jahren **unverzüglich** nach SGB-II-Antragstellung **in eine Arbeit, eine Ausbildung oder eine Arbeitsgelegenheit** zu vermitteln sind; bei Hilfebedürftigen ohne Be-

IV. Spezielle Leistungsberechtigte

rufsabschluss soll darauf hingewirkt werden, dass die vermittelte Arbeit oder Arbeitsgelegenheit auch zur Verbesserung ihrer beruflichen Kenntnisse und Fähigkeiten beiträgt. Die Gesetzesbegründung (BT-Drs. 15/1516, 51) nennt als Grund für die Regelung, dass sie eine Arbeitslosigkeit junger Menschen und eine Gewährung an den Bezug von Sozialleistungen vermeiden soll, und zwar durch eine schnelle kurzfristig mögliche Arbeit oder Ausbildung; zu letzteren wird einschränkend hinzugefügt, dass der Träger nicht verpflichtet sei, eine Ausbildung aus eigenen Mitteln zu finanzieren, wenn eine Vermittlung nicht zustande komme.

Die Bundesagentur für Arbeit hat für junge Menschen einen Acht-Punkte-Plan mit folgendem Inhalt aufgestellt (Kompendium Aktive Arbeitsmarktpolitik nach dem SGB II, 2004, 14 ff.): (1) Fallmanagement (intensive Betreuung und Vermittlung mit **Schlüssel 1:75**), (2) Vorfahrt für Ausbildung, (3) Berufsvorbereitende Bildungsmaßnahmen und EQJ (Einstiegsqualifizierung Jugendlicher), (4) Qualifizierungsmaßnahmen, (5) Aufnahme einer Arbeitstätigkeit, (6) Arbeitsgelegenheiten zum Heranbringen und Trainieren von Arbeitsmarktanforderungen, (7) Ehrenamtliche Tätigkeiten zur persönlichen Weiterentwicklung, (8) Modellprojekte insbesondere für erwerbsfähige Hilfebedürftige mit Migrationshintergrund, vor allem Erwerb von (auch muttersprachlicher) Sprach- und interkultureller Kompetenz.

Dazu wird der baldige Abschluss einer **Eingliederungsvereinbarung** angestrebt, wofür zur Planung passgenauer Angebote die folgende Übersicht gegeben wird:

- **Marktkunde:** Ausbildung (duale), Studium, Arbeit (Erster Arbeitsmarkt), PSA (Personalserviceagentur), Praktikum (freiwilliges soziales oder ökologisches Jahr), Bundeswehr, Berufsfindung/-orientierung, EQJ (Einstiegsqualifizierung Jugendlicher), Spezifische Länderprogramme, Betriebliche Trainingsmaßnahme
- **Beratungskunden:** Ausbildung (duale), BVJ (Berufsvorbereitungsjahr), BGJ (Berufsgrundbildungsjahr), Spezifische Länderprogramme, EQJ, BvB (Berufsvorbereitende Bildungsmaßnahme), Berufsfindung/-orientierung, PSA, Betriebliche Trainingsmaßnahme, Träger Trainingsmaßnahme, ABM (Einzelfall), § 421 i SGB III, Arbeitsgelegenheiten mit Mehraufwand, Arbeitsgelegenheiten mit Entgelt (Einzelfall), § 37 SGB III, EGZ/EZN.
- **Betreuungskunden:** Ausbildung (außerbetrieblich), BvB (Berufsvorbereitende Bildungsmaßnahme), Nachholen des Hauptschulabschlusses, EQJ (Einstiegsqualifizierung Jugendlicher), Berufsorientierung,

B. Womit werden Erwerbsfähige und Angehörige gefördert und gefordert?

§ 37 SGB III, PSA, TM (Trainingsmaßnahme), ABM, § 421 i SGB III, Arbeitsgelegenheiten mit Mehraufwand.

Trotz dieser guten Vorsätze dominieren in der Praxis immer noch zu häufig die 1-Euro-Jobs.

Bei den **jungen Menschen ohne Berufsabschluss** – deren Förderung nicht an die Altersgrenze von unter 25 Jahren gebunden ist – trägt eine Arbeit oder Arbeitsgelegenheit zur Verbesserung beruflicher Fähigkeiten oder Kenntnisse vor allem bei, wenn sie mit folgenden Maßnahmen kombiniert wird:

- Personal-Service-Agentur (S. 129)
- Trainingsmaßnahmen (S. 131)
- Berufsweiterbildung als Teilzeitmaßnahme (S. 132)
- Eingliederungshilfen für junge Menschen (S. 133)
- ABM-Maßnahmen (S. 133 f.)
- Jugendsozialarbeit (§ 13 SGB VIII)

> **Rat:** Lies zum Verhältnis von SGB II und Jugendsozialarbeit Empfehlungen Deutscher Verein NDV 2005, 397 ff. und Kunkel ZfSH/SGB 2006, 76 ff.

bb) Forderung: Mit der verstärkten Förderung junger Menschen unter 25 Jahren geht eine ausgeprägte Arbeitsforderung einher, die sich in einer **massiven** Arbeitspflichtverletzung-**Sanktionierung** nieder schlägt (§ 31 Abs. 5, Abs. 6 Satz 3 SGB II):

- (Abs. 5 S. 1): Bei einer **schweren Pflichtverletzung** (§ 31 Abs. 1 SGB II: Arbeitseingliederungsverweigerung, § 31 Abs. 4 SGB II: absichtliche Mittelverminderung, unwirtschaftliches Verhalten, Sperrzeit) werden die **Geldleistungen sofort gestrichen** und nur noch Unterkunfts- sowie Heizungsleistungen erbracht, die direkt an den Vermieter überwiesen werden sollen.

> **Rat:** Der SGB-II-Träger hat die gesamten zu übernehmenden Unterkunft- und Heizungskosten zu überweisen und darf nicht etwa vorhandenes Einkommen – z.B. Kindergeld, Unterhalt – zum Abzug bringen.

- (Abs. 5 S. 2, 5): Bei **wiederholter schwerer Pflichtverletzung** – innerhalb des Sanktionszeitraums von einem Jahr (§ 31 Abs. 3 S. 4 SGB II) – **entfällt** das Alg II ganz, aber auch noch die Unterkunfts- und Heizungsleistungen. Diese können jedoch erbracht werden, wenn sich der erwerbsfähige Hilfebedürftige nachträglich bereit erklärt, seinen Pflichten nachzukommen.

- (Abs. 5 S. 3): Bei **wiederholter Terminversäumnis** (§ 31 Abs. 2 SGB II) innerhalb des Sanktionszeitraums von einem Jahr (§ 31 Abs. 3 S. 4 SGB II) wird die Reduzierung des Arbeitslosengelds II jeweils verdoppelt, also nach 10% bei der nächsten 20% sowie bei der übernächsten 40% etc.

- (Abs. 5 S. 6): Das Einzige, was bei einem Wegfall des Alg II oder einer Reduzierung der Regelleistung um mehr als 30% erbracht werden kann, sind Sach- oder geldwerte Leistungen, d.h. vor allem **Lebensmittel- und Hallenbadgutscheine** für die Körperpflege.

- (Abs. 6 S. 3): Bei der **Dauer kann** die Absenkung und der Wegfall unter Berücksichtigung aller Umstände des Einzelfalls auf **sechs Wochen verkürzt** werden.

- Eine Rechtfolgenbelehrung ist nur vor der ersten Pflichtverletzung erforderlich, was regelmäßig formularmäßig geschieht.

Zur **Begründung** dieser rigiden Regelungen wird in den Gesetzesmaterialien (BT-Drs. 15/1516, 61) ausgeführt, dass es dringend erforderlich sei, bei jungen Menschen von vornherein der Langzeitarbeitslosigkeit entgegenzuwirken. Deshalb seien sie auf der einen Seite in Beschäftigung, Ausbildung oder zu einer Arbeitsgelegenheit zu bringen (§ 3 Abs. 2 SGB II), andererseits stünden dieser staatlichen Verpflichtung schärfere Sanktionsmöglichkeiten gegenüber; auch in diesem Fall bleiben aber der Zugang zu sonstigen Leistungen zur Eingliederung in Arbeit, also auch zu Beratungs- und Betreuungsdienstleistungen, erhalten. Liegt lediglich ein Terminwegbleiben vor, gelten die dafür auch sonst vorgesehenen moderateren Sanktionen.

V. Leistungsträger: ARGE oder zugelassene Optionskommune

Träger der Leistungen nach dem SGB II (§ 6) sind die **Bundesagentur für Arbeit (BA)** – welche die Aufgaben durch die **Agentur für Arbeit (AA)** ausführen lässt – und die **Kommunalen Träger (KT:** kreisfreie Städte und Kreise, modifiziert nach Landesrecht und Stadtstaaten). Zur einheitlichen Wahrnehmung ihrer Aufgaben sollen sie eine Arbeitsgemeinschaft (ARGE) errichten (§ 44 b SGB II: Regelträgerschaft). Anstelle der Agentur für Arbeit sind ca. 70 kommunale Träger zur alleinigen Aufgabenwahrnehmung zugelassen worden (§§ 6 a, 6 b SGB II: sog zugelassene Optionskommunen = Optionsträgerschaft).

B. Womit werden Erwerbsfähige und Angehörige gefördert und gefordert?

1. Zuständigkeit

Bei der Zuständigkeit ist die sachliche und örtliche zu unterscheiden.

a) Sachliche Zuständigkeit

Neben der Regelzuständigkeit der AA und KT besteht die Möglichkeit der Zulassung von KT in Alleinzuständigkeit.

aa) Regelzuständigkeit: Agentur für Arbeit und Kommunale Träger.

Sachlich zuständig sind in der Regel die AA und der KT.

Die **KT** sind – soweit durch Landesrecht nicht andere Träger bestimmt sind – (sachlich und damit auch Kostenträger) zuständig für (§ 6 S. 1 Nr. 2 SGB II):

- Leistungen für Unterkunft und Heizung (§ 22 SGB II), und zwar Allgemeinleistungen (§ 22 Abs. 1 SGB II), Wohnungssonderleistung (§ 22 Abs. 3 SGB II), Erstausstattungsleistung Bekleidung/Wohnung und Klassenfahrten (§ 23 Abs. 3 SGB II) sowie Mietschuldenübernahme (§ 22 Abs. 5 SGB II).
- Betreuung minderjähriger oder behinderter Kinder sowie die häusliche Pflege von Angehörigen, Schuldnerberatung, psychosoziale Betreuung, Suchtberatung und Co-Leistungen, die für die Eingliederung des erwerbsfähigen Hilfebedürftigen in das Erwerbsleben erforderlich sind (§ 16 Abs. 2 S. 1, 2 Nr. 1–4 SGB II), einschließlich der Hilfebedürftigkeitswegfallförderung (§ 16 Abs. 4 SGB II),

Nicht eindeutig bestimmt ist, dass diese Zuständigkeit auch für die korrespondierenden Sozialgeld-Leistungen gilt, doch entspricht nur dies einer sinn- und zweckgerichteten Gesetzesanwendung.

Die Bundesagentur für Arbeit/Agentur für Arbeit ist sachlich zuständig und damit auch Kostenträger für alle anderen, nicht den kommunalen Trägern übertragenen Aufgaben (§ 6 S. 1 Nr. 1 SGB II), also

- Alg II – Allgemeinleistung: Regel- und Mehrbedarf (§§ 20, 21 SGB II)
- Alg II – Co-Leistungen: Sozialversicherungszuschuss (§ 26 SGB II) und Regel-Sonder-Leistung (§ 23 Abs. 1 SGB II)
- SGB II – Degressiv-Alg-I-Zuschlag (§ 24 SGB II)
- SGB II – Einstiegsgeld (§§ 16 Abs. 2 S. 2 Nr. 5; 29 SGB II)
- SGB II – Gelegenheitsarbeiten-Entschädigung (§ 16 Abs. 3 S. 2 Hs. 1 SGB II)
- Arbeitsmarktförderung (§ 16 Abs. 1 SGB II) einschließlich Hilfebedürftigkeitswegfall (§ 16 Abs. 4 SGB II)

V. Leistungsträger: ARGE oder zugelassene Optionskommune

- Arbeitsförderung Gelegenheitsarbeiten (§ 16 Abs. 3 SGB II) einschließlich Hilfebedürftigkeitswegfall (§ 16 Abs. 4 SGB II)
- Arbeitsförderung In-die-Rente (§ 16 Abs. 2 S. 2 Nr. 6 SGB II)
- Arbeitsförderung Junge Menschen (§ 3 Abs. 2 SGB II)

Das zu berücksichtigende **Einkommen und Vermögen mindert die Geldleistungen der AA;** soweit Einkommen und Vermögen darüber hinaus zu berücksichtigen ist, mindert es die Geldleistungen der kommunalen Träger (§ 19 S. 2 SGB II). Mit dieser im Vermittlungsausschuss getroffenen Regelung schöpft **zunächst** einmal die **BA vorhandenes Vermögen und Einkommen** ab. Dies führt in vielen Fällen dazu, dass die AA überhaupt keine Leistungen (Alg-II-Sozialgeld) zu erbringen hat.

Nur wenn über dem von der AA zu deckenden Bedarf hinaus noch Einkommen oder Vermögen vorhanden ist, darf der KT darauf zurückgreifen. Bei **Streitigkeiten** zwischen den Trägern über die **Hilfebedürftigkeit,** d. h. den Vermögens- oder Einkommenseinsatz, z. B. zu der Frage, ob eine Lebensversicherung einzusetzen ist, hat die Gemeinsame Einigungsstelle (§ 45 SGB II, s. S. 205) zu entscheiden.

Zur einheitlichen Wahrnehmung ihrer Aufgaben errichten nach dem SGB II (§ 44 b Abs. 1 S. 1) die SGB-II-Leistungsträger, also BA/AA und KT, durch privat- oder öffentlich-rechtliche Verträge **Arbeitsgemeinschaften ("ARGE").** Umfasst der Bezirk einer AA mehrere KT – z. B. kreisfreie Stadt und Landkreise –, so sind sie alle Leistungsträger. Befinden sich im Bereich eines KT mehrere AA, ist eine als federführend zu benennen (§ 44 b S. 2 SGB II). Die AA und der KT teilen sich alle Tatbestände mit, von denen sie Kenntnis erhalten und die für die Leistungen des jeweils anderen KT erheblich sein können (§ 44 b Abs. 4 SGB II, ebenso die für SGB II und III zuständigen Träger (§ 9 a SGB III). Die bis zum Fortentwicklungsgesetz vorgeschriebene Zusammenfassung in einem **Job-Center** als einheitliche Anlaufstelle hat sich in der Praxis nicht umsetzen lassen und ist deshalb als verbindliche Regelung aus dem Gesetz herausgenommen worden (BT-Drs. 16/1410, 77).

Die Arbeitsgemeinschaft ist in **zwei Formen** möglich:

- **ARGE AA-KT mit beiderseitiger Aufgabenwahrnehmung:** Die ARGE nimmt die Aufgaben der AA als Leistungsträger wahr, während die KT ihr die Wahrnehmung ihrer Aufgaben übertragen sollen (§ 44 b Abs. 3 S. 1, 2 Hs. 1 SGB II), so dass in diesem Fall eine ARGE zwischen AA und KT besteht.
- **ARGE AA-Aufgabenwahrnehmung ohne KT-Aufgabenwahrnehmung:** Überträgt der KT trotz seiner gesetzlichen Soll-Pflicht seine Auf-

gaben nicht der ARGE, bildet die AA mit der ARGE eine „Aufgaben-Zuständigkeits-Ich-ARGE". Die Beteiligung der KT erschöpft sich dann in Abstimmung und Koordinierung. Die Soll-Vorschrift ist wohl darauf zurückzuführen, dass ein Zusammenschluss zwischen Bundesagentur und KT verfassungsrechtlich (Art. 28 Abs. 2 GG) problematisch ist.

An der Spitze der ARGE steht ein **Geschäftsführer,** welcher sie außergerichtlich und gerichtlich **vertritt** (§ 44 b Abs. 2 S. 1 SGB II). Können sich die ARGE und die Kommune(n) bei ihrer Errichtung nicht auf ein Verfahren zur Bestimmung eines Geschäftsführers einigen, so wird er von der BA und der Kommune abwechselnd jeweils für ein Jahr einseitig bestimmt, wobei das Los entscheidet, ob die erste einseitige Bestimmung durch die BA oder die Kommune erfolgt (§ 44 b Abs. 2 SGB II).

Die ARGE ist berechtigt, zur Erfüllung ihrer Aufgaben **Verwaltungsakte** (= Bescheide) **und Widerspruchsbescheide** zu erlassen (§ 44 b Abs. 3 S. 2 SGB II). Damit tritt sie **nach außen gegenüber den Betroffenen** als Entscheidungsträger auf.

Die **Agenturen für Arbeit** arbeiten bei der Erbringung von Arbeitseingliederungsmaßnahmen mit den **Beteiligten des örtlichen Arbeitsmarkts,** insbesondere Gemeinden, Kreisen und Bezirken, den Trägern der freien Wohlfahrtspflege, den Vertretern der Arbeitgeber und -nehmer sowie den Kammern und berufsständischen Organisationen zusammen, um die gleichmäßige oder gemeinsame Durchführung von Maßnahmen zu beraten oder zu sichern und Leistungsmissbrauch zu verhindern oder aufzudecken (§ 18 Abs. 1 S. 1 SGB II). Auf Verlangen von Gemeinden, Kreisen oder Bezirken soll mit ihnen die AA Vereinbarungen über die Erbringung von Arbeitseingliederungsmaßnahmen ausgenommen direkten, „originär" (BT-Drs. 15/1516, 55) von ihr zu erbringenden direkten Arbeitsförderung (§ 16 Abs. 1 SGB II) schließen, wenn sie den durch Rechtsverordnung festgelegten Mindestanforderungen entsprechen (§ 18 Abs. 3, 4 SGB II in Verbindung mit der Mindestanforderungs-Verordnung); solche Vereinbarungen können jede Form der Zusammenarbeit betreffen sowie öffentlichrechtlicher oder privatrechtlicher Natur sein (BT-Drs. 15/1516, 55). Dies gilt nicht für zugelassene Kommunale Träger (§ 18 Abs. 3 S. 2 SGB II). Die örtlichen Sozialhilfeträger sind verpflichtet, mit den Agenturen für Arbeit zusammenzuarbeiten (§ 18 Abs. 1 S. 2 SGB II).

bb) Optionsmodell-Experiment: zugelassene Kommunale Träger. Zur Weiterentwicklung der Grundsicherung sollen unter Mitübernahme der ansonsten der der AA zustehenden Maßnahmen KT für alle Leistungen nach dem SGB II zugelassen werden, insbesondere zwecks Erprobung alternativer Modelle der Arbeitseingliederung im Wettbewerb zu den Maßnahmen der AA (§ 6a Abs. 1 SGB II). Die Zulassung ist auf Antrag in einer inzwischen ergangenen Rechtsverordnung erfolgt (§ 6a Abs. 2–7, § 6b SGB II in Verbindung mit der Kommunalträger-Zulassungsverordnung).

b) Örtliche Zuständigkeit

Für die Leistungen der Grundsicherung ist die AA und/oder der KT örtlich zuständig, in deren/dessen Bezirk/Bereich der erwerbsfähige Hilfebedürftige seinen **gewöhnlichen Aufenthalt** hat (§ 36 SGB II). Erst recht gilt dies, wenn jemand dort seinen **Wohnsitz** hat (so auch BT-Drs. 15/1516, 62). Die Regelung bezieht sich auf das SGB I (§ 30 Abs. 3), nach dem jemand einen Wohnsitz dort besitzt, wo er eine Wohnung unter Umständen innehat, die darauf schließen lassen, dass er sie beibehalten und benutzen wird, und den gewöhnlichen Aufenthalt dort, wo er sich unter Umständen aufhält, die erkennen lassen, dass er an diesem Ort oder in diesem Gebiet nicht nur vorübergehend verweilt. Letzteres bezieht sich im Zusammenhang mit der Zuständigkeit auf den Ort/das Gebiet im Bezirk/Bereich eines Leistungsträgers (zur Problematik S. 41).

2. Verfahren

Für das Verfahren enthält das SGB II folgende spezielle Regelungen.

a) Antrag

Die Leistungen der Grundsicherung für Arbeitssuchende werden auf Antrag erbracht (§ 37 Abs. 1 SGB II). Sie werden nicht für Zeiten vor der Antragstellung gewährt; treten die Anspruchsvoraussetzungen an einem Tag ein, an dem der zuständige Leistungsträger nicht geöffnet hat, wirkt ein unverzüglich gestellter Antrag auf diesen Tag zurück (§ 37 Abs. 2 SGB II). Bei einer **Bedarfsgemeinschaft** wird **vermutet,** dass der **erwerbsfähige Hilfebedürftige bevollmächtigt** ist, Leistungen auch für die in ihr lebenden Personen zu beantragen und entgegenzunehmen, soweit Anhaltspunkte nicht entgegenstehen; leben mehrere erwerbsfähige Hilfebedürftige in einer Bedarfsgemeinschaft, gilt diese Vermutung zugunsten desjenigen, der die Leistung beantragt (§ 38 SGB II).

B. Womit werden Erwerbsfähige und Angehörige gefördert und gefordert?

b) Feststellung von Erwerbsfähigkeit und Hilfebedürftigkeit sowie Leistungszuständigkeit

aa) Feststellung: Die **AA hat festzustellen,** ob ein Arbeitssuchender erwerbsfähig und hilfebedürftig ist (§ 44 a S. 1 SGB II). Dies erfordert bei Zweifeln über die **Erwerbsfähigkeit** eine gründliche Prüfung und Untersuchung. In ihrem Rahmen ist zu erwägen, ob durch **Rehabilitationsmaßnahmen** die Erwerbsfähigkeit wieder hergestellt werden kann. Diesbezüglich hat die AA darauf hinzuwirken, dass die Hilfesuchenden die erforderliche Beratung und Hilfe anderer Träger, insbesondere der Kranken- und Rentenversicherung, erhalten (§ 4 Abs. 2 SGB II), gegebenenfalls bei nicht versicherten Personen auch diejenige der Sozialhilfeträger (s. §§ 48, 53 ff. SGB XII). Von den Rentenversicherungsträgern, die schon lange Entscheidungen über Rehabilitationsmaßnahmen/Erwerbsunfähigkeit zu treffen haben, ist bekannt, dass sie im Feststellungsverfahren je nach Fallgestaltung entweder **Befundberichte** der behandelnden Ärzte und etwaige Krankenhausentlassungsberichte oder medizinische Unterlagen beiziehen und durch ihren beratungsärztlichen Dienst auswerten oder eine Untersuchung in ihren Ärztlichen Begutachtungsstellen vornehmen bzw. durch beauftragte externe Gutachter durchführen lassen. Das daraufhin zu erstellende sozialmedizinische Gutachten enthält abschließend regelmäßig eine medizinische Beurteilung des Leistungsvermögens, welche die Grundlage der Verwaltungsentscheidung darstellt. Eine solche Infrastruktur musste von der BA auch noch geschaffen werden, wobei sie auf den „ärztlichen Dienst" der BA zurückgegriffen hat (der Leitfaden für die arbeitsamtsärztliche Begutachtung ist dokumentiert unter www.sozialmediziner.de/links). Zu befürchten ist, dass bei den vornehmlich aus dem Kreis der niedergelassenen Nervenärzte beauftragten externen Gutachtern Qualität und Praxis nicht einheitlich sind. Die tragenden Gründe der Beurteilung sind in dem **Feststellungsbescheid** der AA mitzuteilen (§ 35 Abs. 1 S. 1, 2 SGB X). Darüber hinaus besteht nach Maßgabe des SGB X (§ 25) ein Akteneinsichtsrecht (S. 371).

Grundsätzlich ist von der **Erwerbsfähigkeit** auszugehen. Ein **Gutachten** eines Arztes – in der Regel des SGB-II-Trägers – ist **bei Zweifeln** einzuholen, **insbesondere** in folgenden Fällen (DH-BA 44 a.2, 3):
- wenn Leistungen nach Erschöpfung eines Anspruchs auf Krankengeld (Aussteuerung) beantragt werden oder eine dauerhafte Arbeitsunfähigkeit festgestellt worden ist (genauer eine längere als sechsmonatige),

V. Leistungsträger: ARGE oder zugelassene Optionskommune

- wenn der Hilfebedürftige Rente wegen Erwerbsminderung oder eine entsprechende Rente von einer berufständischen Versorgungseinrichtung beantragt hat,
- wenn aus gesundheitlichen Gründen mehrfach Arbeit, Arbeitsgelegenheiten oder Eingliederungsmaßnahmen beendet oder nicht angetreten wurden,
- wenn eine schwere Behinderung vorliegt, die eine Erwerbsfähigkeit ausschließen kann,
- wenn Leistungen wegen Pflegebedürftigkeit beantragt oder bereits anerkannt wurden,
- wenn ein Nahtlos-Bezug von Arbeitslosengeld (§ 125 SGB III) wegen Minderung der Leistungsfähigkeit vorangegangen ist, ohne dass verminderte Erwerbsfähigkeit festgestellt wurde.

Aus dem im ärztlichen Gutachten zu erstellenden positiven und negativen **Leistungsbild** muss abgeleitet werden können, für welche Erwerbstätigkeiten der Betroffene noch oder nicht mehr in Betracht kommt, gegebenenfalls mit welchen Einschränkungen er diese ohne Gefährdung seines Gesundheitszustands auszuüben vermag (BA-Hinweise 44 a.4). In seinem Rahmen ist zu erwägen, ob durch Rehabilitationsmaßnahmen die Erwerbsfähigkeit wieder hergestellt werden kann. Das Restleistungsvermögen – drei Stunden Erwerbsarbeitsfähigkeit oder nicht – wird erschlossen aus einem positiven und negativen Leistungsbild über die gesundheitlich bedingten Fähigkeiten zur Erwerbsarbeit, die beim Betroffenen vorhanden sind. Das positive Leistungsbild hat einzugehen auf die Arbeitsschwere (körperlich leichte, leichte bis mittelschwere und schwere Arbeiten), Arbeitshaltung (ständig, überwiegend oder zeitweise im Stehen, Gehen oder Sitzen), Arbeitsorganisation (Tag-, Früh-/Spät- oder Nachtschicht). Das negative Leistungsbild betrifft die geistig-psychische Belastbarkeit (z. B. Konzentrationsvermögen), Sinnesorgane (z. B. Seh-, Hör- und Tastvermögen), Bewegungs- und Haltungsmöglichkeiten (z. B. Gebrauchsfertigkeit der Hände), Gefährdungs- und Belastungssituationen (z. B. Nässe oder Allergien).

Sofern der Feststellung der AA über Erwerbsfähigkeit und/oder Hilfebedürftigkeit von einem **kommunalen Träger,** einen **anderen Sozialleistungsträger,** der bei voller Erwerbsminderung zuständig wäre – meist die Rentenversicherung – oder einer **Krankenkasse,** die bei Erwerbsfähigkeit Leistungen der Krankenversicherung zu erbringen hätte, **widersprochen** wird, entscheidet eine **Gemeinsame Einigungsstelle** (§ 44 a S. 2 SGB II). Ihr gehören ein Vorsitzender sowie jeweils ein Vertreter

B. Womit werden Erwerbsfähige und Angehörige gefördert und gefordert?

der beteiligten Leistungsträger an (§ 45 Abs. 1 S. 2 SGB II). Die Einigungsstelle zieht in notwendigem Umfang Sachverständige hinzu, soll eine einvernehmliche Entscheidung anstreben, ansonsten mit Mehrheit beschließen (§ 45 Abs. 2 S. 1, 2 SGB II). Näheres ist in der Einigungsstellen-Verfahrensverordnung bestimmt. Danach (§ 7) kann – nicht muss – der Antragsteller persönlich gehört werden sowie dazu mit einem Beistand erscheinen. Die Entscheidung der Einigungsstelle ist für die Träger bindend (§ 8 Abs. 1 S. 5 VO), nicht aber für **Betroffene**, deren Beteiligung an dem Verfahren der Einigungsstelle nicht geregelt ist und die um **sozialgerichtlichen Rechtsschutz** nachsuchen können (s. Deutscher Verein NDV 2003, 496, 499). Für sie hat maßgebend allein der Bescheid eines SGB-II-Leistungsträgers zu sein. Zweifelhaft ist freilich, ob schon die Zuordnung zu SGB II bzw. XII einen Verwaltungsakt mit eigenständiger Rechtsmittelmöglichkeit darstellt. Bei einer Rechtsmittelbelehrung sollte aber auf jeden Fall Widerspruch eingelegt werden, wenn gegen die Zuordnung Einwände bestehen.

bb) Leistungszuständigkeit: Bis zur Entscheidung **zur Entscheidung der Einigungsstelle** haben die AA und der kommunale Träger Leistungen der Grundsicherung für Arbeitssuchende zu erbringen (§ 44 a S. 3 SGB II, der zwischenzeitlich versehentlich gestrichen wurde), d.h. also gemäß SGB II. Dies gilt eindeutig für den Fall, dass die Einigungsstelle wegen eines Trägerstreits um die Erwerbsfähigkeit angerufen wird.

Fraglich ist, ob das auch für die **vorausgehende** (vielfach lange) **Zeit** gilt, in welcher die AA die Erwerbsfähigkeit **prüft.** Das wird vom Deutschen Verein für öffentliche und private Fürsorge (NDV 2003, 496, 499) angenommen. Wortlaut und Satzstellung (§ 44 a SGB II S. 1: AA stellt fest, S. 2: Bei Leistungsträgerstreit Entscheidung der Einigungsstelle, S. 3: bis zu ihrer Entscheidung erbringen AA und KT SGB-II-Leistungen) sprechen eher gegen SGB-II-Leistungen (und für Hilfe zum Lebensunterhalt nach dem SGB XII) vor der Entscheidung der Einigungsstelle (anders wäre es, falls S. 3 lauten würde: bis zur Feststellung der AA und Entscheidung der Einigungsstelle …). Dagegen spricht weiter vor allem, dass es keinen Sinn macht und auch verfassungsrechtlich höchst bedenklich ist, Personen in das SGB-II-Leistungssystem mit den es bestimmenden Arbeitsförderungs- und -forderungsmaßnahmen einschließlich der scharfen Sanktionen einzubeziehen, bei denen zweifelhaft ist, ob sie überhaupt erwerbsfähig sind (und sich gegebenenfalls herausstellt, dass sie es nicht sind). Dies gilt freilich erst recht nach ei-

208

V. Leistungsträger: ARGE oder zugelassene Optionskommune

ner negativen Entscheidung der AA und Anrufung der Einigungsstelle, wofür das Gesetz jedoch nach seinem Wortlaut eindeutig SGB-II-Leistungen vorschreibt. Für die Anwendung des SGB-II-Rechts auch schon im Feststellungsverfahren der AA spricht, dass dann Betroffenen der gegenüber dem SGB XII bessere Vermögensschutz erhalten bleibt (was gerade geboten ist, wenn tatsächlich Erwerbsfähigkeit festgestellt wird). Setzt sich diese Auffassung – auch aus Gründen der Rechtssicherheit – durch, was inzwischen geschehen ist, dann kann das nach dem im vorigen Absatz Gesagten aber nur bedeuten, dass bis zur positiven Entscheidung der Erwerbsfähigkeit lediglich SGB-II-Unterhaltsleistungen erbracht werden müssen, Arbeitseingliederungsmaßnahmen jedoch nur mit Einverständnis der Betroffenen durchgeführt werden dürfen.

Kommt ein Hilfesuchender der **Ladung zu einem ärztlichen Untersuchungstermin** nicht nach, verletzt er seine Mitwirkungspflicht, womit Leistungsreduzierungen drohen (s. § 31 Abs. 2, 3 SGB II, S. 179). Das entfällt nur, wenn für das Nichterscheinen ein wichtiger Grund vorliegt (§ 31 Abs. 2 S. 1 SGB II). Dieser könnte gegeben sein, falls die unterbliebene Mitwirkung krankheitsbedingt ist, was glaubhaft gemacht werden muss (möglichst durch Bescheinigung eines Arztes).

> **Rat:** Verhalten bei Erwerbsfähigkeitsfeststellung
> Für Betroffene ist es wichtig, dass sie auch während der Zeit der Klärung ihrer Erwerbsfähigkeit Leistungen zur Sicherung ihres Lebensunterhalts erhalten und dass sie sich gegen eine sie nicht überzeugende Erwerbsfähigkeitsentscheidung zur Wehr setzen. Bei ihrem Vorgehen ist zweckmäßigerweise zu unterscheiden, ob sie sich für erwerbsfähig halten oder nicht.

▶ **Erwerbsfähigkeits- Selbsteinschätzung:** Personen, die sich für erwerbsfähig halten, sollten einen Antrag auf Grundsicherung für Arbeitsuchende beim SGB-II-Träger ihres gewöhnlichen Aufenthaltsorts stellen (§§ 36, 37 SGB II); es genügt aber auch ein Antrag bei jedem Sozialleistungsträger oder einer Gemeinde (s. § 16 SGB I). Für Personen ohne festen Wohnsitz ist als gewöhnlicher Aufenthalt der Bezirk anzusehen, in dem der Antrag gestellt wird (DH-BA 36.5). Daraufhin hat der SGB-II-Träger Leistungen zu erbringen, wenn er die Leistungsvoraussetzungen gewöhnlicher Aufenthalt, Alter zwischen 15 und 64 Jahren, Erwerbsfähigkeit und Hilfebedürftigkeit für gegeben hält.

Hat der **SGB-II-Träger Zweifel** an der Erwerbsfähigkeit, wird er das Feststellungsverfahren einleiten. Bis zu der Entscheidung – auch schon vor oder ohne Anrufung der Einigungsstelle – über die Erwerbsfähigkeit hat er SGB-II-Leistungen zu erbringen (§ 44a Abs. 1 S. 3 SGB II in herrschender und praktizierter Auslegung, s. DH-BA 44a.2, 9). Folgt allerdings ein Betroffener der Ladung zu einem ärztlichen Untersuchungstermin nicht, verletzt er seine Mitwirkungspflicht, womit Leistungsreduzierungen drohen (s. § 31 Abs. 2, 3 SGB II, s. S. 179).

Kommt die Prüfung zu dem **Ergebnis, dass Erwerbsfähigkeit vorliegt,** werden die SGB-II-Leistungen weiter erbracht. Dies kann allerdings mit der Aufforderung verbunden sein, sich einer medizinischen Rehabilitation (§ 26 SGB IX) zur (Wieder-)Herstellung der Erwerbsfähigkeit (innerhalb der nächsten sechs Monate) zu unterziehen. Diesbezüglich hat der SGB-II-Träger darauf hinzuwirken, dass Hilfesuchende Beratung und Hilfe beim Träger der medizinischen Rehabilitation (§ 6 Abs. 1 Nr. 1, 3–7 SGB IX: Krankenkassen, Unfallversicherungs-, Rentenversicherungs-, Kriegsopferversorgungs- und Fürsorge-, Jugendhilfe- oder Sozialhilfeträger) erhalten (§ 4 Abs. 2 SGB II). Der SGB-II-Träger ist berechtigt, Betroffene aufzufordern, einen Antrag auf Leistungen zur medizinischen Rehabilitation bei den dafür zuständigen Trägern zu stellen, und falls dies nicht geschieht, selbst die medizinische Rehabilitation zu beantragen (§ 5 Abs. 3 SGB II).

Kommt die Prüfung zu dem **Ergebnis,** dass **keine Erwerbsfähigkeit** vorliegt, so wird dies bei Rentenversicherten mit der Aufforderung verbunden, einen Antrag auf eine Erwerbsminderungsrente zu stellen (DH-BA 44a.6), der bei Nichtbefolgung vom SGB-II-Träger gestellt werden kann (§ 5 Abs. 3 SGB II). Bis zur Rentenzahlung sind die SGB-II-Leistungen weiter zu erbringen (DH-BA 44a.9: entsprechende Anwendung des § 44a S. 3 SGB II). Die SGB-II-Träger werden ausdrücklich darauf hingewiesen (DH-BA 44a.7), dass es nicht zweckmäßig ist, Hilfebedürftige, deren Erwerbsunfähigkeit zwar festgestellt wurde, die aber offensichtlich die besonderen versicherungsrechtlichen Voraussetzungen oder Wartezeiten nicht erfüllen, zur Antragstellung beim Rentenversicherungs-Träger aufzufordern (Arbeitshilfe zur Prüfung der versicherungsrechtlichen Voraussetzungen für eine Erwerbsminderungsrente sowie Verfahrensabsprache zwischen BA und dem Verband Deutscher Rentenversicherungsträger in den Anlagen 1 und 2 zu DH-BA 44a). Betroffenen ist zu raten, beim Aussetzen der SGB-II-Leistungen einen Antrag auf SGB-XIII-Sozialhilfe-Unterhaltsleistung zu stellen, weil sie sonst Gefahr laufen, dass ihr Lebensunterhaltsbedarf nicht (vollständig) gedeckt wird.

Mit dem **negativen Ergebnis** über ihre Erwerbsfähigkeit brauchen sich **Betroffene,** die diese Entscheidung nicht überzeugt, **nicht abzufinden,**

V. Leistungsträger: ARGE oder zugelassene Optionskommune

sondern sie können dagegen Rechtsmittel (Widerspruch/Klage) erheben. Dies hat zu geschehen gegen den ersten Bescheid, der von ihrer Erwerbsunfähigkeit ausgeht, was erfolgen kann direkt in einem Feststellungsbescheid des SGB-II-Trägers – der aufgrund der Statuswirkung einer solchen Entscheidung geboten ist, überwiegend aber nicht für erforderlich gehalten wird – oder in einem Bescheid des SGB-II-Trägers, der nur noch auslaufende Leistungen wegen der Erwerbsunfähigkeit unter Verweis auf die Zuständigkeit anderer Träger bewilligt bzw. den Grundsicherungsbewilligungsbescheid wegen wesentlicher Änderungen der Verhältnisse aufhebt und weitere Alg-II-Leistungen ablehnt oder auch in dem Bewilligungsbescheid eines anderen Leistungsträgers – insbesondere des Rentenversicherungs- oder Sozialhilfeträgers –, der wegen der Erwerbsunfähigkeit jetzt Leistungen erbringt. Solche Bescheide sind schon dann fehlerhaft und mit Widerspruch anfechtbar, wenn in ihnen nicht die wesentlichen tatsächlichen und rechtlichen Gründe mitgeteilt werden, welche die Behörde zu ihren Entscheidungen bewogen haben (§ 35 Abs. 1 S. 2 SGBl, X, S. 380); bei einem Widerspruch ist auf Verlangen Akteneinsicht einschließlich des Gutachtens nach Maßgabe des SGB X (§ 25, S. 371) zu gewähren.

▶ **Erwerbsunfähigkeits-Selbsteinschätzung:** Personen, die sich nicht für erwerbsfähig halten, sollten zweckmäßigerweise zuerst einen **Antrag auf SGB-XII-Unterhaltsleistungen** bei einen Sozialhilfeträger stellen, und gegebenenfalls nach entsprechender Aufforderung durch den Sozialhilfeträger entweder einen Antrag auf Erwerbsminderungsrente beim Rentenversicherungsträger oder einen Antrag auf Grundsicherung für Arbeitssuchende beim SGB-II-Träger. Bis zum Einsetzen der Leistung des Rentenversicherungsträgers und auch bei Ablehnung des Rentenantrags sind SGB-XII-Leistungen zu erbringen, die auch ergänzend bei einer zu geringen Rente zu gewähren sind. Mit Antragstellung auf SGB-II-Leistungen haben diese einzusetzen, weil grundsätzlich von der Erwerbsfähigkeit ausgegangen wird (§ 44 a S. 3 SGB II, DH-BA 44 a.2). Nicht zulässig dürfte es aber sein, in dieser Phase eine Arbeit oder die Teilnahme an Maßnahmen zur Eingliederung in Arbeit ohne Einverständnis des Betroffenen zu fordern, weil zweifelhaft ist, ob er überhaupt erwerbsfähig ist (und sich gegebenenfalls herausstellt, dass er es nicht ist), so dass er einen wichtigen Grund zur Ablehnung hat (§ 10 Abs. 1 Nr. 5 SGB II). Zur Mitwirkung an ärztlichen Untersuchungen ist er freilich verpflichtet, es sei den für das Nichterscheinen liegt ein wichtiger Grund vor (§ 31 Abs. 2

B. Womit werden Erwerbsfähige und Angehörige gefördert und gefordert?

S. 1 SGB II); dieser könnte gegeben sein, falls die unterbliebene Mitwirkung krankheitsbedingt ist, was glaubhaft gemacht werden muss (möglichst durch Bescheinigung eines Arztes).

Mit einem **positiven Ergebnis über die Erwerbsfähigkeit** brauchen sich **Betroffene,** die diese Entscheidung nicht überzeugt, **nicht abzufinden,** sondern sie können dagegen Rechtsmittel (Widerspruch/Klage) erheben. Dies hat zu geschehen – gleichgültig, ob ein Einigungsstellenverfahren stattgefunden hat oder nicht – gegen den ersten Bescheid, in dem der SGB-II-Träger endgültig von ihrer Erwerbsfähigkeit ausgeht, sei es in einem ausdrücklichen Feststellungsbescheid oder in einem Bescheid mit dem er (nicht nur mehr vorläufig wegen der Fiktion der Erwerbsfähigkeit, sondern) endgültig SGB-II-Leistungen unter Bezug auf die festgestellte Erwerbsfähigkeit bewilligt. Solche Bescheide sind schon dann fehlerhaft und mit Widerspruch anfechtbar, wenn in ihnen nicht die wesentlichen tatsächlichen und rechtlichen Gründe mitgeteilt werden, welche die Behörde zu ihren Entscheidungen bewogen haben (§ 35 Abs. 1 S. 2 SGB X, S. 380); bei einem Widerspruch ist auf Verlangen Akteneinsicht einschließlich des Gutachtens nach Maßgabe des SGB X (§ 25, S. 371) zu gewähren.

Ein Widerspruch gegen einen positiven Alg-II-Bescheid ist besonders angezeigt, wenn ein Antrag auf eine Erwerbsminderungsrente gestellt worden ist. Zwar ist der Rentenversicherungsträger nicht an den Alg-II-Bescheid gebunden, doch hat dieser indizielle Bedeutung für dessen Entscheidung und verpflichtet darüber hinaus den Betroffenen zu Erwerbstätigkeitsbemühungen im Rahmen seines Restleistungsvermögens.

▶ **Sonderfall:** Alg-(I)-Nahtlos-Bezug, Alg II oder HLU und Rente

Beim Auslaufen eines Alg-I-Nahtlos-Bezugs (§ 125 SGB III mit einem Restleistungsvermögen von weniger als drei Stunden) schließt sich ein Sozialgeld-Anspruch (§ 28 SGB II) an, wenn der Betroffene mit einem erwerbsfähigen Angehörigen in einer Bedarfsgemeinschaft lebt, ansonsten SGB-XII-Hilfe zum Lebensunterhalt. Hat die BA/AA ein verbliebenes Restleistungsvermögen von mehr als drei Stunden täglich festgestellt und das Alg (I) auf eine Teilzeitbelastbarkeit umgestellt (§ 131 Abs. 5 SGB III), besteht nach Auslaufen des Alg (I) ein SGB-II-Alg-II-Anspruch. Bei SGB-II- und SGB-XII-Ansprüchen ist das Vermögen einzusetzen. Deshalb sollte geprüft werden, ob nicht ein Antrag auf Erwerbsminderungsrente gestellt wird, bei deren Bewilligung rückwirkend eine Alg-(I)-Nahtloszahlung erbracht wird.

V. Leistungsträger: ARGE oder zugelassene Optionskommune

c) Auskunfts- und Bescheinigungseinholung

Der SGB-II-Träger ist berechtigt, bestimmte Auskünfte und Bescheinigungen zu verlangen von Arbeitgebern und anderen Dritten sowie Maßnahmeträgern (s. §§ 57–61 SGB II; zur Schadensersatzpflicht s. § 62 SGB II).

d) Kundennummer

Jeder Person, die Leistungen nach dem SGB II bezieht, wird einmalig eine eindeutige, von der BA oder in deren Auftrag vom zugelassenen KT vergebene Kundennummer zugeteilt; sie dient als Identifikationsmerkmal sowie zur Datenverarbeitung und -nutzung (§ 51a S. 1–6 SGB II mit weiteren Einzelheiten).

e) Besondere Verfahrensvorschriften

Widerspruch und Anfechtungsklage gegen Grundsicherungsleistungsbescheide haben keine aufschiebende Wirkung (§ 39 Nr. 1 SGB II, sog. **sofortige Vollziehbarkeit**).

Folgende Verfahrensvorschriften des SGB III sind im SGB-II-Verfahren entsprechend anzuwenden (§ 40 Abs. 1 S. 2 SGB II):

- **(Nr. 1) Aufhebung von Verwaltungsakten** (§ 330 Abs. 1, 2, 3 S. 1 u. 4 SGB III betreffend Rücknahme von rechtswidrigen nicht begünstigenden Verwaltungsakten bzw. Aufhebung eines Verwaltungsakts mit Dauerwirkung),
- **(Nr. 1 a) vorläufige Entscheidung bei Geldleistungen** (§ 328 SGB III: bei grundsätzlichen Fragen, die vor dem Gerichtshof der Europäischen Gemeinschaft, dem Bundesverfassungs- oder Bundessozialgericht anhängig sind sowie wenn die Voraussetzungen für einen Anspruch mit hinreichender Wahrscheinlichkeit vorliegen und der Berechtigte die Umstände, die einer sofortigen Entscheidung entgegenstehen, nicht zu vertreten hat, was auf seinen Antrag geschehen muss),
- **(Nr. 2) vorläufige Zahlungseinstellung** (§ 331 SGB III: ohne Bescheid bei Kenntnis von Tatsachen, die zum Ruhen oder Wegfall eines Anspruchs führen, wenn der Bescheid deshalb mit Wirkung für die Vergangenheit aufzuheben ist),
- **(Nr. 3) Erstattung** von **Sozialversicherungsbeiträgen** (§ 335 Abs. 1, 2 und 5 SGB III: Ersetzung der von BA gezahlten Beiträge bei rückwirkender Aufhebung des Leistungsbescheids).

Ansonsten gilt für das Verfahren (§ 40 Abs. 1 S. 1 SGB II) das **SGB X** (s. S. 316f.) mit der **Ausnahme** (§ 40 Abs. 2 SGB II), dass bei Erstattung zu Unrecht erbrachter Leistungen (gemäß § 50 SGB X) 56% der Unterkunftskosten nicht zu erstatten sind mit Ausnahme bei erschlichenen Leistungen (Regelungsgrund BT-Drs. 15/1516, 63: Das nun in die Unterkunftsleistungen eingehende Wohngeld unterlag nicht der Rückerstattung, so dass ihm gegenüber keine Schlechterstellung erfolgt). Die Vorschrift über die **nachgeholte Antragstellung** (§ 28 SGB X, S. 350) gilt mit der Maßgabe (§ 40 Abs. 3 SGB II), dass der Antrag unverzüglich nach Ablauf des Monats, in dem die Ablehnung oder Erstattung einer Leistung bindend wurde, nachzuholen ist.

> **Rat:** Ausführliche Darstellung des Verfahrens aus Betroffenensicht im Teil G (S. 347 ff).

f) Leistungserlass

Die Leistungsträger dürfen Ansprüche erlassen, wenn deren Einziehung nach Lage des einzelnen Falls unbillig wäre (§ 44 SGB II). In Betracht kommt vor allem der Erlass einer Darlehensrückzahlung bei Regel-Sonderbedarf wegen unabweisbar erheblich höheren überdurchschnittlichen Regelbedarf (s. S. 88). Der Betroffene hat Anspruch auf eine pflichtgemäße Ermessensentscheidung.

3. Statistik

Die Bundesagentur für Arbeit hat aus den von ihr erhobenen und von den kommunalen Trägern übermittelten Daten eine Statistik zu erstellen (s. § 53 SGB II).

VI. Leistungsrückgriff: Darlehensrückforderung und Unterhaltsregress

Mit der Leistungsgewährung ist für SGB-II-Leistungsträger der Fall nicht abgeschlossen. Sie prüfen vielmehr, ob sie Aufwendungen im Weg der öffentlich-rechtlichen Rückforderung insbesondere von Hilfeempfängern oder über die Trägererstattung sowie Übergang vor allem von dritten Stellen bzw. Personen zurückerhalten können. Dabei haben sie die erbrachten Sozialleistungen auf jeden Hilfeempfänger einzeln zu verteilen und zurückzuverlangen (LSG BeB Beschl. v. 25. 8. 2006 – L 5 B 549/06 AS ER – info also 2006, 268).

1. Öffentlich-rechtliche Rückforderung

a) Rückforderungstatbestände

Dafür kommen vor allem in Betracht: Darlehen und Kostenersatz (s. weiter zur Erstattung zu Unrecht erbrachter Leistungen S. 384 ff.).

Rat: Lies umfassend Schwabe ZfF 2006, 145 ff.

aa) Darlehen: Darlehen sind möglich in den gesetzlich geregelten Fällen (z. B. §§ 9 Abs. 4, 16 Abs. 4, 22 Abs. 5, 23 Abs. 1 S. 1, Abs. 4 SGB II). Sie sind zurückzuzahlen, soweit der Hilfeempfänger dazu unter Wahrung seines Existenzminimums in der Lage ist (s. aber beim Regel-Sonderbedarf § 23 Abs. 1 S. 3 SGB II, s. S. 86 f.)

bb) Kostenersatz: Ein Kostenersatz ist in zwei Fällen vorgesehen: schuldhafte Herbeiführung der Hilfebedürftigkeit und Erbenhaftung.

- **Schuldhafte Herbeiführung der Hilfebedürftigkeit:** Zum Ersatz von Leistungen ist in Anlehnung an das Sozialhilferecht (§ 92 a BSHG) verpflichtet (§ 34 Abs. 1 SGB II), wer nach Vollendung des 18. Lebensjahres **vorsätzlich oder grob fahrlässig** die Voraussetzungen für seine Hilfebedürftigkeit bzw. die von Personen, die mit ihm in Bedarfsgemeinschaft (§ 7 Abs. 3 SGB II) leben, oder die Zahlung von Alg II/ Sozialgeld an sich oder Personen, die mit ihm in einer Bedarfsgemeinschaft leben, ohne wichtigen Grund herbeigeführt hat; von der Geltendmachung ist jedoch abzusehen, soweit sie den Ersatzpflichtigen künftig von Alg II/Sozialgeld bzw. Hilfe zum Lebensunterhalt/ Grundsicherung nach dem SGB XII abhängig machen würde. Der Ersatzanspruch erlischt drei Jahre nach Ablauf des Jahres, in dem die Leistung erbracht worden ist (§ 34 Abs. 3 SGB II: Verjährung mit Hemmung wie im BGB und Unterbrechung durch Leistungsbescheid des SGB-II-Trägers). Eine Ersatzverpflichtung geht auf Erben über, ist jedoch auf den Nachlasswert im Zeitpunkt des Erbfalls begrenzt (§ 34 Abs. 2 SGB II). Davon ist die folgende Erbenhaftung zu unterscheiden.

- **Erbenhaftung:** Der Erbe eines Empfängers von Alg II/Sozialgeld ist in Anlehnung an das BSHG (§ 92 c) zum Ersatz der Leistungen bis zur Grenze des Nachlasswertes im Zeitpunkt des Erbfalls verpflichtet, soweit diese **innerhalb der letzten zehn Jahre vor dem Erbfall** erbracht worden sind und 1700 € („Bagatellgrenze", so BT-Drs. 15/1516, 62) übersteigen (§ 35 Abs. 1 SGB II). Diese Erbenhaftung kommt zum Zuge, wenn im Nachlass noch die Bagatellgrenze übersteigendes nicht einzusetzendes Vermögen des Hilfebeziehers vorhanden ist, z. B. ein höherer Grundfreibetrag, ein angemessenes Kraftfahrzeug oder ein selbst genutztes Hausgrundstück (s. § 12 SGB II).

Der Ersatzanspruch ist **nicht geltend zu machen** (§ 35 Abs. 2 SGB II),

- (Nr. 1) soweit der **Nachlasswert unter 15 500 €** liegt, wenn der **Erbe** der **Partner** des Leistungsempfängers **oder** mit diesem **verwandt** war **und** nicht nur vorübergehend bis zu dessen Tod mit ihm in häuslicher Gemeinschaft gelebt und ihn **gepflegt** hat (also Zusammenleben und Pflege),
- (Nr. 2) soweit die Inanspruchnahme des Erben nach der Besonderheit des Einzelfalls eine **besondere Härte** bedeuten würde, was eng auszulegen ist (BT-Drs. 15/1516, 63).

Der Ersatzanspruch **erlischt drei Jahre nach dem Tod** des Hilfeempfängers (§ 35 Abs. 3 SGB II mit Verweis auf § 34 Abs. 3 S. 2 SGB II: Verjährung mit Hemmung wie im BGB und Unterbrechung durch Leistungsbescheid des SGB-II-Leistungsträgers).

b) Durchsetzung der Rückforderung

Die Durchsetzung des Rückforderungsanspruchs erfolgt durch Leistungsbescheid, Leistungsklage – die notwendig ist, wenn die Leistung aufgrund eines öffentlich-rechtlichen Vertrags, z. B. einer Darlehensvereinbarung, bewilligt wurde, oder Aufhebung bzw. Verrechnung (§§ 51, 52 SGB I, s. S. 310). Aufrechnungen gegen SGB-II-Unterhaltsleistungen sind nur möglich, soweit sie gesetzlich erlaubt sind (s. §§ 23 Abs. 1 S. 3, 43 SGB II).

2. Erstattung und Übergang

a) Erstattung

Verpflichtungen anderer Stellen oder Personen, z. B. vorrangiger Sozialleistungsträger (etwa Rentenversicherungsträger) oder Unterhaltsschuldner, gehen wegen ihres rechtlichen Vorrangs an sich der Grundsicherung vor. Erfüllen die Verpflichteten aber die Ansprüche nicht (sofort), muss die Grundsicherung wegen ihrer Aufgabe, jeden gegenwärtigen aktuellen Bedarf zu decken, vorleisten. Das führt jedoch in der Regel nicht zu einer Entlastung der **primär Verpflichteten.** Vielmehr

VI. Leistungsrückgriff: Darlehensrückforderung und Unterhaltsregress

gehen die gegen sie gerichteten **Ansprüche auf die SGB-II-Leistungs-träger über.** Die Regelung im Einzelnen ist kompliziert und unübersichtlich, insbesondere weil im **SGB X** (§§ 115–119, S. 319) **spezielle Bestimmungen für Ansprüche gegen Arbeitgeber, Schadensersatzpflichtige und insbesondere andere Sozialleistungsträger enthalten sind** (für die gemäß § 34 a SGB II neben den Aufwendungen an den Sozialleistungsberechtigten – z. B. Krankengeldempfänger, Rentner wegen teilweiser Erwerbsminderung – auch solche hinsichtlich Ehe(Lebens)-partner und unverheiratete Kinder unter 25 Jahren geltend gemacht werden dürfen). Das SGB II hat nur Bedeutung für die vom SGB X nicht erfassten Ansprüche (s. § 33 Abs. 5 SGB II), vor allem Unterhalts- und andere zivilrechtliche Forderungen. Weiterhin ermächtigt es SGB-II-Leistungsträger, die erstattungsberechtigt gegenüber anderen (vorrangig verpflichteten) Sozialleistungsträgern sind, einen Antrag auf eine vorrangige Sozialleistung (anstelle des Berechtigten) zu stellen und das Verfahren zu betreiben (§ 5 Abs. 3 S. 1 SGB II).

b) Übergang sonstiger Ansprüche

Haben Empfänger von Arbeitslosengeld II/Sozialgeld für die Zeit dieser Leistungen einen sonstigen Anspruch gegen einen anderen – z. B. einen Rückforderungsanspruch als verarmter Schenker (§ 528 BGB) –, geht er bis zur Höhe der geleisteten Aufwendungen auf den SGB-II-Träger über, wenn bei rechtzeitigen Leistungen des anderen Arbeitslosengeld II/Sozialgeld nicht erbracht worden wären (§ 33 Abs. 1 S. 1 SGB II). Das wird nicht dadurch ausgeschlossen, dass der Anspruch nicht übertragen, verpfändet oder gepfändet werden kann (§ 33 Abs. 1 S. 2 SGB II).

c) Unterhaltsansprüche

Für **Unterhaltsansprüche** nach bürgerlichem Recht, die zusammen mit dem unterhaltsrechtlichen Auskunftsanspruch übergehen (§ 33 Abs. 1 S. 3 SGB II) – ist weiter zu beachten:

- (Abs. 2 S. 1) Der Übergang eines Unterhaltsanspruchs darf **nicht** bewirkt werden, wenn die unterhaltsberechtigte Person = Alg II/Sozialgeld-Empfänger
- (Nr. 1) mit dem Verpflichteten in einer **Bedarfsgemeinschaft** lebt, d. h. (§ 7 Abs. 3 SGB II) der Alg II/Sozialgeld-Empfänger Partner, ein dem Haushalt angehöriges Kind des Verpflichteten oder Eltern(teil) eines unverheirateten erwerbsfähigen Kindes ist,

217

B. Womit werden Erwerbsfähige und Angehörige gefördert und gefordert?

- (Nr. 2) mit dem Verpflichteten **verwandt** ist **und den Unterhaltsanspruch nicht geltend macht,** was **nicht gilt** für Unterhaltsansprüche gegen Eltern einer/s minderjährigen Hilfebedürftigen und solchen, die das 25. Lebensjahr noch nicht vollendet und die Erstausbildung noch nicht abgeschlossen haben,
- (Nr. 3) in einem **Kindschaftsverhältnis** zum Verpflichteten steht und (a) schwanger ist oder (b) ihr **leibliches Kind bis** zur Vollendung seines **6. Lebensjahres** betreut.

  Im Umkehrschluss heißt dies, dass der Übergang der Unterhaltsansprüche gegen folgende Personen bewirkt werden darf: getrennt lebende oder geschiedene Ehe/Lebenspartner, Elternteil eines gemeinsamen Kindes (§ 1615 l BGB), Verwandte (nach § 1601 BGB in gerader Linie), nämlich Eltern/Großeltern, jedenfalls bezüglich minderjähriger Kinder und solcher bis 25 Jahren in Erstausbildung, außer bei Schwangerschaft oder Betreuung eines leiblichen Kindes bis fünf Jahre. Allenfalls bei solchen Unterhaltsverpflichteten, bei denen er einen Übergang bewirken kann, darf der Leistungsträger auf die Selbsthilfe gegen sie verweisen.
- (Abs. 2 S. 2) Der Übergang ist auch ausgeschlossen, soweit der Unterhaltsanspruch durch laufende Zahlung erfüllt wird.
- (Abs. 2 S. 3) Der Übergang darf nur bewirkt werden, wenn Einkommen und Vermögen der unterhaltspflichtigen Person das nach dem SGB II (§§ 11, 12) zu berücksichtigende Einkommen und Vermögen übersteigt, d. h. (BT-Drs. 15/1516, 62) der **Unterhaltspflichtige** darf **nicht seinerseits bedürftig** im Sinne der Alg II/Sozialgeld-Regelungen werden. Darüber hinaus sind auch in einer Vergleichsberechnung mit der für den Verpflichteten günstigsten Inanspruchnahme die Grenzen der Leistungsfähigkeit nach dem BGB-Unterhaltsrecht zu beachten.
- (Abs. 3 S. 1) Für die **Vergangenheit** kann der Übergang nur unter den Voraussetzungen des BGB (§ 1613) bewirkt werden, d. h. in der Regel (Ausnahmen in § 1613 Abs. 2 BGB) erst ab dem Zeitpunkt, in dem der Unterhaltsverpflichtete aufgefordert worden ist, über seine Einkünfte und sein Vermögen Auskunft – der unterhaltsrechtliche Auskunftsanspruch (§ 1605 BGB) geht mit über (§ 33 Abs. 1 S. 3 SGB II) – zu erteilen, er in Verzug gekommen oder der Anspruch rechtshängig, also gerichtlich geltend gemacht worden ist.
- (Abs. 3 S. 2) Die Alg II/Sozialgeld-Träger können bis zur Höhe der bisherigen Leistungen auch auf **künftige Leistungen klagen,** wenn

das Alg II/Sozialgeld voraussichtlich noch längere Zeit erbracht werden muss.

- (Abs. 4 S. 1, 2) Die SGB-II-Träger können einen auf sie **übergegangenen Anspruch** im Einvernehmen mit dem **Alg II-/Sozialgeldempfänger** auf diesen zur gerichtlichen Geltendmachung **rückübertragen** und sich den geltend gemachten Anspruch abtreten lassen. Kosten, mit denen dann der Empfänger selbst belastet wird, haben sie zu übernehmen.
- (Abs. 4 S. 3) Über die übergegangenen Unterhaltsansprüche entscheiden die **Zivilgerichte** (Amtsgericht, Landgericht, Oberlandesgericht, Bundesgerichtshof).

Hält der in Anspruch genommene Unterhaltsschuldner sich nicht für **leistungsverpflichtet** aus Umständen, die in der Rechtsbeziehung zum Berechtigten liegen, z. B. dem bürgerlichen Unterhaltsrecht, oder zahlt er nicht, muss der **SGB-II-Leistungsträger Klage** vor dem Zivilgericht erheben, um einen vollstreckbaren Titel (insbesondere Urteil) zu bekommen und die Zwangsvollstreckung betreiben zu können.

Rat: Unterhaltsverpflichtete sollten nicht unbesehen den vom SGB-II-Träger errechneten Betrag zahlen (die Rechnung ist kein Bescheid), sondern die Stichhaltigkeit überprüfen (lassen) und es bei begründeten Zweifeln auf eine Zivilgerichtsklage ankommen lassen.

VII. Besondere Übergangsvorschriften

Besondere Übergangsvorschriften sind getroffen für folgende Fälle:

- Übergang bei verminderter Leistungsfähigkeit (§ 65 c SGB II)
- Datenübermittlung (§ 65 d SGB II)
- Übergangsregelung zur Aufrechnung mit Sozialhilfeansprüchen (§ 65 e SGB II)
- Übergangsregelung zum Freibetragsneuregelungsgesetz (§ 67 SGB II)
- Übergangsregelung zum SGB-II-Änderungsgesetz (§ 68 SGB II: gilt nicht für Personen unter 25 Jahren, die am 17. 2. 2006 nicht mehr zum Haushalt der Eltern oder eines Elternteils gehörten)
- Übergangsregelung zum SGB-II-Fortentwicklungsgesetz (§ 69 SGB II).

C. Wer bekommt noch Sozialhilfe?
(SGB XII: Sozialhilfe)

Das SGB XII ist Teil (Art. 1) des Gesetzes zur Einordnung des Sozialhilferechts vom 27. 12. 2003, das ca. 70 weitere Artikel mit Änderungen anderer Gesetze umfasst. Es beruht auf einem Gesetzesentwurf vom September 2003 (BT-Drs. 15/1516 mit Begründung). Das **Gesetz zur Änderung des SGB XII** ist Ende 2006/Anfang 2007 in Kraft getreten, s. BGBl. I 2006, 2670 (Stellungnahme: DV NDV 2006, 540).

I. Allgemeines

Aufgabe der Sozialhilfe ist es, den Leistungsberechtigten die Führung eines Lebens zu ermöglichen, dass der Würde des Menschen entspricht (§ 1 Abs. 1 S. 1 SGB XII). **Leistungen der Sozialhilfe** sind als Lebensunterhaltsleistungen Hilfe zum Lebensunterhalt und Grundsicherung im Alter und bei Erwerbsminderung sowie als Hilfe in besonderen Lebenslagen Hilfen zur Gesundheit, zur Eingliederung für behinderte Menschen, zur Pflege, zur Überwindung besonderer sozialer Schwierigkeiten und in anderen Lebenslagen. Die Leistungen sollen so weit wie möglich befähigen, unabhängig von ihnen zu leben, worauf auch die Leistungsberechtigten nach ihren Kräften hinzuarbeiten haben; zur Erreichung dieser Ziele haben Leistungsberechtigte und Sozialhilfeträger im Rahmen ihrer Rechte und Pflichten zusammenzuwirken (§ 1 S. 2 SGB XII). **Sozialhilfe erhalten** Leistungsberechtigte (s. S. 221 ff.), die ihren notwendigen Bedarf (Unterhalts- oder besonderen Lebenslagenbedarf, s. S. 223 ff.) nicht selbst durch eigenes Einkommen und Vermögen sowie durch den Einsatz ihrer Arbeitskraft oder durch Mittel anderer, insbesondere Angehöriger oder Träger anderer Sozialleistungen, decken können (§ 2 Abs. 1 SGB XII, sog. **Nachrang** der Sozialhilfe), also bedürftig sind (s. S. 248 ff.). Verpflichtungen anderer, insbesondere Träger anderer Sozialleistungen (s. S. 2 ff.) oder Unterhaltspflichtiger, bleiben rechtlich unberührt (§ 2 Abs. 2 S. 1 SGB XII), müssen also trotz der Möglichkeit der Sozialhilfe weiter erfüllt werden, dürfen bei ihr aber erst berücksichtigt werden, wenn sie tatsächlich als Einkommen oder Vermögen vorhanden sind (s. S. 249); ansonsten hat der Sozialhilfeträger

Leistungen zu erbringen mit der Möglichkeit des Rückgriffs (s. S. 300 ff.) auf vorrangige Sozialleistungsträger und andere Verpflichtete.

Im **Verhältnis** zu Leistungsberechtigten nach dem **SGB II** (s. S. 34) ist bestimmt (§ 21 S. 1 SGB XII), dass Personen, die als Erwerbsfähige oder als Angehörige dem Grunde nach leistungsberechtigt gemäß dem SGB II sind, keine Leistungen für den Lebensunterhalt gemäß dem SGB XII erhalten (Ausnahme: Schuldenübernahme nach § 34 SGB II für nicht Hilfebedürftige), wohl aber Hilfe in besonderen Lebenslagen (s. für Haushaltshilfe LSG NiB Beschl. v. 4. 1. 2006 – L 8 SO 58/05 – nach quer 4/2006, 30).

Sozialhilfeträger sind als örtliche Träger die kreisfreien Städte und Kreise sowie als überörtliche die vom Landesrecht bestimmten Träger (§ 3 SGB XII, s. S. 293 ff.). Sie werden von den obersten Landessozialbehörden (= Sozialministerien) bei der Durchsetzung ihrer Aufgaben unterstützt (§ 7 SGB XII).

II. Berechtigte

1. Unterhalt

Berechtigt zu SGB-XII-Unterhaltsleistungen sind solche Personen, die nicht als 15–64 jährige erwerbsfähige Hilfebedürftige Alg II beziehungsweise als deren Angehörige Sozialgeld nach dem SGB II bekommen können. Sie sind entweder berechtigt zur Hilfe zum Lebensunterhalt oder zur Grundsicherung im Alter und bei Erwerbsminderung.

a) Lebensunterhalt

Zur Hilfe zum Lebensunterhalt sind berechtigt: Personen unter 15 Jahren, zwischen 15 und 17 Jahren, die (länger oder dauernd) erwerbsunfähig sind, Personen zwischen 18 und 64 Jahren, die länger (jedoch nicht dauernd) erwerbsunfähig sind, aber jeweils nur, wenn sie nicht als Angehörige einer SGB-II-Bedarfsgemeinschaft mit einem erwerbsfähigen Hilfeberechtigten zusammenleben.

b) Grundsicherung im Alter und bei Erwerbsminderung

Zur Grundsicherung im Alter und bei Erwerbsminderung sind berechtigt (§ 44 Abs. 1 SGB XII) **Personen zwischen 18 und 64 Jahren,** die **dauernd erwerbsunfähig** sind, und **Personen ab 65 Jahren** (auch wenn sie als Angehörige einer SGB-II-Bedarfsgemeinschaft mit einem erwerbs-

C. Wer bekommt noch Sozialhilfe?

fähigen Hilfeberechtigten zusammenleben, weil insoweit die Grundsicherung dem Sozialgeld vorgeht, s. §§ 5 Abs. 2 S. 3, 28 Abs. 1 S. 1 SGB II).

c) Längere oder dauernde Erwerbsunfähigkeit als Zuordnungskriterium

Dementsprechend ist für Personen zwischen 18 und 64 Jahren maßgeblich, ob sie längerfristig (Hilfe zum Lebensunterhalt) oder dauernd (Grundsicherung bei Erwerbsminderung) erwerbsunfähig sind (was in einem speziellen Verfahren zu klären ist, s. S. 296). Angesichts der weitgehenden Gleichstellung von Hilfe zum Lebensunterhalt und Grundsicherung stellt sich die Frage, ob es sinnvoll ist, zwischen diesen beiden Unterhaltsleistungen noch zu differenzieren.

d) Anspruch auf Unterhaltsleistungen

Anspruch auf Unterhaltsleistungen haben Personen mit der Berechtigung zu Hilfe zum Lebensunterhalt bzw. Grundsicherung, sofern sie ihren notwendigen Lebensunterhalt nicht oder nicht ausreichend aus eigenen Kräften und Mitteln, insbesondere aus ihrem Einkommen und Vermögen beschaffen können (§ 19 Abs. 1 S. 1, Abs. 2 S. 1 SGB XII, sog. **Anspruchsgrundlage**), also Personen, die einen notwendigen Unterhaltsbedarf haben (s. S. 223 ff.) und hilfebedürftig sind (s. S. 248 ff.; zu speziellen Leistungsberechtigten S. 283 ff.).

2. Besondere Lebenslagen

Berechtigte zu SGB-XII-Leistungen in besonderen Lebenslagen sind Personen, denen nicht zuzumuten ist, ihren notwendigen allgemeinen Gesundheits-, Behinderungseingliederungs-, Pflege-, Desintegrationsüberwindungs- oder anderen ergänzenden Lebenslagenbedarf aus Einkommen und Vermögen zu decken (§ 19 Abs. 3 SGB XII, sog. Anspruchsgrundlage), also einen notwendigen Bedarf in einer besonderen Lebenslage haben (s. S. 240 ff.) und bedürftig sind (s. S. 258 ff.); an letzterem fehlt es insbesondere, wenn sie entsprechende Sozialversicherungs- oder sonstige Sozialleistungen erhalten (zu speziellen Leistungsberechtigten s. S. 283 ff.).

III. Bedarf

1. Unterhalt

a) Lebensunterhalt

Der notwendige Lebensunterhalt umfasst insbesondere Ernährung, Unterkunft, Kleidung, Körperpflege, Hausrat, Heizung und persönliche Bedürfnisse des täglichen Lebens; zu Letzteren gehören in vertretbarem Umfang auch Beziehungen zur Umwelt und eine Teilnahme am kulturellen Leben (§ 27 Abs. 1 SGB XII), bei Kindern und Jugendlichen auch der besondere, insbesondere durch ihre Entwicklung und ihr Heranwachsen bedingten Bedarf (§ 27 Abs. 2 SGB XII). Er lässt sich gliedern in **„Allgemein"-, „Besonderheiten"- und „Co"-Bedarf.**

aa) „Allgemein"-Bedarf: Der Allgemeinbedarf setzt sich zusammen aus Regel-, Mehrbedarf sowie (allgemeinem) Unterkunfts- und Heizungskostenbedarf.

Nach Regelsätzen erbracht wird der gesamte Bedarf des Lebensunterhalts außerhalb von Einrichtungen (**Regelbedarf;** zu Einrichtungsnutzern s. S. 284 ff.) mit Ausnahme des folgenden Allgemein-, des Besonderheiten- und des Co-Bedarfs (s. § 28 Abs. 1 S. 1 SGB XII).

Die **Eckregelsätze für Haushaltsvorstände und Alleinstehende** sind so zu bemessen, dass der Regelsatzbedarf dadurch gedeckt werden kann (§ 28 Abs. 3 S. 1 SGB XII). Die Regelsatzbemessung hat Stand und Entwicklung von Nettoeinkommen, Verbraucherverhalten und Lebenshaltungskosten auf der Grundlage der tatsächlichen, statistisch gemäß der **Einkommens- und Verbrauchsstichprobe** des Statistischen Bundesamtes ermittelten Verbrauchsausgaben von Haushalten in unteren Einkommensgruppen zu berücksichtigen (§ 28 Abs. 3 S. 2, 3 SGB XII). Sie ist zu überprüfen und gegebenenfalls weiterzuentwickeln, sobald die Ergebnisse einer neuen Einkommens- und Verbrauchsstichprobe vorliegen (§ 28 Abs. 3 S. 3 SGB XII). Sie hat weiter zu gewährleisten, dass bei einer Haushaltsgemeinschaft mit drei Kindern die Regelsätze zusammen mit den Durchschnittsbeträgen der Leistungen für Unterkunft und Heizung (§ 29 SGB XII) sowie für Erstausstattungs- und Klassenfahrtenbedarf (§ 31 SGB XII) und unter Berücksichtigung eines durchschnittlich abzusetzenden Betrags für Einkommen aus Tätigkeiten (§ 82 Abs. 3 SGB XII) unter den erzielten monatlichen durchschnittlichen Nettoarbeitsentgelten unterer Lohn- und Gehaltsgruppen einschließlich anteiliger einmaliger Zahlungen zuzüglich Kinder- und Wohngeld in einer entsprechenden Haushaltsgemeinschaft mit einer allein verdienenden vollzeitbeschäftigten Person bleiben (§ 28 Abs. 4 SGB XII, sog. **Lohnabstandsgebot**).

Auf dieser gesetzlichen Grundlage ist das zuständige Bundesministerium ermächtigt (§ 40 SGB XII), eine Rechtsverordnung über Inhalt, Bemessung und Aufbau der Regelsätze zu erlassen. Die von ihm demgemäß erlassene **Regelsatzverordnung** (RSV) von 2004 sieht als Bemessungsgrundlage den aus der Einkommens- und Verbrauchsstichprobe des Statistischen Bundesamts, die alle fünf Jahre durchgeführt wird, abzuleitenden Eckregelsatz für den Haushaltsvorstand bzw. Alleinstehende vor (§ 2 Abs. 1 RSV). Er setzt sich zusammen aus der Summe der Verbrauchsausgaben in den „untersten 20% der nach ihrem Nettoeinkommen geschichteten Haushalte nach Herausnahme der Empfänger von Leistungen der Sozialhilfe" (§ 2 Abs. 3 RSV), wobei Letzteres zur Vermeidung von Zirkelschlüssen geschehen ist. Dabei wurde aber nur der sog. regelsatzrelevante Bedarf berücksichtigt, und zwar gemäß den Abteilungen der Einkommens- und Verbrauchsstichprobe mit folgenden Anteilen:

Abt. 01:	Nahrungsmittel, Getränke, Tabakwaren	96%
Abt. 02:	*nicht vorhanden*	
Abt. 03:	Bekleidung und Schuhe	89%
Abt. 04:	Wohnung, Wasser, Strom, Gas u. a. Brennstoffe	8%
Abt. 05:	Einrichtungsgegenstände (Möbel), Apparate, Geräte und Ausrüstungen für den Haushalt sowie deren Instandhaltung	87%
Abt. 06:	Gesundheitspflege	64%
Abt. 07:	Verkehr	37%
Abt. 08:	Nachrichtenübermittlung	64%
Abt. 09:	Freizeit, Unterhaltung und Kultur	42%
Abt. 10:	Bildungswesen	0%
Abt. 11:	Beherbergungs- und Gaststättenleistungen	30%
Abt. 12:	Andere Waren und Dienstleistungen	65%

Den Prozentanteilen liegen nach der Begründung der Bundesregierung (BR-Drs. 206/04) folgende Bewertungen und Einschätzungen zugrunde, die auf der Grundlage von Sachverständigengutachten und eigenen Bewertungen des Ministeriums für Gesundheit und Soziale Sicherung vorgenommen wurden:

Abt. 01: Die Ausgaben für Nahrungsmittel und Getränke sind voll berücksichtigt worden mit Ausnahme von Tabakwaren (50%).

III. Bedarf

Abt. 03: Bei grundsätzlich voller Zugrundelegung dieser Position wurden einzelne Ausgaben gestrichen, weil sie nicht dem notwendigen Bedarf zugerechnet wurden (z. B. für Maßkleidung, Pelze), bei Sozialhilfeempfängern nicht anfallen (z. B. für Arbeitskleidung) oder nicht durch den Regelsatz gedeckt werden müssen (z. B. Erstausstattung). Zudem wurde begrenzt von „Gebrauchtkleidung" ausgegangen.

Abt. 04: Die Leistungen für Wohnung und Heizung sind nach dem SGB XII (§ 29) gesondert zu erbringen, so dass sie herausgenommen wurden, während Strom weitgehend sowie Reparatur- und Wohnungsinstandhaltungsausgaben voll übernommen wurden.

Abt. 05: Als nicht regelsatzrelevant sind aussortiert worden z. B. Campingmöbel und Kunstgegenstände sowie als gesondert zu erbringen Erstausstattungen.

Abt. 06: Voll berücksichtigt sind pharmazeutische Erzeugnisse, andere medizinische Erzeugnisse sowie therapeutische Geräte und Ausrüstungen, und zwar im Hinblick darauf, dass das SGB V (§ 62) auch für SGB-XII-Leistungsberechtigte Zuzahlungen vorsieht. Als nicht vom Regelsatz zu bestreiten wurden Positionen z. B. über Zuzahlungen hinausgehende unmittelbare ärztliche und zahnärztliche Dienstleistungen und stationäre Gesundheitsdienstleistungen ausgeschlossen.

Abt. 07: Voll berücksichtigt wurden die Ausgaben für Verkehrsdienstleistungen im Schienen- und Straßenverkehr sowie für Fahrräder. Nicht zum notwendigen Bedarf gezählt worden und ausgeschlossen wurden insbesondere die Ausgaben für Kraftfahrzeuge und Motorräder sowie deren Reparatur.

Abt. 08: Voll berücksichtigt wurden Postdienstleistungen, zu 50% Telefon- und Telefaxgeräte einschließlich Reparatur, womit ein einfaches Telefon und auch ein Modem für den Internetzugang erschwingbar sei, nicht aber Faxgeräte, Anrufbeantworter und teurere Funktelefone, zu 60% Telefon- und Telefaxdienstleistungen, d. h. Grundgebühren und durchschnittliche Gesprächsgebühren, teilweise Internetzugangskosten, wobei zu berücksichtigen sei, dass ein Bedarf auch in Internetcafes, Schulen oder bezüglich der Stellensuche bei der BA gedeckt werden könne.

Abt. 09: Voll berücksichtigt wurden Ausgaben für Zeitungen, Zeitschriften, Bücher, Ausleihgebühren, Schreibwaren und Zeichenmaterialien, 70% bezüglich Spielzeug und Hobbywaren, größere langlebige Gebrauchsgüter für Freizeit, Besuch von Sport- und Freizeitveranstaltungen und sonstige Freizeit- und Kulturdienstleistungen, wobei z. B. Wohnmobil bzw. Wohnwagen, Sportboote, Segelflugzeuge ausgeschlossen wurden, 75% für Gartenerzeugnisse und Verbrauchsgüter für die Gartenpflege, welche auch privaten Gemüse- und Obstanbau einschließt, 50% bei Rundfunk- und Fernsehgeräten, weil teurere Geräte ausgenommen wurden sowie die Beschaffung gebrauchter Geräte weitgehend möglich und auch zumutbar ist, 40% für Informationsverarbeitungsgeräte einschließlich Soft-

225

C. Wer bekommt noch Sozialhilfe?

ware, für die bereits ein beachtlicher Gebrauchtgerätemarkt mit kostengünstigen, aber dennoch angemessenen Waren bestehe, gar nicht berücksichtigt sind eine Reihe weitere nicht regelsatzrelevanter Positionen wie z. B. Photo- und Filmausrüstungen, Bild- und Tonträger sowie Haustiere.

Abt. 10: Sie ist insgesamt ohne weitere Begründung nicht als regelsatzrelevant eingeschätzt worden, obwohl sie auch enthält Nachhilfeunterricht sowie weitere Gebühren, darunter Studien- und Prüfungsgebühren an Schulen/Universitäten sowie Gebühren für Kurse/Internatskosten.

Abt. 11: Als notwendig wurden 33% des Nahrungsmittelanteils an Verpflegungsdienstleistungen anerkannt, ausgeschlossen nicht regelsatzrelevante, mit geringeren Ausgaben ausgewiesene Positionen wie z. B. Hotelübernachtungskosten.

Abt. 12: Voll berücksichtigt wurden Friseurdienstleistungen und andere Dienstleistungen für die Körperpflege sowie elektrische Geräte, Artikel und Erzeugnisse für die Körperpflege, 25% für Finanz- und andere Dienstleistungen, insbesondere betreffend Kontoführungsgebühren, Grabpflege, nicht aber z. B. Finanzanlage-, Steuerberatungskosten, Geldstrafen, gebührenpflichtige Verwarnungen. Weiter sind als nicht zum notwendigen Bedarf gehörend angesehen worden z. B. Schmuck und Edelmetalle.

Eine in der Regierungsbegründung auf der Basis der angeführten Bewertungen durchgeführte Berechnung des Ausgangswerts von 1989 bei Einzelhaushalten mit einem Nettoeinkommen unter 1800 DM (tatsächlich 1400 DM) hat folgende Ergebnisse erbracht:

Abteilung	Gesamtwert	Prozentsatz	Summe
01	252,14 DM	96%	242,05 DM
03	69,94 DM	89%	62,25 DM
04	612,63 DM	8%	49,01 DM
05	58,22 DM	87%	50,65 DM
06	37,65 DM	64%	24,10 DM
07	94,68 DM	37%	35,03 DM
08	63,78 DM	64%	40,82 DM
09	168,13 DM	42%	70,61 DM
11	62,81 DM	30%	18,84 DM
12	56,65 DM	65%	36,82 DM
Summe	1476,63 DM		630,18 DM

III. Bedarf

Dieses Gesamtergebnis von 1998 ist mit dem Prozentsatz des aktuellen Rentenwerts der folgenden Jahre, also dem Rentenerhöhungsfaktor, fortgeschrieben worden auf den 1. 1. 2005, für den die Regelsätze erstmals festzusetzen sind (§ 5 RSV):

Fortschreibung		
Zeitpunkt	Aktueller Rentenwert	
1. Juli 1998		630 DM
1. Juli 1999	1,34%	638 DM
1. Juli 2000	0,60%	642 DM
1. Juli 2001	1,91%	654 DM
	€-Umstellung	334
1. Juli 2002	2,16%	341
1. Juli 2003	1,04%	345
1. Juli 2004	0%	345
1. Januar 2005		345

Inzwischen ist die Erste Verordnung zur Änderung der Regelsatzverordnung erlassen worden und am 1. 1. 2007 in Kraft getreten. Sie basiert auf der Einkommens- und Verbrauchsstichprobe (EVS) von 2003 und sieht folgende Regelsatzanteile vor:

Abt. 01/02: Nahrungsmittel, Getränke, Tabakwaren, Ähnliches 96%
Abt. 03: Bekleidung und Schuhe 100%
Abt. 04: Wohnen, Energie, Wohnungsinstandhaltung 8%
Abt. 05: Innenausstattung, Haushaltsgeräte und -gegenstände 91%
Abt. 06: Gesundheitspflege 71%
Abt. 07: Verkehr 26%
Abt. 08: Nachrichtenübermittlung 75%
Abt. 09: Freizeit, Unterhaltung und Kultur 55%
Abt. 11: Beherbergungs- und Gaststättenleistungen 29%
Abt. 12: Andere Waren und Dienstleistungen 67%

Zur Begründung hat der Verordnungsgeber Folgendes ausgeführt (kritisch DV NDV 2006, 538):

Abt. 01 u. 02 (Nahrungsmittel, Getränke, Tabakwaren und Ähnliches): Die in der Nummer 1 neu aufgenommene Abteilung 02 trägt dem Umstand Rechnung, dass die bisher in der Abteilung 01 mitenthaltenen Güter al-

C. Wer bekommt noch Sozialhilfe?

koholische Getränke und Tabakwaren mit der Einkommens- und Verbrauchsstichprobe 2003 in die Abteilung 02 übernommen wurden und aus Gründen der Vergleichbarkeit mit der EVS 1998 eine Rückrechnung erfolgte. Der regelsatz-relevante Anteil von 96 vom Hundert bleibt – wie in der bisherigen Regelsatzverordnung – unverändert.

Abt. 03 **(Bekleidung und Schuhe):** Die Ausgaben in Abteilung 03 werden vollständig berücksichtigt. Zum einen werden regelsatzrelevante Einzelpositionen wieder einzeln ausgewiesen; zum anderen wird wegen der Schwierigkeiten, den Abschlag für Bekleidung und Schuhe nachvollziehbar zu beziffern, darauf verzichtet und jeweils ein Anteil von 100 vom Hundert angesetzt. Dadurch ergibt sich ein Anteil für diese Abteilung von 100 vom Hundert, anstelle von 89 vom Hundert bisher.

Abt. 04 **(Wohnung, Energie, Wohnungsinstandsetzung):** Nicht im Regelsatz berücksichtigt werden die Leistungen für Wohnung und Heizung, die den größten Anteil der Ausgaben dieser Abteilung ausmachen und von den Sozialhilfeträgern erbracht werden. Der bei der Position „Strom" schon bisher gegebene Abschlag von 15 vom Hundert wird beibehalten, um entsprechende Ausgaben für Heizungsstrom, die nicht getrennt erfasst werden können, zu berücksichtigen. Der regelsatzrelevante Anteil bleibt wie bisher bei 8 vom Hundert, trotz der Veränderungen im Verbraucherverhalten und des Übergangs zu einer gesamtdeutschen Verbrauchsstruktur.

Abt. 05 **(Innenausstattung, Haushaltsgeräte und -gegenstände):** 2003 entsprechen die regelsatzrelevanten Positionen der Abteilung 05 inhaltsgleich denen der EVS 1998. Ebenso wird bei Möbeln und Einrichtungsgegenständen ein Abschlag von 20 vom Hundert vorgenommen, da dazu auch Ausgaben gehören, die nicht zum notwendigen Bedarf zu zählen sind. Auf Grund der Änderungen im Verbraucherverhalten und wegen des Übergangs auf eine gesamtdeutsche Verbrauchsstruktur ergibt sich ein regelsatzrelevanter Anteil von 91 vom Hundert gegenüber 87 vom Hundert bisher.

Abt. 06 **(Gesundheitspflege):** Die in Abteilung 06 enthaltenen regelsatzrelevanten Ausgaben werden wie bisher vollständig anerkannt. Die Abteilung enthält darüber hinaus eine Reihe von Positionen, die nicht zum notwendigen Bedarf gehören.

Anstelle des bisherigen Prozentsatzes von 64 vom Hundert ergeben sich auf Grund der Veränderung des Verbraucherverhaltens und des Übergangs zu einer gesamtdeutschen Verbrauchsstruktur 71 vom Hundert.

Abt. 07 **(Verkehr):** Auf Grund der Abgrenzung in der Einkommens- und Verbrauchsstichprobe 1998 konnten die regelsatzrelevanten Ausgaben für die Einzelposition „Zubehör für Fahrräder" nur geschätzt werden. Durch die Neuabgrenzung der Einkommens- und Verbrauchsstichprobe 2003 werden diese Ausgaben nun wieder getrennt ausgewiesen. Diese Ein-

III. Bedarf

zelposition wird nunmehr vollständig berücksichtigt, wie die anderen regelsatzrelevanten Positionen (Kauf von Fahrrädern, fremde Verkehrsdienstleistungen). Auf Grund der Veränderungen im Verbraucherverhalten – stärkerer Wechsel vom ÖPNV zum Individualverkehr – und des Übergangs zu einer gesamtdeutschen Verbrauchsstruktur reduziert sich der regelsatzrelevante Anteil von 37 vom Hundert auf 26 vom Hundert.

Abt. 08 **(Nachrichtenübermittlung):** Die bislang nur teilweise berücksichtigten Ausgaben der Einzelposition „Kauf von Telefon-, Telefaxgeräten, Mobilfunktelefonen, Anrufbeantwortern" sowie für „Kommunikationsdienstleistungen – Telefon, Fax, Telegramme", „Kommunikationsdienstleistungen – Internet/Onlinedienste" werden nunmehr vollständig als regelsatzrelevant anerkannt, da sich die Abschläge nicht nachvollziehbar beziffern lassen. Mobilfunkdienstleistungen sind nicht gleichzeitig neben Festnetzleistungen regelsatzrelevant. Auf Grund des geänderten Verbraucherverhaltens, des Verzichts von Abschlägen und des Übergangs zu einer gesamtdeutschen Verbrauchsstruktur ergibt sich ein Prozentsatz von 75 vom Hundert.

Abt. 09 **(Freizeit, Unterhaltung und Kultur):** Auf Grund der Abgrenzung in der Einkommens- und Verbrauchsstichprobe 1998 konnten die regelsatzrelevanten Ausgaben für „Sportartikel", „Topflanzen- und Schnittblumen sowie für den „Besuch von Sport- und Kulturveranstaltungen bzw. -einrichtungen" nur geschätzt werden. Durch die Neuabgrenzung der Einkommens- und Verbrauchsstichprobe 2003 werden diese Ausgaben nun wieder getrennt ausgewiesen. Bei den Ausgaben für „Rundfunk-, Fernseh- und Datenverarbeitungsgeräte, Spielwaren" und Ausgaben für „sonstige Freizeit- und Kulturdienstleistungen" entfallen die normativ vorgenommenen Abschläge. Die Einzelpositionen werden nunmehr zu 100 vom Hundert berücksichtigt. Diese Veränderungen sowie die des Verbraucherverhaltens und bei der Verbrauchsstruktur für Deutschland führen zu einem Prozentsatz von 55 vom Hundert.

Abt. 11 **(Beherbergungs- und Gaststättenleistungen):** Wie bisher wird der Nahrungsmittelanteil an den Verpflegungsdienstleistungen mit 33 vom Hundert als notwendiger Bedarf angesehen. Da die Abteilung auch nicht regelsatzrelevante Positionen enthält, ergibt sich unter Berücksichtigung von Änderungen im Verbraucherverhalten und der gesamtdeutschen Verbrauchsstruktur ein Anteil von 29 vom Hundert (bisher 30 vom Hundert).

Abt. 12 **(Andere Waren und Dienstleistungen):** Die regelsatzrelevanten Positionen der Abteilung 12 in der EVS 2003 entsprechen inhaltsgleich denen in der EVS 1998. Auch die Abschläge bei den Positionen „Finanzdienstleistungen" und „andere Dienstleistungen" von 75 vom Hundert wurden beibehalten. Unter Berücksichtigung der Änderungen im Verbraucherverhalten und bei der gesamtdeutschen Verbrauchsstruktur ergibt sich ein Anteil von 67 vom Hundert anstatt wie bisher 65 vom Hundert.

Insgesamt erscheinen Methode und Durchführung der Regelsatzbemessung, vor allem im Hinblick auf die Bestimmung der Ausgangspopulation und der vorgenommenen Bewertungen und Einschätzungen, die zu einem offensichtlich politisch gewünschten Ergebnis geführt haben, mit dem Gesetz nicht vereinbar, so dass die **Rechtsgültigkeit** der Regelsatzbemessung zu **bezweifeln** ist, was dadurch unterstrichen wird, dass seine Höhe gegenüber dem BSHG-Regelsatz, der keine einmaligen Leistungen enthielt, eine deutliche Kürzung beinhaltet. Auch für die **Zukunft** gilt, dass sich der Eckregelsatz jeweils zum 1. Juli eines Jahres, in dem keine Neubemessung (nach § 28 Abs. 3 S. 5 SGB XII) erfolgt, um den Vomhundertsatz des aktuellen Rentenwertes in der gesetzlichen Rentenversicherung verändert.

Rat: Lies zur Kritik am Eckregelsatz 2005 Frommann, Warum nicht 627 €?; NDV 2004, 246 ff. und Spindler, Die neue Regelsatzverordnung – Das Existenzminimum stirbt in Prozentschritten, in info also 2004, 147 ff. sowie an der Eckregelsatzverordnung 2007 Martens, Neue Regelsatzberechnung, in SozSich 2006, 182 ff., nach dessen Berechnung der Eck-Regelsatz mehr als 400 € betragen müsste. Zum Statistik-Warenkorb 2006 siehe Hofmann info also 2006, 235 ff.

Im Rahmen der Regelsatzverordnung setzen die Landesregierungen die Höhe der monatlichen Regelsätze durch (Landes)Rechtsverordnung fest (§ 28 Abs. 2 Satz 1 SGB XII), und zwar erstmals zum 1. 1. 2007 und dann zum 1. 7. bei einer Neubemessung oder Rentenwerterhöhung (§ 28 Abs. 2 Satz 4 SGB XII). Ihnen steht es offen, die Regelsätze landeseinheitlich zu bestimmen oder auf der Grundlage von landeseinheitlichen Mindestregelsätzen die Sozialhilfeträger zu ermächtigen, regionale Regelsätze zu bilden (§ 28 Abs. 2 Satz 3 SGB XII), was bislang allein Bayern praktiziert. Zum 1. 1. 2007 haben die meisten Bundesländer den **Eckregelsatz** wie beim SGB II auf 345 € festgesetzt, womit auch die anderen Regelsätze denen des SGB II entsprechen, zumal die Regelsatzverordnung (§ 2 Abs. 3 RSV) jetzt bestimmt, dass beim Zusammenleben von Ehegatten oder Lebenspartners der jeweilige Regelsatz 90% des Eckregelsatzes beträgt, sodass auch in Mischfällen nunmehr ein einheitlicher Regelsatz besteht.

Die **Regelsätze für sonstige Haushaltsangehörige** betragen (§ 3 Abs. 2 RSV)

III. Bedarf

- (Nr. 1) bis zur Vollendung des 14. Lebensjahres 60% des Eckregelsatzes,
- (Nr. 2) ab Vollendung des 14. Lebensjahres 80% des Eckregelsatzes.

Leben Ehegatten oder Lebenspartner zusammen, beträgt der Regelsatz jeweils 90% des Eckregelsatzes (§ 3 Abs. 3 RSV).

Sie sind bis 0,49 € ab- und von 0,50 € an aufzurunden (§ 3 Abs. 4 RSV). Bei einem Eckregelsatz von 345 € für Haushaltsvorstände/Alleinstehende betragen demnach die Haushaltsangehörigenregelsätze:

- bis 13 Jahre   207 €
- ab 14 Jahre   276 €.

Übersicht: SGB-XII-Regelsätze ab 1. 1. 2007 (ohne Gewähr)

Land	Haushaltsvorstände und Alleinstehende	Sonstige Haushaltsangehörige	
		bis zur Vollendung des 14. Lebensjahres	ab Vollendung des 14. Lebensjahres
Baden-Württemberg	345	207	276
Bayern (Mindestregelsatz)	341	205	273
Berlin	345	207	276
Brandenburg	345	207	276
Bremen	345	207	276
Hamburg	345	207	276
Hessen	345	207	276
Mecklenburg-Vorpommern	345	207	276
Niedersachsen	345	207	276
Nordrhein-Westfalen	345	207	276
Rheinland-Pfalz	345	207	276
Saarland	345	207	276
Sachsen	345	207	276
Sachsen-Anhalt	345	207	276
Schleswig-Holstein	345	207	276
Thüringen	345	207	276

C. Wer bekommt noch Sozialhilfe?

Der **Mehrbedarf** umfasst für die im Folgenden aufgeführten Gruppen die aufgrund ihrer Lebenssituation gesetzlich unterstellten höheren Regelsatzbedarfe:

Schwangere erhalten (§ 30 Abs. 2 SGB XII) nach der 12. Schwangerschaftswoche einen Mehrbedarf von 17% des maßgebenden Regelsatzes (wie im SGB II, s. S. 48), soweit nicht im Einzelfall ein abweichender Bedarf besteht (S. 237).

Für **Alleinerziehende,** d. h. Personen, die mit einem oder mehreren minderjährigen Kindern zusammenleben und allein für deren Pflege und Erziehung sorgen, ist ein Mehrbedarf anzuerkennen (§ 30 Abs. 3 SGB XII)

- (Nr. 1) in Höhe von 36% des Eckregelsatzes für ein Kind unter 7 Jahre bzw. zwei oder drei Kinder unter 16 Jahre (wie im SGB II, s. S. 49 f.), soweit kein abweichender Bedarf besteht (s. S. 237),
- (Nr. 2) in Höhe von 12% des Eckregelsatzes für jedes Kind, wenn die Voraussetzungen nach Nr. 1 nicht vorliegen, höchstens jedoch in Höhe von 60% des Eckregelsatzes (wie im SGB II, s. S. 49 f.), soweit kein abweichender Bedarf besteht (s. S. 237).

Für **kranke, genesende, behinderte Menschen** oder von einer Krankheit bzw. Behinderung bedrohte Menschen, die einer **kostenaufwendigen Ernährung** bedürfen, wird ein Mehrbedarf in angemessener Höhe anerkannt (§ 30 Abs. 5 SGB XII, wie im SGB II s. S. 50).

Behinderte Menschen ab 15 Jahren **mit Eingliederungshilfe für Schule oder Ausbildung,** denen SGB-XII-Eingliederungshilfe (§ 54 Abs. 1 S. 1 Nr. 1–3) für Schulbildung, schulische Berufsausbildung oder angemessene Tätigkeitsausbildung geleistet wird, ist ein Mehrbedarf von 35% des maßgebenden Regelsatzes zu leisten, soweit nicht im Einzelfall ein abweichender Bedarf besteht (s. S. 237); dies gilt auch nach Ablauf der genannten Eingliederungsleistungen während einer angemessenen Übergangszeit, insbesondere einer Einarbeitungszeit (§ 30 Abs. 4 S. 1, 2 SGB XII, wie im SGB II s. S. 55).

Schwerbehindertenausweisbesitzer G (oder Inhaber eines entsprechenden Bescheids) **mit voller Erwerbsminderung unter 65 Jahren (oder ab 65 Jahren)** erhalten einen Mehrbedarf von 17% des maßgebenden Regelsatzes (§ 30 Abs. 1 SGB XII), soweit nicht im Einzelfall ein abweichender Bedarf besteht (s. S. 237). Dies gilt aber nicht für Personen, die bereits einen Behindertenmehrbedarf wegen Eingliederungshilfe für Schule oder Ausbildung erhalten (§ 30 Abs. 4 S. 3 SGB XII). Weggefallen ist mit dem Außerkrafttreten des BSHG ab 1. 1. 2005 der nach ihm weiterhin für solche Personen zu zahlende Mehrbedarfszuschlag, die in nach der bis 31. 7. 1996 geltenden Fassung auch ohne Schwerbehindertenausweis G bekommen haben (§ 23 Abs. 1 S. 2 BSHG), was damit zu rechtfertigen versucht wird (BT-Drs. 15/1514, 60), dass „die bestehende Ungleichbehandlung mit dem Gesetz über eine bedarfsorientierte Grundsicherung im Alter und bei Erwerbsminderung sowie mit den neuen Bundesländern" beseitigt werden sollte.

Einen **Schwerbehindertenausweis mit dem Merkzeichen G** (§ 69 Abs. 5 SGB IX in Verbindung mit § 3 Abs. 2 Nr. 2 Schwerbehindertenausweisverordnung) bekommen Personen bei erheblicher Beeinträchtigung der Bewegungsfähigkeit im Straßenverkehr, die vorliegt, wenn jemand infolge einer Einschränkung des Gehvermögens, auch durch innere Leiden (z. B. Krebs, Lungenkrankheit) oder infolge von Anfällen bzw. Störungen der Orientierungsfähigkeit, nicht ohne erhebliche Schwierigkeiten oder nicht ohne Gefahren für sich oder andere Wegstrecken im Ortsverkehr zurückzulegen vermag, die üblicherweise noch zu Fuß bewältigt werden können (Kriterium ist nach BSGE 62, 273 bei einer Wegstrecke von 2 km eine Gehdauer von ca. einer halben Stunde). Das hat erst recht zu gelten bei einem Schwerbehindertenausweis mit dem Merkzeichen aG = außergewöhnliche Gehbehinderung, nicht aber allein bei dem Merkzeichen H = Hilflosigkeit. Schwerbehindertenausweise werden von den Versorgungsämtern ausgestellt (s. S. 14). Den Mehrbedarfszuschlag gibt es erst ab ihrem Besitz oder einen dazu berechtigenden Bescheid.

Voll erwerbsgemindert sind Personen (§ 43 Abs. 2 S. 2, 3 SGB VI), die wegen Krankheit oder Behinderung auf nicht absehbare Zeit außerstande sind, unter den üblichen Bedingungen des allgemeinen Arbeitsmarkts mindestens drei Stunden täglich erwerbstätig zu sein sowie behinderte Menschen in Werkstätten (bzw. Heime), die nicht auf dem allgemeinen Arbeitsmarkt tätig sein können. Sofern sie dauernd voll erwerbsgemindert sind, steht ihnen ab 18 Jahre vorrangig Grundsicherung zu (§ 41 Abs. 1 Nr. 2 SGB XII, s. S. 221). Auch Personen ab 65 Jahre erhalten vorrangig Grundsicherung (§ 41 Abs. 1 Nr. 1 SGB XII, s. S. 221).

Die **Summe des insgesamt anzuerkennenden Mehrbedarfs** darf die Höhe des maßgebenden Regelsatzes nicht überschreiten (§ 30 Abs. 6 SGB XII).

Der **Unterkunftsbedarf** erfasst die tatsächlichen Aufwendungen (§ 29 Abs. 1 S. 1 SGB XII, wie im SGB II s. S. 57). Sie werden nur anerkannt,

C. Wer bekommt noch Sozialhilfe?

soweit sie angemessen sind (arg. § 29 Abs. 2 S. 2 SGB XII, wie im SGB II s. S. 57). Übersteigen die Aufwendungen für die Unterkunft den der Besonderheit des Einzelfalles angemessenen Umfang, sind sie als Bedarf solange anzuerkennen, als es nicht möglich oder zuzumuten ist, sie zu senken, in der Regel jedoch längstens für sechs Monate (§ 29 Abs. 1 S. 2, 3 SGB XII, wie im SGB II s. S. 59).

Durch eine monatliche **Pauschale** kann jeder Sozialhilfeträger für seinen Bereich die Leistungen für Unterkunft abgelten (§ 29 Abs. 2 S. 1 SGB XII). Wenn auch bundeseinheitliche Pauschalen wegen der regional unterschiedlichen Kosten nicht eingeführt worden sind, so hat sich nach Auffassung der Gesetzesmaterialen (BT-Drs. 15/1514, 59) in durchgeführten Modellvorhaben gezeigt, dass „erfolgte örtliche Pauschalierungen sowohl bei den Trägern der Sozialhilfe als auch bei den Leistungsberechtigten auf Zustimmung gestoßen sind und eine Abschaffung als Rückschritt angesehen würde", so dass es den Sozialhilfeträgern überlassen worden ist, ob sie eine Pauschalierung beibehalten bzw. einführen möchten oder nicht. Die Pauschalierung ist an die gesetzliche Voraussetzung geknüpft worden (§ 29 Abs. 2 S. 1 SGB XII), dass auf dem örtlichen Wohnungsmarkt hinreichend angemessener freier Wohnraum verfügbar – d. h. (BT-Drs. 15/1514, 59) für Umzüge in bezahlbaren angemessenen Wohnraum auch tatsächlich offen – und in Einzelfällen die Pauschalierung nicht unzumutbar ist, wie z. B. (BT-Drs. 15/1514, 60) bei alten oder behinderten Menschen, die auf eine verlässliche Nachbarschaftshilfe verzichten müssten oder sich in einer neuen Umgebung nicht mehr zurechtfinden würden. Weiter wird gesetzlich vorgeschrieben (§ 29 Abs. 2 S. 2 SGB XII), dass bei der Bemessung der Pauschale die tatsächlichen Gegebenheiten des örtlichen Wohnungsmarkts, der örtliche Mietspiegel sowie die familiären Verhältnisse zu berücksichtigen sind, was bedeutet (BT-Drs. 15/1514, 60), dass örtliche Wohnungsbaugesellschaften einzubinden sind, die Pauschalen im Hinblick auf den Grundsatz der Bedarfsdeckung detailliert anhand von Feststellungen am Wohnungsmarkt erfolgen müssen sowie bezüglich der Anzahl der Familienmitglieder und der dadurch erforderlichen Größe der Wohnung zu differenzieren ist. Die Pauschalen gelten erst nach einer Regel-Übergangszeit von sechs Monaten (§ 29 Abs. 2 S. 3 SGB XII), für die gegebenenfalls die Miete in der bisherigen höheren Höhe zu übernehmen ist.

Auch **Heizkosten** sind in tatsächlicher Höhe zu berücksichtigen, soweit sie angemessen sind (§ 29 Abs. 3 S. 1 SGB XII, wie im SGB II

s. S. 60). Sie können ebenfalls von den Sozialhilfeträgern monatlich pauschaliert werden, wobei die Größe und Beschaffenheit der Wohnung, die vorhandenen Heizungsmöglichkeiten, die persönlichen und familiären Verhältnisse sowie die örtlichen Gegebenheiten zu berücksichtigen sind (§ 29 Abs. 3 S. 2, 3 SGB II), womit sichergestellt wird (BT-Drs. 15/1514, 60), dass die Bemessung nach bedarfsdeckenden Kriterien wie z. B. Energieart, alters- oder gesundheitsbedingter höherer Wärmebedarf und Klimalage des Wohnortes erfolgt.

Entfallen Miet- und Heizungsaufwendungen auf **mehrere Mitbewohner,** so sind sie zur Ermittlung des Einzelanspruchs im Regelfall nach der Anzahl der Bewohner ohne Rücksicht auf deren Alter (**„kopfteilig"**) aufzuteilen (BVerwG 21. 1. 1988 – 5 C 68/85 – BVerwGE 79, 18 = FEVS 37, 272 = NDV 1988, 280 = NJW 1989, 313).

Vor **Abschluss eines Vertrags über eine neue Unterkunft** haben Leistungsberechtigten den dort (also am Ort der neuen Unterkunft) zuständigen Sozialhilfeträger über die für die Angemessenheit maßgeblichen Umstände in Kenntnis zu setzen; sind die Aufwendungen für die neue Unterkunft unangemessen hoch, ist der Sozialhilfeträger – wenn er den Aufwendungen vorher nicht zugestimmt hat – nur zur Übernahme angemessener Aufwendungen verpflichtet (§ 29 Abs. 1 S. 4, 5 SGB XII); Letzteres hat auch zu gelten, falls er überhaupt nicht in Kenntnis gesetzt wurde (vgl. BVerwG Urt. v. 1. 10. 1998 – 5 C 6/98 – BVerwGE 107, 239 = info also 1999, 31).

bb) „Besonderheiten"-Bedarf: Er umfasst Wohnungssonderbedarf, Erstausstattungsbedarf und Klassenfahrten sowie Schuldenübernahme zur Unterhaltssicherung und Notlagenbehebung.

Der **Wohnungssonderbedarf** betrifft zunächst Wohnungsbeschaffungskosten und Mietkautionen (sie sollen als Darlehen erbracht werden), die bei vorheriger Zustimmung übernommen werden können (§ 29 Abs. 1 S. 7 SGB XII, wie im SGB II s. S. 69). Dazu müssen auch – obgleich nicht ausdrücklich im Gesetz erwähnt – notwendige Kosten für Schönheitsreparatur und Umzug (s. § 22 Abs. 3 S. 1 SGB II s. S. 63, 70) gerechnet werden.

Erstausstattungen für die Wohnung einschließlich Haushaltsgeräten, Erstausstattungen für Bekleidung, Erstausstattungen bei Schwangerschaft und Geburt sowie mehrtägige **Klassenfahrten** im Rahmen der schulrechtlichen Bestimmungen (§ 31 Abs. 1 SGB XII, wie im SGB II s. S. 71) werden ebenfalls als **„einmalige Bedarfe"** gesondert erbracht.

C. Wer bekommt noch Sozialhilfe?

Erstausstattungsbedarf kann als Pauschalbetrag bemessen werden (§ 31 Abs. 3 SGB XII, wie im SGB II s. S. 74).

Eine **Schuldenübernahme** ist – die auch bei SGB-II-Berechtigten gewährt wird, wenn diese nach dem SGB II nicht hilfebedürftig sind (§ 21 S. 2 SGB XII) – möglich zur Sicherung der Unterkunft oder zur Behebung einer vergleichbaren Notlage – z. B. Schulden beim Energieversorger – und soll erfolgen, wenn dies gerechtfertigt und notwendig ist und sonst Wohnungslosigkeit einzutreten droht (§ 34 Abs. 1 SGB XII). **Notwendig** ist das bei Mietschulden vor allem, falls ansonsten eine auf sie gestützte Räumungsklage nach entsprechender außerordentlicher fristloser Kündigung (s. § 543 Abs. 1, 2 Nr. 3 BGB) wahrscheinlich zum Wohnungsverlust führt. Eine solche Kündigung wird unwirksam (§ 569 Abs. 3 Nr. 2 BGB), wenn der Vermieter spätestens bis zum Ablauf von zwei Monaten nach Eintritt der Rechtshängigkeit (= Klagezustellung) des Räumungsanspruchs hinsichtlich der gesamten Miete befriedigt wird oder sich eine öffentliche Stelle (insbesondere Sozialhilfeträger) zur Befriedigung verpflichtet, es sei denn Letzteres ist innerhalb der letzten zwei Jahre schon einmal geschehen. Um in diesen Fällen eine Mietschuldenübernahme zu gewährleisten, hat das Amtsgericht, bei dem eine diesbezügliche Räumungsklage eingeht, den Sozialhilfeträger davon zu informieren (§ 34 Abs. 2 SGB XII).

cc) Co-Bedarf: Der seltene zusätzlich zu gewährende Co-Bedarf betrifft beim Sozialhilfe-Unterhaltsbedarf Beiträge für Kranken- und Pflegeversicherung, Alters- und Sterbevorsorge sowie Mehrbedarfsabweichungen und Regel-Co-Bedarf.

Kranken- und Pflegeversicherungsbeiträge sind für Weiterversicherte und Rentenantragsteller zu übernehmen (§ 32 Abs. 1 S. 1, Abs. 3 SGB II). **Weiter versichern** in der gesetzlichen Krankenkasse (gemäß § 9 Abs. 1 Nr. 1 SGB V) können sich Personen, die als Mitglieder aus der Versicherungspflicht ausgeschieden und in den letzten fünf Jahren vor dem Ausscheiden mindestens 24 Monate oder unmittelbar vor dem Ausscheiden ununterbrochen mindestens 12 Monate versichert waren (Zeiten der Mitgliedschaft als Rentenantragsteller werden dabei nicht berücksichtigt). Der Beitritt muss der Krankenkasse innerhalb von drei Monaten nach Beendigung der Mitgliedschaft angezeigt werden (§ 9 Abs. 2 Nr. 1 SGB V; Ausschlussfrist, d. h. der Fristablauf ist unabänderlich, s. weiter für Landwirte § 6 Abs. 1 Nr. 1 2. Gesetz über die Krankenversicherung der Landwirte). Entsprechendes wie für die Krankenversicherung gilt für die

III. Bedarf

Pflegeversicherung (§ 26 SGB XI). **Rentenantragsteller** sind Personen, die eine Rente in der Rentenversicherung für Arbeiter oder Angestellte beantragt haben. Sind sie in der gesetzlichen Krankenversicherung versicherungspflichtig (s. § 5 Abs. 1 Nr. 11, 12, Abs. 2, 8, §§ 189, 225 SGB V), zählen ihre Beiträge während der Antragszeit zum notwendigen Bedarf. Eine Beitragspflicht gegenüber der Kranken- und Pflegekasse besteht aber nicht (s. BSG FEVS 36, 475, 478).

Bei **freiwillig Kranken- und Pflegeversicherten** können die Beiträge übernommen werden, soweit sie angemessen sind (zu ihrer Höhe BSG Urt. v. 19. 12. 2000 – B 12 KR 1/00 R – NDV-RD 2001, 23); sie müssen übernommen werden, falls die Hilfe zum Lebensunterhalt voraussichtlich nur für kurze Dauer ist (§ 32 Abs. 2 S. 1, Abs. 3 SGB XII). Eine freiwillige Versicherung ist in der gesetzlichen Krankenversicherung (§ 9 Abs. 1 Nr. 2–5, Abs. 2 SGB V; entsprechend in der Pflegeversicherung gemäß § 20 Abs. 3 SGB XI) insbesondere für Ehegatten und Kinder binnen drei Monaten nach Erlöschen der Familienversicherung sowie für Schwerbehinderte möglich, nunmehr auch (s. § 9 Abs. 1 Nr. 7, 8 SGB V) für Spätaussiedler innerhalb von sechs Monaten nach ständigem Aufenthalt im Inland bzw. drei Monate nach dem Ende des Arbeitslosengelds II. Andere Kranken- und Pflegeversicherungsbeiträge sind vom Einkommen absetzbar (s. §§ 32 Abs. 1 S. 2, Abs. 2 S. 2, 82 Abs. 2 Nr. 2, 3 SGB XII).

Als **Beiträge für Vorsorge** können erforderliche Kosten übernommen werden, um die Voraussetzungen eines Anspruchs auf eine angemessene **Alterssicherung** oder auf ein angemessenes **Sterbegeld** zu erfüllen (§ 33 SGB XII). Eine angemessene Alterssicherung wird insbesondere gewährleistet durch eine freiwillige Versicherung in der gesetzlichen Rentenversicherung, die Personen ab 16 Jahren offen steht, die nicht versicherungspflichtig sind (§ 7 Abs. 1 SGB VI; zu versicherungsfreien oder von der Versicherung befreiten Personen einschließlich geringfügig beschäftigten und selbstständig tätigen s. § 7 Abs. 2 SGB VI). Weiter kann sie erreicht werden durch Nachzahlungen für eng begrenzte Fälle (§§ 204–209 SGB VI u. a. für Ausbildungszeiten, die nicht als Anrechnungszeiten berücksichtigt werden). Ein Anspruch auf Sterbegeld ist gegeben beim Bestehen einer Sterbegeldversicherung zwecks Abdecken der Kosten einer Bestattung. Alters- und Vorsorgebeiträge sind ansonsten vom Einkommen absetzbar (s. § 82 Abs. 2 Nr. 2, 3 SGB XII).

Eine **Mehrbedarfsabweichung** ist im Einzelfall gesetzlich vorgesehen bei Schwangeren, Alleinerziehenden, behinderten Menschen mit Ein-

237

C. Wer bekommt noch Sozialhilfe?

gliederungshilfe Schule/Ausbildung sowie Schwerbehindertenausweis-besitzer G mit voller Erwerbsminderung unter 65 Jahren oder ab 65 Jahren (s. § 30 Abs. 2, 3, 4 und 1 SGB XII). Sie ist indiziert, falls der Mehrbedarf wegen außergewöhnlicher Umstände erheblich größer ist als im gruppentypischen Normalfall, z. B. bei einer Schwangeren mit Risikoschwangerschaft und dadurch bedingter Bewegungseinschränkung mit entsprechenden Mehrkosten für die Haushaltsführung. Möglich ist aber auch eine Reduzierung des Mehrbedarfs, z. B. wenn die Kinder einer Alleinerziehenden in einer (teil)stationären Einrichtung untergebracht sind.

Einen **Regel-Co-Bedarf** kennt das SGB XII (zum SGB II S. 85) in **zwei Fällen:** Einmal ist der Regelsatz zu erhöhen, wenn der Regelbedarf im Einzelfall unabweisbar seiner Höhe nach erheblich von einem durchschnittlichen Bedarf abweicht (§ 28 Abs. 1 S. 2 SGB XII, sog. **Regelabweichungsbedarf**); zum anderen sollen notwendige Leistungen (als **Darlehen**) erbracht werden, falls im Einzelfall ein von den Regelsätzen umfasster und nach den Umständen unabweisbar gebotener Bedarf auf keine andere Weise gedeckt werden kann (§ 37 Abs. 1 SGB XII, sog. **Regelsonderbedarf**).

Eine **Regelsatzerhöhung** ist angezeigt, wenn aufgrund besonderer Umstände – die nicht von einem anderen Bedarf umfasst werden, insbesondere vom Mehrbedarf – erheblich – mehr als 5 % des maßgebenden Regelsatzes (vgl. BVerwG Beschl. v. 30. 12. 1996 – 5 B 47/96 – FEVS 47, 337) – höhere Kosten im Regelsatzbereich entstehen, insbesondere bei behinderten Menschen, z. B. im Hinblick auf Kleidung, Körperpflege, Hausrat und persönliche Bedürfnisse des täglichen Lebens. **Beispiele für Regelsatzerhöhungen: Fahrtkosten** zur Wahrnehmung des Umgangsrechts einschließlich eines damit verbundenen Ernährungsmehrbedarfs eines Kindes (LSG BaW Beschl. v. 17. 8. 2005 – L 7 SO 2117/05 ER – FEVS 57, 164 = NDV-RD 2006, 13), **Hygienepauschale** bei HIV-Infektion (SG Berlin Beschl. v. 22. 3. 2005 – S 49 SO 204/05 ER – info also 2005, 135: 20,45 € monatlich plus Mehrbedarf, zusätzliche **Energiepauschale,** vorbeugende Gesundheitshilfe, S. 240), Versorgung mit „**Essen auf Rädern"** (SG Lüneburg Beschl. v. 22. 2. 2005 – S 23 SO 29/05 ER – info also 2005, 135: 150 € monatlich minus einem Eigenanteil von 2 €/Mahlzeit). Nicht von der Krankenkasse übernommene Krankheitskosten sind ebenfalls im Einzelfall als Regelabweichungsbedarf anzuerkennen, wenn sie erheblich über den durchschnittlichen Bedarf hinausgehen.

Das Gesetz (§ 28 Abs. 1 S. 2 SGB XII) sieht umgekehrt auch ausdrücklich eine **Regelsatzreduzierung** vor, falls ein Regelsatzbedarf im

238

III. Bedarf

Einzelfall ganz oder teilweise gedeckt ist (sog. Regelminderbedarf), z.B. bei einem behinderten Menschen, der Mahlzeiten in einer Werkstatt für behinderte Menschen einnimmt, ohne dafür bezahlen zu müssen (vgl. OVG Nds Urt. v. 8. 9. 1987 – 4 A 26/87 – FEVS 39, 108), nicht jedoch, wenn er an den Mahlzeiten nicht teilnehmen, sondern sich zu Hause selbst verpflegen will (VG Osnabrück Urt. v. 9. 12. 1999 – 6 A 271/98 – ZfF 2001, 160).

Der **Regelsonderbedarf** (§ 37 Abs. 1 SGB XII) hängt mit der weitreichenden Einbeziehung aller Leistungen der Hilfe zum Lebensunterhalt in den monatlich auszuzahlenden Regelsatz zusammen, was zu der Situation führen kann, dass ein notwendiger Bedarf tatsächlich nicht gedeckt werden kann (BT-Drs. 15/1514, 61): Ein derartiger Fall liegt z.B. vor, wenn mehrere größere Anschaffungen erforderlich sind und eine Selbstbeschaffung mangels ausreichender Ansparungen nicht möglich ist; es muss sich insoweit um einen unabweisbaren Bedarf handeln, der „auf keine andere Weise gedeckt werden kann", so dass nach Auffassung der Materialien vorrangig auf eine andere Bedarfsdeckung, etwa auf das Schonvermögen oder von dritter Seite, etwa Gebrauchtwarenlager oder Kleiderkammer, verwiesen werden darf.

Rat: Zur Darlehensgewährung beim Regelsonderbedarf s. S. 281 (lies Mester ZfF 2005, 265 ff.).

---

b) Alters- und Dauererwerbsminderungs-Grundsicherung

Der Bedarf der Grundsicherung im Alter und bei dauerhafter Erwerbsminderung umfasst entsprechend dem Unterhaltsbedarf (s. § 42 S. 222 ff.):

- Allgemeinbedarf (Regel-, Mehr-, Unterkunfts- und Heizungsbedarf, s. S. 223 ff.) Ein Mittagessen in einer Werkstatt für behinderte Menschen mindert nicht den Regelbedarf, wenn keine häusliche Ersparnis vorliegt, weil es sonst kostenlos bei den Eltern eingenommen worden wäre (SG Dortmund Urt. v. 19. 10. 2005 – S 31 SO 10/05 – RdL 2006, 35).

- Besonderheitenbedarfe (Wohnungssonderbedarf, Erstausstattungsbedarf – Klassenfahrten werden kaum in Betracht kommen – sowie Schuldenübernahme zur Unterkunftssicherung und Notlagenbehebung, s. S. 235 ff.)

- Co-Bedarfe (Kranken- und Pflegeversicherungsbeiträge, Mehrbedarfs- und Regel-Co-Bedarfsabweichung, und zwar Regelabweichungs- und

239

sonderbedarf, soweit der Bedarf insgesamt nicht ausreichend gedeckt ist, s. § 42 S. 2 SGB XII, s. S. 236 ff.).

Nicht entsprechend gewährt werden kann von der Grundsicherung nach dem Gesetzestext der Vorsorgebedarf (für Alter, Sterbegeld s. S. 237), für den im Bedarfsfall Hilfe zum Lebensunterhalt in Betracht kommt (welcher ansonsten die Grundsicherung vorgeht, § 19 Abs. 2 S. 3 SGB XII).

2. Besondere Lebenslagen

Besondere Lebenslagen sind akute Gesundheitsbehandlung, Behinderung, chronische Pflege, Desintegrationsüberwindung, ergänzende Lebenslagen (Haushaltsweiterführung, Alter, Blindheit, sonstige Lebenslagen, Bestattung). Der dabei bestehende Bedarf wird vorrangig von der Sozialversicherung gedeckt, in welche die SGB-II-Bezieher größtenteils einbezogen sind (s. S. 123), nicht aber generell die SGB-XII-Unterhaltsleistungsbezieher. Dementsprechend hat die Sozialhilfe in den besonderen Lebenslagen vor allem Bedeutung für die nicht in die Sozialversicherung einbezogenen Personen, nämlich SGB-XII-Leistungsberechtigte, und die von der Sozialversicherung nicht erfassten Bereiche, nämlich die soziale Rehabilitation, Desintegrationsüberwindung und beim Ergänzungsbedarf die Bestattungskosten; da die Kinder- und Jugendhilfe lediglich bei seelischer Behinderung vorrangig ist und gegebenenfalls nach Landesrecht die Frühförderung für alle behinderten Kinder (s. §§ 10 Abs. 2, 35 a SGB VIII), kommt die Sozialhilfe in besonderen Lebenslagen weiterhin bei geistig und körperlich behinderten Kindern und Jugendlichen zum Zug.

a) Akute Gesundheitsbehandlung

Darunter fallen eine Reihe von Behandlungsfällen, für die vorrangig die Träger der Krankenversicherung den Bedarf abzudecken haben:
- Verhütung und Früherkennung von Krankheiten sowie sonstige Vorbeugungsmaßnahmen, ohne die nach ärztlichem Urteil eine Erkrankung oder ein sonstiger Gesundheitsschaden einzutreten droht (§ 47 SGB XII),
- Krankheitserkennung, -heilung, -verschlimmerungsverhütung oder -linderung (§ 48 SGB XII),
- Familienplanung (§ 49 SGB XII),
- Schwanger- und Mutterschaft (§ 50 SGB XII: ärztliche Behandlung und Betreuung sowie Hebammenhilfe, Versorgung mit Arznei-, Verband- und Heilmitteln, häusliche Pflegeleistung),

III. Bedarf

- Sterilisation, die wegen Krankheit erforderlich ist (§ 51 SGB XII).

Dass die Hilfen bei einer akuten Gesundheitsbehandlung den **Leistungen der gesetzlichen Krankenversicherung zu entsprechen haben** (§ 52 Abs. 1 Satz 1 SGB XII), wirkt sich dahin aus, dass schon ein von den Leistungen der Krankenversicherung nicht umfasster Bedarf auch in der Sozialhilfe zu verneinen ist, z. B. empfängnisregelnde Mittel für Frauen ab dem vollendeten 20. Lebensjahr (s. § 24a Abs. 2 Hs. 1 SGB V, dazu G NDV 2004, 286; a.A. VG Gelsenkirchen Beschl. v. 16. 2. 2004 – 2 L 565/04 – info also 2004, 229) oder einer besonderen Legierung beim Zahnersatz (ablehnend LSG NW Beschl. v. 22. 8. 2005 – L 1 B 6/05 SO – FEVS 57, 272). Gleiches gilt in der Regel (Ausnahme bei schwerer Sehbeeinträchtigung) für Brillengläser bei Personen ab 18 Jahren (s. § 33 Abs. 1 Satz 5 SGB V). In diesen Konstellationen stellt sich die Frage, ob die Aufwendungen im Rahmen der Unterhaltssicherungsleistungen (§ 23 Abs. 1 Satz 1 SGB II bzw. § 28 Abs. 1 Satz 2 SGB XII) zu übernehmen sind (für das BSHG bejahend OVG Ni Beschl. v. 13. 8. 2004 – 4 ME 224/04 – FEVS 55, 522, VGH Bay Beschl. v. 2. 9. 2004 – 12 CE 04.979 – ZfSH/SGB 2004, 612; offen gelassen für SGB II/SGB XII von LSG BeB Beschl. v. 18. 8. 2005 – L 23 B 1020/05 SO ER – FEVS 57, 235: jedenfalls nicht, wenn nicht eine vorrangige Kostenübernahme bei der Krankenkasse beantragt worden ist). In jedem Fall ist bei Krankenversicherten vorher eine Kostenübernahme bei der Krankenkasse zu beantragen. Das gilt auch für Abführmittel (LSG NW Beschl. v. 26. 8. 2005 – L 19 B 41/05 AS ER – FEVS 57, 275), deren Kosten als Arzneimittel zwar grundsätzlich von der Krankenkasse nicht mehr übernommen werden (s. § 34 Abs. 1 Nr. 3 SGB V), jedoch weiterhin verschreibungspflichtig sind, falls sie medizinisch dringend erforderlich sind wie bei bestimmten Krankheitsbehandlungen, vor allem im Zusammenhang mit Tumorleiden (s. im Einzelnen Richtlinien des gemeinsamen Bundesausschusses über die Verordnung von Arzneimitteln in der vertragsärztlichen Versorgung vom 31. 8. 1993 in der Fassung vom 21. 12. 2004, Bundesanzeiger 2005 Nr. 65, S. 5416).

b) Behinderung

Behindert sind Personen (s. §§ 53 Abs. 1 S. 1 SGB XII, 2 Abs. 1 S. 1 SGB IX, 1–3 VO zu § 60 SGB XII), deren körperliche Funktion, geistige Fähigkeit oder seelische Gesundheit mit hoher Wahrscheinlichkeit länger als sechs Monate von dem für das Lebensalter typischen Zustand abweicht und die daher wesentlich in ihrer Fähigkeit, an der Gesell-

C. Wer bekommt noch Sozialhilfe?

schaft teilzuhaben, eingeschränkt oder die von einer solchen Behinderung bedroht sind. Behinderungsbedarf haben primär die vorrangigen Rehabilitationsträger abzudecken (s. S. 13 f.). Zum Erreichen der nach dem SGB (IX) anzustrebenden Ziele sind Prävention und Rehabilitation vorrangig (§ 14 Abs. 1 SGB XII). Der **Behinderungseingliederungsbedarf** umfasst **insbesondere** (§ 54 Abs. 1 S. 1 SGB XII):

- **medizinische Rehabilitation** (näher § 26 SGB IX),
- **Schulbildung,** schulische Berufsausbildung einschließlich Hochschule, Ausbildung für eine sonstige angemessene Tätigkeit (§ 54 Abs. 1 S. 1 Nr. 1–3 SGB XII, weiter §§ 12–16 VO zu § 60 SGB XII), z.B. einen Integrationshelfer für Grundschulbesuch (BVerwG Urt. v. 28. 4. 2005 – 5 C 20.04 – NDV – RD 2005, 94),
- **berufliche Rehabilitation** durch Teilhabe am Arbeitsleben (näher § 33 SGB IX, § 17 VO zu § 47 BSHG) einschließlich Werkstatt für behinderte Menschen (§ 41 SGB IX) und vergleichbare sonstige Beschäftigungsstätten (§§ 54 Abs. 1 S. 1 Nr. 4, 56 SGB XII; zur Eingliederungshilfe für Personen ab 65 Jahre BVerwG Urt. v. 21. 12. 2005 – 5 C 26.04 – NDV-RD 2006, 80, und zur lebenslangen Eingliederungshilfe VGH Bay Beschl. v. 27. 12. 05 – 12 B 03.2609 – RdL 2006, 65),
- **soziale Rehabilitation** (näher § 55 SGB IX) durch
- Versorgung mit anderen als medizinischen Hilfsmitteln oder Arbeitsteilhabemitteln,
- heilpädagogische Maßnahmen für noch nicht eingeschulte Kinder (s. weiter § 56 SGB IX),
- Erwerb praktischer Kenntnisse und Fähigkeiten, die erforderlich und geeignet sind, behinderten Menschen die für sie erreichbare Teilhabe am Leben in der Gemeinschaft zu ermöglich (s. weiter § 16 VO zu § 60 SGB XII),
- Förderung der Verständigung mit der Umwelt, speziell bei hörbehinderten Menschen (§ 57 SGB IX),
- Beschaffung, Ausstattung und Erhaltung einer Wohnung, die den besonderen Bedürfnissen der behinderten Menschen entspricht,
- selbstbestimmtes Leben in betreuten Wohnmöglichkeiten,
- Teilhabe am gesellschaftlichen und kulturellen Leben, vor allem (§ 58 SGB IX) Förderung der Begegnung und des Umgangs mit nicht behinderten Menschen, Besuch von Veranstaltungen oder Einrichtungen, die der Geselligkeit, der Unterhaltung oder kulturellen Zwecken dienen, Hilfsmittel, welcher der Unterrichtung über das Zeitgesche-

III. Bedarf

hen oder kulturelle Ereignisse dienen, wenn wegen Art oder Schwere der Behinderung anders eine Teilhabe am Leben in der Gemeinschaft nicht oder nur unzureichend möglich ist (s. weiter bezüglich Begleitpersonen §§ 20, 22 VO zu § 60 SGB XII).

Die Hilfe zur **Beschaffung eines Kfz** gilt als Leistung zur Teilhabe am Arbeitsleben sowie am Leben in der Gemeinschaft und wird in angemessenem Umfang – auch als Darlehen – geleistet, falls der behinderte Mensch darauf angewiesen ist, in der Regel aber nur, wenn er es selbst bedienen kann und nicht vor Ablauf von fünf Jahren nach Gewährung der letzten diesbezüglichen Hilfe (§ 8 VO zu § 60 SGB XII). Dabei ist nach der Rechtsprechung (SG Lüneburg Beschl. v. 6. 7. 2005 – S 23 SO 195/05 ER – SAR 2005, 104 im Anschluss an BVerwG Urt. v. 20. 7. 2000 – 5 C 43/99 – BVerwGE 111, 328 = FEVS 52, 205 = NDV-RD 2001, 27) auf die gesamten Lebensverhältnisse abzustellen und die Notwendigkeit zu verneinen, wenn die erforderliche Mobilität auf andere Weise sichergestellt werden kann, z. B. durch Krankenfahrzeug, Taxikostenübernahme, öffentliche Verkehrsmittel.

c) Chronische Pflege

Chronischer Pflegebedarf liegt vor bei Personen, die wegen einer körperlichen, geistigen oder seelischen Krankheit oder Behinderung (im Einzelnen § 61 Abs. 3 SGB XII) für die gewöhnlichen und regelmäßig wiederkehrenden **Verrichtungen** im Ablauf des täglichen Lebens (im Einzelnen § 61 Abs. 5 SGB XII) auf Dauer, voraussichtlich für mindestens sechs Monate, in erheblichem oder höherem Maße der Hilfe bedürfen (§ 61 Abs. 1 S. 1 SGB XII).

Der **Bedarf** besteht in der Unterstützung, in der teilweisen oder vollständigen Übernahme der Verrichtungen im Ablauf des täglichen Lebens oder in Beaufsichtigung oder Anleitung mit dem Ziel der eigenständigen Übernahme der Verrichtungen (§ 61 Abs. 4, 5 SGB XII). Sein Inhalt bestimmt sich nach den Regelungen der Pflegeversicherung (§ 61 Abs. 2 S. 2 SGB XII), die ihn vorrangig abzudecken hat. Bei häuslicher Pflege (zu stationärer Pflege s. S. 284 ff). betrifft er (§§ 36–40 SGB XI) Pflegesachleistungen durch Fachkräfte von Pflegediensten – für welche die Pflegeversicherung leistet in Pflegestufe I höchstens 384 €, in Pflegestufe II (Schwerpflegebedürftige) höchstens 921 € und in Pflegestufe III (Schwerstpflegebedürftige) in der Regel höchstens 1432 €, in besonders gelagerten Einzelfällen zur Vermeidung von Härten 1918 € (s. § 36 SGB XI) –, Pflegegeld für selbst beschaffte Pflegepersonen (Angehörige,

243

Bekannte etc.) – in Pflegestufe I von 205 €, in Pflegestufe II von 410 €, in Pflegestufe III von 665 € –, eine Kombination von Pflegesachleistungen und Pflegegeld (§ 38 SGB XI), häusliche Pflege bei Verhinderung einer Pflegeperson für längstens vier Wochen bis höchstens 1432 € (§ 39 SGB XI) sowie Pflegehilfsmittel und technische Hilfen (§ 40 SGB XI). Soweit notwendiger Bedarf von der Pflegeversicherung nicht gedeckt wird, ist er als Pflegebedarf im Sinne des SGB XII anzuerkennen. Dies betrifft auch kranke und behinderte Menschen, die voraussichtlich für weniger als sechs Monate der Pflege bedürfen oder einen geringeren Bedarf als den in der Pflegeversicherung relevanten haben oder der Hilfe für andere Verrichtungen bedürfen (§ 61 Abs. 1 S. 2 SGB XII). Bei pflegebedürftigen Kindern ist der infolge Krankheit oder Behinderung gegenüber einem gesunden gleichaltrigen Kind zusätzliche Pflegebedarf maßgebend (§ 64 Abs. 4 SGB XII). Eine **Entscheidung der Pflegekasse** über das Ausmaß des Pflegebedarfs nach dem SGB XI gilt auch für das SGB XII, soweit sie auf Tatsachen beruht, die bei beiden Entscheidungen zu berücksichtigen sind (§ 62 SGB XII).

d) Desintegrationsüberwindung

Ein Bedarf zur Desintegrationsüberwindung haben **Personen,** bei denen besondere Lebensverhältnisse mit sozialen Schwierigkeiten verbunden sind, wenn sie aus eigener Kraft dazu nicht fähig sind (§ 67 S. 1 SGB XII). Besondere Lebensverhältnisse liegen vor bei fehlender oder nicht ausreichender Wohnung, ungesicherter wirtschaftlicher Lebensgrundlage, gewaltgeprägten Lebensumständen, Entlassung aus einer geschlossenen Einrichtung oder vergleichbaren nachteiligen Umständen (§ 1 Abs. 2 S. 1 VO zu § 69 SGB XII). Soziale Schwierigkeiten sind gegeben, falls ein Leben in der Gemeinschaft durch ausgrenzendes Verhalten des Hilfesuchenden oder eines Dritten eingeschränkt ist, insbesondere im Zusammenhang mit der Erhaltung oder Beschaffung einer Wohnung, der Erlangung oder Sicherung eines Arbeitsplatzes, familiären bzw. anderen sozialen Beziehungen oder Straffälligkeit (§ 1 Abs. 3 VO zu § 69 SGB XII).

Der **Bedarf** besteht in den Maßnahmen, die notwendig sind, um die schwierigen Lebensverhältnisse abzuwenden, zu beseitigen, zu mildern oder ihre Verschlimmerung zu verhüten (§ 68 Abs. 1 S. 1 SGB XII) – soweit er nicht durch vorrangige andere SGB-XII- bzw. SGB-VIII-Leistungen gedeckt wird (§ 67 S. 2 SGB XII) –, insbesondere Beratung und persönliche Betreuung für Berechtigte und ihre Angehörigen (näher

III. Bedarf

§ 3 VO zu § 69 SGB XII), Hilfen zur Ausbildung, Erlangung und Sicherung eines Arbeitsplatzes (näher § 5 VO zu § 69 SGB XII) sowie Maßnahmen bei der Erhaltung und Beschaffung einer Wohnung (näher § 4
VO zu § 69 SGB XII), weiteren Hilfen zum Aufbau oder zur Aufrechterhaltung sozialer Beziehungen und zur Gestaltung des Alltags (näher
§ 6 VO zu § 769 SGB XII). Dafür kommt vorrangig Jugendhilfe (s. § 41
SGB VIII) in Betracht, welche wie auch Hilfen nach anderen Vorschriften des SGB XII (insbesondere bei Behinderung) der Desintegrations-
hilfe vorgeht, die aber im Umfang des ungedeckten oder durch die anderen Hilfen nicht spezifisch erbrachten Bedarfs bestehen bleibt (s. zu
Art und Umfang der Maßnahmen weiter § 2 VO zu § 69 SGB XII).

Beispiele:

- Zwei Wochenstunden ambulante Betreuung für eine Person mit intellektueller
  Grenzbegabung, welche den Alkoholmissbrauch in den Griff bekommen und in
  die Lage versetzt werden soll, persönliche Kontakte zu anderen nicht alkoholge-
  fährdeten Personen zu gewinnen, und der die Wohnung und die Tätigkeit im Ar-
  beitsbereich einer Werkstatt für behinderte Menschen erhalten werden soll
  (LSG NiB Beschl. v. 11. 7. 2005 – L 8 SE 27/05 ER – FEVS 57, 187).
- Kostenübernahme für Wohnung während der Haft (LSG NW Beschl. v. 30. 6.
  2005 – L 20 B 2/05 SO ER – wl 2006, 32).
- Betreutes Wohnen für ehemals wohnungslosen Erwerbsunfähigkeitsrentner (SG
  Reutlingen Urt. v. 17. 1. 2005 – S 7 SO 2421/05 – SAR 2006, 5: absolute
  Zeitgrenzen – z. B. höchstens 18 Monate – sind rechtswidrig, auch wenn diese
  Hilfe tendenziell zeitlich limitiert ist).
- Wöchentliche Betreuung an einem arbeitsfreien Tag für erwerbsfähige ehemals
  wohnungslose Person trotz der Möglichkeit von Arbeitseingliederungsleistungen
  gemäß § 16 Abs. 2 SGB II (SG Stralsund Beschl. v. 12. 5. 2005 – S 9 SO
  37/05 ER – wl 2005, 154.

e) Ergänzende Lebenslagen

In einem eigenen Kapitel fasst das SGB XII eine Reihe weiterer Lebenslagen zusammen, in denen Hilfe in besonderen Lebenslagen in Betracht kommt:

- **Haushaltsweiterführung,** falls keiner der Haushaltsangehörigen den
  Haushalt führen kann und seine Weiterführung geboten ist, was in der
  Regel nur vorübergehend geschehen soll, es sei denn die Unterbringung
  in einer stationären Einrichtung wird dauernd vermieden oder aufgeschoben (§ 70 Abs. 1 SGB XII). Der Bedarf umfasst die persönliche Betreuung von Haushaltsangehörigen (insbesondere Kindern) sowie die
  sonstigen zur Weiterführung des Haushalts erforderlichen Tätigkeiten

C. Wer bekommt noch Sozialhilfe?

einschließlich Erstattung der Aufwendungen für die haushaltsführende Person und deren Beiträge für eine angemessene Alterssicherung (§ 70 Abs. 2, 3 SGB XII). Er kann auch in den Kosten einer vorübergehenden anderweitigen Unterbringung von Haushaltsangehörigen liegen, falls sie in besonderen Fällen neben oder statt der Weiterführung des Haushalts geboten ist (§ 70 Abs. 4 SGB XII). Haushaltsweiterführungshilfe wird vorrangig teilweise von den Rehabilitationsträger, insbesondere bei Krankheit, erbracht (s. auch S. 221).

Beispiel: Oberschenkelamputierte Frau kann einkaufen, jedoch Unterbringung der gekauften Lebensmittel, Reinigung der Wohnung, Wechseln der Bettwäsche, Treppenhaus- und Gehwegreinigung nicht selbst erledigen (LSG NW Beschl. v. 16. 9. 2006 – L 20 B 9/05 SO ER – info also 2005, 230: Notwendigkeit einer Haushaltshilfe ergibt sich nicht nur, wenn jemand wegen Krankheit oder eines Krankenhaus- bzw. Kuraufenthalts seinen Haushalt überhaupt nicht mehr versorgen kann, sondern auch dann, falls er wesentliche Verrichtungen nicht allein durchführen kann).

- **Altenhilfe** über die Hilfe nach den übrigen Bestimmungen des SGB XII hinaus (§ 71 SGB XII), insbesondere Beratung bezüglich Betätigung und gesellschaftlichem Engagement, Wohnung, Diensten, Unterhaltung und Bildung, Verbindung mit nahestehenden Personen, Heim, auch soweit sie der Vorbereitung auf das Alter dient;
- **Blindheit** (§ 72 SGB XII): Blindengeld für Blinde und Schwerstsehbehinderte (Abs. 5) in Höhe von 585 € monatlich bei Menschen ab 18 Jahren und 293 € bei jüngeren Menschen, nachrangig nach dem Landesblindengeld (s. S. 24), das als Einkommen beim SGB-XII-Blindengeld anzurechnen ist (OVG ST Urt. v. 29. 9. 2004 – 2 LB 40/04 – FEVS 56, 237);
- **sonstige Lebenslagen,** wenn sie den Einsatz öffentlicher Mittel rechtfertigen (§ 73 SGB XII): Teilweise ordnet die Rechtsprechung (z. B. SG Be Beschl. v. 3. 5. 2005 – S 65 AS 1112/05 ER – FamRZ 2005, 2103, BSG Urt. v. 7. 11. 2006 – B 7 b AS 14/06 R – nach Wenner Soz-Sich 2006, 391) die Kosten der Ausübung des Umgangsrechts mit einem Kind hier ein, was aber nicht überzeugt (S. 98).
- **Bestattungskosten** (§ 74 SGB XII). Diese mit dem SGB XII von der Hilfe zum Lebensunterhalt zur Hilfe in besonderen Lebenslagen umgewidmete Hilfe hat nach Auslaufen des Sterbegelds in der Krankenversicherung erheblich an Volumen gewonnen und umfasst die erforderlichen Bestattungskosten, soweit dem hierzu Verpflichteten nicht zugemutet werden kann, die Kosten zu tragen.

III. Bedarf

Erforderlich sind Bestattungskosten, welche sich an den ortsüblichen Aufwendungen für eine einfache aber würdige Bestattung ergeben und auch in Teilen der Bevölkerung, die nur über ein geringes Einkommen verfügen, selbstverständlich für eine Bestattung aufgewendet werden, oder mit anderen Worten deren Fehlen die Bestattung als auffällig von der Norm abweichend erscheinen lassen (so VG Stade Urt. v. 25. 10. 2001 – 1 A 42/01 – ZfF 2003, 102 mit den im Folgenden dort als ortsüblich anerkannten Kosten):

Sarg	300 €
Leichenvorbereitung, -aufbahrung und -bestattung	160 €
Verwaltungspauschale	60 €
Überführungskosten	100 €
Orgelspiel	35 €
Sargträger	100 €
Grab ausheben	215 €
Kapellenbenutzung	150 €
Prediger	100 €

Verpflichteter ist zivilrechtlich in erster Linie der Erbe (§ 1968 BGB; zu Miterben s. OVG NW Urt. v. 30. 10. 1997 – 8 A 3515/95 – NDV-RD 1998, 76), bzw. bei Fehlen eines solchen der an seiner Stelle tretende Fiskus eines Bundeslands (s. § 1936 BGB), weiter Unterhaltsschuldner (§§ 1615 Abs. 2, 1360a Abs. 3, 1361 Abs. 4 S. 4, 1615 m BGB), Schadensersatzpflichtige im Fall einer Tötung (§ 844 Abs. 1 BGB); öffentlich-rechtlich Verpflichtete sind vor allem die nach Landesrecht zur Bestattung Verpflichteten, insbesondere Ehegatten, Abkömmlinge, Eltern, Geschwister (s. BVerwG Urt. v. 22. 2. 2001 – BVerwGE 114, 57 = FEVS 42, 441, OVG Ni Urt. v. 9. 12. 2002 – 8 LA 158/02 – FEVS 54, 375, VG Stade Urt. v. 18. 2. 2004 – 1 A 681/03 – ZfF 2005, 133: Enkel), aber auch Krankenhausträger (BVerwG Urt. v. 21. 9. 2003 – 5 C 2/03 – NJW 2004, 1969), nicht jedoch ein Heimträger, wenn er zur Beerdigung nur berechtigt, aber nach dem Heimvertrag nicht verpflichtet ist (BVerwG Urt. v. 30. 5. 2002 – 5 C 14/01 – NDV-RD 2002, 1028; a. A. OVG Ni Urt. v. 27. 7. 2000 – 4 L 2110/00 – NDV-RD 2000, 107). Führt ein bestattungspflichtiger naher Angehöriger die Bestattung nicht durch, so kann die Ordnungsbehörde sie vornehmen und die Kosten durch Leistungsbescheid gegenüber dem Verpflichteten geltend machen, der sie wiederum von Sozialhilfeträger übernommen bekommt, soweit ihm die Kostentragung nicht zumutbar ist (OVG Ni Beschl. v. 13. 7. 2005 – R 8 PA 37/05 – FEVS 57, 228). Liegt ein rechtlicher Verpflichtungstatbestand nicht vor, so genügt allein die Beauftragung eines Bestattungsunternehmens „aus freien Stücken" nicht (OVG NW Urt. v. 14. 3. 2000 – 2 LA 3975/99 – NDV-RD 2001, 115), ebenso wenig die Stellung als Lebensgefährte (OVG SH, Urt. v. 18. 3. 1999 – 1 L 37/98 – FEVS 51, 231) oder zweite Ehefrau des Vaters des Ehemanns einer die Bestattung veranlassenden Person (BVerwG Urt. v. 13. 3. 2003 – 5 C 2/02 – NDV-RD 2003, 101) und auch nicht diejenige als Betreuer des Verstorbenen, wohl aber diejenige eines Nachlasspflegers, der anstelle des unbekannten Erben gerichtlich bestellt ist (VG Hannover Urt. v. 9. 12. 1997 – 3 A 621/97). **Unzumutbar** ist dem Verpflichteten die Tragung der Bestattungskosten, wenn er sie aus seinem Einkommen und Vermögen nach Maßstäben der Hilfe in besonderen Lebenslagen (s. S. 258 ff.) nicht zu übernehmen braucht.

Bei dem Anspruch auf Übernahme der Bestattungskosten handelt es sich um einen **sozialhilferechtlichen Anspruch eigener Art,** dem nicht entgegensteht, dass die Bestattung bereits vor Unterrichtung des Sozialhilfeträgers durchgeführt wurde und Kosten vor seiner Entscheidung beglichen worden sind, zumal die Person des Verpflichteten wegen Erbausschlagungsfrist von sechs Wochen (§ 1944 Abs. 1 BGB) zum Zeitpunkt der Bestattung nicht sicher feststeht (BVerwG Urt. v. 5. 6. 1997 – 5 C 13/96 – BVerwGE 105, 51 = FEVS 48, 1 = NDV-RD 1997, 29). In unklaren Fällen hat der Sozialhilfeträger vorzuleisten, um eine zeitgerechte Bestattung (nach Landesrecht regelmäßig innerhalb von 96 Stunden) zu gewährleisten und den Anspruch gegen den Erben (§ 1980 BGB) bzw. andere auf sich überzuleiten (§ 93 SGB XII); hat ein anderer Verpflichteter als der Erbe die Kosten zu tragen und hat sie der Sozialhilfeträger übernommen, so kann dieser von dem Verpflichteten die Abtretung des Anspruchs gegen den Erben (§ 1968 BGB) verlangen (BVerwG Urt. v. 22. 2. 2001 – 5 C 8/00 – BVerwGE 114, 57 = FEVS 52, 441 = NDV-RD 2001, 89 = ZfSH/SGB 2001, 539).

> **Rat:** Lies Gotzen, Sozialhilfe im Todesfall, ZfF 2006, 1 ff., Widmann, Die Sozialbestattung nach den Sozialgesetzbüchern II und XII, ZfSH/SGB 2005, 264 ff.

IV. Bedürftigkeit

Bedürftig ist, wer seinen Unterhaltsbedarf oder den in besondern Lebenslagen nicht aus eigenen Mitteln und Kräften, insbesondere aus seinem Einkommen und Vermögen oder demjenigen seiner Ehegatten/ Lebenspartner, teilweise auch seiner Eltern(teile), beschaffen kann

(s. § 19 Abs. 1–3 SGB XII). Hilfe, die wegen Säumnis des Sozialhilfeträgers erfolgt, ändert an der Bedürftigkeit nichts (LSG NW Beschl. v. 18. 10. 2006 – L 8 20 B 76/06 SO – SAR 2006, 124). Neben den Regelungen des SGB XII sind bis zu einer Änderung auch weiterhin anzuwenden (s. S. 24) die zum BSHG ergangenen Rechtsverordnungen (VO zu § 76 und § 88 Abs. 2 Nr. 8 BSHG = § 82 und § 90 Abs. 2 Nr. 9 SGB XII). Zu unterscheiden ist die Unterhaltsbedürftigkeit bezüglich Hilfe zum Lebensunterhalt und Grundsicherung sowie die Bedürftigkeit in besonderen Lebenslagen.

1. Unterhaltsbedürftigkeit

Zwecks Behebung der Unterhaltsbedürftigkeit sind vor allem Einkommen und Vermögen heranzuziehen.

a) Einkommen

Einkommen sind **Einkünfte in Geld oder Geldeswert** (§ 82 Abs. 1 S. 1 SGB XII). Kein Einkommen ist das **Vermögen**, d. h. all das, was in der Bedarfszeit bereits vorhanden ist, während zum Einkommen zählt, was jemand in der Bedarfszeit wertmäßig dazu erhält (BVerwG Urt. v. 18. 2. 1999 – 5 C 35/97 – BVerwGE 108, 296 = info also 2000, 37: „alle eingehenden Einnahmen, Zahlungen, Zuwendungen und andere Leistungen"). Zum Einkommen gehören jedoch nicht „alle" Einkünfte, sondern sämtliche Zugänge mit Ausnahme der gesetzlich bestimmten Ausnahmen (= nicht zu berücksichtigendes Einkommen).

aa) Nicht zu berücksichtigendes Einkommen: Das nicht zu berücksichtigende Einkommen ist teilweise im SGB XII und teilweise in anderen Gesetzen aufgeführt. **Nach anderen Gesetzen** gelten die gleichen Ausnahmen wie nach dem SGB II (s. S. 90 f.). Bei **Ausnahmen nach dem SGB XII** wird zweckmäßigerweise zwischen Sozialleistungen und sonstigem öffentlich-rechtlichem Einkommen sowie privatrechtlichem Einkommen unterschieden:

▶ **Öffentlich-rechtliches Einkommen:** Ausdrücklich ausgenommen vom Einkommenseinsatz werden:
- Leistungen nach diesem Buch (§ 82 Abs. 1 S. 1 SGB XII), d. h. alle Hilfeleistungen in besonderen Lebenslagen (nach § 82 Abs. 1 S. 1 SGB XII auch der befristete Nachschlag zum Alg gemäß § 24 SGB II, S. 124),
- Grundrente nach dem Bundesversorgungsgesetz und den entsprechend anzuwendenden Gesetzen (§ 82 Abs. 1 S. 1 SGB XII, S. 12, 91),

- Renten nach dem Bundesentschädigungsgesetz für gesundheitliche Schäden bis zur Höhe der vergleichbaren Grundrente nach dem Bundesversorgungsgesetz (§ 82 Abs. 1 S. 1 SGB XII, s. S. 322),
- öffentlich-rechtliche Leistungen mit ausdrücklich genanntem Zweck, soweit sie einem anderen Zweck als dem Unterhalt dienen (§ 83 Abs. 1 SGB XII).

Beispiel: Ausbildungsgeld, das einem behinderten Menschen im Berufsbildungsbereich der Werkstatt für behinderte Menschen zwecks Stärkung seiner Leistungsbereitschaft als Anerkennung/Prämie gewährt wird, ist keine mit der Unterhalts-Sozialhilfe zweckidentische Leistung (VG SH Urt. v. 30. 8. 2004 – 13 A 176/03 – RdL 2005, 180).

Anders als im SGB II (§ 12 Abs. 3 Nr. 1) stellt das SGB XII auf eine „ausdrückliche" Zweckbestimmung in der öffentlich-rechtlichen Vorschrift ab. Das betrifft z. B. Blindengeld nach den Landesblindengesetzen (s. S. 24), Pflegegelder für Arbeitsunfallverletzte (§ 44 Abs. 2 S. 1 SGB VII, s. S. 9). Besteht die öffentlich-rechtliche Leistung als Gesamtleistung aus mehreren Teilen, sind für ihre Qualifizierung als (nicht) zweckgleich jeweils die Teilleistungen heranzuziehen; so ist die für den Lebensunterhalt und die Ausbildung bestimmte Ausbildungsförderung (§ 11 Abs. 1 BAföG) hinsichtlich des Lebensunterhalts zweckidentisch, nicht aber hinsichtlich darauf nicht anrechenbaren Ausbildungsbedarfs (s. OVG Be Urt. v. 27. 7. 1995 – 6 S 120/95 – FEVS 46, 245).

▶ **Privatrechtliches Einkommen:** Ausdrücklich ausgenommen vom Einkommenseinsatz werden:
- Schmerzensgeldentschädigungen (§ 83 Abs. 2 SGB XII, wie im SGB II s. S. 91)
- Zuwendungen der freien Wohlfahrtspflege, es sei denn, sie beeinflussen die Lage des Empfängers so günstig, dass daneben Sozialhilfe (= Unterhalt) ungerechtfertigt wäre (§ 84 Abs. 1 SGB XII, entspricht dem SGB II s. S. 92)
- Zuwendungen anderer, die ohne rechtliche oder sittliche Pflicht erfolgen, wenn ihre Berücksichtigung für den Empfänger eine besondere Härte bedeuten würde (§ 84 Abs. 2 SGB XII). Das bedeutet, dass Zuwendungen anderer mit rechtlicher Pflicht – z. B. Unterhalt, Lohn – immer anzurechnen sind und selbst solche ohne rechtliche bzw. sittliche Pflicht nur dann nicht, wenn ihre Berücksichtigung für den Hilfebedürftigen eine besondere Härte bedeuten würde, so dass Zuwendungen anderer in der Regel anzurechnen sind.

IV. Bedürftigkeit

bb) Zu berücksichtigendes Einkommen: Zu berücksichtigen ist primär eigenes Einkommen, von dem eine Reihe Absetzungen vorzunehmen sind. **Alle gesetzlich nicht ausgenommen Einkünfte** sind zu berücksichtigen, und zwar „ohne Rücksicht auf ihre Herkunft und Rechtsnatur sowie ohne Rücksicht darauf, ob sie zu den Einkunftsarten im Sinne des Einkommenssteuergesetzes gehören und ob sie der Steuerpflicht unterliegen" (so § 1 VO zu § 82 SGB XII). Die Zurechnung hat grundsätzlich **bei der Person** zu erfolgen, die das Einkommen als Bezugsberechtigte tatsächlich erhält. Bezüglich des **Kindergelds** wird ausdrücklich bestimmt (§ 82 Abs. 1 S. 2 SGB XII), dass es minderjährigen Kindern jeweils soweit als Einkommen zuzurechnen ist, als es bei diesen zur Deckung des notwendigen Lebensunterhalts benötigt wird. Diese Regelung geht davon aus, dass minderjährige Kinder typischerweise in einem gemeinsam wirtschaftenden Familienhaushalt leben, und hat zum Ziel, die Sozialhilfebedürftigkeit möglichst vieler Kinder zu beseitigen (BT-Drs. 15/1514, 65). Dementsprechend darf es bei Kindern, die mit den Kindergeldbezugsberechtigten nicht in einem Familienhaushalt leben, nur angerechnet werden, wenn sie es tatsächlich erhalten.

Die **Berechnung** des einzusetzenden Einkommens im Detail hat nach Maßgabe der VO zu § 82 SGB XII zu erfolgen, welche das Einkommen wie folgt differenziert: Sachbezüge (§ 2), nicht selbstständige Arbeit (§ 3), Land- und Forstwirtschaft, Gewerbebetrieb und selbstständige Arbeit (§§ 4, 5), Kapitalvermögen (§ 6), Vermietung und Verpachtung (§ 7), andere Einkünfte (§ 8).

Von dem zu berücksichtigenden Einkommen sind **Absetzungen** vorzunehmen (§ 82 Abs. 2 Nr. 1–5, Abs. 3), nach deren Vornahme sich dann das einzusetzende Einkommen ergibt:

- (Nr. 1) auf das Einkommen entrichtete **Steuern** (wie im SGB II s. S. 95)
- (Nr. 2) **Pflichtbeiträge zur Sozialversicherung** einschließlich Arbeitsförderung (wie im SGB II s. S. 95)
- (Nr. 3 a, b) **Beiträge** zu öffentlichen oder privaten **Versicherungen** bzw. ähnlichen Einrichtungen, soweit diese Beiträge gesetzlich vorgeschrieben oder nach Grund und Höhe angemessen sind (wie in § 11 Abs. 2 Nr. 3 SGB II, s. S. 95 f.) sowie geförderte Altersvorsorgebeiträge nach der Riester-Rente (wie im § 11 Abs. 2 Nr. 4 SGB II, s. S. 96)
- (Nr. 4) die mit der Erzielung des Einkommens verbundenen **notwendigen Ausgaben** (sog. Werbungskosten). Dazu enthält die VO zu § 82 (§ 3 Abs. 4–6) bezüglich Einkommen aus **nicht selbstständiger Ar-**

251

C. Wer bekommt noch Sozialhilfe?

beit folgende nähere Abzugsbeträge: **Arbeitsmittelpauschale** 5,20 €, wenn nicht im Einzelfall höhere Aufwendungen nachgewiesen werden, **Fahrten Wohnung – Arbeitsstätte:** tariflich günstigste Zeitkarte eines öffentlichen Verkehrsmittels bzw. wenn dessen Benutzung nicht möglich ist bei Kfz 5,20 € für jeden vollen km, den die Wohnung von der Arbeitsstätte entfernt liegt, jedoch für nicht mehr als 40 km, **Beiträge für Berufsverbände** (z. B. Gewerkschaften; s. weiter für andere motorisierte Fortbewegungsmittel und Führung eines doppelten Haushaltes § 4 Abs. 6, 7 VO zu § 82 SGB XII). Für Einkünfte aus **Vermietung und Verpachtung** enthält die VO zu § 82 (§ 7 Abs. 2, 3) ebenfalls nähere Angaben.

- (Nr. 5) das **Arbeitsförderungsgeld** und die Erhöhungsbeträge des Arbeitsentgelts in einer Werkstatt für behinderte Menschen (§ 43 SGB IX). Damit werden in Privathaushalten wohnende Beschäftigte einer Werkstatt, die Hilfe zum Lebensunterhalt beziehen, den in einer vollstationären Einrichtung Beschäftigten, für die eine solche Regelung schon bisher galt (s. § 85 Abs. 2 S. 2 BSHG) gleichgestellt (BT-Drs. 15/1514, 65).

- (Nr. 6) **Tätigkeitsabsetzungsbetrag:** Ferner ist ein Betrag in Höhe von 30% des Einkommens aus selbstständiger und nicht selbstständiger Tätigkeit abzusetzen, höchstens 50% des Eckregelsatzes (§ 82 Abs. 3 S. 1 SGB XII, s. BT-Drs. 15/1514, 62: Trotz fehlender Erwerbsfähigkeit können manche Berechtigte wie z. B. voll erwerbsgeminderte Zeitrentner täglich noch bis zu drei Stunden einer eingeschränkten Tätigkeit nachgehen). Der prozentuale und einheitliche Absetzungsbetrag wird als einfach und praktikabel angesehen (BT-Drs. 15/1514, 65), lässt aber offen, ob von dem erzielten oder (gemäß Nr. 1–5) bereinigten Einkommen auszugehen ist. Im Übrigen kann in begründeten Fällen ein anderer Betrag vom Einkommen abgesetzt werden (§ 82 Abs. 3 S. 3 SGB XII), womit dem Sozialhilfeträger ermöglicht wird, flexibel zu handeln, z. B. beim Erfordernis eines besonderen Anreizes oder beim Ferienjob eines Schülers (BT-Drs. 15/ 1514, 65). **Abweichend** von diesen Regelungen ist bei einer Beschäftigung in einer **Werkstatt für behinderte Menschen** bestimmt, dass von dem Entgelt 1/8 des Eckregelsatzes = 43,13 € zuzüglich 25% des diesen Betrags übersteigenden Entgelts (d. h. bei 100 € Entgelt plus 14,22 €) abzusetzen ist (§ 82 Abs. 3 S. 2 SGB XII), womit die bisher schon bestehende BSHG-Regelung (§ 85 Abs. 2 S. 1) für stationär Beschäftigte übernommen wurde (s. jetzt § 88 Abs. 2 S. 1 SGB XII), damit eine

IV. Bedürftigkeit

Gleichstellung von ambulant und stationär erfolgt (so BT-Drs. 15/1514, 65).

Einmalige Bedarfe, d. h. Erstausstattungsbedarf einschließlich mehrtägiger Klassenfahrten, sind auch zu befriedigen, wenn Personen keinen Regelsatz- (genauer: Allgemein-) Bedarf benötigen, den einmaligen Bedarf jedoch aus eigenen Mitteln (einschließlich der zu berücksichtigenden anderer) nicht voll decken können; in diesem Fall kann das Einkommen berücksichtigt werden, das innerhalb eines Zeitraums bis zu sechs Monaten nach Ablauf des Monats erworben wird, in dem über die Leistung entschieden worden ist (§ 31 Abs. 2 SGB XII), d. h. innerhalb der nächsten sieben Monate (vgl. OVG Ni Urt. v. 25. 8. 1992 – 4 L 2039/91 – FEVS 43, 177).

Beispiel: Ein 50jähriger Mann, Schwerbehindertenausweis G, mit einer monatlichen Miete plus Heizung von 250 € und einer Zeitrente wegen voller Erwerbsminderung von 700 € benötigt eine Wohnungserstausstattung für 1000 €. Sein Allgemeinbedarf beläuft sich auf 653,65 € (345 € plus 58,65 € plus 250 €), so dass bis zu 7 x 46,35 € = 324,45 € einzusetzen sind.

b) Vermögen

Einzusetzen ist das gesamte Vermögen mit den folgenden Ausnahmen.

aa) Nicht zu berücksichtigendes Vermögen: Das nicht zu berücksichtigende Vermögen betrifft **nicht verwertbares, Schon- und Härtevermögen.**

Bezüglich des nicht verwertbaren Vermögens gilt nach SGB XII (§ 90 Abs. 1) das Gleiche wie beim SGB II (s. S. 103).

Die Sozialhilfe darf nicht abhängig gemacht werden vom Einsatz oder von der Verwertung

- (Nr. 1) eines Vermögens, das aus **öffentlichen Mitteln** zum Aufbau oder zur Sicherung einer Lebensgrundlage oder zur Gründung eines Hausstands erbracht wird, was aber bei erwerbsunfähigen Personen ohnehin allenfalls bezüglich des Hausstands in Betracht kommt.

- (Nr. 2) des **Riester-Anlage- und Erträgekapitals** (wie im SGB II s. S. 104).

- (Nr. 3) des Hausgrundstücksbeschaffungs- oder -erhaltungsvermögens für Wohnzwecke **behinderter oder pflegebedürftiger Menschen,** soweit durch dessen Einsatz der Zweck gefährdet würde (entsprechend wie im SGB II s. S. 107).

- (Nr. 4) eines **angemessenen Hausrats;** im verbalen Gegensatz zum SGB II (s. S. 105) sind die bisherigen Lebensverhältnisse zu berücksichtigen. Dies betrifft z. B. Möbel und sonstige Wohnungseinrichtung einschließlich Büchern, Fernseh-, Personalcomputer, Videogerät.

- (Nr. 5) der Gegenstände, die zur Aufnahme oder Fortsetzung der **Berufsausbildung** oder der **Erwerbstätigkeit** unentbehrlich sind (so auch § 4 Abs. 1 Alg II/Sozialgeld-Verordnung, S. 108). Dazu rechnen wie bisher im BSHG (§ 88 Abs. 2 Nr. 4) z. B. Arbeitsmittel, Berufskleidung, Fachliteratur, ebenso ein Kraftfahrzeug, dass für den Beruf benötigt wird.

- (Nr. 6) der **Familien- und Erbstücke,** deren Veräußerung für Hilfesuchende oder ihre Familien eine besondere Härte bedeuten würde, was im SGB II fehlt (s. S. 107). Dazu zählen etwa Kunstgegenstände, Möbel, Sammlungen, Schmuckstücke, welche eine besondere familiäre Bedeutung haben.

- (Nr. 7) der **Gegenstände,** die zur Befriedigung **geistiger, insbesondere wissenschaftlicher oder künstlerischer Bedürfnisse** dienen und deren Besitz nicht Luxus ist, was im SGB II fehlt. Darunter fallen z. B. entsprechende Bücher, Malutensilien, Musikinstrumente und -tonträger.

- (Nr. 8) eines **angemessenen Hausgrundstückes,** das vom Hilfesuchenden oder seinem Ehegatten/Partner bzw. Kindern allein oder zusammen mit Angehörigen bewohnt wird; die Angemessenheit bestimmt sich entgegen dem SGB II (das in § 12 Abs. 3 Nr. 4 allein auf die Größe abstellt, S. 107) nach einer Vielzahl von Faktoren (neben der Größe: Zahl der Bewohner, Wohnbedarf, z. B. behinderter, blinder oder pflegebedürftiger Menschen, Zuschnitt und Ausstattung des Wohngebäudes sowie Wert des Grundstücks einschließlich des Wohngebäudes, s. zu der dadurch gebotenen Kombinationsgesamtbetrachtung BVerwG Urt. v. 5. 12. 1991 – 5 C 20/88 – BVerwGE 89, 241 = FEVS 42, 10, OVG Bn Urt. v. 17. 10. 1996 – 2 B 27/96 – NJW 1997, 883). Wird ein Haus zum Verkauf angeboten, entfällt seine Zweckbestimmung zum Wohnen und damit der Vermögensschutz (OVG SH Beschl. v. 1. 2. 2005 – 2 MB 170/04 – ZfSH/SGB 2006, 249).

- (Nr. 9) **kleinerer Barbeträge oder sonstiger Geldwerte** (z. B. Sparvermögen); dabei ist eine besondere Notlage zu berücksichtigen. Insoweit bestimmt die VO zu § 90 Abs. 2 Nr. 9 (§ 1 Abs. 1 S. 1 Nr. 1 a), dass der kleinere Barbetrag sich bei der Hilfe zum Lebensunterhalt auf 1600 € beläuft, jedoch auf 2600 € bei Hilfesuchenden, die das 60. Lebensjahr vollendet haben, sowie ebenso bei voll Erwerbsgeminderten im Sinne der gesetzlichen Rentenversicherung – also immer bei der Grundsicherung –, zuzüglich eines Betrags von 256 € für

IV. Bedürftigkeit

jede Person, die vom Hilfesuchenden überwiegend unterhalten wird. Bei der Prüfung, ob eine besondere Notlage besteht – die eine angemessene Erhöhung nach sich zieht – sowie bei der Entscheidung über deren Umfang sind vor allem Art und Dauer des Bedarfs sowie besondere Belastungen zu berücksichtigen (§ 2 Abs. 1 VO zu § 90 Abs. 2 Nr. 9 SGB XII).

Die Sozialhilfe darf ferner nicht vom Einsatz oder von der Verwertung eines Vermögens abhängig gemacht werden, soweit dies für den, der das Vermögen einzusetzen hat, und seine unterhaltsberechtigten Angehörigen eine **Härte** bedeuten würde (§ 90 Abs. 3 S. 1 SGB XII), so dass die Schwelle dem Wortlaut nach unter dem des SGB II (§ 12 Abs. 3 S. 1 Nr. 6) liegt, bei dem eine „besondere" Härte gefordert wird (s. S. 107).

Bei der **Grundsicherung** bleiben **Unterhaltsansprüche der Berechtigten** gegenüber ihren Kindern bzw. Eltern unberücksichtigt, sofern deren jährliches Gesamteinkommen (§ 16 SGB IV: Summe der Einkünfte im Sinne des Einkommensteuerrechts) unter einem Betrag von 100 000 € liegt (§ 43 Abs. 2 S. 1 SGB XII); entgegen dem Wortlaut des Gesetzes ist richtigerweise seinem Sinn und Zweck nach auf das Gesamteinkommen jedes Kindes bzw. Elternteils abzustellen. Es wird vermutet, dass das Einkommen der Unterhaltspflichtigen die angegebene Grenze nicht überschreitet (§ 43 Abs. 2 S. 2 SGB XII). Doch kann der Sozialhilfeträger Ermittlungen zur Widerlegung dieser Vermutung durchführen, bei dessen Erfolg kein Anspruch auf Leistungen der bedarfsorientierten Grundsicherung besteht (§ 43 Abs. 2 S. 6 SGB XII).

bb) Zu berücksichtigendes Vermögen: Nicht unter die Einsatzausnahmen fallendes Vermögen ist zu verwerten (wie im SGB II s. S. 108). Soweit jedoch der **sofortige Verbrauch** oder die sofortige Verwertung einzusetzenden Vermögens **nicht möglich** ist **oder** eine **Härte** bedeuten würde, soll die Sozialhilfe als **Darlehen** gewährt werden (§ 91 Abs. 1 S. 1 SGB XII, während § 9 Abs. 4 SGB II eine „besondere" Härte verlangt, s. S. 108). Wie das SGB II (§ 23 Abs. 5 S. 2) sieht das SGB XII (§ 91 S. 2) ausdrücklich vor, die Leistungserbringung davon abhängig zu machen, dass der Anspruch auf Rückzahlung dinglich oder in anderer Weise gesichert wird. Bei der **Grundsicherung** findet die Darlehensregel (§ 91 SGB XII) jetzt auch Anwendung (§ 41 Abs. 2 S. 2 SGB XII). Solange der sofortige Vermögenseinsatz nicht möglich oder zumutbar ist, darf die Leistung nicht verweigert werden, weil nur tatsächlich verfügbares Vermögen zu berücksichtigen ist (vgl. BVerwG Urt. v. 18. 2. 1999 – 5 C 35/97 – BVerwGE 108, 296 = info also 2000, 37; a. A. OVG SH Beschl. v. 1. 2. 2005 – 2 MB 170/04 – ZfSH/SGB 2006, 249: Ablehnung von Leistungen).

c) Berücksichtigung von Mitteln anderer

Neben eigenem Einkommen und Vermögen ist auch dasjenige bestimmter anderer Personen zu berücksichtigen (sog. Einsatzgemeinschaft), vgl. zum SGB II S. 109).

aa) Ehegatte/Lebenspartner (zu eheähnlichen Partnern s. dd): Bei nicht getrennt lebenden Ehegatten/Lebenspartnern ist deren Einkommen und Vermögen zu berücksichtigen (§§ 19 Abs. 1 S. 2 Hs. 1, Abs. 2 S. 2, 43 S. 1 Hs. 1 SGB XII). Das gilt bezüglich des Einkommens nur soweit, als das bereinigte Einkommen des Ehegatten/Partners seinen notwendigen Unterhaltsbedarf – Allgemein-, gegebenenfalls Besonderheiten- und Co-Bedarf – übersteigt (so ausdrücklich §§ 19 Abs. 2 S. 2, 43 S. 1 Hs. 1 SGB XII für die Grundsicherung, was entsprechend auf die Hilfe zum Lebensunterhalt anzuwenden ist). Beim Vermögen ist das zu berücksichtigende Vermögen des Ehegatten/Partners einzusetzen, wobei beim Schonbarbetrag zu den 1600 bzw. 2600 € (plus 256 € für jede Person, die vom Hilfesuchenden unterhalten wird) noch hinzuzusetzen sind (§ 1 Abs. 1 S. 1 Nr. 2 VO zu § 90 Abs. 2 Nr. 9 SGB XII) 614 € für den Ehegatten/Lebenspartner plus 256 € für jede Person, die vom Ehegatten/Lebenspartner überwiegend unterhalten wird, so dass der „gemeinsame" (s. § 19 Abs. 1 S. 2 Hs. 1 SGB XII) Schonbarbetrag 2214 bzw. 3214 € (plus gegebenenfalls 256 € für jedes überwiegend unterhaltene Kind) beträgt.

bb) Eltern bei minderjährigen unverheirateten Kindern: Mittel der im Haushalt lebenden Eltern(teile) sind bei einem minderjährigen unverheirateten Kind zu berücksichtigen (§ 19 Abs. 1 S. 2 Hs. 2 SGB XII), wobei ebenso wie bei Ehegatten/Lebenspartnern zu gelten hat, dass das Einkommen nur insoweit zum Zuge kommt, als es (bereinigt) über dem notwendigen Unterhaltsbedarf liegt. Bei zu berücksichtigendem Vermögen der Eltern(teile) sind beim Schonbarbetrag zu den 1600 bzw. 2600 € (plus 256 € für jede vom Hilfesuchenden überwiegend unterhaltene Person) noch hinzuzusetzen (§ 1 Abs. 1 S. 1 Nr. 3 VO zu § 90 Abs. 2 Nr. 9 SGB XII) 614 € für einen Elternteil (für zwei also 1228 €) plus gegebenenfalls 256 € für jede von Eltern oder einem Elternteil überwiegend unterhaltene Person. Einkommen und Vermögen der Eltern(teile) dürfen aber nicht berücksichtigt werden bei einer schwangeren Person oder einer solchen, die ihr leibliches Kind bis zur Vollendung des 6. Lebensjahres betreut (§ 19 Abs. 4 SGB XII).

cc) Wohngemeinschaft: Beim Zusammenleben in einer gemeinsamen Wohnung (BT-Drs. 15/1514, 61: Wohnraum im Sinne des Wohngeldgesetzes) oder in einer entsprechenden anderen Unterkunft (BT-Drs. 15/ 1514, 61: „also eine, die wie eine Wohnung nach außen in gewisser Weise abgeschlossen ist") mit anderen Personen – auch wenn sie keine Verwandten oder Verschwägerten sind – (so die Begrenzung in § 9 Abs. 5 SGB II s. S. 111) wird **vermutet,** dass sie gemeinsam mit dem Hilfesuchenden wirtschaften **(Haushaltsgemeinschaft) und** Hilfebedürftige von ihnen **Leistungen** zum Lebensunterhalt **erhalten,** soweit dies nach dem Einkommen (und Vermögen) der Mitbewohner erwartet werden kann (§ 36 Abs. 1 S. 1 SGB XII). Damit soll der Tatsache Rechnung getragen werden, dass sich zunehmend Wohngemeinschaften gebildet haben, in denen nicht verwandte oder verschwägerte Personen die Vorteile einer gemeinsamen Haushaltsführung nutzen und sich auch in Notlagen beistehen, also Gemeinschaften, die ähnlich Familien zusammen wirtschaften (BT-Drs. 15/1514, 61); warum dies freilich ausgerechnet im Bereich des SGB XII der Fall ist, aber nicht in dem des SGB II, bleibt rätselhaft. Der Gesetzgeber hat insoweit bei Wohngemeinschaften jedoch lediglich eine Vermutung des gemeinsamen Wirtschaftens und der Mittelunterstützung aufgestellt, die **widerlegt** werden kann, wobei dem Hilfesuchenden die Beweislast obliegt und nicht dem Sozialhilfeträger. Die Gesetzesmaterialien (BT-Drs. 15/1514, 61) führen dazu aus, dass nach den gesamten Umständen des Einzelfalls zu entscheiden ist, ob und wann die Vermutung als widerlegt angesehen werden kann und im Regelfall eine Glaubhaftmachung oder zweifelsfreie Versicherung ausreichen wird. Bei einer Widerlegung des gemeinsamen Wirtschaftens oder auch nur der Mittelzuwendung ist Sozialhilfeunterhalt ohne Anrechnung von Mitteln anderer zu erbringen (§ 36 Abs. 1 S. 2 SGB XII). Bei **Nichtwiderlegung** wird eine Mittelzuwendung nur vermutet, soweit dies nach dem Einkommen und Vermögen der Mitbewohner „**erwartet werden kann".** Insoweit ist die Vorschrift identisch mit der Regelung des SGB II (§ 9 Abs. 5, s. S. 111).

Die Wohngemeinschaftsvermutungsregelung gilt generell **nicht** bei der **Grundsicherung** (§ 43 Abs. 1 Hs. 2 SGB XII) sowie bei der Hilfe zum

Lebensunterhalt nicht für (volljährige) hilfesuchende **Schwangere oder Mütter,** die ihr leibliches Kind bis zur Vollendung seines 6. Lebensjahres betreuen und mit Eltern(teilen) zusammenleben **sowie für behinderte und pflegebedürftige Hilfesuchende,** die von Mitbewohnern betreut werden und zwar auch, wenn dies einzutreten droht und das gemeinsame Wohnen im Wesentlichen zu dem Zweck der Sicherstellung der Hilfe und Versorgung erfolgt (§ 36 S. 3 SGB XII).

dd) Eheähnliche Partner: Mittel eines eheähnlichen Partners (vgl. S. 44f.) sind zu berücksichtigen (§§ 20 S. 2, 43 Abs. 1 Hs. 1 SGB XII). Im Verhältnis zum **Partner** ist bei der Hilfe zum Lebensunterhalt wie bei der Grundsicherung von der strengen Anrechnung ohne Widerlegungsmöglichkeit ebenso wie bei Ehegatten/Lebenspartnern auszugehen, im Verhältnis der in der Wohnung befindlichen **Kinder** eines eheähnlichen Partners zu dem anderen (ebenso umgekehrt) entsprechend der Hilfe zum Lebensunterhalt von der milderen Anrechnung mit Vermutungswiderlegungsmöglichkeit wie bei der Wohngemeinschaft, während bei der Grundsicherung keine solche Vermutung besteht (s. § 43 Abs. 1 Hs. 2 SGB XII), so dass lediglich tatsächlich zugegangene Mittel zu berücksichtigen sind.

d) Tätigkeitspflicht

Soweit Leistungsberechtigte zumutbar einer Tätigkeit nachgehen und dabei Einkommen erzielen können – z.B. voll erwerbsgeminderte Zeitrentner, die bis zu drei Stunden täglich arbeiten können (BT-Drs. 14/1514, 52) –, sind sie hierzu (sowie zur Teilnahme an einer erforderlichen Vorbereitung) im Rahmen der Hilfe zum Lebensunterhalt verpflichtet (§ 11 Abs. 3 S. 4 SGB XII), nicht aber bei der Grundsicherung (s. § 41 Abs. 2 SGB XII). Wird einer Tätigkeit nachgekommen, so führt dies zu einem Erwerbstätigenabzugsbetrag (s. S. 252). Bei Verweigerung droht eine Leistungsreduzierung (s. S. 281).

2. Bedürftigkeit in besonderen Lebenslagen

Hilfe in besonderen Lebenslagen wird nur geleistet, soweit der Bedarf nicht aus Einkommen oder Vermögen gedeckt werden kann (§ 19 Abs. 3 SGB XII). Sie scheidet vor allem aus, falls vorrangige Sozialversicherungs- oder andere Leistungen erbracht werden. Ist dies nicht der Fall, so sind – soweit nicht ausnahmsweise Einkommen und Vermögen nicht zu berücksichtigen sind – zunächst die eigenen Mittel des Hilfe-

IV. Bedürftigkeit

suchenden heranzuziehen und dann diejenigen von Angehörigen, und zwar nach den besonderen Regelungen der Hilfe in besonderen Lebenslagen, die differenzierter sind als beim Unterhalt.

a) Nichtberücksichtigung von Einkommen und Vermögen

Einige Hilfen werden ohne Einsatz von Einkommen und Vermögen bzw. nur unter ihrer sehr beschränkten Inanspruchnahme geleistet.

aa) Desintegrationsüberwindung und Altenhilfe: Die **persönliche Hilfe zur Desintegrationsüberwindung** wird ohne Rücksicht auf Einkommen und Vermögen erbracht, soweit im Einzelfall Dienstleistungen, d. h. (§ 10 Abs. 2 SGB XII) insbesondere Beratung und Unterstützung, erforderlich sind (§ 68 Abs. 2 S. 1 SGB XII), die **Altenhilfe** soll ohne Rücksicht auf Einkommen und Vermögen geleistet werden, soweit im Einzelfall **Beratung und Unterstützung** erforderlich sind (§ 71 Abs. 4 SGB XII). Bei der **Desintegrationsüberwindungshilfe** ist darüber hinaus **Einkommen und Vermögen** des Hilfesuchenden, Partners sowie der Eltern minderjähriger unverheirateter Hilfesuchender nicht zu berücksichtigen, soweit dies den **Erfolg** der Hilfe **gefährden** würde (§ 68 Abs. 1 S. 2 SGB XII).

bb) Behinderungseingliederung: Bei ihr besteht eine erhebliche Einschränkung der grundsätzlichen Pflicht des Hilfesuchenden, seines Ehegatten/Partners und der Eltern minderjähriger unverheirateter Kinder, Einkommen und Vermögen einzusetzen. Ihnen wird ohne Berücksichtigung vorhandenen Vermögens **lediglich** die Aufbringung der **Mittel für die Kosten des Lebensunterhalts** aus ihrem Einkommen zugemutet bei (§ 92 Abs. 2 S. 1, 2 SGB XII):

- (Nr. 1) heilpädagogischen Maßnahmen für Kinder, die noch nicht eingeschult sind,
- (Nr. 2) Hilfe zu einer angemessenen Schulbildung einschließlich der Vorbereitung hierzu,
- (Nr. 3) Hilfe, die den behinderten noch nicht eingeschulten Menschen die für ihn erreichbare Teilnahme am Leben in der Gemeinschaft ermöglichen soll,
- (Nr. 4) Hilfe zur schulischen Ausbildung für einen angemessenen Beruf oder zur Ausbildung für eine sonstige angemessene Tätigkeit, wenn die hierzu erforderlichen Leistungen in besonderen Einrichtungen für behinderte Menschen erbracht werden,
- (Nr. 5) Leistungen zur medizinischen Rehabilitation (§ 26 SGB IX),

C. Wer bekommt noch Sozialhilfe?

- (Nr. 6) Leistungen zur Teilhabe am Arbeitsleben (§ 33 SGB IX),
- (Nr. 7) Leistungen in anerkannten Werkstätten für behinderte Menschen (§ 41 SGB IX) und in vergleichbaren sonstigen Beschäftigungsstätten (§ 56 SGB XII),
- (Nr. 8) Hilfen zum Erwerb praktischer Kenntnisse und Fähigkeiten, die erforderlich und geeignet sind, behinderten Menschen die für sie erreichbare Teilhabe am Arbeitsleben zu ermöglichen, soweit diese Hilfen in besonderen teilstationären Einrichtungen für behinderte Menschen erbracht werden.

Dabei sind in den Fällen der Nr. 1–6 die Kosten des in einer **Einrichtung** gewährten Lebensunterhalts nur in Höhe der für den **häuslichen Lebensunterhalt ersparten Aufwendungen** anzusetzen; dies gilt nicht für den Zeitraum, in dem gleichzeitig mit den genannten Maßnahmen in einer Einrichtung durchgeführte andere Maßnahmen überwiegen (§ 92 Abs. 2 S. 3 SGB XII). Die zuständigen Landesbehörden können Näheres über die Bemessung der für den häuslichen Lebensunterhalt ersparten Aufwendungen und den Kostenbeitrag für das Mittagessen festsetzen (§ 92 Abs. 2 S. 5 SGB XII, vgl. OVG NW Urt. v. 27. 11. 1997 – 8 A 4279/95: ca. 80% des maßgebenden Regelsatzes). Erspart aber ein Hilfeempfänger tatsächlich nichts, z.B. ein behinderter Mensch beim Mittagessen in der Werkstatt, das er sonst kostenlos bei seinen Eltern hätte einnehmen können, so darf von ihm auch kein Einkommenseinsatz verlangt werden (BVerwG Urt. v. 19. 3. 1992 – 5 C 20/87 – FEVS 43, 7 = NDV 1992, 375 und v. 8. 5. 1996 – 5 B 17/96 – FEVS 47, 241). Die Aufbringung der Mittel nach Nr. 7, 8 ist nicht zumutbar, wenn das Einkommen des behinderten Menschen einen Betrag in Höhe des zweifachen Eckregelsatzes, also 690 €, nicht übersteigt (§ 92 Abs. 1 S. 4 SGB XII). Zum Ersatz der Kosten (§§ 103, 104 SGB XII s. S. 300) ist freilich verpflichtet, wer sich in den Fällen der Nr. 5 und 6 vorsätzlich oder grob fahrlässig nicht oder nicht ausreichend versichert hat (§ 92 Abs. 2 S. 6 SGB XII). Die Aufbringung der Mittel kann von dem Hilfesuchenden, seinem Ehegatten und den Eltern allerdings verlangt werden, wenn ein anderer als der nach bürgerlichem Recht Unterhaltspflichtige **Leistungen für denselben Zweck** zu erbringen hat, dem die genannten Maßnahmen dienen (§ 92 Abs. 3 SGB XII).

Beispiele: Leistungen nach dem BAföG, SGB III oder Bundesversorgungsgesetz (und Sozialversicherungsleistungen) sowie Schadensersatz. Bei Gesamtleistungen Dritter – z.B. Schadensersatzleistungen aus Anlass eines Verkehrsunfalls – ist die Zweckrichtung der Teilleistung zu ermitteln (BVerwG Urt. v. 26. 7. 1994 – 5 C 11/

IV. Bedürftigkeit

92 – FEVS 45, 274 = NDV 1995, 262: zweckidentisch bei Schadensersatzleistungen aus Anlass eines Verkehrsunfalls mit heilpädagogischer Maßnahme für Kinder ist nur diejenige für den Vermögensnachteil, den der Verletzte dadurch erleidet, dass infolge der Verletzung eine Vermehrung seiner Bedürfnisse eingetreten ist).

cc) Existenzminimumgarantie: Die Garantie des Unterhaltsexistenzminimums muss zur Folge haben, dass sowohl Hilfesuchenden als auch zum Einsatz herangezogenen Angehörigen der sozialhilferechtliche **Unterhaltsbedarf gewährleistet** wird (sog. Garantiebetrag), d.h. von ihnen im Rahmen der Hilfe in besonderen Lebenslagen kein Beitrag aus Einkommen und Vermögen verlangt werden darf, sofern sie Hilfe zum Lebensunterhalt/Grundsicherung erhalten oder einen Anspruch darauf haben (vgl. OVG Ni Urt. v. 26. 4. 1985 – 4 A 141/84 – FEVS 36, 19, 23, VGH BaW Urt. v. 20. 4. 1998 – 6 S 2217/86 – FEVS 38, 247, 250). Ein Mitteleinsatz kommt insoweit lediglich für Einkommen in Betracht, das auch unterhalb der Einkommensgrenze einzusetzen ist (s. § 88 Abs. 1 SGB XII s. S. 264).

b) Zumutbarer Einkommenseinsatz

Ansonsten wird Hilfe in besonderen Lebenslagen gewährt, soweit Hilfesuchenden die Aufbringung der Mittel aus eigenen Einkommen „nicht zuzumuten" ist (§ 19 Abs. 3 SGB XII). Ob es zumutbar ist, wird generell durch Gegenüberstellung von Einkommensgrenze und Einkommen ermittelt.

aa) Einkommensgrenze: Die Einkommensgrenze setzt sich zusammen aus einem Grundbetrag, den Unterkunftskosten sowie gegebenenfalls einem Familienzuschlag (§ 85 Abs. 1 SGB XII):

- (Nr. 1) Der **Grundbetrag** beträgt das Zweifache des Eckregelsatzes = 690 € in der Regel (S. 230), maßgebend ist der Eckregelsatz des Leistungsortes, s. § 85 Abs. 3 SGB XII; nach § 86 SGB XII können die Länder und, soweit landesrechtliche Vorschriften nicht entgegenstehen, auch die Sozialhilfeträger für bestimmte Arten der Hilfe einen höheren Grundbetrag zugrunde legen).
- (Nr. 2) Die **Unterkunftskosten** (des Hilfesuchenden, gegebenenfalls nach Kopfteilen) sind anzusetzen, soweit sie den der Besonderheit des Einzelfalls angemessenen Umfang nicht übersteigen (was dem Unterkunftsbedarf beim Unterhaltsbedarf entspricht s. S. 233 f.). Dazu zählen die **Heizungskosten** nach bislang überwiegender Auffassung (z. B. OVG Ni Urt. v. 29. 5. 1985 – 4 A 93/82 – FEVS 36, 108, 118: § 3

Abs. 1 und 2 RSVO unterschieden zwischen Unterkunfts- und Heizungskosten, ebenso § 29 Abs. 1, 3 SGB XII) **nicht**.

- (Nr. 3) Der **Familienzuschlag** wird in Höhe des auf volle € aufgerundeten Betrags von 70% des Eckregelsatzes = 242 € in der Regel für jede Person gewährt, die vom Hilfesuchenden überwiegend unterhalten worden ist (gleichgültig aus welchem Grund, also auch bei freiwilliger Zahlung) oder für die er nach der Entscheidung über die Erbringung der Sozialhilfe unterhaltspflichtig wird (d. h. aufgrund einer rechtlichen Verpflichtung – etwa infolge Heirat, Geburt eines Kindes – ohne dass es auf andere Umstände – z. B. Zahlung oder überwiegender Unterhalt – ankommt).

bb) Einkommensermittlung: Bei der Ermittlung des der Einkommensgrenze gegenüberzustellenden Einkommens ist grundsätzlich **wie beim Unterhaltsbedarf** (s. S. 249 ff.) vorzugehen, freilich mit einer gewichtigen **Ausnahme:** Der **Absetzungsbetrag für Erwerbstätige** kommt nur bei der Hilfe zum Lebensunterhalt einschließlich Grundsicherung im Alter und bei Erwerbsminderung zum Ansatz (s. § 82 Abs. 3 SGB XII), nicht aber bei der Hilfe in besonderen Lebenslagen, so dass bei ihr das ohne ihn ermittelte bereinigte Nettoeinkommen zugrunde zu legen ist (s. aber für stationäre Einrichtungen s. S. 284 ff.). Bei der Einkommensermittlung ist grundsätzlich auf den **Monat** abzustellen, in dem der Bedarf auftritt; dementsprechend ist bei einem Bedarf, der die Dauer eines Monats überschreitet und sich etwa auf zwei Kalendermonate verteilt (z. B. Gesundheitsbehandlung), das Einkommen in beiden Kalendermonaten zu berücksichtigen (BVerwG Urt. v. 14. 12. 1989 – 5 C 61/86 – BVerwGE 84, 206 = NDV 1990, 224). Ausnahmen gelten für einmalige Leistungen zur Beschaffung von Bedarfsgegenständen, deren Gebrauch für mindestens einen Monat bestimmt ist (z. B. Pflegehilfsmittel), bei denen die Aufbringung der Mittel auch bezüglich Einkommen verlangt werden kann, das innerhalb eines Zeitraums von bis zu drei Monaten nach Ablauf des Monats, in dem über die Leistung entschieden worden ist (also insgesamt vier Monate), erworben wird (§ 87 Abs. 3 SGB XII; weitere Ausnahme: Verlust des Einkommens durch den Bedarfsfall bei nur kurzer Bedarfsdauer, s. § 87 Abs. 2 SGB XII).

cc) Einkommen über der Einkommensgrenze: Liegt das (gemäß bb) ermittelte) Einkommen über der Einkommensgrenze (aa), so bedeutet das noch nicht, dass kein Anspruch auf Hilfe in besonderen Lebenslagen besteht, weil die Aufbringung der Mittel lediglich in angemessenem

Umfang zuzumuten ist (§ 87 Abs. 1 S. 2 SGB XII). Beim **Pflegegeld** für schwerstpflegebedürftige Menschen (§ 64 Abs. 3 SGB XII) und bei der **Blindenhilfe** (§ 72 SGB XII) ist generell ein Einsatz des Einkommens über der Einkommensgrenze in Höhe von mindestens 60% nicht zuzumuten (§ 87 Abs. 1 S. 3 SGB XII).

Beispiel: Einem Schwerstpflegebedürftigen mit einer Einkommensgrenze von 1090 € (690 € Grundbetrag plus 400 Unterkunftskosten) und einem Einkommen von 1490 € = Einkommen über der Grenze 400 €, ist ein Einkommenseinsatz in Höhe von 60% von 400 € = 240 € nicht zuzumuten, so dass lediglich 160 € einsetzbar sind.

Ansonsten sind bei der Prüfung, welcher **Umfang angemessen** ist, insbesondere die Art des Bedarfs, die Art oder Schwere der Behinderung oder der Pflegebedürftigkeit, die Dauer und Höhe der erforderlichen Aufwendungen sowie besondere Belastungen des Hilfesuchenden und seiner unterhaltsberechtigten Angehörigen zu berücksichtigen (§ 87 Abs. 1 S. 2 SGB XII); insoweit handelt es sich um beispielhafte Kriterien zur Auslegung des unbestimmten Rechtsbegriffs „in angemessenem Umfang" (BVerwG Urt. v. 26. 10. 1989 – 5 C 30/86 – FEVS 39, 93 = NDV 1990, 57). Bezüglich der Art des Bedarfs muss vor allem unvorhersehbarer Bedarf zur Übernahme durch die Sozialhilfe führen. Was die Dauer der Aufwendungen betrifft, ist davon auszugehen, dass bei längerem Bedarf ein nicht unerheblicher Betrag über der Einkommensgrenze zur Verfügung stehen muss; bei einmaligem Bedarf kann dagegen das Einkommen in weiterem Umfang herangezogen werden. Mit der Höhe der Aufwendungen sind nicht die Sozialhilfeaufwendungen gemeint, sondern die Nebenaufwendungen, die dem Hilfeempfänger aus Anlass der besonderen Lebenslage entstehen (z. B. Fahrtkosten, zusätzliche Anschaffungen), sowie die Aufwendungen, die vor dem Eintreten der Sozialhilfe zur Bewältigung der besonderen Notlage gemacht worden sind. Als **besondere Belastungen** können nach Empfehlungen des Deutschen Vereins für öffentliche und private Fürsorge (Kleinere Schriften Nr. 4, S. 16, 44 ff.) abgezogen werden:

- Schuldenverpflichtungen, insbesondere Abzahlungsverpflichtungen, die nicht unwirtschaftlich sind,
- Ausgaben im Zusammenhang mit besonderen Familienereignissen (z. B. Geburt, Heirat, Tod),
- Aufwendungen bei Krankheit, Pflegebedürftigkeit oder Behinderung (z. B. für Krankenkost, s. OVG Ha Urt. v. 16. 4. 1992 – Bf IV 29/91 – FEVS 43, 277, teure Arzneien, Heil- und Erholungskuren, Pflegeperson),

C. Wer bekommt noch Sozialhilfe?

- Unterhaltsleistungen, soweit sie nicht durch den Familienzuschlag gedeckt sind,
- Unterkunftskosten (z.B. Tilgungsbeiträge, Baukostenzuschüsse, Abfindungen, Umzugskosten, Abtragung von Mietrückständen, Zahlungen an Bausparkasse),
- Kosten für sonstige gerechtfertigte Zwecke (z.B. Weiterbildung, Versicherungsbeiträge, die bei der Bereinigung des Einkommens gemäß § 82 Abs. 2 Nr. 3 SGB XII nicht absetzbar sind, s. OVG Ni Urt. v. 29. 11. 1989 – 4 A 205/88 – FEVS 42, 104 am Beispiel einer Rechtsschutzversicherung).

Das Nähere regeln oft Verwaltungsvorschriften, etwa in der Art, dass in der Regel 80% des über der Einkommensgrenze liegenden Einkommens einzusetzen sind, was aber noch Raum für Einzelfallentscheidungen lassen muss.

dd) Einkommen unter der Einkommensgrenze: Bezüglich des (gemäß bb ermittelten) Einkommens unter der Einkommensgrenze (aa) ist zu prüfen, ob es ausnahmsweise heranziehbar ist (und zwar auch dann, wenn Einkommen über der Grenze vorhanden ist und in Anspruch genommen wird), was in folgenden Fällen vorgesehen ist (§ 88 Abs. 1 S. 1 SGB XII):

- Soweit **von einem anderen Leistungen** für einen besonderen Zweck gewährt werden, für den sonst Sozialhilfe zu gewähren wäre (Nr. 1)

  Beispiel: Zweckbestimmte Leistungen (§ 83 Abs. 1 SGB XII), die als Einkommen bei der betreffenden Hilfe zu berücksichtigen sind, Unterhaltsleistungen, die dazu dienen sollen, den Bedarf der besonderen Notlage (z.B. Pflege) zu decken, Teilleistungen einer privaten Krankenkasse bei Kranken- oder Behinderungseingliederungshilfe.

- Wenn zur Deckung des Bedarfs nur **geringfügige Mittel** erforderlich sind (Nr. 2), d.h. solche, die gemessen am konkreten Einkommen des Hilfesuchenden bei objektiver Betrachtungsweise wirtschaftlich nicht ins Gewicht fallen (BVerwG Urt. v. 17. 6. 1993 – 5 C 11/91 – BVerwGE 92, 336 = NDV 1993, 480: 15 € sind bei einem Monatseinkommen von 400 € nicht geringfügig).

  Beispiel: Nach SHR Bn 85.15 sind geringfügige Mittel bei laufendem Bedarf bis zu 2,50 € und bei einmaligem Bedarf bis zu 10 € (besser: bis 1% bzw. 5% des Regelsatzes).

- Ein darüber hinausgehender Einkommenseinsatz wird gefordert bei Unterbringung in einer stationären Einrichtung (§ 88 Abs. 1 S. 2 SGB XII, s. S. 289).

IV. Bedürftigkeit

ee) Einkommenseinsatz bei mehrfachem Bedarf: Bei mehrfachem Bedarf (z. B. Krankenhilfe und Hilfe zur Pflege) darf der Teil des Einkommens, der zur Deckung eines Bedarfs zugemutet wird, bei dem gleichzeitig bestehenden Bedarf nicht mehr berücksichtigt werden (§ 89 Abs. 1 SGB XII).

Beispiel: Wird bezüglich der Krankenhilfe 50% des Einkommens über der Grenze eingesetzt, so darf für die Pflegehilfe bei einer Höchstbelastung von 80% nur noch 30% verlangt werden.

Sind bei mehrfachem Bedarf für die Bedarfsfälle **verschiedene Sozialhilfeträger** zuständig (z. B. örtlicher und überörtlicher Träger, s. § 97 Abs. 1–3 SGB XII, s. S. 294), so hat die Entscheidung über die Hilfen für den zuerst eingetretenen Bedarf Vorrang (dies hat auch zu gelten, wenn der gleiche Sozialhilfeträger zuständig ist); treten die Bedarfsfälle gleichzeitig ein, so ist das über der Einkommensgrenze liegende Einkommen zu gleichen Teilen bei den Bedarfsfällen zu berücksichtigen (§ 89 Abs. 3 SGB XII).

c) Zumutbarer Vermögenseinsatz

Die Gewährung der Hilfe in besonderen Lebenslagen ist weiter davon abhängig, dass dem Hilfesuchenden nicht zuzumuten ist, sein Vermögen anzugreifen (s. § 19 Abs. 3 SGB XII). Die Zumutbarkeit bestimmt sich im Wesentlichen nach den gleichen Grundsätzen wie bei Unterhaltsbedürftigkeit (§§ 90, 91 SGB XII S. 253 ff.) mit den folgenden Modifikationen. Beim **Schonvermögen** ist der nicht einzusetzende **Barbetrag** oder sonstige Geldwert mit 2600 € plus 256 € für jede Person, die vom Hilfesuchenden überwiegend unterhalten wird, höher angesetzt (§ 1 Abs. 1 Nr. 1 b VO zu § 90 Abs. 2 Nr. 9 SGB XII). Eine **Härte** – die den Einsatz des Vermögens ausschließt – liegt nach ausdrücklicher gesetzlicher Definition (§ 90 Abs. 3 S. 2 SGB XII) bei der Hilfe in besonderen Lebenslagen vor allem insoweit vor, als eine angemessene Lebensführung oder die Aufrechterhaltung einer angemessenen Lebenssicherung (einschließlich Sterbevorsorge, nach OVG Be Urt. v. 28. 5. 1998 – 6 B 20/95 – FEVS 49, 218, 223, bis zur Höhe von 7000 €) durch die Inangriffnahme der Mittel wesentlich erschwert würde.

Beispiel: Ein freischaffender Künstler, der vorübergehend Krankenhilfe benötigt, bestreitet seinen Lebensunterhalt zum Teil aus Erträgen von Wertpapieren (zum Einsatz von Bundesschatzbriefen bei der Arbeitslosenhilfe s. BSG Urt. v. 19. 6. 1997 – 7 RAr 116/95 – NDV-RD 1997, 9).

Durch die Worte **„insbesondere"** (§ 90 Abs. 3 S. 2 SGB XII) kommt zum Ausdruck, dass die genannten Härtefälle nur als – besonders bedeutsame – Beispiele hervorgehoben sind. Bei der Entscheidung über das Vorliegen eines Härtefalls sind neben den gesamten Umständen des Einzelfalls das Lebensschicksal und die Bedürfnisse des Betroffenen zu berücksichtigen, z. B. die Blindheit eines Hilfesuchenden (BVerwG Urt. v. 14. 5. 1969 – 5 C 167/67 – BVerwGE 32, 89 = NDV 1970, 82).

d) Berücksichtigung von Mitteln anderer

Die Hilfe in besonderen Lebenslagen ist auch noch davon abhängig (§ 19 Abs. 3 SGB XII), dass nicht nur dem Hilfesuchenden, sondern auch seinem nicht getrennt lebenden Ehegatten/Partner und, wenn er minderjährig und unverheiratet ist, auch seinen Eltern die Aufbringung der Mittel aus dem Einkommen und Vermögen nicht zuzumuten ist (Familien- oder Bedarfs- bzw. Einsatzgemeinschaft), wobei umstritten ist, ob das wie bei dem Unterhalt (s. S. 256) nur für die mit dem unverheirateten Minderjährigen im Haushalt zusammenlebenden Eltern(teile) gilt, was entgegen der Rechtsprechung (BVerwG Urt. v. 8. 7. 1982 – 5 C 39/81 – BVerwGE 66, 82 = NDV 1983, 217) zu bejahen ist. Dafür spricht auch die Gesetzesregelung (§ 19 Abs. 4 SGB XII), dass Einkommen und Vermögen der Eltern oder des Elternteils nicht zu berücksichtigen ist, wenn eine bei ihnen lebende Hilfesuchende schwanger ist oder ihr leibliches Kind bis zur Vollendung seines 6. Lebensjahres betreut. Während somit grundsätzlich Einkommen und Vermögen der Familiengemeinschaft berücksichtigt werden, darf auf das Einkommen und Vermögen der **Wohngemeinschaft** – anders als beim Unterhalt (s. S. 257) – **nicht** zurückgegriffen werden.

aa) Einkommen: Ehegatte/Partner.

Beim Einkommen erhöht sich beim nicht getrennt lebenden Ehegatten/Partner (eheähnlichen und Lebenspartner) die Einkommensgrenze um einen **Familienzuschlag** von 70% des Eckregelsatzes (derzeit 242 €) für den Ehegatten/Partner und für jede Person, die von ihm überwiegend unterhalten worden ist oder für die er nach der Entscheidung über die Erbringung der Sozialhilfe unterhaltspflichtig wird (§ 85 Abs. 1 Nr. 3 SGB XII). Die **Unterkunftskosten** (§ 85 Abs. 1 Nr. 2 SGB XII) sind zu berücksichtigen für die Personen, die zur Angehörigeneinsatzgemeinschaft gehören; umstritten ist, ob auch die Unterkunftskosten derjenigen Personen einzubeziehen sind, für die ein Familienzuschlag gewährt wird (ohne dass sie zur Angehörigeneinsatzgemeinschaft gehören, z. B. Kinder beim Bedarf eines

IV. Bedürftigkeit

Ehegatten), was zumindest für diejenigen zu bejahen sein dürfte, die im Haushalt leben.

Beispiel: Ehepaar mit zwei minderjährigen Kindern, monatliche Unterkunftskosten 400 €. Die Einkommensgrenze beim Hilfebedarf eines Ehegatten errechnet sie wie folgt:

Grundbetrag	690 €
Unterkunftskosten	400 €
Familienzuschlag Ehegatte	242 €
Familienzuschlag Kinder	484 €
Einkommensgrenze	1816 €

Dieser Einkommensgrenze ist das bereinigte Nettoeinkommen (ohne Erwerbstätigenabzugsbetrag) der zur Familieneinsatzgemeinschaft gehörenden Personen gegenüberzustellen, um zu ermitteln, ob es über oder unter der Einkommensgrenze liegt.

bb) Einkommen: Eltern minderjähriger unverheirateter Kinder. Ist der Hilfesuchende minderjährig und unverheiratet, so ist ihm und seinen Eltern die Aufbringung der Mittel nicht zuzumuten (§ 85 Abs. 2 S. 1 SGB XII), wenn während der Dauer des Bedarfs das monatliche Einkommen des Hilfesuchenden und seiner Eltern zusammen eine **Einkommensgrenze** nicht übersteigt, die sich ergibt aus dem Grundbetrag, den Kosten der Unterkunft (des Hilfesuchenden und seiner Eltern) und eines Familienzuschlags in Höhe von 70% des Regelsatzes eines Haushaltsvorstands (derzeit 242 €) für einen Elternteil, wenn die Eltern zusammenleben, sowie für den Hilfesuchenden und für jede Person, die von den Eltern oder dem Hilfesuchenden bisher überwiegend unterhalten worden ist oder für die sie nach der Entscheidung über die Erbringung der Sozialhilfe unterhaltspflichtig werden.

Beispiel: Eine 14-jährige Hilfesuchende, die als einziges Kind bei ihren Eltern lebt (monatliche Unterkunftskosten 350 €), muss nach einer Krankheit eine Erholungskur antreten, deren Kosten die Krankenkasse nur zur Hälfte übernimmt. Im Haushalt lebt noch eine Großmutter, die ohne Einkommen ist und von den Eltern unterhalten wird. Die allgemeine Einkommensgrenze errechnet sich wie folgt:

Grundbetrag	690 €
Unterkunftskosten	350 €
Familienzuschlag Elternteil	242 €
Familienzuschlag Hilfesuchende	242 €
Familienzuschlag Großmutter	242 €
Einkommensgrenze	1766 €

Leben die **Eltern nicht zusammen,** richtet sich die Einkommensgrenze nach dem Elternteil, bei dem der Hilfesuchende lebt; lebt er **bei keinem**

Elternteil, bestimmt sich die Einkommensgrenze in gleicher Weise wie bei Einzelpersonen (§ 85 Abs. 2 S. 2, 3 SGB XII). Fraglich ist, ob für den Fall, dass die Eltern zusammenwohnen, der minderjährige unverheiratete Hilfesuchende aber getrennt von ihnen, sie in die Einsatzgemeinschaft einzubeziehen sind (so BVerwG Urt. v. 8. 7. 1982 – 5 C 39/81 – BVerwGE 66, 82 = NDV 1983, 217) oder nicht, wofür mehr spricht, weil für eine Einsatzgemeinschaft prägend ist, dass sie zusammenlebt. Dementsprechend dürfen die Unterkunftskosten nur für die Personen eingesetzt werden, welche die Einsatzgemeinschaft bilden oder für die in der Haushaltsgemeinschaft ein Familienzuschlag einzusetzen ist (Letzteres streitig, s. bei Ehegatten S. 266). Auch Ehegatten und Eltern ist mindestens der **Existenzminimumgarantiebetrag** (S. 261) zu belassen, um ihren Lebensunterhalt decken zu können.

cc) Vermögen: Beim Vermögen erhöht sich das zu schonende **Barvermögen** um 614 € für den nicht getrennt lebenden **Ehegatten (Partner)** – beim Pflegegeld für Schwerstbehinderte und bei der Blindenhilfe um 1534 €, wenn beide Eheleute blind, schwerstsehbehindert oder schwerstbehindert sind – und bei **Eltern** minderjähriger unverheirateter Hilfesuchender um 614 € für einen Elternteil – beim Pflegegeld für Schwerstbehinderte und bei der Blindenhilfe um 1534 €, wenn beide Elternteile blind, schwerstsehbehindert oder schwerstbehindert sind – sowie um 256 € für den **Hilfesuchenden** und jede **Person,** die von den Eltern oder dem Hilfesuchenden **überwiegend unterhalten wird** (§ 1 Abs. 1 S. 1 Nr. 2, 3, S. 2 VO zu § 90 Abs. 2 Nr. 9 SGB XII). Ist allerdings nur das Vermögen eines Elternteils zu berücksichtigen, so ist der Betrag von 614 bzw. 1534 € nicht einzusetzen. Leben die Eltern nicht zusammen, so ist das Vermögen des Elternteils zu berücksichtigen, bei dem der Hilfesuchende lebt; lebt er bei keinem Elternteil, ist nur das Vermögen des Hilfesuchenden zu berücksichtigen (§ 1 Abs. 2 VO zu § 90 Abs. 2 Nr. 9 SGB XII), wobei sich wiederum (s. oben bb) die Frage stellt, ob dies auch bei zusammenwohnenden Eltern gilt, was entgegen der Rechtsprechung (BVerwG Urt. v. 8. 7. 1982 – 5 C 39/81 – BVerwGE 66, 82 = NDV 1983, 217) zu bejahen ist.

Kleine Barbeträge oder sonstige Geldwerte (§ 90 Abs. 2 Nr. 9 SGB XII):

wenn die Sozialhilfe vom Vermögen der nachstehenden Personen abhängt	bei der Hilfe in besonderen Lebenslagen	bei dem Pflegegeld für Schwerstbehinderte und der Blindenhilfe	
		Allgemein	wenn beide Partner (oder Elternteile) blind oder behindert sind
1) des Hilfesuchenden und seines nicht getrennt lebenden Partners			
a) Grundbetrag	2600	2600	2600
b) Ehegatte	614	614	1534
c) für jede Person, die von ihnen überwiegend unterhalten wird	je 256	je 256	je 256
2) eines minderjährigen, unverheirateten Hilfesuchenden und seinen Eltern			
a) Grundbetrag	2600	2600	2600
b) Elternteil	614	614	1534
c) Hilfesuchender	256	256	256
d) für jede Person, die von ihnen überwiegend unterhalten wird	je 256	je 256	je 256
3) eines minderjährigen, unverheirateten Hilfesuchenden und Elternteil, bei dem er lebt, wenn die Eltern nicht zusammenleben			
a) Grundbetrag	2600	2600	–
b) Hilfesuchender	256	256	–
c) für jede Person, die von ihnen überwiegend unterhalten wird	je 256	je 256	
4) des Hilfesuchenden, der nicht bei seinen Eltern lebt			
a) Grundbetrag	2600	2600	–
b) für jede Person, die von ihm überwiegend unterhalten wird	je 256	je 256	–

V. Leistungen

Bei Vorliegen von Berechtigung, Bedarf und Bedürftigkeit sind Leistungen zu erbringen, für die das SGB XII noch einige modifizierende Regelungen trifft. Darüber hinaus enthält es Leistungsgrundsätze. In bestimmten gesetzlich umschriebenen Fällen drohen Leistungsreduzierungen.

1. Leistungsarten

Leistungsarten sind Unterhaltsleistungen und Leistungen in besonderen Lebenslagen.

a) Unterhaltsleistungen

Als Unterhaltsleistungen kommen Hilfe zum Lebensunterhalt und Grundsicherung in Betracht.

aa) Hilfe zum Lebensunterhalt: Hilfe zum Lebensunterhalt ist grundsätzlich zu leisten berechtigten Personen (s. S. 221 ff.), die ihren notwendigen Unterhaltsbedarf (s. S. 223 ff.) nicht aus eigenen Mitteln und Kräften einschließlich der zu berücksichtigenden Mittel anderer (s. S. 249 ff.) beschaffen können (§ 19 Abs. 1 SGB XII), und zwar in der Regel als Geldleistung, die nicht zurückzuzahlen ist („Beihilfe"), sowie als Dienstleistung. Der Gesetzgeber hat sich mit dem Hinweis auf die **gemeinsame Berücksichtigung von Einkommen und Vermögen** (§ 19 Abs. 1 S. 2 SGB XII) vorgestellt (BT-Drs. 15/1514, 57), dass „künftig einheitlich die Leistungsberechnung für diese Familien in der Regel gemeinsam erfolgt und die Leistungsberechnung nur dann für einzelne Familienmitglieder durchgeführt wird, wenn z. B. minderjährigen Kindern ausreichend eigenes Einkommen und Vermögen zur Verfügung stehen." Diese Vorstellung lässt sich mit der gesetzlichen Regelung nur sehr eingeschränkt vereinbaren. Beim Bedarf geht das Gesetz von Einzelbedarfen aus, während bei der Bedürftigkeit eine Zurechnung von Einkommen und Vermögen anderer in bestimmten Fällen vorgeschrieben wird, jedoch je nach Konstellation unterschiedlich zu erfolgen hat, so dass unter Beachtung dieser Differenzierungen und zur Vermeidung von Fehlern die Leistungsberechnung nach Einzelpersonen vorzuziehen ist, zumal jede von ihnen einen eigenständigen Leistungsanspruch hat.

Bezüglich der Hilfe zum Lebensunterhalt enthalten die Bestimmungen des SGB XII die folgenden Modifikationen:

V. Leistungen

- Hilfe zum Lebensunterhalt **kann** auch Personen geleistet werden, die ein für den notwendigen Lebensunterhalt ausreichendes Einkommen und Vermögen haben, jedoch **einzelne** für ihren Lebensunterhalt erforderliche **Tätigkeiten** nicht verrichten können (§ 27 Abs. 3 S. 1 SGB XII), z. B. eine Tätigkeit im Haushalt; von den Leistungsberechtigten kann ein angemessener Kostenbeitrag verlangt werden (§ 27 Abs. 3 S. 2 SGB XII, s. S. 300).

- **Unterkunftsleistungen sollen** an den **Vermieter** oder andere Empfangsberechtigte gezahlt werden, wenn die zweckentsprechende Verwendung durch die Leistungsberechtigten nicht sichergestellt ist; diese sind hiervon schriftlich zu unterrichten (§ 29 Abs. 1 S. 6 SGB XII). Wohnungsbeschaffungskosten und Mietkautionen **können** bei vorheriger Zustimmung übernommen werden; sie soll erteilt werden, wenn der Umzug durch den Sozialhilfeträger veranlasst wird oder aus anderen Gründen notwendig ist und wenn ohne die Zustimmung eine Unterkunft in einem angemessenen Zeitraum nicht gefunden werden kann (§ 29 Abs. 1 S. 7, 8 SGB XII). Eine Kann- bzw. Soll-Leistung ist die Übernahme von Schulden (§ 34 Abs. 1 SGB XII) bzw. der Beiträge für Kranken- und Pflegeversicherung (§ 32 Abs. 2, 3 SGB XII), eine Kann-Leistung diejenige der Vorsorgebeiträge (§ 34 SGB XII).

- **Regelsonderleistungen sollen** als **Darlehen** erbracht werden (§ 37 Abs. 1 SGB XII; zur Rückzahlung s. S. 300).

- Bei **vorübergehender Notlage** können Regel-, Mehrbedarfs-, Unterkunfts- und Heizungsbedarfs-, Kranken- und Pflegeversicherungsbeitragsleistungen sowie Vorsorgebeiträge als **Darlehen** gewährt werden (§ 38 Abs. 1 S. 1 SGB XII).

- Die Sozialhilfe **soll** auch als **Darlehen** geleistet werden, wenn der sofortige Verbrauch oder die **sofortige Verwertung des Vermögens unmöglich oder** wegen **Härte** unzumutbar ist (§ 91 S. 1 SGB XII). Die Leistungsberechtigung kann davon abhängig gemacht werden, dass der Anspruch auf Rückzahlung dinglich – z. B. Grundschuld, Hypothek – oder in anderer Weise – z. B. Forderungsabtretung – gesichert wird (§ 91 S. 2 SGB XII). Ist ein Hilfesuchender dazu nicht bereit, darf die Hilfe verweigert werden (OVG Ni, Urt. v. 22. 7. 1997 – 12 M 3558/97 – FEVS 48, 102).

bb) Grundsicherung im Alter und bei Erwerbsminderung: Grundsicherung ist grundsätzlich zu leisten berechtigten Personen (s. S. 221 ff.), die ihren notwendigen Unterhaltsbedarf (s. S. 239 ff.) nicht aus ihrem

Einkommen und Vermögen sowie dem der zu berücksichtigenden anderen Personen (s. S. 249 ff.) beschaffen können (§ 19 Abs. 2 SGB XII, sog. Ist- oder Muss-Leistung), und zwar in der Regel als Geldleistung, die nicht zurückzuzahlen ist („Beihilfe"), sowie als Dienstleistung. Die Grundsicherungsleistungen erfolgen nach den gleichen Maßstäben wie diejenigen der Hilfe zum Lebensunterhalt, nachdem der Gesetzgeber im Änderungsgesetz jetzt auch ausdrücklich ein Darlehen vorsieht (§§ 41 Abs. 2 S. 2 unter Hinweis auf § 91). Keinen Anspruch auf Grundsicherung hat, wer in den letzten zehn Jahren die **Bedürftigkeit** vorsätzlich oder grob fahrlässig **herbeigeführt** hat (§ 41 Abs. 3 SGB XII). Ihm ist freilich Hilfe zum Lebensunterhalt zu leisten, dessen schuldhafte Herbeiführung zum Kostenersatz führt (§ 103 Abs. 1 S. 1 SGB XII, s. S. 300).

b) Leistungen in besonderen Lebenslagen

Hilfe in besonderen Lebenslagen ist grundsätzlich berechtigten Personen (s. S. 222) zu leisten, soweit sie ihren notwendigen Bedarf (s. S. 240 ff.) nicht zumutbar aus eigenem Einkommen und Vermögen einschließlich dem der zu berücksichtigenden anderen Personen (s. S. 258 ff.) befriedigen können (§ 19 Abs. 3 SGB XII), und zwar je nach Bedarf entweder als Sach- oder Geldleistungen, diese überwiegend als Beihilfe, teilweise als Darlehen, sowie als Dienstleistung. Dieser Grundsatz wird in den Bestimmungen über die Hilfe in besonderen Lebenslagen wie folgt modifiziert.

aa) Akute Gesundheitshilfe: Für die in der gesetzlichen Krankenversicherung befindlichen Personen gehen die Leistungen der **Krankenkasse** nach dem SGB V der akuten Gesundheitshilfe **vor.** Dies gilt insbesondere bezüglich der Bezieher von SGB II-Leistungen, die krankenversichert sind (s. S. 123, 195). Die Krankenbehandlung für **nicht versicherte Empfänger der Sozialhilfe** – Leistungen der Hilfe zum Lebensunterhalt und der Hilfe in besonderen Lebenslagen – wird von der Krankenkasse übernommen (§ 264 Abs. 2 S. 1 SGB V). Dies gilt nicht (§ 264 Abs. 2 S. 2 SGB V) für Personen, die voraussichtlich nicht mindestens einen Monat ununterbrochen Hilfe zum Lebensunterhalt beziehen, für Personen, die ausschließlich Hilfe für Beratungskosten erhalten (§ 11 Abs. 5 S. 3 SGB XII) sowie solche, die Schuldenübernahmehilfe bekommen (§ 34 SGB XII), sowie Deutsche im Ausland (§ 24 SGB XII). Außer letzteren Personen haben alle anderen unverzüglich eine Krankenkasse im Bereich des für die Hilfe zuständigen Sozialhilfeträgers zu wählen (§ 264 Abs. 3 S. 1 SGB V). Leben mehrere Empfänger in häuslicher Gemeinschaft, wird das Wahlrecht vom Haushaltsvorstand für sich und die Familienangehörigen, die bei Versicherungspflicht familienversichert (§ 10 SGB V) wären, ausgeübt (§ 264 Abs. 3 S. 2 SGB V). Sie erhalten eine Versichertenkarte, wobei als Versichertenstatus bis zur Vollendung des 65. Lebensjahres „Mitglied" bzw. bei Haushaltsangehörigen „Familienversicherte", danach „Rentner" angegeben wird (§ 264 Abs. 4 S. 2, 3 SGB V).

Bezüglich der **Zuzahlungen** (einschließlich Praxisgebühr) ist bestimmt (§ 62 Abs. 2 S. 5, 6 SGB V), dass sich die Belastungsgrenze von 2 % bzw. 1 % bei chronisch Kranken der jährlichen Bruttoeinnahmen (§ 62 Abs. 1 S. 2 SGB V) für die gesamte Bedarfsgemeinschaft nach den (jährlichen) Regelleistungen bestimmen, so dass sich die Belastungsgrenze bei Sozialhilfeempfängern auf 82,80 € beläuft, bzw. bei chronisch Kranken auf 41,40 € (zur Berücksichtigung als Unterhaltsbedarf vgl. S. 196).

Da diese Regelungen der Krankenbehandlung vorrangig sind (§ 48 Abs. 1 S. 2 SGB XII), bleibt für die akute Gesundheitshilfe nur ein relativ kleines Feld der Leistungserbringung, die derjenigen der gesetzlichen Krankenkassen zu entsprechen hat (s. im Einzelnen § 52 SGB XII, weiter G DV NDV 2004, 286: keine empfängnisregelnde Mittel ab 20 Jahren).

bb) Behinderungseingliederungshilfe: Bei allen Leistungen der Behinderungseingliederungshilfe ist zu beachten, dass es ihre besondere **Aufgabe** ist, eine drohende Behinderung zu verhüten oder eine Behinderung bzw. deren Folgen zu beseitigen oder zu mildern und die behinderten Menschen in die Gesellschaft einzugliedern, wozu insbesondere gehört, ihnen die Teilnahme am Leben in der Gemeinschaft zu ermöglichen oder zu erleichtern, ihnen die Ausübung eines angemessenen Berufs oder einen sonstigen angemessenen Tätigkeit zu ermöglichen oder sie soweit wie möglich unabhängig von Pflege zu machen (§ 53 Abs. 3 SGB XII). Dabei gilt ergänzend das Sozialgesetzbuch IX – Rehabilitation und Teilhabe behinderter Menschen. Zum Erreichen der Ziele des SGB XII und IX sind Leistungen zur **Prävention und Rehabilitation vorrangig** zu erbringen; wenn sie geboten erscheinen, haben die Sozialhilfeträger die zuständigen Rehabilitationsträger und die Integrationsämter zu unterrichten (§ 14 SGB XII). **Von Behinderung bedrohte Personen** – d.h., solche bei denen der Eintritt einer Behinderung nach fachlicher Erkenntnis mit hoher Wahrscheinlichkeit zu erwarten ist –, erhalten Behinderungseingliederungseinhilfe nur, wenn auch bei Durchführung erforderlicher Gesundheitshilfe (§ 47 SGB XII) und Krankenhilfe (§ 48 SGB XII) eine Behinderung einzutreten droht (§ 53 Abs. 2 SGB XII).

Erfordert die Eingliederungshilfe Leistungen für ärztliche oder ärztlich verordnete Maßnahmen oder eine Tageseinrichtung für behinderte Menschen bzw. eine stationäre Einrichtung (s. S. 284), sind die Leistungen auch dann in **vollem Umfang** zu erbringen, wenn den einsatzpflichtigen Personen (s. S. 258, 265) die **Mittelaufbringung zu einem Teil zuzumuten** ist (sog. Bruttoprinzip); in Höhe dieses Teils haben sie einen Kostenbeitrag (S. 300) zu erbringen, wobei mehrere Personen als Gesamtschuldner haften (§ 92 Abs. 1 SGB XII).

Leistungen zur **medizinischen Rehabilitation** und zur **Teilhabe am Arbeitsleben** haben jeweils den Rehabilitationsleistungen der gesetzlichen Krankenversicherung oder der Bundesagentur für Arbeit zu entsprechen (§ 54 Abs. 1 S. 2 SGB XII; zur Eingliederungshilfe in Tagesstätten als gegenüber der Arbeitseingliederungshilfe nach § 16 SGB II umfassenderen Hilfe s. SG Halle Beschl. v. 5. 9. 2006 – S 13 SO 66/06 ER – RdL 2006, 168).

Der Sozialhilfeträger hat so wie früh wie möglich einen **Gesamtplan** zur Durchführung der einzelnen Leistungen aufzustellen und dabei mit dem behinderten Menschen und den sonst im Einzelfall Beteiligten, insbesondere dem behandelnden Arzt, dem Gesundheitsamt (zu dessen Aufgaben § 59 SGB XII), dem Landesarzt, Jugendamt und Bundesagentur zusammenzuwirken (§ 58 SGB XII).

Leistungsberechtigte können auf Antrag Leistungen der Eingliederungshilfe auch als Teil eines trägerübergreifenden **Persönlichen Budgets** erhalten (§ 57 SGB XII in Verbindung mit §§ 17 Abs. 2–4, 159 SGB IX: Leistungen zur Teilhabe am Leben in der Gemeinschaft, die sich auf regelmäßig wiederkehrende und alltägliche regiefähige Bedarfe beziehen, ergänzend gilt die Budgetverordnung, ab 1. 1. 2008 wird dies eine Ist-Leistung). Damit wird neben der Stärkung der Selbstbestimmung und Eigenverantwortung behinderter Menschen und der mit dem Persönlichen Budget verbundenen Reduzierung des Verwaltungsaufwands auch beabsichtigt, wirksam den steigenden Kosten der Eingliederungshilfe entgegenzuwirken (so BT-Drs. 15/1514, 63).

cc) Chronische-Pflege-Hilfe: Diesbezüglich sind nähere Regelungen über Leistungskonkurrenzen getroffen worden (§ 66 SGB XII) bezüglich gleichartiger Leistungen nach anderen Rechtsvorschriften, insbesondere auch den Pflegeversicherungsleistungen sowie den SGB-XII-Pflegeleistungen untereinander und dem Blindengeld (dazu weiter § 72 Abs. 4 SGB XII). Über die bisherigen Regelungen hinaus wird die Möglichkeit, dass das Pflegegeld bei teilstationärer Betreuung angemessen gekürzt werden kann, ausgedehnt auf vergleichbare Betreuungen, die anderweitig finanziert werden (z. B. Beihilfe; dazu BT-Drs. 15/1514, 63). Die Hilfe zur Pflege kann auf Antrag auch als Teil eines trägerübergreifenden **Persönlichen Budgets** erbracht werden entsprechend wie bei der Eingliederungshilfe (§ 61 Abs. 2 S. 3 SGB XII, s. S. 274). Der Anspruch des Berechtigten auf Pflegegeld steht nach seinem Tode demjenigen zu, der die Pflege geleistet hat, soweit es an den Berechtigten erbracht worden wäre (§ 19 Abs. 6 SGB XII).

dd) Desintegrationsüberwindungshilfe: Bei ihr ist in geeigneten Fällen ein **Gesamtplan** zur Durchführung der erforderlichen Maßnahmen zu erstellen (§ 68 Abs. 1 S. 2 SGB XII, dazu näher § 2 Abs. 3, 4 VO zu § 72 BSHG).

ee) Ergänzende Lebenslagenhilfe: Diesbezüglich sind noch folgende Regelungen getroffen:

- Die Soll-Leistungen der **Hilfe zur Weiterführung im Haushalt** sollen in der Regel nur vorübergehend erbracht werden, was aber nicht gilt, wenn durch sie die Unterbringung in einer stationären Einrichtung vermieden oder aufgeschoben werden kann (§ 70 Abs. 1 S. 2, 3 SGB XII).
- **Altenhilfe** soll außer den übrigen SGB XII-Leistungen gewährt werden (§ 71 Abs. 1 S. 1 SGB XII).
- Bei der **Blindenhilfe** gibt es spezielle Bestimmungen für die Konkurrenz mit Pflegeleistungen (s. § 72 Abs. 1 S. 2, 3, Abs. 4 SGB XII).
- Die **Hilfe in sonstigen Lebenslagen** stellt eine Kann-Hilfe sowohl hinsichtlich der Entscheidung über ihre Gewährung als auch ihrer Form als Beihilfe bzw. Darlehen dar (§ 73 SGB XII).

2. Leistungsgrundsätze

Das SGB XII enthält eine Reihe von Leistungsgrundsätzen, die den Regelungen des SGB I vorgehen, soweit diese unter dem Vorbehalt stehen, dass sie gegenüber den besonderen Teilen des SGB nachrangig sind (§ 37 S. 1 Hs. 1 SGB I, S. 307 ff.).

a) Anspruch

Auf Sozialhilfe besteht ein Anspruch, soweit bestimmt ist, dass die Leistung zu erbringen ist (§ 17 Abs. 1 S. 1 SGB XII). Das SGB XII un-

C. Wer bekommt noch Sozialhilfe?

terscheidet bei der Frage über das Ob einer Hilfe zwischen **Ist- oder Muss-, Soll- und Kann-Leistungen** (sog. Ob-Frage oder Leistungsermessen).

Beispiel: Nach § 19 Abs. 1 S. 1 SGB XII ist Hilfe zum Lebensunterhalt zu erbringen, wenn der notwendige Lebensunterhalt nicht oder nicht ausreichend aus eigenen Mitteln und Kräften beschafft werden kann. Gemäß § 34 Abs. 1 S. 2 SGB XII sollen Schulden übernommen werden, wenn dies gerechtfertigt und notwendig ist und sonst Wohnungslosigkeit einzutreten droht, nach § 34 Abs. 1 S. 1 SGB XII können sie übernommen werden, wenn dies zur Sicherung der Unterkunft oder einer vergleichbaren Notlage gerechtfertigt ist.

Auf **Muss-Leistungen** besteht ein einklagbarer Rechtsanspruch, falls die gesetzlichen Voraussetzungen vorliegen. Auch eine **Soll-Vorschrift** verpflichtet den Sozialhilfeträger grundsätzlich so zu verfahren, wie das Gesetz als Regel vorschreibt; wenn es keine Umstände gibt, die den Fall als atypisch erscheinen lassen, bedeutet das Soll ein Muss (BVerwG Urt. v. 17. 8. 1979 – 5 C 33/77 – BVerwGE 56, 220, 223 = FEVS 47, 45 = NDV 1979, 118 = ZfSH 1979, 61). Über die Gewährung von **Kann-Leistungen** entscheidet der Sozialhilfeträger nach pflichtmäßigem Ermessen (s. S. 307). Ebenfalls nach pflichtmäßigem Ermessen ist über **Art und Maß der Leistungserbringung** zu entscheiden, soweit das Ermessen nicht ausgeschlossen ist (§ 17 Abs. 2 S. 1 SGB XII, sog. Wie-Frage oder Auswahlermessen, s. weiter § 39 SGB I).

Beispiel: Nach § 54 Abs. 1 S. 2 SGB XII haben die Leistungen zur medizinischen Rehabilitation und Teilhabe am Arbeitsleben jeweils den Rehabilitationsleistungen der gesetzlichen Krankenversicherung und der Bundesanstalt für Arbeit zu entsprechen. Dem Sozialhilfeträger bleibt damit nur noch in diesem Rahmen die Ermessensentscheidung überlassen, in welcher Art und mit welchem Maß er die Leistungen durchführt; das pflichtmäßige Ermessen gebietet auch insoweit die Beachtung ärztlicher Gutachten.

Die Sozialhilfe soll **vorbeugend** geleistet werden, wenn dadurch eine drohende Notlage ganz oder teilweise abgewendet werden kann (§ 15 Abs. 1 SGB XII unter Hinweis auf den Vorrang der vorbeugenden Gesundheitshilfe gemäß § 47 SGB XII). Sie soll **auch nach** Beseitigung einer **Notlage** geleistet werden, wenn dies geboten ist, um die Wirksamkeit der zuvor erbrachten Leistung zu sichern (§ 15 Abs. 2 SGB XII unter Hinweis auf Vorrang der nachgehenden Eingliederungshilfe, s. § 54 Abs. 1 S. 1 Nr. 5 SGB XII).

V. Leistungen

Jeder Hilfeberechtigte hat einen **selbstständigen Anspruch** auf Sozialhilfe (sog. Einzelanspruch, so schon für das BSHG BVerwG Urt. v. 30. 11. 1966 – 5 C 29/66 – BVerwGE 25, 207 = FEVS 14, 243 = NDV 1967, 281). Der Anspruch auf **Sozialhilfe kann nicht übertragen, verpfändet oder gepfändet werden** (§ 17 Abs. 1 S. 2 SGB XII), was den allgemeinen Regelungen des SGB I (§§ 52–55) vorgeht (§ 37 S. 1 Hs. 1 SGB I). Werden Leistungen aufgrund von Ermessensentscheidungen erbracht, sind die Entscheidungen im Hinblick auf die sie tragenden Gründe und Ziele zu überprüfen und im Einzelfall gegebenenfalls abzuändern (§ 17 Abs. 2 S. 2 SGB XII).

b) Leistungserbringung

Die Leistungen werden als Dienst-, Geld- oder Sachleistung erbracht (§ 10 Abs. 1 SGB XII), und zwar durch den Sozialhilfeträger selbst oder durch Dritte („freie Träger"), letzteres hauptsächlich in Einrichtungen.

aa) Dienstleistung: Zur Dienstleistung gehört insbesondere die Beratung in Fragen der Sozialhilfe und die Unterstützung in sonstigen sozialen Angelegenheiten (§ 10 Abs. 2 SGB XII). Die **Beratung** betrifft die persönliche Situation, den Bedarf sowie eigene Mittel und Kräfte einschließlich der Befähigung für den Erhalt von Sozialleistungen und der möglichen Stärkung der Selbsthilfe zur aktiven Teilnahme am Leben in der Gemeinschaft – die auch ein gesellschaftliches Engagement umfasst – und zur Überwindung der Notlage (§ 11 Abs. 2 S. 1–3 SGB XII). Sie schließt auch eine gebotene Budgetberatung ein (§ 11 Abs. 2 S. 4 SGB XII). Dies ist nicht nur wegen der Verankerung des persönlichen Budgets (§§ 57, 61 Abs. 2 S. 3 SGB XII, s. S. 274, 275), sondern auch wegen der Einbeziehung der meisten bisherigen einmaligen Leistungen nach dem BSHG in den Regelleistungsbedarf (§ 28 SGB XII) geschehen (BT-Drs. 15/1514, 56). Die **Unterstützung** umfasst Hinweise und, soweit erforderlich, die Vorbereitung von Kontakten und die Begleitung zu sozialen Diensten sowie zu Möglichkeiten der aktiven Teilnahme am Leben in der Gemeinschaft unter Einschluss des gesellschaftlichen Engagements (§ 11 Abs. 3 S. 1 SGB XII), sog. **Aktivierung** einschließlich der zu einer Tätigkeit (s. S. 258).

Bezüglich Beratung und Unterstützung haben die öffentlichen Träger zunächst auf die Verbände der **freien Wohlfahrtspflege,** Angehörige der rechtsberatenden Berufe und sonstige Stellen **hinzuweisen** (§ 11 Abs. 5 S. 1 SGB XII). Ist eine weitere Beratung durch eine Schuldnerberatungsstelle oder andere **Fachberatungsstellen** geboten, ist auf ihre Inan-

277

spruchnahme hinzuwirken, wobei angemessene **Kosten** übernommen werden sollen, wenn eine Lebenslage, die Leistungen der Hilfe zum Lebensunterhalt erforderlich macht oder erwarten lässt, sonst nicht überwunden werden kann; in anderen Fällen können Kosten übernommen werden (§ 11 Abs. 5 S. 2, 3 SGB XII). Die Kostenübernahme kann in Form einer pauschalierten Abgeltung der Leistung der Schuldnerberatungsstelle oder anderen Fachberatungsstellen erfolgen (§ 11 Abs. 5 S. 4 SGB XII) oder durch Leistungs-, Vergütungs- und Prüfungsvereinbarungen (s. § 75 Abs. 1 S. 2 SGB XII); auf solche Leistungen sind gegebenenfalls Förderungen aus anderen öffentlichen Mitteln anzurechnen (§ 76 Abs. 2 S. 2 SGB XII).

bb) Geld- und Sachleistung: Die **Geldleistung** (als nicht rückzahlbare Beihilfe) hat **Vorrang vor der Sachleistung,** soweit nicht im SGB XII etwas anderes bestimmt ist (wie bei der Hilfe zum Lebensunterhalt z.B. die Darlehensregelungen in §§ 37 Abs. 1, 38 Abs. 1 SGB XII oder bei der Hilfe in besonderen Lebenslagen die Sachleistungsregelungen z.B. in §§ 47–52 SGB XII) oder die **Sachleistung** – zu der auch Gutscheine und andere unbare Formen der Verrechnung gehören – das **Ziel** der Sozialhilfe **erheblich besser oder wirtschaftlicher erreichen kann** – was bei der Hilfe zum Lebensunterhalt beim Erstbeschaffungsbedarf für die Wohnung (§ 31 Abs. 1 Nr. 1 SGB XII) in Betracht kommt – oder die Leistungsberechtigten es wünschen (§ 10 Abs. 2 SGB XII).

cc) Einrichtungsleistungen: Leistungen können außerhalb von Einrichtungen erbracht werden (**ambulante** Leistungen) oder in Einrichtungen – welche der Behandlung, Pflege oder sonstigen nach dem SGB XII zu deckenden Bedarfe dienen –, und zwar in **stationären** – d.h. solchen, in denen Leistungsberechtigte durchgängig leben und die erforderliche Hilfe bekommen (diese Passage ist im Änderungsgesetz, s. S. 220, gestrichen, um klarzustellen, dass die bisherige gefestigte Rechtsprechung zum Einrichtungsbegriff weitergreift) – oder **teilstationären** – also solchen, in denen sie stundenweise Leistungen erhalten (s. § 13 Abs. 1 S. 1, 2, Abs. 2 SGB XII). Vorrang haben ambulante vor teilstationären und stationären sowie teilstationäre vor stationären Leistungen (§ 13 S. 3 SGB XII). Der **Vorrang der ambulanten Leistung** gilt (ausnahmsweise) **nicht,** wenn eine **geeignete stationäre Einrichtung zumutbar** und eine ambulante Leistung mit unverhältnismäßigen Mehrkosten (s. S. 280) verbunden ist, wobei zunächst die Zumutbarkeit unter angemessener Berücksichtigung der persönlichen, familiären und örtlichen

V. Leistungen

Umstände zu prüfen und bei Unzumutbarkeit ein Kostenvergleich nicht (mehr) vorzunehmen ist (§ 13 Abs. 1 S. 5–7 SGB XII). Das heißt (BT-Drs. 15/1514, 56 f.): „Wenn der Träger der Sozialhilfe auf eine stationäre Leistung anstelle einer ambulanten Leistung verweisen möchte, setzt dies zunächst voraus, dass dem Hilfebedarf der Leistungsberechtigten im Hinblick auf ihre persönliche und familiäre Situation und auf ihr Alter Rechnung getragen wird. Es verbietet sich also je nach den bestehenden Umständen des Einzelfalls die Verweisung eines jungen pflegebedürftigen Menschen in ein Altenheim, in dem er dauerhaft mit alten Menschen zusammenleben müsste. Erweist sich eine stationäre Hilfe unter Abwägung der vorgenannten Gesichtspunkte bereits als unzumutbar, bleibt für die Prüfung der Unverhältnismäßigkeit der Mehrkosten für den Träger der Sozialhilfe kein Raum." **Wünschen** der Leistungsberechtigten, den Bedarf **stationär** oder teilstationär zu decken, soll nur entsprochen werden, wenn dies nach der Besonderheit des Einzelfalls erforderlich ist, weil anders der Bedarf nicht oder nicht ausreichend gedeckt werden kann (Beispiel SG Neuruppin Beschl. v. 21. 6. 2005 – S 14 SO 20/05 ER – RdL 2005, 122: stationäre Hilfe bei Überforderung durch betreutes Wohnen) und wenn mit der Einrichtung Leistungs-, Vergütungs- und Prüfungsvereinbarungen (§ 15 Abs. 2 SGB XII) bestehen (§ 9 Abs. 2 S. 2 SGB XII; zum Wunsch auf Betreuung durch einen Geistlichen eigenen Bekenntnisses § 9 Abs. 3 SGB XII).

Rat: Lies zur Rechtsstellung des Einrichtungsnutzers S. 284 ff.

Leistungs-, Vergütungs- und Prüfungsvereinbarungen (s. näher §§ 75 ff. SGB XII) haben die **öffentlichen Träger mit den freien** (insbesondere Wohlfahrtsverbänden, gemeinnützigen Vereinen und sonstigen privaten Trägern) abzuschließen, wenn sie Einrichtungsleistungen nicht selbst erbringen oder an die freien Träger übertragen haben, wobei sie auch in diesem Fall gegenüber dem Leistungsberechtigten letztverantwortlich bleiben (§ 5 Abs. 5 SGB XII). Soweit Einrichtungen freier Träger vorhanden sind, ausgebaut oder geschaffen werden können, sollen die Sozialhilfeträger eigene nicht neu schaffen (s. §§ 5 Abs. 4, 75 Abs. 2 S. 1 SGB XII). Ist mit einem freien Träger keine Leistungs-, Vergütungs- und Prüfungsvereinbarung abgeschlossen, darf der Sozialhilfeträger (Geld)Leistungen nur erbringen, wenn dies nach der Besonderheit des Einzelfalls geboten ist; hierzu hat der Einrichtungsträger ein Angebot

279

vorzulegen und sich schriftlich zu verpflichten, ihm entsprechende Leistungen zu erbringen (§ 75 Abs. 4 SGB XII). Während die Leistungs-, Vergütungs- und Prüfungsvereinbarungen öffentliche und freie Träger verbinden, steht der **Leistungsberechtigte** bezüglich seines Sozialhilfeanspruchs mit dem **Sozialhilfeträger in einem öffentlich-rechtlichen Verhältnis und** mit dem **freien Träger** im Hinblick auf dessen Dienste in einer **privatrechtlichen (Vertrags)Beziehung,** auf die bei einer Heimunterbringung das Heimgesetz (§§ 1–9) und sonst die einschlägigen zivilrechtlichen Bestimmungen (z. B. BGB, Gesetz zur Regelung des Rechts der Allgemeinen Geschäftsbedingungen) anzuwenden sind (sog. **Dreiecksverhältnis**).

dd) Einzelfall-, Familienlage- und Wunschberücksichtigung: Unter Beachtung der (unter aa. bis cc.) beschriebenen Grundsätze richten sich die Leistungen der Sozialhilfe nach der **Besonderheit des Einzelfalls,** insbesondere nach der Art des Bedarfs, den örtlichen Verhältnissen, den eigenen Mitteln und Kräften der Person oder des Haushalt bei der Hilfe zum Lebensunterhalt (§ 9 Abs. 1 SGB XII). Dies bezieht sich danach sowohl auf den Bedarf (Regel- und Mehrbedarfsabweichung, Unterkunft, Erstbeschaffungsbedarf) als auch die einzusetzenden Mittel und Kräfte. Mit dem Hinweis auf den Haushalt bei der Hilfe zum Lebensunterhalt ist intendiert (BT-Drs. 15/1514, 56), das Individualprinzip nicht mehr auf die einzelnen Personen zu beziehen, sondern gemäß der Lebenswirklichkeit auf gemeinsam wirtschaftende Haushalte zu erweitern, insbesondere bezüglich der Leistungsberechtigung, was freilich aufgrund der hinsichtlich Bedarf und Bedürftigkeit getroffenen gesetzlichen Regelungen nur sehr eingeschränkt möglich ist. Zu den zu berücksichtigenden Umständen gehören in jedem Fall die besonderen Verhältnisse in der **Familie,** hinsichtlich derer die Sozialhilfe die Kräfte zur Selbsthilfe anregen und den Zusammenhang festigen soll (§ 16 SGB XII, s. auch § 26 Abs. 1 S. 2 SGB XII, s. S. 282).

Wünschen des Leistungsberechtigten, die sich auf die Gestaltung der Leistungen richten, soll **entsprochen** werden, soweit sie angemessen sind, wobei der Sozialhilfeträger in der Regel Wünschen **nicht** entsprechen soll, deren Erfüllung mit **unverhältnismäßigen Mehrkosten** verbunden wäre (§ 9 Abs. 2 S. 1, 3 SGB XII). Angemessen ist diesbezüglich jeder Wunsch, der zu Deckung eines sozialhilferechtlichen Bedarfs führt; er ist immer zu erfüllen, wenn keine konkrete zumutbare Alternative besteht (BVerwG Urt. v. 22. 10. 1992 – 5 C 11/98 – BVerwGE 91, 114 = FEVS 43, 181 = NDV

1993, 238 = ZfSH/SGB 1993, 146, BVerwG Urt. v. 2. 9. 1993 – 5 C 50/91 –
BVerwGE 94, 127 = FEVS 44, 322 = NDV 1994, 106); deshalb kann z. B.
ein Wohnungsloser, der Hilfe zum Lebensunterhalt außerhalb von Einrichtungen wünscht, nicht auf eine stationäre Hilfe verwiesen werden,
auch wenn diese sachgerecht ist (VG Münster Urt. v. 28. 11. 2002 – 5 L
1460/00 – info also 2001, 112). Beim Mehrkostenvergleich zwischen Al-
ternativen ist allein darauf abzustellen, welche Kosten in welcher Höhe
dem Sozialhilfeträger durch die in Frage stehenden Hilfen aufgebürdet
werden (vgl. BVerwG Urt. v. 11. 2. 1982 – 5 C 85/90 – BVerwGE 65, 52 =
FEVS 31, 221 = NDV 1982, 235 = ZfSH 1982, 274, BVerwG Urt. v. 22. 1.
1987 – 5 C 10/85 – BVerwGE 75, 345 = FEVS 36, 353 = NDV 1987, 295,
OVG Ha Urt. v. 10. 6. 1996 – Bs IV 94/96 – FEVS 47, 177). Unverhältnis-
mäßig sind die durch Vergleich festgestellten Kosten dann, wenn die
Mehrbelastung des Sozialhilfehaushalts zu dem Gewicht der von dem Hilfebedürftigen angeführten Gründe nicht mehr im rechten Verhältnis steht,
so dass sich die Frage der (Un)Verhältnismäßigkeit der Mehrkosten nicht
in einem rein rechnerischen Vergleich erschöpfen darf, sondern vielmehr
auch eine wertende Betrachtung in Bezug auf das Gewicht der Gründe
verlangt (vgl. BVerwG Urt. v. 17. 11. 1994 – 5 C 11/93 – BVerwGE 97, 110
= FEVS 45, 363 = NDV 1995, 298 am Beispiel eines Wohnungswunsches,
BVerwG Urt. v. 26. 3. 1999 – 5 B 65/98 – FEVS 51, 49 am Beispiel höherer
Umzugskosten wegen größerer Entfernung). Mehrkosten von 75% sind
„ohne weiteres unvertretbar" (BVerwG Urt. v. 11. 2. 1982 – 5 C 85/80 –
BVerwGE 65, 52 = FEVS 31, 221 = NDV 1982, 235 = NJW 1983, 2586 =
ZfSH 1982, 274).

3. Leistungsreduzierungen

a) Bedarfsabweichungen

Leistungsreduzierungen kommen in Betracht bei Regel- und Mehrbedarfsabweichungen im Rahmen der Hilfe zum Lebensunterhalt/Grund-
sicherung nach unten (s. S. 237 ff.).

b) Einschränkung bei Tätigkeitsverweigerung

Lehnen Leistungsberechtigte eine Tätigkeit entgegen ihrer Verpflichtung (s. S. 258) ab, vermindert sich nach vorheriger entsprechender Belehrung der maßgebende Regelsatz in einer 1. Stufe um 25%, bei wiederholter Ablehnung in weiteren Stufen um jeweils bis 25% (§ 39 Abs. 1
SGB XII). Soweit wie möglich ist dabei zu verhüten, dass die unter-

haltsberechtigten Angehörigen oder andere mit ihnen in Haushaltsgemeinschaft lebenden Leistungsberechtigte mit betroffen werden (§§ 39
Abs. 2, 26 Abs. 1 S. 2 SGB XII).

c) Einbehaltung einer Regelsonderleistung

Wird Regelsonderbedarf als Darlehen gewährt (§ 37 Abs. 1 SGB XII,
s. S. 239), kann die Rückzahlung beim Empfängern von Hilfe zum
Lebensunterhalt/Grundsicherung in monatlichen Teilbeträgen in Höhe
von 5% des Eckregelsatzes (= 17,25 €) einbehalten werden (§§ 37
Abs. 2, 42 S. 2 SGB XII).

d) Einschränkung bei Leistungsherbeiführung und unwirtschaftlichem Verhalten

Weiterhin soll die Leistung bis auf das zum Lebensunterhalt Unerlässliche (= ca. 75% des Eckregelsatzes, vgl. § 39 Abs. 1 SGB XII) eingeschränkt werden (§ 26 Abs. 1 SGB XII) bei Leistungsberechtigten, die
nach Vollendung des 18. Lebensjahres ihr Einkommen oder Vermögen
vermindert haben in der Absicht, die Voraussetzung für die Gewährung
oder Erhöhung der Leistung herbeizuführen, und bei Leistungsberechtigten, die trotz Belehrung ihr unwirtschaftliches Verhalten fortsetzen (§ 26
Abs. 1 SGB XII); dabei ist zu verhindern, dass Angehörigen oder andere
Haushaltsmitglieder mit betroffen werden (§ 26 Abs. 1 S. 2 SGB XII).

e) Aufrechnung

Eine Aufrechnung kann – außer soweit dadurch der Gesundheit dienende Leistungen gefährdet werden – bis auf das jeweils Unerlässliche
mit Ansprüchen des Sozialhilfeträgers gegen eine leistungsberechtigte
Person erfolgen, wenn es sich handelt um (§ 26 Abs. 2, 3, 5 SGB XII):
- Ansprüche auf **Erstattung zu Unrecht erbrachter Leistungen** (§ 50
  SGB X, s. S. 384, 388), welche die leistungsberechtigte Person oder
  ihr Vertreter durch vorsätzliche bzw. grob fahrlässige unrichtige oder
  unvollständige Angaben oder durch pflichtwidriges Unterlassen veranlasst hat,
- Ansprüche auf **Kostenersatz** (§§ 103, 104 SBG XII, s. S. 300),
- Leistungen für einen Bedarf, der durch vorangegangene Leistungen der
  Sozialhilfe an die leistungsberechtigte Person bereits gedeckt worden
  war (**„Doppelleistungen"**, z.B. Mietschuldenübernahme gemäß § 34
  SGB XII nach vorher erfolgter Mietzahlung, nochmalige Erstbeschaffungsleistung nach zweckwidriger Verwendung der ersten).

VI. Spezielle Leistungsberechtigte

Die Aufrechnungsmöglichkeit wegen eines Anspruchs ist auf drei Jahre beschränkt; ein neuer Anspruch des Sozialhilfeträgers auf Erstattung oder Kostenersatz kann erneut aufgerechnet werden (§ 26 Abs. 2 S. 2 SGB XII).

VI. Spezielle Leistungsberechtigte

Für einige Personengruppen enthält das SGB XII spezielle Regelungen.

1. Ehe- oder lebenspartnerschaftsähnliche Gemeinschaften

Personen, die in ehe- oder lebenspartnerschaftsähnlicher Gemeinschaft leben, dürfen hinsichtlich der Voraussetzungen sowie des Umfangs der Sozialhilfe nicht besser gestellt werden als Ehegatten; die Regelung über die Wohngemeinschaft (§ 36 SGB XII) gilt entsprechend (§ 20 SGB XII). Eine eheähnliche Gemeinschaft liegt beim Zusammenleben von Frau und Mann in einer **Einstehens- und Verantwortungsgemeinschaft** vor, eine lebenspartnerschaftsähnliche bei entsprechendem Zusammenleben zweier gleichgeschlechtlicher Partner. Dass sie nicht besser gestellt werden darf als Ehegatten, hat bei Bedarf, Bedürftigkeit und Leistungen zur Folge, dass Personen einer eheähnlichen Gemeinschaft wie Ehegatten zu behandeln sind. Die entsprechende Anwendung der Regelung über die Wohngemeinschaft bedeutet wohl, dass bei einer Wohngemeinschaft zwischen einer Frau und einem Mann das Vorliegen einer eheähnlichen Gemeinschaft und die Erbringung von Leistungen zum Lebensunterhalt gemäß Einkommen und Vermögen wie bei Ehegatten erwartet wird (s. § 36 S. 1, 2 SGB XII). Die Beweislast für die Widerlegung dieser Vermutung liegt beim Hilfesuchenden. Eine Ausnahme gilt insoweit lediglich bei Personen, die behindert oder pflegebedürftig sind und von einer Person anderen Geschlechts betreut werden (s. § 36 S. 3 Nr. 2 SGB XII).

2. Auszubildende

Für die dem SGB XII unterfallenden – nicht erwerbsfähigen bzw. nicht zu einer Bedarfsgemeinschaft nach dem SGB II gehörenden – Auszubildenden gilt (§ 22 SGB XII) das Gleiche wie für erwerbsfähige Auszubildende bzw. solche, die zu einer Bedarfsgemeinschaft nach dem SGB II gehören (§ 7 Abs. 5, 6 SGB II, s. S. 186ff.), mit der Modifikation, dass in besonderen Härtefällen eine Beihilfe oder Darlehen (was es allein nach dem SGB II gibt) geleistet werden kann.

C. Wer bekommt noch Sozialhilfe?

3. Einrichtungsnutzer

a) Dreiecksverhältnis

Die Rechtslage bei Einrichtungsnutzern (teilstationäre: Einrichtungsbesucher, stationäre: Einrichtungsbewohner) ist kompliziert (in Anschluss an BVerwG Beschl. v. 26. 10. 2004 – 5 B 50.04, Juris und LSG BaW Beschl. v. 22. 9. 2005 – L 7 SO 3421/05 ER – FEVS 57, 322): **Einrichtungsnutzer** haben **gegenüber** dem **Sozialhilfeträger** einen sozialrechtlichen **Anspruch auf (teil)stationäre Hilfe** (§ 13 Abs. 1 SGB XII) im Umfang ihres notwendigen Hilfebedarfs (betreffend Unterhalt gemäß § 19 Abs. 1, 2 SGB XII sowie Maßnahmen der Hilfe in besonderen Lebenslagen gemäß § 19 Abs. 3 SGB XII). Bedient sich der Sozialhilfeträger dazu einer von einem freien Träger betriebenen Einrichtung (sog. **Dreiecksverhältnis**), so hat der Einrichtungsnutzer das vom **Einrichtungsträger** infolge des zwischen beiden geschlossenen **privatrechtlichen Vertrags** (insbesondere Heimvertrags) in Rechnung gestellte Entgelt zu zahlen, das bei dessen Bedürftigkeit vom Sozialhilfeträger zu übernehmen ist, in der Regel aber nur (§ 75 Abs. 3 Satz 1 SGB XII, Ausnahme gemäß § 75 Abs. 4 SGB XII) beim Vorliegen einer Leistungs-, Vergütungs- und Prüfungsvereinbarung zwischen Einrichtungs- und Sozialhilfeträger sowie in dem dort festgelegten Umfang – beinhaltend (s. § 76 Abs. 2 SGB XII): eine Grundpauschale für Unterkunft und Verpflegung, eine Maßnahmepauschale für Hilfe in besonderen Lebenslagen, die nach Hilfebedarfsgruppen bzw. Leistungstypen zu kalkulieren ist (Beispiel für betreutes Wohnen OVG Ha Beschl. v. 6. 10. 2004 – 4 Bs 351/04 – RdL 2006, 68: Tagessatz 30,49 €) und einen Investitionsbetrag, dessen Erhöhung der Sozialhilfeträger nur zustimmen muss, falls er der Investitionsmaßnahme vorher zugestimmt hat. Dementsprechend besteht im Dreiecksverhältnis kein Leistungsanspruch des Einrichtungsträgers gegen den Sozialhilfeträger, sondern nur ein Individualanspruch des Hilfebedürftigen (LSG BeB Beschl. v. 6. 2. 2006 – L 15 B 12/06 SO ER – SAR 2006, 38).

Dieses Beziehungsgeflecht wird in einer Reihe von gesetzlichen Bestimmungen weiter geregelt, wobei zweckmäßigerweise zwischen Unterhaltsbedarf und -bedürftigkeit sowie Maßnahmenbedarf (in besonderen Lebenslagen) und -bedürftigkeit diesbezüglich differenziert wird.

b) Hilfe zum Lebensunterhalt

aa) Bedarf: Der notwendige Lebensunterhalt(-Bedarf) in einer Einrichtung umfasst den darin erbrachten **Unterhalt, also Unterkunft und**

VI. Spezielle Leistungsberechtigte

Verpflegung (die Übernahme der Mittagessenskosten in einer Werkstatt für behinderte Menschen ist strittig geworden, s. Rechtsprechungsnachweise bei Schulz RdL 2006, 73) gemäß dem dafür zu zahlenden Entgelt, darüber hinaus in **stationären Einrichtungen zusätzlich** den **weiteren notwendigen Lebensunterhalt** (§ 35 Abs. 1 Satz 1 SGB XII). Dieser umfasst insbesondere **Kleidung** und einen **angemessenen Barbetrag** zur persönlichen Verfügung (§ 35 Abs. 2 Satz 1 SGB XII).

Der **Barbetrag** beträgt bei Leistungsberechtigten ab 18 Jahre mindestens 27 % des Eckregelsatzes (seit 1. 1. 2007), d. h. 93,15 € (§ 35 Abs. 2 Satz 2 SGB XII); „mindestens" indiziert, dass bei einem seiner Höhe nach unabweisbaren durchschnittlichen Bedarf, z. B. bei schwerbehinderten Menschen bezüglich persönlicher Bedürfnisse einschließlich anderweitig nicht erstatteten Medikamentskosten, ein höherer Barbetrag in Betracht kommt (VGH He Beschl. v. 17. 10. 2003 – 10 TP 2353/03 – FEVS 55, 279, VG Braunschweig Beschl. v. 6. 7. 2004 – 3 B 156/04 – ZfF 2006, 110). Personen, die bis zum 31. 12. 2004 einen Anspruch auf einen **Zusatzbarbetrag** wegen Einsatzes eigenen Einkommens gehabt haben, wird er in der zuletzt festgesetzten Höhe weiter erbracht (§ 133 a SGB XII). Bei **Personen unter 18 Jahre** wird die Höhe des Barbetrags durch das jeweilige Bundesland festgesetzt (§ 35 Abs. 3 Satz 3 SGB XII). Wird der Barbetrag voraussichtlich nur für kurze Zeit erbracht, kann er als Darlehen gewährt werden (§ 38 Abs. 1 Satz 1 SGB XII). Der Barbetrag wird gemindert, soweit seine bestimmungsgemäße Verwendung nicht möglich ist (§ 35 Abs. 2 Satz 4 SGB XII).

Darüber hinaus gehört zum notwendigen Unterhalt die **Krankenversicherungs-Zuzahlung** bis zur Belastungsgrenze, welche der Sozialhilfeträger als Darlehen zum 1. 1. jedes Jahres oder bei Aufnahme in eine stationäre Einrichtung unmittelbar an die Krankenkasse zu leisten hat, falls der Leistungsberechtigte nicht widerspricht (§ 35 Abs. 3–5 SGB XII). Die Rückzahlung hat in gleichen Teilbeträgen über das ganze Jahr zu erfolgen, also monatlich mit $1/_{12}$, das vom Barbetrag abgezogen wird. Das geschieht selbst dann, wenn dem Berechtigten überhaupt keine Zuzahlungskosten entstehen, was verfassungsrechtlich problematisch ist.

Rat: Lies zum missglückten § 35 SGB XII: Fahlbusch RsDE 63 (2006), 51 ff.

Nicht mehr zum notwendigen zusätzlichen Einrichtungsunterhaltsbedarf gehört nach der Rechtsprechung die **Weihnachtsbeihilfe** (LSG NW

C. Wer bekommt noch Sozialhilfe?

Beschl. v. 21. 12. 2005 – L 20 B 66/05 SO ER – Sozialrecht aktuell 2006, 31, SG Düsseldorf Beschl. v. 21. 12. 2005 – S 23 SO 224/05 ER – info also 2006, 135, SG Stuttgart Beschl. v. 21. 12. 2005 – S 20 SO 7966/05 ER – SAR 2006, 17), was seit 1. 1. 2007 durch eine Erhöhung des Barbetrags von 26 auf 27% ausgeglichen wurde (für 2006, S. 306).

bb) Bedürftigkeit: Bezüglich der Bedürftigkeit – also dem Einsatz von Einkommen und Vermögen – wird im Ausgangspunkt bestimmt, dass der **stationäre Unterhaltsbedarf pauschalierend zu berechnen** ist entsprechend dem Umfang der Leistungen der Grundsicherung im Alter und bei Erwerbsminderung (§ 35 Abs. 1 Satz 2 SGB XII), d. h. umfasst (§ 42 Satz 1 Nr. 1–3 SGB XII) den maßgeblichen Regelsatz, als Unterkunfts- und Heizungskosten (welche in teilstationären Einrichtungen nicht berechnet werden) die durchschnittliche angemessene tatsächliche Warmmiete eines Ein-Personenhaushalts im Bereich des zuständigen Sozialhilfeträgers sowie der Mehrbedarf. Der so errechnete Betrag ist die Höchstgrenze für den Einsatz von Mitteln aus Einkommen und Vermögen.

Davon ausgehend kann die Aufbringung der Mittel bei Leistungen der Hilfe zum Lebensunterhalt sowie der Grundsicherung im Alter und bei Erwerbsminderung (wie nunmehr das Änderungsgesetz klarstellt entgegen der auch nach bisherigem Recht nicht überzeugenden Entscheidung LSG Bay Beschl. v. 28. 7. 2005 – L 11 B 249/05 SO ER – FEVS 57, 131) für das Leben in einer (teil)stationären Einrichtung auf nicht längere Zeit ein Einkommenseinsatz aber nur bezüglich ersparter Aufwendungen für den häuslichen Lebensunterhalt verlangt werden (§ 92a Abs. 1 SGB XII in der Fassung des Änderungsgesetzes). **Nicht längere Zeit** ist nach herrschender Auffassung ein Aufenthalt bis voraussichtlich ein Jahr. In diesem Fall ist der Einkommenseinsatz begrenzt auf höchstens die **Aufwendungen, welche für den häuslichen Lebensunterhalt erspart werden.** Ersparte Aufwendungen sind für den Unterhaltsbedarf einzusetzende Geldmittel, sodass nur da, wo tatsächlich konkrete Ersparnisse für den häuslichen Lebensunterhalt infolge des Einrichtungsaufenthalts vorliegen, und lediglich in diesem Umfang ein Einkommenseinsatz erlaubt ist, der dann pauschalierend bemessen werden darf (BVerwG Urt. v. 29. 1. 2004 – 5 C 24.03 – FEVS 55, 316 am Beispiel des § 94 SGB VIII). Die **Kann-Inanspruchnahme** hat sich an den tatsächlichen Umständen – insbesondere teil- oder vollstationärer Aufenthalt, Mehrkosten infolge des stationären Aufenthalts – zu orientieren.

VI. Spezielle Leistungsberechtigte

Das einzusetzende Einkommen wird gebildet aus dem **gemeinsamen Einkommen** des Einrichtungsnutzers – bei Erwerbstätigkeit abzüglich 30%, bei Beschäftigung in einer Werkstatt für behinderte Menschen abzüglich 1/8 des Eckregelsatzes plus 25% des übersteigenden Entgelts, in begründeten Fällen auch ein anderer Betrag (§ 82 Abs. 3 SGB XII) – und seines nicht getrennt lebenden Ehegatten/Partners (für eine Trennung reicht die räumliche Trennung durch einen Einrichtungsaufenthalt nicht aus, solange eine innere Bindung noch besteht, deren Wegfall durch äußere Indizien erkennbar sein muss). Mit dieser Neuregelung (§ 92a Abs. 1 SGB XII) wird endlich die bisherige unbefriedigende Regelung beseitigt, die dazu führte, dass Ehepaare – je nach dem ob der Einrichtungsnutzer oder der zu Hause verbliebene Partner über Einkommen verfügten – in äußerst unterschiedlicher Weise zum Einkommenseinsatz herangezogen wurden, selbst wenn solche Paare über ein gleich hohes gemeinsames Einkommen verfügten.

Den einsatzpflichtigen Personen müssen zumindest ihre **existenznotwendigen Unterhaltsmittel verbleiben** (in der Einrichtung für Barbetrag und Kleidung sowie zu Hause in einem Umfang oberhalb des Unterhaltsbedarfs gemäß SGB II/SGB XII, und zwar etwa am Maßstab des § 9 Abs. 5 SGB II, sodass dem zu Hause verbleibenden Partner ein doppelter Regelsatz zuzubilligen ist).

Bei **voraussichtlich längerem Aufenthalt (als ein Jahr)** soll in angemessenem Umfang die Aufbringung der Mittel verlangt werden (§ 92a Abs. 2 SGB XII). Bei der Prüfung des angemessenen Umfangs ist auch der bisherigen Lebenssituation des im Haushalt verbleibenden Ehe- oder Lebenspartners sowie der in ihm lebenden minderjährigen unverheirateten Kinder Rechnung zu tragen (§ 92a Abs. 3 SGB XII). Diese **Soll-Regelung** erlaubt eine Mittelheranziehung bis zur Höchstgrenze des (entsprechend der SGB-XII-Grundsicherung festzustellenden) Einrichtungs-Unterhaltsbedarf einerseits und andererseits unter Belassung des für den Einrichtungsnutzer erforderlichen Bedarfs (Barbetrag, Kleidung) sowie des der bisherigen Lebenssituation Rechnung tragenden Unterhaltsbedarfs der im Haushalt lebenden Personen.

c) Hilfe in besonderen Lebenslagen

aa) Maßnahmebedarf: Die Hilfe in besonderen Lebenslagen umfasst den in der Einrichtung zu erbringenden notwendigen Maßnahme-Bedarf, wie er sich generell in der dafür gemäß der Leistungs- und Vergütungsvereinbarung festgelegten Pauschale darstellt. Ein darüber

C. Wer bekommt noch Sozialhilfe?

hinausgehender höherer individueller Bedarf ist auch zu decken; wird er nicht in der Leistungs- und Vergütungsvereinbarung berücksichtigt (dazu LSG BaW Beschl. v. 22. 9. 2005 – L 7 SO 3421/05 ER – FEVS 57, 322), hat eine Einzelregelung (nach Maßgabe des § 75 Abs. 4 SGB XII) zu erfolgen (s. dazu weiter OVG ST Urt. v. 13. 12. 2005 – 4 B 886/04 – RdL 2006, 76). Ergänzend sind bezüglich des Maßnahmebedarfs folgende Regelungen zu beachten:

- Bei der vollstationären Einrichtungshilfe für **behinderte pflegebedürftige Menschen,** die in einer Einrichtung leben, in der die Teilhabe am Arbeitsleben und am Leben in der Gemeinschaft, die schulische Ausbildung oder die Erziehung behinderter Menschen im Vordergrund des Einrichtungszwecks steht und die Pflegekasse zur Abgeltung der Pflegeleistung 10 % des vereinbarten Heimentgelts übernimmt – höchstens monatlich 256 € – umfasst der Bedarf auch die Pflege (§ 55 Satz 1 SGB XII in Verbindung mit § 43a SGB XI). Stellt der Einrichtungsträger fest, dass der behinderte Mensch so pflegebedürftig ist, dass die Pflege in der Einrichtung nicht sichergestellt werden kann, haben der Sozialhilfe- und Pflegeversicherungsträger mit dem Einrichtungsträger eine Vereinbarung über die Verlegung in eine andere angemessene Einrichtung zu treffen; dabei ist angemessen den Wünschen des behinderten Menschen Rechnung zu tragen (§ 55 Satz 2 SGB XII).

- Bei **teilstationärer Betreuung** von Pflegebedürftigen kann das **Pflegegeld** (§ 64 SGB XII) angemessen gekürzt werden (§ 66 Abs. 3 SGB XII).

- Bei der **Desintegrationsüberwindungshilfe** soll die **stationäre Hilfe** nur **befristet** und nur dann gewährt werden, falls eine verfügbare ambulante oder teilstationäre Hilfe nicht geeignet sowie die stationäre Hilfe Teil eines **Gesamtplans** ist, der zuvor vom Hilfeträger erstellt worden ist, spätestens unverzüglich nach Hilfebeginn; die Hilfe ist nach jeweils höchstens sechs Monaten zu überprüfen (§ 2 Abs. 5 Satz 1–3 VO zu § 69 SGB XII; zu Frauenhäusern Satz 4).

- Lebt ein **blinder Mensch** in einer **stationären Einrichtung,** wird neben der Blindenhilfe ein Barbetrag (§ 35 Abs. 2 SGB XII) nicht gewährt (§ 72 Abs. 4 Satz 1 SGB XII).

bb) Bedürftigkeit: Im Hinblick auf den Einkommenseinsatz – der nur in Betracht kommt, soweit nach der Heranziehung zum Unterhaltsbedarf noch Einkommen zur Verfügung steht (s. § 89 SGB XII), wobei bei

VI. Spezielle Leistungsberechtigte

einer entgeltlichen Beschäftigung in der Einrichtung vom Einkommen ein Abzug von $^1/_8$ des Eckregelsatzes plus 25% des diesen Betrags übersteigenden Erwerbseinkommens zu machen ist (§ 88 Abs. 2 SGB XII) – sind die Bestimmungen über den Einkommenseinsatz über der Einkommensgrenze (§ 85 SGB XII) und unter der Einkommensgrenze (§ 88 SGB XII) einschlägig. Letztere regelt (in der Fassung des SGB-XII-Änderungsgesetzes), dass Einkommen unter der Grenze nur hinsichtlich Leistungen für einen besonderen Zweck, für den Sozialhilfe sonst zu leisten wäre – z.B. die Leistungen der Pflegeversicherung für eine stationäre Unterbringung – sowie darüber hinaus in angemessenem Umfang verlangt werden darf, wenn eine Person voraussichtlich auf längere Zeit Leistungen in der Einrichtung bedarf (§ 88 Abs. 1 S. 2 SGB XII). Erfordert speziell eine **Behinderung** Leistungen für eine stationäre Einrichtung oder eine Tageseinrichtung, sind die Leistungen hierfür auch dann **in vollem Umfang** zu erbringen, wenn den einsatzpflichtigen Personen die Aufbringung der **Mittel zu einem Teil** zuzumuten ist; in Höhe dieses Teils haben sie zu den Kosten der erbrachten Leistungen beizutragen, wobei mehrere Verpflichtete als Gesamtschuldner haften (§ 92 Abs. 1 SGB XII). Erhalten schließlich behinderte oder von Behinderung bedrohte Menschen in einer stationären Einrichtung Leistungen der Eingliederungshilfe, können ihnen oder ihren Angehörigen zum gegenseitigen **Besuch** Beihilfen geleistet werden, soweit es im Einzelfall erforderlich ist (§ 54 Abs. 2 SGB XII).

d) Anspruchsübergang nach dem Tod

Der Anspruch eines Berechtigten auf Leistungen für Einrichtungshilfe steht, soweit diese an ihn erbracht worden wären, nach seinem **Tod** demjenigen zu, der die Einrichtungsleistung erbracht hat (§ 19 Abs. 6 SGB XII), also in der Regel dem Einrichtungsträger.

4. Anderweitig Untergebrachte

Wird jemand in einer anderen Familie oder bei anderen Personen als den Eltern(teilen) untergebracht, wird in der Regel der notwendige Unterhaltsbedarf abweichend von der Regelleistung (s. S. 223 f.) in Höhe der tatsächlichen Kosten bemessen, sofern die Kosten einen angemessenen Umfang nicht übersteigen (§ 28 Abs. 5 SGB XII). Dies betrifft sowohl die Unterbringung von Erwachsenen in fremden Familien als auch **Pflegekinder.** Bei Kindern und Jugendlichen ist aber die Kinder-

und Jugendhilfe (§§ 39, 33 SGB VIII) vorrangig; diese ist jedoch – ebenso wie die Hilfe zum Lebensunterhalt – nicht zu leisten, soweit sie von Personen – z.B. den Großeltern – im Rahmen der Unterhaltspflicht oder unentgeltlich aufgenommen werden (BVerwG Urt. v. 4. 9. 1997 – 5 C 11/96 – FEVS 48, 289 = NDV-RD 1998, 30 = ZfSH/SGB 1998, 210). Nach einer Empfehlung des Deutschen Vereins für öffentliche und private Fürsorge (NDV 1980, 48) ist ansonsten das gleiche Pflegegeld wie im Rahmen der Jugendhilfe mit Ausnahme des Erziehungsbeitrags von derzeit 207 € zu zahlen (zur Zeit gemäß Empfehlung NDV 2005, 491 für Kinder bis 6 Jahre 433 €, bis 13 Jahre 496 €, bis 17 Jahre 601 €). Damit ist der notwendige Lebensunterhalt regelmäßig in vollem Umfang gedeckt. Nur bei besonderen Umständen des jeweiligen Einzelfalls kann die Sozialhilfebehörde ausnahmsweise zur Gewährung darüber hinausgehende Hilfe zum Lebensunterhalt verpflichtet sein (VG Düsseldorf, Urt. v. 4. 5. 1998 – 19 K 2531/95 – NDV-RD 1998, 131).

5. Bedürftigkeitsherbeiführende

Keinen Anspruch auf Grundsicherung haben Personen, die in den letzten zehn Jahren ihre Bedürftigkeit vorsätzlich oder grob fahrlässig herbeigeführt haben (§ 41 Abs. 3 SGB XII). Ihnen steht freilich ein Anspruch auf Hilfe zum Lebensunterhalt zu, bei dem jedoch generell gilt, dass bei Leistungsberechtigten, die nach Vollendung des 18. Lebensjahres ihr Einkommen oder Vermögen in der Absicht vermindert haben, die Voraussetzungen für die Gewährung oder Erhöhung der Leistung herbeizuführen, die Leistung bis auf das zum Lebensunterhalt Unerlässliche eingeschränkt werden soll (§ 26 Abs. 1 S. 1 Nr. 1 SGB XII, s. S. 282) und grundsätzlich Kostenersatz zu leisten ist (s. § 103 Abs. 1 SGB XII, s. S. 300).

6. Deutsche im Ausland

Deutsche, die ihren gewöhnlichen Aufenthalt – d.h. ihren Lebensmittelpunkt – im Ausland haben, erhalten keine Leistungen der Sozialhilfe (§ 24 Abs. 1 S. 1 SGB XII). Hiervon kann im Einzelfall nur abgewichen werden, soweit dies wegen einer außergewöhnlichen Notlage unabweisbar ist und zugleich nachgewiesen wird, dass eine Rückkehr in das Inland aus folgenden Gründen nicht möglich ist (§ 24 Abs. 1 S. 2 SGB XII):

VI. Spezielle Leistungsberechtigte

- (Nr. 1) Pflege und Erziehung eines Kindes, das aus rechtlichen Gründen im Ausland bleiben muss,
- (Nr. 2) längerfristige stationäre Betreuung in einer Einrichtung bzw. Schwere der Pflegebedürftigkeit oder
- (Nr. 3) hoheitliche Gewalt.

Selbst in diesen Fällen werden Leistungen nicht erbracht, soweit sie von dem hierzu verpflichteten Aufenthaltsland (z. B. aufgrund EU-Recht oder Abkommen) bzw. von anderen erbracht werden oder zu erwarten sind (§ 24 Abs. 2 SGB XII). Erfolgen Sozialhilfeleistungen, richten sich Art und Maß der Leistungserbringung sowie der Einsatz des Einkommens und des Vermögens nach den besonderen Verhältnissen im Aufenthaltsland (§ 24 Abs. 3 S. 3, zur Beantragung und Zuständigkeit s. S. 294).

Übergangsregelungen bestehen für Deutsche, die vor dem 1. 1. 2004 Leistungen nach dem BSHG erhalten haben (§ 132 Abs. 1, 2 SGB XII), für Deutsche, welche die Voraussetzungen des Bundesentschädigungsgesetzes als NS-Opfer erfüllen und vor 1950 das Gebiet des Deutschen Reichs bzw. der Stadt Danzig verlassen und in ihrem Aufenthaltsstaat ein dauerhaftes Aufenthaltsrecht haben (§ 132 Abs. 3 SGB XII), sowie für Deutsche, die außerhalb des Bundesgebiets, aber innerhalb des Deutschen Reichs nach dem Stand vom 31. 12. 1937 geboren sind und dort ihren gewöhnlichen Aufenthalt haben (§ 133 SGB XII).

7. Ausländer

Ausländer, die unter das **EU-Recht** fallen, genießen als (aktive, ehemalige oder arbeitsuchende) Arbeitnehmer in anderen Mitgliedsstaaten die gleichen sozialen Vergünstigungen – dazu zählt auch die Sozialhilfe – wie inländische Arbeitnehmer (Art. 7 Abs. 2 VO-EWG Nr. 1612/68), werden also wie Deutsche behandelt. Ausländer, für die zwischenstaatliche **Abkommen** maßgeblich sind, z. B. das Europäische Fürsorgeabkommen – das für Türken gilt –, oder das Genfer Flüchtlingsabkommen, werden ebenfalls weitgehend wie Deutsche behandelt. Für **andere Ausländer** – außer für Asylbewerberleistungsberechtigte (s. S. 327 f.), die keine Leistungen der Sozialhilfe erhalten (§ 23 Abs. 1 S. 2 SGB XII) – ist bestimmt, dass ihnen bei tatsächlichem Aufenthalt im Inland Hilfe zum Lebensunterhalt sowie Grundsicherung im Alter und bei Erwerbsminderung, Hilfe bei Krankheit, Hilfe bei Schwanger- und Mutterschaft sowie Hilfe zur Pflege zu leisten ist; im Übrigen kann Sozialhilfe geleistet werden (§ 23 Abs. 1 SGB XII). Diese Einschränkungen gelten nicht für Ausländer, die im Besitz einer Niederlassungserlaubnis oder eines befristeten Aufenthaltstitels sind und sich voraussichtlich dauerhaft im Bundesgebiet aufhalten (§ 23 Abs. 1 S. 4 SGB XII).

Ausländer, die **eingereist sind, um Sozialhilfe zu erlangen**, oder deren Aufenthaltsrecht sich allein aus dem Zweck der Arbeitssuche ergibt, haben keinen Anspruch darauf (§ 23 Abs. 3 S. 1 SGB XII). Sind sie zum Zweck einer Behandlung oder Linderung einer Krankheit eingereist, soll Hilfe bei Krankheit insoweit nur zur Behebung eines akut lebensbedrohlichen Zustands oder für eine unaufschiebbare und unabweisbar gebotene Behandlung einer schweren oder ansteckenden Erkrankung geleistet werden (§ 23 Abs. 3 S. 2 SGB XII).

Für Ausländer, die sich in Teilen des Bundesgebietes einer **ausländerrechtlichen räumlichen Beschränkung zuwider** aufhalten, darf der für den tatsächlichen Aufenthaltsort zuständige Sozialhilfeträger nur die nach den Umständen unabweisbar gebotene Leistung erbringen (§ 23 Abs. 5 S. 1 SGB XII). Das Gleiche gilt für Ausländer, die einen räumlich nicht beschränkten Aufenthaltstitel nach dem Aufenthaltsgesetz (§§ 23, 23a, 24 Abs. 1, 25 Abs. 3–5) besitzen, wenn sie sich außerhalb des Landes aufhalten, in dem der Aufenthaltstitel erstmals erteilt wurde (§ 23 Abs. 5 S. 2 SGB XII mit Ausnahmen in S. 3).

8. Eilfallnothelfer

Hat jemand in einem Eilfall einem anderen Leistungen erbracht, die bei rechtzeitigem Einsetzen von Sozialhilfe nicht zu erbringen gewesen wären, sind ihm die Aufwendungen in gebotenem Umfang zu erstatten, wenn er die Kosten nicht aufgrund rechtlicher oder sittlicher Pflicht selbst zu tragen hat (§ 25 S. 1 SGB XII).

Beispiele: Sofortige Hilfe für einen Wohnungslosen am Wochenende, Versorgung eines Unfallverletzten im Krankenhaus.

Ein **Eilfall** liegt vor, wenn sofortige Hilfe erforderlich ist, die bei Erreichbarkeit des Sozialhilfeträgers als Sozialhilfe zu erbringen gewesen wäre. Der Leistungserbringer trägt die Beweislast, dass ein Eilfall vorgelegen hat und der Sozialhilfeträger bei Kenntnis Sozialhilfe hätte erbringen müssen (vgl. OVG NW Urt. v. 16. 5. 2000 – 22 A 3534/98 – FEVS 52, 142 = ZfSH/SGB 2001, 737); ein Eilfall liegt nicht vor, wenn die rechtzeitige Unterrichtung des Sozialhilfeträgers infolge einer Fehleinschätzung der wirtschaftlichen Lage des Hilfesuchenden unterblieben ist (BVerwG Urt. v. 31. 5. 2001 – 5 C 20/00 – BVerwGE 114, 298 = FEVS 53, 102 = NDV-RD 2002, 3 = ZfSH/SGB 2002, 87).

Ein Anspruch auf Erstattung der Kosten entsteht von vorn herein **nicht,** falls der Nothelfer die Hilfe aufgrund **rechtlicher** (z. B. Unterhaltspflicht, Beispiel OVG NW Urt. v. 13. 9. 1991 – 8 E 1043/91 – FEVS 42, 327) **oder sittlicher** (z. B. Geschwister) **Pflicht** selbst zu tragen hat. Er **entfällt** von dem Zeitpunkt, zu dem dem zuständigen **Sozialhilfeträger** – und zwar der Sozialhilfebehörde und nicht nur anderen Stellen des Sozialhilfeträgers wie dem Krankenhaus oder der Feuerwehr (s. VGH BaW Urt. v. 23. 4. 1997 – 6 S 3302/95 – FEVS 48, 123) – die tatsächlichen **Umstände bekannt** werden (vgl. BVerwG Urt. v. 2. 4. 1987 – 5 C 67/84 – BVerwGE 77, 181 = FEVS 36, 161 = NDV 1987, 363, OVG NW Urt. v. 16. 5. 2000 – 22 A 2172/98 – FEVS 52, 120 = Sozialrecht aktuell 2001, 67 = ZfSH/SGB 2001, 596) oder hätten bekannt gegeben werden können (VGH He Urt. v. 15. 12. 1992 – 9 UE 1694/87 – FEVS 44, 247 = NDV 1993, 431, OVG NW Urt. v. 30. 10. 1997 – 8 A 5887/95 – FEVS 48, 272 = ZfSH/SGB 1998, 286).

Beim Erstattungsanspruch umfasst der zu ersetzende gebotene Umfang die **aufgewendeten Kosten** mit **Ausnahme** solcher, die erkennbar von einem Sozialhilfeträger nicht übernommen worden wären (z. B. Krankenhausbehandlung 1. Klasse durch Chefarzt). Er steht nur dem Eilfallnothelfer zu, nicht aber einem Begünstigten hinsichtlich dessen Schulden (BVerwG Urt. v. 3. 12. 1992 – 5 C 32/89 – BVerwGE 91, 245 = NDV 1993, 282 = ZfSH/SGB 1993, 253).

VII. Leistungsträger

Bezüglich der Leistungsträger – **örtliche** = kommunale, also kreisfreie Städte, Landkreise und Delegationsgemeinden (§§ 3 Abs. 2, 99 Abs. 1 SGB XII), sowie **überörtliche,** die nach Landesrecht bestimmt werden einschließlich Delegationsträgern (§§ 3 Abs. 2, 99 Abs. 2 SGB XII) – ist wichtig, welche Sozialhilfeträger zuständig sind und was bei den von ihnen durchzuführenden Verfahren speziell zu beachten ist.

1. Zuständigkeit

Bei der Zuständigkeit ist die sachliche und örtliche zu unterscheiden.

C. Wer bekommt noch Sozialhilfe?

a) Sachliche Zuständigkeit

Für die Sozialhilfe sachlich zuständig ist der **kommunale Träger, soweit nicht der überörtliche** sachlich zuständig ist (§ 97 Abs. 1 SGB XII). Dessen Zuständigkeit wird – mit Stadtstaatenklausel für Berlin, Bremen und Hamburg (§ 101 Abs. 2 SGB XII) – durch Landesrecht bestimmt (§ 97 Abs. 2 S. 1 SGB XII; soweit das Landesrecht keine Regelung trifft, was vor allem hinsichtlich stationärer Leistungen geschieht, ist der überörtliche Sozialhilfeträger gemäß § 97 Abs. 3 SGB XII zuständig für Hilfe bei Behinderung, chronischer Pflege, Desintegration und Blindheit, zur sachlichen Zuständigkeit bei Deutschen im Ausland s. § 24 Abs. 4 S. 2–4 SGB XII). Die sachliche Zuständigkeit für eine stationäre Leistung umfasst auch gleichzeitig zu erbringende andere Hilfen, für die ein anderer Sozialhilfeträger sachlich zuständig ist, sowie die Bestattungskosten (§ 97 Abs. 4 SGB XII).

Die **örtlichen Sozialhilfeträger** fassen ihre Aufgaben regelmäßig in einem (Stadt-, Kreis-, Gemeinde-)**Sozialamt oder** einem **Fachbereich** bzw. **Service Soziales** zusammen (zu den Aufgaben des Gesundheitsamts s. § 59 SGB XII). Dieser Bereich ist Teil der kommunalen Verwaltung und einem Dezernat zugeordnet, das einem Bürgermeister, Stadtrat oder Beigeordneten untersteht. Die interne Aufgabenverteilung erfolgt örtlich sehr verschieden nach einem Geschäftsverteilungsplan. Er sieht oft vor, dass Sozialhilfesachen im Innendienst nach den Anfangsbuchstaben des Familiennamens durch Verwaltungsfachkräfte (Sachbearbeiter im Rang eines Inspektors) bearbeitet werden. Die unmittelbare Betreuung der Hilfesuchenden und die Überprüfung ihrer Angaben obliegt dann dem Außendienst (auch Sozialer Dienst, Allgemeiner Sozialdienst oder Familienfürsorge genannt), der in der Regel nach Bezirken (Stadtteilen) aufgegliedert und mit Sozialarbeitern oder Sozialpädagogen als Fachkräften (§ 6 SGB XII) besetzt ist. In manchen Städten und Landkreisen bestehen auch andere Organisationsformen, insbesondere eine Zusammenfassung der Aufgaben von Innen- und Außendienst. Auch die überörtlichen Sozialhilfeträger fassen ihre Aufgaben in einem Amt (z. B. Landesamt für Soziales) oder einer anderen Stelle zusammen.

b) Örtliche Zuständigkeit

Nach Feststellung des sachlich zuständigen Sozialhilfeträgers ist der örtlich zuständige zu bestimmen, also bei sachlicher Zuständigkeit des kommunalen Trägers zu entscheiden, ob z.B. die Stadt Mainz oder Wiesbaden bzw. der Rheingau-Taunus-Kreis örtlich zuständig ist.

VII. Leistungsträger

Für nicht stationäre Leistungen örtlich zuständig ist der Sozialhilfeträger, in dessen Bereich sich Leistungsberechtigte **tatsächlich aufhalten,** bei der **Grundsicherung** derjenige des gewöhnlichen Aufenthaltsorts (§ 98 Abs. 1 S. 1, 2 SGB XII). Diese Zuständigkeit bleibt bis zur
Beendigung der Leistungen auch dann bestehen, wenn die Leistung außerhalb seines Bereichs erbracht wird (§ 98 Abs. 1 S. 3 SGB XII, z. B.
ambulante Eingliederungsmaßnahmen in einer auswärtigen Einrichtung).

Für die **stationäre Leistung** ist der Sozialhilfeträger örtlich zuständig,
in dessen Bereich Leistungsberechtigte ihren gewöhnlichen Aufenthalt
(s. S. 205) im Zeitpunkt der Aufnahme in die Einrichtung (erste bei
mehreren hintereinander folgenden) gehabt haben oder in den zwei
Monaten vor der Aufnahme zuletzt gehabt hatten (§ 98 Abs. 2 S. 1, 2
SGB XII). Steht innerhalb von vier Wochen nicht fest, ob und wo der
gewöhnliche Aufenthalt bestanden hat oder ist ein gewöhnlicher Aufenthalt nicht vorhanden bzw. zu ermitteln oder liegt ein Eilfall vor, hat
der für den tatsächlichen Aufenthaltsort örtlich zuständige Sozialhilfeträger zu entscheiden und die Leistungen vorläufig zu erbringen (§ 98
Abs. 2 S. 3 SGB XII; Sonderregelungen bestehen für ihn Einrichtungen
geborene Kinder in § 98 Abs. 2 S. 4 SGB XII, für Personen in Einrichtungen zum Vollzug richterlich angeordneter Freiheitsentziehung in
§ 98 Abs. 4 SGB XII, für Leistungen in Form ambulant betreuter
Wohnmöglichkeiten in § 98 Abs. 5 SGB XII, für Deutsche im Ausland
in § 24 Abs. 4 S. 2–4, Abs. 5 SGB XII sowie für Bestattungskosten in
§ 98 Abs. 3 SGB XII).

2. Verfahren

Für das Verfahren vor den Leistungsträgern enthält das SGB XII einige spezielle Regelungen.

a) Einsetzen

Die **Sozialhilfe** hat einzusetzen, sobald dem **Sozialhilfeträger** oder
den von ihm beauftragten Stellen **bekannt** wird, dass die Voraussetzungen für die Leistung vorliegen (§ 18 Abs. 1 SGB XII), also auch ohne
Antrag nach entsprechender Information, die durch Dritte erfolgen
kann, was aber nichts daran ändert, dass ihm Rahmen der Mitwirkungspflicht (§ 60 Abs. 2 SGB I, s. S. 352) ein Sozialhilfe-Formular ausgefüllt werden muss. **Anders** ist es nur bei der **Grundsicherung** im Alter

C. Wer bekommt noch Sozialhilfe?

und bei Erwerbsminderung, die einen **Antrag** voraussetzt (§ 41 Abs. 1 SGB XII), der aber nicht unbedingt auf einem Formular gestellt werden muss, sondern auch mündlich oder formlos in einem Schreiben gestellt werden kann.

Wird einem **nicht zuständigen Sozialhilfeträger oder** einer nicht zuständigen **Gemeinde** im Einzelfall **bekannt,** dass Sozialhilfe beansprucht wird, so sind die darüber bekannten Umstände dem zuständigen Sozialhilfeträger unverzüglich mitzuteilen und vorhandene Unterlagen zu übersenden; ergeben sich daraus die Voraussetzungen für die Leistung, setzt die Sozialhilfe zu dem Zeitpunkt des Bekanntwerdens bei dem unzuständigen Träger bzw. bei der unzuständigen Gemeinde ein (§ 18 Abs. 2 SGB XII; ebenso bei Stellung eines Antrags – z. B. auch auf Grundsicherung – bei einem unzuständigen Sozialleistungsträger, s. § 16 Abs. 2 SGB I).

b) Sonderregelungen für Grundsicherung

Die Grundsicherung ist nicht nur anders als die sonstige Sozialhilfe von einem Antrag abhängig (§ 41 Abs. 1 SGB XII), sondern für sie bestehen noch weitere besondere Verfahrensbestimmungen.

aa) Feststellung der dauerhaften vollen Erwerbsminderung: Wenn es aufgrund von Angaben und Nachweisen des Leistungsberechtigten als wahrscheinlich erscheint, dass bei Personen zwischen 18 und 64 Jahren die medizinischen Voraussetzungen für eine dauerhafte volle Erwerbsminderung erfüllt sind und das zu berücksichtigende Einkommen und Vermögen nicht ausreicht, um den Lebensunterhalt vollständig zu decken, hat der Sozialhilfeträger den zuständigen **Rentenversicherungsträger** (gemäß § 109a Abs. 2 SGB VI bei Versicherten der zuständigen Leistungsträger und bei anderen Personen der Regionalträger, der für den Sitz des Sozialhilfeträgers zuständig ist) um die Feststellung der dauerhaften vollen Erwerbsminderung zu ersuchen (§ 45 Abs. 1 S. 1 SGB XII). Dies unterbleibt (§ 45 Abs. 1 S. 3 SGB XII), wenn ein Rentenversicherungsträger bereits das Vorliegen der medizinischen Voraussetzungen im Rahmen eines Antrags auf eine Rente wegen Erwerbsminderung festgestellt hat oder der Fachausschuss einer Werkstatt für behinderte Menschen bei der Aufnahme eine Stellungnahme abgegeben hat und der Leistungsberechtigte als voll erwerbsgemindert gilt (§ 43 Abs. 2 S. 3 Nr. 1 SGB VI: weil er wegen Art und Schwere der Behinderung nicht auf dem allgemeinen Arbeitsmarkt tätig sein kann). Die Entscheidung des Rentenversicherungsträger ist für den ersuchenden Sozialhilfeträger bindend (§ 45 Abs. 1 S. 2 SGB XII). Dies gilt aber nicht für Betroffene, die gegen die Feststellung Rechtsmittel einlegen können, und zwar zweckmäßigerweise bei dem Träger, der sie über die Entscheidung informiert.

bb) Bewilligungszeitraum: Die **Grundsicherungsleistung** wird in der Regel für **12 Monate** bewilligt (§ 44 Abs. 1 S. 1 SGB XII). Bei der Erstbewilligung oder bei einer Änderung beginnt der Bewilligungszeitraum am 1. des Monats, in dem der Antrag gestellt worden ist oder die Voraussetzungen für die Änderungen eingetreten und mitgeteilt sind, wenn dies zu einer Begünstigung des Berechtigten führt; ist Letzteres nicht der Fall, beginnt der neue Bewilligungszeitraum am 1. des Folgemonats (§ 44 Abs. 1 S. 2, 3 SGB XII). Damit ist die Grundsicherung eine auf Dauer angelegte Sozialleistung, deren rechtswidrige Nichtgewährung auch nach Bestandskraft eines Bescheids zurückzunehmen ist (§ 44 SGB X, so zu Recht VGH Bay Beschl. v. 13. 4. 2005 – 12 ZB 05.262 – FEVS 56, 574).

cc) Beteiligung des Rentenversicherungsträgers: Der zuständige Rentenversicherungsträger hat grundsicherungsberechtigte Personen, die rentenberechtigt sind, über die Leistungsvoraussetzungen und das Verfahren bei der Grundsicherung zu **informieren und** zu **beraten,** nicht rentenberechtigte Personen auf Anfrage, es sei denn, eine Grundsicherungsleistung kommt wegen der Rentenhöhe oder des Einkommens nicht in Betracht (§ 46 S. 1, 2, 5 SGB XII). Liegt eine Rente unter dem 27-fachen Betrag des aktuellen Rentenwerts (§§ 68, 255a SGB VI: derzeit 26,13 €/Ost 22,97 €) = 705,51 €/Ost 620,19 €, ist der Information ein Antragsformular für die Grundsicherung beizufügen (§ 46 S. 3 SGB XII). Geht ein Antrag beim Rentenversicherungsträger ein, so übersendet er ihn mit einer Mitteilung über die Höhe der monatlichen Rente und das Vorliegen der Leistungsberechtigung an den zuständigen Sozialhilfeträger (§ 46 S. 4 SGB XII).

Rat: Lies dazu Schoch ZfF 2006, 46 ff.

c) Auskunftseinholung

Eine Reihe von Personen und Stellen darf von dem Sozialhilfeträger um Auskunft ersucht werden, soweit es für die Durchführung des SGB XII erforderlich ist (§ 117 SGB XII): gemäß Abs. 1 **Unterhalts-**

pflichtige (s. S. 302), **getrennt lebende Ehegatten oder Lebenspartner, Kostenersatzpflichtige** (s. S. 300), **Wohngemeinschaftsmitglieder** (s. S. 257), gemäß Abs. 2 Personen, die Sozialhilfeantragstellern oder -beziehern Leistungen erbringen oder erbracht haben, die geeignet sind, Sozialhilfe auszuschließen oder zu mindern, gemäß Abs. 3 Personen, die zu Leistungen an Sozialhilfeantragsteller oder -bezieher verpflichtet waren oder sind, welche Sozialhilfe ausschließen oder mindern, für diese Guthaben führen oder Vermögensgegenstände verwahren, gemäß Abs. 4 **Arbeitgeber** hinsichtlich Art und Dauer der Beschäftigung, Arbeitsstätte und Arbeitsentgelt der bei ihnen beschäftigten Leistungsberechtigten, Unterhaltspflichtigen und deren nicht getrennt lebenden Ehegatten/Lebenspartner sowie Kostenersatzpflichtigen. Die zur Auskunft Verpflichteten können Angaben verweigern, die ihnen oder ihnen nahestehenden Personen die Gefahr zuziehen würden, wegen einer Straftat oder Ordnungswidrigkeit verfolgt zu werden (§ 117 Abs. 5 SGB XII). Bei falschen Auskünften droht eine Geldbuße wegen einer Ordnungswidrigkeit (§ 117 Abs. 6 SGB XII).

d) Datenüberprüfung

Die Sozialhilfeträger können in großem Umfang Daten bei anderen Stellen überprüfen (§ 118 SGB XII): BA, Rentenversicherungsträger, Bundesamt für Finanzen bezüglich Freistellungsanträgen und Riester-Anlagevermögen (Abs. 1), andere Sozialhilfeträger (Abs. 2), andere Stellen der Verwaltung und wirtschaftliche Kommunalunternehmen bezüglich Personen- und Familienstand, Wohnsitz, Dauer und Kosten von Miet- und Überlassungsverhältnissen bei Wohnraum, Dauer und Kosten von bezogenen Leistungen über Elektrizität, Gas, Wasser, Fernwärme, Abfallentsorgung und Eigenschaft als Kfz-Halter (Abs. 4).

e) Leistungsabsprache

Vor oder spätestens bis zu vier Wochen nach Beginn fortlaufender Leistungen **sollen** in einer schriftlichen Leistungsabsprache die Situation der leistungsberechtigten Personen sowie gegebenenfalls Wege zur Überwindung der Notlage und zu gebotenen Möglichkeiten der aktiven Teilnahme in der Gemeinschaft gemeinsam festgelegt sowie die Leistungsabsprache unterzeichnet werden (§ 12 Abs. 1 S. 1 SGB XII; bei der **Grundsicherung kann** eine Leistungsabsprache im Einzelfall stattfinden, § 44 Abs. 2 SGB XII). Damit wird versucht die kooperative Vorgehensweise zu verstärken, „da die erfolgreiche Überwindung der Notlage

VII. Leistungsträger

wie auch die Stärkung der Selbsthilfe zur aktiven Teilnahme am Leben in der Gemeinschaft in vielfältiger Weise von der aktiven Mitwirkung der Leistungsberechtigten abhängig ist. Um eine einfache und flexible Handhabung zu erreichen, soll der Begriff der Leistungsabsprache klarstellen, dass es sich nicht um einen öffentlich-rechtlichen Vertrag handelt" (BT-Drs. 15/1514, 56). In die Leistungsabsprache einzubeziehen ist ein **Förderplan,** soweit es aufgrund bestimmbarer Bedarfe erforderlich ist (§ 12 S. 2 SGB XII), insbesondere bei komplexen Bedarfssituationen, die ein mehrstufiges Handeln erfordern, wobei die verschiedenen Stufen und das voneinander abhängige Handeln der leistungsberechtigten Person und des Sozialhilfeträgers untereinander abzustimmen und festigen sind (BT-Drs. 15/1514, 56).

Die Leistungsabsprache **soll regelmäßig** gemeinsam **überprüft und fortgeschrieben** werden, was in ihr näher festgelegt werden kann (§ 12 S. 3, 4 SGB XII), ohne dass Zeitpunkte dafür gesetzlich vorgesehen werden, die dem Einzelfall überlassen bleiben (BT-Drs. 15/1514, 56).

Abweichende Regelungen, insbesondere diejenigen über den Gesamtplan (§§ 58, 68 Abs. 1 S. 2 SGB XII, s. S. 274 f., 288) gehen vor (§ 12 S. 5 SGB XII).

Im Gegensatz zur Eingliederungsvereinbarung (s. S. 162) besteht keine Verpflichtung zu einer Leistungsabsprache, so dass ihr Unterlassen nicht sanktioniert wird.

Rat: Lies zur Leistungsabsprache Baur und Spellbrink Sozialrecht aktuell 2006, 51 ff.

---

f) Beteiligung sozial erfahrener Personen

Die Beteiligung sozial erfahrener Dritter vor Erlass allgemeiner Verwaltungsvorschriften und dem Erlass von Widerspruchsbescheiden war im BSHG (§ 114) zwingend vorgeschrieben und ist im SGB XII (§ 116) unter den Vorbehalt abweichender Regelungen der Länder gestellt, die sie abgebaut haben (Übersicht bei Schoch ZfF 2006, 175, 234).

3. Statistik

Die Sozialhilfeträger haben für die Sozialhilfe-Bundesstatistik Erhebungen durchzuführen und Auskunft zu erteilen (s. im Einzelnen §§ 121–129 SGB XII).

C. Wer bekommt noch Sozialhilfe?

VIII. Leistungsrückgriff

Mit der Leistungsgewährung ist für Sozialhilfeträger ein Fall nicht abgeschlossen. Sie prüfen vielmehr, ob sie Aufwendungen im Weg der öffentlich-rechtlichen Rückforderung insbesondere von Hilfeempfängern oder über die Trägererstattung und Übergang vor allem von dritten Stellen bzw. Personen zurückerhalten können. Dabei haben sie die Sozialhilfeleistungen in der Regel auf die Hilfeempfänger einzeln zu verteilen (vgl. OVG Ha Urt. v. 26. 2. 1993 – Bf IV 22/92 – FEVS 44, 429).

1. Öffentlich-rechtliche Rückforderung

Dafür kommen in Betracht: Darlehen, Aufwendungsersatz und Kostenbeitrag, Kostenersatz (s. weiter zur Erstattung zu Unrecht erbrachter Leistungen s. S. 384–388).

a) Rückforderungstatbestände

aa) Darlehen: Darlehen sind außer in den gesetzlich geregelten Fällen (z. B. §§ 22 Abs. 1 S. 2, 37, 38, 74 S. 2, 91 SGB XII) nur ausnahmsweise bei Ermessensentscheidungen (z. B. § 23 Abs. 1 S. 3 SGB XII) möglich (s. BVerwG Urt. v. 12. 4. 1989 – 5 B 176/88 – FEVS 38, 397). Sie sind gemäß der Festsetzung im Sozialhilfebescheid oder einer Vereinbarung zurückzuzahlen, soweit der Hilfeempfänger – dem auf alle Fälle Einkommen zur Deckung seines notwendigen Lebensunterhalts zur Verfügung bleiben muss – dazu in der Lage ist.

bb) Aufwendungsersatz und Kostenbeitrag: Für Hilfeempfänger und mit ihnen in Einsatzgemeinschaft lebende Personen ist in einigen Fällen ein Aufwendungsersatz (s. § 119 Abs. 5 SGB XII) oder Kostenbeitrag (s. §§ 27 Abs. 3 S. 2, 92 Abs. 1 S. 2 SGB XII) vorgesehen. Er setzt voraus, dass die Hilfe zu Recht geleistet worden ist; andernfalls besteht ein Erstattungsanspruch (s. S. 384–388).

cc) Kostenersatz: Einen Kostenersatz kennt das SGB XII in vier Fällen: **schuldhaftes Herbeiführen rechtmäßiger Leistungen** durch berechtigte Person oder Vertreter (§ 103 SGB XII), **sozialwidriges Herbeiführen rechtswidriger Leistungen** durch berechtigte Person oder Vertreter (§ 104 SGB XII), (Doppel-)**Leistungen eines vorrangig verpflichteten Leistungsträgers** in Unkenntnis der Leistungen eines Sozialhilfeträgers (§ 105 SGB XII) sowie **Erbschaft** nach Tod eines Leistungsempfängers

(§ 102 SGB XII). Die Kostenersatzpflichtigen haben dem Sozialhilfeträger über ihre Einkommens- und Vermögensverhältnisse Auskunft zu geben (§ 117 Abs. 1 S. 1 SGB XII).

b) Durchsetzung der Rückforderung

Die Durchsetzung eines Rückforderungsanspruchs erfolgt durch Leistungsbescheid, Leistungsklage – die erforderlich ist, wenn die Leistung aufgrund eines öffentlich-rechtlichen Vertrags, z.B. einer Darlehensvereinbarung, bewilligt wurde – oder Aufrechnung bzw. Verrechnung (§§ 51, 52 SGB I, s. S. 310). Aufrechnung gegen Leistungen der Hilfe zum Lebensunterhalt bzw. Grundsicherung sind nur möglich, soweit sie gesetzlich erlaubt sind (s. §§ 26 Abs. 2–4, 37 Abs. 2 SGB XII).

2. Erstattung und Übergang

Verpflichtungen anderer Stellen oder Personen, z.B. vorrangiger Sozialleistungsträger (etwa Rentenversicherungsträger) oder Unterhaltsschuldner, gehen wegen ihres rechtlichen Vorrangs an sich der Sozialhilfe vor. Erfüllen die Verpflichteten aber die Ansprüche nicht (sofort), muss die Sozialhilfe wegen ihrer Aufgabe, jeden gegenwärtigen aktuellen Bedarf zu decken, vorleisten. Das führt aber in der Regel nicht zu einer Entlastung der **primär Verpflichteten.** Vielmehr gehen die gegen sie gerichteten **Ansprüche auf den Sozialhilfeträger über.** Die Regelung im Einzelnen ist kompliziert und unübersichtlich, insbesondere weil im **SGB X** (§§ 115–119, s. S. 319) **spezielle Bestimmungen für Ansprüche gegen Arbeitgeber, Schadensersatzpflichtige und insbesondere andere Sozialleistungsträger** enthalten sind (zum Umfang der Ersatzansprüche s. § 114 SGB XII). Das SGB XII hat nur Bedeutung für die von ihm nicht erfassten Ansprüche, vor allem Unterhalts- und andere zivilrechtliche Forderungen. Weiterhin ermächtigt es Sozialhilfeträger, die erstattungsberechtigt gegenüber anderen (vorrangig verpflichteten) Sozialleistungsträgern sind, die Feststellung einer Sozialleistung (anstelle des Berechtigten) zu betreiben sowie Rechtsmittel einzulegen (§ 95 SGB XII). Außerdem sind in ihm Regelungen über die Kostenerstattung zwischen Sozialhilfeträgern enthalten.

a) Übergang von Unterhaltsansprüchen

aa) Regelfälle: Hat eine Person, die Sozialhilfeleistungen erhalten hat, für diese Zeit nach bürgerlichem Recht einen **Unterhaltsanspruch** ge-

C. Wer bekommt noch Sozialhilfe?

gen eine andere (nach dem BGB bestehen Unterhaltsansprüche gegen Ehegatten § 1360, getrennt lebende § 1361, geschiedene §§ 1569f., Verwandte gerader Linie §§ 1601ff., gegen Mutter/Vater bei Geburt eines gemeinsamen Kindes § 1615l, nach dem Lebenspartnerschaftsgesetz gegen eingetragene Lebenspartner § 5, getrennt lebende § 12, geschiedene § 16), geht dieser **bis zur Höhe der geleisteten Aufwendungen** zusammen mit dem unterhaltsrechtlichen Auskunftsanspruch **auf den Sozialhilfeträger** über (§ 94 Abs. 1 S. 1 SGB XII).

Der Übergang des Unterhaltsanspruchs ist jedoch in folgenden Konstellationen **ausgeschlossen:**

- Bei **Grundsicherungsleistungen** gibt es keinen Übergang des Unterhaltsanspruchs gegen Eltern und Kinder (§ 94 Abs. 1 S. 3 Hs. 2 SGB XII).
- Der Unterhaltsanspruch wird durch **laufende Zahlung** erfüllt (§ 94 Abs. 1 S. 2 SGB XII).
- Die unterhaltspflichtige Person ist der nicht getrennt lebende **Ehegatte/Lebenspartner oder Elternteil** eines im Haushalt lebenden minderjährigen Kinds (§ 94 Abs. 3 Hs. 1 Alt. 1 SGB XII: diese Personen werden bereits bei der Einkommens- und Vermögensheranziehung einbezogen, s. § 19 Abs. 1, 3 SGB XII).
- Die unterhaltspflichtige Person ist mit dem Leistungsempfänger **im zweiten oder einem entfernteren Grad verwandt** (§ 94 Abs. 1 S. 3 Hs. 2 SGB XII), z. B. Enkel oder Großeltern.
- Die unterhaltspflichtigen Personen sind Verwandte ersten Grades **(Eltern) einer Person, die schwanger ist oder ihr leibliches Kind** bis zur Vollendung seines 6. Lebensjahres **betreut** (§ 94 Abs. 1 S. 4 SGB XII).

Vom Anspruchsübergang nicht erfasst werden bei der Hilfe zum Lebensunterhalt sowie der Grundsicherung im Alter und bei Erwerbsminderung 56% der Unterkunftskosten mit Ausnahme der Kosten für Heizung und Warmwasserversorgung (§ 94 Abs. 1 S. 6 SGB XII, Grund: Das dafür bislang gezahlte und von unterhaltspflichtigen Personen nicht zurückgeforderte Wohngeld ist jetzt Teil der Unterkunftsleistungen nach dem SGB XII).

bb) Sonderregelung für Eltern volljähriger behinderter oder pflegebedürftiger Leistungsempfänger: Insoweit geht bei der Hilfe zum Lebensunterhalt nur ein Betrag von 20 € monatlich über, bei Akut-Gesundheitshilfen (§§ 47–51 SGB XII) und bei Behinderungseingliederungshilfe (§§ 53ff. SGB XII) von 26 € (§ 94 Abs. 2 S. 1 SGB XII), so dass bei Hilfe

VIII. Leistungsrückgriff

zum Lebensunterhalt und Behinderungseingliederungshilfe 46 € übergehen (die genannten Beträge verändern sich zum gleichen Zeitpunkt und um denselben Vomhundertsatz, um den sich das Kindergeld verändert, s. § 94 Abs. 2 S. 3 SGB XII). Es wird vermutet, dass der Anspruch in der genannten Höhe übergeht und mehrere Unterhaltspflichtige zu gleichen Teilen haften, was jedoch widerlegt werden kann (§ 94 Abs. 2 S. 2 SGB XII), und zwar dahin, dass gar keine Unterhaltspflicht besteht.

cc) Schutz des Unterhaltspflichtigen: Unterhaltsansprüche gehen nicht oder nur teilweise in folgenden Fällen über (§ 94 Abs. 3 S. 1 SGB XII):

- (Nr. 1) Die **unterhaltspflichtige Person** ist **leistungsberechtigt für Hilfe zum Lebensunterhalt** bzw. Grundsicherung im Alter und bei Erwerbsminderung oder würde es bei Erfüllung des Unterhaltsanspruchs werden; dies ist vom Sozialhilfeträger zu berücksichtigen, wenn er davon durch vorgelegte Nachweise oder auf andere Weise Kenntnis hat (§ 94 Abs. 3 S. 2 SGB XII).
- (Nr. 2) Der Übergang des Anspruchs würde eine **unbillige Härte** bedeuten. Dazu hat die Rechtsprechung (BGH Urt. v. 23. 7. 2003 – XII ZR 339/00 – FamRZ 2003, 1468 am Beispiel eines behinderten Kindes, dass von einem Elternteil in dessen Haushalt gepflegt wird) folgende Maßstäbe entwickelt:

„Was unter dem Begriff der unbilligen Härte zu verstehen ist, unterliegt den sich wandelnden Anschauungen in der Gesellschaft. Was in früheren Zeiten im Rahmen des Familienverbands als selbstverständlicher Einsatz der Mitglieder der Familie ohne weiteres verlangt wurde, wird heute vielfach als Härte empfunden. Dabei kann diese Härte in materieller oder immaterieller Hinsicht bestehen und entweder in der Person des Unterhaltspflichtigen oder in derjenigen des Hilfeempfängers vorliegen. Bei der Auslegung der Härteklausel ist in erster Linie die Zielsetzung der Hilfe zu berücksichtigen, daneben auch die allgemeinen Grundsätze der Sozialhilfe, insbesondere der Grundsatz der familiengerechten Hilfe (§ 7 BSHG = § 16 SGB XII). Darüber hinaus ist auf die Belange und die Beziehungen in der Familie Rücksicht zu nehmen. Neben den wirtschaftlichen und persönlichen Verhältnissen der Beteiligten zueinander kommt es auf die soziale Lage an. Eine Härte liegt deshalb vor, wenn mit dem Anspruchsübergang soziale Belange vernachlässigt würden. Nach der in Rechtsprechung und Schrifttum vertretenen Auffassung kann eine Härte insbesondere dann angenommen werden, wenn der Grundsatz der familiengerechten Hilfe ein Absehen von der Heranziehung geboten erscheinen lässt, z.B. weil hierdurch das weitere Verbleiben des Hilfeempfängers im Familienverband gefährdet erscheint, wenn die Heranziehung in Anbetracht der sozialen und wirtschaftlichen Lage des Unterhaltspflichtigen zu einer unbilligen Härte führen würde, vor allem mit Rücksicht auf Schwere und Dauer des Bedarfs,

C. Wer bekommt noch Sozialhilfe?

oder wenn der Unterhaltspflichtige vor Eintreten der Sozialhilfe den Hilfeempfänger über das Maß seiner Unterhaltsverpflichtung hinaus betreut und gepflegt hat".

dd) Geltendmachung: Für die Entscheidung bezüglich des übergegangenen Unterhaltsanspruchs sind die Zivilgerichte zuständig (§ 94 Abs. 5 S. 3 SGB XII), so dass der Sozialhilfeträger nicht mit einem Bescheid vorgehen kann, sondern einen nicht zahlungsbereiten Unterhaltsschuldner verklagen muss. Er kann den auf ihn übergegangenen Unterhaltsanspruch im Einvernehmen mit dem Leistungsempfänger auf diesen zur gerichtlichen Geltendmachung rückübertragen und sich den geltend gemachten Unterhaltsanspruch abtreten lassen, wobei er Kosten, mit denen der Leistungsempfänger dadurch belastet wird, zu übernehmen hat (§ 94 Abs. 5 S. 1, 2 SGB XII).

Im Zivilprozess wird entschieden, ob – außer den sozialhilferechtlichen (aa–cc) – die rechtlichen Voraussetzungen einer Unterhaltspflicht nach dem Bürgerlichen Gesetzbuch vorliegen, für welche die dazu von den Zivilgerichten erstellten Unterhaltabellen (z. B. Düsseldorfer Tabelle) einschlägig sind. In den letzten Jahren ist durch das dafür zuständige oberste Bundesgericht, den Bundesgerichtshof, insbesondere – auf Betreiben der Sozialhilfeträger – die Rechtsprechung zur Heranziehung der (oft im Berufsleben oder nicht selten schon im Rentenalter befindlichen) Kinder zum Unterhalt ihrer (meist im Heim befindlichen) Eltern (sog. **Elternunterhalt,** gegebenenfalls auch „Schwieger"-Elternunterhalt) weiterentwickelt worden. Nach ihr muss ein unterhaltspflichtiges Kind im Regelfall keine spürbare und dauerhafte Senkung seines „berufs- und einkommensabhängigen Unterhaltsniveaus" hinnehmen, solange es keinen nach den Verhältnissen unangemessenen Aufwand betreibt, so dass ihm selbst beim Fehlen weiterer Unterhaltspflichten mindestens ein Einkommen in Höhe seines halben Nettoeinkommens, vermindert um 625 € (= halber Mindestselbstbedarf gegenüber volljährigen Kindern), verbleiben muss (s. BGH Urt. v. 23. 10. 2002 – XII ZR 266/99 – FamRZ 2002, 1698 = NJW 2003, 128).

Rat: Lies zu den verfassungsrechtlichen Grenzen bei der Kindesheranziehung BVerfG Urt. v. 7. 6. 2005 – 1 BvR 1508/96 – NDV-RD 2005, 61 ff. und zum Schonvermögen BGH Urt. v. 30. 8. 2006 – XII ZR 98/04 – NDV-RD 2006, 119.

Für die **Vergangenheit** kann der Sozialhilfeträger den übergegangenen Unterhaltsanspruch außer unter den Voraussetzungen des bürgerlichen

VIII. Leistungsrückgriff

Rechts (s. § 1613 BGB) nur von der Zeit an fordern, zu welcher er dem Untersatzpflichtigen die Erbringung der Leistung schriftlich mitgeteilt hat (§ 94 Abs. 4 S. 1 SGB XII, sog. Rechtswahrungsanzeige). Auf **künftige Leistungen** kann der Sozialhilfeträger bis zur Höhe der bisherigen monatlichen Aufwendungen klagen, wenn die Leistung voraussichtlich auf längere Zeit erbracht werden muss (§ 94 Abs. 4 S. 2 SGB XII).

> **Rat:** Einzelheiten in den Empfehlungen des Deutschen Vereins für die Heranziehung Unterhaltspflichtiger in der Sozialhilfe (Stand 1. 7. 2005), FamRZ 2005, 1387 ff. (Auszug in NDV 2005, 312 ff.); Müller, Chr., Der Rückgriff gegen Angehörige von Sozialleistungsempfängern, 4. Aufl. 2004.

b) Andere Ansprüche

Bei anderen Ansprüchen eines Leistungsempfängers als Unterhaltsansprüchen (und solchen, die vom SGB X erfasst sind, s. § 93 Abs. 4 SGB XII), z. B. auf **Schenkungsrückforderung** innerhalb der letzten 10 Jahre nach dem Geschenk (§§ 528 Abs. 1 S. 1, 529 Abs. 1 BGB: Verarmung eines Schenkers) oder Beihilfe bei öffentlich Bediensteten, kann der Sozialhilfeträger für die Zeit, in der er Sozialhilfeleistungen erbracht hat, durch schriftliche Anzeige an die verpflichtete Person oder Stelle bewirken, dass der Anspruch bis zur Höhe seiner Aufwendungen auf ihn übergeht (§ 93 Abs. 1 S. 1, 2 SGB XII: einschließlich nicht getrennt lebender Ehegatten/Lebenspartner sowie Eltern/Kinder). Der Übergang darf nur insoweit bewirkt werden, als bei rechtzeitiger Leistung des anderen entweder die Sozialhilfeleistung nicht erbracht worden oder Aufwendungsersatz bzw. ein Kostenbeitrag (§§ 19 Abs. 5, 92 Abs. 1 SGB XII) zu leisten wäre (§ 93 Abs. 1 S. 3 SGB XII). Der Übergang ist nicht dadurch ausgeschlossen, dass der Anspruch nicht übertragen, verpfändet oder gepfändet werden kann (§ 93 Abs. 1 S. 4 SGB XII).

Die **schriftliche Anzeige** bewirkt den Übergang für die Zeit, in der Sozialhilfe ohne Unterbrechung geleistet wird, wobei als Unterbrechung ein Zeitraum von mehr als zwei Monaten gilt (§ 93 Abs. 2 SGB XII). Widerspruch und Anfechtungsklage gegen den Verwaltungsakt, der den Übergang des Anspruchs bewirkt, haben keine aufschiebende Wirkung (§ 93 Abs. 3 SGB XII).

3. Sozialhilfeträger-Kostenerstattung

Grundsätzlich hat der zuständige Sozialhilfeträger die Kosten selbst zu tragen. Um bestimmte Träger aber nicht übermäßig zu belasten, sieht das Gesetz eine Kostenerstattung gegen andere Sozialhilfeträger in folgenden Fällen vor: Aufenthalt in einer Einrichtung (§ 106 SGB XII) bzw. einer anderen Familie (§ 107 SGB XII) sowie Einreise aus dem Ausland (§ 108 SGB XII).

IX. Besondere Übergangsvorschriften

Übergangsvorschriften für spezielle Punkte sind:
- Für Personen, die Leistungen der Eingliederungshilfe für behinderte Menschen oder der Hilfe zur Pflege bekommen, deren Betreuung am 26. 6. 1996 durch von ihnen beschäftigte Personen oder ambulante Dienste sichergestellt wurde (sog. **Arbeitgeber-Assistenz**), gilt die einschlägige Bestimmung des BSHG (§ 3a) in der am 26. 6. 1996 geltenden Fassung weiter (§ 130 SGB XII).
- Für Personen, die am 31. 12. 2004 einen Anspruch auf einen Zusatz-Barbetrag nach dem BSHG (§ 21 Abs. 4 S. 4: bei Einrichtungsbewohnern, welche einen Teil der Kosten selbst tragen) hatten, wird dieser weiter in der für Dezember 2004 festgestellten Höhe erbracht (§ 133a SGB XII).
- Personen, die am 1. 12. 2006 einen Anspruch auf Einrichtungsunterhalt (§ 35 Abs. 2 SGB XII) haben, ist für 2006 einmalig eine Weihnachtsbeihilfe von mindestens 36 € zu leisten gewesen (§ 133b SGB XII; für die Zeit ab 2007 s. S. 286).

D. Welche grundsätzlichen Bestimmungen sind zu beachten? (SGB I, IV und IX: Rahmenregelungen)

In den Sozialgesetzbüchern I, IV und IX finden sich Rahmenbestimmungen, welche auf die besonderen Teile des Sozialgesetzbuchs ausstrahlen.

I. SGB I: Allgemeiner Teil – modifizierbare Regelungen

Das SGB I enthält **neben den allgemeingültigen Leistungsgrundsätzen** (s. S. 20 ff.) noch **modifizierbare Bestimmungen,** d.h. solche, die bei einer abweichenden Regelung in den besonderen Teilen zurücktreten (§ 37 S. 1 SGB I). Sie lassen sich in den folgenden Punkten zusammenfassen.

1. Anspruch und Ermessen

Auf Sozialleistungen besteht ein Anspruch, soweit nicht nach den besonderen Teil des SGB die Leistungsträger ermächtigt sind, bei der Entscheidung über die Leistungen nach ihrem Ermessen zu handeln (§ 38 SGB I). Im letzten Fall haben sie ihr **Ermessen entsprechend dem Zweck der Ermächtigung** auszuüben und die gesetzlichen Grenzen des Ermessens einzuhalten; auf eine solche pflichtgemäße Ermessensausübung besteht ein Anspruch (§ 39 SGB I). Ansprüche auf Sozialleistungen **entstehen,** sobald die gesetzlichen Voraussetzungen vorliegen; bei Ermessensleistungen ist der Zeitpunkt maßgebend, in dem die Entscheidung über die Leistung bekannt gegeben wird, es sei denn, dass in ihr ein anderer Zeitpunkt bestimmt ist (§ 40 SGB I). **Fällig** werden Ansprüche auf Sozialleistungen mit ihrem Entstehen, soweit die besonderen Teile des Gesetzbuchs keine andere Regelung enthalten (§ 41 SGB I). Sie sind nach Ablauf eines Kalendermonats nach dem Eintritt ihrer Fälligkeit bis zum Ablauf des Kalendermonats vor der Zahlung – und zwar mit 4% bei Zugrundelegung voller Eurobeträge und 30 Tage für einen Kalendermonat – zu **verzinsen,** jedoch frühestens sechs Kalendermonate nach Eingang des vollständigen Leistungsantrags beim zuständigen Leistungsträger, bei seinem Fehlen nach Ablauf eines Kalendermonats nach Bekanntgabe der Entscheidung über die Leistung (§ 44 SGB I).

2. Auszahlung an Hilfeempfänger und andere Personen/Stellen

Soweit die besonderen Teile des SGB keine andere Regelung enthalten (wie z.B. zeitweise § 42 SGB II), sollen **Geldleistungen** kostenfrei auf ein Konto des Empfängers bei einem Geldinstitut überwiesen oder, wenn der Empfänger es verlangt, kostenfrei an seinen Wohnsitz übermittelt werden (§ 47 SGB I). Geldleistungen, die der Sicherung des Lebensunterhalts zu dienen bestimmt sind, können in angemessener Höhe an den Ehegatten oder die Kinder des Leistungsberechtigten ausgezahlt werden, wenn er ihnen gegenüber seiner gesetzlichen Unterhaltspflicht nicht nachkommt (sog. **Abzweigung,** s. § 48 Abs. 1 S. 1–3 SGB I mit Ergänzungen für Kindergeld – speziell für das steuerrechtliche Kindergeld § 74 EStG – Kinderzuschläge). Die Auszahlung kann auch an die Personen oder Stellen erfolgen, die dem Ehegatten oder den Kindern Unterhalt gewähren (§ 48 Abs. 1 S. 4 SGB XII; s. weiter zur Auszahlung an die Unterhaltsberechtigten bei Unterbringung eines Leistungsberechtigten in einer Anstalt oder Einrichtung aufgrund richterlicher Anordnung, z.B. Justizvollzugsanstalt, sowie zur Überleitung durch die kostentragende Stelle §§ 49, 50 SGB I). Ein **Unterhaltstitel** darf weder zum Vorrang eines Berechtigten führen (BSG Urt. v. 7. 10. 2004 – B 11 AL 13/04 – SGb 2005, 405) noch entlastet er von der Prüfung, ob dem Unterhaltspflichtigen nach der Abzweigung ein angemessener Betrag verbleibt (LSG MV Beschl. v. 14. 6. 2004 – L 2 B 71/03 – FamRZ 2005, 753 am Beispiel eines Alg-Beziehers). Ein **Widerspruch** gegen einen Abzweigungsbescheid hat **aufschiebende Wirkung,** auch soweit dieser SGB-II-Leistungen betrifft (§ 39 Nr. 2 SGB II ist nicht einschlägig, s. SG Oldenburg Beschl. v. 15. 7. 2005 – S 47 AS 397/05 ER – info also 2005, 221).

3. Übertragung, Pfändung und Verpfändung

Die Vorschriften über Übertragung, Pfändung und Verpfändung im SGB I (§§ 53, 54) gelten nur, soweit die besonderen Teile nichts Abweichendes vorsehen (wie § 17 Abs. 1 S. 2 SGB XII). Die Schutzvorschrift über die **Kontenpfändung** und die Pfändung von Bargeld (§ 55 SGB I) findet auch für SGB-II- und SGB-XII-Leistungsberechtigte Anwendung. Dementsprechend sind Geldleistungen, die auf das Konto des Berech-

I. Allgemeiner Teil – modifizierbare Regelungen

tigten bei einem Geldinstitut überwiesen werden, für die Dauer von sieben Tagen seit der Gutschrift der Überweisung unpfändbar, soweit dem Geldinstitut bekannt ist, dass es sich um eine Sozialleistung handelt (unzulässig ist auch ein Einbehalt wegen einer Kontoüberziehung, s. VGH BaW Urt. v. 25. 9. 1986 – 10 S 1020/86 – FEVS 36, 422, einschränkend bei fehlender Hilfebedürftigkeit OVG NW Urt. v. 22. 5. 1987 – 13 A 739/86 – NJW 1988, 156). Nach Ablauf von sieben Tagen seit der Gutschrift sind bei Empfängern laufender Geldleistungen Sozialleistungsguthaben sowie Bargeld insoweit der Pfändung nicht unterworfen, als ihr Betrag dem unpfändbaren Teil der Leistungen für die Zeit von der Pfändung bis zum nächsten Zahlungstermin entspricht.

Beispiel: Ein Sozialhilfeempfänger erhält am 31. Mai für den Monat Juni Hilfe zum Lebensunterhalt in Höhe von 500 € auf sein Konto überwiesen, wovon 200 € für die Miete per Dauerauftrag abgebucht werden. Am 15. Juni wird das noch nicht abgehobene Guthaben gepfändet; dies ist jedoch nur in Höhe von 150 € zulässig.

Voraussetzung für die Anwendung der Schutzvorschriften ist freilich, dass dem Geldinstitut der Charakter der Geldzahlung als Sozialleistung bekannt ist; eine solche Deklarierung ist dem Sozialleistungsträger jedoch aus Gründen des Datenschutzes ohne Einwilligung nicht möglich. Es ist Sache des Hilfeempfängers, sich für den Pfändungsschutz zu entscheiden und zu diesem Zweck der Offenbarung des Bezugs von Sozialleistungen zuzustimmen; entscheidet er sich dagegen für Datenschutz und damit gegen die Offenbarung einer Leistung als Sozialleistung, so muss er die Nachteile, die sich durch die Nichtbeachtung der Schutzvorschriften ergeben, hinnehmen (BVerwG Urt. v. 23. 6. 1994 – 5 C 16/ 92 – BVerwGE 96, 147 = info also 1995, 48 = NDV 1995, 129 = ZfSH/ SGB 1994, 586).

4. Vorschüsse und vorläufige Leistungen

Vorschüsse kann ein zuständiger Sozialleistungsträger zahlen, wenn ein Anspruch auf Geldleistung dem Grunde nach besteht und zur Feststellung seiner Höhe voraussichtlich längere Zeit erforderlich ist; beantragt dies der Berechtigte, hat der Sozialleistungsträger Vorschüsse spätestens einen Monat nach Antragseingang zu leisten (§ 42 Abs. 1 SGB I).

Besteht ein Anspruch auf Sozialleistungen und ist zwischen mehreren Leistungsträgern streitig, wer zuständig ist – sachlich oder örtlich (BVerwG Urt. v. 16. 12. 2004 – 5 C 25.04 – NDV-RD 2005, 87) –, kann

D. Welche grundsätzlichen Bestimmungen sind zu beachten?

der unter ihnen zuerst angegangene Leistungsträger **vorläufig** Leistungen erbringen, deren Umfang er nach pflichtgemäßem Ermessen bestimmt; er hat dies nach einem entsprechenden Antrag des Berechtigten spätestens einen Monat nach dessen Eingang zu tun (§ 43 Abs. 1 SGB I, s. LSG He Urt. v. 7. 3. 2006 – L 7 AS 18/06 ER – ZfSH/SGB 2006, 480).

Vorschüsse und vorläufige Leistungen sind auf die zustehenden Leistungen anzurechnen und im Falle einer Überzahlung zu erstatten (§§ 42 Abs. 2, 43 Abs. 2 SGB I).

5. Aufrechnung und Verrechnung

Die allgemeinen Vorschriften (§§ 51, 52 SGB I) gelten nur, soweit die besonderen Teil nichts Abweichendes bestimmen (s. bezüglich SGB II S. 126 und bezüglich SGB XII s. S. 282).

6. Verzicht und Verjährung

Ein **Verzicht** auf Sozialleistungen kann durch schriftliche Erklärung gegenüber dem Leistungsträger abgegeben werden; er darf jederzeit mit Wirkung für die Zukunft **widerrufen** werden (§ 46 Abs. 1 SGB I). Dies gilt gerade auch für Einwilligungen in gesetzlich nicht vorgesehene **Einbehaltungen** von Sozialleistungen (VG Braunschweig Urt. v. 6. 7. 1999 – 3 B 341/99 – info also 2000, 78 am Beispiel der Einbehaltung von Sozialleistungen zur Darlehenstilgung, ebenso SG Lüneburg Beschl. v. 16. 6. 2005 – S 25 AS 251/05 ER – nach Peters NDV 2005, 316, 323, OVG Ni Urt. v. 27. 3. 2003 – 12 ME 52/03 – FEVS 54, 526 = NDV-RD 2003, 126 am Beispiel der Einbehaltung von Rückzahlungsraten für eine Mietkaution).

> **Rat:** Bescheide sind auf Einbehaltungen zu überprüfen, die bei Widerruf einzustellen sind, wenn es dafür keine ausdrückliche gesetzliche Grundlage (wie z. B. § 23 Abs. 1 S. 3 SGB II) gibt, sondern lediglich eine Einverständniserklärung (erst recht, wenn ohne Einverständnis einbehalten wird).

Ansprüche auf Sozialleistungen **verjähren** in vier Jahren nach Ablauf des Kalenderjahres, in dem sie entstanden sind (§ 45 Abs. 1 SGB I).

7. Mitwirkung

Insoweit wird zweckmäßigerweise unterschieden zwischen der Mitwirkung bei der Aufklärung des Sachverhalts und derjenigen bei Untersuchung, Behandlung und Berufsförderung.

I. Allgemeiner Teil – modifizierbare Regelungen

> **Rat:** Siehe weiter aus der Perspektive der Rechtsdurchsetzung S. 351 ff.

a) Aufklärung des Sachverhalts

Wer Sozialleistungen beantragt oder erhält, hat (gemäß §§ 60 Abs. 1, 61 SGB I)

- alle **Tatsachen anzugeben,** die für die Leistung erheblich sind (dazu VGH BaW Urt. v. 12. 3. 1997 – 7 S 1084/95 – NDV-RD 1998, 16 = ZfSH/SGB 2001, 234) sowie **Änderungen** in diesen Verhältnissen unverzüglich **mitzuteilen.** Soweit für die Angaben **Vordrucke** vorgesehen sind, sollen diese benutzt werden (dies gilt auch für die Sozialhilfe, die von einem Antrag nicht abhängig ist, s. § 18 SGB XII), wobei aber nur die für die konkrete Leistung erforderlichen Angaben gemacht werden müssen.

- **Beweismittel** zu bezeichnen und auf Verlangen des Sozialhilfeträgers auch **Beweisurkunden** darüber vorzulegen, insbesondere Personalausweis, Lohnbescheinigung, Mietvertrag, Bescheid über Arbeitslosengeld, Rente oder andere Sozialleistungen (zu Kontoauszügen von Banken s. S. 354 ff.).

- auf Verlangen des Sozialhilfeträgers der Erteilung der erforderlichen **Auskünfte durch Dritte** (Mitglieder der Einsatzgemeinschaft, eheähnliche Partner, Lebenspartner, Mitglieder einer Verwandten- oder Verschwägertengemeinschaft, unterhaltspflichtige und andere Ehegatten, Arbeitgeber, Finanzamt, weitere Personen – Zeugen bzw. Sachverständige – oder Stellen, vor allem Ärzte sowie Banken und Sparkassen) **zuzustimmen** (Auskunftseinwilligung, s. jedoch die Spezialregelungen in §§ 57, 60, 61 SGB II und 119 SGB XII). Nicht erforderlich ist jedoch eine solche Einwilligung, soweit die Tatsachen, von der die Sozialleistung abhängt, aufgrund von Belegen oder einer eidesstattlichen Versicherung feststehen (VG Kassel Urt. v. 28. 5. 1990 – 5/4 G 613/90 – info also 1991, 39). Im Übrigen darf eine Einwilligung zur Auskunftserteilung jeweils nur für den Einzelfall – bei konkretem Anhaltspunkt für einen sozialrechtlich erheblichen Umstand, nicht aber aufgrund eines pauschalen Anfangsverdachts (VGH He Urt. v. 7. 12. 1995 – 9 DE 913/94 – info also 1995, 222) – verlangt werden, so dass das Verlangen nach einer Blankoauskunftseinwilligung rechtswidrig ist; auch darf die Auskunftseinwilligung nicht durch Hinweise auf Vorschriften des SGB angezeigt werden, weil damit etwa Geldinstituten mittelbar die Tatsache des Kontakts des Betroffenen zu Sozialleistungsträgern angezeigt würde, sondern nur durch ein neutral gehaltenes Schreiben.

- auf Verlangen des Sozialhilfeträgers zur mündlichen Erörterung des Antrags oder zur Vornahme anderer für die Entscheidung über die Leistung notwendigen Maßnahmen **persönlich erscheinen.** Tut er dies, so kann er in Härtefällen auf Antrag Ersatz seiner notwendigen Auslagen und seines Verdienstausfalls in angemessenem Umfang erhalten (§ 65 a SGB I).

Die Mitwirkungspflicht **entfällt** (§ 65 Abs. 1 SGB I), wenn ihre Erfüllung in einem **unangemessenen Verhältnis** zu der in Anspruch genommenen Sozialleistung steht (etwa eine Auskunftseinwilligung bei nur geringem Hilfeanspruch), die Erfüllung dem Betroffenen aus einem wichtigen Grund nicht zugemutet werden kann (z. B. Alter, Krankheit) oder der Leistungsträger sich die erforderlichen Kenntnisse ohne großen Aufwand selbst beschaffen kann.

Angaben, die den Antragsteller bzw. Leistungsberechtigten oder ihm nahestehende Personen (§ 383 Abs. 1 Nr. 1–3 ZPO: Verlobte, Ehegatten, Verwandte in gerader Linie und in der Seitenlinie bis zum 3. Grad) in die Gefahr bringen würde, wegen einer Straftat oder Ordnungswidrigkeit verfolgt zu werden, können verweigert werden (§ 65 Abs. 3 SGB I).

Kommt derjenige, der eine Sozialleistung beantragt oder erhält, diesen „Verfahrenspflichten" (BVerwG Urt. v. 17. 5. 1995 – 5 C 20/93 – BVerwGE 98, 203 = FEVS 46, 12 = NDV-RD 1996, 62 = NJW 1995, 3200), die von den materiellen Pflichten wie der Arbeits-, Tätigkeits- oder Selbsthilfepflicht mit ihren eigenständigen Regelungen zu unterscheiden sind, nicht nach und wird hierdurch die Klärung des Sachverhalts wesentlich erschwert, kann der Leistungsträger ohne weitere Ermittlungen die **Leistung** bis zur Nachholung der Mitwirkung ganz oder teilweise **versagen oder entziehen,** soweit die Voraussetzungen der Leistung nicht nachgewiesen sind; dies gilt entsprechend, wenn Antragsteller oder Leistungsberechtigte in anderer Weise absichtlich die Aufklärung des Sachverhalts erheblich erschweren (§ 66 Abs. 1 SGB I). Diese Folgen dürfen jedoch nur ausgesprochen werden, nachdem der Leistungsberechtigte auf sie schriftlich hingewiesen worden und seiner Mitwirkungspflicht innerhalb einer ihm gesetzten angemessenen **Frist nicht nachgekommen** ist (§ 66 Abs. 3 SGB I).

I. Allgemeiner Teil – modifizierbare Regelungen

b) Untersuchung, Behandlung und Arbeitsförderung

Hilfesuchende und -empfänger sollen auf Verlangen des Sozialleistungsträgers sich **ärztlichen und psychologischen Untersuchungen** unterziehen, soweit diese für die Entscheidung erforderlich sind (§ 62 SGB I), d. h. nicht etwa durch Atteste oder Bescheide anderer Sozialleistungsträger ersetzt werden können. Dabei entstehende notwendige Auslagen und Verdienstausfälle können auf Antrag ersetzt werden (§ 65 a Abs. 1 S. 1 SGB I).

Beispiel: Ein Hilfeempfänger mit dem Schwerbehindertenausweis Merkzeichen G beantragt wegen voller Erwerbsminderung einen Mehrbedarfszuschlag. Auf Anforderung des SGB-XII-Leistungsträgers hat er sich amtsärztlich untersuchen zu lassen, soweit dies nicht schon in einem Verfahren vor dem Rentenversicherungsträger geschieht oder schon geschehen ist.

Wer wegen Krankheit oder Behinderung Sozialleistungen beantragt oder erhält, soll sich auf Verlangen des zuständigen Leistungsträgers einer **Heilbehandlung** unterziehen, wenn zu erwarten ist, dass er eine Besserung seines Gesundheitszustandes herbeiführt oder eine Verschlechterung verhindert wird (§ 63 SGB I). Eine solche Behandlung kann jedoch außer bei fehlender Erforderlichkeit – z. B. wenn eine entsprechende Maßnahme schon auf Verlangen eines anderen Sozialleistungsträger vorgenommen worden ist – oder Verhältnismäßigkeit auch dann **abgelehnt** werden, wenn ihm Einzelfall ein Schaden für Leben oder Gesundheit nicht mit hoher Wahrscheinlichkeit ausgeschlossen werden kann, sie mit erheblichen Schmerzen verbunden ist oder einen erheblichen Eingriff in die körperliche Unversehrtheit bedeutet (§ 65 Abs. 2 SGB I).

Beispiel: Oberschenkelamputation, sonstige größere Operationen, Entnahme von Rückenmarkflüssigkeit, nicht aber Blutabnahme, Einspritzungen oder chirurgische Maßnahmen an Narben oder Warzen (OVG ST Urt. v. 18. 2. 1992 – 8 W 5/92 – FEVS 44, 29).

Wer wegen Minderung der Erwerbsfähigkeit oder Arbeitslosigkeit Sozialleistungen beantragt oder erhält, soll auf Verlangen des Sozialleistungsträgers an **Leistungen zur Teilhabe am Arbeitsleben** teilnehmen, wenn bei angemessener Berücksichtigung seiner beruflichen Neigungen und Leistungsfähigkeit zu erwarten ist, dass sich seine Erwerbs- oder Vermittlungsfähigkeit auf Dauer fördern oder erhalten werden (§ 64 SGB I). Diesbezüglich sind die Arbeitseingliederungsmaßnahmen des SGB II (§ 16, s. S. 128 ff.) vorrangig.

D. Welche grundsätzlichen Bestimmungen sind zu beachten?

Als **Folge fehlender Mitwirkung** ist vorgesehen (§ 62 Abs. 2 SGB I), dass der Leistungsträger die **Leistung** bis zu ihrer Nachholung ganz oder teilweise **entziehen** kann, wenn derjenige, der eine Sozialleistung wegen Pflegebedürftigkeit, Arbeitsunfähigkeit, Gefährdung bzw. Minderung der Erwerbsfähigkeit oder Arbeitslosigkeit beantragt oder erhält, seinen Pflichten nicht nachkommt und unter Würdigung aller Umstände mit Wahrscheinlichkeit anzunehmen ist, dass deshalb die Fähigkeit zur selbstständigen Lebensführung, die Arbeits-, Erwerbs- oder Vermittlungsfähigkeit beeinträchtigt oder nicht verbessert wird. Dies ist nur möglich, falls der Leistungsberechtigte auf diese Folgen schriftlich hingewiesen worden und seiner Mitwirkungspflicht innerhalb einer ihm gesetzten angemessenen **Frist nicht nachgekommen** ist (§ 66 Abs. 3 SGB I).

8. Persönlicher Geltungsbereich

Soweit nicht Regelungen des überstaatlichen (= EU-Recht) und zwischenstaatlichen (= Abkommen) Rechts sowie die besonderen Teile etwas anderes bestimmen (s. §§ 30 Abs. 2, 37 S. 1 SGB I), gelten die Vorschriften des SGB I für alle Personen, die ihren **Wohnsitz oder gewöhnlichen Aufenthalt** in seinem Geltungsbereich haben (§ 30 Abs. 1 SGB I). Einen Wohnsitz hat jemand dort, wo er eine Wohnung unter Umständen innehat, die darauf schließen lassen, dass er die Wohnung beibehalten und benutzen will, den gewöhnlichen Aufenthalt dort, wo er sich unter Umständen aufhält, die erkennen lassen, dass er an diesem Ort oder in diesem Gebiet nicht nur vorübergehend verweilt (§ 30 Abs. 3 SGB I).

II. SGB IV: Gemeinsame Vorschriften für die Sozialversicherung

Das SGB IV gilt (§ 1) für die Sozialversicherungszweige der gesetzlichen Kranken-, Unfall- und Rentenversicherung einschließlich der Alterssicherung für Landwirte und sozialen Pflegeversicherung sowie auch die Arbeitsförderung (mit einigen Ausnahmen). Es enthält vor allem folgende Abschnitte: Grundsätze und Begriffsbestimmungen (§§ 1–18g, u.a. Beschäftigung und selbstständige einschließlich geringfügiger Tätigkeit, Arbeitsentgelt und sonstiges Einkommen, Versicherungsnummer), Leistungen und Beiträge (§§ 19–28), Meldepflichten des

314

III. Rehabilitation und Teilhabe behinderter Menschen

Arbeitgebers, Gesamtsozialversicherungsbeitrag (§§ 28a–28 r), Träger der Sozialversicherung (§§ 29–90a, u.a. Verfassung, Selbstverwaltungsorgane, Versicherungsälteste und Vertrauensperson), Versicherungsbehörden (§§ 91–94: Versicherungsämter, Bundesversicherungsamt), Sozialversicherungsausweis (§§ 95–110).

III. SGB IX: Rehabilitation und Teilhabe behinderter Menschen

Das SGB IX enthält im **ersten Teil Regelungen für behinderte und von Behinderung bedrohte Menschen,** und zwar im Kapitel 1 Allgemeine Regelungen (§§ 1–16: u.a. Behinderungsbegriff, Rehabilitationsträger, Zuständigkeitsklärung (nach VGH Bay Beschl. v. 1. 12. 2003 – 12 CE O 3.2683 – NDV-RD 2004, 113 ist § 14 SGB IX eine Spezialregelung im Verhältnis zu § 43 Abs. 1 SGB I, während VGH He Beschl. v. 21. 9. 2004 – 10 TG 2293/04 – FEVS 56, 328 – eine ergänzende Anwendung des § 43 Abs. 1 SGB I für möglich hält), Erstattung selbst beschaffter Leistungen, Vorbehalt abweichender Regelungen, nachdem das SGB IX für alle Teilhaberegelungen gilt, soweit sich aus den jeweiligen Leistungsgesetzen der besonderen Teile nichts Abweichendes ergibt), Kapitel 2 Ausführungen von Teilhabeleistungen (§§ 17–21a: u.a. Persönliches Budget, Rehabilitationsdienste und -einrichtungen, Qualitätssicherung), Kapitel 3 Gemeinsame Servicestellen (§§ 22–25), Kapitel 4 Leistungen zur medizinischen Rehabilitation (§§ 26–32), Kapitel 5 Leistungen zur Teilhabe am Arbeitsleben (§§ 33–43), Kapitel 5 Unterhaltssichernde und andere ergänzende Leistungen (§§ 44–54), Kapitel 7 Leistungen zur Teilhabe am Leben in der Gemeinschaft (§§ 55–59), Kapitel 8 Sicherung und Koordinierung der Teilhabe (§§ 60–67: u.a. Landesärzte, Verbändeklagerecht, Beirat beim Bundesministerium für Gesundheit und soziale Sicherung).

Im **zweiten Teil** des SGB IX (§§ 68–160) finden sich **Besondere Regelungen zur Teilhabe schwerbehinderter Menschen.** Das darin zusammengefasste Schwerbehindertenrecht betrifft neben der Umschreibung des geschützten Personenkreises einschließlich der Schwerbehindertenausweise und Bestimmungen bezüglich Arbeit und Beruf sowie Integrationsfachdiensten und -projekten auch die Werkstätten für behinderte Menschen und die unentgeltliche Beförderung im öffentlichen Personenverkehr.

E. Woran müssen sich die Sozialleistungsträger halten? (SGB X: Verwaltungsverfahren und Sozialdatenschutz)

Das SGB X besteht aus drei Kapiteln: Verwaltungsverfahren, Schutz der Sozialdaten sowie der Zusammenarbeit der Leistungsträger und ihre Beziehungen zu Dritten. Soweit die besonderen Teile spezielle Regelungen haben (wie z.B. für das Verfahren das SGB II, s. S. 205 ff. und SGB XII, s. S. 295 ff.), gehen diese vor.

> **Rat:** Siehe zur Vertiefung: Winkler, Sozialverwaltungsverfahren und Sozialdatenschutz (SGB X), 2004.

I. Verwaltungsverfahren

Die diesbezüglichen Vorschriften (§§ 1–66) gelten für das Verwaltungsverfahren der SGB-Behörden, d.h. ihre nach außenwirkende Tätigkeit, die auf die Prüfung der Voraussetzungen, die Vorbereitung und den Erlass eines Verwaltungsaktes oder auf den Abschluss eines öffentlich-rechtlichen Vertrags gerichtet ist (s. §§ 1, 8 SGB X). Es hat regelmäßig einzusetzen mit einem Antrag bzw. bei der Sozialhilfe (ausgenommen die Grundsicherung) mit dem Bekanntwerden der Notlage und ist „einfach, zweckmäßig und zügig durchzuführen" (§ 9 S. 2 SGB X), wobei die folgenden Stadien unterscheidbar sind.

1. Sachverhaltsermittlung

Die Behörde hat den Sachverhalt von Amts wegen zu ermitteln und bestimmt dabei Art und Umfang der Ermittlungen; sie muss aber **alle** für den Einzelfall bedeutsamen, auch die für die Beteiligten günstigen **Umstände berücksichtigen** (§ 20 Abs. 1, 2 SGB X). Sie bedient sich dabei der Beweismittel, die sie nach pflichtgemäßem Ermessen zur Ermittlung des Sachverhalts für erforderlich hält und kann insbesondere Auskünfte einholen, Beteiligte, Zeugen und Sachverständige anhören, Urkunden und Akten beiziehen sowie den Augenschein einnehmen, also eine Ortsbesichtigung durchführen (§§ 20, 21 Abs. 1 SGB X).

I. Verwaltungsverfahren

Die **Beteiligten,** also insbesondere die Antragsteller, sollen bei der Ermittlung des Sachverhalts **mitwirken,** insbesondere ihnen bekannte Tatsachen und Beweismittel angeben; weitergehende Pflichten bestehen nur, soweit sie durch Rechtsvorschrift besonders vorgeschrieben sind (§ 21 Abs. 2 SGB X), insbesondere die Mitwirkungspflichten (s. S. 310f., 351ff.).

Die Beteiligten haben vor allem das Recht auf Beiziehung von **Bevollmächtigten und Beiständen** (§ 13 SGB X) sowie auf **Akteneinsicht** (§ 25 SGB X).

Rat: Siehe eingehend zum Verwaltungsverfahren aus der Sicht Betroffener S. 347ff.

---

2. Bescheidung

Nach der Sachverhaltsermittlung trifft die Behörde in der Regel eine Entscheidung, inwieweit sie Sozialleistungen gewährt. Dies geschieht in einem **Bescheid,** den das SGB X (§ 31) **Verwaltungsakt** nennt, und der als hoheitliche Maßnahme umschreibt, wie der Einzelfall in seinen Rechtswirkungen nach außen geregelt wird. Er muss inhaltlich hinreichend bestimmt sein und kann schriftlich, elektronisch, mündlich oder in anderer Weise erlassen werden; diesbezüglich ist ein mündlicher Verwaltungsakt schriftlich oder elektronisch zu bestätigen, wenn hieran ein berechtigtes Interesse besteht und der Betroffene dies unverzüglich verlangt. Ein elektronischer Verwaltungsakt ist unter denselben Voraussetzungen schriftlich zu bestätigen (§ 33 Abs. 1, 2 SGB X).

Ein schriftlicher oder elektronischer sowie ein schriftlich oder elektronisch bestätigter Verwaltungsakt ist mit einer **Begründung** zu versehen, in der die wesentlichen tatsächlichen und rechtlichen Gründe mitgeteilt werden, bei Ermessensentscheidungen auch die Gesichtspunkte, von denen die Behörde ausgegangen ist (§ 35 Abs. 1 SGB X). Von der Begründungspflicht gibt es nur einige wenige Ausnahmen (§ 35 Abs. 2, 3 SGB X). Der Bescheid ist dem Betroffenen oder seinem Bevollmächtigten **bekannt zu geben** (§ 37 Abs. 1 SGB X).

Schriftliche Bescheide sind mit einer **Rechtsmittelbelehrung** zu versehen, in der über den Rechtsbehelf – in der Regel Widerspruch – und die Behörde, bei der er anzubringen ist, deren Sitz, die einzuhaltende Frist und die Form schriftlich belehrt werden muss (§ 36 SGB X).

317

E. Woran müssen sich die Sozialleistungsträger halten?

> **Rat:** Siehe ausführlich zu den Rechtsschutzmöglichkeiten gegen Bescheide S. 389 ff.

3. Öffentlich-rechtlicher Vertrag

Anstelle eines Bescheids kann die Behörde einen öffentlich-rechtlichen Vertrag mit demjenigen schließen, an den sie sonst den Verwaltungsakt richten würde, was freilich bei **Sozialleistungen nur** erlaubt ist, soweit ihre Erbringung im **Ermessen** des Leistungsträgers steht (§ 53 SGB X mit Anschlussregelungen in §§ 54–61 SGB X), soweit die besonderen Teile keine speziellen Regelungen treffen (s. § 37 S. 1 SGB I), wie bezüglich der Eingliederungsvereinbarung (s. S. 159 ff.).

II. Sozialdatenschutz

Eingehende Regelungen enthält das SGB X zum Sozialdatenschutz, der den im SGB I (§ 35) gewährleisteten Anspruch auf Schutz des Sozialgeheimnisses sichert. Nach Begriffsbestimmungen (§ 67 SGB X: u.a. bezüglich Erheben, Verarbeiten und Nutzen der Sozialdaten) behandelt ein weiterer Abschnitt Datenerhebung, -verarbeitung und -nutzung (§§ 67 a–78 mit dem **Schwerpunkt Übermittlung** als wichtigstem Teil der Verarbeitung, die nur zulässig ist bei einer **Einwilligung oder einer gesetzlichen Befugnis,** die u.a. besteht für die Erfüllung sozialer Aufgaben, die Erfüllung besonderer gesetzlicher Pflichten, die Durchführung eines Strafverfahrens sowie bei Verletzung der Unterhaltspflicht und beim Versorgungsausgleich mit Einschränkungen bei besonders schutzwürdigen Daten, die von nach dem Strafgesetzbuch schweigepflichtigen Personen übermittelt worden sind) und der folgende Abschnitt organisatorische Vorkehrungen zum Schutz der Sozialdaten und besondere Datenverarbeitungsarten (§§ 78 a–80 SGB X) sowie der letzte Rechte des Betroffenen und den Datenschutzbeauftragten (§§ 81–85 a SGB X).

III. Zusammenarbeit der Leistungsträger untereinander und ihre Beziehungen zu Dritten

Dieses Kapitel enthält drei Abschnitte:
- **Zusammenarbeit der Leistungsträger untereinander und mit Dritten** (§§ 88–100 a SGB X), zu denen insbesondere der **Arzt** oder An-

gehöriger eines anderen Heilberufes zählt, der verpflichtet ist, auf Verlangen Auskunft zu erteilen, soweit es zur Gesetzesdurchführung erforderlich ist und der Betroffene im Einzelfall eingewilligt hat oder es gesetzlich zugelassen ist.

- **Erstattungsansprüche der Leistungsträger untereinander** (§§ 102–114 SGB X), die bestehen bei Ansprüchen eines Trägers (1) der Sozialleistungen erbracht hat, die ein vorrangig verpflichteter Träger hätte erbringen müssen (§ 104), (2) der vorläufig geleistet hat anstelle eines endgültig verpflichteten Trägers (§ 102) und, (3) der unzuständig ist und dem der zuständige erstattungspflichtig ist (§ 105).

- **Erstattungs- und Ersatzansprüche der Leistungsträger gegen Dritte** (§§ 115–119 SGB X), **nämlich Arbeitgeber und Schadensersatzpflichtige.**

F. Was für staatliche Hilfen gibt es außerdem?
(SGB-Nebengesetze: Weitere Sozialleistungen)

Sozialleistungen im weiteren materiellen Sinn finden sich auch in Gesetzen außerhalb des Sozialgesetzbuchs.

I. Stiftungs- und Entschädigungsleistungen

Sie sind bei den bedürftigkeitsabhängigen Sozialleistungen nicht als Einkommen einzusetzen und werden deshalb zusätzlich zu ihnen gewährt.

1. Stiftungsleistungen

a) Contergan-Stiftung

Zum Ausgleich von Schädigungen, die durch den Genuss des Schlafmittels „Contergan" während der Schwangerschaft bei Ungeborenen verursacht wurden, wurde 1971 die Stiftung „Hilfswerk für behinderte Kinder" (jetzt „Contergan-Stiftung") durch Gesetz errichtet. Nach § 21 Abs. 2 Stiftungsgesetz bleiben Stiftungsleistungen bei der Ermittlung von Einkommen oder Vermögen bei bedürftigkeitsabhängigen Sozialleistungen außer Betracht. Für Renten gilt dies allerdings nur bis zur Höhe der vergleichbaren Grundrente nach dem Bundesversorgungsgesetz (s. S. 12). Nicht verbrauchte, angesparte Rentenleistungen nach § 14 Abs. 1 des Stiftungsgesetzes bleiben ebenfalls außer Betracht (BVerwG Urt. v. 13. 8. 1992 – 5 C 2/88 – FEVS 43, 353 = NDV 1993, 195).

b) Bundesstiftung „Mutter und Kind – Schutz des ungeborenen Lebens"

Aus der Bundesstiftung werden seit 1984 Mittel für ergänzende **Hilfen** zur Verfügung gestellt, **um werdenden Müttern in einer Notlage „die Fortsetzung der Schwangerschaft zu erleichtern"** (Stiftungszweck nach § 2 Abs. 1 des Gesetzes zur Errichtung der Stiftung). Diese Leistungen sind gem. 5 Abs. 2 des Stiftungsgesetzes bei bedürftigkeitsabhängigen Sozialleistungen nicht als Einkommen einzusetzen.

I. Stiftungs- und Entschädigungsleistungen

Von einer Notlage im vorgenannten Sinn wird ausgegangen, wenn das Einkommen der Schwangeren nicht höher ist als das 2–3-fache der Regelsatzleistung der Sozialhilfe. Aus Mitteln der Stiftung können für Aufwendungen, die im Zusammenhang mit der Schwangerschaft und der Geburt sowie der Pflege und Erziehung eines Kleinkindes entstehen, Hilfen gewährt werden, insbesondere für

- die Erstausstattung des Kindes,
- die Weiterführung des Haushalts,
- die Wohnung und Einrichtung,
- die Betreuung des Kleinkindes.

In der Praxis sind dies Beihilfen in Höhe von 850–1275 €.

Auf Leistungen nach diesem Gesetz besteht allerdings **kein Rechtsanspruch.** Vielmehr vergibt die Stiftung die Mittel an Einrichtungen in den Ländern, die im Rahmen des Stiftungszweckes (§ 2 Abs. 1) landesweit tätig sind. Diese entscheiden ihrerseits im Rahmen von Vergaberichtlinien und anhand der Umstände des Einzelfalls eigenverantwortlich über die Vergabe der Mittel entscheiden. Folgende landesweit tätige Einrichtungen vergeben die Stiftungsmittel in den einzelnen Bundesländern:

Baden-Württemberg: Stiftung „Familie in Not", Postfach 10 34 43, 70029 Stuttgart,

Bayern: Landesstiftung „Hilfe für Mutter und Kind", Schellingstr. 155, 80797 München,

Berlin: Stiftung „Hilfe für die Familie", Oranienburger Str. 13–14, 10178 Berlin,

Brandenburg: Stiftung „Hilfe für Familie in Not − Stiftung des Landes Brandenburg", Heinrich-Mann-Allee 103, 14473 Potsdam,

Bremen: Arbeitsgemeinschaft aus Caritasverband und Diakonischem Werk, vertreten durch den Caritasverband Bremen e.V., Kolpingstr. 3, 28195 Bremen,

Hamburg: Arbeitsgemeinschaft aus Caritasverband und Diakonischem Werk, vertreten durch den Caritasverband für Hamburg e.V., Danziger Str. 66, 20099 Hamburg,

Hessen: Caritas-Diakonie-Konferenz, vertreten durch das Diakonische Werk in Kurhessen-Waldeck, Kölnische Str. 136, 34119 Kassel,

Mecklenburg-Vorpommern: Stiftung „Hilfen für Frauen und Familien" Mecklenburg-Vorpommern, Friedrich-Engels-Str. 47, 19061 Schwerin,

Niedersachsen: Stiftung „Familie in Not" Niedersachsen, Hamburger Allee 26–30, 30161 Hannover,

Nordrhein-Westfalen: Caritasverband für die Diözese Münster e.V., Kardinal-von-Galen-Ring 45, 48149 Münster,

321

F. Was für staatliche Hilfen gibt es außerdem?

Rheinland-Pfalz: Stiftung „Familie in Not", Rheinland-Pfalz, Bauhofstr. 9, 55116 Mainz,

Saarland: Liga der Freien Wohlfahrtspflege Saar, vertreten durch den Caritasverband für Saarbrücken und Umgebung e. V., Kantstr. 14, 66111 Saarbrücken,

Sachsen: Stiftung „Hilfe für Familien, Mutter und Kind", Jägerstr. 8, 09120 Chemnitz,

Sachsen-Anhalt: „Familie in Not – Land Sachsen-Anhalt e. V.", Halberstädter Str. 39 a, 39112 Magdeburg,

Schleswig-Holstein: Stiftung „Familie in Not", Adolf-Westphal-Straße 4, 24143 Kiel,

Thüringen: Stiftung „Nothilfe für die Familie, Hilfe für schwangere Frauen in Not", Thüringen, Linderbacher Weg 30, 99099 Erfurt.

Nach dem Stiftungsgesetz (§ 4 Abs. 2) dürfen Leistungen aus Mitteln der Stiftung nur gewährt oder zugesagt werden, wenn die Hilfe auf andere Weise nicht oder nicht rechtzeitig möglich ist oder nicht ausreicht. Die Handhabung dieser Regelung des Nachrangs von Stiftungsleistungen ist in der Praxis streitig. Ein Teil der vergebenden Einrichtungen stellt sich auf den Standpunkt, Bezieherinnen von Sozialhilfeleistungen oder von Leistungen nach dem AsylbLG müssten staatlicherseits ausreichend Mittel zur Vermeidung von Notlagen zur Verfügung gestellt werden, weshalb eine Unterstützung aus Stiftungsmitteln ausscheide. Zielgruppe der Stiftung sei der über der Einkommensgrenze der Sozialhilfe liegende Personenkreis. Die Bundesregierung verweist in ihrer Antwort auf eine Kleine Anfrage demgegenüber auf den ergänzenden Charakter der Stiftungsleistungen, die deshalb über diejenigen der bestehenden Sozialgesetze hinausgingen. So gesehen **können zu allen gesetzlichen Sozialleistungen, auch zu denen der Sozialhilfe und des AsylbLG, ergänzende Hilfen gewährt werden** (BT-Drs. 14/3168, S. 8).

Nach der Geburt des Kindes ist der vergebenden Einrichtung eine Geburtsurkunde des Kindes vorzulegen. Unterbleibt dies, können Leistungen zurückgefordert werden.

2. Entschädigungsleistungen

Folgende Entschädigungsleistungen bleiben bei einer sonstigen gesetzlich vorgesehenen Ermittlung als Einkommen oder Vermögen unberücksichtigt:

- Renten und Beihilfen für Opfer der nationalsozialistischen Verfolgung nach dem **Bundesentschädigungsgesetz** wegen eines Schadens am

Leben sowie an Körper oder Gesundheit (nicht anrechenbar in Höhe der vergleichbaren Grundrente nach dem BVG)

- Renten nach dem **Gesetz über die Hilfe für durch Anti-D-Immunprophylaxe** mit dem Hepatitis-C-Virus infizierte Personen zur Hälfte; Einmalzahlungen in voller Höhe (§ 6 Anti-D-HilfeG);
- Leistungen nach dem **HIV-Hilfegesetz** an durch Blutpodukte infizierte Personen (§ 17 Abs. 2 HIV-HilfeG);
- Entschädigungsrenten und -leistungen nach dem **Gesetz über Entschädigungen für Opfer des Nationalsozialismus im Beitrittsgebiet** zur Hälfte (§ 4 Abs. 2 des Gesetzes);
- Leistungen nach den § 292 Abs. 2 Nr. 1–3 i.V.m. §§ 274, 280, 284 **LAG**;
- Leistungen nach dem **Gesetz über den Ausgleich beruflicher Benachteiligungen für Opfer politischer Benachteiligung im Beitrittsgebiet** (§ 9 Abs. 1 Berufliches Rehabilitierungsgesetz);
- Soziale Ausgleichsleistungen nach dem **Gesetz über die Rehabilitierung und Entschädigung von Opfern rechtsstaatswidriger Strafverfolgungsmaßnamen im Beitrittsgebiet** (§ 16 Abs. 2 Strafrechtliches Rehabilitierungsgesetz).

II. Kindergeld nach dem Einkommensteuergesetz

Kindergeld wird für Berechtigte mit Inlandswohnsitz zunächst als Steuervergütung nach dem Einkommensteuergesetz (EStG) gezahlt (zum Kindergeld bei Auslandswohnsitz s. S. 16). Das BVerfG hatte in mehreren Entscheidungen (beginnend mit dem Urt. v. 25. 9. 1992 – 2 BvL 5/91, 2 BvL 8/91, 2 BvL 14/91 – BVerfGE 87, 153 = NJW 1992, 3153) unter Berufung auf das Sozialstaatsprinzip postuliert, der Gesetzgeber als Steuergesetzgeber müsse dem Steuerpflichtigen und seinen Unterhaltsberechtigten zumindest das belassen, was er ihm als Sozialgesetzgeber zur Befriedigung seines existenznotwendigen Bedarfs aus öffentlichen Mitteln zur Verfügung stelle **(Steuerfreistellung des Existenzminimums).** Bei der Familienbesteuerung heißt das im Ergebnis, dass ein Betrag in Höhe des Existenzminimums der Familie steuerfrei bleiben muss und nur das darüber hinaus gehende Einkommen der Besteuerung unterliegt. Der Gesetzgeber hat sich deshalb mit dem Jahressteuergesetz 1996 dafür entschieden, die **Steuerfreistellung des Existenzminimums von Kindern** alternativ durch Einräumung von Freibeträgen oder durch Zahlung von Kindergeld sicherzustellen. Kindergeldzahlungen wurden dementsprechend im Einkommensteuerrecht (§§ 31 ff., 62 ff. EStG) geregelt. Nach § 31 S. 3 EStG wird Kindergeld im laufenden Kalenderjahr zunächst als pauschale (vorweggenommene) Steuervergütung monatlich gezahlt. Damit soll die Steuerfreistellung eines Einkommensbetrags in Höhe des Existenzminimums eines Kindes einschließlich der Bedarfe für Betreuung und Erziehung oder Ausbildung bewirkt (§ 31 S. 1 EStG) und die Erhebung einer verfassungswidrig zu hohen Besteuerung vermieden werden. Der mit der Kindergeldzahlung verbundene steuerliche Entlastungseffekt hängt dabei im Einzelfall von der Höhe des zu versteuernden Einkommens und dem Steuertarif ab. Soweit das Kindergeld nicht für die Steuerfreistellung benötigt wird, dient es der Förderung der Familie, **Familienleistungsausgleich** (§ 31 S. 2 EStG). Dem Kindergeld ist damit eine Doppelfunktion als steuerliche Entlastung und als allgemeine Sozialleistung zugewiesen.

Beispiel: Führt die Berücksichtigung des Steuerfreibetrags zu einer (rechnerischen) monatlichen Steuerentlastung von 100 €, so ist bei einem monatlichen Kindergeld von 154 € dieses in Höhe von 100 € steuerliche Entlastung, in Höhe von 54 € eine Familienförderleistung.

Im Rahmen einer „Günstigerprüfung" (§ 31 S. 4 EStG) wird bei der Einkommenssteuerveranlagung nachträglich geprüft, ob nicht doch die Berücksichtigung des Kinderfreibetrages (§ 32 Abs. 6 EStG) für den Steuerpflichtigen günstiger gewesen wäre (= zu einer Steuerentlastung über dem Betrag des Kindergeldes geführt hätte). In diesen Fällen wird die Steuerschuld unter Berücksichtigung der Freibeträge festgestellt und das gezahlte Kindergeld der Steuerschuld hinzuaddiert.

1. Berechtigte

Kindergeldberechtigt sind **leibliche Eltern, Pflegeltern oder Großeltern.** Für jedes Kind wird allerdings nur einem Berechtigten Kindergeld gezahlt, und zwar demjenigen, der das Kind in seinen Haushalt aufgenommen hat (= Begründung eines Betreuungs- und Erziehungsverhältnisses). Lebt ein Kind mit Eltern, Pflegeeltern oder Großeltern in einem Haushalt, so bestimmen diese untereinander den Berechtigten. Wird eine Bestimmung nicht getroffen, so entscheidet auf Antrag das Vormundschaftsgericht. Lebt ein Kind mit Eltern und Großeltern in einem Haushalt zusammen, so wird das Kindergeld vorrangig einem Elternteil gezahlt; dieser kann aber auch ein Großelternteil zum Berechtigten bestimmen. Lebt das Kind bei keinem Berechtigten, so erhält das Kindergeld derjenige, der (den höchsten) Barunterhalt zahlt. Wird kein oder gleich hoher Barunterhalt gezahlt, so bestimmen die Berechtigten den Empfänger, im Nichteinigungsfall entscheidet auf Antrag das Vormundschaftsgericht (vgl. zu allem § 64 EStG).

Neben deutschen Staatsangehörigen erhält auch Kindergeld, wer in Deutschland seinen Wohnsitz oder gewöhnlichen Aufenthalt und
- **Staatsangehöriger** der Europäischen Union **(EU),** des Europäischen Wirtschaftsraumes **(EWR)** oder der **Schweiz** ist;
- Staatsangehöriger Serbiens und Montenegros, Bosnien-Herzegowinas, Mazedoniens, Marokkos, Tunesiens oder der Türkei ist und **aufgrund entsprechender zwischenstaatlicher Abkommen im Bundesgebiet arbeitslosenversicherungspflichtig beschäftigt ist;**
- **unanfechtbar anerkannter Flüchtling oder Asylberechtigter** ist;
- als sonstiger Ausländer eine **Niederlassungserlaubnis,** eine **Aufenthaltserlaubnis zum Zweck der Erwerbstätigkeit** oder nach den §§ 25, 31, 37, 38 AufenthG **oder zum Zweck des Familiennachzugs** zu den genannten Personen hat.

Saisonarbeitnehmer, Werkvertragsarbeitnehmer und Arbeitnehmer, die zur vorübergehenden Dienstleistung nach Deutschland entsandt sind, erhalten kein Kindergeld.

In Sonderfällen kann das Kindergeld an einen anderen als den Berechtigten ausgezahlt werden. § 74 Abs. 1 EStG bestimmt, dass das Kindergeld an das Kind selbst bzw. an die ihm Unterhalt leistende Person oder Stelle (bspw. einen Sozialhilfeträger) gezahlt werden kann **(Abzweigung),** wenn der Berechtigte seiner gesetzlichen Unterhaltspflicht dem Kind gegenüber nicht nachkommt bzw. mangels Leistungsfähigkeit nicht unterhaltspflichtig ist. Die Auszahlung an Dritte soll gewährleisten, dass auch Dritte, die im Hinblick auf die Unterhaltspflicht an die Stelle des Kindergeldberechtigten treten, durch die Auszahlung des Kindergelds einen finanziellen Ausgleich erlangen können. Sozialhilferechtliche Beschränkungen des Übergangs von Unterhaltsansprüchen haben auf die Höhe des abgezweigten Kindergeldes keinen Einfluss (BFH, Urt. v. 17. 2. 2004 – VIII R 58/03 – BFHE 206, 1)

2. Höhe des Kindergeldes

Die **Höhe des Kindergeldes** beträgt je 154 € für das 1. bis 3. und je 179 € für jedes weitere Kind (§ 66 Abs. 1 EStG). Welches Kind bei ei-

F. Was für staatliche Hilfen gibt es außerdem?

nem Berechtigten als erstes, zweites, drittes oder weiteres Kind zählt, richtet sich nach der Reihenfolge der Geburten. Das älteste Kind ist stets das erste Kind. Erhält ein anderer vorrangig Berechtigter für ein Kind das Kindergeld, so zählt dieses Kind beim nachrangig Berechtigten in der Geburtenreihenfolge weiterhin mit ("Zählkind"). Kinder, für die kein Kindergeldanspruch mehr besteht, zählen nicht mit.

3. Berücksichtigungsfähige Kinder

Als Kinder werden berücksichtigt (§ 32 EStG)

- **im ersten Grad mit dem Antragsteller verwandte** (auch adoptierte) **Kinder;**
- Kinder des Ehegatten **(Stiefkinder)** und **Enkelkinder,** die der Antragsteller in seinen Haushalt aufgenommen hat;
- **Pflegekinder,** wenn der Antragsteller mit ihnen durch ein familienähnliches, auf längere Dauer angelegtes Band verbunden ist und er sie in seinen Haushalt aufgenommen hat.

Eine **Haushaltsaufnahme** im diesem Sinne liegt nur dann vor, wenn das Kind ständig in der Familienwohnung des Antragstellers lebt, dort versorgt und betreut wird. Die bloße Anmeldung bei der Meldebehörde genügt ebenso wenig wie eine tageweise Betreuung während der Woche oder ein wechselnder Aufenthalt. Eine bestehende Haushaltszugehörigkeit wird durch eine zeitweilige auswärtige Unterbringung wegen Schul- oder Berufsausbildung oder Studium des Kindes nicht unterbrochen.

Das Kindergeld wird gezahlt

- für **minderjährige unverheiratete Kinder;**
- vom **18. bis zum 20. Lebensjahr** (mit entsprechender Verlängerung bei Grundwehr-, Zivil- oder Entwicklungsdienst) für arbeitsuchend gemeldete Kinder;
- vom **18. bis zum 26. Lebensjahr** (mit entsprechender Verlängerung bei Grundwehr-, Zivil- oder Entwicklungsdienst) für Kinder in Schul- oder Berufsausbildung oder Studium, für ausbildungsplatzsuchende Kinder und für Kinder im freiwilligen sozialen bzw. ökologischen Jahr, im Aktionsprogramm "Jugend" der EU oder einem Auslandsdienst nach dem Zivildienstgesetz;
- **ohne altersmäßige Begrenzung** für ein Kind, das wegen einer körperlichen, geistigen oder seelischen Behinderung nicht in der Lage ist, sich selbst zu unterhalten.

Eine über das 18. Lebensjahr hinausgehende Kindergeldzahlung kommt allerdings nur dann in Betracht, wenn das Kind selbst nicht mehr als 7680 € im Kalenderjahr verdient.

4. Verfahren

Der **Antrag** auf Kindergeld muss schriftlich unter Vorlage entsprechender Nachweise bei der **Familienkasse** (Agentur für Arbeit) gestellt werden (§ 67 S. 1 EStG). Bei Angehörigen des öffentlichen Dienstes und Empfängern von Versorgungsbezügen wird das Kindergeld von ihren Dienstherren oder Arbeitgebern als Familienkasse festgesetzt und ausgezahlt (§ 72 Abs. 1 EStG). Das Verwaltungsverfahren im Anwendungsbereich des EStG richtet sich nach der Abgabenordnung (AO). Für Rechtsstreitigkeiten über das steuerrechtliche Kindergeldrecht ist der Rechtsweg zu den Finanzgerichten eröffnet (§ 33 Abs. 1 Nr. 1 FGO).

5. Anrechnung von Kindergeld bei einkommensabhängigen Sozialleistungen

Soweit bei einem Kind das **Kindergeld** zur Sicherung des Lebensunterhaltes benötigt wird, ist es diesem beim Bezug von Hilfe zum Lebensunterhalt oder Grundsicherung bei Erwerbsminderung nach dem SGB XII oder von Arbeitslosengeld II oder Sozialgeld nach dem SGB II als **Einkommen** zuzurechnen (§§ 88 Abs. 1 S. 2 SGB XII, 11 Abs. 1 S. 3 SGB II).

III. Leistungen nach dem Asylbewerberleistungsgesetz

Das Asylbewerberleistungsgesetz (AsylbLG) wurde im Zusammenhang mit der Neuregelung des Asylrechts im Jahr 1993 als ein **außerhalb des SGB stehendes Leistungsgesetz für Asylsuchende und weitere Personen ohne gesicherten Aufenthaltsstatus** geschaffen. Die gegenüber der Sozialhilfe ungünstigeren (Sachleistungen!) bzw. betragsmäßig abgesenkten Leistungen wurden im Gesetzgebungsverfahren damit gerechtfertigt, abgesenkte Asylbewerberleistungen würden den Anreiz zu einer wirtschaftlich motivierten Zuwanderung verringern. Nach der Rechtsprechung liegt in dieser Geringerbemessung der existenzsichernden Leistungen für sich im Bundesgebiet nur vorübergehend aufhaltende Ausländer im Vergleich zu den Daueraufenthaltsberechtigten kein Gleichheitsverstoß

F. Was für staatliche Hilfen gibt es außerdem?

i. S. v. Art. 3 GG, da bei einem nur vorübergehenden Aufenthalt der in der entsprechenden Sozialhilfeleistung berücksichtigte Bedarf an sozialer Integration nicht bestehe (OVG Ni Beschl. v. 27. 6. 1997 – 12 L 5709/96 – NVwZ 1997, Beilage Nr. 12, 95, bestätigt durch BVerwG Beschl. v. 29. 9. 1998 – 5 B 82/97 – FEVS 49, 97 = info also 1999, 147).

Das AsylbLG unterscheidet
- uneingeschränkt Anspruchsberechtigte,
- eingeschränkt Anspruchsberechtigte und
- privilegiert Anspruchsberechtigte.

1. Uneingeschränkt Berechtigte

a) Personenkreis

Zu den Berechtigten nach § 1 Abs. 1 AsylbLG gehören Ausländer, die sich tatsächlich im Bundesgebiet aufhalten und
- zur Durchführung des Asylverfahrens eine **Aufenthaltsgestattung** nach dem AsylVfG besitzen (Nr. 1),
- **über einen Flughafen zum Zweck der Durchführung eines Asylverfahrens einreisen wollen,** ihnen die Einreise aber nicht oder noch nicht gestattet ist (Nr. 2),
- eine **Aufenthaltserlaubnis** nach §§ 23 Abs. 1, 24, 25 Abs. 4 oder 5 AufenthG (= Altfallregelung; Kontingentflüchtlinge; Kriegs- und Bürgerkriegsflüchtlinge; unverschuldete Unmöglichkeit der Ausreise) besitzen (Nr. 3),
- eine **Duldung** nach § 60a AufenthG besitzen (Nr. 4),
- **vollziehbar ausreisepflichtig sind** (= Personen mit Grenzübertrittsbescheinigung, mit abgelaufenen Aufenthaltspapieren oder ohne legalen Status [„sans papier"] oder in Abschiebungshaft befindlich), auch wenn die Abschiebungsandrohung noch nicht oder nicht mehr vollziehbar ist (Nr. 5),
- **Ehegatten, Lebenspartner oder minderjährige Kinder** der soeben genannten Ausländer sind, ohne dass sie selbst die obigen Voraussetzungen erfüllen (Nr. 6) oder
- einen **Folgeantrag** nach § 71 AsylVfG oder einen **Zweitantrag** nach § 71a AsylVfG stellen (Nr. 7).

b) Leistungen

Asylbewerberleistungsberechtigte erhalten nach Verbrauch vorhandenen Einkommens und Vermögens (§ 7 Abs. 1 S. 1 AsylbLG) und Aus-

III. Leistungen nach dem Asylbewerberleistungsgesetz

schöpfung sonstiger Selbsthilfemöglichkeiten (§ 8 AsylbLG), insbesondere von Unterhaltsverpflichtungen nach § 68 Abs. 1 S. 1 AufenthG und der Länder im Rahmen ihrer Pflicht zur Schaffung und Unterhaltung von Aufnahmeeinrichtungen nach § 44 AsylVfG, **Grundleistungen** nach § 3 AsylbLG, die bei unbegründeter Ablehnung einer Arbeitsgelegenheit nach § 5 AsylbLG gekürzt werden können, **Leistungen bei Krankheit, Schwangerschaft und Geburt** (§ 4 AsylbLG) und **sonstige Leistungen** (§ 6 AsylbLG). Leistungsberechtigte, die sich in Teilen der BRD einer asyl- oder ausländerrechtlichen räumlichen Beschränkung zuwider aufhalten, erhalten nur die nach den Umständen unabweisbar gebotene Hilfe.

aa) Grundleistungen, Sachleistungen, zusätzlicher Geldbetrag: Asylsuchende, die ihren Asylantrag bei einer Außenstelle des Bundesamtes für die Anerkennung ausländischer Flüchtlinge stellen müssen, sind zunächst zur Aufenthaltnahme in einer **Erstaufnahmeeinrichtung** für Asylsuchende für einen Zeitraum von bis zu 3 Monaten verpflichtet (§ 47 AsylVfG). Während dieser Zeit ist der notwendige Bedarf an Ernährung, Unterkunft, Heizung, Kleidung, Gesundheits- und Körperpflege und Gebrauchs- und Verbrauchsgütern des Haushalts **zwingend** durch **Sachleistungen** zu decken (Umkehrschluss aus § 3 Abs. 2 S. 1 AsylbLG). Die Sachleistungen werden durch Verpflegungs- und sonstige Pakete sowie aus Magazinen erbracht. Gebrauchsgüter des Haushalts (Kühlschrank, Rundfunkgerät o. ä.) können leihweise zur Verfügung gestellt werden. Kann Kleidung dergestalt nicht geleistet werden, so kann sie in Form von Wertgutscheinen oder sonstigen unbaren Abrechnungen gewährt werden. Daneben erhalten Leistungsberechtigte monatlich einen **Geldbetrag zur Deckung persönlicher Bedürfnisse des täglichen Lebens**. Die im Gesetz genannten DM-Beträge (40 DM bis zur Vollendung des 14. Lebensjahres, danach 80 DM) wurden bisher nicht auf €-Beträge umgestellt und auch seit Erlass des AsylbLG – entgegen § 3 Abs. 3 AsylbLG – noch nicht erhöht. Sie sind deshalb nach dem amtlichen Umrechnungskurs umzurechnen (= 20,45 € bzw. 40,90 €). Der Geldbetrag für Leistungsberechtigte in Abschiebe- oder Untersuchungshaft beträgt 70% hiervon (14,32 € bzw. 28,63 €). Diese Absenkung greift nicht bei Strafgefangenen.

Bei Unterbringung **außerhalb einer Erstaufnahmeeinrichtung** räumt § 3 Abs. 2 AsylbLG der zuständigen Behörde die Möglichkeit ein, anstelle der vorrangig zu gewährenden Sachleistungen auch **Leistungen in**

F. Was für staatliche Hilfen gibt es außerdem?

Form von Wertgutscheinen, von anderen vergleichbaren unbaren Abrechnungen (bspw. Verrechnungskonten; vgl. OVG Be Urt. v. 15. 8. 1997 – 6 S 123/97 – FEVS 48, 64) **oder von Geldleistungen** im Wert der Sachleistungen zuzüglich der notwendigen Kosten für Unterkunft, Heizung und Hausrat zu erbringen, soweit dies nach den Umständen des Einzelfalles erforderlich ist. Dabei darf eine Familie nicht auf unbestimmte Dauer auf die Nutzung eines einzigen Wohnraumes verwiesen werden (OVG Ni Urt. v. 4. 12. 2003 – 4 ME 476/03 – FEVS 55, 217). Die Entscheidung liegt im pflichtgemäßen **Ermessen** der zuständigen Behörde. Ermessensgesichtspunkte sind etwa ein unverhältnismäßiger Kostenaufwand oder organisatorische Probleme bei der Umsetzung des Sachleistungsprinzips oder der Einlösung von Wertgutscheinen.

Der **Wert der Wertgutscheine/Geldleistung** beträgt für den Haushaltsvorstand (umgerechnet) 184,07 €, für Haushaltsangehörige bis zur Vollendung des 7. Lebensjahres 112,58 € und für Haushaltsangehörige ab dem 8. Lebensjahr 158,50 € zuzüglich der notwendigen Kosten für Unterkunft, Heizung und Hausrat (der auch hier leihweise zur Verfügung gestellt werden kann) und die o. g. Geldbeträge zur Deckung der persönlichen Bedürfnisse des täglichen Lebens. Leistungen in Geld oder Geldeswert sollen den Leistungsberechtigten persönlich ausgehändigt werden (§ 3 Abs. 4 AsylbLG).

bb) Leistungen bei Krankheit, Schwangerschaft und Geburt: Bei akuten Erkrankungen und Schmerzzuständen werden die erforderliche ärztliche oder zahnärztliche Behandlung einschließlich der Versorgung mit Arznei- und Verbandmitteln sowie sonstige zur Genesung, Besserung oder Linderung von Krankheiten oder Krankheitsfolgen erforderlichen Leistungen (bspw. Brillen oder orthopädische Schuhe zur Schmerzlinderung, VGH BaW Urt. v. 4. 5. 1998 – 7 S 920/98 – FEVS 49, 33) gewährt. Bei chronischen Erkrankungen kommt grundsätzlich nur die Behandlung akuter Krankheitsschübe oder von Schmerzzuständen in Betracht, jedoch keine Behandlung der chronischen Grunderkrankung (keine Lebertransplantation bei chronischer Lebererkrankung, VG Frankfurt/M. Urt. v. 9. 4. 1997 – 8 G 638/97 – NDV-RD 1997, 138; ebenso OVG MV Beschl. v. 28. 1. 2004 – 1 O 5/04 – FEVS 56, 162, zu einer aufschiebbaren Nierentransplantation; keine psychotherapeutische Behandlung bei chronisch depressivem Syndrom, OVG NW Beschl. v. 20. 8. 2003, Az. 16 B 2140/02 juris). Für die damit nicht er-

III. Leistungen nach dem Asylbewerberleistungsgesetz

fassten Fälle besteht eine Leistungsmöglichkeit allenfalls nach § 6 AsylbLG (OVG MV Beschl. v. 28. 1. 2004 – 1 O 5/04 – FEVS 56, 162).

Eine Versorgung mit **Zahnersatz** kommt nur in Betracht, soweit dies im Einzelfall aus medizinischen Gründen unaufschiebbar ist (§ 4 Abs. 1 S. 2 AsylbLG). Über das Vorliegen entsprechender medizinischer Gründe entscheidet der behandelnde Zahnarzt oder der Amtsarzt, nicht jedoch die zuständige Behörde. **Werdende Mütter und Wöchnerinnen** erhalten ärztliche und pflegerische Hilfe und Betreuung, Hebammenhilfe, Arznei-, Verbands- und Heilmittel (§ 4 Abs. 2 AsylbLG). Die **Vornahme eines Schwangerschaftsabbruchs** stellt keine Krankenbehandlung i. S. v. § 4 AsylbLG dar. Demgegenüber sieht das „Gesetz zur Hilfe für Frauen bei Schwangerschaftsabbrüchen in besonderen Fällen" Leistungen für Leistungsberechtigte nach dem AsylbLG (vgl. § 1 Abs. 3 Nr. 1 des Gesetzes) in Gestalt der Übernahme der Kosten des Abbruchs vor (§ 2 Abs. 2 des Gesetzes i. V. m. § 24 b Abs. 4 SGB V). Eine Regelung für die Übernahme der Kosten der Vorbereitung und Nachsorge fehlt, sodass hier auf § 6 AsylbLG verwiesen werden muss.

Die zuständige Behörde hat die ärztliche und zahnärztliche Versorgung sicherzustellen (§ 4 Abs. 3 AsylbLG). Damit ist rechtlich eine freie Arzt- oder Krankenhauswahl ausgeschlossen. In der Praxis ist wegen der Ausgabe von Behandlungsscheinen die freie Arztwahl weitgehend sichergestellt. Das AsylbLG enthält keine Rechtsgrundlage für Eigenleistungen und Zuzahlungen (Praxisgebühr!) wie in der gesetzlichen Krankenversicherung üblich. Auch die in der gesetzlichen Krankenversicherung pflichtversicherten Bezieher von Leistungen nach dem AsylbLG sind von Zuzahlungen zu befreien (SG Stuttgart Urt. v. 25. 8. 2005 – S KR 3735/04 – InfAuslR 2005, 478).

cc) Sonstige Leistungen (§ 6 AsylbLG): Soweit Leistungen nach den §§ 3, 4 AsylbLG nicht vorgesehen, im Einzelfall aber unerlässlich zur Deckung des verfassungsrechtlich gebotenen Existenzminimums sind, kommt eine Hilfegewährung nach der **Auffangvorschrift** des § 6 AsylbLG in Betracht (OVG MV Beschl. v. 28. 1. 2004 – 1 O 5/04 – FEVS 56, 162, OVG NW Beschl. v. 28. 5. 2002 – 12 A 64/00 – FEVS 54, 90).

▶ **Ermessensleistungen:** Sonstige Leistungen können **zusätzlich zu den Grundleistungen** nach § 3 AsylbLG **und den Gesundheitsleistungen** nach § 4 AsylbLG insbesondere dann erfolgen, wenn sie **im Einzelfall** (d. h. nach konkret-individueller Bedarfsfeststellung, vgl. OVG NW Urt. v. 25. 8. 2002 – 12 A 64/00 – FEVS 54, 90) zur Sicherung des

Lebensunterhalts (z. B. Krankenkostzulage, Schwangerschaftskleidung, Baby-Erstausstattung, Kinderwagen, Bestattungskosten) oder der Gesundheit (z. B. Seh- und Hörhilfen, Körperersatzstücke, Pflegeleistungen) unerlässlich, zur Deckung besonderer Bedürfnisse von Kindern geboten (z. B. Schulbedarf, Klassenfahrt, Kindergartenbeiträge – OVG Ni Urt. v. 25. 2. 1999, – 12 L 3799/98 – FEVS 49, 549) oder zur Erfüllung einer verwaltungsrechtlichen Mitwirkungspflicht erforderlich (Dolmetscher-, Übersetzungs-, Reise- und Passbeschaffungskosten, VG Dresden Urt. v. 28. 6. 2005 – 13 K 2649/04 – InfAuslR 2005, 430) sind. Die Leistungen sind **als Sachleistung**, bei Vorliegen besonderer Umstände als Geldleistung zu gewähren.

▶ **Soll-Leistungen:** Personen, denen bei einem Massenzustrom von Flüchtlingen aufgrund eines Beschlusses des Europäischen Rates ein vorübergehender Schutz durch Aufenthaltsgewährung eingeräumt wird (§ 24 Abs. 1 AufenthG) und die besondere Bedürfnisse wegen traumatisierender Vorkommnisse (Folter, Vergewaltigung) haben, soll die erforderliche medizinische und sonstige Hilfe gewährt werden (§ 6 Abs. 2 AsylbLG).

c) Bedürftigkeit

aa) Einkommen und Vermögen: Einkommen und Vermögen der Leistungsberechtigten, ihrer Familienangehörigen und auch das ihrer nichtehelichen Lebenspartner **sind** vor Einsetzen der Leistungen nach dem AsylbLG **zu verbrauchen** (§ 7 Abs. 1 S. 1 AsylbLG). Zu den Familienangehörigen i. S. v. § 7 AsylbLG gehören auch Verwandte und Verschwägerte (OVG Ni Urt. v. 1. 3. 2004 – 12 A 3543/01 – FEVS 56, 134 = InfAuslR 2005, 70; VGH He Beschl. v. 7. 9. 2004 – 10 UE 600/04 – FEVS 56, 111). Vermögen kann sichergestellt werden (§ 7a AsylbLG), was vor allem bei der Einreise geschieht. Vermögensfreibeträge sind nicht vorgesehen. Einkommen aus Erwerbstätigkeit – das vom Leistungsberechtigten innerhalb von drei Tagen der zuständigen Behörde gemeldet werden muss (Meldeverstöße können als Ordnungswidrigkeit mit einer Geldbuße bis zu 5000 € geahndet werden, §§ 8a, 13 AsylbLG) – bleibt in Höhe von 25 % außer Betracht, höchstens jedoch in Höhe von 60 % der Grundleistung (§ 7 Abs. 2 S. 1 AsylbLG). Die Aufwandsentschädigung, die für die Wahrnehmung einer Arbeitsgelegenheit (§ 5 AsylbLG) gezahlt wird, zählt nicht zum Einkommen (§ 7 Abs. 2 S. 2 AsylbLG).

Bei Einrichtungsunterbringung mit Sachleistungsbezug haben Leistungsberechtigte die Kosten der erhaltenen Leistungen entsprechend

III. Leistungen nach dem Asylbewerberleistungsgesetz

dem in § 3 Abs. 2 AsylbLG genannten Wert zuzüglich der **Kosten** für Unterkunft und Heizung **zu erstatten,** soweit einzusetzendes Einkommen oder Vermögen vorhanden ist (§ 7 Abs. 1 S. 3 AsylbLG). Leistungen wurden nur dann i. d. S. erhalten, wenn sie tatsächlich entgegengenommen und zielgerichtet zur Bedarfsdeckung eingesetzt wurden. Allein der Umstand, dass der einem Asylbewerber in einer Gemeinschaftsunterkunft zugewiesene und von diesem nicht genutzte Platz freigehalten wurde, löst den Erstattungsanspruch nicht aus (VGH Bay Urt. v. 29. 4. 2004 – 12 B 99/408 – FEVS 56, 18).

bb) Arbeitsgelegenheiten (§ 5 AsylbLG): Die **in einer Erstaufnahmeeinrichtung** oder einer vergleichbaren Einrichtung untergebrachten arbeitsfähigen und nicht mehr der Schulpflicht unterliegenden Leistungsberechtigten sind verpflichtet, **Arbeitsgelegenheiten zur Aufrechterhaltung und Betreibung dieser Einrichtungen** anzunehmen. Hiervon unberührt bleibt die Verpflichtung der Leistungsberechtigten, Tätigkeiten der Selbstversorgung auszuführen. **Bei** unbegründeter **Ablehnung** einer Arbeitsgelegenheit **entfällt der Anspruch auf Leistungen** nach dem AsylbLG. Im übrigen sollen zusätzliche Arbeitsgelegenheiten bei staatlichen, kommunalen oder gemeinnützigen Trägern zur Verfügung gestellt werden. Ein Arbeits- bzw. Beschäftigungsverhältnis im Sinne des Arbeits- oder Sozialversicherungsrechts wird durch Aufnahme einer solchen Tätigkeit nicht begründet. Allerdings wird eine Aufwandsentschädigung in Höhe von 1,05 € gezahlt (§ 5 Abs. 2 AsylbLG).

cc) Vorrangige Bedarfsdeckung (§ 8 AsylbLG): Leistungen nach dem AsylbLG werden nicht gewährt, wenn der erforderliche Lebensunterhalt anderweitig, insbesondere aufgrund einer nach **§ 68 Abs. 1 S. 1 AufenthG** übernommenen Verpflichtung gedeckt wird. Besteht eine solche Verpflichtung, übernimmt die zuständige Behörde nur noch die Kosten für Leistungen im Krankheitsfall, bei Behinderung und bei Pflegebedürftigkeit, soweit dies nach Landesrecht vorgesehen ist. Personen, die sechs Monate oder länger eine solche Verpflichtung erfüllt haben, kann ein monatlicher Zuschuss bis zum Doppelten des Geldbetrags für persönliche Bedürfnisse (40,90 € bzw. 81,80 €) gewährt werden, wenn außergewöhnlicher Umstände in der Person des Verpflichteten den Einsatz öffentliche Mittel rechtfertigen.

d) Leistungsträger

Die Landesregierungen bestimmen die für die Durchführung des AsylbLG **sachlich zuständigen Behörden** (§ 10 AsylbLG). In der Regel

F. Was für staatliche Hilfen gibt es außerdem?

sind dies die **kreisfreien Städte und Landkreise**. Die **örtliche Zuständigkeit** bestimmt sich für die Grundleistungen im Falle einer Verteilung oder Zuweisung der Leistungsberechtigten nach dem in dieser Entscheidung genannten **Zuweisungsort, ansonsten** nach dem **tatsächlichen Aufenthalt** des Leistungsberechtigen. Für die Einrichtungshilfe (bspw. Krankenbehandlung) ist diejenige Behörde örtlich zuständig, in deren Bereich der Leistungsberechtigte seinen gewöhnlichen Aufenthalt im Zeitpunkt der Aufnahme oder in den zwei Monaten zuletzt gehabt hat. Ist jemand verteilt oder zugewiesen worden, gilt dieser Ort als derjenige seines gewöhnlichen Aufenthaltes, ansonsten derjenige Ort oder das Gebiet, in dem jemand nicht nur vorübergehend verweilt. Letzteres ist nach 6 Monaten fortgesetzten Aufenthalts anzunehmen.

Die zuständigen Behörden können **Erstattungsansprüche gegen andere Sozialleistungsträger** entsprechend §§ 102–114 SGB X geltend machen (§ 9 Abs. 3 AsylbLG) und **Ansprüche gegen Dritte** entsprechend § 93 SGB XII auf sich überleiten (§ 7 Abs. 3 AsylbLG). Sie haben die für die Erstellung einer **Asylbewerberleistungsstatistik** notwendigen Angaben zur Verfügung zu stellen (§ 12 AsylbLG).

Im Verfahren der Leistungsgewährung gelten die Regelungen über die **Mitwirkungspflichten Leistungsberechtigter** (§§ 60–67 SGB I) und über die **Auskunftspflichten Angehöriger, Unterhaltsverpflichteter oder sonstiger Personen** nach § 99 SGB X entsprechend (§ 7 Abs. 4 AsylbLG). Ein **Datenabgleich mit Sozialleistungsträgern und Ausländerbehörden** ist möglich (§§ 9 Abs. 4, 11 Abs. 3 AsylbLG). Die Vorschriften über die **Rücknahme von Verwaltungsakten und Erstattung** (§§ 44–50 SGB X) finden entsprechende Anwendung (§ 9 Abs. 3 AsylbLG). Für gerichtliche Streitigkeiten in Angelegenheiten des AsylbLG sind seit dem 1. 1. 2005 die Sozialgerichte sachlich zuständig (§ 51 Abs. 1 Nr. 6a SGG). **Gerichtskosten** entstehen dabei nicht (§ 183 S. 1 SGG). Allerdings können einem Beteiligten „Mutwillenkosten" auferlegt werden, wenn ein Rechtsstreit trotz eines gerichtlichen Hinweises auf die Missbräuchlichkeit der Rechtsverfolgung fortgeführt wird (§ 192 Abs. 1 S. 1 Nr. 2 SGG).

2. Eingeschränkt Leistungsberechtigte

a) Personenkreis

Leistungsberechtigte mit einer **Duldung** (§ 1 Abs. 1 Nr. 4 AsylbLG) oder **vollziehbar Ausreisepflichtige** (§ 1 Abs. 1 Nr. 5 AsylbLG) und deren **Familienangehörige** (§ 1 Abs. 1 Nr. 6 AsylbLG),

III. Leistungen nach dem Asylbewerberleistungsgesetz

- **die sich zum Zweck des Leistungsbezuges nach dem AsylbLG in das Bundesgebiet begeben haben** (nach der Rspr. ist dies dann der Fall, wenn die soziale Absicherung des Aufenthalts von prägender Bedeutung für den Einreisewunsch war, Indizien: Mittellosigkeit bei Einreise, alsbaldige Leistungsbeantragung, ungünstige wirtschaftliche Verhältnisse hier lebender Verwandter, OVG NW Urt. v. 31. 5. 2001 – 16 B 388/01 – FEVS 52, 553; Darlegungslast für Einreisegründe liegt beim Antragsteller, OVG Be Urt. v. 12. 11. 1999 – 6 SN 203/99 – FEVS 51, 267; Durchreise durch sichere Drittstaaten bei nichtwirtschaftlicher Ausreisemotivation unschädlich, OVG Be Urt. v. 4. 2. 1999 – 6 SN 230/98 und 11/99 – FEVS 51, 34) **oder**
- **bei denen aus von ihnen zu vertretenden Gründen** (z. B. Vernichtung erforderlicher Ausreisedokumente oder mangelnde Mitwirkung bei der Beschaffung notwendiger Heimreisedokumente, VGH Bay Urt. v. 14. 9. 1999 – 12 ZE 1000/99 – FEVS 52, 236; ebenso LSG BaW Beschl. v. 25. 8. 2005 – L 7 AY 3115/05 ER-B – FEVS 57, 100; Nichtbesitz eines Passes bei Einreise ist kein zu vertretender Grund, wenn Passbeantragung vor Einreise nicht möglich oder zumutbar war, OVG Ha Urt. v. 7. 5. 2001 – Bs 104/01 – FEVS 53, 160) **aufenthaltsbeendende Maßnahmen nicht vollzogen werden können,**

erhalten Leistungen nach dem AsylbLG nur, soweit dies im Einzelfall nach den Umständen unabweisbar ist (§ 1 a AsylbLG).

Wer als Ausländer ein humanitäres Bleiberecht hat oder als Asylantragsteller ein Rechtsschutzverfahren betreibt (Personenkreis § 1 Nr. 3 und 7 AsylbLG), wird von der Einschränkungsmöglichkeit des § 1 a AsylbLG nicht erfasst. Diesem Personenkreis kann leistungsrechtlich deshalb keine missbräuchliche Einreiseabsicht oder eine missbräuchliche Ausreiseverhinderung vorgeworfen werden.

b) Leistungen

Die **unabweisbar gebotene Hilfe** sind in der Regel die **Grundleistungen** nach § 3 AsylbLG **mit Ausnahme des Geldbetrages zur Deckung der persönlichen Bedürfnisse** (VGH He Urt. v. 17. 2. 1999 – 1 TZ 136/99 – FEVS 51, 223; OVG NW Urt. v. 31. 5. 2001 – 16 B 388/01 – FEVS 52, 553: „Restanspruch" auf Existenzsicherung; einschränkend OVG Be Urt. v. 12. 11. 1999 – 6 SN 203/99 – FEVS 51, 267: bei rechtlich und tatsächlich möglicher und zumutbarer Heimkehr lediglich Hilfe zur schnellstmöglichen Aufenthaltsbeendigung) **sowie die akuten Krankheits-, Schmerzbehandlungs- und Schwangerschaftsleistungen**

F. Was für staatliche Hilfen gibt es außerdem?

Im übrigen gelten auch hier die sonstigen Regelungen für die Leistungs-erbringung an uneingeschränkt Leistungsberechtigte.

3. Privilegiert Berechtigte

Für Personen, die schon längere Zeit Leistungen nach dem AsylbLG erhalten und die die Dauer ihres Aufenthalts nicht rechtsmissbräuchlich verlängert haben, sieht das Gesetz eine leistungsrechtliche Angleichung an die Bezieher von Leistungen der Sozialhilfe vor.

a) Personenkreis

Begünstigt sind **Personen, die für eine Dauer von insgesamt 36 Monaten als Berechtigte Leistungen nach den §§ 3–7 AsylbLG erhalten haben** (Unterbrechungen aufgrund der Hilfe Dritter oder wegen des Bezugs von Einkommen sind für die Erfüllung der 36 Monate ohne Belang, sonstige Unterbrechungen nur, wenn sie mindestens 6 Monate dauern; OVG Ni Urt. v. 27. 3. 2001 – 12 MA 1012/01 – FEVS 52, 367) **und die die Dauer des Aufenthalts nicht rechtsmissbräuchlich beeinflusst haben.** Die letztgenannte Voraussetzung wurde mit Blick auf Art. 16 der RL 2003/9/EG zur Festlegung von Mindestnormen für die Aufnahme von Asylbewerbern in die Vorschrift aufgenommen. Rechtsmissbräuchlich i. d. S. ist ein **verschuldensgetragenes Fehlverhalten** (LSG Ha Beschl. v. 27. 4. 2006 – L 4 B 84/06 ER AY – juris). Das LSG Bayern (Beschl. v. 28. 6. 2005 – L 11 B 212/05 AY ER – FEVS 57, 106) wertete die Stellung mehrerer erfolgloser Asylfolgeanträge unter Ausschöpfung des Rechtsweges als rechtsmissbräuchliches Verhalten im hier einschlägigen Sinn. Eine rechtsmissbräuchliche Beeinflussung der Dauer des Aufenthalts ist weiterhin jedes Verhalten, das erkennbar auf Verfahrensverzögerung zielt und somit der Aufenthaltsverlängerung dient (LSG NiB Urt. v. 20. 12. 2005 – L 7 AY 51/05 – InfAuslR 2006, 205). Dies ist bspw. dann der Fall, wenn ein Leistungsempfänger seinen Pass vernichtet oder eine falsche Identität angibt (SG Hildesheim Beschl. v. 25. 5. 2005 – S 34 AY 8/05 ER – InfAuslR 2005, 329). Die fehlende Mitwirkung bei der Beschaffung von Ausweispapieren stellt nur dann eine rechtsmissbräuchliche Aufenthaltsverlängerung dar, wenn die zuständige Behörde einem Leistungsberechtigten konkrete und überprüfbare Mitwirkungshandlungen aufgibt (Vorlage von Unterlagen, Angabe fehlender Daten o. ä.; vgl. SG Hildesheim a. a. O.). Der Verzicht auf eine mögliche freiwillige Ausreise nach erteilter Duldung (§ 60a Auf-

III. Leistungen nach dem Asylbewerberleistungsgesetz

enthG) ist keine rechtsmissbräuchliche Beeinflussung der Aufenthalts-
dauer, sondern ein „schlichtes" Ausnutzen einer eingeräumten Rechtsposition (SG Hannover Beschl. v. 20. 1. 2005 – S 51 AY 1/05 ER – Inf-
AuslR 2005, 158; LSG ST Beschl. v. 7. 3. 2006 – L 8 B 13/05 AY ER –
juris; LSG NiB Urt. v. 20. 12. 2005 – L 7 AY 51/05 – InfAuslR 2006,
205).

Minderjährige Kinder, die mit ihren Eltern oder einem Elternteil **in
Haushaltsgemeinschaft** leben, gehören nur dann zum leistungsberech-
tigten Personenkreis, wenn mindestens ein Elternteil ebenfalls nach § 2
Abs. 1 AsylbLG leistungsberechtigt ist (§ 2 Abs. 3 AsylbLG).

b) Leistungen

Abweichend von §§ 3–7 AsylbLG ist auf privilegiert Leistungsberechtigte das SGB XII entsprechend anzuwenden. Nach § 23 Abs. 1 S. 1
SGB XII (analog) erhalten privilegiert Leistungsberechtigte Hilfe zum
Lebensunterhalt nach den §§ 27 ff. SGB XII (analog). Die Regelsatzleistung ist damit in voller Höhe und prinzipiell als Geldleistung (vgl. § 10
Abs. 3 S. 1 SGB XII) zu erbringen. Bei Wohnungsunterbringung kommen die Leistungen für Unterkunft und Heizung (§ 29 SGB XII analog)
und diejenigen zur Deckung der in den §§ 30–34 SGB XII genannten
Sonderbedarfe hinzu. Bei Unterbringung in Gemeinschaftsunterkünften
kann die zuständige Behörde die Form der Leistung allerdings aufgrund
der örtlichen Umstände (und zwar in der jeweiligen Gemeinschaftsunterkunft) bestimmen (§ 2 Abs. 2 AsylbLG). Ein ermessensbindender
Erlass der obersten Landesbehörde, der eine generelle, landeseinheit-
liche Sachleistungsgewährung ungeachtet der örtlichen Verhältnisse
vorschreibt, ist mit § 2 Abs. 2 AsylbLG nicht vereinbar (OVG Sc Urt. v.
11. 9. 2002 – 4 BS 228/02 – FEVS 54, 207). Die Krankenbehandlung
nicht versicherter Bezieher von laufenden Leistungen nach § 2 AsylbLG
wird von einer vom Leistungsbezieher zu wählenden Krankenkasse in
dem in den §§ 11 Abs. 1, 61, 62 SGB V umschriebenen Umfang erbracht (§ 264 Abs. 2–7 SGB V).

Von den Bestimmungen des AsylbLG sind weiterhin diejenigen über
Leistungen bei Verpflichtungen Dritter, Meldepflicht, Verhältnis zu anderen Leistungen, Zuständigkeit, Kostenerstattung, Rückführungs- und
Weiterwanderungsprogramme, über die unabweisbare Hilfe bei Verstoß
gegen räumliche Beschränkungen sowie über die Asylbewerberleistungsstatistik anwendbar.

F. Was für staatliche Hilfen gibt es außerdem?

IV. Beratungshilfe und Prozesskostenhilfe

1. Beratungshilfe

a) Allgemeines

Ist jemand im Vorfeld einer gerichtlichen Auseinandersetzung aufgrund seiner finanziellen Situation nicht in der Lage, die Kosten für eine rechtliche Beratung oder anderweitige Hilfe zu tragen, besteht u. U. ein Anspruch auf Beratungshilfe nach dem Beratungshilfegesetz (BerHG). Beratungshilfe ist **Hilfe bei der Wahrnehmung von Rechten außerhalb eines gerichtlichen Verfahrens durch anwaltliche Beratung und erforderlichenfalls außergerichtliche anwaltliche Vertretung** (beispielsweise das Abfassen von Schreiben an den Gegner oder mündliche Verhandlungen mit diesem). Sie **kann auch durch das Amtsgericht (Rechtspfleger) gewährt werden,** soweit dem Anliegen durch eine sofortige Auskunft, einen Hinweis auf andere Möglichkeiten für Hilfe oder die Aufnahme eines Antrags oder einer Erklärung entsprochen werden kann. Beratungshilfe in diesem Sinn wird gewährt in Angelegenheiten:

- des Zivilrechts (z. B. Kaufrecht, Mietsachen, Kreditaufnahme, Scheidungs-, Unterhaltssachen, sonstige Familiensachen, Erbstreitigkeiten);
- des Arbeitsrechts (z. B. bei Kündigung des Arbeitsverhältnisses),
- des Verwaltungsrechts (z. B. Wohngeld, BAFöG, Abgaben und Gebührenrecht, Schul- und Hochschulrecht, Wehrpflicht- und Zivildienstrecht),
- des Sozialrechts (z. B. in Rentenangelegenheiten, in Fragen der Sozialhilfe, der Arbeitslosenversicherung oder der Leistungen der Grundsicherung für Arbeitsuchende),
- des Verfassungsrechts (z. B. Verfassungsbeschwerden wegen Grundrechtsverletzungen).

In Fragen des Strafrechts und der Ordnungswidrigkeiten wird nur Beratung gewährt, jedoch keine Vertretung oder Verteidigung. Für das gerichtliche Strafverfahren kann bzw. muss in bestimmten Fällen ein Pflichtverteidiger beigeordnet werden.

b) Anspruchsberechtigte

Anspruch auf Beratungshilfe haben Ratsuchende, die

- die erforderlichen **Mittel für eine Rechtsberatung nicht aufbringen können** (= denen im Falle eines gerichtlichen Verfahrens Prozesskos-

IV. Beratungshilfe und Prozesskostenhilfe

tenhilfe ohne Ratenzahlung zu bewilligen wäre – Einzelheiten dazu unten),

- **keine anderweitige Hilfsmöglichkeiten** haben (bspw. Rechtsschutzversicherung, Gewerkschaftsmitgliedschaft oder Zugehörigkeit zum Mieterschutzbund; die beratende Tätigkeit der Jugendämter in Unterhaltsfragen ist ebenfalls eine solche anderweitige Hilfemöglichkeit, AG Torgau Beschl. v. 30. 4. 2004 – 53 UR II – FamRZ 2004, 1883) und
- deren beabsichtigte **Rechtswahrnehmung nicht mutwillig** ist (bspw. die Beauftragung eines Rechtsanwalts ohne vorherige Kontaktaufnahme mit einer Schuldnerberatungsstelle, AG Düsseldorf, Beschl. v. 16. 12. 2003 – 59 H 13/03 – juris). Die **Erfolgsaussicht** der Rechtsverfolgung ist keine Voraussetzung für die Bewilligung von Beratungshilfe (Bay. VerfGH Entscheidung v. 17. 12. 1993 – Vf.42-VI-93 – NJW 1994, 2946) und darf deshalb nicht mit der Mutwilligkeitsprüfung vermengt werden.

c) Verfahren

Die Bewilligung von Beratungshilfe muss beantragt werden. Dies geschieht schriftlich oder mündlich **bei der Rechtsantragstelle des für den Gerichtsstand (= Wohnsitz) des Rechtssuchenden zuständigen Amtsgerichtes.** Wendet sich der Ratsuchende direkt an einen Anwalt, so kann der Antrag auch nachträglich gestellt werden. Das Beratungshilfegesetz enthält hierfür keine zeitliche Grenze (nach Auffassung des AG Sinzig Beschl. v. 18. 4. 2001 – 2 UR IIa 304/99 – juris, kommt als zeitliche Grenze nur der Gesichtspunkt der Verwirkung in Betracht). Im **Antrag** ist die Angelegenheit, für welche Beratungshilfe begehrt wird, anzugeben. Weiter sind die Einkommensverhältnisse und die laufenden Ausgaben offen zu legen. Wenn Beratungshilfe gewährt wird, erhält der Ratsuchende einen **Berechtigungsschein für Beratung**. Mit diesem kann er einen Rechtsanwalt seiner Wahl aufsuchen. Dieser ist berechtigt (aber nicht verpflichtet), vom Ratsuchenden eine Bearbeitungsgebühr von 10 € zzgl. Mehrwertsteuer zu verlangen (Nr. 2500 des Vergütungsverzeichnisses zu § 2 Abs. 2 RVG). Weitere Ansprüche gegen den Ratsuchenden stehen dem Rechtsanwalt nicht zu. Der Rechtsanwalt macht seinen Vergütungsanspruch gegenüber der Staatskasse geltend.

d) Landesspezifische Besonderheiten

In den Ländern **Hamburg** und **Bremen** tritt an die Stelle der Beratungshilfe durch Anwälte eine öffentliche Rechtsberatung, die in Bre-

330

men von der Arbeitnehmerkammer und in Hamburg von der Öffentlichen Rechtsauskunfts- und Vergleichsstelle (ÖRA) geleistet wird. Im Land **Berlin** hat ein Ratsuchender die Wahl zwischen der Inanspruchnahme der dort eingeführten öffentlichen Rechtsberatung und anwaltlicher Beratungshilfe nach dem Beratungshilfegesetz.

2. Prozesskostenhilfe

Rechtsstreitigkeiten vor einem Gericht kosten Geld. Wer eine Klage erheben will, muss für das Verfahren in der Regel einen Gerichtskostenvorschuss zahlen. Ist eine anwaltliche Vertretung sachlich notwendig oder gesetzlich vorgeschrieben, kommen die Kosten für diese hinzu. Entsprechende Kosten entstehen für denjenigen, der sich gegen eine Klage verteidigt. Das Grundgesetz (Art. 3 Abs. 1 i. V. m. Art. 20 Abs. 3) gebietet hier eine weitgehende Angleichung der Situation von Bemittelten und Unbemittelten bei der Verwirklichung des Rechtsschutzes (BVerfG Beschl. v. 4. 2. 2004 – 1 BvR 596/03 – NJW 2004, 1789 = FamRZ 2004, 1013).

a) Kosten

Unter den „Kosten des Rechtsstreites" ist zweierlei zu verstehen, nämlich zum einen die Gerichtskosten und zum anderen die außergerichtlichen Kosten.

aa) Gerichtskosten: Zu den Gerichtskosten zählen die **Gebühren und Auslagen des Gerichts.** Gebühren sind das Entgelt, das für das Tätigwerden des Gerichts aufgebracht werden muss. Die Höhe und die Anzahl der jeweils zu berechnenden Gebühren der Zivil- und Strafgerichte, der Verwaltungsgerichte und der Finanzgerichte ist im Gerichtskostengesetz (GKG) geregelt. Maßgebend ist der Wert des Streitgegenstandes und die Verfahrensart. In Strafsachen kommt es auf die Höhe der verhängten Strafe an.

Auslagen des Gerichts sind demgegenüber Aufwendungen, die während des Prozesses anfallen, wie beispielsweise Zustellgebühren, Entschädigungen für Zeugen oder Sachverständige oder Kosten für Dolmetscher. Die **Verfahren vor den Sozialgerichten** sind für Versicherte, Leistungsempfänger und Behinderte **kostenfrei** (§ 183 SGG). Es werden weder Gerichtsgebühren erhoben noch wird die Erstattung von Auslagen verlangt, die dem Gericht durch den sozialgerichtlichen Rechtsstreit entstehen.

IV. Beratungshilfe und Prozesskostenhilfe

bb) Außergerichtliche Kosten: Zu den außergerichtlichen Kosten gehören vor allem die **Rechtsanwaltskosten,** die sich ebenfalls aus Gebühren (Dienstleistungslohn) und Auslagen (bspw. die sog. Postauslagenpauschale sowie die Umsatzsteuer) zusammensetzen, und die **eigenen Auslagen.** Wie viele Gebühren ein Rechtsanwalt verlangen darf, ergibt sich aus dem Rechtsanwaltsvergütungsgesetz (RVG). Für das Betreiben des gerichtlichen Verfahrens fällt eine Verfahrensgebühr und für die Wahrnehmung von Terminen eine Terminsgebühr an. Wirkt ein Anwalt an einem Vertrag mit, durch den der Streit beigelegt wird, entsteht eine Einigungsgebühr. Diese Gebühren fallen für jede Instanz gesondert an.

Die Höhe der Gebühren wird nach dem Wert berechnet, den der Gegenstand der anwaltlichen Tätigkeit hat (Gegenstandswert). Das RVG kennt Festgebühren (vornehmlich für gerichtliche Tätigkeiten im Zivil-, Verwaltungs- und Arbeitsrecht) und Rahmengebühren (für die Gebiete des Straf- und Sozialrechts). Abweichende Gebührenvereinbarungen sind zulässig, die Vereinbarung eines Erfolgshonorars ist unzulässig.

b) Kostentragungspflicht

Die Verpflichtung zur Kostentragung hängt in Zivilsachen (§§ 91 bis 107 ZPO), in Strafsachen (§§ 464 bis 473 StPO), im Verwaltungsgerichts- (§§ 154 bis 166 VwGO) und im Finanzgerichtsverfahren (§§ 135 bis 149 FGO) vom Ausgang des Verfahrens ab. **Wer unterliegt, muss neben den Gerichtskosten seine eigenen Anwaltskosten die und die Rechtsanwaltskosten seines Gegners bezahlen.** Bei teilweisem Unterliegen werden die Gerichts- und Rechtsanwaltskosten entsprechend aufgeteilt.

Im gerichtskostenfreien **sozialgerichtlichen Verfahren** muss das Gericht nur über die Verteilung der außergerichtliche Kosten entscheiden. In der Regel wird dabei auch im sozialgerichtlichen Verfahren die Kostenverteilung nach dem (mutmaßlichen) Verfahrensausgang vorgenommen. Die außergerichtlichen Aufwendungen von Behörden oder Körperschaften des öffentlichen Rechts sind allerdings nicht erstattungsfähig (§ 193 Abs. 4 S. 1 SGG).

c) Voraussetzunge der Prozesskostenhilfe

Die Prozesskostenhilfe ist in ihren Voraussetzungen und Rechtsfolgen für den Zivilprozess (§§ 114 bis 127a ZPO) geregelt. Die Prozessordnungen der anderen Gerichtsbarkeiten sehen ebenfalls die Gewährung von Prozesskostenhilfe vor und verweisen diesbezüglich auf die Regelungen der ZPO (vgl. §§ 11a ArbGG, 14 FGG, 142 FGO, 73a SGG,

172, 379, 397, 404 StPO, 166 VwGO). Nach § 114 ZPO **erhält eine Partei auf Antrag Prozesskostenhilfe, wenn** sie

- nach ihren persönlichen und wirtschaftlichen Verhältnissen die Kosten der Prozessführung nicht, nur zum Teil oder nur in Raten aufbringen kann **(Bedürftigkeit),**
- die beabsichtigte Rechtsverfolgung oder Rechtsverteidigung **hinreichende Aussicht auf Erfolg** bietet und
- **nicht mutwillig** erscheint.

Bedürftigkeit liegt vor, **wenn** von den Einnahmen nach Abzug der in § 115 ZPO genannten Ausgaben und Freibeträge **der Rechtsuchende die Kosten der Prozessführung nicht, nur zum Teil oder nur in Raten aufbringen kann.** Das einzusetzende **Einkommen** ermittelt sich aus den Einnahmen (Lohn und Gehalt, Urlaubs- und Weihnachtsgeld, Unterhaltsleistungen, staatliche Zuwendungen wie Wohngeld, Kindergeld und Leistungen der Sozialversicherung wie Rente u. a.) abzüglich der Ausgaben (Steuer, Sozialversicherungsbeiträge, Werbungskosten nach dem Steuerrecht, angemessene Versicherungsbeiträge und Schuldzinsen, Unterhaltsleistungen, Wohn- und Heizkosten, eventuell Abzahlungsraten u. a.). Weiterhin werden folgende Freibeträge abgezogen (HV = Haushaltsvorstand i. S. d. § 3 Abs. 1 RegelsatzVO):

- Grundbedarf des Antragstellers (110% Regelsatz-HV, z. Zt. 380 €)
- Erwerbstätigenbonus für den Antragsteller (50% Regelsatz-HV, z. Zt. 173 €)
- Ehegatten-/Lebenspartnergrundfreibetrag (110% Regelsatz-HV, z. Zt. 380 €, vermindert um das eigene Einkommen des Ehegatten/Lebenspartners)
- Unterhaltsfreibetrag bei Unterhaltsleistung aufgrund gesetzlicher Unterhaltspflicht für jede unterhaltsberechtigte Person (70% des Ehegattenfreibetrags, z. Zt. 266 €, vermindert um das eigene Einkommen der unterhaltsberechtigten Person)

Vermögen ist wie bei Leistungen nach dem SGB XII einzusetzen (vgl. oben S. 265). Unter dem Gesichtspunkt der Bedürftigkeit unproblematisch ist damit die Gewährung von Prozesskostenhilfe für die Empfänger von Arbeitslosengeld II und Sozialgeld nach dem SGB II oder Hilfe zum Lebensunterhalt bzw. Grundsicherungsleistungen nach dem SGB XII.

Der beabsichtigte Prozess muss **hinreichend Aussicht auf Erfolg** bieten. Dies ist das wichtigste Kriterium bei der Entscheidung über die Gewährung der Prozesskostenhilfe. Das Gericht trifft dabei eine Prognoseentscheidung, wobei die Anforderungen jedoch nicht überspannt wer-

IV. Beratungshilfe und Prozesskostenhilfe

den dürfen. Gewissheit über einen Erfolg darf nicht verlangt und die Entscheidung schwieriger Rechtsfragen darf nicht in das PKH-Verahren verlagert werden (BVerfG Beschl. v. 7. 4. 2000 – 1 BvR 81/00 – NJW 2000, 1936; Beschl. v. 5. 2. 2003 – 1 BvR 1526/02 – NJW 2003, 1857 = FamRZ 2003, 833).

Als **mutwillig** ist eine Prozessführung anzusehen, wenn eine verständige und finanziell ausreichend bemittelte Partei einen gleichliegenden Prozess nicht führen würde oder wenn der Beteiligte den von ihm verfolgten Zweck auf einem billigeren als dem von ihm eingeschlagenen Weg erreichen könnte.

d) Folgen

Die Prozesskostenhilfe bewirkt, dass die **Gerichtskosten und Kosten des eigenen Anwalts zunächst von der Staatskasse übernommen** werden. **Diese Prozesskostenhilfe muss je nach den wirtschaftlichen Verhältnissen durch Ratenzahlung zurückerstattet werden.** Die Höhe der Raten ermittelt sich anhand des einzusetzenden (= nach den Abzügen verbleibenden) Einkommens. Verbleibt als einzusetzendes Einkommen ein Betrag von weniger als 15 € monatlich, muss keine Prozesskostenhilfe zurückerstattet werden. Ansonsten sind höchstens 48 Monatsraten zu entrichten. Den nicht durch Ratenzahlungen getilgten Rest trägt die Staatskasse endgültig. Die Höhe der Raten ergibt sich aus folgender Tabelle:

Einzuset- zendes Ein- kommen €	Monats- rate €	Einzusetz- endes Ein- kommen €	Monats- rate €	Einzusetz- endes Ein- kommen €	Monats- rate €
bis zu 15	0	bis zu 350	115	bis zu 700	275
bis zu 50	15	bis zu 400	135	bis zu 750	300
bis zu 100	30	bis zu 450	155	zuzüglich des 750 € übersteigenden Teils des einzusetzenden Einkommens	
bis zu 150	45	bis zu 500	175		
bis zu 200	60	bis zu 550	200		
bis zu 250	75	bis zu 600	225		
bis zu 300	95	bis zu 650	250		

Beispiel: Eine Prozesspartei (Alleinverdiener mit Ehefrau und 2 Kindern) erhält bei einer monatlichen Warmmiete von 500 € und Ausgaben für einen Autokredit von 200 €/Monat Prozesskostenhilfe in voller Höhe, wenn das Nettoeinkommen zu-

F. Was für staatliche Hilfen gibt es außerdem?

züglich Wohn- und Kindergeld einen Betrag von 2165 € (= Summe der Freibeträge für die Familie, Erwerbstätigenbonus und berücksichtigungsfähige Ausgaben) nicht übersteigt. Liegt das Einkommen darüber, wird Prozesskostenhilfe mit der Einschränkung bewilligt, dass die entstehenden Kosten in angemessenen monatlichen Raten an das Gericht zurückzuzahlen sind.

e) Verfahren

Der Antrag auf Prozesskostenhilfe wird bei dem Gericht gestellt, das für die Klage zuständig ist. Er kann schriftlich mit der Klageschrift eingereicht oder zu Protokoll der Geschäftsstelle des zuständigen Gerichtes erklärt werden. Im Antrag ist das streitige Verhältnis unter Angabe der Beweismittel zu bezeichnen. Dem Antrag sind eine Erklärung über die persönlichen und wirtschaftlichen Verhältnisse sowie entsprechende Belege beizufügen Über die Bewilligung oder Nicht-Bewilligung der Prozesskostenhilfe entscheidet der Richter, der später auch für die Klage zuständig ist.

V. Rundfunkgebührenbefreiung

Wer ein **Rundfunkempfangsgerät** (Radio- oder Fernsehgerät) zum Empfang bereit hält, ist zur Zahlung der Rundfunkgebühr (Grundgebühr und Fernsehgebühr) verpflichtet. Für Rechner, die Rundfunkprogramme ausschließlich über Angebote aus dem **Internet** wiedergeben können, sind seit dem 1. 1. 2007 ebenfalls Gebühren zu entrichten.

1. Berechtigte

Der der Gebührenerhebung zugrundeliegende Rundfunkgebühren-staatsvertrags (RGebStV, vom 31. August 1991, zuletzt geändert durch den Achten Rundfunkänderungsstaatsvertrag vom 8. bis 15. Oktober 2004, in Kraft getreten am 1. 4. 2005) hat die Rundfunkgebührenbefreiungsverordnungen der Länder abgelöst. Nach § 6 Abs. 1 Nr. 1 RGebStV werden auf Antrag folgende natürlichen Personen und deren Ehegatten im ausschließlich privaten Berech von Rundfunkgebühren befreit:
- **Empfänger von Hilfe zum Lebensunterhalt** nach dem Dritten Kapitel des SGB XII oder nach den §§ 27a oder 27d des BVG,
- **Empfänger von Grundsicherung im Alter und bei Erwerbsminderung** (Viertes Kapitel SGB XII),
- **Empfänger von Sozialgeld oder Arbeitslosengeld II** einschließlich von Leistungen nach § 22 ohne Zuschläge nach § 24 des SGB II,

V. Rundfunkgebührenbefreiung

- Empfänger von Leistungen nach dem AsylbLG,
- nicht bei den Eltern lebende Empfänger von Ausbildungsförderung nach dem BAFöG,
- Sonderfürsorgeberechtigte im Sinne des § 27 e des BVG,
- blinde oder nicht nur vorübergehend wesentlich sehbehinderte Menschen mit einem Grad der Behinderung von 60 vom Hundert allein wegen der Sehbehinderung,
- hörgeschädigte Menschen, die gehörlos sind oder denen eine ausreichende Verständigung über das Gehör auch mit Hörhilfen nicht möglich ist,
- behinderte Menschen, deren Grad der Behinderung nicht nur vorübergehend wenigstens 80 vom Hundert beträgt und die wegen ihres Leidens an öffentlichen Veranstaltungen ständig nicht teilnehmen können,
- Empfänger von Hilfe zur Pflege nach dem Siebten Kapitel des SGB XII oder von Hilfe zur Pflege als Leistung der Kriegsopferfürsorge nach dem BVG oder von Pflegegeld nach landesgesetzlichen Vorschriften,
- Empfänger von Pflegezulagen nach § 267 Abs. 1 des LAG oder Personen, denen wegen Pflegebedürftigkeit nach § 267 Abs. 2 Satz 1 Nr. 2 Buchstabe c des LAG ein Freibetrag zuerkannt wird.

Darüber hinaus kann auf Antrag in besonderen Härtefällen von der Rundfunkgebührenpflicht befreit werden (§ 6 Abs. 3 RGebStV).

2. Verfahren

Rundfunkgebührenbefreiung kann nur erhalten, wer das Bereithalten eines Rundfunkempfangsgeräts angezeigt hat. Der Antrag ist seit dem 1. 4. 2005 an die Gebühreneinzugszentrale der öffentlich-rechtlichen Rundfunkanstalten (GEZ) in 50656 Köln zu richten. Das Vorliegen der Voraussetzungen für die Befreiung von der Rundfunkgebührenpflicht ist vom Antragsteller durch Vorlage des entsprechenden Bescheids im Original oder in beglaubigter Kopie glaubhaft zu machen. Die Befreiung wird längstens für drei Jahre gewährt. Treten Tatsachen ein, wonach eine Voraussetzung für die Befreiung von der Rundfunkgebührenpflicht entfällt, so endet die Befreiung; diese Tatsachen sind von dem Berechtigten unverzüglich der Landesrundfunkanstalt mitzuteilen.

316

F. Was für staatliche Hilfen gibt es außerdem?

VI. Exkurs: Telefongebührenermäßigung

1. Berechtigte

Bei der **Telefongebührenermäßigung** handelt es sich nicht um eine staatliche Sozialleistung, sondern um einen **Sondertarif eines privatwirtschaftlichen Telekommunikationsunternehmens,** der Deutschen Telekom (T-Com). Diese Ermäßigung ist in den „Allgemeinen Geschäftsbedingungen – Sozialtarif für Verbindungen im T-Net" (Stand: 1. 12. 2005) vorgesehen **für** nicht überwiegend gewerblich genutzte Anschlüsse von **Kunden, die**

- nach den landesrechtlich festgelegten Voraussetzungen **von der Rundfunkgebührenpflicht befreit** sind,
- Leistungen nach dem **BAFöG** beziehen oder
- **blind, gehörlos oder sprachbehindert** sind und denen ein Grad der Behinderung (GdB) von mindestens 90 zuerkannt ist.

Den Sozialtarif erhält auch, wer mit einem Angehörigen in Haushaltsgemeinschaft lebt, der eine der vorgenannten Voraussetzungen erfüllt.

2. Umfang der Ermäßigung

Der Sozialtarif wird für bestimmte Spezialtarife der T-Com gewährt und beträgt für selbst gewählte Verbindungen ohne dauerhafte Voreinstellung eines anderen Verbindungsnetzbetreibers (Pre-Selection) innerhalb eines Abrechnungszeitraums maximal **6,94 €,** für Kunden mit dem o. g. GdB maximal **8,72 €.** Nicht ausgenutzte Vergünstigungen können nicht in folgende Abrechnungszeiträume übertragen werden.

G. Wie komme ich zu meinem Recht?
(SGB-Durchsetzung: Hinweise zum Vorgehen)

Der Rechtsanspruch auf Sozialleistungen nach dem Sozialgesetzbuch ist in einem **Sozialverwaltungsverfahren** vor den Sozialleistungsträgern und erforderlichenfalls in einem **Gerichtsverfahren** durchzusetzen. Dafür gibt es gesetzliche Verfahrensregeln, die bezüglich des Sozialverwaltungsverfahrens im SGB X, teilweise auch im SGB I, sowie hinsichtlich des Gerichtsverfahrens entweder im Sozialgerichtsgesetz (SGG für die Verfahren, die zur Zuständigkeit der Sozialgerichtsbarkeit gehören, wie inzwischen die meisten Sozialleistungsverfahren, s. § 51 SGG: SGB II, III, V–VII, IX Teil 2, XI, XII, BVG mit Ausnahme der Kriegsopferfürsorge, Asylbewerberleistungsgesetz) oder in der Verwaltungsgerichtsordnung (VwGO für die nicht der Sozialgerichtsbarkeit zugewiesenen Sozialleistungsverfahren, s. § 40 VwGO, insbesondere SGB VIII, Kriegsopferfürsorge, BAföG, BErzGG, BKGG, UVG, WoGG; für Kindergeldverfahren nach dem EStG ist die Finanzgerichtsbarkeit zuständig, deren Verfahrensrecht in der Finanzgerichtsordnung geregelt ist). Hier werden die Regelungen des Sozialgerichtsgesetzes zugrunde gelegt und Abweichungen der Verwaltungsgerichtsordnung, deren Bestimmungen in großen Teilen denen des SGG entsprechen, angemerkt.

Die folgenden Hinweise zum Vorgehen betreffen schwerpunktmäßig die SGB-II/XII-Unterhaltssicherungsleistungen.

I. Antrag

1. Antragstellung

Wenn Sie meinen, einen Anspruch auf Sozialleistungen zu haben, sollten sie so schnell wie möglich schriftlich einen Antrag beim zuständigen Sozialleistungsträger stellen, weil fast alle Sozialleistungen von einem Antrag abhängen, der auch für ihren Beginn maßgeblich ist (siehe z.B. §§ 37 SGB II, 41 Abs. 1, 44 Abs. 1 Satz 2 SGB XII). Auch bei Sozialleistungen, die nicht von einem schriftlichen Antrag – wie die SGB-II-Leistungen gemäß § 37 Abs. 1 – oder gar nicht von einem Antrag abhängig sind, wie die Hilfe zum Lebensunterhalt und in besonderen Lebenslagen nach dem SGB XII (§ 18 Abs. 1), ist die Stellung eines schriftlichen

G. Wie komme ich zu meinem Recht?

Antrags schon aus Dokumentationsgründen zweckmäßig. Dazu **reicht ein Schreiben aus,** in dem Sie die Sozialleistung unter kurzer Schilderung Ihrer Situation beantragen. Dann werden Sie normalerweise ein Antragsformular bekommen – womit sie eine Bestätigung der Antragstellung haben (bekommen Sie es nicht innerhalb einer Woche, müssen Sie nachhaken) –, das Sie auch selbst elektronisch, telefonisch oder vor Ort besorgen können. Stattdessen ist es selbstverständlich auch möglich, einen Antrag direkt vor Ort zu den Öffnungszeiten zu stellen und das Formular auszufüllen.

Der Antrag ist mit seinem Zugang beim Träger gestellt, so dass dieses **Zugangsdatum** für den **Leistungsbeginn** maßgeblich ist, nicht dasjenige der Abgabe des Antragsformulars (wie das verbreitet gehandhabt wird). Dementsprechend sollte man sich nicht darauf beschränken, Antragsformulare abzuholen oder sich einen (oft mehrere Wochen späteren) Termin zuteilen zu lassen, sondern sofort einen kurzen schriftlichen Antrag stellen, entweder zur Niederschrift/Protokoll der Behörde (wozu sie verpflichtet ist unter Aushändigung einer Abschrift) oder durch Einwerfen in den Behörden- oder Postbriefkasten (mit Kopie) bzw. mit E-Mail/Fax. Zu beachten ist freilich, dass bei verzögerter Abgabe des Antragsformulars und hierdurch bedingter erheblicher Erschwernis der Aufklärung des Sachverhalts der SGB-Träger die Leistung bis zur Nachholung der Mitwirkung ganz oder teilweise versagen kann, soweit die Voraussetzungen der Leistung nicht nachgewiesen sind (§ 66 Abs. 1 Satz 1 SGB I, dazu S. 358).

> **Rat:** Zu Trägerabweisungstaktiken lies Nikolaus quer 4/2006, **11** f.

2. Zuständigkeitszweifel

Sind Sie nicht sicher, wer der – örtlich oder sachlich – zuständige Sozialleistungsträger ist – z. B. bei Unterhaltsbedarf der SGB-II- oder SGB-XII-Träger, bzw. bei Reha-Bedarf der SGB-V- oder SGB-VI-Träger –, dann genügt es, wenn Sie den Antrag bei **irgend einem SGB-Sozialleistungsträger** oder einer Stadt- bzw. Gemeindeverwaltung stellen, etwa so:

Name, Anschrift   Datum

An (einen) Sozialleistungsträger nach Wahl

Hiermit beantrage ich nach meiner Entlassung aus dem Psychiatrischen Krankenhaus die mir zustehenden Sozialleistungen, insbesondere SGB II- oder SGB-XII-

I. Antrag

Unterhaltsleistungen sowie Reha-Betreuung. Mein Einkommen und Vermögen reichen nicht aus, um meinen Lebensunterhalt zu beschaffen. Meine monatlichen Unterkunfts- und Heizungskosten belaufen sich auf ... Euro (ggf.: Weiter brauche ich unbedingt eine Erstausstattung an Bekleidung/für die Wohnung). Dafür habe ich zurzeit an Mitteln lediglich zur Verfügung: ... (Angabe Ihrer monatlichen tatsächlichen Mittel). Ich bitte wegen der Eilbedürftigkeit um schnelle Bearbeitung und einen rechtsmittelfähigen Bescheid; zu einem persönlichen Gespräch bin ich jederzeit bereit. Bei Unzuständigkeit bitte ich diesen Antrag an den zuständigen Sozialleistungsträger weiterzuleiten, wie es das Sozialgesetzbuch vorschreibt, und mich über den Fortgang zu informieren. Dauert die Feststellung der Anspruchshöhe längere Zeit, beantrage ich einen Vorschuss. Bei Uneinigkeit mehrerer Leistungsträger beantrage ich eine vorläufige Leistung. Den Antragseingang bitte ich mir unverzüglich mit Datum zu bestätigen."

Unterschrift

Mit einem solchen Schreiben wird die angegangene Behörde unter Druck gesetzt: Ist sie zuständig, muss sie innerhalb eines Monats einen **Vorschuss** zahlen, wenn ein Anspruch dem Grunde nach besteht (§ 42 Abs. 1 SGB I). Hält sie sich für **unzuständig,** hat sie die Sache an den ihrer Auffassung nach zuständigen Sozialleistungsträger **weiterzuleiten** (§ 16 Abs. 2 SGB I, speziell für Sozialhilfeträger § 18 Abs. 2 SGB XII; die in § 20 Abs. 3 SGB X enthaltene Vorschrift, dass eine Behörde die Entgegennahme von Anträgen, die in ihren Zuständigkeitsbereich fallen, nicht deshalb verweigern darf, weil sie den Antrag für unzulässig oder unbegründet hält – was immer noch vielfach gerade bei mündlich gestellten Anträgen geschieht –, ist im Lichte des § 16 Abs. 2 SGB I – der zu den vorbehaltlos anwendbaren Vorschriften gemäß § 37 Satz 2 SGB I gehört – dahin auszulegen, dass Sozialleistungsträger zuständig sind hinsichtlich aller SGB-Sozialleistungsanträge) und **bei Streit der Träger** – über die örtliche oder sachliche Zuständigkeit (BVerwG Urt. v. 16. 12. 2004 – 5 C 25.04 – NDV-RD 2005, 87) – innerhalb eines Monats eine **vorläufige Leistung** zu erbringen (§ 43 Abs. 1 SGB II; s. LSG NW Beschl. v. 31. 10. 2005 – L AS 254/05 ER – NDV-RD 2006, 8 am Beispiel einer stationären Unterbringung im Hinblick auf § 7 Abs. 4 SGB II); nach der Rechtsprechung (LSG NW Beschl. v. 2. 6. 05 – L 16 B 20/05 KR ER – Tacheles-Rechtsbank) ist bei Trägerzuständigkeitsstreit ein allein angegangener Träger auch der zuerst angegangene (offen gelassen, ob dies auch bei offensichtlicher Unzuständigkeit gilt). Geht es um eine **Reha-Leistung,** so ist der Druck auf den Träger noch größer, da er innerhalb von 14 Tagen feststellen muss, ob er zuständig ist, und bei Unzuständigkeit den Antrag an den nach seiner Auffassung zuständigen Reha-Träger weiterleiten muss, der dann ohne Weiterleitungsmöglichkeit zuständig wird. Nach 14 Tagen muss der angegangene Reha-Träger, wenn er nicht weitergeleitet hat, den Reha-Bedarf unverzüglich feststellen; ansonsten hat dies der Träger zu tun, an der den Antrag weitergeleitet worden ist, und zwar in der Regel innerhalb von drei Wochen, bei Notwendigkeit eines Gutachtens zur Feststellung des Reha-Bedarfs innerhalb von zwei Wochen nach dessen Vorliegen (§ 14 Abs. 1, 2 SGB IX; diese Regelung ist nach VGH Bay Beschl. v. 1. 12. 2003 – 12 CE 03.2683 – NDV-RD 2004, 113 und LSG SH Beschl. v. 9. 11. 2005 – L 9 B 268/05 SO ER – FEVS 57, 237, vorrangig gegenüber § 43 SGB I, während VGH He Beschl. v. 21. 9. 2004 – 10 TG 2293/04 – FEVS 56, 328 eine ergänzende Anwendung des § 43 Abs. 1 SGB I für möglich hält).

> **Rat:** Bei Zweifeln über die Zuständigkeit eines Sozialleistungsträgers empfiehlt sich, den Antrag **allein bei einem Sozialleistungsträger** zu stellen – und zwar am besten durch Einwurf in den Briefkasten oder, wenn dies zu aufwendig ist, über die Post – der dann bis auf weiteres der Ansprechpartner bleibt. Nicht sinnvoll ist es, den Antrag jeweils bei mehreren in Betracht kommenden Sozialleistungsträgern zu stellen, weil damit ein Streit losgetreten wird, wer der zuerst angegangene Träger gewesen ist. Unklug ist es weiter, den Antrag bei einer Gemeinde oder Stadt zu stellen, die nicht zugleich SGB-Leistungsträger ist, weil sie den Antrag zwar weiterleiten muss, aber nicht zum Vorschuss/vorläufiger Leistung bzw. einer Reha-Leistung verpflichtet ist. Erhalten Sie nicht innerhalb einer Woche – in Eilfällen auch früher – eine Bestätigung des Antragseingangs, empfiehlt sich eine elektronische oder schriftliche Rückfrage und nach ihrer Erfolglosigkeit bei wichtigen, dringlichen Anträgen ein Einschreiben mit Rückschein.

3. Nachholungs-Antrag

Hat ein Leistungsberechtigter von der Stellung eines Antrags auf eine (nachrangige) Sozialleistung (z. B. Alg II) abgesehen, weil er einen Anspruch auf eine andere vorrangige Sozialleistung geltend macht (z. B. Alg I), und wird diese Leistung abgelehnt, wirkt eine nunmehr nachgeholter Antrag (z. B. für das Alg II) bis zu einem Jahr zurück, wenn er innerhalb von sechs Monaten (Achtung aber bei SGB-II-Leistungen gemäß § 40 Abs. 3 SGB II: unverzüglich!) nach Ablauf des Monats gestellt ist, in dem die Ablehnung der anderen Leistung bindend geworden ist. Dies gilt auch, falls der rechtzeitige Antrag auf die andere Leistung aus

II. Mitwirkung

Unkenntnis über deren Anspruchsvoraussetzungen unterlassen wurde und die zweite Leistung gegenüber der ersten Leistung, wenn diese erbracht worden wäre, nachrangig gewesen wäre (§ 28 SGB X).

> **Rat:** Auf dieses Spielchen sollte man sich gar nicht einlassen. Ist zweifelhaft, ob eine vorrangige Leistung bewilligt wird bzw. ob deren Höhe zur Bestreitung des Existenzminimums ausreicht, sollten auf jeden Fall beide Sozialleistungen beantragt werden, zumal eine bedürftigkeitsabhängige nachrangige Sozialleistung so lange ohne Anrechnung der vorrangigen Sozialleistung zu zahlen ist, bis diese tatsächlich erfolgt (der nachrangige Sozialleistungsträger hat einen Erstattungsanspruch gemäß § 104 SGB X). Die beiden Sozialleistungen beantragt man am besten in einem Schreiben bei einem Sozialleistungsträger (siehe Rat zu 2.).

4. Fortsetzungsantrag

Wird eine Sozialleistung für einen bestimmten Bewilligungszeitraum gewährt (z. B. Alg II/Sozialgeld gemäß § 41 Abs. 1 Satz 4, 5 für zwölf Monate), so ist zu empfehlen, rechtzeitig – Faustregel: ein Monat – vor Ablauf des Bewilligungszeitraums einen Fortsetzungsantrag zu stellen (ob das erforderlich ist, wird kontrovers diskutiert), für dessen Wirksamkeit ein einfaches Schreiben genügt, im Rahmen der Mitwirkungspflicht aber die von den Behörden vorgehaltenen und auch vielfach vorsorglich übersandten Formularanträge ausgefüllt werden müssen.

II. Mitwirkung

Das SGB I (§§ 60–67) sieht vor, dass die SGB-Leistungsträger eine Mitwirkung von Antragstellern (und Leistungsempfängern) bei der Tatsachenklärung und bestimmten Maßnahmen verlangen dürfen, und zwar als „**Verfahrenspflichten**" (BVerwG Urt. v. 17. 5. 1995 – 5 C 20/93 – BVerwGE 98, 203 = FEVS 46, 12 = NDV-RD 1996, 62 = NJW 1995, 3200), die deshalb gesetzestechnisch besser im SGB X (das in § 21 Abs. 2 die parallele Bestimmung enthält, dass die Beteiligten bei der Ermittlung des Sachverhalts mitwirken, insbesondere ihnen bekannte Tatsachen und Beweismittel angeben sollen, eine weitergehende Pflicht, bei der Sachverhaltsermittlung mitzuwirken, insbesondere eine Pflicht zum persönlichen Erscheinen oder zur Aussage aber nur besteht, soweit sie durch Rechtsvorschrift besonders vorgesehen ist) statt missverständlich im SGB I platziert wären. Sie sind von den oft auch Mitwirkungs-

pflichten genannten materiell-rechtlichen Pflichten wie z.B. Arbeits-
(§ 10 SGB II), Selbsthilfe- (§§ 2 SGB II, 2 SGB XII) und Tätigkeits-
pflichten (§ 11 Abs. 3 Satz 4 SGB XII) zu unterscheiden.

1. Tatsachenklärung

a) Tatsachenangaben

Wer Sozialleistungen beantragt oder erhält, hat regelmäßig in einem
(theoretisch gemäß § 17 Abs. 1 Nr. 3 SGB I „allgemein verständlichen")
Vordruckformular alle Tatsachen anzugeben, die für die Leistung erheblich sind (§ 60 Abs. 1 Satz 1 Nr. 1 Alternative 1, Abs. 2 SGB I). Dies hat
richtig und vollständig zu geschehen. Zur **Erheblichkeit** hat der VGH
BaW (Urt. v. 12. 3. 1997 – 7 S 1084/95 – NDV-RD 1998, 16 = ZfF 1999,
198 = ZfSH/SGB 2001, 234) ausgeführt: „Erheblich sind Tatsachen
oder Beweismittel nur, wenn sie geeignet sind, die erforderliche Sach-
entscheidung zu ermöglichen … Bei der Sachverhaltsermittlung sind die
Beteiligten zur Mitwirkung verpflichtet (§ 21 Abs. 2 SGB X, §§ 60 ff.
SGB I). Diese Mitwirkungspflicht bezieht sich aber nur auf die Klärung
des entscheidungserheblichen Sachverhalts. In der Ermöglichung der
Sachentscheidung findet die Mitwirkungspflicht damit nicht nur ihre
Grundlage, sondern auch ihre Grenze. Sie entfällt, wenn die erstrebte
Sachentscheidung aus anderen Gründen bereits möglich ist. So hat das
Bundesverwaltungsgericht (Urt. v. 17. 1. 1985 – 5 C 133.81 – BVerwGE
71, 8, 9 = FEVS 34, 209 = NDV 1985, 269 = ZfSH/SGB 1985, 273) be-
reits entschieden, dass die begehrte Leistung wegen der Verletzung von
Mitwirkungspflichten nicht versagt werden kann, wenn und soweit die
Leistungsvoraussetzungen bereits nachgewiesen sind. Nichts anderes
kann gelten, wenn nach den bereits durchgeführten Ermittlungen die
Leistungen zwingend zu versagen sind. Denn die Offenbarung von Daten ist dem Bürger nicht zumutbar, wenn diese für die Entscheidung gar
nicht benötigt werden. Eine Pflicht vorsorglich alles der Behörde mitzuteilen, was möglicherweise irgendwann relevant werden kann, lässt sich
§ 60 Abs. 1 SGB I nicht entnehmen." Die Angabe **„aller erheblichen"**
Tatsachen ist freilich die Quadratur des Kreises, da die Erheblichkeit der
Tatsachen von den persönlichen Verhältnissen und der Vorlage bestimmter Konstellationen abhängt, so dass im Einzelfall jeweils unter-
schiedliche Tatsachen erheblich sein können und in den amtlichen
Vordrucken zwangsläufig im konkreten Sachverhalt nicht erhebliche
Tatsachen abgefragt werden. Verlangt werden darf jedenfalls nur die

II. Mitwirkung

Angabe von Tatsachen, die dem Antragsteller bekannt sind (LSG ST Beschl. v. 22. 4. 2005 – L 2 B 9/05 AS ER – FEVS 57, 282, 288).

> **Rat:** Wenn Sie Zweifel an der Erheblichkeit einer Angabe haben, die Sie nicht machen möchten, fragen Sie bei der Behörde an, **wofür die entsprechenden Fakten benötigt werden** und verweigern Sie bei Unterlassen einer (befriedigenden) Antwort die diesbezüglichen Daten. Einen Kleinkrieg dazu sollten Sie aber nach Möglichkeit vermeiden, weil er das Verfahren verzögert. Falls Sie Arbeitslosengeld-II/Sozialgeld-Berechtigter sind und Ihnen dieser Punkt wichtig ist, lesen Sie den ausführlichen Beitrag zu den Klippen des dafür vorgeschriebenen Antrags von Grüner, quer 4/2004, 18 ff. (in einigen gerügten Punkten ist das Antragsformular inzwischen überarbeitet).

b) Auskunftseinholungseinwilligung

Sozialleistungsantragsteller haben weiter auf Verlangen des zuständigen Trägers der Erteilung benötigter Auskünfte durch Dritte zuzustimmen (§ 60 Abs. 1 Satz 1 Nr. 1 Alternative 2 SGB I), was in den zu benutzenden SGB-II-Formularen (§ 60 Abs. 2 SGB I) die Auskunftseinholung bei **Ärzten** unter Befreiung von ihrer Schweigepflicht, **Banken** und **Vermietern** betrifft. Eine Verpflichtung, die Einwilligung zur Auskunftseinholung zu geben, besteht nur, soweit dies „für die Leistung erheblich" ist und die Auskünfte „erforderlich" sind. Das bedeutet vor allem, dass **nicht pauschal ein Auskunftsverlangen** („Blankoauskunft") gestellt werden darf, sondern nur konkret im gebotenen Einzelfall bei nicht anderweitig aufklärbaren Tatsachen, wozu auch gehört, dass die Behörde im Zweifel auf (am besten schriftliche) Nachfrage in Bezug auf die zu entscheidende Sache erläutert, welche Information sie warum bei welcher Person (z. B. Arzt mit Namen) bzw. Institution (z. B. Bank mit Namen) einholen will.

> **Rat:** Geben Sie keine pauschale Auskunftseinwilligung, sondern nur eine solche, bei der **Inhalt und Adressat der einzuholenden Auskunft** benannt sind.

Ergänzend ist im SGB X (§ 100 Abs. 1) bestimmt, dass Ärzte, Angehörige eines anderen Heilberufs – insbesondere Heilpraktiker – sowie Vorsorge- und Rehabilitationseinrichtungen verpflichtet sind, dem Leistungsträger im Einzelfall auf Verlangen Auskunft zu erteilen, soweit es für die Durchführung von dessen SGB-Aufgaben erforderlich ist und der Betroffene im Einzelfall eingewilligt hat (oder es gesetzlich zugelassen ist, wie in § 275 SGB V die Auskunftseinholung ohne Einwilligung

363

G. Wie komme ich zu meinem Recht?

bei Zweifeln über die Arbeitsunfähigkeit), und zwar grundsätzlich schriftlich (es sei denn wegen besonderer Umstände ist eine andere Form angemessen). Umgekehrt haben die Leistungsträger auf Verlangen eines behandelnden Arztes Untersuchungsbefunde, die für die Behandlung von Bedeutung sein können, mitzuteilen, sofern der Betroffene im Einzelfall in die Mitteilung eingewilligt hat (§ 101 SGB X).

c) Beweismittelbeibringung

aa) Beweisurkunden allgemein: Wer Sozialleistungen beantragt oder erhält, hat (erforderliche) **Beweismittel** (insbesondere einholbare Auskünfte, Sachverständige/Zeugen, Urkunden) zu bezeichnen und auf Verlangen des zuständigen Leistungsträgers **Beweisurkunden** vorzulegen oder ihrer Vorlage zuzustimmen (§ 60 Abs. 1 Satz 1 Nr. 3 SGB I), soweit sie für die Leistung erheblich sind (entsprechend § 60 Abs. 1 Satz 1 Nr. 1 SGB I, s. VGH BaW Urt. v. 12. 3. 1997 – 7 S 1084/95 – NDV 1998, 16 = ZfF 1999, 198 = ZfSH/SGB 2001, 234). Dies betrifft etwa ärztliche Atteste (z. B. über Schwangerschaft wegen Mehrbedarf), Miet- und andere Verträge, Neben- und Heizungskostenabrechnungen, Vermieterbestätigungen, Arbeitgeberbescheinigungen zu Lohn und Urlaubsgeld, Bescheide anderer Behörden (z. B. Einkommensteuerbescheid), Gerichtsentscheidungen. Verlangt werden darf aber nur die Vorlage vorhandener Beweismittel, nicht z. B. ein schriftlicher Untermietvertrag, wenn lediglich eine mündliche Vereinbarung besteht, oder der Nachweis über die Einkommens- und Vermögensverhältnisse eines Dritten (LSG ST Beschl. v. 22. 4. 2005 – L 2 B 9/05 AS ER – FEVS 57, 282, 288).

bb) Kontoauszüge: Besonders umstritten ist das Verlangen, im Rahmen des SGB II/XII oder sonstiger einkommens- bzw. vermögensabhängiger Sozialleistungen Kontoauszüge der vergangenen (3–6) Monate vorzulegen (oder auch Vermieterbestätigungen). Die Rechtmäßigkeit solcher Vorgehensweisen hat das LSG He (Beschl. v. 22. 8. 2005 – L 7 AS 32/05 ER – FEVS 57, 258) verneint, wenn es dafür keine konkreten Gründe gibt: „Entscheidungsgrundlage für den Anspruch auf Leistungen der Grundsicherung gemäß §§ 19 ff. SGB II ist grundsätzlich der nach den Vorgaben des Gesetzgebers formularmäßig gestellte Antrag. Hierin hat der Antragsteller alle ihm gestellten Fragen beantwortet und – soweit dies im Formular gefordert ist – zugleich die entsprechenden Unterlagen zum Nachweis vorgelegt, woraus sich zugleich die Erfüllung der Voraussetzungen der Hilfebedürftigkeit gemäß § 9 SGB II ergibt.

II. Mitwirkung

Der Antragsteller hat auch keine Mitwirkungspflichten im Sinne der §§ 60 ff. SGB I verletzt, denn er hat alle leistungserheblichen Tatsachen auf dem dafür vorgesehenen Formblatt (§ 60 Abs. 2 SGB I) angegeben. Seine Weigerung, die Kontoauszüge der zurückliegenden Monate bzw. die Bankbescheinigung sowie die angeforderte Vermieterbescheinigung vorzulegen, ist unschädlich, denn entgegen der Auffassung des Antragsgegners sind diese Urkunden weder „leistungserheblich" noch „erforderlich" im Sinn des § 60 Abs. 1 Nr. 1 SGB I. Der Antragsgegner selbst vermag nicht darzulegen, weshalb zurückliegende Kontobewegungen etwas an der aktuellen Bedarfslage des Antragsstellers zu ändern vermögen, welche dieser in seinem Antrag unter Beifügung von Ausdrucken seines Online-Kontos dargestellt hatte. Ebenso wenig hat der Antragsgegner konkrete Anhaltspunkte benannt, welche einen Verdacht auf einen beabsichtigten Leistungsmissbrauch und im Einzelfall vielleicht ein solches Ansinnen begründen könnte" (im gleichen Sinn SG Detmold Beschl. v. 7. 9. 2006 – S 21 AS 133/06 ER – info also 2006, 277, SG Freiburg Beschl. v. 12. 9. 2005 – 4 AS 4006/05 ER – nach BAG-SHI 1/2006, 41).

Ein **Teil der Rechtsprechung** sieht allerdings das Verlangen nach Vorlage ungeschwärzter Kontoauszüge und anderer Dokumente im Original als berechtigt an: „Die Vorlage von Unterlagen im Original hat auch den Zweck sicherzustellen, dass keine Manipulationen vorgenommen wurden. Sowohl für die Feststellung der Unterkunfts- und Heizkosten als auch für die Höhe eventuellen Einkommens und Vermögens ist es notwendig, den Mietvertrag sowie Unterlagen von Banken und Versicherungen im Original einzusehen, um einen solchen Missbrauch auszuschließen. Dies gilt entsprechend für die Vorlage von ungeschwärzten Kontoauszügen für die letzten sechs Monate. Für die Feststellung, ob Einkommen und Vermögen vorhanden ist, genügt der aktuelle Kontoauszug nicht, da die Kontenbewegung der letzten Monate zur vollständigen Ermittlung von Einkommen und Vermögen erforderlich ist ... Entgegen der Auffassung des Hessischen Landessozialgerichts im Beschl. v. 22. 8. 2005 – L 7 AS 32/05 – wird aus zurückliegenden Kontenbewegungen z. B. ersichtlich, ob die Antragstellerin Zuwendungen Dritter erhält oder größere Beträge transferiert und welche sonstigen leistungserheblichen Transaktionen bisher vorgenommen wurden. Ein Verdacht auf beabsichtigten Leistungsmissbrauch im Einzelfall – der bei Vorlage geschwärzter Kontoauszüge nahe liegt – ist nicht erforderlich" (so SG München Beschl. v. 9. 9. 2005 – S 50 AS 472/05 ER – nach

G. Wie komme ich zu meinem Recht?

BAG-SHI 1/2006, 40, ebenso VGH BaW Urt. v. 12. 3. 1997 – 7 S 1084/
95 – NDV-RD 1998, 16, 18).

> **Rat:** Wer nicht die geforderten Nachweise vorlegt, sondern sich auf die Gren-
> zen der Mitwirkungspflicht beruft, muss einkalkulieren, dass sich die Durchset-
> zung seiner Rechte zumindest verzögert und deshalb abwägen, inwieweit er
> sich dies leisten kann.

2. Maßnahmenbeteiligung

a) Persönliches Erscheinen

Wer Sozialleistungen beantragt oder erhält, soll auf Verlangen des zuständigen Leistungsträgers zur mündlichen Erörterung des Antrags oder
zur Vornahme anderer für die Leistungsentscheidung notwendiger
Maßnahmen persönlich erscheinen (§ 61 SGB II). Dabei entstehende
Aufwendungen – **notwendige Ausgaben wie Fahrt- und Verpflegungskosten sowie Verdienstausfall** – sollen in Härtefällen im angemessenen
Umfang – Fahrtkosten öffentlicher Verkehrsmittel, bei Unvermeidbar-
keit auch Taxikosten – ersetzt werden, und zwar auch dann, falls das
persönliche Erscheinen nachträglich als notwendig anerkannt wird
(§ 65a Abs. 1 Satz 2, Abs. 2 SGB II), insbesondere wenn andernfalls
eine Aufklärung des Sachverhalts erheblich erschwert worden wäre (zu
den Grenzen der Mitwirkung s. S. 357 und zu den Folgen fehlender
Mitwirkung s. S. 358.

> **Rat:** Beim Verlangen des persönlichen Erscheinens Ersatz der notwendigen
> Auslagen und eines Verdienstausfalls beantragen.

b) Untersuchungen und Behandlung

Wer Sozialleistungen beantragt oder erhält, soll sich auf Verlangen des
zuständigen Leistungsträgers **ärztlichen und psychologischen Untersu-
chungsmaßnahmen** unterziehen, soweit diese für die Entscheidung
über die Leistung erforderlich sind (§ 62 SGB I), z.B. bei Unterhaltsbedarf hinsichtlich der Erwerbsfähigkeit (§ 8 Abs. 1 SGB II), sofern
Atteste und/oder Untersuchungsbefunde anderer Sozialleistungsträger
(wie bei der Erwerbsfähigkeit insbesondere des Rentenversicherungsträgers) nicht ausreichen (zu den Grenzen und Folgen s. auch hier
S. 357f.). Dabei entstehende Aufwendungen – **notwendige Auslagen**
wie Fahrt-, Verpflegungs- und Unterkunftskosten sowie Verdienstausfall

II. Mitwirkung

– können auf Antrag in angemessenem Umfang ersetzt werden, und zwar auch dann, wenn die Notwendigkeit einer Untersuchung nachträglich anerkannt wird (§ 65 a SGB I).

> **Rat:** Bei Aufwendungen Antrag auf Ersatz stellen, dem hier in der Regel (nicht nur in Härtefällen wie beim persönlichen Erscheinen) stattzugeben ist.

Wer wegen Krankheit oder Behinderung Sozialleistungen beantragt oder erhält, soll sich auf Verlangen des zuständigen Leistungsträgers einer **Heilbehandlung** – ambulant oder auch stationär – unterziehen, wenn zu erwarten ist, dass sie eine Besserung seines Gesundheitszustands herbeiführen oder eine Verschlechterung verhindern wird (§ 63 SGB I). Letzteres wird in der Regel nur aufgrund eines ärztlichen Gutachtens festzustellen sein (zu den Grenzen und Folgen s. S. 357f.).

c) Arbeitsfähigkeitsförderungs- bzw. -erhaltungsmaßnahmen

aa) Wer wegen Minderung der Erwerbsfähigkeit oder wegen Arbeitslosigkeit Sozialleistungen beantragt oder erhält, soll auf Verlangen des zuständigen Leistungsträgers an **Leistungen zur Teilhabe am Arbeitsleben** teilnehmen (vgl. § 33 SGB IX), wenn bei angemessener Berücksichtigung seiner beruflichen Neigung und seiner Leistungsfähigkeit zu erwarten ist, dass sie seine Erwerbs- oder Vermittlungsfähigkeit auf Dauer fördern oder erhalten wird (§ 64 SGB I, BT-Dr. 7/868: z.B. Fortbildungs- und Umschulungskurse, zu den Grenzen und Folgen s. S. 357f.). Diesbezüglich sind die Arbeitseingliederungsmaßnahmen der besonderen Teile des SGB (z.B. §§ 16 SGB II, 48ff., 77ff. SGB III, 16 SGB VI, 35 SGB VII) als vorrangig anzusehen (s. § 37 Satz 1 Halbsatz 1 SGB I).

3. Grenzen der Mitwirkung

Die Mitwirkungspflichten bestehen außer bei Unerheblichkeit (s. S. 352 auch dann nicht (§ 65 Abs. 1 SGB I), wenn ihre Erfüllung in **keinem angemessenen Verhältnis** zu der in Anspruch genommenen Sozialleistung steht (etwa eine Auskunftseinwilligung bei nur geringem Hilfeanspruch), die Erfüllung einem Betroffenen **aus wichtigem Grund nicht zugemutet** werden kann (z.B. Alter, Krankheit) oder der **Leistungsträger die erforderlichen Kenntnisse sich selbst beschaffen kann** (z.B. von einem anderen Sozialleistungsträger durch Datenübermittlung, s. § 37 d SGB X, erforderlichenfalls mit Einverständnis des Betroffenen).

357

G. Wie komme ich zu meinem Recht?

Untersuchungen und Behandlungen (s. S. 356 können abgelehnt werden (§ 65 Abs. 2 SGB II), wenn bei ihnen im Einzelfall ein Schaden für Leben oder Gesundheit nicht mit hoher Wahrscheinlichkeit ausgeschlossen werden kann, sie mit erheblichen Schmerzen verbunden sind oder einen erheblichen Eingriff in die körperliche Unversehrtheit bedeuten. Beispiele: Oberschenkelamputation, sonstige größere Operationen, Entnahme von Rückenmarkflüssigkeit, Einspritzen oder chirurgische Maßnahmen an Narben oder Warzen, nicht aber in der Regel z. B. eine Blutabnahme (s. OVG Sa Urt. v. 18. 2. 1992 – 8 W 5/92 – FEVS 44, 29).

Angaben, die einen Antragsteller bzw. Leistungsberechtigten oder ihm nahestehende Personen (§ 383 Abs. 1 Nr. 1–3 ZPO: Verlobte, Ehegatten, Verwandte in gerader Linie und in der Seitenlinie bis zum 3. Grad) in die Gefahr bringen würden, wegen einer **Straftat oder Ordnungswidrigkeit verfolgt** zu werden, können verweigert werden (§ 65 Abs. 3 SGB I).

4. Folgen ungenügender Mitwirkung

a) Tatsachenklärung, persönliches Erscheinen, Untersuchungen

Der Leistungsträger kann ohne weitere Ermittlungen die **Leistung** bis zur Nachholung einer Mitwirkung **ganz oder teilweise versagen,** soweit ihre Voraussetzungen nicht nachgewiesen sind (§ 66 Abs. 1, 3 SGB I),

- wenn derjenige, der eine Sozialleistung beantragt oder erhält, seine Mitwirkungspflichten bei Tatsachenklärung (§ 60 SGB I), persönlichem Erscheinen (§ 61 SGB I) und Untersuchungen (§ 62 SGB I) nicht nachkommt,
- ohne dass dafür eine Mitwirkungsgrenze besteht (s. 3),
- und er hierdurch die Sachverhaltsaufklärung erheblich erschwert oder dies absichtlich in sonstiger Weise tut,
- sowie er trotz vorherigem schriftlichem Hinweis auf die Folgen – der konkret und unmissverständlich auf den individuellen Fall bezogen sein muss (LSG ST Beschl. v. 22. 4. 2005 – L 2 B 9/05 AS ER – FEVS 57, 282, 288) – seiner Mitwirkungspflicht nicht innerhalb einer ihm gesetzten Frist nachkommt (zur Nachholung der Mitwirkung s. S. 359.

Rat: Bei Versagung oder Entzug von Sozialleistungen ist genau zu prüfen, ob die Voraussetzungen im Einzelnen vorliegen, insbesondere auch, ob **vorher schriftlich eine Nachholungsfrist** gesetzt wurde.

b) Maßnahmenbeteiligung

Der Leistungsträger kann die Leistung bis zur Nachholung der Mitwirkung **ganz oder teilweise versagen** (§ 66 Abs. 2, 3 SGB I),

- wenn derjenige, der eine Sozialleistung wegen Arbeitslosigkeit, Gefährdung oder Minderung der Erwerbsfähigkeit, Arbeitsunfähigkeit, Pflegebedürftigkeit beantragt oder erhält, seinen Mitwirkungspflichten bei der Maßnahmenbeteiligung (§§ 60–62 SGB I) nicht nachkommt,
- ohne dass dafür eine Mitwirkungsgrenze (§ 65 SGB I) besteht,
- und unter Würdigung aller Umstände anzunehmen ist, dass deshalb die Fähigkeit zur selbstständigen Lebensführung, die Arbeits-, Erwerbs- oder Vermittlungsfähigkeit beeinträchtigt oder nicht verbessert wird,
- sowie er trotz vorherigem schriftlichem Hinweis auf die Folgen seiner Mitwirkungspflicht nicht innerhalb einer ihm gesetzten Frist nachkommt.

c) Mitwirkungsnachholung

Wird die Mitwirkung nachgeholt und liegen die Leistungsvoraussetzungen dann vor, kann der Sozialleistungsträger die **versagten oder entzogenen Sozialleistungen ganz oder teilweise erbringen** (§ 67 SGB I). Das Ermessen („kann") wird seinem Zweck nach (s. § 39 Abs. 1 Satz 1 SGB I) in der Regel auf die rückwirkende Verweigerung der Sozialleistungen beschränkt sein, während ab dem Zeitpunkt der Nachholung grundsätzlich kein Grund mehr besteht, die Leistung vorzuenthalten. Soweit der – rechtlich nicht zu beanstandende – Bescheid, welcher die Leistung versagt oder entzieht, einer Erbringung entgegensteht, ist er vom Zeitpunkt der Nachholung zugunsten des Betroffenen aufhebbar (BSG NZS 1995, 523, 528: entsprechende Anwendung des § 48 Abs. 1 Satz 2 Nr. 1 SGB X).

III. Aktivitäten

Mit Antragstellung und Erfüllung der Mitwirkungspflichten hängt die Verfahrensfortführung von der Behörde ab, deren (Nicht-)Tätigkeit sich hinter verschlossenen Türen abspielt, was die Betroffenen passiv überstehen müssen. Dennoch dürfen sie ihre Aktivitäten nicht vollständig einstellen und sollten vor allem Änderungsmitteilungen und einstweiligen Rechtsschutz sowie auch eine Untätigkeitsklage im Auge behalten.

G. Wie komme ich zu meinem Recht?

1. Änderungsmitteilung

Wer Sozialleistungen beantragt oder erhält, hat Änderungen in den Verhältnissen, die für die **Leistung erheblich sind** oder über die im Zusammenhang mit ihr Erklärungen abgegeben worden sind, unverzüglich dem Sozialleistungsträger **mitzuteilen** (§ 60 Abs. 1 Satz 1 Nr. 2 SGB I). Damit geht es auch hier formell um eine Mitwirkungspflicht, deren Nichtbeachtung jedoch weitreichende Folgen haben kann.

Erhebliche Veränderungen in den tatsächlichen Verhältnissen liegen vor, wenn sich Umstände ergeben, die zu einer Leistungsmodifikation – Erhöhung oder Reduzierung – führen können. Bei den mittelabhängigen Sozialleistungen wie den Unterhaltsleistungen nach dem SGB II und SGB XII betrifft dies sowohl Änderungen auf der Bedarfsseite – z. B. Erhöhung oder Senkung der Mietneben- bzw. Heizkosten – als auch auf der Mittelseite, insbesondere beim Einkommen und Vermögen. Mit einem Personenwechsel im Haushalt – Ein- oder Auszug – sind regelmäßig Änderungen verbunden.

Änderungen bezüglich der **Verhältnisse, über die im Zusammenhang mit der Leistung Erklärungen abgegeben worden sind,** z. B. Krankheit, Behinderung, Bezug anderer Sozialleistungen wie Erziehungs-, Kindergeld, Unterhaltsvorschuss, sind nach dem Wortlaut der Vorschrift sogar dann mitzuteilen, wenn sie für die Leistung nicht erheblich sind, was aber einschränkend auszulegen sein dürfte, jedenfalls bei nicht erheblichen Änderungen zu keinen negativen Folgen führen darf.

Mitzuteilen sind Änderungen nach der Rechtsprechung (BSG SGb 1982, 159) **auch dann, wenn sie der Leistungsträger aus anderen Quellen erfahren könnte.** Freilich kommt auch hier die Mitwirkungsgrenze zum Zuge (§ 65 Abs. 1 Nr. 3 SGB I), dass eine Mitwirkung nicht zu erfolgen hat, soweit der Leistungsträger sich durch einen geringeren Aufwand die erforderlichen Kenntnisse selbst beschaffen kann. Nicht mitgeteilt zu werden brauchen jedenfalls absehbare Änderungen, welche sich aus der den Behörden bekannten Tatsachen ergeben, z. B. die Volljährigkeit eines Kindes, die bei SGB II/XII-Alleinerziehenden zum Wegfall des Mehrbedarfszuschlags (§§ 21 Abs. 3 SGB II, 30 Abs. 3 SGB XII) führt.

Rat: Jede erhebliche Änderung **muss sofort** schriftlich oder elektronisch **mitgeteilt** werden, wobei im Zweifel besser zuviel als zuwenig getan wird. Das gilt nicht nur für Änderungen, die zu einer Leistungsverbesserung führen, sondern selbstverständlich auch für diejenigen, die eine Leistungsverschlechterung nach sich ziehen.

III. Aktivitäten

Wird die Mitteilung von für die Leistung nachteiligen Veränderungen **versäumt**, drohen bei Bekanntwerden nicht nur eine **Leistungseinstellung**, sondern darüber hinaus die Aufhebung der davon betroffenen Bescheide sowie ein **Erstattungsbescheid** wegen zu Unrecht erbrachter Leistungen (s. §§ 45, 48, 50 SGB X) sowie in gravierenderen Fällen ein **Strafverfahren** wegen Betrugs (§ 263 StGB).

2. Gerichtlicher Eilrechtsschutz

In eiligen Sachen ist von Anfang an die Möglichkeit eines Antrags auf einstweilige Anordnung beim Sozialgericht (bzw. Verwaltungsgericht) ins Kalkül zu ziehen (dazu näher S. 399f.). Dieser setzt **keinesfalls einen** (mündlichen oder schriftlichen) **Bescheid der Behörde voraus, wohl aber,** dass sich der Betroffene **zunächst an den Sozialleistungsträger** mit einem Antrag gewandt und ihm Gelegenheit zu einer Entscheidung gegeben hat. Die Zeit, bis zu der ein Tätigwerden der Behörde abgewartet werden muss, lässt sich nicht exakt in Stunden oder Tagen fassen, sondern hängt von der Dringlichkeit des Einzelfalls ab.

Rat: In sehr eiligen Sachen sollte **nicht lange gezögert** werden, das Gericht anzurufen, weil damit auch der Entscheidungsdruck auf die Behörde verstärkt wird, die vom Gericht zu einer Stellungnahme aufgefordert wird, was in der Folge vielfach eine Behördenbewilligung auslöst, womit sich das Eilverfahren in der Sache dann erledigt. Falls kein Anwalt (s. S. 373 beauftragt ist und die örtliche Möglichkeit besteht, das Gericht aufzusuchen, wird empfohlen, den Eilantrag zur Niederschrift der Rechtsantragsstelle zu stellen (wofür meist freundliche Rechtspfleger/innen zuständig sind). Ansonsten genügt ein Schreiben – das auch nachts in den Gerichtsbriefkasten eingeworfen oder zur Post gegeben werden kann –, in dem das Anliegen und die Dringlichkeit klar zum Ausdruck gebracht werden.

Muster für einen Antrag auf einstweilige Anordnung:

Name   Ort, den 5. 1. 2007

An das
Sozialgericht in X-Stadt

Betreff: Antrag auf einstweilige Anordnung gegen die Arbeitsgemeinschaft AA-Stadt

Begründung: Am 4. 1. 2007 habe ich bei der ARGE einen Antrag auf Lebensunterhalt für mich und mein zweijähriges Kind aus meiner geschiedenen Ehe ge-

G. Wie komme ich zu meinem Recht?

stellt. Der zuständige Sachbearbeiter erklärte, er könne mir keine Unterhaltsleistung gewähren, da mein Vater bereit sei, mich bei sich aufzunehmen und in seiner Firma zu beschäftigen; er würde mir noch einen schriftlichen Bescheid übersenden. Dagegen könne ich, wenn ich wolle, innerhalb eines Monats Wiederspruch einlegen. Damit ist mir nicht gedient. Ich stehe derzeit ohne einen Pfennig für mich und mein Kind da. Mein geschiedener Ehemann, der mich bis Ende letzten Jahres regelmäßig unterstützt hat, ist spurlos verschwunden, die Schwiegereltern sind verstorben, und meine Eltern wollen mir nur dann Unterhalt gewähren, wenn ich in ihr Haus zurückkehre. Dazu bin ich aber weder bereit noch als geschiedene Frau verpflichtet. Wegen meiner Notlage ersuche ich das Gericht, die Leistungsträger unverzüglich im Weg der einstweiligen Anordnung zu verpflichten, mir Arbeitslosengeld II und meinem Kind Sozialgeld zu leisten.

Die Richtigkeit der in diesem Antrag gemachten tatsächlichen Angaben versichere ich an Eides statt. Die Bedeutung einer eidesstattlichen Versicherung ist mir bekannt, insbesondere die Strafbarkeit falscher tatsächlicher Angaben.

gez. *Name* (eigenhändige Unterschrift)

3. Untätigkeitsklage

Ein zeitlich stumpfes, aber nach ihrer Erhebung durchaus wirksames Instrument ist die Untätigkeitsklage vor dem Sozial(Verwaltungs)gericht.

In Angelegenheiten der **Sozialgerichtsbarkeit** ist eine Untätigkeitsklage **nicht vor Ablauf von sechs Monaten** seit Stellung des Leistungsantrags bei der Behörde zulässig (§ 88 Abs. 1 Satz 1 SGG). Diese Frist braucht aber nicht abgewartet zu werden, wenn eine Behörde die Entscheidung eindeutig ablehnt, weil dann ein weiteres Zuwarten keinen Sinn macht (BSG Urt. v. 10. 3. 1993 – 14 b/4 REg 1/91 – BSGE 72, 118). Ansonsten kann die Klage auch schon einige Zeit vor Fristablauf erhoben werden, weil die verfrühte und damit an sich unzulässige Klageerhebung mit dem Ablauf der Frist geheilt wird. Der Klageantrag ist nur auf Bescheidung des gestellten Antrags zu richten (nicht auf eine solche in der Sache).

Beispiel:

Klage   4. 7. 2007

des Michael Kahn, Fritz-Walter-Straße 10, 65 207 Wiesbaden
gegen die Stadt Wiesbaden (SGB II)

mit dem Antrag, die Beklagte zu verurteilen, den Antrag auf Arbeitslosengeld-Nachschlag des Klägers vom 2. 1. 2007 zu bescheiden.

III. Aktivitäten

Mein am 2.1.2007 gestellter Antrag auf Arbeitslosengeld-Nachschlag (§ 24 SGB II) ist immer noch nicht beschieden, so dass Untätigkeitsklage geboten ist.

gez. *Name* (eigenhändige Unterschrift)

Auf die Klage hin wird die Behörde meist hin tätig und erlässt den begehrten Bescheid, womit sich das Klageverfahren erledigt hat. In diesem Fall ist an das Gericht zu schreiben, dass nach Erledigung der Hauptsache beantragt wird, die außergerichtlichen Kosten des Klägers (dazu S. 404 der Beklagten aufzuerlegen. Dies geschieht in der Regel dann auch – vielfach erkennt die Behörde ihre Kostenlast schon ohne Gerichtsentscheidung an, so dass dann lediglich dieses Anerkenntnis vom Kläger angenommen werden muss –, es sei denn, die Behörde hatte einen **zwingenden Grund nicht innerhalb der Frist zu entscheiden** (s. § 88 Abs. 1 Satz 2 SGG), was innerhalb der langen Zeit von sechs Monaten selten gegeben sein wird. Selbst die **Verletzung der Mitwirkungspflicht**en ist nach der Rechtsprechung (BSG Urt. v. 26. 8. 1994 – 13 RJ 17/94 – BSGE 75, 56) für sich genommen **kein zureichender Grund,** nicht zu bescheiden, weil die Behörde in einem solchen Fall die Möglichkeit hat, den Antrag wegen fehlender Mitwirkung abzulehnen (§ 66 SGB I, dazu S. 358; nur wenn der Leistungsträger auch bei ordnungsgemäßem Verhalten (Einleitung des Verfahrens nach § 66 SGB I) noch keinen Bescheid hätte erlassen können, liegt demnach ein zureichender Grund vor.

Auch wenn eine ablehnende Behördenentscheidung aufgrund der Untätigkeitsklage ergeht, ist diese erfolgreich, weil ihr Zweck nur der Erlass des unterlassenen Verwaltungsaktes ist. Gegen einen in der **Sache negativen Bescheid** kann **Widerspruch** eingelegt (dazu S. 389 und damit das Verfahren gegebenenfalls bis zu einer neuen Klage weiterbetrieben werden (Untätigkeitsklage bei Widerspruch schon nach drei Monaten, s. S. 394.

> **Rat:** Spätestens nach **Ablauf von sechs Monaten** seit Antragstellung ohne Bescheid sollte eine **Untätigkeitsklage** beim Sozialgericht erhoben werden.

Anders als in der Sozialgerichtsbarkeit ist in der **Verwaltungsgerichtsbarkeit** eine Untätigkeitsklage schon **nach Ablauf von drei Monaten** seit Antragstellung zulässig (§ 75 VWGO), hier jedoch darauf zu richten, die Behörde zu der beantragten Sozialleistung zu verpflichten (und nicht nur einen Bescheid zu erlassen).

G. Wie komme ich zu meinem Recht?

IV. Ermittlungsuntersuchung

Das SGB X (§§ 20, 21) regelt blauäugig, dass die **Behörde den Sachverhalt von Amts wegen zu ermitteln** und dabei alle für den Einzelfall bedeutsamen, auch die für die Beteiligten günstigen Umstände zu berücksichtigen hat; dabei hat sie sich der Beweismittel zu bedienen, die sie nach pflichtmäßigem Ermessen zur Sachverhaltsermittlung für erforderlich hält, insbesondere Auskünfte, Beteiligte, Zeugen, Sachverständige, Akten- und Urkundenbeiziehung, Augenschein. Soweit sich die Ermittlung des Sachverhalts auf Sozialdaten erstreckt, gehen jedoch den eben angeführten Bestimmungen diejenigen über den **Schutz der Sozialdaten** (§§ 67–85a SGB X) **vor** (§ 37 Satz 3 SGB I). Diese wiederum gelten nur, soweit sich aus den übrigen SGB-Gesetzen nichts Abweichendes ergibt (§ 37 Satz 1 SGB I). Damit ist die Büchse der Pandora als Quell allen Unheils geöffnet: Der bunte Strauß von Datenerfassungsregelungen ist weder in seiner theoretischen Unübersichtlichkeit noch in seiner praktischen Umsetzung, die sich weitgehend hinter dem Rücken des Bürgers abspielt, zu erfassen. Im Folgenden wird auf die faktisch wichtigsten Ermittlungsmittel – neben den vom Antragsteller beizubringenden Beweisen (s. S. 354) – eingegangen: Datengewinnung und Hausbesuche.

1. Datengewinnung

Die das Sozialgeheimnis (§ 35 SGB I) modifizierenden Regelungen des SGB X lassen folgende Struktur erkennen: Datengewinnung beim Betroffenen bzw. mit dessen Einwilligung, Datengewinnung ohne Einwilligung kraft gesetzlicher Regelung sowie automatisierte Datengewinnung.

> **Rat:** Wer sich die Mühe machen will, Einzelfragen des Sozialdatenschutzes zu erkunden, kann nachlesen bei Winkler, Sozialverwaltungsverfahren und Sozialdatenschutz, 2004, S. 221 ff.; Seidel in LPK-SGB X §§ 67–85a, Bieresborn in von Wulfen SGB X, 5. Auflage 2005, §§ 67–85a.

a) Datengewinnung ohne Betroffenenbeteiligung

Kennzeichnend für die neuere Entwicklung ist, dass die Datengewinnung ohne Einwilligung Betroffener immer mehr an Bedeutung gewinnt. Symptomatisch dafür ist die besondere Regelung im SGB II, wel-

IV. Ermittlungsuntersuchung

che im Einzelnen betrifft die **gegenseitige Datenübermittlung der SGB-II-Träger** und beauftragter Dritter (§ 50), die erweiterte Einbeziehung nicht öffentlicher Stellen (§ 51), die Datenerhebung und -verarbeitung durch die SGB-Träger (§ 51b) sowie den automatisierten Datenabgleich (§ 52 SGB II: einbeziehend Unfall- und Rentenversicherungsleistungen, Sozialversicherungspflicht und geringfügige Beschäftigung, Zinsfreistellungsaufträge, Riestervermögensumwandlung, Sozialhilfebezug und abzuwickelnd mit Sozialversicherungsträgern einschließlich Bundesknappschaft, Bundesamt für Finanzen, Bundesagentur für Finanzdienstleistungsaufsicht und örtliche Sozialhilfeträger). Diese Möglichkeiten werden im SGB-II-Fortentwicklungsgesetz weiter ausgebaut (vergleiche auch für das SGB III die Neufassung des § 397 im Fortentwicklungsgesetz, mit dem das von der Bundesagentur für Arbeit bereits praktizierte DALWB-Verfahren – das Zeiten des Bezugs von Lohnersatzleistungen bei der Bundesagentur und die von den Arbeitgebern gemeldeten Beschäftigungszeiten maschinell abgleicht – auf eine gesetzliche Grundlage gestellt werden soll):

- Durch eine Neufassung des § 51 wird klargestellt, dass beim **Übergang ehemaliger Arbeitslosengeld-Bezieher in das System des SGB II** die Bundesagentur für Arbeit dem zuständigen SGB-II-Träger die im Einzelfall erforderlichen Daten übermitteln soll, insbesondere solche über bisher erbrachte Leistungen der Vermittlung und der aktiven Arbeitsförderung wie z.B. Maßnahmen zur Eignungsfeststellung, Vermittlungsangebote und Sperrzeiten.

- § 52 wird dahin ergänzt, dass die **SGB-II-Träger nicht öffentliche Stellen** auch mit Maßnahmen zur Förderung der Eingliederung in Arbeit und zur Bekämpfung des Leistungsmissbrauchs beauftragen dürfen, was vor allem die Einrichtung von **Call-Centern** zwecks telefonischer Abfragen legitimieren soll, im Gesetzestext jedoch offenbar bewusst undeutlich mit „Erbringung von Leistungen zur Eingliederung in Arbeit und Bekämpfung von Leistungsmissbrauchs" verschleiert wird.

- In § 51b wird eine Rechtsgrundlage dafür geschaffen, dass die **erhobenen Daten auch für die Durchführung des automatisierten Datenabgleichs** verwendet werden dürfen, was einschließt, dass die zugelassenen kommunalen Träger die abzugleichenden Daten direkt an die Datenstelle der Rentenversicherungs-Träger übermitteln können.

- In § 52 wird neu bestimmt, dass der **automatisierte Datenabgleich zwingend am 2.1., 1.4, 1.7. und 1.9. von den SGB-II-Trägern durch-**

G. Wie komme ich zu meinem Recht?

zuführen ist. Darüber hinaus wird er auf Konten und Depots im EU-Ausland erstreckt (auf der Basis der gemäß der Richtlinie 2003/48/EG erlassenen Zinsinformationsverordnung unter Einbeziehung des Bundeszentralamts für Steuern). Weiterhin können künftig die im Rahmen der Antragstellung auf SGB-II-Leistungen erhobenen Daten auch mit den bei der Bundesagentur für Arbeit als SGB-III-Träger vorhandenen Daten automatisch abgeglichen werden, um Doppelbezüge aufzudecken.

- Mit einer neu eingeführten Vorschrift (§ 52 a) werden die **Auskunftseinholungsmöglichkeiten bei anderen Behörden weiter ausgedehnt,** und zwar betreffend

  – **Bankkonten oder Depots beim Bundeszentralamt für Steuern.** Damit wird die Grundlage geschaffen für verstärkte Kontenabfragen über die Finanzbehörden und das Bundesamt für Finanzen (§ 93 Abs. 8 AO), was als Eingriff in das Sozialgeheimnis (§ 35 Abs. 1 SGB I) voraussetzt, dass zunächst versucht werden müsste, die Daten beim Betroffenen zu erheben bzw. dessen Einwilligung zu erwirken (s. § 67 a Abs. 2 Satz 1 SGB X); verweigert er dies, kann er Auskunft verlangen, ob die Kontenabfrage erfolgt ist (§ 83 Abs. 1 Satz 1 Nr. 1 SGB X).

  – **Kraftfahrzeughalterdaten** beim Kraftfahr-Bundesamt (z. B. zur Kfz-Überprüfung)

  – **Meldedaten** bei den Meldebehörden und dem Ausländerzentralregister (z. B. hinsichtlich eines gewöhnlichen Aufenthalts). Außerdem kann im Hinblick auf den Ausschluss von Wohngeld bei SGB-II-Unterhaltsleistungsempfängern mit den Wohngeldstellen ein Datenaustausch erfolgen, um über Zahlungen und aufwendige Rückforderungen seitens der Wohngeldstelle zu vermeiden.

Rat: Lies zur Kontenabfrage Kunkel ZfF 2005, 172 ff. und BVerfG Beschl. v. 22. 3. 2005 – 1 BVr 2357/04 –1 BVr 2/05 – NJW 2005, 1179.

Den erweiterten gesetzlichen Möglichkeiten angepasst wird durch das SGB-II-Fortentwicklungsgesetz die Verordnung zur Regelung des Grundsicherungs-Datenabgleichs (Art. 15).

b) Rechtsschutz

Die Rechtsschutzmöglichkeiten bei der Datengewinnung ohne Beteiligung Betroffener sind **gering.** Diese können zwar von den Sozialleis-

IV. Ermittlungsuntersuchung

tungsträgern Auskunft über gespeicherte Daten verlangen (§ 83 SGB X) und weiterhin sich bezüglich Bundesbehörden an den **Bundesdatenschutzbeauftragten** bzw. bei Landes- und Kommunalbehörden an den jeweiligen **Landesdatenschutzbeauftragten** wenden, wenn sie der Ansicht sind, dass bei der Erhebung, Verarbeitung oder Nutzung von personenbezogenen Sozialdaten die eigenen Rechte verletzt sind (§ 81 SGB X). Angesichts der sehr komplexen Datenschutzregelungen ist es freilich schon sehr schwierig beurteilen zu können, ob eine Rechtsverletzung vorgelegen hat.

Selbst wenn die Rechtswidrigkeit einer Datengewinnung gegeben ist, heißt dies nicht, dass die Behörde sie nicht verwerten kann. Gesetzlich geregelt ist insoweit lediglich, dass Sozialdaten nur zu dem Zweck verarbeitet oder genutzt werden dürfen, zu denen sie befugt übermittelt sind (§ 78 Abs. 1 Satz 1 SGB X). Die überwiegende Meinung geht davon aus, dass Entscheidungen, die sich auf ein fehlerhaft gewonnenen Sachverhalt stützen, nicht nichtig, sondern allenfalls rechtswidrig sind und die Behörde in diesem Fall die Möglichkeit hat, sie legal zu bestätigen. Ein Verbot, von den „Früchten des vergifteten Baumes" zu essen, gebe es grundsätzlich nicht.

> **Rat:** Lies Rixen in LPK-SGB X § 20 Rz. 13.

Daraus folgt, dass Datenschutzschlachten sich nicht lohnen und in aller Regel unfruchtbar sind.

2. Hausbesuch

Im Gegensatz zur Datengewinnung ohne Betroffenenbeteiligung erfolgt der Hausbesuch (durch sog. Sozialdetektive) mit offenem Visier, so dass Betroffene sich darauf einstellen können.

a) Materiell-rechtliche Voraussetzungen

Der Hausbesuch steht **rechtlich auf schwachen Füßen.** Ohne Einwilligung verletzt er nämlich das Grundrecht auf Unverletzlichkeit der Wohnung (Art. 13 Abs. 1 GG). Durchsuchungen dürfen danach nur durch Richter bzw. bei Gefahr in Verzug auch durch die in den Gesetzen vorgesehenen anderen Organe angeordnet und nur in den dort vorgesehenen Formen durchgeführt werden (Art. 13 Abs. 2 GG) sowie im Übrigen Eingriffe und Beschränkungen nur zur Abwehr einer gemeinen Gefahr oder einer Lebensgefahr, aufgrund eines Gesetzes auch zur Ver-

367

G. Wie komme ich zu meinem Recht?

hütung dringender Gefahren für die Sicherheit und Ordnung, insbesondere zur Behebung der Raumnot, zur Begrenzung von Seuchengefahr oder zum Schutz gefährdeter Jugendlicher, vorgenommen werden (Art. 13 Abs. 3 GG). Eine gesetzliche Grundlage zur Durchführung eines ungenehmigten Hausbesuches oder auch nur eine Verpflichtung, eine Zustimmung dazu zu erteilen, besteht selbst im Recht der Pflegeversicherung (§ 18 Abs. 2 Satz 1, 2 SGB XI) nicht, nach dem ein Versicherter in seinem Wohnbereich zu untersuchen ist und bei seiner Weigerung die Pflegekasse beantragte Leistungen ablehnen darf. Erst recht gilt dies für die anderen Sozialgesetzbücher, die zum Hausbesuch überhaupt keine Bestimmungen enthalten. Die Ermächtigung an die Sozialleistungsbehörden, Augenschein zu nehmen (§ 21 Abs. 1 Satz 2 SGB X), umfasst nicht die Befugnis, Wohnungen zu betreten. Auch die Regelungen über die allgemeinen Mitwirkungspflichten (§§ 60 ff. SGB I) schließen die Einwilligung in einen Hausbesuch nicht ein (so auch OVG NW Urt. v. 22.2. 1989 – 8 B 3716/88 – FEVS 39, 430 = ZfSH/SGB 1989, 203). Deshalb ist die Ablehnung der Wohnungsbesichtigung durch das Grundrecht der Unverletzlichkeit der Wohnung gedeckt (so ausdrücklich LSG ST Beschl. v. 22. 4. 2005 – L 2 B 9/05 AS ER – FEVS 57, 282, 287).

Die bisherige Rechtsprechung (z.B. OVG NW U 22.2. 1989 – 8 B 3716/88 – FEVS 39, 430 = ZfSH/SGB 1989, 203) hat den Hausbesuch dennoch praktisch dadurch erzwungen, dass sie **bei fehlender Einwilligung** in einen gebotenen Hausbesuch wegen der auf mangelhafte Aufklärung zurückzuführenden berechtigten Zweifel an der Hilfebedürftigkeit eine **Leistungsverweigerung** für **rechtmäßig** hält. Immerhin besteht weitgehende Einigkeit darüber, dass Hausbesuche nicht ohne Grund durchgeführt werden dürfen, sondern nur dann, wenn sie konkret erforderlich, geeignet und verhältnismäßig sind; kein Grund ist nach ganz überwiegender Auffassung, dass Angaben Hilfesuchender ohne gegebenen Anlass routinemäßig (z.B. bei einem Erstantrag) überprüft werden sollen.

In diesem Sinne hat sich inzwischen auch das LSG Hessen (Beschl. v. 30. 1. 2006 – L 7 AS 1/06 ER u.a. – NJW 2006, 1548) positioniert: Solange der Gesetzgeber nicht die gesetzliche Ermächtigungsgrundlage geschaffen hat, ist ein **Hausbesuch nur bei Erforderlichkeit und auch nur dann zulässig,** wenn der SGB-II-Träger den **Zweck** des Hausbesuchs **deutlich definiert** und – soweit weitere Aufklärungsmöglichkeiten zu Gebote stünden – er **keinen unverhältnismäßigen Eingriff in die**

368

IV. Ermittlungsuntersuchung

Privatsphäre darstellt. Vor Durchführung eines Hausbesuchs ist also grundsätzlich vom SGB-II-Träger zu verlangen, dass er seine berechtigten Zweifel an den jeweiligen Angaben in jedem Einzelfall dem Betroffenen darlegt und auch in Abhängigkeit von den Umständen des jeweiligen Einzelfalls beurteilt, ob der Hausbesuch ein taugliches Mittel zur Feststellung des begehrten Bedarfs ist. Sind beide Voraussetzungen erfüllt (Darlegung der berechtigten Zweifeln an den Angaben und die Tauglichkeit des Hausbesuchs zur Aufklärung der berechtigten Zweifel), ist der Hausbesuch zulässig und dessen Verweigerung durch den Betroffenen für diesen nachteilig, da er in diesen Fällen zumindest einer einmaligen Inaugenscheinnahme seiner Wohnung zustimmen muss und diese auch zumutbar ist. In diesen Fällen wird die Nichtaufklärbarkeit der anspruchsbegründenden Tatsachen zu Lasten des Betroffenen gewichtet und die Leistung kann wegen Nichtaufklärbarkeit durch den Sozialhilfeträger verweigert werden.

Im konkreten Fall hat das LSG Hessen beim Vorgehen der Behörde, die zum Ausdruck gebracht hatte, dass der Hausbesuch grundsätzlich auch ohne konkrete Zweifel durchgeführt werden könne, gerade keine konkrete Einzelfallprüfung dahin feststellen können, warum in diesem Fall ein Hausbesuch für fehlende Angaben erforderlich sein sollte. Ob eine Wohnung 80 oder 85 qm groß sei, könne dahin gestellt bleiben, denn in jedem Fall sei dies zu groß für eine Einzelperson. Ein Hausbesuch sei auch kein taugliches Mittel, um eine Geschäftätigkeit nachzuweisen. Darüber könnten nur eine Gewinn- und Verlustrechnung sowie die entsprechenden Steuererklärungen und die Prüfung von Geschäftsunterlagen verlässlich Auskunft geben.

An dieser Rechtslage hat sich durch das Fortentwicklungsgesetz nichts geändert, auch wenn es den SGB-II-Trägern vorschreibt, sie sollten einen **Außendienst** zur Bekämpfung von Leistungsmissbrauch einrichten (§ 6 Abs. 1 Satz 2 Hs 2 SGB II). Diese organisatorische Maßnahme hat nämlich keine Auswirkungen auf die materiell-rechtlichen Voraussetzungen des Hausbesuchs.

b) Rechtsschutz

Nach dem eben Gesagten besteht der beste Rechtsschutz darin, einem Hausbesuch erst gar nicht zuzustimmen. Vor einer Einwilligung muss zumindest klar sein, welche Punkte der SGB-II-Träger prüfen will, um abschätzen zu können, ob sie nicht auf andere Weise geklärt werden können. Nach einem vollzogenen Hausbesuch wird es

G. Wie komme ich zu meinem Recht?

sehr schwer, der Verwertung erzielter Informationen zu widersprechen
(s. S. 367).

> **Rat:** Einem unangekündigten **Überraschungs-Hausbesuch sollte in jedem
> Fall widersprochen** werden. Voraussetzung für eine Zustimmung muss sein,
> dass der SGB-II-Träger darlegt, welche Punkte zu klären sind und das nur durch
> einen Hausbesuch möglich ist. Nur wenn dies geschieht, empfiehlt sich die Ein-
> willigung in einen Hausbesuch. Lies die **Verhaltenstipps** in quer 4/2006, 8 f.

V. Betroffenenrechte

Während des Sozialverwaltungsverfahrens, das von der Behörde beherrscht wird, haben die von ihm Betroffenen einige – nicht sehr weitgehende – Rechte, über deren Wahrnehmung sie selbst zu entscheiden
haben.

1. Anhörung

Bevor ein Bescheid erlassen wird, der in die Rechte eines Beteiligten
eingreift, ist diesem Gelegenheit zu geben, sich zu den für die Entscheidung erheblichen Tatsachen zu äußern, wovon freilich in einigen Fällen
abgesehen werden kann, vor allem wenn einkommensabhängige Leistungen geänderten Verhältnissen angepasst werden sollen und gegen Ansprüche oder mit Ansprüchen von weniger als 70 € aufgerechnet oder
verrechnet werden soll (§ 24 SGB X). Voraussetzung ist also, dass durch
einen Bescheid in die Rechte eines Beteiligten eingegriffen werden soll,
d. h. ein **nachteiliger Verwaltungsakt geplant** ist, mit dem die vorhandene Rechtsposition verschlechtert wird (BSG SozR 3-4100 § 139 a AFG
Nr. 1), insbesondere die Rücknahme vorteilhafter Bescheide (§ 45 SGB
X, s. S. 384) oder die Aufhebung von Dauerverwaltungsakten (§ 48 SGB
X, s. S. 386; dazu BSG SozR 3-1300 § 24 SGB X Nr. 1), gegebenenfalls
mit Erstattungsbescheid (§ 50 SGB X, s. S. 388), sowie auch Bescheide
über die Ablehnung der Weitergewährung einer bisher vorläufig erbrachten Leistung (BSG SozR 3-1200 § 34 SGB I Nr. 12).

> **Rat:** Nimmt der Sozialleistungsträger eine Anhörung vor, ist es eine **taktische
> Frage,** ob darauf reagiert wird. Eine Stellungnahme macht vor allem Sinn, wenn
> man überzeugt ist, durch das Vorbringen die Behörde umzustimmen. Ansons-
> ten bleibt immer noch die Möglichkeit, gegen den dann ergehenden Bescheid
> Widerspruch einzulegen.

V. Betroffenenrechte

Die **Unterlassung einer rechtlich erforderlichen Anhörung** ist unbeachtlich, wenn sie **nachgeholt** wird (§ 41 Abs. 1 Nr. 3 SGB X). Dies ist seit 2001 bis zur letzten Tatsacheninstanz eines sozial- oder verwaltungsgerichtlichen Verfahrens möglich (§ 41 Abs. 2 SGB X), wobei die Rechtsprechung zwar eine Nachholung nur zulässt, wenn der „Verwaltungsträger diesen Verfahrensfehler nicht vorsätzlich, rechtsmissbräuchlich oder durch Organisationsverschulden begangen hat" (so BSG SozR 3-1300 § 24 SGB 10 Nr. 22) und verlangt, dass dem Betroffenen die entscheidungserheblichen Tatsachen unterbreitet werden, dieser sie als solche erkennen und sich zu ihnen sachgerecht äußern kann (so z. B. BSGE 89, 111: „Grundsatz der substanziellen Anhörung"), faktisch jedoch als ausreichend angesehen wird, dass der Betroffene im Widerspruchs- bzw. Klageverfahren Gelegenheit hat, Stellung zu nehmen (BSG SGb 1995, 405). Bei wirksamer Nachholung der Anhörung kann eine Aufhebung des Bescheids wegen ihrer vorausgegangenen Unterlassung nicht verlangt werden (§ 42 SGB X), sondern nur falls sachliche Fehler vorliegen. Allerdings sind die Kosten eines Widerspruchsverfahrens schon dann zu erstatten, wenn die Verletzung des Anhörungsrechts wegen wirksamer Nachholung unbeachtlich ist, selbst wenn der Widerspruch in der Sache keinen Erfolg hat (§ 63 Abs. 1 Satz 2 SGB X).

2. Akteneinsicht

Das Akteneinsichtsrecht im Verwaltungsverfahren lässt sich positiv dahin zusammenfassen, dass eine Sozialleistungsbehörde **Einsicht** in die das Verfahren betreffenden Akten – das sind die Schriftsachen, die ihr zur Verfügung stehen – zu gewähren hat (§ 25 Abs. 1 Satz 1 SGB X) sowie Beteiligte sich Auszüge bzw. Abschriften selbst fertigen oder sich **Ablichtungen** durch die Behörde erteilen lassen können (§ 25 Abs. 1 Satz 1, Abs. 5 Satz 1 SGB X). Die Akteneinsicht ist jedoch an eine Reihe von Einschränkungen geknüpft (sog. **beschränkte Aktenöffentlichkeit**):

- Sie wird nur gewährt, soweit die Aktenkenntnis zur **Geltendmachung** oder Verteidigung **rechtlicher Interessen** erforderlich ist, was vor allem vorliegt, um eine gesicherte Grundlage für die Rechtsdurchsetzung zu erhalten (§ 25 Abs. 1 Satz 1 SGB X). „Soweit" dies nicht der Fall ist, darf die Akteneinsicht ganz oder teilweise verweigert werden.
- Sie ist nicht zu gestatten, soweit die Vorgänge wegen der **berechtigten Interessen der Beteiligten oder dritter Personen** geheim gehalten

werden müssen (§ 25 Abs. 3 SGB X). Damit werden insbesondere Akteninhalte gesperrt, die andere Personen betreffen, z. B. Unterhaltsverpflichtete und Behördeninformanten. Die personenbezogenen Daten eines (anonymen) Denunzianten, der einem Sozialleistungsträger unaufgefordert Informationen über einen Leistungsempfänger übermittelt hat, sind durch das Sozialdatengeheimnis (§ 35 SGB I) geschützt; insoweit erfordert die Entscheidung über die Preisgabe des Namens eine Güterabwägung zwischen den Geheimhaltungsinteressen und dem Auskunftsinteresse des Betroffenen, wobei Ersteres überwiegt, falls keine Anhaltspunkte dafür vorliegen, dass der Informant wider besseres Wissens oder leichtfertig falsche Behauptungen aufgestellt hat (BVerwG Urt. v. 4. 9. 2003 – 5 C 48.02 – ZfSH/SGB 2004, 178, am Beispiel des Telefongesprächs einer Mitschülerin, die einer Behörde Mitteilungen über angeblich unberechtigte Leistungen und das Vorliegen einer eheähnlichen Gemeinschaft gemacht hatte).

- Bei **Ablichtungen** kann die **Behörde Ersatz ihrer Aufwendungen** in „angemessenem Umfang" verlangen (§ 25 Abs. 5 Satz 2 SGB X), wobei noch nicht einmal geklärt ist, ob das von den persönlichen Verhältnissen des Betroffenen oder den Kosten abhängt; in jedem Fall dürften Kopierkosten von mehr als 0,10 € pro Seite heutzutage nicht mehr angemessen sein.

- **Verlangt** ein Betroffener (ohne direkte Akteneinsicht) **Ablichtungen** von Aktenbestandteilen, so genügt dafür eine Bezeichnung nach abstrakten generellen Merkmalen nicht, sondern die **Schriftstücke müssen eindeutig benannt** werden (BSG Beschl. v. 30. 11. 1994 – 11 R Ar 89/94 – nach von Wulfen SGB X § 26 Rz. 11).

- Ergänzend ist geregelt, dass die Akteneinsicht bei der Behörde zu erfolgen hat, welche die Akten führt, ausnahmsweise bei einer anderen Behörde oder auf andere Weise (§ 25 Abs. 4 SGB X) sowie, dass die Behörde – unbeschadet des Akteneinsichtsrechts – möglicherweise beeinträchtigende Angaben über gesundheitliche Verhältnisse bzw. die Persönlichkeitsentwicklung durch einen Arzt oder Mitarbeiter vermitteln lassen kann (§ 25 Abs. 2 SGB X).

Die **unberechtigte Verweigerung** der Akteneinsicht kann in der Regel nicht isoliert, sondern nur im Zusammenhang **mit dem im Verfahren ergehenden Bescheid angefochten** werden. Sie führt jedoch nur dann zu dessen Aufhebung, wenn offensichtlich ist, dass die Rechtsverletzung die Entscheidung in der Sache beeinflusst hat (§ 42 Satz 1 SGB X). Nur ausnahmsweise, wenn effektiver Rechtsschutz sonst nicht möglich ist,

V. Betroffenenrechte

kann unter dem Gesichtspunkt der Verletzung des Anspruchs auf Rechtsschutz (Art. 19 Abs. 4 GG) eine direkte gerichtliche Durchsetzung des Akteneinsichtsrechts in Betracht kommen (BVerfG Beschl. v. 24. 10. 1990 – 1 BvR 1028/90 – NJW 1991, 415). **Selbstständig angefochten** werden kann jedoch in jedem Fall der **Bescheid über die Höhe der angemessenen Kosten** (§ 25 Abs. 5 Satz 2 SGB X).

> **Rat:** Akteneinsicht empfiehlt sich insbesondere dann, wenn in den Akten (mutmaßlich) **unbekannte Schriftstücke** enthalten sind, welche aus Anlass des Verfahrens eingeholt worden sind (z. B. von Sozialdetektiven, Hausbesuchern, Ärzten etc.). Akteneinsicht kann weiter nützlich sein, wenn eine Behörde **unverständliche Zahlungen** vornimmt, ohne einen Bescheid in die Welt gesetzt zu haben. Das **Prozedere** ist regelmäßig **umständlich**, weil die Behörde vor der Einsichtnahme prüfen darf und muss, ob Interessen Dritter berührt sind und dann die diesbezüglichen Aktenbestandteile herausnehmen bzw. bei der Akteneinsicht verdecken darf. Deshalb ist zweckmäßigerweise um einen Termin zur Akteneinsicht bei der Behörde zu ersuchen und nach dessen Bestimmung die Akteneinsicht zu nehmen. Teilweise wird die Akteneinsicht nur bei Aufsicht durch einen Behördenmitarbeiter gestattet. Das Recht auf Selbstfertigung von Auszügen bzw. Ablichtungen sollte unbedingt realisiert werden.

3. Bevollmächtigte/Beistände

Ein Beteiligter kann sich im Verfahren durch einen Bevollmächtigten vertreten lassen, der durch die **Vollmacht** zu allen Verfahrenshandlungen ermächtigt ist (§ 13 Abs. 1 Satz 1, 2 SGB X), also für den Betroffenen auftritt. Ist ein solcher bestellt, muss sich die **Behörde an ihn wenden;** sie kann sich an Beteiligte selbst wenden, soweit diese zur Mitwirkung (s. S. 351 ff.) verpflichtet sind, weil sie dann den Bevollmächtigten verständigen muss. Für den Bescheid ist allerdings inkonsequenterweise vorgeschrieben (§ 37 Abs. 1 SGB X), dass er dem Betroffenen bekannt zu geben ist und an den Bevollmächtigten zugesandt werden kann.

Bevollmächtigter ist typischerweise ein **Rechtsanwalt**. Andere Bevollmächtigte laufen Gefahr, wenn sie öfter auftreten, wegen unbefugter Besorgung fremder Rechtsangelegenheiten zurückgewiesen zu werden (§ 13 Abs. 5–7 SGB X).

> **Rat:** Einen Rechtsanwalt braucht man **zwingend** in Sozialleistungssachen erst für Verfahren vor dem **Bundessozialgericht** (§ 166 Abs. 1, 2 Satz 3 SGG), in Verwaltungssachen vor dem **Oberverwaltungsgericht/Verwaltungsgerichtshof und Bundesverwaltungsgericht** (§ 67 Abs. 1 Satz 1 VwGO). Er kann na-

türlich auch schon in einem früheren Verfahrensstadium hilfreich sein. Voraussetzung ist aber, dass er sich im Sozialrecht auskennt, was am ehesten bei Fachanwälten für Sozialrecht gegeben ist (die aber auch nicht immer in allen Gebieten beschlagen sind, sodass man sich vergewissern sollte, ob sie im konkreten Rechtsgebiet – z.B. SGB II/XII – qualifiziert sind). **Rechtsanwälte kosten Geld,** was durch Beratungs- (s. S. 338) und Prozesskostenhilfe (s. S. 340) aufgefangen werden kann. Bei erfolgreichem Vorgehen werden ihre Kosten aber im Sozialverwaltungsverfahren erst nach einem Widerspruch übernommen (§ 63 Abs. 2 SGB X), nicht schon bei Stellung eines Antrags, sodass sie möglichst erst nach Bescheiderteilung beauftragt werden sollten.

Ein **Beistand** ist eine Person, die Betroffene bei Besprechungen und Verhandlungen mitnehmen kann, also neben ihm auftritt, wobei das von ihm Vorgetragene als von dem Beteiligten vorgebracht gilt, soweit diese nicht unverzüglich widersprechen (§ 13 Abs. 4 SGB X). Weitergehende Befugnisse hat ein Beistand nicht, z.B. kein Akteneinsichtsrecht. Treten Personen als Beistände gehäuft auf, droht ihnen ein Ausschluss (§ 13 Abs. 5–7 SGB X).

Rat: Nach Möglichkeit empfiehlt sich, einen **versierten Bekannten oder Freund zu Behördenterminen mitzunehmen,** weil acht Augen und Ohren mehr mitbekommen als vier.

VI. Bescheid

Das Verwaltungsverfahren endet in der Regel mit dem Erlass eines Verwaltungsakts (s. §§ 8, 31 SGB X), dem meist sogenannten Bescheid.

1. Inhalt und Form

Ein Bescheid ist eine Entscheidung zur **Regelung eines Einzelfalls** auf dem Gebiet des Sozialleistungsrechts, die auf unmittelbare Rechtswirkung nach außen gerichtet und inhaltlich hinreichend bestimmt sein muss (§§ 31, 33 Abs. 1 SGB X). Keine Verwaltungsakte sind dementsprechend etwa Auskünfte, Erläuterungen, Informationen und Mitteilungen. Er kann nicht nur **schriftlich** – mit Erkennbarkeit der Behörde und des Mitarbeiters –, sondern auch – wenn die schriftliche Form nicht vorgeschrieben ist – **elektronisch und sogar mündlich** oder in anderer Weise („konkludent") erlassen werden (§ 33 Abs. 1 Satz 1, Abs. 3 Satz 1 SGB X), z.B. durch ein bestimmtes ablehnendes Verhalten eines Be-

VI. Bescheid

hördenmitarbeiters, wie etwa der Aussage „Studierende bekommen nichts", oder einem Kopfschütteln auf die Frage, ob Sozialleistungsberechtigte die Kostenübernahme für einen Kühlschrank beanspruchen könnten.

> Rat: Bei einem **mündlichen Bescheid** (oder einem in anderer Weise) sollte unverzüglich **verlangt werden,** dass er **schriftlich** oder elektronisch **bestätigt** wird, woran regelmäßig – vor allem bei (teilweise) ablehnenden Bescheiden – ein berechtigtes Interesse besteht (s. § 33 Abs. 2 Satz 2 SGB X).

Ein **schriftlicher** oder elektronischer sowie ein schriftlich oder elektronisch bestätigter **Bescheid** ist nämlich mit einer **Begründung** zu versehen, in der die wesentlichen tatsächlichen und rechtlichen Gründe mitzuteilen sind, welche die Behörde zur ihrer Entscheidung bewogen haben; Ermessensentscheidungen – im Gesetz zu erkennen insbesondere an den Worten „kann" oder „darf" – müssen zudem die Gesichtspunkte erkennen lassen, von denen die Behörde bei der Ausübung ihres Ermessens ausgegangen ist (§ 35 Abs. 1 SGB X mit Ausnahmen gemäß Abs. 2 vor allem dann, falls einem Antrag vollständig entsprochen wird oder die Auffassung der Behörde über die Sach- und Rechtslage bereits bekannt ist – z.B. aufgrund einer Anhörung gemäß § 24 SGB X s. S. 370 – oder auch ohne Begründung ohne weiteres erkennbar ist).

Ein Bescheid kann außer der direkten Rechtsfolgeregelung (z.B. Leistung von Arbeitslosengeld, Sozialgeld oder Hilfe in besonderen Lebenslagen) **Nebenbestimmungen** enthalten, die jedoch in keinem Fall dem Zweck des Bescheids zuwiderlaufen dürfen (§ 32 SGB X). Ein Bescheid, auf den ein **(Ist-)Anspruch** besteht (sog. gebundener Verwaltungsakt), kann mit einer Nebenbestimmung nur versehen werden (§ 32 Abs. 1 SGB X), wenn sie durch Rechtsvorschrift zugelassen ist (z.B. bei SGB-II-Unterhaltsleistungen das Verlangen einer ärztlichen Bescheinigung über die Arbeitsunfähigkeit am 1. oder 2. Kalendertag nach ihrem Eintritt vorzulegen gemäß § 56 Satz 2 SGB II), oder sie sicherstellen soll, dass die gesetzlichen Voraussetzungen des Bescheids erfüllt werden (z.B. ein Mehrbedarf wegen Schwangerschaft § 21 Abs. 2 SGB II mit der Auflage versehen wird, dass der Mutterpass vorgelegt wird).

Ein im **Ermessen** der Behörde stehender Bescheid darf erlassen werden (§ 32 Abs. 2 SGB X) mit Befristung, Bedingung, Widerrufsvorbehalt oder verbunden werden mit einer Auflage (d.h. einer Bestimmung, durch die dem Begünstigten ein Tun, Dulden oder Unterlassen vorge-

G. Wie komme ich zu meinem Recht?

schrieben wird) oder einen Vorbehalt der nachträglichen Aufnahme, Änderung oder Ergänzung einer Auflage, z. B. ein die Übernahme von Umzugskosten (§ 22 Abs. 3 SGB II) mit der Auflage, ihre Höhe durch Rechnungen nachzuweisen.

2. Bekanntgabe und Wirkung

Ein Bescheid ist demjenigen bekannt zu machen, für den er bestimmt oder der von ihm betroffen ist (bei einem Bevollmächtigten kann dies auch ihm gegenüber geschehen) und wird zum **Zeitpunkt der Bekanntgabe wirksam** (§ 37 Abs. 1, § 39 Abs. 1 SGB X). Dies erfolgt in der Regel durch die Post, teilweise mittels formeller Zustellung.

Als **Zeitpunkt des Zugangs** – wichtig für die Rechtsmittelfrist – gilt bei einem durch die Post übermittelten Bescheid das von ihrem Mitarbeiter zu vermerkende Zustellungsdatum und bei einem nicht durch Zustellung übermittelten Bescheid im Inland der dritte Tag nach der Aufgabe zur Post, bei einem elektronischen Bescheid der dritte Tag nach seiner Absendung (§ 37 Abs. 2 Satz 1 SGB X). Das gilt nicht, wenn der Bescheid nicht oder zu einem späteren Zeitpunkt zugegangen ist; im Zweifel hat die Behörde den Zugang und seinen Zeitpunkt nachzuweisen (§ 37 Abs. 2 Satz 2 SGB X).

Rat: Bei nicht formell zugestellter Behördenpost sollte das **Datum** des Zugangs auf dem Bescheid handschriftlich **vermerkt** und der Briefumschlag aufgehoben werden. Es kommt immer wieder vor, dass Bescheide eine Reihe von Tagen nach ihrem Erstellungsdatum eingehen.

Ein Sozialleistungsbescheid gilt für den Zeitraum, der in seinem Inhalt festgelegt ist (sog. **Bewilligungszeitraum**). So wird für SGB-II-Leistungen bestimmt, dass sie jeweils für sechs Monate bewilligt und monatlich im Voraus erbracht werden sollen, was auf zwölf Monate verlängert werden kann, wenn eine Veränderung der Verhältnisse in diesem Zeitraum nicht zu erwarten ist (§ 41 Abs. 1 Satz 4, 5 SGB II).

Rat: Einen Monat vor Ablauf des Bewilligungszeitraums sollte ein **Fortzahlungsantrag** (s. S. 351) gestellt werden, für den die Sozialleistungsträger Formulare vorhalten (teilweise auch übersenden).

VI. Bescheid

3. Fehlerhaftigkeit

Bescheide sind darauf zu überprüfen, ob sie fehlerhaft sind. Insoweit werden sinnvollerweise Rechts- und Subsumtionsfehler, Verfahrens- und Formfehler sowie offenbare Unrichtigkeit unterschieden. Fehler können zur Nichtigkeit oder Anfechtbarkeit eines Bescheids führen.

a) Nichtigkeit

Ein Bescheid ist **immer nichtig,** wenn er an einem der folgenden schweren Fehler leidet (§ 40 Abs. 2 SGB X):

- er schriftlich oder elektronisch erlassen worden ist, die erlassende Behörde aber nicht erkennen lässt,
- er nach einer Rechtsvorschrift nur durch die Aushändigung einer Urkunde erlassen werden kann, aber dieser Form nicht genügt,
- er aus tatsächlichen Gründen nicht ausgeführt werden kann,
- er die Begehung einer rechtswidrigen Tat verlangt, die einen Straf- oder Bußgeldtatbestand verwirklicht,
- er gegen die guten Sitten verstößt.

Umgekehrt ist ein Bescheid **nicht schon** deshalb **nichtig** (§ 40 Abs. 3 SGB X), weil Vorschriften über die **örtliche Zuständigkeit** (s. S. 205, 294) nicht eingehalten worden sind, eine kraft Gesetzes (§ 16 Abs. 1 Satz 1 Nr. 2–6 SGB X) **ausgeschlossene Person** (z. B. Angehöriger) **mitgewirkt** hat, ein zur Mitwirkung berufener Ausschuss einen vorgeschriebenen Beschluss nicht gefasst hat oder die nach einer Rechtsvorschrift erforderliche Mitwirkung einer anderen Person unterblieben ist. In diesen Fällen ist zu prüfen, ob der Bescheid anfechtbar ist (s. S. 378).

Ansonsten ist ein Bescheid nichtig, soweit er an einem **besonders schweren Fehler leidet** und das bei verständiger Würdigung aller in Betracht kommenden Umstände offensichtlich ist (§ 40 Abs. 1 SGB X).

Beispiel: Eine Behörde macht die Weitergewährung von Sozialleistungen davon abhängig, dass die Vollmacht eines Rechtsanwalts widerrufen wird (so ein SGB-II-Träger).

Ein nichtiger Bescheid ist **unwirksam** (§ 39 Abs. 3 SGB X). Die Behörde kann die Nichtigkeit jederzeit von Amts wegen feststellen; auf Antrag ist sie festzustellen, falls der Antragsteller hieran ein berechtigtes Interesse hat – wie z. B. im vorangegangenen Punkt wegen der Leistungseinstellung – (§ 40 Abs. 5 SGB X).

G. Wie komme ich zu meinem Recht?

b) Anfechtbarkeit

Anfechtbar ist ein Bescheid, wenn er einen Fehler enthält, der beachtlich ist. Dabei sind die folgenden Konstellationen zu unterscheiden.

aa) Berichtigungsfehler: Enthält ein Bescheid **Schreib- oder Rechenfehler** bzw. ähnliche offenbare Unrichtigkeiten, so kann die Behörde sie jederzeit berichtigen und hat dies bei berechtigtem Interesse der Beteiligten – das in der Regel vorliegt, es sei denn es geht um eine Lappalie wie einen offensichtlichen Rechtschreibfehler – zu tun; sie ist dabei berechtigt, die Vorlage des Dokuments zu verlangen, das berichtigt werden soll (§ 38 SGB X).

bb) Sachliche Rechtsfehler: Damit sind solche gemeint, die bei der Anwendung der maßgeblichen inhaltlichen rechtlichen Bestimmungen, insbesondere der Sozialleistungsgesetze, unterlaufen. Sie führen regelmäßig zur Anfechtbarkeit eines Bescheids mittels Widerspruch (s. S. 389). Insoweit handelt es sich vor allem um folgende Fehler:

▶ **Gesetzesverstöße:** Der **Vorbehalt des Gesetzes** besagt (§ 31 SGB I), dass Rechte und Pflichten im Sozialgesetzbuch nur begründet, festgestellt, geändert und aufgehoben werden dürfen, soweit das Gesetz es vorschreibt oder zulässt.

In SGB-II-Bescheiden ist z.B. ein **häufiger Fehler,** dass **Aufrechnungen oder Verrechnungen** – vielfach unter Bezeichnungen wie Einbehalt, Refinanzierung etc. – vorgenommen werden, ohne dass es dafür eine gesetzliche Grundlage gibt. Eine Aufrechnung setzt nämlich nach dem Gesetz zweierlei voraus:

(1) Es muss einen **Anspruch** der Behörde (bei der Verrechnung einer anderen Behörde) gegen den Betroffenen auf **(Rück-)Zahlung** bestehen, etwa bei einem Darlehen, aber nur wenn dieses rechtmäßig ist (nicht z.B. bei einem Erstausstattungsbedarf gemäß § 23 Abs. 3 SGB II) bzw. auf Rückzahlung einer zuviel gezahlten Leistung, aber nur falls der Leistungsbescheid rechtmäßig aufgehoben und ein Erstattungsbescheid wirksam erlassen worden ist (s. S. 382 ff.).

(2) Die **Aufrechnung** muss **gesetzlich erlaubt** sein (dazu allgemein §§ 51, 52 SGB I und speziell z.B. § 23 Abs. 1 Satz 3 SGB II für Darlehen bei einer Regelsonderleistung und § 43 SGB II für einen Erstattungsanspruch bei vorsätzlich oder grob fahrlässig falschen Angaben bis drei Jahre sowie gemäß § 65 e SGB II auch mit solchen

378

VI. Bescheid

eines Sozialhilfeträgers innerhalb der ersten zwei Jahre der SGB-II-Leistungserbringung).

Liegen die **gesetzlichen Aufrechnungsvoraussetzungen nicht** vor – z. B. bei einem Darlehen für eine Mietkaution gemäß § 22 Abs. 3 Satz 2 SGB II, bei dem es keine gesetzliche Grundlage gibt, es gegen SGB-II-Leistungen aufzurechnen –, lassen die Behörden oft das Einverständnis mit der Aufrechnung erklären. Ein solches **Einverständnis** stellt jedoch einen Verzicht auf eine Sozialleistung dar und kann deshalb **jederzeit mit Wirkung für die Zukunft widerrufen werden** (§ 46 SGB I, s. SG Lüneburg Beschl. v. 16. 6. 05 – S 25 AS 251/05 ER – nach Peters NDV 2005, 316, 323 am Beispiel einer Einverständniserklärung zum Darlehensabzug bei einer Mietkaution, ebenso schon OVG Ni Urt. v. 27. 3. 03 – 12 ME 52/03 – NDV-RD 2003, 126).

> Rat: Bei Aufrechnungen in einem Bescheid **in jedem Fall** prüfen, ob die Aufrechnung rechtmäßig bzw. das Einverständnis widerrufbar ist. Sehr oft kann damit einer rechtswidrigen Reduzierung von Sozialleistungen begegnet werden (Rechtsmittel: Widerspruch, s. S. 389, zum weiteren Vorgehen bei Nichtreaktion auf den Widerspruch s. S. 393).

▶ **Auslegungsfehler:** Rechtsanwendungsfehler kommen weiter oft vor bei der Auslegung von Gesetzen. So gibt es immer noch SGB-II-Träger, die bei Kindern ab 16 Jahren einen Mehrbedarf wegen Alleinerziehung (§ 21 Abs. 3 SGB II) nicht mehr gewähren, obwohl dieser bezüglich minderjährigem Kindern ohne Altersbegrenzung vorgeschrieben ist. Oder SGB-II-Träger lehnen die Übernahme von Nachzahlungen für Unterkunftsbetriebs- oder Heizungskosten mit der (rechtswidrigen) Begründung ab, diese müssten von der Regelleistung gedeckt werden. Ein anderer weit verbreiteter Auslegungsfehler besteht darin, die Versicherungspauschale (§ 11 Abs. 2 Satz 1 Nr. 3 SGB II, § 3 Nr. 1 Alg II-V: 30 €) nicht abzuziehen, wenn kein Erwerbseinkommen, sondern lediglich sonstiges Einkommen (z. B. Unterhalt, Sozialleistungen wie Renten oder auch überschießendes Einkommen) vorhanden ist.

▶ **Rechtsfolgenfehler:** Rechtsfolgenfehler liegen vor, wenn eine Behörde die im Gesetz bei Vorliegen der (Anspruchs)Voraussetzungen vorgeschriebene **Rechtsfolge,** also vor allem die dann zu erbringenden Sozialleistungen, **nicht korrekt** festlegt. **Fehlerschwerpunkt** sind hier **Ermessensentscheidungen,** welche durch „Kann"- (auch „Darf"-) Regelungen indiziert sind (z. B. im SGB II: Arbeitseingliederungsleistungen

G. Wie komme ich zu meinem Recht?

gemäß § 16 Abs. 1, 2, Wohnungsbeschaffungs- und Umzugskosten sowie Mietkaution gemäß § 22 Abs. 4, Schuldenübernahme gemäß § 22 Abs. 5, Sachleistung gemäß § 23 Abs. 2). Für sie ist vorgeschrieben (§ 39 Abs. 1 SGB I), dass das Ermessen entsprechend dem Zweck der Ermächtigung auszuüben und die gesetzlichen Grenzen des Ermessens einzuhalten sind, sowie dass seine Ausübung pflichtgemäß zu erfolgen hat. Weiter ist im Verfahrensrecht (§ 35 Abs. 1 Satz 3 SGB X) bestimmt, dass die Begründung von Ermessensentscheidungen die Gesichtspunkte erkennen lassen muss, von denen die Behörde bei Ausübung ihres Ermessens ausgegangen ist.

> **Rat:** Ermessensentscheidungen sind **besonders fehleranfällig.** Deshalb sollten sie regelmäßig daraufhin überprüft werden, ob alle einschlägigen Ermessensüberlegungen in dem Bescheid berücksichtigt sind.

cc) Verfahrens- und Formfehler: Erheblich eingeschränkt ist die **Anfechtbarkeit** von Bescheiden bei Verfahrens- und Formfehlern. Diesbezüglich bestimmt nämlich das SGB X (§ 41 Abs. 1) zunächst einmal, dass vor allem folgende Fehler geheilt werden können:
• die erforderliche Begründung wird nachträglich gegeben,
• die erforderliche Anhörung wird nachträglich vorgenommen.
Beides ist bis zur letzten Tatsacheninstanz (Landessozialgericht/Oberverwaltungsgericht-Verwaltungsgerichtshof) eines sozial- oder verwaltungsgerichtlichen (Hauptsache-)Verfahrens möglich. Ist durch die fehlende Begründung die rechtzeitige Anfechtung des Bescheids versäumt worden, gilt die Versäumung der Rechtsmittelfrist als nicht verschuldet und wird bezogen auf das Datum der Begründungsnachholung Wiedereinsetzung (s. S. 390) gewährt, und zwar innerhalb von zwei Wochen (§ 27 Abs. 2 Satz 1 SGB X).

> **Rat:** Wird eine Begründung oder Anhörung wirksam nachgeholt und damit der **Fehler geheilt,** so sind bei einem eingelegten Widerspruch **trotzdem die Verfahrenskosten** einschließlich derjenigen eines notwendigen Bevollmächtigten **zu erstatten** (§ 63 Abs. 1, 2 SGB X).

Ansonsten ist bestimmt, dass auch beachtliche Verfahrens- und Formfehler – soweit sie den Bescheid nicht nichtig machen (dazu S. 377) – nicht allein deshalb zur Anfechtbarkeit führen, weil sei unter Verletzung von Vorschriften über das Verfahren (z.B. rechtswidrig verweigerte Akteneinsicht gemäß § 25 SGB X oder insbesondere fehlende Begründung

VI. Bescheid

von Ermessensentscheidungen gemäß § 35 Abs. 1 Satz 3 SGB X), die Form oder die örtliche Zuständigkeit (z. B. § 36 SGB II, § 98 SGB XII) zustande gekommen sind, wenn offensichtlich ist, dass die Verletzung die Entscheidung in der Sache nicht beeinflusst hat; das gilt aber nicht, falls eine erforderliche Anhörung unterblieben oder nicht wirksam nachgeholt ist (§ 42 SGB X). Bis auf den letzten Fall führt also auch ein **beachtlicher Verfahrens- und Formfehler nur dann** zur Anfechtbarkeit, wenn er die **Sachentscheidung beeinträchtigt** hat oder hätte können.

dd) Sachverhaltsfehler: Häufig unterlaufen Fehler bei der Ermittlung des Sachverhalts – d. h. der für den Fall einschlägigen Fakten – oder seiner Zuordnung zu den rechtlichen Vorschriften (sog. Subsumtion). Sie führen meist zu einer Anfechtbarkeit des Bescheids.

Ein **Verfahrensfehler** liegt insoweit vor, wenn die Behörde den **Sachverhalt ungenügend ermittelt,** insbesondere nicht alle für den Einzelfall bedeutsamen, auch die für die Betroffenen günstigen Umstände unter Ausschöpfung der ihr zur Verfügung stehenden Beweismittel (insbesondere Auskünfte, Anhörung von Beteiligten, Zeugen und Sachverständigen, Beiziehung von Akten/Urkunden, Augenschein) ermittelt (s. § 20 Abs. 1, 2 SGB X). Dazu gehört etwa, dass sie in SGB-II-Fällen zu prüfen hat, ob bei kranken Personen eine Diät erforderlich ist (Mehrbedarf gemäß § 21 Abs. 5 SGB II) oder welche Absetzungen vom Einkommen in Betracht kommen (z. B. bei Erwerbseinkommen ab 401 € auch höhere als 100 €, s. § 11 Abs. 2 Satz 3 SGB II). In der Regel beeinflussen solche Ermittlungsfehler die Entscheidung in der Sache (§ 42 Satz 1 SGB X).

Ein **sachlicher Fehler** ist gegeben, wenn die Behörde bei der Rechtsanwendung **falsche Fakten zugrunde legt,** also z. B. vom Zusammenleben von Eheleuten ausgeht, obwohl diese getrennt leben (was auch in der Wohnung möglich sein kann).

Typische Sachverhaltsfehler liegen vor (im Anschluss an LPK-SGB X-Rixen § 20 Rz. 19 und Hufen, Typische Fehler im Verwaltungsverfahren, 4. Auflage 2002, Rz. 135), wenn eine Behörde

- die zur Auslegung materiellen erforderlichen Tatsachenelemente nicht ermittelt oder nach deren Ermittlung nicht in das Verfahren einbezieht,
- ermessensfehlerhaft offenkundige oder angebotene Beweismittel und Informationen nicht zur Kenntnis nimmt oder zur Verfügung stehende Schriftstücke, Akten etc. nicht hinzuzieht,

G. Wie komme ich zu meinem Recht?

- sich auf schriftliche oder andere mittelbare Informationen beschränkt, obgleich es auf die Unmittelbarkeit bzw. Persönlichkeit des Informanten ankommt,
- wesentliche Sachverhaltsentwicklungen während des Verfahrens nicht zur Kenntnis nimmt oder nicht in das Verfahren einbezieht,
- bei mehreren naheliegenden Sachverhaltsvarianten nur in eine Richtung ermittelt,
- relevante Informationen so spät in das Verfahren einführt, dass diese keinen Einfluss mehr auf das Verfahrensergebnis erlangen können,
- fehlerhafte, missverständliche oder unvollständige Formulare, Fragebögen, Vordrucke, Datenprogramme etc. zur Sachverhaltsaufklärung verwendet,
- einem Beteiligten oder einer anderen Person eine unzumutbare bzw. sonst rechtswidrige Mitwirkungslast auferlegt (s. S. 351 ff.), Tatsachen selbst abschließend beurteilt, obwohl diese nur unter Hinzuziehung sachverständiger Expertisen angemessen möglich ist,
- ohne fundierte Begründung von der Expertise eines Sachverständigen abweicht,
- bei einer umstrittenen Frage nur eine wissenschaftliche Position zur Sachverhaltsklärung heranzieht.

4. Wirksamkeit

Ein Bescheid bleibt – soweit er nicht nichtig und damit unwirksam ist – **wirksam, solange und soweit er nicht zurückgenommen,** widerrufen, anderweitig aufgehoben oder durch Zeitablauf bzw. auf andere Weise erledigt ist (§ 39 Abs. 2, 3 SGB X). Eine Zäsur stellt der **Ablauf der Rechtsbehelfsfrist** – bei Rechtsmittelbelehrung im Bescheid ein Monat, ohne sie ein Jahr (s. §§ 84 Abs. 1 Satz 1, 66 SGG, §§ 70, 58 VwGO) – dar, mit dem ein Bescheid **bestandskräftig** wird, d.h. nicht mehr mit Rechtsmitteln anfechtbar. Selbst bestandskräftige Bescheide sind jedoch unter bestimmten Voraussetzungen aufhebbar (dazu im Folgenden).

5. Bescheidaufhebung

Die Regelungen dazu (§§ 44–50 SGB X) sind im Einzelnen kompliziert, auch wegen der gesetzlichen Begrifflichkeit, wobei die folgenden Ausdrücke verwendet werden:
- **Rücknahme** betrifft einen rechtswidrigen Bescheid.
- **Widerruf** betrifft einen rechtmäßigen Bescheid.

VI. Bescheid

- **Aufhebung** betrifft einen rechtmäßigen Dauerbescheid. Dieser Begriff wird vom Gesetz (§ 39 Abs. 2 SGB X) auch als Oberbegriff verwandt.
- **Nicht begünstigend** = belastend ist ein für den Betroffenen nachteiliger Bescheid (vgl. § 45 Abs. 1 SGB X).
- **Begünstigend** ist ein für den Betroffenen vorteilhafter Bescheid.

Die **Begrifflichkeit** ist jedoch **nicht gravierend wichtig,** sodass es nicht schädlich ist, wenn z. B. statt von „Aufhebung" von „Widerruf" gesprochen wird; zweckmäßigerweise sollten Betroffene einfach von „Aufhebung" sprechen und schreiben. Für sie ist es viel wichtiger, ob sie eine Bescheidaufhebung selbst aktiv betreiben sollen (dazu unten a) oder ob eine (Bescheid)Aufhebungsbescheid gegen sie ergeht (dazu S. 384 ff.) bzw. ein Änderungsbescheid (s. S. 386 ff.), was vor allem folgenreich ist, wenn das mit einem Erstattungsbescheid (s. S. 388 f.) verbunden wird.

a) Aufhebungs-Nachzahlungsbescheid

Auf **Antrag** ist ein Bescheid – auch wenn er unanfechtbar, also bestandskräftig ist – aufzuheben (§ 44 Abs. 1 Satz 1 SGB X), wenn sich herausstellt, dass bei seinem **Erlass das Recht unrichtig angewandt** (d. h. ein sachlicher Rechtsfehler oder auch ein anfechtbarer Verfahrens- bzw. Formfehler vorliegt) **oder** von einem **Sachverhalt** ausgegangen worden ist, der sich als **unrichtig** erweist (also bei einem Sachverhaltsfehler), und **deshalb Sozialleistungen zu Unrecht nicht erbracht** worden sind.

Die Aufhebung hat rückwirkend für die Vergangenheit zu erfolgen, wobei Sozialleistungen längstens **vier Jahre rückwirkend** erbracht werden, und zwar vom Zeitpunkt der Antragstellung, bei einer Rücknahme von Amts wegen (ohne Antrag) vom Beginn des Jahres an, in dem der Bescheid zurückgenommen wird (§ 44 Abs. 4 SGB X).

Während die Anwendung dieser Vorschrift bei der BSHG-Sozialhilfe noch von der Rechtsprechung (BVerwGE 68, 285) abgelehnt worden ist, weil sie für die Vergangenheit nicht zu gewähren sei, ist für SGB II-(s. § 40 Abs. 1 Nr. 1, der über § 330 Abs. 1 SGB III Bezug nimmt auf § 44 SGB X) und SGB-XII-Grundsicherungs-Bescheide inzwischen weitgehend anerkannt, dass sie aufzuheben und rückwirkend bis zu vier Jahre die **vorenthaltenen Sozialleistungen** zu erbringen sind (so für SGB-II-Leistungen SG Oldenburg Beschl. v. 1. 3. 2005 – S 45 AS 82/05 ER – nach quer 2/2005, 25 und für SGB-XII-Grundsicherungs-Bescheide VGH Bay Beschl. v. 13. 4. 2005 – 12 ZB 05.262 – FEVS 56, 574).

G. Wie komme ich zu meinem Recht?

> **Rat:** Wird ein Fehler in einem Bescheid entdeckt, insbesondere auch einem bestandskräftigen, so ist unbedingt die Aufhebung aller bisherigen bestands- kräftigen SGB-II-Bescheide zu beantragen, in denen er ebenfalls vorkommt (**Formulierungsvorschlag:** *Es wird die Aufhebung aller bisher ergangenen SGB-II-Bescheide wegen Rechtswidrigkeit beantragt unter Bezug auf § 44 SGB X*).

In solchen Fällen können bis Ende 2008 alle bisherigen fehlerhaften SGB-II-Bescheide rückgängig gemacht werden, danach diejenigen, die in den letzten vier Jahren seit Antragstellung ergangen sind. Liegt ein noch nicht bestandskräftiger Bescheid vor, so empfiehlt sich, gegen die- sen Widerspruch einzulegen (weil bei einem Widerspruch nach drei Monaten Untätigkeitsklage erhoben werden kann, bei einem Antrag auf Bescheidaufhebung aber erst nach sechs Monaten, s. S. 362).

Die rückwirkende Aufhebung eines Bescheids muss allerdings **nicht** erfolgen, wenn dieser auf **Angaben** beruht, die der Betroffene **vorsätz- lich** in wesentlicher Beziehung **unrichtig oder unvollständig** gemacht hat; insoweit ist ein rechtswidriger nachteiliger Bescheid auch nach Be- standskraft jedoch ganz oder teilweise mit Wirkung für die Zukunft zurückzunehmen (§ 44 Abs. 1 Satz 2, Abs. 2 Satz 1 SGB II). In den **üb- rigen Fällen,** in denen die Voraussetzungen für eine rückwirkende Auf- hebung nicht vorliegen, ist er für die Zukunft zurückzunehmen und kann für die Vergangenheit aufgehoben werden (§ 44 Abs. 2 SGB X).

b) Aufhebungs-Rückzahlungsbescheid

Eine von der Behörde veranlasste Bescheidaufhebung erfolgt vor allem bei rechtswidrigen vorteilhaften Bescheiden (§ 45 SGB X). Demnach (Abs. 1) ist erste Voraussetzung, dass ein rechtswidriger Bescheid vor- liegt, d. h. bei seinem **Erlass** das sachliche **Recht** unrichtig angewandt oder von einem **unzutreffenden Sachverhalt** ausgegangen worden ist (Rechtswidrigkeit liegt nach VGH Bay Beschl. v. 19. 5. 2005 – 12 CS 05.287 und 12 C 05.288 – FEVS 57, 95 nicht vor, wenn eine berechtigte Geldleistung wie z. B. für die Unterkunftskosten zweckwidrig verwendet worden ist). Weitere Voraussetzung ist, dass der Bescheid einen rechtli- chen **Vorteil** für den Betroffenen beinhaltet hat, also insbesondere eine Sozialleistung. Kurz gesagt: In dem Bescheid ist einem Betroffenen mehr gewährt worden, als ihm zustand.

Liegen die genannten Voraussetzungen vor, so ist eine Aufhebung je- doch nur unter Einschränkungen möglich (Abs. 2–4), nämlich:

VI. Bescheid

- (Abs. 2) Sie scheidet aus, soweit der Begünstigte auf den Bescheid vertraut hat und sein **Vertrauen** unter Abwägung mit den öffentlichen Interessen an einer Rücknahme schutzwürdig ist. Letzteres trifft zu, falls der Betroffene erbrachte Leistungen verbraucht oder eine Vermögensdisposition getroffen hat, die nicht mehr oder nur unter unzumutbaren Nachteilen rückgängig zu machen ist. Auf Vertrauen kann sich jedoch jemand nicht bei „Bösgläubigkeit" berufen, also wenn er den Bescheid durch Täuschung, Drohung oder Bestechung bzw. vorsätzlich oder grob fahrlässig in wesentlicher Beziehung unrichtige/unvollständige Angaben bewirkt hat oder er die Rechtswidrigkeit des Bescheids kannte oder infolge grober Fahrlässigkeit nicht kannte.
- (Abs. 3) Sie ist bei einem **Verwaltungsakt mit Dauerwirkung** in der Regel nur bis zum Ablauf von zwei Jahren möglich (Abs. 3 Satz 1, Ausnahmen bei „Bösgläubigkeit" in Abs. 3 Satz 2–5). Dauerwirkung liegt vor, falls durch den Bescheid eine regelmäßig wiederkehrende Leistung mit Wirkung auch für die Zukunft gewährt wird (ständige Rechtsprechung des BSG, z.B. BSGE 81, 156ff., 88, 172ff.), etwa SGB-II-Unterhaltsleistungen mit einem **Bewilligungszeitraum von sechs Monaten oder gar einem Jahr** (s. § 41 Abs. 1 Satz 3, 4) bzw. SGB-XII-Grundsicherungs-Leistungen (§ 44 Satz 1: Bewilligungszeitraum in der Regel ein Jahr). Keine **Bescheide mit Dauerwirkung** sind solche über **einmalige Leistungen** wie z.B. Erstausstattung (s. § 23 Abs. 3 SGB II, § 31 Abs. 1 SGB XII) oder Nachzahlungen. Bei ihnen ist eine Aufhebung ohne die Fristbeschränkung möglich.
- (Abs. 4) Sie ist für die **Vergangenheit** – bei Bescheiden mit oder ohne Dauerwirkung – nur möglich bei **Bösgläubigkeit** und **innerhalb eines Jahres** seit Kenntnis der Tatsachen, sodass beim Fehlen dieser Voraussetzungen allenfalls eine Aufhebung für die Zukunft in Betracht kommt.

Liegen die Voraussetzungen für eine Aufhebung vor und ist auch keine Einschränkung vorhanden, so darf der rechtswidrige Bescheid aufgehoben werden (Abs. 1), muss es aber nicht. Die dem zutreffende pflichtgemäße **Ermessensentscheidung** erlaubt sowohl eine Aufhebung für die Vergangenheit und/oder Zukunft, und zwar vollständig oder teilweise (vgl. BVerwG Urt. v. 8. 7. 2004 – 5 C 5.03 – FEVS 56, 493: Ist eine Aufhebung wegen verschwiegenen Immobilieneigentums gerechtfertigt, hätte aber beim Erlass des Bescheids ein Darlehen gewährt werden müssen – vgl. § 23 Abs. 5 SGB II, § 91 SGB XII –, so ist die Behörde nicht mehr zur Darlehensgewährung verpflichtet, falls deren Voraussetzungen im

G. Wie komme ich zu meinem Recht?

Zeitpunkt des Aufhebungsbescheids nicht mehr vorliegen). Insoweit sind aber **Sonderregelungen im besonderen Teil** zu beachten, insbesondere im SGB III (§ 330 Abs. 2) und im SGB II (§ 40 Abs. 1 Nr. 1), nach denen bei Bösgläubigkeit der Bescheid für Vergangenheit und Zukunft zurückzunehmen ist.

Eine Aufhebung für die Vergangenheit wird in der Regel mit einem **Erstattungsbescheid** verbunden sein (s. S. 388).

Rat: Lies zu den Voraussetzungen für Aufhebungs-Rückzahlungsbescheide im Einzelnen Pfeifer NZS 2005, 411 ff.

Eine gesetzlich unglücklich platzierte Regelung (§ 48 Abs. 3 SGB X) sieht für **Bescheide, die trotz Rechtswidrigkeit nicht zurückgenommen werden können** (etwa weil der Betroffene in seinem guten Glauben geschützt war oder die Aufhebungsfristen verstrichen sind) bei aufgrund wesentlicher Änderung in den Verhältnissen vorzunehmenden Erhöhungen der Leistung ihre **Abschmelzung** bis zur Höhe des Bestandsschutzes vor, d. h. im Umfang der rechtswidrig bewilligten Leistung.

c) Aufhebungs-Änderungsbescheid

Änderungen in den Verhältnissen, die für eine Sozialleistung erheblich sind oder über die im Zusammenhang mit ihr Erklärungen abgegeben worden sind, haben Leistungsberechtigte im Rahmen ihrer Mitwirkungspflicht unverzüglich mitzuteilen (§ 60 Abs. 1 Satz 1 Nr. 2 SGB I, s. S. 360). Änderungen erfährt die Behörde darüber hinaus häufig über Dritte, insbesondere auch andere Behörden.

Bei ihm bekannt gewordenen Änderungen hat der Sozialleistungsträger zu entscheiden, wie sich das auf einen bestehenden Bescheid auswirkt. Soweit keine speziellen Regelungen bestehen, ist der Bescheid unverzüglich an die geänderten Verhältnisse anzupassen.

Als spezielle Regelung bei einer Änderung der Verhältnisse ist im Sozialleistungsrecht die Aufhebung (ursprünglich rechtmäßiger, für von Anfang an rechtswidrige s. 5.2) Bescheiden mit Dauerwirkung von großer Bedeutung (§ 48 SGB X). Sie setzt voraus (Abs. 1 Satz 1), dass

- ein **Verwaltungsakt mit Dauerwirkung** vorliegt. Dieser ist gegeben, wenn durch einen Bescheid eine regelmäßig wiederkehrende Leistung mit Wirkung auch für die Zukunft geregelt wird (BSGE 74, 287, s. schon S. 385). Während für die BSHG-Sozialhilfe sehr umstritten war, inwieweit ihre Leistungsbescheide solche mit Dauerwirkung

VI. Bescheid

sind, liegt dies jedenfalls bei SGB-II-Bescheiden mit einem Bewilligungszeitraum von sechs Monaten oder gar einem Jahr (s. § 41 Abs. 1 Satz 3, 4 SGB II) und ebenso bei SGB-XII-GSi-Bescheiden (§ 44 Satz 1: Bewilligungszeitraum in der Regel 12 Monate) vor.

- Es muss bezüglich der beim Erlass des Bescheids vorliegenden tatsächlichen – d.h. den Fakten – oder rechtlichen – d.h. dem sachlichen Recht einschließlich einer nachträglich anderen Auslegung durch das Bundessozialgericht/Bundesverwaltungsgericht in ständiger Rechtsprechung zugunsten Berechtigter – Verhältnissen eine **wesentliche Änderung** eingetreten sein. Relevant ist demnach nur eine solche Änderung, die nach sachlichem Recht zu einer anderen Rechtsfolge führt (ständige Rechtsprechung des Bundessozialgerichts, z.B. BSGE 59, 111, 89, 153). Fraglich ist, ob es eine **Bagatellgrenze** gibt, ob also etwa eine Erhöhung oder Absenkung des Arbeitslosengeld II um weniger als 5% wesentlich ist. Es spricht viel dafür, dies zu bejahen, weil insbesondere für SGB-II- und SGB-XII-Berechtigte auch Änderungen von wenigen Euro erheblich sind, auf alle Fälle jedenfalls Änderungen von 10% beim SGB II (vgl. § 23 Abs. 1 Satz 3, § 31 Abs. 2) und 5% beim SGB XII (vgl. § 39 Satz 1).

Liegen die beiden Voraussetzungen vor, ist der Ausgangsbescheid immer mit Wirkung für die **Zukunft** aufzuheben (§ 28 Satz 1 SGB X). Er soll mit **Wirkung vom Zeitpunkt der Änderung der Verhältnisse** (dafür gilt bei Einkommens- und Vermögensanrechnung der Beginn des Anrechnungszeitraums gemäß Abs. 1 Satz 2) aufgehoben werden, soweit

- die Änderung **zugunsten des Betroffenen** erfolgt (mit Nachzahlung),
- der Betroffenen einer durch Rechtsvorschrift (insbesondere § 60 Abs. 1 Satz 1 Nr. 2 SGB I) vorgeschriebenen **Pflicht zur Mitteilung** wesentlicher für ihn **nachteiliger Änderungen** der Verhältnisse vorsätzlich oder grob fährlässig **nicht nachgekommen** ist (in der Regel mit Erstattungsbescheid gemäß § 50 SGB X, s. S. 388),
- nach Antragstellung oder Erlass des Bescheids **Einkommen oder Vermögen** erzielt worden ist, dass zur **Reduzierung** des Anspruchs geführt haben würde (mit Erstattungsbescheid gemäß § 50 SGB X, s. S. 388),
- der Betroffene wusste oder **hätte wissen können** – weil er die erforderliche Sorgfalt in besonders schwerem Maße verletzt hat –, dass der sich aus dem Bescheid ergebende Anspruch kraft Gesetzes zur Ruhe gekommen oder **ganz oder teilweise weggefallen** ist (mit Erstattungsbescheid gemäß § 50 SGB X, s. S. 388).

G. Wie komme ich zu meinem Recht?

Zur Abschmelzung von Erhöhungen bei nicht mehr rücknehmbaren rechtswidrigen Bescheiden siehe S. 386).

In der Praxis wird die Aufhebung **des durch die Änderung überholten Bescheids** – die erforderlich ist (vgl. BSGE 72, 111: Die Aufhebung des Bewilligungsbescheids ist unerlässlich, da dieser den formellen Rechtsgrund für das Behaltendürfen der bewilligten Leistung bildet. Seine Bindungswirkung schließt bis zu seiner Aufhebung jede für den Betroffenen nachteilige abweichende Verfügung über den zuerkannten Anspruch ohne Rücksicht auf die materielle Rechtslage aus), es sei denn er hat sich offensichtlich von selbst erledigt, insbesondere durch Zeitablauf oder sonstige Befristung (BSGE 72, 59) – meist verbunden mit einer **Neubescheidung gemäß den geänderten Verhältnissen,** gegebenenfalls auch noch mit einem Nachzahlungs- bzw. Erstattungsbescheid, was alles rechtlich zulässig, aber getrennt zu werten ist.

Rat: Bei Einstellung von Leistungen sollte immer geprüft werden, ob der vorangegangene Bewilligungsbescheid wirksam aufgehoben worden ist. Dies ist z.B. bei einer Frau verneint worden, die zunächst Alg-II-Leistungen erhalten hatte, welche dann jedoch unter Bezug auf § 7 Abs. 5 SGB II eingestellt worden sind, weil sie Auszubildende sei. Das SG Oldenburg (Beschl. v. 1. 3. 2005 – S 45 AS 82/05 ER – nach quer 2/05, 25) hat zutreffend ausgeführt, dass der Bewilligungsbescheid nicht aufgehoben worden sei und auch mangels Aufhebungsvoraussetzungen nicht habe werden können, sodass weiterhin Alg II zu erbringen sei.

---

d) Erstattungs-/Aufrechnungsbescheid

Erbrachte **Leistungen** sind zu **erstatten,** soweit ein vorteilhafter Bescheid aufgehoben worden ist (s. S. 384 ff. und 386 ff.), und zwar in Geld, auch bei Sach- und Dienstleistung (§ 50 Abs. 1 SGB X; Verzinsung gemäß § 50 Abs. 3 SGB X nur bei Einrichtungsförderung). Gleiches gilt, wenn Leistungen ohne Bescheid zu Unrecht erbracht worden sind (§ 50 Abs. 2 SGB X: unter entsprechender Anwendungen der Vorschriften über den Aufhebungs-/Rückzahlungsbescheid gemäß § 45 SGB X bzw. Aufhebungs-/Änderungsbescheid gemäß § 48 SGB X) bzw. ein Bescheid berichtigt worden ist (§ 50 Abs. 5 SGB X).

Die zu erstattende Leistung ist durch einen **Erstattungsbescheid** festzusetzen und soll mit dem Aufhebungsbescheid verbunden werden (§ 50 Abs. 3 SGB X, sog. Kombi-Bescheid). Vielfach wird damit noch die **Aufrechnung** des Erstattungsbetrages mit einer Geld-Sozialleistung

(s. allgemein § 51 SGB I und speziell für SGB-II-Leistungen § 43 SGB II) verbunden (sog. Dreierpack-Bescheid).

> **Rat:** Gegen Erstattungs- und/oder Aufrechnungsbescheide sollte im Zweifel **Widerspruch** (s. S. 389) eingelegt werden, der **aufschiebende Wirkung** hat (s. S. 391), sodass sie bis zur Entscheidung darüber nicht vollzogen werden können.

Ein Erstattungsanspruch **verjährt** frühestens nach vier Jahren nach Ablauf des Kalenderjahres, in dem der Erstattungsbescheid unanfechtbar geworden ist, und längstens nach 30 Jahren (§ 50 Abs. 4 SGB X).

VII. Rechtsbehelfe

Nachteilige Bescheide können mit dem Rechtsbehelf des Widerspruchs angefochten werden. Mit ihm eröffnen sich insbesondere im Hinblick auf den Eilrechtsschutz im Gerichtsverfahren sehr differenzierte Rechtsschutzmöglichkeiten.

1. Widerspruch

Der Widerspruch gegen einen nachteiligen Bescheid ist an Form und Frist gebunden.

a) Form

Ein Widerspruch ist **schriftlich** oder zur Niederschrift **(Protokoll)** bei der Behörde einzureichen, die den Bescheid erlassen hat (§ 84 Abs. 1 Satz 1 SGG, Abs. 2: auch bei einer andern inländischen Behörde, § 70 Abs. 1 Satz 1 VwGO: auch bei Widerspruchsbehörde). Dementsprechend kann dies durch ein Schreiben geschehen, aus dem erkennbar sein muss, wer der Betroffene (Absender) ist und gegen welche Entscheidung (Datum) welcher Behörde (am besten das Aktenzeichen angeben) sich das Rechtsmittel richtet. Eine Begründung muss mit dem Widerspruchsschreiben noch nicht gegeben werden, doch empfiehlt sich folgende Formulierung:

Name, Anschrift   Datum
ARGE, Straße, Ort
Aktenzeichen:
Gegen den Bescheid vom … (Datum) lege ich wegen ungenügender Begründung
Widerspruch ein. Vor allem mache ich geltend …
Den Eingang dieses Schreibens bitte ich mir zu bestätigen.
Unterschrift

G. Wie komme ich zu meinem Recht?

b) Frist

aa) Monats- oder Jahresfrist: Die Widerspruchsfrist beträgt **einen Monat,** von dem Zeitpunkt an, in dem der Bescheid den Beschwerten bekannt gegeben worden ist (§ 84 Abs. 1 Satz 1 SGG, § 70 Abs. 1 VwGO). Das bedeutet, dass der Widerspruch spätestens am Monatstag der Bescheidbekanntgabe (s. S. 376) bei der zuständigen Behörde **eingegangen** sein muss (Absendung genügt nicht), also bei einem am 1. 11. eingegangenen Bescheid am 1. 12. Ist der letzte Tag der Frist ein Samstag, Sonn- oder Feiertag, so verlängert sich die Frist bis zum nächsten Werktag (§ 193 BGB).

> **Rat:** Wird der Widerspruch nicht zu Protokoll der Behörde erklärt, sollte er entweder mit der Post mindestens drei Tage vor Fristablauf abgeschickt oder spätestens am letzten Tag eigenhändig in den Briefkasten der Behörde, die den Bescheid erlassen hat, geworfen werden.

Die Frist von einem Monat gilt aber nur dann, wenn der Bescheid eine **Rechtsmittelbelehrung** enthalten hat, in dem über die Widerspruchsmöglichkeit, die Stelle, an die er zu richten ist, und die einzuhaltende Frist schriftlich belehrt worden ist (§ 66 Abs. 1 SGG, §§ 58 Abs. 1, 70 Abs. 2 VwGO). Enthält ein schriftlicher Bescheid keine oder eine unrichtige Rechtsmittelbelehrung bzw. ist ein mündlicher oder konkludenter Bescheid ergangen, so beträgt die Frist **ein Jahr,** außer wenn die schriftliche Belehrung dahin erfolgt ist, dass ein Rechtsbehelf nicht gegeben sei (§ 66 Abs. 2 SGG, §§ 58 Abs. 2, 70 Abs. 2 VwGO).

bb) Wiedereinsetzung: Selbst bei **Fristablauf** besteht die **Möglichkeit** der sogenannten **Wiedereinsetzung** in den vorigen Stand, d. h. der Nachholung des Rechtsbehelfs. Diese erfordert die Glaubhaftmachung, dass die Einhaltung der Frist ohne Verschulden – insbesondere Krankheit – nicht möglich gewesen ist (Vorlage eines Attests), sowie innerhalb eines Monats bei Verfahren, die zur Zuständigkeit der Sozialgerichte gehören und zwei Wochen bei solchen, die in die Verwaltungsgerichtsbarkeit fallen, nach Wegfall des Hindernisses einen Antrag auf Wiedereinsetzung und zugleich die Einlegung des Widerspruchs (§§ 66 Abs. 2 Satz 2, 67 Abs. 2 SGG, §§ 70 Abs. 2, 60 Abs. 1–4 VwGO).

VII. Rechtsbehelfe

Beispiel:

Name, Anschrift   Datum
ARGE, Straße, Ort
Aktenzeichen:
Die Frist zur Einlegung des Widerspruchs gegen den Bescheid vom 13. 11. 2006 konnte ich nicht einhalten, weil ich vom 13.12. bis 20. 12. 2006 bettlägerig erkrankt war (Beleg: beiliegendes ärztliches Attest). Hiermit stelle ich einen Antrag auf Wiedereinsetzung und lege Widerspruch gegen den Bescheid wegen ungenügender Begründung ein.
Den Eingang dieses Schreibens bitte ich mir zu bestätigen.
Unterschrift

Die Versäumung der Widerspruchsfrist ist in Sozialleistungssachen kein Beinbruch, weil (selbst ohne Wiedereinsetzungsmöglichkeit) auch nach ihrem Ablauf ein Antrag auf Aufhebungs-/Nachzahlungs-Bescheid möglich ist (§ 44 SGB X, s. S. 383).

> **Rat:** Wird innerhalb der Widerspruchsfrist festgestellt, dass der in einem neuen Bescheid entdeckte Fehler auch schon in früheren bestandskräftigen Bescheiden enthalten war, ist es sinnvoll, den Widerspruch mit dem Antrag auf einen Aufhebungs-Nachzahlungsbescheid zu verbinden.

Beispiel:

Name, Anschrift   Datum
ARGE, Straße, Ort
Aktenzeichen:
Gegen den Bescheid vom 10. 4. 2007 lege ich Widerspruch wegen ungenügender Begründung ein. Zugleich beantrage ich die Aufhebung aller bestandskräftigen SGB II-Bescheide sowie die Nachzahlung der vorenthaltenen Sozialleistungen, soweit in ihnen das Recht unrichtig angewandt worden ist. Gerügt wird insbesondere, dass von meinem Einkommen (Unterhalt) keine Versicherungspauschale abgezogen worden ist.
Unterschrift

c) Aufschiebungswirkung

Hinsichtlich der Folgen eines Widerspruchs stellt sich die Frage, ob er die Wirkung des Bescheids aufschiebt – sodass dieser nicht bis zur Entscheidung über den Widerspruch vollzogen werden kann – oder ob das nicht der Fall ist, sodass der Bescheid trotz des Widerspruchs ausführbar ist. Dies ist im Einzelnen sehr kompliziert geregelt, aber von Bedeutung für die Vollziehung des Bescheids und den gerichtlichen Eilrechtsschutz.

G. Wie komme ich zu meinem Recht?

Grundsatz ist theoretisch, dass der Widerspruch **aufschiebende Wirkung** hat (§ 86 Abs. 1 SGG, § 80 Abs. 1 VwGO). Das gilt allerdings schon **nicht** für einen **Ablehnungsbescheid,** mit dem der **Leistungsantrag zurückgewiesen** wird, weil die Ablehnung nur ein Durchgangsstadium – bei dem mit einer aufschiebenden Wirkung nichts gewonnen wird, da sie den Status quo, also die Ablehnung, aufrechterhält – auf dem Weg zu der begehrten Leistung ist (BSGE 67, 176, 180). In solchen Fällen tritt also trotz Widerspruch keine Aufschiebungswirkung ein (und ist einstweiliger Rechtsschutz bei Gericht mit einem Antrag auf die begehrte Leistung zu erreichen, sog. Regelungsanordnung).

Die **aufschiebende Wirkung entfällt** darüber hinaus (§ 86 a Nr. 2 SGG, § 80 Abs. 2 VwGO) vor allem bei der Anforderung von öffentlichen **Abgaben,** Beiträgen und Kosten, im sozialen Entschädigungsrecht, bei Bescheiden der Bundesagentur für Arbeit, die eine laufende Leistung entziehen oder herabsetzen und in Fällen, in denen eine **sofortige Vollziehung** im öffentlichen Interesse oder im überwiegenden Interesse eines Beteiligten von der Behörde **besonders angeordnet** wird; weiter ist es möglich, den **Wegfall** der aufschiebenden Wirkung eines Widerspruchs **durch Bundesgesetz** zu bestimmen.

Von der letzten Möglichkeit ist gerade im **SGB II (§ 39) Gebrauch** gemacht worden. Nach ihm hat ein Widerspruch gegen einen Bescheid, der über Leistungen der Grundsicherung für Arbeitssuchende befindet (Nr. 1) oder einen Anspruchsübergang (Nr. 2: insbesondere Unterhaltsansprüche, s. § 33 SGB II) bewirkt, keine aufschiebende Wirkung. Betroffen sind also insbesondere SGB-II-Bescheide, die über „**Leistungen der Grundsicherung für Arbeitsuchende**" entscheiden, also Arbeitseingliederungs- und Unterhaltssicherungsleistungen bezüglich Arbeitslosengeld II/Sozialgeld einschließlich der damit verbundenen Annex-Entscheidungen (§§ 24, 25, 26, 29 SGB II), zu denen nach ganz überwiegender Auffassung auch die über Sanktionen (§ 31 SGB II) sowie Leistungsaufhebungsbescheide (§§ 45 ff. SGB X) gehören. **Nicht** davon erfasst sind aber Entscheidungen betreffend **Ersatz- oder Erbenhaftung** (§§ 34, 35 SGB II), **Aufrechnungs-** (z. B. §§ 23 Abs. 1 Satz 3, 43 SGB II) und **Erstattungsbescheide** (§ 50 SGB X), sodass in diesen der Widerspruch **aufschiebende Wirkung** hat.

Hat der Widerspruch bei Leistungs- und Rechtsübergangsentscheidungen keine aufschiebende Wirkung, kann die Behörde, die den Bescheid erlassen oder die über den Widerspruch zu entscheiden hat, die sofortige

VII. Rechtsbehelfe

Vollziehung ganz oder teilweise **aussetzen** (in der Regel nur auf entsprechenden Antrag)**,** was insbesondere geboten ist, wenn erhebliche Zweifel an der Rechtsmäßigkeit des Bescheids bestehen oder die sofortige Vollziehung eine nicht durch überwiegende öffentliche Interessen gebotene Härte darstellt (§ 86a Abs. 3 SGG, § 80 Abs. 4 VwGO). **Darüber hinaus** kann das **Gericht** auf Antrag die aufschiebende Wirkung ganz oder teilweise anordnen (§ 86b Abs. 1 Satz 1 Nr. 2 SGG, § 80 Abs. 5, 6 VwGO). An einem Rechtsschutzinteresse für einen Antrag bei Gericht fehlt es freilich, falls sich die Behörde verbindlich bereit erklärt hat, den Bescheid nicht zu vollziehen. Ansonsten kann nach überwiegender Auffassung das **Gericht direkt angerufen werden** (außer in den Fällen des § 80 Abs. 6 VwGO), ohne dass vorher die Behörde um eine Aussetzung ersucht werden muss.

Hat ein Widerspruch **aufschiebende Wirkung** (also z. B. in SGB-II-Sachen bei Rückzahlungs- und Aufrechnungsbescheiden), beachtet die Behörde diese aber nicht, sondern vollzieht trotzdem den Bescheid (sog. **faktische Vollziehung**), kann deswegen auch das Gericht angerufen und die Herstellung der aufschiebenden Wirkung beantragt werden (analog § 86b Abs. 1 SGG, § 80 Abs. 5 VwGO). Ein solcher Antrag ist schon begründet, wenn ein Widerspruch eingelegt worden und dieser nicht offensichtlich unzulässig ist.

d) Abhilfe-/Widerspruchsbescheid oder Untätigkeitsklage

Auf einen Widerspruch hin hat die zuständige (Widerspruchs)Behörde eine Entscheidung zu treffen, die entweder dem Widerspruch abhilft **(Abhilfebescheid),** also dem Widerspruchsführer recht gibt, oder (meist) ihn zurückweist **(Widerspruchsbescheid);** möglich ist auch eine teilweise Abhilfe verbunden mit der Zurückweisung im Übrigen. **Gegen** einen (teilweisen) **Widerspruchsbescheid** ist **Klage** vor dem (Sozial/ Verwaltungs-)Gericht möglich.

Mit dem Abhilfe- bzw. Widerspruchsbescheid ist auch über die **Kosten des Widerspruchsverfahrens** dem Grunde nach zu entscheiden (§ 63 SGB X, sog. **Kostengrundentscheidung**). Die notwendigen Aufwendungen hat die Behörde nicht nur zu erstatten, soweit der Widerspruch erfolgreich ist, also bei einem Abhilfebescheid, sondern auch dann, falls ein Widerspruch nur deshalb keinen Erfolg hat, weil ein Verfahrens- oder Formfehler unbeachtlich ist (s. S. 380). Hat der Widerspruchsführer einen Rechtsanwalt oder anderen Bevollmächtigten gehabt, so ist in der Kostenentscheidung auch darüber zu befinden, ob seine Zuziehung notwen-

393

G. Wie komme ich zu meinem Recht?

dig war, womit dessen Gebühren und Auslagen von der Behörde zu übernehmen sind.

> **Rat:** Bei einem Abhilfe- bzw. Widerspruchsbescheid ist immer zu **prüfen,** ob eine **Kostengrundentscheidung** getroffen worden und ob sie richtig ist. Bei ihrem Fehlen kann entweder Klage erhoben (innerhalb der Klagefrist) oder ein ausdrücklicher Antrag auf Kostengrundentscheidung gestellt werden. Bei Unrichtigkeit im Widerspruchsbescheid ist ebenfalls der Klageweg gegeben, bei Unrichtigkeit in einem Abhilfebescheid ist Widerspruch einzulegen. Weiterhin darf nicht vergessen werden, nach einer positiven Kostengrundentscheidung einen Antrag auf (konkrete) **Kostenfestsetzung** bei der Behörde zu stellen (s. S. 404).

Wird innerhalb von **drei Monaten** nicht über einen Widerspruch entschieden, so hilft eine **Untätigkeitsklage** vor dem Sozial- (§ 88 Abs. 2 SGG) bzw. dem Verwaltungsgericht (§ 75 VwGO). Dabei ist im **Sozialgerichtsverfahren** der Antrag nur zu richten auf den Erlass des Widerspruchsbescheids (s. schon S. 362); er ist schon begründet, falls die Behörde keinen zureichenden Grund für ihre Untätigkeit angeben kann. Im **Verwaltungsgerichtsverfahren** ist der Antrag auf die begehrte Sachentscheidung zu richten. In vielen Fällen genügt der durch die Klageeinreichung erzeugte Druck, um der Behörde Beine zu machen, sodass sie dann den unterlassenen Widerspruchsbescheid erlässt, womit in Sozialgerichtsverfahren die Untätigkeitsklage für erledigt zu erklären ist (was nicht ausschließt, gegen den Widerspruchsbescheid eine neue Klage in der Sache zu erheben); in Verwaltungsgerichtsverfahren wird demgegenüber in einem einzigen Klageverfahren über die Sache befunden, wenn der Widerspruchsbescheid dem Klägerbegehren nicht abhilft.

> **Rat:** Die Dreimonatsfrist für die Entscheidung über den Widerspruch sollte im Kalender festgehalten und mit ihrem Ablauf sofort eine Untätigkeitsklage erhoben werden.

2. Antrag auf Bescheidaufhebung

Ist die Widerspruchsfrist abgelaufen, so sind bestandskräftige Bescheide trotzdem angreifbar, wenn sie entweder von Anfang an rechtswidrig gewesen sind (Antrag auf Aufhebungs-Nachzahlungsbescheid gemäß § 44 SGB X, s. S. 383) oder bei Dauerverwaltungsakten eine wesentliche Änderung eingetreten ist (bei Änderungen – die vom Betroffenen gemäß § 60 Abs. 1 Satz 1 Nr. 2 SGB I mitzuteilen sind – empfiehlt sich bei solchen,

VII. Rechtsbehelfe

die zu einer erhöhten Leistung führen, einen Antrag auf Änderungsaufhebung/Neuzahlung gemäß § 48 SGB X zu stellen, s. S. 386). Diese Anträge setzen wieder ein Verwaltungsverfahren in Gang, in dem über sie durch Bescheid zu befinden ist, gegen den Widerspruch und Klage erhoben werden kann (bzw. bei Ausbleiben innerhalb der Frist Untätigkeitsklage).

3. Spezial: Rechtsschutz nach SGB-II-Negativ-Bescheiden

Insgesamt sind die Möglichkeiten des Rechtsschutzes gerade im Bereich des SGB II ziemlich unübersichtlich geregelt und nicht ganz leicht zu erfassen. Deshalb wird im Folgenden eine Handreichung gegeben, um in den wichtigsten Fällen effektiv vorgehen zu können. Voranzustellen ist, dass bei **Bescheiden,** die ganz oder teilweise **negativ** ausfallen (genaue Lektüre ist stets erforderlich), **konsequent** immer ein **Widerspruch** einzulegen ist, wenn die Begründung Fehler enthält oder keine überzeugende Begründung gegeben wird). Ein **Widerspruch** ist insbesondere auch **zwingend** geboten, falls ein Antrag auf **einstweilige Anordnung schon bei Gericht gestellt** und sogar wenn darüber positiv entschieden worden ist. Der „einstweilige" Rechtsschutz beinhaltet nämlich nur vorläufige Entscheidungen, die hinfällig werden, falls im Hauptverfahren eine endgültige Regelung eintritt, die mit der bei unterlassenem Widerspruch eintretenden Bestandskraft eines Bescheids gegeben ist. Falls noch **kein Eilverfahren** bei Gericht im Gange ist, stellt sich mit dem Vorliegen eines Bescheids verstärkt die **Frage, ob neben dem Widerspruch auch Eilrechtsschutz beim Sozialgericht beantragt** werden soll. Insoweit unterscheidet man zweckmäßigerweise die folgenden Bescheidinhalte.

a) (Unterhalts-)Leistungs-(Teil-)Nichtgewährungsbescheide

Damit sind Bescheide gemeint, mit denen ein Antrag auf Arbeitslosengeld II/Sozialgeld ganz oder teilweise abgelehnt wird, aber auch solche, bei denen Einbehalte (Aufrechnung) vorgenommen und/oder Leistungen an dritte Empfänger (meist Vermieter, Energieunternehmen) direkt ausgezahlt und damit dem Berechtigten vorenthalten werden.

Will man sich lediglich gegen eine **(Teil-)Leistungsablehnung** wehren, dann ist neben dem unbedingt erforderlichen **Widerspruch** – der keine aufschiebende Wirkung hat – in dringenden Eilfällen ein **Antrag auf eine einstweilige Anordnung beim Sozialgericht** geboten, falls dessen Ent-

395

scheidung zur Abwendung wesentlicher Nachteile akut nötig erscheint (§ 86 b Abs. 2 Satz 2 SGG, sog. **Leistungs-Regelungsanordnung**).

Ist in einem Leistungsbescheid eine **Aufrechnung** (insbesondere wegen eines Darlehens oder einer sonstigen Einbehaltung) enthalten, so hat ein Widerspruch dagegen **aufschiebende Wirkung,** sodass die Behörde von sich aus die Aufrechnung bis zur Entscheidung über den Widerspruch einstellen oder – wenn sie dies nicht will – die sofortige Vollziehung anordnen müsste. **Rechnet sie trotz Widerspruchs weiter auf,** so ist ein **Eilantrag** beim Sozialgericht auf Herstellung der aufschiebenden Wirkung des Widerspruchs geboten (entsprechend § 86 b Abs. 1 Satz 1 SGG), der nur dann keine Erfolgsaussicht hat, wenn der Widerspruch offensichtlich unbegründet ist. Ordnet die Behörde die **sofortige Vollziehung** an und überzeugt die Begründung nicht, kann gleichfalls das Sozialgericht angerufen und die Herstellung der aufschiebenden Wirkung des Widerspruchs beantragt werden (§ 86 b Abs. 1 Satz 1 Nr. 2 SGG). Rechtsbehelfe sind hier sehr erfolgversprechend, falls es an einer gesetzlichen Grundlage für die Aufrechnung fehlt bzw. ein Einverständnis dazu widerrufen worden ist.

Enthält ein Leistungsbescheid eine **Überweisung an andere Empfänger** als die Leistungsberechtigten, so ist darin ebenfalls eine Regelung im Einzelfall, also ein Verwaltungsakt, zu sehen, bei dem ein Widerspruch aufschiebende Wirkung hat, sodass das Gleiche wie bei einer Aufrechnung gilt. Ein dementsprechendes Vorgehen ist insbesondere erfolgversprechend, falls Strom- (oft auch Nachzahlungsraten) oder Heizungskosten (besonders schwerwiegend: die tatsächlichen, während im Bescheid nur die angemessenen berücksichtigt werden) ohne Einverständnis (bzw. dessen Widerruf) an Energieunternehmen ausgezahlt werden.

Soweit ein **Antrag** auf **Aufhebung/Nachzahlung** bezüglich eines bestandskräftigen Bescheids (§ 44 SGB X) **abgelehnt** wurde (auch teilweise), hat neben dem Widerspruch ein **Antrag auf eine einstweilige Anordnung** (Leistungs-Regelungsanordnung) nur dann Chancen, wenn der aktuelle Bewilligungszeitraum noch den laufenden oder einen zukünftigen Monat umfasst. Tut er das nicht, liegt keine akute Notlage vor, sodass ein Antrag auf einstweilige Anordnung wegen fehlendem Anordnungsgrund ins Leere geht. Ähnliches gilt für einen **Antrag auf Änderungsaufhebung/Höherzahlung** bei einem **Dauerverwaltungsakt** (§ 48 SGB X), der freilich bei seiner Stellung einen laufenden Zeitabschnitt betrifft, sodass er in dringenden Fällen mit einem Eilantrag bei Gericht kombiniert werden sollte.

VII. Rechtsbehelfe

b) (Unterhalts-)Leistungs-Rückforderungsbescheide

Dies betrifft einmal Bescheide, die erbrachte Leistungen wegen Rechtswidrigkeit (§ 45 SGB X, z. B. bei nicht angegebenem Einkommen) bzw. wegen einer Änderung (§ 48 SGB X, z. B. bei einer mitgeteilten Einkommensveränderung) zurückfordern, und zum anderen Bescheide, welche im SGB II geregelte Rückforderungsansprüche betreffen (§ 34 SGB II: Ersatzansprüche, § 35 SGB II: Erbenhaftung).

Bei ihnen hat ein Widerspruch regelmäßig **aufschiebende Wirkung** (LSG ST Beschl. v. 27. 4. 2006 – L 2 B 62/06 AS ER – info also 2006, 271) umstritten nur bei reinen Aufhebungsbescheiden, die nicht mit einer Erstattung bzw. Aufrechnung verbunden sind), sodass die Rückforderung nicht unmittelbar durchgesetzt werden kann. Wird dies trotzdem versucht (auch durch Anordnung der sofortigen Vollziehung durch die Behörde), ist ein Eilantrag beim Sozialgericht auf Herstellung der aufschiebenden Wirkung geboten.

c) (Unterhalts-)Leistungs-Sanktionsbescheide

Sie beinhalten als Sanktion eine Absenkung oder einen Wegfall des Arbeitslosengelds II/Sozialgelds wegen einer Pflichtwidrigkeit (§§ 31, 32 SGB II; bei noch nicht angeordneter, sondern nur angekündigter Sanktionierung liegt nach der zweifelhaften Ansicht des SG Dresden Beschl. v. 10. 10. 2005 – S 23 AS 872/05 ER – Sozialrecht aktuell 2006, 64 noch kein Bescheid vor, sodass kein Eilantrag möglich sei).

Nach überwiegender wenn auch nicht unbedingt überzeugender Auffassung betreffen solche Bescheide „Leistungen der Grundsicherung für Arbeitssuchende", sodass ein **Widerspruch keine aufschiebende Wirkung** hat (§ 39 Nr. 1 SGB II). Wer die Sanktionierung für rechtswidrig hält und sich gegen den sofortigen Abzug zur Wehr setzen will – was insbesondere bei Leistungskürzungen von mehr als 10 % nahe liegt – kann **neben dem Widerspruch** entweder beim SGB-II-Träger einen Antrag auf Aussetzung der sofortigen Vollziehung stellen (§ 86 a Abs. 3 SGG) oder (in aller Regel besser) **gleich einen Antrag beim Sozialgericht auf Herstellung der aufschiebenden Wirkung des Widerspruchs** (§ 86 b Abs. 1 Nr. 2 SGG), was bei bereits erfolgter Absenkung von einem Antrag begleitet werden sollte, die Auszahlung der einbehaltenen Leistung anzuordnen (§ 86 b Abs. 1 Satz 2 SGG). Das verspricht Erfolg, wenn sich die Sanktionen voraussichtlich nicht als rechtmäßig erweisen bzw. an ihrer Rechtmäßigkeit ernstliche Zweifel bestehen (Beispiel LSG BaW Beschl. v. 12. 4. 2006 – L 7 AS 1196/06 ER-B – info also 2006,

G. Wie komme ich zu meinem Recht?

132). Ansonsten bleibt nur der Klageweg gegen den Widerspruchsbescheid (Beispiel SG Koblenz Urt. v. 30. 11. 2005 – S 2 AS 72/05 – SAR 2006, 53).

d) Arbeitsförderungsbescheide

Soweit Bescheide Arbeitsförderungsleistungen ablehnen, hat ein Widerspruch keine aufschiebende Wirkung und ein Antrag auf einstweilige Anordnung beim Sozialgericht nur Aussicht auf Erfolg, wenn die abgelehnte Förderungsleistung sofort zu gewähren ist. Das wird sehr selten der Fall sein, weil Entscheidungen über Arbeitsförderungsleistungen – mit wenigen Ausnahmen (s. S. 128, 139) – im Ermessen der Behörde stehen (§ 16 Abs. 1 SGB II), sodass eine sogenannte Ermessensreduzierung auf Null – also keine andere Entscheidungsmöglichkeit – gegeben sein müsste, um einem Eilantrag zum Erfolg zu verhelfen.

e) Arbeitsmaßnahmebescheide

Damit sind belastende Bescheide im Rahmen der Arbeitseingliederung gemeint, insbesondere die **Heranziehung zu einer Arbeitsgelegenheit** (§ 16 Abs. 3 Satz 2 SGB II) oder anderen Maßnahmen (s. § 10 Abs. 3 SGB II), vor allem in Form eines **Eingliederungsbescheids** (§ 15 Abs. 1 Satz 6 SGB II). Solche Entscheidungen betreffen nicht „Leistungen der Grundsicherung für Arbeitssuchende" (§ 39 Nr. 1 SGG), sodass ein **Widerspruch aufschiebende Wirkung** hat und die im Bescheid getroffene Maßnahme nicht durchgesetzt werden kann (so auch SG Ha Beschl. v. 12. 9. 2006 – S 56 AS 1765/06 ER – nach BAG-SHi 3/2006, 28). Die Behörde darf jedoch die **sofortige Vollziehung anordnen** (§ 86a Abs. 2 Nr. 5 SGG). Dagegen kann **einstweiliger Rechtsschutz** beim Sozialgericht auf Herstellung der aufschiebenden Wirkung beantragt werden (ein Teil der Gerichte – z. B. SG Hamburg Beschl. v. 7. 6. 2005 – S 62 AS 434/05 ER – Sozialrecht aktuell 2006, 68, und SG Köln Beschl. v. 24. 3. 2005 – S 10 AS 17/05 ER – Sozialrecht aktuell 2006, 72 lässt mangels Bescheidqualität gegen den Vorschlag bzw. die Zuweisung zu einer Arbeitsgelegenheit noch keinen Eilrechtsschutz zu, anders zu Recht SG Hamburg Beschl. v. 28. 6. 2005 – S 51 AS 525/05 ER – NDV-RD 2005, 81), welcher Erfolg hat, wenn ein überwiegendes Interesse des Antragsstellers gegenüber dem Sofortvollzug gegeben ist (Beispiel LSG NW Beschl. v. 11. 11. 2005 – L 19 B 89/05 AS ER – Sozialrecht aktuell 2006, 67, wo es verneint wurde bei Heranziehung eines promovierten Akademikers zu einer Bibliotheksassistententätigkeit).

VIII. Gerichtsverfahren

Insoweit ist zwischen Eil- und Klageverfahren zu unterscheiden.

1. Eilverfahren

Für ein Eilverfahren sind Erfolgsvoraussetzungen ein Anordnungsanspruch und ein Anordnungsgrund. Mit **Anordnungsanspruch** ist gemeint, dass der Antragsteller mutmaßlich einen Anspruch auf die geltend gemachte Leistung bzw. Rechtsfolge hat, mit **Anordnungsgrund**, dass eine schnelle gerichtliche Entscheidung zur Abwendung akuter wesentlicher existenzbedrohender Nachteile erforderlich ist. Nicht feststehende Tatsachen müssen glaubhaft gemacht werden, vor allem durch Urkunden und/oder eine eidesstattliche Versicherung des Antragstellers oder anderer Personen (Text: *„In Kenntnis der Strafbarkeit falscher Angaben versichere ich an Eides statt die Richtigkeit der im Antrag auf einstweilige Anordnung enthaltenen Tatsachen"*).

Ein Eilantrag ist **schriftlich an das Sozialgericht** (oder das Verwaltungsgericht) zu stellen (in zweifacher Ausfertigung, das zweite Exemplar bekommt die Behörde) **oder** (am besten) zu **Protokoll** auf der Rechtsantragsstelle des Gerichts aufzugeben. Aus seinem Inhalt muss zu entnehmen sein, was der Antragsteller will, also das Ziel seines Begehrens, und inwieweit Anordnungsanspruch sowie -grund vorliegen. Dabei braucht er keinen ausformulierten korrekten Antrag zu stellen und auch nicht die Worte „Anordnungsanspruch" bzw. „Anordnungsgrund" zu benutzen, sondern er hat lediglich die Fakten zu benennen, aus denen sich diese Voraussetzungen ergeben, und das Ziel (Begehren) muss soweit erkennbar sein, dass das Gericht sich vorstellen kann, was er anstrebt.

Unabdingbare Voraussetzung eines Antrags auf einstweilige Anordnung ist immer, dass die **Behörde schon mit dem vorgetragenen Fall befasst gewesen ist,** sodass selbst bei größter Not nicht direkt das Gericht angerufen werden kann, ohne dass dem Sozialleistungsträger Gelegenheit zu einer Entscheidung gegeben worden ist, wozu in dringenden Eilsachen eine kurze Frist ausreicht. In dem Antrag an das Gericht sollte deutlich gemacht werden, wann sich der Antragssteller erstmals an die Behörde gewandt hat und ob schon ein Bescheid ergangen ist. Im letzteren Fall ist auf jeden Fall Widerspruch bei der Behörde einzulegen, was auch im Eilantrag angegeben werden sollte. Mit der diffizilen

G. Wie komme ich zu meinem Recht?

Frage, ob die **aufschiebende Wirkung des Widerspruchs** oder eine einstweilige Anordnung zu begehren ist, braucht sich ein Widerspruchsführer aber nicht im Detail herumzuschlagen (s. LSG BeB Beschl. v. 27. 1. 2006 – L 15 B 1105/05 SO ER – FEVS 57, 447: Umdeutung geboten). Im Zweifel empfiehlt sich zu schreiben: *„unter Herstellung der aufschiebenden Wirkung des Widerspruchs vom ... gegen den Bescheid vom ..."* sowie klar das gewünschte Ergebnis anzugeben und neben dem eigenen Namen und der Unterschrift auch den betroffenen Sozialleistungsträger exakt anzugeben, etwa so:

Name, Anschrift   12. 12. 2006
Sozialgericht, Straße, Ort
Antrag auf einstweilige Anordnung
des Timo Kunz, Straße, Ort
gegen die ARGE, Straße, Ort
mit dem Begehren, die Antragsgegnerin unter Herstellung aufschiebender Wirkung (einschließlich Vollzugsaufhebung) des Widerspruchs vom 8. 12. 2006 gegen den Bescheid vom 6. 12. 2006 zu verpflichten, mir Arbeitslosengeld II ohne Einbehalt von 50 € und unter Direktzahlung des an E.ON für Stromzahlung überwiesenen Betrags an mich zu leisten.
Begründung:
Nach Aufgabe meines Tabakgeschäfts und Trennung von meiner Ehefrau habe ich eine neue Wohnung beziehen und Arbeitslosengeld II beantragen müssen. Am 6. 12. 2006 ist mir ein Bescheid der ARGE für den Bewilligungszeitraum 12/06– 0/07 zugegangen, in dem vom Arbeitslosengeld II 50 € einbehalten werden mit dem Hinweis „Raten für Erstausstattung" sowie mein monatlicher Stromabschlag unmittelbar an E.ON überwiesen wird. Dagegen habe ich am 8. 12. 2006 Widerspruch eingelegt. Durch die ungerechtfertigten Maßnahmen der Antragsgegnerin fehlen mir monatlich 50 €, was für mich sehr viel Geld darstellt. Den Stromabschlag möchte ich selbst an E.ON überweisen, da dies zu einer selbstbestimmten Lebensführung gehört und niemand unnötig erfahren soll, dass ich als ehemaliger Torschützenkönig der 2. Bundesliga jetzt auf Arbeitslosengeld II angewiesen bin.
Unterschrift

Bei Entscheidungen in Eilsachen haben die Gerichte die Rechts- und Sachlage möglichst umfassend zu prüfen. Soweit dies in dem summarischen Eilverfahren nicht möglich ist, muss eine **Folgenabwägung** getroffen und im Zweifel das **Existenzminimum** der Antragssteller **sichergestellt** werden (BVerfG Beschl. v. 12. 5. 2005 – 1 BrR 569/05 – NDV-RD 2005, 59).

Entscheidungen im Eilverfahren ergehen im schriftlichen Verfahren durch **Beschluss,** je nach dem wie eilbedürftig das Gericht die Sache

VIII. Gerichtsverfahren

einschätzt innerhalb kürzerer Zeit (ein Monat als Faustregel, aber oft auch länger, und selten kürzer); manchmal wird ein mündlicher Erörterungstermin angesetzt, oft um die Parteien zu einem Vergleich zu bewegen. Gegen **Beschlüsse** im Eilverfahren ist die **Beschwerde** zum nächst höheren Gericht, nämlich dem Landessozialgericht in Sozialgerichtssachen, und dem Oberverwaltungsgericht/Verwaltungsgerichtshof in Verwaltungsgerichtsverfahren möglich (Einzelheiten mit Adressen in der Rechtsmittelbelehrung des Beschlusses). Dessen Entscheidung ist für das Eilverfahren endgültig.

> **Rat:** Einstweilige Anordnungen im Eilverfahren sind Vollstreckungstitel (§ 199 Abs. 1 Nr. 2 SGG), die **sofort von der Behörde** – auch wenn noch Beschwerde möglich ist – zu **befolgen sind.** Tut sie das **nicht,** muss innerhalb eines **Monats** (sog. Vollziehungsfrist gemäß § 86 b Abs. 2 Satz 4 SGG, § 929 Abs. 2 ZPO) seit Zustellung der einstweiligen Anordnung die Androhung eines **Zwangsgelds** gegen den Sozialleistungsträger beim **Sozialgericht** beantragt werden (§ 201 SGG), weil danach die Vollziehung unstatthaft wird und die einstweilige Anordnung nur noch auf dem Papier steht.

Auch nach einem **rechtskräftigen Beschluss im Eilverfahren** hängt das **Schicksal** der Sache vom Ausgang des **Hauptverfahrens** mit Widerspruchsbescheid und Klage ab. Vielfach finden sich die Parteien freilich mit der Eilentscheidung ab und regeln auf ihrer Basis die Angelegenheit.

> **Rat:** Zur vertiefenden Lektüre lies Berlit, Vorläufiger gerichtlicher Rechtsschutz im Leistungsrecht der Grundsicherung für Arbeitsuchende – ein Überblick, info also 2005, 3 ff., Krodel, Das sozialgerichtliche Eilverfahren, 1. Aufl. 2005.

2. Klageverfahren

Eine Klage ist in **Sozialgerichtsverfahren** zulässig bei Untätigkeit der Behörde (§ 88 SGG: sechs Monate nach einem Antrag, drei Monate nach einem Widerspruch, siehe schon S. 362, 394) sowie nach Vorliegen eines **Widerspruchsbescheids** in der Sache **innerhalb eines Monats** nach dessen Bekanntgabe bei richtiger Rechtsmittelbelehrung, im **Verwaltungsgerichtsverfahren** immer mit einem Sachantrag bei dreimonatiger Untätigkeit der Behörde (§ 75 VwGO) bzw. bei Vorliegen eines Widerspruchsbescheids innerhalb eines Monats nach dessen Bekanntgabe (§ 74 VwGO), sodass sie zu diesem Zeitpunkt beim (Sozial-/Verwaltungs-)Gericht eingegangen sein muss.

G. Wie komme ich zu meinem Recht?

Die Klage ist **schriftlich** (zweifach, zweites Exemplar bekommt die Behörde) **oder zur Niederschrift** der Geschäftsstelle zu erheben (§§ 90 SGG, 81 VwGO). Inhaltlich **soll** die Klage in **Sozialgerichtssachen** die **Beteiligten** – also neben dem Kläger den beklagten Sozialleistungsträger – bezeichnen und einen **bestimmten Antrag** enthalten, den **angefochtenen Bescheid und Widerspruchsbescheid bezeichnen** und die zur Begründung dienenden **Tatsachen angeben** sowie vom Kläger oder seinem Bevollmächtigten (letzterer unter Vorlage der Vollmacht) **unterzeichnet** sein (ähnlich § 82 VwGO, in dem vorgeschrieben ist, dass sie Kläger, Beklagten sowie Gegenstand des Klagebegehrens enthalten **muss**). Auf die Klage, die der Gegenpartei zur Stellungnahme zugestellt wird, welche der Kläger dann zur Erwiderung erhält, geschieht in aller Regel lange nichts, weil die Gerichte mit Eilsachen zugedeckt sind. Für das **Sozialgerichtsverfahren** ist unter anderem vorgeschrieben, dass zu seinem Gegenstand auch ein **neuer Bescheid** gehört, der den angefochtenen abändert oder ersetzt (§ 96 SGG), sodass dieser von der Behörde dem Gericht mitzuteilen ist.

Das Klageverfahren **endet** ohne mündliche Verhandlung mit einem **Gerichtsbescheid** (§ 105 SGG, § 84 VwGO) oder nach einer mündlichen Verhandlung – in der es auch zu einem **Vergleich** kommen kann – bzw. im einverständlichen schriftlichen Verfahren durch ein **Urteil** (§§ 124 ff. SGG, §§ 107 ff. VwGO).

Gegen negative Endentscheidungen sind nach Maßgabe der Rechtsmittelbelehrung **Berufung** zum Landessozialgericht (Oberverwaltungsgericht/Verwaltungsgerichtshof) bzw. **Revision** zum Bundessozialgericht (BVerwG) möglich. Beim Oberverwaltungsgericht/Verwaltungsgerichtshof sowie bei den Bundesgerichten ist die Vertretung durch einen Rechtsanwalt vorgeschrieben.

3. Verfassungsbeschwerde

Das Bundesverfassungsgericht kann mit Sozialleistungssachen auf zweierlei Weise befasst werden: von den **Sozialgerichten** über den Weg der sog. **konkreten Normenkontrolle,** wenn sie ein Gesetz wegen Verletzung von Grundrechten für verfassungswidrig halten und deshalb dem Bundesverfassungsgericht vorlegen (Art. 100 GG), was sie aber nur sehr zurückhaltend tun, **oder** auf dem Weg der **Verfassungsbeschwerde,** die **jeder Bürger** erheben kann mit der Behauptung, durch die öffentliche Gewalt in einem seiner Grundrechte verletzt zu sein, in der Regel

VIII. Gerichtsverfahren

aber erst nach Ausschöpfung des Rechtswegs; das Bundesverfassungsgericht kann jedoch über eine vor Erschöpfung des Rechtswegs eingelegte Verfassungsbeschwerde sofort entscheiden (sog. Vorabentscheidung), wenn sie von allgemeiner Bedeutung ist, oder dem Beschwerdeführer ein schwerer und unabwendbarer Nachteil entstünde, falls er zunächst auf den Rechtsweg verwiesen würde (Art. 90 Abs. 1, 2 BVerfGG). Auch eine Verfassungsbeschwerde an das jeweilige Landesverfassungsgericht ist möglich (Art. 90 Abs. 3 BVerfGG).

Das Bundesverfassungsgericht hat in **SGB-II-Verfahren** bislang Grundrechtsrügen, welche das **materielle Grundsicherungsrecht** betreffen, **zurückgewiesen** und das so begründet (z. B. Beschl. v. 18. 3. 2005 – 1 BvR 143/05 u. a. – NJW 2005, 1642): Selbst wenn die Voraussetzungen einer Vorabentscheidung vorlägen, sei es zu einer solchen Entscheidung nicht verpflichtet. Gegen eine Vorabentscheidung spreche es unter anderem, wenn die einfachrechtliche Lage und die tatsächlichen Auswirkungen einer gesetzlichen Regelung noch nicht ausreichend vorgeklärt seien und das Bundesverfassungsgericht daher genötigt wäre, auf ungesicherter Grundlage weitreichende Entscheidungen zu treffen. Das sei hinsichtlich der Regelungen über die Grundsicherung für Arbeitsuchende nach dem SGB II („Hartz IV") der Fall. Insoweit müssten erst die fachnahen Sozialgerichte die relevanten tatsächlichen und rechtlichen Fragen klären und die einzelnen Regelungen des SGB II verfassungsrechtlich überprüfen.

Demgegenüber hat das Bundesverfassungsgericht schon wiederholt bei **Verfahrensfehlern** auf Verfassungsbeschwerden hin im Eilverfahren ergangene Gerichtsentscheidungen aufgehoben (z. B. Urt. v. 12. 5. 2005 – 1 BvR 569/05 – NDV-RD 2005, 59). Dabei legt es als Kriterium das Grundrecht des effektiven Rechtsschutzes (Art. 19 Abs. 4 GG) zugrunde, das besondere Anforderungen an die Ausgestaltung des Eilverfahrens stelle, wenn ohne die Gewährung vorläufigen Rechtsschutzes schwere und unzumutbare, anders nicht abwendbare Beeinträchtigungen entstehen könnten, die durch das Klageverfahren nicht mehr zu beseitigen wären. Bei der Prüfung der Voraussetzungen eines Anspruchs auf Leistungen zur Sicherung des Existenzminimums dürfe hinsichtlich der Beurteilung der Hilfebedürftigkeit nur auf die gegenwärtige Lage abgestellt werden und eine existenzsichernde Leistung nicht aufgrund bloßer Mutmaßungen verweigert werden.

Vor einer Verfassungsbeschwerde wegen Verletzung des rechtlichen Gehörs (Art. 103 Abs. 1 GG) muss beim letztinstanzlich entschei-

403

G. Wie komme ich zu meinem Recht?

denden Gericht innerhalb von 14 Tagen seit der Entscheidung eine **Anhörungsrüge** eingelegt worden sein (s. §§ 178a SGG, 152a VwGO).

> **Rat:** Verfassungsbeschwerden sollten wegen der relativ hohen Anforderungen, die das Bundesverfassungsgericht an ihre Schlüssigkeit stellt, von Rechtsanwälten eingelegt werden. Literatur: Zuck, Das Recht der Verfassungsbeschwerde, 3. Aufl. 2006.

IX. Kosten

1. Behörden- und Gerichtsverfahren

Im Sozialverwaltungsverfahren einschließlich dem Widerspruchsverfahren herrscht Kostenfreiheit (§ 64 SGB X), ebenso im Sozialgerichtsverfahren für Leistungsempfänger, Behinderte und Versicherte (§ 183 SGG) sowie weitgehend auch in Verwaltungsgerichtsverfahren (§ 188 VwGO: Ausbildungsförderung, Jugendhilfe, Kriegsopferfürsorge, Schwerbehindertenfürsorge). Auch Verfassungsbeschwerden sind kostenfrei.

Die zur zweckentsprechenden Rechtsverfolgung notwendigen eigenen Aufwendungen eines Widerspruchsführers oder Antragsstellers/Klägers bei Gericht sind von der Behörde zu tragen, soweit im Abhilfe- oder Widerspruchsbescheid eine diesbezügliche (abstrakte) **Kostengrundentscheidung** ergeht (§ 63 Abs. 1 SGB X: soweit der Widerspruch erfolgreich ist oder nur deshalb keinen Erfolg hat, weil die Verletzung einer Verfahrens- oder Formvorschrift unbeachtlich ist, nicht aber bezüglich Aufwendungen, die durch das Verschulden des Erstattungsberechtigten oder seines Vertreters entstanden sind) – die bei ihrem Unterlassen nachträglich beantragt werden kann – bzw. in der rechtskräftigen Gerichtsentscheidung im Eil- oder Hauptverfahren.

Aufgrund der Kostengrundentscheidung ist dann ein **Antrag auf (konkrete) Kostenfestsetzung** bei der Behörde oder dem Gericht zu stellen, in dem die entstandenen Kosten aufzuführen und zu belegen sind, z.B. für Attestbeschaffung, Fahrtkosten zur (Widerspruchs)-Behörde, Gericht, Fotokopien, Post, Telefon, Urkundenbeschaffung, Verdienstausfall, nicht aber solche wegen aufgewandter Mühe oder Zeit.

In der Kostengrundentscheidung ist auch zu befinden, ob die Hinzuziehung eines **Bevollmächtigten** notwendig war und dementsprech-

404

end dessen Kosten zu übernehmen sind, was vor allem für Rechtsanwälte relevant ist, welche diese Kosten dann auch selbst geltend machen.

2. Rechtsanwälte

Rechtsanwälte haben einen vertraglichen Honoraranspruch. Im (Sozial-)Verwaltungsverfahren kann jedoch **Beratungshilfe** (s. S. 338) beantragt werden, die bei ihrer Bewilligung zur Kostenübernahme durch die Staatskasse führt, neben der ein Rechtsanwalt noch höchstens 10 € vom Betroffenen verlangen kann (aber nicht muss). Im Gerichtsverfahren wird das gleiche Ergebnis durch die beim Gericht zu beantragende **Prozesskostenhilfe** erreicht (s. S. 340). Bei Nichtbeantragung bzw. Ablehnung von Beratungs- und Prozesskostenhilfe richtet sich der Honoraranspruch von Rechtsanwälten nach dem Rechtsanwaltsvergütungsgesetz.

> **Rat:** Rechtsanwälte sind auch befugt, eine Honorarvereinbarung mit ihren Auftraggebern zu schließen, doch sollte man sich nach Möglichkeit darauf nicht einlassen, weil dies regelmäßig mit höheren Zahlungen verbunden ist.

Das Rechtsanwaltsvergütungsgesetz sieht für die Sozialgerichtsbarkeit Rahmengebühren vor, die sich belaufen auf die folgenden Mindest- und Höchstbeträge:

Sozialverwaltungsverfahren (VV Nr. 2401)	40–260 €
Widerspruchsverfahren (VV Nr. 2400)	40–520 €
Klageverfahren (VV Nr. 3102)	40–460 €
– bei Vertretung schon im Verwaltungs/Widerspruchsverfahren (VV Nr. 3103)	20–320 €
Gerichtliches Eilverfahren (VV Nr. 3102)	40–460 €

Innerhalb dieses Rahmens bestimmt der Rechtsanwalt die konkrete Höhe unter Berücksichtigung aller Umstände des Einzelfalles, insbesondere der Schwierigkeit und des Umfangs der Sache, ihrer Bedeutung sowie der Einkommens- und Vermögensverhältnisse des Betroffenen, im Durchschnittsfall nach der sog. **Mittelgebühr,** die sich auf die Hälfte der addierten Mindest- und Höchstgebühr beläuft, also im Klageverfahren auf 250 €.

Zu der Rahmengebühr kommen noch **Nebenvergütungen,** insbesondere für Ablichtungen (Pauschale VV Nr. 7000: 0,50 € für die ersten 50 Seiten, 0,15 € für jede weitere), Fahrtkosten (VV Nr. 7003–7006), Post-

und Telekommunikationskosten (VV Nr. 7001: in voller Höhe, oder pauschal nach VV Nr. 7002: 20% der Gebühren, höchstens 20 €), Terminsgebühren (VV Nr. 3102 und Nr. 3106: 40–460 € bzw. 20–380 €), Umsatzsteuer (VV Nr. 7008: 16%, seit 1. 1. 2007: 19%).

Im Verwaltungsgerichtsverfahren bestimmen sich die Verfahrensgebühren nach dem Streit- oder Gegenstandswert, während die Nebenvergütungen denjenigen im Sozialgerichtsverfahren entsprechen. Soweit die Kosten nach der Grundentscheidung im Widerspruchsbescheid oder der Gerichtsentscheidung vom Sozialleistungsträger zu tragen sind, wird der Anwalt einen Kostenfestsetzungsantrag gegen diesen stellen, ansonsten die Kosten seinem Mandanten in Rechnung stellen. Dafür kommen ggf. die Rechtsschutzversicherungen auf.

Sachverzeichnis

Zahlen = Seiten

Abfindung 88
Abführmittel 241
Abhilfebescheid 393
Abschlagserstattung 88
Abschmelzung 386, 388
Absetzungen vom Einkommen 95
Absetzungsgrundpauschale 97
Absetzungsmehrbetrag 98
Abzweigung 308, 325
Agentur für Arbeit 201
Aids-Kranke 53, 87
Akteneinsicht 371 f.
Akute Gesundheitsbehandlung
    240, 272
Alleinerziehende 49, 232
Allgemeinbedarf 46 ff., 223 ff.
Allgemeinleistung 121 f.
Altenhilfe 246, 259, 275
Alter 34, 137, 150, 154
Ältere Arbeitnehmer 137, 150,
    154
Altersabhängige Rechte und
    Pflichten 24, 34
Altersrente 10, 35, 154
Alterssicherung der Landwirte 10
Altersvorsorgebeiträge 95, 97, 237
Altersvorsorgevermögen 104
Ambulante Leistungen 278
Änderungsbescheid 386
Änderungsgesetz 30, 219 f.
Änderungsmitteilung 360
Anfechtbarkeit eines Bescheids
    378
Anfechtungsklage 213

Angehörigenpflege 141, 151
Anhörung 370, 380
Anhörungsrüge 404
Anordnungsanpruch 399
Anordnungsgrund 399
Anschaffungsfreibetrag 104, 106
Ansprechpartner 33, 157
Anspruch 20, 31, 46, 89, 275, 277,
    307
Anspruchsgrundlage 31, 34, 222
Anspruchsübergang 216 f.
Antrag 22, 205, 214, 347 ff.
Antrag auf einstweilige
    Anordnung 361 f.
Antragstellung 347
Anzeigekosten 70
Arbeit 3, 127 ff.
Arbeitgeberassistenz 306
Arbeitgebererstattung 319
Arbeitgeberförderung 132
Arbeitsassistenz 140
Arbeitsaufnahme 131
Arbeitsbedingungen 153 f.
Arbeitsbegutachtung 130
Arbeitsbeschaffungsmaßnahmen
    133 f.
Arbeitseingliederungsleistungen
    127 ff., 191 f., 313, 357
Arbeitseinkommen 94
Arbeitsentgelt 89
Arbeitsförderung 3, 128 ff., 313,
    357
Arbeitsförderungsbescheid 398
Arbeitsförderungsgeld 252

407

Arbeitsgelegenheiten 125, 149
Arbeitsgelegenheiten-
Entschädigung 125 f.
Arbeitsgemeinschaft 201 f.
Arbeitsgerät 131
Arbeitskleidung 131
Arbeitslose ab 58 Jahre 5, 42 f.
Arbeitslosengeld (I) 4
Arbeitslosengeld-(I)-Nachschlag
124
Arbeitslosengeld-(I)-Zuschlag 124
Arbeitslosengeld-II 6, 19, 34 ff.
Arbeitslosengeld-II-Reduzierung
179 f.
Arbeitslosenhilfe 19
Arbeitslosigkeitsversicherung 5
Arbeitsmarktrente 37, 154
Arbeitsmaßnahmenbescheid 398
Arbeitsmittel 97, 108
Arbeitsmittelpauschale 97, 252
Arbeitsstartförderung 128, 150 ff.
Arbeitssuche 161
Arbeitsteilzeit 6, 150
Arbeitsunfähigkeit 194
Arbeitsunfall 9
Arbeitsvermittlung 128
Arbeitszumutbarkeit 150 f.
ARGE 33, 201 f.
Arzt 318, 353
Ärztliche Behandlung 313, 357
Ärztlicher Dienst 206
Ärztliche Untersuchung 209, 211,
313, 356
Assessment 129, 131, 159
Asylbewerberleistungen 327 ff.
Asylbewerberleistungsberechtigte
183 f.
Aufhebungs-Nachzahlungs-
bescheid 383
Aufklärung 21
– des Sachverhalts 311

Auflage 375
Aufrechnung 86 f., 126, 282, 310,
378 f., 388 f.
Aufschiebende Wirkung des
Widerspruchs 392 f.
Aufstocker 145
Aufwendungsersatz 300
Ausbildungsförderung 2
Ausbildungsgeld 3, 14, 250
Ausbildungsvermittlung 128
Ausführungsbestimmungen 27
Ausgleichsrente 12, 92
Auskunft 21, 213
Auskünfte durch Dritte 311
Auskunftseinholung 297, 353
Auskunftseinwilligung 311
Auskunftspflicht 156, 297 f.
Ausländer 34, 183 ff., 291 f.
Auslegung 25
Auslegungsfehler 379
Ausrüstungsbeihilfe 131
Außendienst 369
Auswärtige Arbeitnehmer 131
Auszahlung 308
Auszubildende 186, 283
Auszugsrenovierung 64, 71
Auto 105, 243
Autohaftpflichtversicherung 95 f.
Automatisierter Datenabgleich
365

Baby-Erstausstattung 79 f.
Backform 74
Bankauskunft 353
Bankdepots 366
Bankguthaben 89
Bankkonten 366
Barbetrag 285
Barvermögen 103, 254
Beantragung-Sofortangebot 128,
150 ff.

Bedarf 18, 46, 223
Bedarfe des täglichen Lebens 46
Bedarfsgemeinschaft 44, 47, 109,
193, 205
Bedürftigkeit 18, 88 ff., 248 ff.
Bedürftigkeitsabhängige Unter-
haltsleistung 18
Bedürftigkeitsherbeiführung 181,
290
Bedürftigkeitswegfall 149
Befähigungsförderung 131
Befundbericht 206
Begleitförderung 141
Begründung eines Bescheids 375,
380
Begünstigender Bescheid 383
Behandlung 313, 357
Beherbergungsleistungen 47
Behinderte Menschen 13, 37 ff.,
55, 134, 139 ff. 241 f., 273, 315
– in Aus- oder Schulbildung 232
– in Werkstätten 35, 139, 189,
239, 242, 245, 250, 252, 260,
285, 296, 315
Beistand 374
Bekanntgabe eines Bescheids 376
Bekleidung 47, 74 ff.
Bekleidungs-Erstausstattung 74 ff.
Beratung 21, 33, 277
Beratungshilfe 374
Beratungskunden 159, 199
Berechnung 127
Berufsausbildungsbeihilfe 3, 146
Berufsberatung 130
Berufsgenossenschaften 11
Berufskrankheit 9
Berufsrückkehrer 134, 141
Berufsschadenausgleich 12
Berufsverbände 252
Berufsweiterbildungsförderung
132

Berufung 402
Beschäftigungsförderung 131
Bescheid 204, 317, 374 ff.
Bescheidaufhebung 382
Bescheidrücknahme 382
Bescheidwiderruf 382
Bescheinigungseinholung 206
Beschwerde 401
Besondere Lebenslagen 17, 220,
222, 240
Besondere Lebensverhältnisse
244 f.
Besondere soziale Schwierig-
keiten 244 f.
Besondere Teile des SGB 2, 20
Besonderheitenbedarf 63 ff., 235 f.
Besonderheitenleistungen 122
Bestandskraft eines Bescheids 382
Bestattungskosten 246
Bestattungsvermögen 107
Betreutes Wohnen 242
Betreuungskunden 159, 199
Betriebskosten 57, 60
Betriebskostenguthaben 65
Betriebskostennachforderung 65
Betriebskostenrückzahlung 65
Betriebskostenspiegel 60
Betroffenenrechte 370
Bett 73
Bettmatratze 73
Bettwäsche 73
Beurteilungspflicht 157
Bevollmächtigter 373
Beweglichkeitsförderung 131
Beweislast 154
Beweismittel 316, 354 ff.
Bewerbungsförderung 131
Bewerbungskosten 131
Bewilligungszeitraum 127, 148,
297, 376, 385
Bildung 2

Bildungsgutschein 132
Bildungsmaßnahmen 155
Bildungsziel 132
Blankoauskunft 353
Blindengeld 24, 246
Blindenhilfe 246, 263, 275
Blindheit 246, 263
Bratpfanne 74
Brennmaterialbeihilfe 65
Brillengläser 241
Brotkasten 74
Brotmesser 74
Budgetberatung 277
Bügeleisen 74
Bundesagentur für Arbeit 201
Bundesausbildungsförderungs-
gesetz 2
Bundesentschädigungsgesetz 322
Bundesknappschaft 10

Call-Center 365
Case-Management 159
Chronische Pflege 243, 274
Contergankinder-Stiftung 91, 320
Couch 73

Darlehen 70, 86, 108, 122, 126 f.,
149, 300
Darlehensrückzahlung 89, 215
Datenabgleich 93, 365
Datengewinnung 364
Datenschutz 318, 337
Datenschutzbeauftragte 367
Datenüberprüfung 298
Dauerverwaltungsakt 385 f., 396
Dauerwirkung 385 f., 396
Degressiv-Arbeitslosengeld-(I)-
Zuschlag 124
Desintegrationsüberwindung 244,
259, 275, 288
Deutsche im Ausland 290

Deutsche Rentenversicherung
11
Deutscher Verein für öffentliche
und private Fürsorge 28
Diät 50
Dienstanordnungen 27
Dienstanweisungen 27
Dienstleistungen 21, 33, 277
Direktförderung 145
Direktüberweisung an andere
Empfänger 63, 396
Doppelleistungen 282
Doppelte Haushaltsführung 97,
252
Doppelte Miete 69 f.
Dosenöffner 74
Dreiecksverhältnis 178, 280, 284
Drittförderung 132
Drittleistungen 177
Drittvermittlung 129

Eckregelsatz 47, 230
Eheähnlicher Partner 44, 109,
258, 283
Ehegatten 44
Ehepartner 44
Eidesstattliche Versicherung 362,
399
Eigenbemühungen 161
Eigenheimzulage 93
Eigentumswohnung 62, 107
Eignungsfeststellungsmaßnahmen
131
Eilfallnothelfer 292
Eilrechtsschutz 361 f., 395 ff.
Eilverfahren 361 f., 395 ff., 399 ff.
Einbehaltung 282, 310
Ein-Euro-Job 125, 149
Eingliederungsbescheid 177, 398
Eingliederungshilfe für behinderte
Menschen 241 f., 259, 273

Eingliederungsvereinbarung 159 ff., 199 f.
Eingliederungszuschuss 132
Einigungsstelle 207
Einigungsstellen-Verfahrens-ordnung 208
Einkommen 88 ff., 203, 249 ff.
Einkommensabsetzungen 94 ff., 251
Einkommensberechnung 94, 251 f.
Einkommensgrenzen 261 f.
Einkommensteuer 95
Einkommens- und Verbrauchs-stichprobe 223
Einmalige Bedarfe 63, 235, 253
Einmalige Einnahmen 92
Einrichtungen 189 ff., 278 f., 284 ff.
Einrichtungsnutzer 189 ff., 284 ff.
Einsatzgemeinschaft 109, 256, 266
Einsetzen der Sozialhilfe 295
Einstiegsgeld 125, 146
Einstweiliger Rechtsschutz 395
Einzelanspruch 46, 277
Einzelfallberücksichtigung 280
Elterngeld 16, 91
Elternunterhalt 304
Empfängnisregelnde Mittel 241
Empfehlungen 28
Energiekostenguthaben 65
Energieschulden 65, 236
Energie-Sonderbedarf 63 ff.
Energiesperre 67
Entgeltfortzahlung 7
Entschädigungsleistungen 91, 249, 322
Erbenhaftung 215, 300
Erbschaft 89
Erbstücke 107, 254
Ergänzende Lebenslagen 245, 275

Ergänzungsbedarf 72, 75, 86
Ergänzungsförderung 136
Erhaltungsbedarf 72, 75, 86
Erkrankungen 51 ff.
Erlass 27, 214
Ermessen 26, 28, 138, 276, 307
Ermessensfehler 379 f.
Ermittlungsuntersuchung 364 ff.
Ernährung 46 f., 50, 223
Erneuerungsbedarf 72, 75, 86
Erreichbarkeit 41 ff., 45
Erstattung 216 f., 301 f., 319
– zu Unrecht erbrachter Leistungen 282
Erstattungsbescheid 388
Erstausstattung 72 ff., 122, 235
Erträge 90
Erwerbseinkommen von Sozial-geldempfängern 93
Erwerbsfähigkeit 35 ff.
Erwerbsfähigkeitsfeststellung 206
Erwerbsminderungsfeststellung 206, 296
Erwerbsminderungsrente 10, 12
Erwerbstätigkeitsfreibetrag 97 f., 148, 252
Erwerbsunfähigkeit 35 ff., 206 f., 222
Erwerbsunfähigkeitsfeststellung 206, 296
Erziehungsgeld 16, 90
Essbesteck 74
Essen auf Rädern 238
Essservice 74
Evaluation 159
Existenzminimumgarantie 261, 268
Extraleistungen 125

Fachberatungsstelle 277
Fahrtkostenbeihilfe 131

Fahrtkosten zum Arbeitsplatz 97, 252

Faktische Vollziehung 393, 396 f.

Fälligkeit 307

Fallmanager 157

Familie 138, 280

Familienkasse 16, 327

Familienleistungsausgleich 322

Familienplanung 7, 240

Familienstücke 107, 254

Familienzuschlag 262, 266

Fax 47

Fernsehapparat 47, 73, 254

Feststellung dauerhaft voller Erwerbsminderung 296

Feststellung Erwerbsfähigkeit 206 f.

Feststellung Hilfebedürftigkeit 206 f.

Feststellungsbescheid 206

Finanzamt 311

Flaschenöffner 74

Förderplan 299

Forderung 32

Förderung 32, 127 ff.

Förderungsentscheidung 138

Form 21, 33, 121 f.

Formfehler 380

Fortentwicklungsgesetz 30, 219

Fortsetzungsantrag 351

Frauen 138

Frauenhaus 190, 193

Freibeträge 103, 254

Freibetragsneuregelungsgesetz 30, 219

Freie Förderung 144

Freie Träger 23, 92, 174, 250, 277, 279

Freie Wohlfahrtspflege 92, 250, 277

Freiheitsentzug 192

Freizeit 47

Frühförderung 240

Garantiebetrag 261, 268

Gardinen 47

Gaststättenleistung 47

Gebärdensprache 23

Gebrauchtwarenlager 86

Geburt-Erstausstattung 78 ff.

Geldgeschenke 92

Geldleistungen 21, 33, 121, 278, 308

Geldwerte Leistungen 180

Gelegenheitsarbeiten-Förderung 149

Gemeinsame Einigungsstelle 207

Gender Mainstreaming 138

Gerichtlicher Eilrechtsschutz 361 f.

Gerichtsbescheid 402

Geringfügige Mittel 238, 264

Gesamtfreibetrag 99

Gesamtplan 274, 288

Geschäftsführer 204

Geschenke 90, 92

Gesetz für moderne Dienstleistungen am Arbeitsmarkt 30

Gesetzesvorbehalt 22, 378

Gesundheitsamt 294

Gesundheitsopfer 11

Gesundheitspflege 47

Gesundheitsschäden 11

Getränke 47

Gewerkschaftsbeiträge 97, 252

Gewinne 89

Gewöhnlicher Aufenthalt 40 ff., 45, 205, 314

Gläser 74

Glaskaraffe 74

Glücksspielgewinne 89

Grabpflegevermögen 107

Grundfreibetrag 103, 254
Grundpauschale 284
Grundrente 12, 91, 249, 320
Grundsicherung für Arbeits-
    suchende 6, 30 ff.
Grundsicherung im Alter und bei
    Erwerbsminderung 19, 221 ff.,
    239 f., 254, 271 f.
Grundstück 107, 254
Gründungszuschuss 5
Gutschein 181, 201, 278

Haftentlassene 244
Haftpflichtversicherung 95 f.
Hallenbadgutschein 181, 201
Handlungsfähigkeit 22
Handtücher 74
Härtevermögen 107, 253
Hauptfürsorgestelle 12
Hausapotheke 74
Hausbesuch 367 ff.
Hauseigentum 62
Hausgrundstück 107, 254
Haushaltsenergie 46
Haushaltsenergie-Guthaben 65
Haushaltsgemeinschaft 111 f., 257
Haushaltsgeräte 47, 71 f.
Haushaltshilfe 221, 245, 275
Häusliche Pflege 243
Hausrat 46, 71 f., 105, 253
Hausratsgrundausstattung 74
Hausratsversicherung 96
Heilbehandlung 313, 357
Heilpädagogische Maßnahmen
    242
Heim 189
Heimarbeiter 139
Heißwassergerät 73
Heizbedarf 60 f.
Heizkosten 60 f.
Heizkosten-Guthaben 65

Heizkosten-Nachforderung 65
Heizöl 65
Herd 73
Herstellungsanspruch 22
Hilfe in besonderen Lebenslagen
    19, 220, 222, 240 ff., 272 f.
Hilfe in sonstigen Lebenslagen
    246, 275
Hilfe zum Lebensunterhalt 19,
    221 ff., 270 f.
Hilfe zur Pflege 243, 274
Hilfe zur Überwindung be-
    sonderer sozialer Schwierig-
    keiten 244 f., 275, 288
Hilfebedürftigkeitswegfall 149
Hilfsarbeiten 154
Hochschrank 73
Hörbehinderte Menschen 23

Information 21, 33
Informationskunden 159
Insolvenzgeld 5, 89
Instandsetzungsarbeiten 64
Integrationsamt 15
Internet 29
Investitionsbetrag 284
Ist-Leistungen 276

Job-Center 203
Jugendherberge 190
Jugendhilfe 15
Junge Menschen 133 f., 141,
    196 ff.

Kabelfernsehgebühren 57
Kaffeefilterhalter 74
Kaffeemaschine 74
Kaffeeservice 74
Kaltmiete 57
Kann-Leistungen 276
Kaufpreiserlöse 89

Kinder- und Jugendhilfe 240
Kinderbetreuung 131 f., 141, 151
Kinder-Erstausstattung 81 f.
Kindererziehungszeiten 10
Kindergeld 16, 93 f., 251, 323 f.
Kinderhilfe 15
Kinderzuschlag 16, 94, 113 ff.,
185
Klageverfahren 401
Klassenfahrt 84 f., 235
Kleiderkammer 86
Kleiderschrank 74
Kleidung 46
Knappschaftsausgleich 35
Koffer 74
Kohle 65
Kombilohn 147
Kombinationstheorie 58
Kommunale Träger 33 f., 201 ff.
Kommunalträger-Zulassungs-
verordnung 205
Kontenabfrage 366
Kontenpfändung 308
Kontoauszüge 355
Kopfkissen 74
Kopfteil 60, 235
Korkenzieher 74
Körperpflege 46
Kosten des Verfahrens 393, 404 f.
Kostenaufwändige Ernährung 50,
232
Kostenbeitrag 300
Kostenersatz 215, 282, 300
Kostenerstattung 305 f.
Kostenfestsetzung 394, 404
Kostengrundentscheidung 393,
404
Kraftfahrzeug 105, 243
Kraftfahrzeughaftpflicht-
versicherung 95
Kraftfahrzeughalterdaten 298, 366

Kraftfahrzeug-Hilfe 140
Krankengeld 7, 11, 14, 194
Krankenhaus 191
Krankenkassen 10
Krankenversicherung 6 f.
Krankenversicherungsbeiträge 95,
123, 236
Krankenversicherungsleistungen
6 f., 195 f.
Krankheit 6 f., 37 ff., 194 ff., 240 f.
Krankheitsfrüherkennung 240
Krankheitsverhütung 240
Kriegsopferfürsorge 12
Küchenschrank 73
Küchenstühle 73
Küchentisch 73
Küchentücher 74
Kühlschrank 73
Kultur 46 f.
Kundennummer 213
Kundentypisierung 159
Kunstgegenstände 107, 254
Kurzarbeitergeld 5

Lagerunterkünfte 190
Lampe 74
Landesblindengeld 24
Landesrecht 24
Landwirte 6 f., 9 f.
Langzeitarbeitslose 141
Lebenslage 2 ff.
Lebensmittelgutscheine 181, 201
Lebenspartner 24, 44, 283
Lebenspartnerschaftsähnliche
Partner 44
Lebensunterhalt 17, 34 ff., 223 ff.
Lebensversicherung 108 f.
Leiharbeit 144
Leistungen 121 ff. 270 ff.
Leistungsabsprache 298
Leistungsberechnung 127

Leistungsbild 207
Leistungserbringung 32, 178, 277
Leistungserlass 214
Leistungsformen 21, 33, 121 f.
Leistungsgrundsätze 20, 31, 275 f.
Leistungsmissbrauch 204, 365, 369
Leistungsnachrang 33
Leistungsreduzierung 178 ff.,
  281 f.
Leistungsrückgriff 214 ff., 300 ff.
Leistungsträger 2 ff., 23, 33, 201 ff.,
  293 ff.
Leistungsträgererstattung 319
Leistungsträgerstreit 349
Leistungsträgerzusammenarbeit
  318
Leistungsvereinbarung 178, 279,
  284
Liege 74
Literatur 29
Lohnabstandsgebot 224
Lohnfortzahlung 7, 194
Lohnhöhe 155
Lohnwucher 155

Maklerkosten 70
Marktkunden 159, 199
Maßnahmenbeteiligung 356 ff.
Maßnahmepauschale 284
Maßnahmeträger 157, 178
Maklergebühren 70
Maßregelvollzug 193
Materialien 27
Matratze 73
Mehrbedarf 48 ff., 232 f.
Mehrbedarfsabweichung 237
Meldedaten 366
Meldepflichten 156
Meldeversäumnis 179
Miete 57 ff.
– an Vermieter 122

Mieteinnahmen 252
Mietkaution 71
Mietrückstände 66, 236
Mietschulden 66, 236
Mietspiegel 58
Mindestanforderungs-Verordnung
  204
Mindestlohn 155
Mini-Jobs 154
Mittelgebühr 405
Mittelverschleuderung 181
Mitwirkung 310 ff., 351 ff.
Möbel 47, 72
Mobilitätshilfe 131
Möblierte Wohnung 62
Monitoring 159
Muss-Leistungen 276
Mutterschaft 7, 240
Mutterschaftsgeld 7

Nachhilfekosten 87
Nachholungsantrag 350
Nachrang 33, 220
Nachtklinik 193
Nachzahlung 89, 383
Nahtlos-Bezug 207, 212
Nebenbestimmung 375
Nebenkosten 57, 60
Nebenkosten-Guthaben 65
Nebenkosten-Nachforderung 65
Neugründungszuschuss 132
Nicht begünstigender Bescheid
  383
Nichtigkeit eines Bescheids 377
Normenkontrollverfahren 402
Notunterkunft 62, 190

Öffentlich-rechtlicher Vertrag 318
Opfer des Nationalsozialismus 91
Opferentschädigung 11
Opferfürsorge 12

Opfer politischer Verfolgung 91
Opfer rechtswidriger Strafver-
folgungsmaßnahmen 91
Opfer von Bundeswehr- und
Zivildienstunfällen 91
Opfer von Gewalttaten 29
Optionskommunen 34, 201
Optionsmodell 34, 201
Örtliche Zuständigkeit 205, 294

Pachteinnahmen 252
Partner 44, 109
Pauschalen 72, 74 f., 78, 81, 234
Personalcomputer 254
Personal-Service-Agentur 129
Persönlicher Ansprechpartner 33,
157
Persönlicher Geltungsbereich 314
Persönliches Budget 140, 274 f.
Persönliches Erscheinen 312, 356
Pfändung 88, 277, 308
Pfannenwender 74
Pflege Angehöriger 141, 151
Pflegebedarf 243
Pflegebedürftige Menschen 243,
263
Pflegegeld 92, 243
Pflegehilfsmittel 244
Pflegekassen 10
Pflegekinder 289
Pflegestufe 243
Pflegeversicherung 9
Pflegeversicherungsbeiträge 95,
123, 236
Pflegeversicherungsleistungen
91 f.
Pflegezulage 12
Pflichten 22, 24
Praxisgebühr 195
Privatrechtliche Vereinbarungen
24

Produkttheorie 57
Profiling 130, 164 ff.
Programmsätze 20, 32
Prozesskostenhilfe 340
Prüfungsvereinbarung 178, 279,
284
Psychologische Untersuchung
313, 356
Psychosoziale Betreuung 143

Qualitätsvereinbarungen 178, 279,
284

Radio 74
Rahmenregelungen 307 ff.
Rechenfehler 378
Rechtsanwalt 373, 405 f.
Rechtsanwaltsvergütung 405 f.
Rechtsbehelfe 389 ff.
Rechtsdurchsetzung 347 ff.
Rechtsfehler 378 ff.
Rechtsfolgenfehler 379
Rechtslücken 26
Rechtsmittelbelehrung 317, 390
Rechtsprechung 27
Rechtsquellen 24
Rechtsschutzversicherung 264,
406
Rechtsverordnungen 24
Regelabweichungsbedarf 238
Regelbedarf 46, 223
Regel-Co-Bedarf 238
Regelleistungs-Zuschlag 85
Regelminderbedarf 238
Regelsatzerhöhung 238
Regelsatzreduzierung 238
Regelsatzverordnung 224
Regel-Sonderbedarf 85 f., 238 f.,
282
Regelsonderleistung 238, 282
Rehabilitation 13, 242 f., 315

Rehabilitationseinrichtung 189, 191
Rehabilitationsträger 140
Rehabilitierungsleistungen 91, 349
Reha-Mehrbedarf 55
Reisekosten 131, 156
Renten 10, 89
Rentenantragsteller 236
Rentenneurose 39
Rentenversicherung 10
Rentenversicherungsbeiträge 95, 123, 237
Rentenversicherungsträger 11, 297
Reparaturen 86
Revision 402
Richtlinien 27
Riester-Anlage-Vermögen 104, 253
Riester-Rente-Beiträge 97
Rollos 72
Rückforderungsanspruch 217
Rückgriff 214 ff., 300 ff.
Rückübertragung 219
Rückzahlung 384
Ruhestandsbezüge 35
Rührgerät 74
Rundfunkgebührenbefreiung 344
Rundverfügungen 27

Sachbezüge 251
Sachleistungen 21, 33, 94, 121 f., 180, 278
Sachliche Zuständigkeit 302, 393
Sachverhaltsaufklärung 311
Sachverhaltsermittlung 316
Sachverhaltsfehler 381
Sanktionen 178 ff., 200
Sanktionsbescheide 397
Säuglings-Erstausstattung 78 f.
Schadensersatzleistungen 90

Schadensersatzpflichtige 319
Schalen 74
Schenkungen 90, 92
Schenkungsrückforderungs-
anspruch 217, 305
Schmerzensgeld 90 f., 107, 250
Schmuckstücke 254
Schneebesen 74
Schönheitsrenovierungen 64 f.
Schonvermögen 103 ff., 253 f.
Schreibfehler 378
Schuhe 47
Schuldenübernahme 65 f., 236
Schuldhafte Hilfeherbeiführung 215
Schuldnerberatung 142, 277
Schüler 130
Schulranzen 84
Schwangerschaft 7, 10, 49, 109, 232, 240, 302
Schwangerschaftsabbruch 8
Schwangerschafts-Erstausstattung 78 ff.
Schwerbehinderte Menschen 14, 135, 232, 315
Schwerbehindertenausweis 14, 56, 232 f.
Schwerbeschädigte 12
Schwerpflegebedürftige 243, 263
Schwerstbeschädigte 12
Schwerstpflegebedürftige 243, 263
Seelische Behinderung 240
Siebe 74
Sofortangebot 129, 150
Sofortiger Verbrauch 108, 255, 271
Sofortige Verwertung 108, 255, 271
Sofortige Vollziehbarkeit 213
Soldaten 92
Soll-Leistungen 276

Sachverzeichnis

Sonstige Lebenslagen 246, 275
Sozialamt 294
Sozialdatengewinnung 364
Sozialdatenschutz 318, 364
Sozialdetektiv 367, 373
Soziale Rechte 20
Sozial erfahrene Personen 299
Soziale Schwierigkeiten 244 f.,
  275
Sozialgeld 6, 19, 43 ff., 126
Sozialgeldreduzierung 182
Sozialgesetzbuch 1 ff.
Sozialgesetzbuch I 2 ff., 307 f.
Sozialgesetzbuch II 30 ff.
Sozialgesetzbuch-II-
  Änderungsgesetz 30
Sozialgesetzbuch IV 314
Sozialgesetzbuch IX 315
Sozialgesetzbuch X 316 f.
Sozialgesetzbuch XII 220 ff.
Sozialgesetzbuch-XII-
  Änderungsgesetz 220
Sozialhilfe 220 ff.
Sozialhilferichtlinien 28
Sozialhilfeträger 221
Sozialleistung 1
Sozialleistungsgrundsätze 20, 31
Sozialleistungsrecht 1
Sozialleistungsstrukturierung 17
Sozialleistungsträger 2 ff., 23, 33,
  201 ff.
Sozialleistungsträger-Erstattung
  319
Sozialleistungsträger-
  Zusammenarbeit 318
Sozialmedizinisches Gutachten
  206
Sozialpädagogische Begleitung
  133, 137, 141 f.
Sozialversicherung 6, 314
Sozialversicherungsausweis 315

Sozialversicherungsbeiträge 95,
  123, 126, 236 f., 251
Sozialversicherungsbeitrags-
  erstattung 213
Sozialverwaltungsverfahren 318 f.,
  347 ff.
Sparvermögen 103, 254
Sperrzeit 181
Sprungrahmen 74
Spule 74
Startsofortangebot 128, 150
Stationäre Einrichtungen 189 ff.,
  278 f., 284 ff.
Statistik 214, 299
Staubsauger 74
Sterbegeldversicherung 96, 237
Sterilisation 7, 241
Steuererstattung 90
Steuern 94, 251
Stiftung „Hilfswerk für behinderte
  Kinder" 91, 320
Stiftung „Mutter und Kind" 91,
  320
Stiftungsleistungen 320
Strafentlassene 244
Strafgefangenen-Über-
  brückungsgeld 90
Strafhaft 193, 343
Strom 47
Stromkostenguthaben 65, 68
Stromkostennachzahlung 67, 86
Stromkostenrückzahlung 65
Stromsperre 57
Suchtberatung 143

Tabakwaren 47
Tacheles 29
Tagesklinik 193
Tätigkeitsabsetzungsbetrag 97 f.,
  148, 252
Tätigkeitspflicht 258

Tätigkeitsverweigerung 281
Tatsachenangaben 352
Tatsachenklärung 352
Teilhabe am Arbeitsleben 13
Teilhabe am Gemeinschaftsleben
    13
Teilstationäre Einrichtungen 193,
    278
Telefon 47
Telefongebührenermäßigung 345
Teppich 72
Terminversäumnis 179
Tilgung 86
Titulierte Unterhaltsverpflichtung
    99
Todesfall 246
Töpfe 74
Träger 2 ff., 23, 33, 201 ff.
Trägerstreit 349
Trainingsmaßnahmen 131
Trennungskostenbeihilfe 131
Tumorleiden 241

Überbrückungsbeihilfe 93
Überbrückungsgeld für Straf-
    gefangene 90
Übergangsbeihilfe 131
Übergangsgeld 5, 9 ff., 14, 194
Übergangsvorschriften 219, 306
Übertragung 277, 308
Überweisung 127
– an andere Empfänger 63, 396
Umgangskosten 87, 238, 246
Umschulung 3, 5, 132
Umstandskleidung 78 ff.
Umweltbeziehungen 46
Umzug 69 ff.
Umzugskosten 70
Umzugskostenbeihilfe 131
Unbestimmte Rechtsbegriffe 26,
    28

Unentgeltliche Beförderung 315
Unfallversicherung 9
Untätigkeitsklage 362, 394
Unter 25, 133 f., 141, 196 ff.
Unterbringung 189 ff.
Unterhalt 17, 34 ff., 223 ff.
Unterhaltsanspruch-Übergang
    217, 301
Unterhaltsbedürftigkeit 249
Unterhaltstitulierung 99
Unterhaltsvorschuss 16
Unterkunftsbedarf 56 ff., 233
Unterstützung 32
Untersuchung 209, 211, 313,
    356 f.
Untersuchungshaft 193
Unwirtschaftliches Verhalten 181,
    282
Urteil 402

Verfahren 205 f., 316, 347 ff.
Verfahrensfehler 380
Verfassungsbeschwerde 402 ff.
Verfügbarkeit 155
Vergabeverfahren 137
Vergleich 402
Vergütungsvereinbarung 178, 279,
    284
Verjährung 310
Verkehr 47
Verkehrswert 109
Verletztengeld 9, 14, 194
Vermieterauskunft 353
Vermieterbestätigung 354
Vermietung 252
Vermittlungsgutschein 137
Vermögen 88, 102 ff., 203, 249,
    252, 265
Vermögensgrundfreibetrag 103
Verpachtung 252
Verpfändung 277, 308

Verrechnung 310, 378
Verschleuderung 181
Verschwägerten-Haushalts-
gemeinschaft 111
Versicherungsbeiträge 95, 251
Versicherungspauschale 96
Versorgungsämter 12
Versorgungsleistungen 11, 92
Vertrag 318
Verwaltungsakt 204, 317, 374
– mit Dauerwirkung 385
Verwaltungsaktaufhebung 313
Verwaltungsverfahren 205, 316,
347 ff.
Verwaltungsvorschriften 27
Verwandten-Haushalts-
gemeinschaft 111
Verzicht 310, 376
Videogerät 254
Vollmacht 373
Vollzugsanstalten 192
Vorbehalt des Gesetzes 22, 378
Vorläufige Entscheidung 213
Vorläufige Leistung 310, 349
Vorläufige Zahlungseinstellung
213
Vorschuss 309, 349
Vorsorgebeiträge 237
Vorsorgeeinrichtungen 189, 191

Wanderarbeitnehmer 43
Wäscheständer 74
Waschmaschine 47, 74
Weihnachtsbeihilfe 286, 306
Weiterbildung 3, 5, 132, 136, 155
Weitere Sozialleistungen 320
Weiterversicherte 236
Werbungskosten 97, 251
Werdende Mütter 49
Werkstatt für behinderte
Menschen 35, 139, 189, 239,

242, 245, 250, 252, 260, 285,
296, 315
Wertpapiere 90
Widerspruch 213, 389 ff.
Widerspruchsbescheid 393
Wiedereinsetzung in den vorigen
Stand 390
Wirtschaftsgemeinschaft 113
Wohlfahrtspflege 92, 250, 277
Wohngeld 17, 19
Wohngeldtabelle 59
Wohngemeinschaft 113, 189,
257 f.
Wohnsitz 40, 205, 314
Wohnung 16
Wohnungsbeschaffungskosten 70
Wohnungseigentum 62
Wohnungs-Erstausstattung 72 ff.,
235
Wohnungskosten-Sonderbedarf
63 ff., 235
Wohnungslose 42, 244
Wohnungsneubezug 68 ff.
Wohnzimmereinrichtung 73
Wucher 155
Wünsche 279 f.

Zahlungseinstellung 213
Zahnersatz 241
Zeitarbeit 154
Zinsen 90
Zugewinnausgleichszahlungen 90
Zumutbarkeit von Arbeit 150 f.
Zusatzbarbetrag 285, 306
Zusätzliche Arbeiten 133
Zusicherung 68 f., 197 f.
Zuständigkeit 201 ff., 293 ff.
Zuwendungen 92, 250
Zuzahlungen 195
Zwangsarbeit 156
Zweckbestimmte Einnahmen 92

Buchanzeigen

Arbeitsrecht

**EingruppR ·
Eingruppierungsrecht**

Öffentlicher Dienst. Tarifliche und außertarifliche Eingruppierungs-Richtlinien.

Textausgabe.
1. Aufl. 2006. 785 S.
€ 13,50. dtv 5769

BAT · Tarifrecht West/Ost

Öffentlicher Dienst · Bundesländer.
Manteltarifverträge,
Vergütungstarifverträge,
Versorgungstarifverträge,
Zuwendungstarifverträge,
Auszubildendentarifverträge.

Textausgabe.
1. Aufl. 2006. 514 S.
€ 12,50. dtv 5770

Gröner/Fuchs-Brüninghoff
**Lexikon der
Berufsausbildung**

Über 1500 Begriffe für Ausbilder, Führungskräfte und Personalentwickler. Didaktik und Methodik, Rechtsgrundlagen, jugendpsychologische Fragen, Grundfragen der Berufsbildung.

1. Aufl. 2004. 486 S.
€ 15,–. dtv 50835

Sozialhilfe

**SGB II/SGB XII ·
Grundsicherung für
Arbeitsuchende –
Sozialhilfe**

u.a. mit den neuen Vorschriften der Sozialhilfe (SGB XII) und der Grundsicherung für Arbeitsuchende (SGB II), einschließlich FortentwicklungsG.

Textausgabe.
3. Aufl. 2006. 618 S.
€ 10,–. dtv 5767
Neu im November 2006

Brühl/Winkler
**Sozialleistungen
von A–Z**

4. Aufl. 2007. Rd. 350 S.
Ca. € 10,–. dtv 5060
In Vorbereitung für
Anfang 2007

_____ BERUF UND SOZIALES · Bescheid wissen ist wichtig _____

Sozialhilfe

Brühl/Sauer
Mein Recht auf Sozialleistungen
Grundsicherung für Arbeitsuchende, Sozialhilfe und sonstige Sozialleistungen. Die zuverlässige Orientierungshilfe im neuen System der Sozialleistungen: Klar und strukturiert erklärt dieser Ratgeber, welche Ansprüche und Pflichten bei Arbeitslosengeld II, Sozialgeld und Sozialhilfe bestehen. Umfassend werden alle Lebensbereiche abgedeckt und alle Hilfen zu Lebensunterhalt, Gesundheit und Pflege erläutert.
Auch Kinder- und Elterngeld, Rundfunkgebührenbefreiung sowie Leistungen von Stiftungen werden behandelt. Muster, Beispiele und Hinweise zur rechtlichen Durchsetzung helfen den Lesern, ihre Rechte wahrzunehmen. Die Neuauflage informiert über die neueste Rechtsprechung und die Probleme der gegenwärtigen Praxis. Die Ausführungen zum Rechtsschutz sind wesentlich erweitert, die Änderungen nach Hartz IV mit über 100 neuen Regelungen eingearbeitet.

20. Aufl. 2007. 451 S.   §
€ 9,50. dtv 5243

Hüttenbrink
Sozialhilfe und Arbeitslosengeld II
Hilfe zum Lebensunterhalt, Grundsicherung, sonstige Ansprüche, Verfahren, Verwandtenregress.
Alles über die neuen Leistungen – mit vielen Checklisten, Beispielen und Muster-Berechnungen. Berücksichtigt sind das Freibetragsneuregelungsgesetz und die Änderungen in der Alg-II-Verordnung.

9. Aufl. 2005. 292 S.   §
€ 7,50. dtv 50605

Bubeck
Guter Rat bei Arbeitslosigkeit
Arbeitslosengeld, Arbeitslosengeld II, Soziale Sicherung, Rechtsschutz.
Mit Besonderheiten für ältere Arbeitslose. Die sogenannten »Hartz-Gesetze« sind berücksichtigt.

10. Aufl. 2005. 232 S   §
€ 9,50. dtv 5237

Sozialversicherung, sonstige Versicherungen und Altersvorsorge

SGB · Sozialgesetzbuch
Sämtliche Bücher des Sozialgesetzbuches (I bis XII) sowie Kurzarbeiter- und WinterausfallgeldVO.

Textausgabe.
33. Aufl. 2006. 1489 S.
€ 14,50. dtv 5024

Winkler
Sozialrecht von A–Z
Über 800 Stichworterläuterungen zum aktuellen Recht. Dieser verständliche Ratgeber erläutert das Sozialrecht in seiner ganzen

Bandbreite. Sie erfahren alles zu Sozialleistungen, Kranken-, Pflege-, Renten- und Unfallversicherung, Familienlastenausgleich sowie Kinder- und Jugendhilfe.

2. Aufl. 2007. Rd. 430 S. §
Ca. € 11,50. dtv 5671
In Vorbereitung für Anfang 2007

SGB VI · Gesetzliche Rentenversicherung

U.a. mit Versorgungsruhens G, FremdrentenG, Fremdrenten- und Auslandsrenten-NeuregelungsG.

Textausgabe.
8. Aufl. 2005. 471 S.
€ 10,50. dtv 5561

SGB V · Gesetzliche Krankenversicherung

mit SGB I und IV und EntgeltfortzahlungsG.

Textausgabe.
14. Aufl. 2006. 463 S.
€ 12,50. dtv 5559
Neu im November 2006

Jürgensen
Ratgeber Künstlersozialversicherung

Vorteile, Voraussetzungen, Verfahren.
Umfassende Information über alle Aspekte der Künstlersozialversicherung, z.B. Versicherungspflicht, Voraussetzungen und Gang des Verfahrens.

1. Aufl. 2002. 218 S. §
€ 10,–. dtv 5683

VersR · Privatversicherungsrecht

mit VersicherungsaufsichtsG, AltersvorsorgezertifizierungsG, VersicherungsvertragsG, EinführungsG zum VVG, PflichtversicherungsG, Kraftfahrzeug-PflichtversicherungsVO, Wettbewerbsrichtlinien der Versicherungswirtschaft und Auszügen aus BGB, HGB.

Textausgabe.
11. Aufl. 2006. 365 S.
€ 8,–. dtv 5579

Hering
Rechtsschutzversicherung

Kosten der Rechtsverfolgung, Versicherungsschutz und Leistungen, Lösungen im Schadenfall.
Sie erfahren, welche Risiken abgedeckt werden, was im Versicherungsfall zu tun ist und welche Möglichkeiten es gibt, wenn Rechtsschutz durch den Versicherer abgelehnt wird.
Der Ratgeber bietet Ihnen eine wichtige Hilfe für den richtigen Umgang mit dem Rechtsschutzversicherer.

1. Aufl. 2006. 222 S. €
€ 14,50. dtv 50635

Birk
Altersvorsorge

3. Aufl. Rd. 400 S. §
Ca. € 12,–. dtv 5646
In Vorbereitung

Zeichenerklärung: § Rechtsberater   € Wirtschaftsberater

BERUF UND SOZIALES · Bescheid wissen ist wichtig

Schaub/Matthießen/ Polster
Altersvorsorge von A–Z
Betriebliche Altersvorsorge - Eigenvorsorge - Entgeltumwandlung - Gesetzliche Rentenversicherung.
Ein schneller und leicht verständlicher Überblick über die drei Säulen der Altersvorsorge.

1. Aufl. 2006. 523 S. §
€ 15,–. dtv 5695

Köstler
Die neue Altersvorsorge
Staatlich geförderte Anlageformen auf dem Prüfstand.

1. Aufl. Rd. 190 S. €
Ca. € 9,50. dtv 50862
In Vorbereitung

SGB XI · Soziale Pflegeversicherung
mit SGB I, SGB IV, Pflege-VersicherungsG (Auszug).

Textausgabe.
8. Aufl. 2006. 483 S.
€ 13,–. dtv 5581

Schmidt
Guter Rat zur Pflegeversicherung
Alle wichtigen Rechtsfragen zu Versicherungspflicht, Beitragsbemessung, Pflegeleistungen.
Mit einem umfangreichen Adressteil im Anhang.

3. Aufl. 2000. 223 S. §
€ 7,41. dtv 50619

Neuhaus/Schwane
Berufs- und Erwerbsunfähigkeitsversicherungen
Ratgeber für Verbraucher, der dabei hilft, Lücken in der privaten Risikovorsorge zu erkennen und die richtige Versicherungslösung auszuwählen.

1. Aufl. 2003. 188 S. §
€ 9,50. dtv 5698

SGB VII · Gesetzliche Unfallversicherung
mit Nebenbestimmungen, Berufskrankheiten-VO, LeistungsR und FremdrentenR.

Textausgabe.
4. Aufl. 2005. 370 S.
€ 9,50. dtv 5578

Becker
Gesetzliche Unfallversicherung
Arbeits- und Wegeunfälle, Berufskrankheiten.
Sie werden umfassend informiert über den versicherten Personenkreis, die Voraussetzungen für die Anerkennung eines Unfalls oder einer Krankheit, einzelne Leistungen wie Heilbehandlung, Verletztengeld und -rente oder Umschulung sowie über Verfahren und Zuständigkeiten.
Service-Teil mit Mustern und Adressen.

1. Aufl. 2004. 279 S. §
€ 13,–. dtv 50628

BERUF UND SOZIALES · Bescheid wissen ist wichtig

Der Start in den Beruf

Hugo-Becker
Der Test zur Berufswahl

Meine Motive, Vorlieben und Stärken.
Der Test zeigt, wo Stärken, Schwächen und Vorlieben liegen. Die Ergebnisse helfen, Fehler bei der Berufswahl zu vermeiden.

1. Aufl. 2005. 250 S.
€ 9,50. dtv 50884

Göpfert
Aktiv bewerben

Tipps für die Stellensuche, Bewerbung und Vorstellung.
Anschauliche Beschreibungen und Beispiele, Formulierungsvorschläge und praxisnahe Tipps helfen, ein individuelles Bewerbungskonzept zu entwickeln und in allen Phasen der Bewerbung überzeugend zu argumentieren.

1. Aufl. 2006. 187 S.
€ 9,50. dtv 50896

Hell
Assessment Center

Souverän agieren – gekonnt überzeugen.
Der Band beantwortet alle Fragen rund um ein Assessment Center: Erwartungen, Abläufe, mögliche und auch »inoffizielle« Übungen, Beurteilung.
Mit praktischen Tipps und Übungsbeispielen.

1. Aufl. 2006. 181 S.
€ 9,50. dtv 50892

Nasemann
Richtig bewerben

Praktische Hinweise für die Stellensuche, Inhalt und Form der Bewerbung, alle Rechtsfragen zu Vorstellungsgespräch und Einstellungstest.

6. Aufl. 2007. 164 S.   §
€ 8,–. dtv 50608   →

BERUF UND SOZIALES · Bescheid wissen ist wichtig

Der Start in den Beruf

Reinker
Das Job-Lexikon
Erste Hilfe für den Berufsstart.
Eine Fülle von Informationen, praktischen Tipps und Denkanstößen, garniert mit witzigen Beispielen aus dem Berufsalltag.

1. Aufl. 2004. 768 S. €
€ 19,50. dtv 50878

Aus den Pressestimmen:
»Die wichtigsten Finten und fiesesten Fettnäpfchen für Berufseinsteiger.«
SPIEGEL online

»Besonders schön: der Mix aus seriöser Information und witzigen Beispielen aus dem Berufsalltag.«
Young Miss

»750 Seiten voller Tipps, Infos und Denkanstöße – was soll da noch passieren.«
Berliner Morgenpost

Beruf und Karriere

Cassens
Work-Life-Balance
Wie Sie Ihr Berufs- und Privatleben in Einklang bringen. Möglichkeiten für ein System zur erfolgreichen Bewältigung Ihrer individuellen Aufgaben und zur Vermeidung von Zivilisationskrankheiten.

1. Aufl. 2003. 214 S. €
€ 9,50. dtv 50872

Hofmann/Linneweh/Streich
Erfolgsfaktor Persönlichkeit
Managementerfolg durch Leistungsfähigkeit und Motivation.
Positiver Umgang mit Anforderungen im beruflichen und privaten Umfeld, Selbstreflexion, Möglichkeiten zur Bewältigung von als stresshaft erlebten Situationen – hier finden Führungskräfte einen fundierten Überblick über Ansatzmöglichkeiten zur Erreichung einer befriedigenden Work-Life-Balance.

1. Aufl. 2006. 387 S. €
€ 14,50. dtv 50904
Neu im Oktober 2006

Knieß
Kreativitätstechniken
Methoden und Übungen.
Kreativität ist der Schlüssel zum Erfolg. Neben einem Überblick über Methoden und Einsatz gibt es in einem umfangreichen Praxisteil Beispiele und Übungsaufgaben, die konkret helfen, das kreative Verhalten zu fördern.

1. Aufl. 2006. 268 S.
€ 9,50. dtv 50906

Hugo-Becker/Becker
Motivation
Neue Wege zum Erfolg.

1. Aufl. 1997. 419 S. €
€ 10,17. dtv 5896

Fuchs-Brüninghoff/Gröner
Zusammenarbeit erfolgreich gestalten
Eine Anleitung mit Praxisbeispielen.

1. Aufl. 1999. 203 S. €
€ 9,15. dtv 50834

BERUF UND SOZIALES · Bescheid wissen ist wichtig

Haug
Erfolgreich im Team
Praxisnahe Anregungen für effiziente Team- und Projektarbeit.
Mit Diagnose von Erfolgsfaktoren und konkreten Hilfestellungen.

3. Aufl. 2003. 187 S. €
€ 9,–. dtv 5842

Hugo-Becker/Becker
Psychologisches Konfliktmanagement
Menschenkenntnis – Konfliktfähigkeit – Kooperation.

4. Aufl. 2004. 418 S. €
€ 13,–. dtv 5829

Mentzel
Personalentwicklung
Erfolgreich motivieren, fördern und weiterbilden. Bedarfsfeststellung, Planung und Durchführung der Förder- und Bildungsmaßnahmen, Kosten- und Erfolgskontrolle.

2. Aufl. 2005. 318 S. €
€ 10,–. dtv 50854

Bender
Teamentwicklung
Der effektive Weg zum »Wir«.
Systematische Führung durch die Phasen der Teamentwicklung mit Anleitung für effiziente Teamleitung.

1. Aufl. 2002. 284 S. €
€ 12,50. dtv 50858

Drzyzga
Personalgespräche richtig führen
Ein Kommunikationsleitfaden. Der rasche Überblick über die fachlichen und psychologischen Faktoren des Gesprächs mit Mitarbeitern.

1. Aufl. 2000. 148 S. €
€ 8,64. dtv 50840

Zander/Femppel
Praxis der Personalführung
Was Sie tun und lassen sollten. Das Was und Wie der Personalführung, 99 Tipps, Fallbeispiele, Führungsgrundsätze.

1. Aufl. 2001. 129 S. €
€ 8,50. dtv 50841

Stender-Monhemius
Schlüsselqualifikationen
Zielplanung, Zeitmanagement, Kommunikation, Kreativität.

1. Aufl. 2006. 163 S. €
€ 9,50. dtv 50910
Neu im Oktober 2006

Zander/Femppel
Praxis der Mitarbeiter-Information
Effektiv integrieren und motivieren. Motivation von Mitarbeitern mit gezielter und empfängerorientierter Information.

1. Aufl. 2002. 103 S. €
€ 8,50. dtv 50860

BERUF UND SOZIALES · Bescheid wissen ist wichtig

Breger/Grob
Präsentieren und Visualisieren
... mit und ohne Multimedia.

1. Aufl. 2003. 265 S. €
€ 11,–. dtv 50855

Haberzettl/Birkhahn
Moderation und Training
Ein praxisorientiertes Handbuch.
Das Buch zeigt eine Auswahl hocheffektiver Methoden des NLP und anderer Verfahren so, dass sie unmittelbar anwendbar und sofort umsetzbar sind.

1. Aufl. 2004. 288 S. €
€ 12,50. dtv 50866

Klotzki
Wie halte ich eine gute Rede?
In 7 Schritten zum Publikumserfolg.

1. Aufl. 2004. 116 S. €
€ 8,–. dtv 50873

Barth
Telefonieren mit Erfolg
Die Kunst des richtigen Telefonmarketing.
Dieser Berater betrachtet Telefonmarketing als Wirtschaftsfaktor und Marketing-Instrument und führt in die Grundlagen der Kommunikation ein. Bewährte Methoden und Tricks werden ebenso vorgestellt wie kluge Fragetechniken.

2. Aufl. 2005. 137 S. €
€ 7,50. dtv 50846

Briese-Neumann
Optimale Sekretariatsarbeit
Büroorganisation und Arbeitserfolg.
Ein Leitfaden für Chefs und Sekretariatsmitarbeiter.
Mit Checklisten, Tipps und Beispielen.

1. Aufl. 1998. 308 S. €
€ 10,17. dtv 50804

Briese-Neumann
Erfolgreiche Geschäftskorrespondenz
Perfektion in Form und Stil.
Dieser Ratgeber liefert das Handwerkszeug für professionelle Korrespondenz und für das Texten generell.

2. Aufl. 2001. 303 S. €
€ 10,–. dtv 5878

Baumert
Professionell texten
Tipps und Techniken für den Berufsalltag.

1. Aufl. 2003. 222 S. €
€ 10,–. dtv 50868

Schäfer
Business English
Wirtschaftswörterbuch
Englisch – Deutsch / Deutsch – Englisch.
Mit rd. 36000 Stichwörtern alle wichtigen grundlegenden Begriffe der englischen und deutschen Wirtschaftssprache.

1. Aufl. 2006. 859 S. €
€ 19,50. dtv 50893

— BERUF UND SOZIALES · Bescheid wissen ist wichtig —

Beruf und Karriere

Assig
Frauen in Führungspositionen

Die besten Erfolgskonzepte aus der Praxis.

»Warum Frauen in der Wirtschaft zunehmend gefragt sind – nein, besser: wären? Dorothea Assigs Buch führt eine ganze Reihe von Argumenten auf – nicht aus der Hüfte geschossen, sondern wissenschaftlich fundiert.«
Süddeutsche Zeitung

1. Aufl. 2001. 252 S. €
€ 10,–. dtv 50849

Arbeitsrecht

ArbG · Arbeitsgesetze

mit den wichtigsten Bestimmungen zum Arbeitsverhältnis, KündigungsR, ArbeitsschutzR, BerufsbildungsR, TarifR, Betriebsverfassungsr, MitbestimmungsR und VerfahrensR.
Mit dem neuen Allg. GleichbehandlungsG.
Stand: 1.1.2007.

Textausgabe.
70. Aufl. 2007. 855 S.
€ 7,–. dtv 5006
Neu im April 2007

EU-ArbR · EU-Arbeitsrecht

Richtlinien und Verordnungen der Europäischen Union dominieren in zunehmendem Maße das nationale Arbeitsrecht. Dieser Band enthält alle einschlägigen Vorschriften mit Querverweisen auf die Textausgabe »ArbG«, dtv 5006 (siehe oben).

Textausgabe.
2. Aufl. 2004. 467 S.
€ 11,–. dtv 5751

Schaub
Arbeitsrecht von A–Z

Rund 650 Stichwörter zum aktuellen Recht mit den Arbeitsmarktreformen. Aussperrung, Befristung von Arbeitsverträgen, Betriebsrat, Gewerkschaften, Jugendarbeitsschutz, Kündigung, Mitbestimmung, Elternzeit, Ruhegeld, Streik, Tarifvertrag, Teilzeitarbeit, Zeugnis u.a.m.

17. Aufl. 2004. 1097 S. §
€ 14,50. dtv 5041

Hromadka
Arbeitsrecht für Vorgesetzte

Rechte und Pflichten bei der Mitarbeiterführung.
Der umfassende Leitfaden für den Arbeitsalltag.

1. Aufl. 2007. Rd. 320 S. §
Ca. € 14,50. dtv 50648
In Vorbereitung für Anfang 2007

Arbeitsrecht

Schaub/Rühle
Guter Rat im Arbeitsrecht

Für Arbeitgeber und Arbeitnehmer.
Eine praxisnahe Übersicht über das gesamte Arbeitsrecht mit zahlreichen Mustern und Beispielsfällen.

3. Aufl. 2003. 889 S. §
€ 14,–. dtv 5600

Notter/Obenaus/Ruf
**Arbeitsrecht
in Frage und Antwort**

Fragen und Antworten rund um das Arbeitsverhältnis.

1. Aufl. 2004. 348 S. §
€ 10,–. dtv 50629

**SGB III ·
Arbeitsförderung**

mit SGB II (Hartz IV), Arbeitslosengeld II VO, AltersteilzeitG, BeschäftigungsVO und weiteren wichtigen Vorschriften.

Textausgabe.
11. Aufl. 2006. 435 S.
€ 10,–. dtv 5597

Schaub
**Rechte und Pflichten
als Arbeitnehmer**

Anbahnung und Abschluss des Arbeitsvertrages sowie seine Beendigung, Rechte und Pflichten, der Einfluss des Betriebsrats, Betriebsnachfolge, Sonderrechte.

9. Aufl. Rd. 590 S. §
Ca. € 14,–. dtv 5229
In Vorbereitung

Schulz
**Kündigungsschutz im
Arbeitsrecht von A–Z**

Alle wesentlichen Fragen zum Thema »Kündigung und Kündigungsschutz« in rund 400 Stichwörtern beantwortet.

4. Aufl. 2007. Rd. 300 S. §
Ca. € 10,–. dtv 5070
In Vorbereitung für
Anfang 2007

Schaub/Künzl
Arbeitsgerichtsverfahren

Rechte · Pflichten · Verfahren · Instanzen.
Klagearten, Klageerhebung, Güteverhandlung, Vertretung durch Anwalt, Rechtsmittel, Vollstreckung, Einstweilige Verfügung, Beschlussverfahren, Kosten.

7. Aufl. 2004. 475 S. §
€ 14,–. dtv 5205

Wetter
Ärger im Betrieb

Hilfestellung bei Abmahnung und Kündigung, Mobbing und allen weiteren Problemen am Arbeitsplatz.

2. Aufl. 2004. 207 S. €
€ 9,–. dtv 50606

Schaub/Kreft
Der Betriebsrat

Wahlen – Organisation – Rechte – Pflichten.
Wahl und Organisation des Betriebsrats, Mitbestimmung in sozialen und personellen Angelegenheiten, Beteiligung des Betriebsrats in wirtschaftlichen Angelegenheiten, Verfahren nach dem BetrVG, neueste höchstrichterliche Rechtsprechung.

8. Aufl. 2006. 636 S. §
€ 18,–. dtv 5202

Schulz
Alles über Arbeitszeugnisse

Zeugnissprache, Haftung, Rechtsschutz.
Arbeitszeugnisse beeinflussen maßgeblich die Entscheidung über Erfolg oder Misserfolg einer Bewerbung. Der Ratgeber behandelt nicht nur Rechtsfragen, sondern gibt auch Einblick in die »Geheimsprachen« und die Möglichkeiten zu ihrer Entschlüsselung.
Mit Zeugnismustern und Beispielen.

7. Aufl. 2003. 189 S. §
€ 9,50. dtv 5280

Wetter
Der richtige Arbeitsvertrag

Die wichtigsten Rechtsfragen bei Vertragsabschluss und späteren Änderungen. Mit Vertragsmustern und Gesetzestexten im Anhang.

3. Aufl. 2000. 117 S. §
€ 5,88. dtv 50607

Schmidt
Freie Mitarbeit – Ehrenamt – Minijob von A–Z

Rechtslexikon zu den arbeits-, steuer- und sozialversicherungsrechtlichen Fragen bei der Ausübung eines Ehrenamtes, einer Nebentätigkeit, einer Tätigkeit als freier Mitarbeiter oder Ein-Personen-Unternehmer.

2. Aufl. Rd. 390 S. §
Ca. € 13,50. dtv 5678
In Vorbereitung

Hansen/Kanstinger
Zeitarbeit von A–Z

Fachbegriffe, Zusammenhänge, Checklisten.
Die übersichtliche und handliche Informationsquelle zur Zeitarbeit in Deutschland, die das breite inhaltliche Spektrum sachlich, kurz, prägnant und verständlich wiedergibt.

1. Aufl. 2001. 152 S. §
€ 8,50. dtv 50850

Rittweger
Altersteilzeit

Mit Beispielen, Faustformeln und Vertragsmustern.

1. Aufl. 2001. 233 S. §
€ 11,50. dtv 5636

BeamtR · Beamtenrecht

BundesbeamtenG, BeamtenrechtsrahmenG, BundesbesoldungsG, BeamtenversorgungsG, BundesdisziplinarG, Beihilfevorschriften und weitere Vorschriften des Beamtenrechts.

Textausgabe.
22. Aufl. 2006. 525 S.
€ 9,–. dtv 5529
Neu im November 2006

TVöD/TVÜ · Tarifrecht öffentlicher Dienst Bund und Kommunen

TVöD – Allgemeiner Teil, TVöD – Besondere Teile: Verwaltung, Krankenhäuser, Entsorgung, Flughäfen, Sparkassen, TVAöD – Allgemeiner Teil und Besondere Teile.

Textausgabe.
1. Aufl. 2006. 234 S.
€ 5,–. dtv 5768